프로이트 연구 II

정신분석의 영향과 수용

프로이트 연구 II

정신분석의 영향과 수용

초판 1쇄 인쇄 2016년 12월 27일
초판 1쇄 발행 2016년 12월 30일

–

엮은이 한스 마르틴 로만 · 요아힘 파이퍼
옮긴이 원당희
펴낸이 이방원
편 집 홍순용 · 김명희 · 이윤석 · 안효희 · 강윤경 · 윤원진 **디자인** 손경화 · 박선옥 **마케팅** 최성수

–

펴낸곳 세창출판사
신고번호 제300-1990-63호
주소 03735 서울시 서대문구 경기대로 88 냉천빌딩 4층
전화 02-723-8660 **팩스** 02-720-4579
이메일 sc1992@empal.com **홈페이지** http://www.sechangpub.co.kr

–

ISBN 978-89-8411-657-3 94180
978-89-8411-617-7 (세트)

정 가 38,000원

이 도서의 국립중앙도서관 출판시도서목록(CIP)은 서지정보유통지원시스템 홈페이지(http://seoji.nl.go.kr)와 국가자료공동목록시스템(http://www.nl.go.kr/kolisnet)에서 이용하실 수 있습니다. (CIP제어번호: CIP2016032228)

프로이트 연구 Ⅱ

정신분석의 영향과 수용

한스 마르틴 로만 · 요아힘 파이퍼 엮음

원당희 옮김

세창출판사

머리말

정신사에서 정말 대작이라고 부를 수 있는 모든 작품이 그렇듯이 프로이트의 저작도 여러 논란에서 자유롭지 못하다. 프로이트를 둘러싼 논란에 어떤 정당성을 부여할 수 있고 또 마땅히 정당성을 부여해야 하느냐라는 물음과 무관하게 프로이트의 저작은 아무리 강조해도 지나치지 않을 만큼 권위를 지닌 정신사의 기념비로 우뚝 솟아 있다. 근대 관념사와 정신사의 사가(史家)들은, 이를테면 에릭 푀겔린(Eric Voegelin)의 평가처럼, 프로이트가 마르크스나 니체, 막스 베버와 대등한 위상을 지녔다고 생각한다는 점에서 의견이 일치한다. 적지 않은 모순이 담긴 프로이트의 저작은 매우 다양한 학문적 분파와 이론을 낳았다. 그렇지만 오늘날 우리의 일상적 의식과 우리가 사용하는 언어, 행동규범에 결정적인 영향을 미친 것이 사실이다. 누군가 분명하게 비판과 거부감을 표할 때조차 프로이트의 영향이 엿보인다. 프로이트 개인의 면모나 저작을 대할 때 반복적으로 나타나는 거부감에도 불구하고 과거와 현재의 문화사나 사회사를 해석할 때 프로이트가 엄청난 의미를 지녔다는 점에는 의심할 여지가 없다. 미셸 푸코(Michel Foucault)에게 프로이트는 현대 "담론성의 창립자(Diskursivitätsbegründer)", 즉 새로운 언어질서의 창안자에 속한다. 푸코가 이런 평가를 하는 저자는 극소수에 지나지 않는다.

프로이트의 저작에 대한 수용이 직업적으로 일하는 정신분석가의 영역에서 오랫동안 임상치료에 집중되었다면, 문화이론적 측면에서는 무엇보다 불편하면서도 논리적으로 파악하기 어려운 특성 때문에 조심스럽게 이루어져 왔다. 프로이트에게 문화이론은 —요컨대 문화의 기원이나 생성, 문화의 쇠퇴에 관한 그의 생각은— 그것에 담긴 임상적, 메타심리학적 측면과 분리할 수 없는 것이었다. 이 두 가지는 오히려 불가분의 단일체라고 할 수 있다. 프로이트의 자기인식에서 그의 문화이론적인 논의와 성찰이 어떤 핵심적 역할을 하는가는 《나의 이력서(Selbstdarstellung)》(1935)에 대한 후기에서 분명하게 드러난다.

"나의 관심은 평생 자연과학과 의학, 정신치료라는 우회로를 거친 다음 젊은 시절에는 거의 각성하지 못했던 문화적인 문제로 되돌아왔다. 이미 1912년 한창 정신분석에 매달리던 와중에도 나는 종교와 풍속의 기원연구를 위해 《토템과 터부》에서 새로 얻은 분석적 통찰을 활용하려고 시도한 바 있었다. 이후에 나온 두 편의 에세이 《환영의 미래(Die Zukunft einer Illusion)》(1927)와 《문화 속의 불쾌감》(1930)에서도 이런 작업 방향은 계속 이어졌다. 나는 인류사의 사건들 그리고 인간의 본성과 문화발달, 종교로 대표되는 원시적 체험의 잔재 사이의 상호작용이 단지 자아와 이드, 초자아 사이의 역동적인 갈등을 반영하는 것에 지나지 않는다는 것을 점점 더 분명하게 인식했다. 정신분석은 개별 인간에게서 이 세 가지 요인의 갈등을 연구하며, 다른 연장된 무대에서도 이와 동일한 과정을 반복한다"(전집 16, 32쪽 이하).

프로이트는 정신분석이 결코 개인을 단편적으로 다루는 심리학 이론이라고 생각하지 않는다. 오히려 그가 주목하는 것은 개인과 문화발달, 개인과 사회조직, 개체발생(Ontogenese)과 계통발생(Phylogenese) 간의 관계이다.

개인적인 '인간본성'과 집단적인 인류사의 관계규정이야말로 프로이트 이론의 핵심이라고 할 수 있다. 이런 배경에서 볼 때 ―다수의 학제 간 연구에서 연구프로젝트가 추진되고 의문이 제기되기도 한― 그간에 일깨워진 정신분석의 문화학적 관심도 이해가 된다. 프로이트가 생각하는 의미에서 무의식(das Unbewußte)은 ―물론 이 말은 오해를 피하기 위해 매우 조심스럽게 표현해야 하지만― 단순히 개인적인 차원에 그치는 것이 아니라 문화와 문명의 과정인 동시에 사회적 과정이자 예술적, 지적 창조의 활동이기도 한 것이다.

이 책은 이런 관계를 염두에 둘 것이다. 물론 임상적인 문제를 비롯하여 다른 관점을 완전히 무시하지는 않겠지만, 문화학적인 측면에 무엇보다 관심을 기울일 것이다. 또한 프로이트의 저작을 모든 측면에서 파악할 것이다. 전집은 주제별로 묶고, 때로는 연대순으로 분류해서 소개할 것이며 프로이트 이론에서 아주 중요한 주제와 명제를 언급하되 수용사와 영향사의 측면에서 물음을 제기할 것이다. 저작의 소개와 분석에 앞서 프로이트 저작의 사회사적, 정치적, 학술사적, 전기적인 맥락의 개요를 담은 포괄적인 장을 소개할 것이다. 이 책의 II권으로 편성된 제3부에서 "주제와 동기"의 선정기준은 무엇보다 문화사적인 관점과 이에 대한 문제제기를 참고로 한 것이다. 물론 다른 정신분석 안내서와 광범위한 참고문헌에서 다루는 임상치료적인 관점도 고려했다. 다양한 학문 분야와 분파에서 이루어진 프로이트 저작의 수용에 대해서는 ―철학에서부터 문예학을 거쳐 영화이론에 이르기까지, 민족학에서 사회학, 정치심리학에 이르기까지, 마르크스주의와 비판이론을 거쳐 페미니즘에 이르기까지― 제4부에서 다루었다. 특히 여기서는 프로이트 정신분석의 아주 광범위한 영향사의 의미가 두드러진다. 정신분석의 생산적이면서도 비판적인 힘, 오래된 문제점을 다시 부각하는 동시에 새로운 문제점에도 관심을 돌릴 것이다. 과거의 어느 때보다 오늘날 중요한 사실은 이 정신분석의 창시자가 사망하기 4년 전에 이미 "독일인처럼 거대한 민족이 경청할 준비가 되어 있는 저자들 중에 속한다"(전집 16, 33쪽)는 점이었다. 당시에 그의 저작은 나치에 의해 치명적인 위협을 당하면서도 이런 소망과 '환상'을 품고 있었다. 이 책의 많은 부분에서 언급되듯이 프로이트의 저작을 수용하고 이에 공감한 사람들은 비단 독일인만이 아니었다.

물질적으로나 정신적으로 적극적인 후원이 없었다면 이 책과 같은 프로젝트는 성사될 수 없었을 것이다. 우리 편저자 일동은 누구보다 프라이부르크의 '문학 및 정신분석 연구소' 그리고 로타르 바이어(Lothar Bayer)와 울리케 크레스포(Ulrike Crespo), 우테 헤히트피셔(Ute Hechtfischer), 카테리네 슈트록찬(Katherine Stroczan)에게 심심한 감사를 드린다.

엮은이

차 례

II

I

제1부 프로이트와 그의 시대

1. 시대배경

1) 프로이트가 생존하던 당시 빈(Wien)의 정치와 사회(1860-1938)

2) 철학적 전후관계

3) 빈 모더니즘

4) 현대적인 성과학의 출발

2. 지적인 경력

제2부 저작과 저작 군(群)

1. 초기 저작

1) 이른바 분석 이전의 글들

2) 코카인에 대한 글

3) 《실어증의 이해》(1891)

2. 히스테리 연구

3. 강의와 입문적인 글들

4. 꿈 해석에 대한 글들

5. 무의식 이론

1) 《일상생활의 정신병리학》(1901)

2) 《위트와 무의식의 관계》(1905)

3) 《자아와 이드》(1923)

4) 메타심리학적인 글들

5) 무의식 이론에 대한 그 밖의 다른 글들

6. 강박행동, 공포증, 편집증, 불안이론

7. 치료의 기법

8. 성이론과 충동이론

1) 《성이론에 대한 세 편의 논문》(1905)

2) 《'문화적' 성도덕과 현대인의 신경증(Die 'kulturelle' Sexualmoral und die moderne Nervosität)》(1908)

3) 《애정생활의 심리학을 위한 기고들》(1910-1918)

4) 《나르시시즘 입문(Zur Einführung des Narzißmus)》(1914)

5) 《쾌락원리의 저편(Jenseits des Lustprinzips)》(1920)

6) 여성의 정신성욕(Psychosexualität)

9. 문화이론

1) 《토템과 터부(Totem und Tabu)》(1912/13)

2) 《집단심리와 자아분석》(1921)

3) 《환영의 미래(Die Zukunft einer Illusion)》(1927)

4) 《문화 속의 불쾌감》(1930)

5) 《인간 모세와 유일신교》(1939 [1934–38])

6) 전쟁과 죽음의 주제에 대한 글들

10. 문학과 예술

1) 빌헬름 옌센의 《그라디바(Gradiva)》에서 망상과 꿈(1907)

2) 《작가와 환상행위(Der Dichter und das Phantasieren)》(1908)

3) 《레오나르도 다빈치의 어린 시절의 추억(Eine Kindheitserinnerung des Leonardo da Vinci)》(1910)

4) 《작은 상자 선택의 동기(Das Motiv der Kästchenwahl)》(1913)

5) 《정신분석적 작업에서 나타나는 몇 가지 성격 유형(Einige Charaktertypen aus der psychoanalytischen Arbeit)》(1916)

6) 《괴테의 "시와 진실"에 나타난 어린 시절의 추억》(1917)

7) 《섬뜩함(Das Unheimliche)》(1919)

8) 《유머(Humor)》(1927)

9) 《도스토옙스키와 아버지 살해》(1928)

10) 《무대 위의 정신병적 인물들》(1942)

11) 미켈란젤로의 모세(1914)

11. 자서전적인 글들

12. 편지들

13. 저자 프로이트

일러두기

1. 이 책은 2013년 독일의 메츨러(J. B. Metzler) 출판사에서 간행된 《프로이트 핸드북. 삶-작품-영향(Freud-Handbuch. Leben-Werk-Wirkung)》의 번역본으로, 분량이 너무 방대하여 두 권으로 나누었다. 우리 글로 번역된 1권은 《프로이트 연구 I – 정신분석의 성립과 발전과정》, 2권은 《프로이트 연구 II – 정신분석의 영향과 수용》이다.
2. 외래어 표기는 가능한 한 표준 외래어 표기법에 준하여 통일하려고 노력했다.
3. 이 책에 나오는 리포트, 에세이, 논문, 저서 등의 제목은 일괄 《 》으로 표기하였다. 그 이유는 이 책에 나오는 문헌들이 워낙 많고, 특히 프로이트의 저작이 너무 다양한 형태로 출간되어 그것들을 어느 범주에 넣어야 할지 구별할 수 없을 때가 많았기 때문이다.
4. 본문 중에 간혹 고딕으로 표기된 곳은 엮은이들이 특별히 강조하려는 부분이다.
   원서에서 괄호, 하이픈, 사선, 번호와 부호 등을 사용한 곳은 번역에서도 대부분 그대로 따랐지만, 사정에 따라서는 간혹 변형하거나 삭제하기도 하였다.
5. 문장이 지나치게 길거나 가독성이 너무 떨어진다고 생각될 때에는 옮긴이가 임의로 줄표나 괄호를 넣어 처리하였다.
6. Affekt(정동), Übertragung(전이), Libidobesetzung(리비도 점령)처럼 정신분석과 관련된 용어들은 용어색인을 만들어 부록에 추가하였다. GW(전집), B(편지), F(빌헬름 플리스에게 보낸 편지들) 등의 약어 및 약부호의 번역문 역시 부록에 수록하였다.
7. 독일어의 'Kultur'를 영미 언어권의 영향을 받은 번역서는 대체로 문명으로 번역하였으나 이 책에서는 모두 문화로 번역하였다.
8. 1권을 포함한 이 책의 프랑스어 번역에는 언어학자인 최인령 박사님이 도움을 주었다.

제3부

주제와 동기

1. 문화개념(Kulturbegriff)

프로이트는 문화에 대한 자신의 생각을 제1차 세계대전을 전후한 시기, 그러니까 주로 개인심리학에 대한 기초적 작업이 끝날 무렵에 작성된 특히 문화이론적이고 사회비판적인 글들에서 전개하였다. 인간은 직접적 욕구충족을 지향하는 근원적인 실존방식을 대체로 병인성(病因性)의 갈등과정을 통해서만 근본적으로 바꾸어 나갈 수 있다는 인식에서 출발하는 프로이트는 사회심리학적 발전과정을 비로소 가능하게 하면서도 그만큼 불안정하게 하는 사회적 관계들에 관하여 물음을 제기한다. 그러므로 그에게 중요한 것은 어떻게 해서 문화가 불가피한 사회화(Sozialisation)의 형식이자 인간 본성에 대한 대립으로 파악되고 있는가 하는 점이다.

프로이트는 먼저 아주 기본적인 확증을 요약하고 있는 《문화 속의 불쾌감(Das Unbehagen in der Kultur)》(1930)이라는 저작에서 '문화'라는 말이 우리의 삶을 우리의 원시 조상에게서 멀어지게 한 인류의 성과와 제도의 완전한 총합을 표현하고 있다고 요약한다. 이런 성과와 제도는 인간을 자연으로부터 보호하고 인간관계를 조정하는 두 가지 목적에 봉사한다(전집 14, 448쪽 이하). 이에 따라 문화는 자연과의 대립 속에서 규정된다. 문화는 자연스러운 환경세계를 합목적성의 행위를 통한 자기존속의 안정화에 예속시키고 경작할 수 있는 인간의 능력으로서 파악된다. 그러나 본원적이고 우선적인 것으로 간주되는 자연과의 관계에서 문화는 철저히 자연과 다른 어떤 것이 아니라 진화론적으로 볼 때 인간이라는 종족 내에서 자연의 특정한 발전으로서 이해된다. 문화는 인간이 자연을 지배하고 통제할 능력의 바탕이 되는 고도의 발전과정을 통하여 시작된다. 인간은 이를 통해 의무적인 규칙과 조직형태를 만들어 낼 수 있으며, 이에 따라 공동체 내에서의 삶의 가능성이 개선되고 안정화된다.

《환영의 미래(Die Zukunft einer Illusion)》(1927)에도 언급되어 있듯이 문화는 "인간의 삶이 동물적인 조건들의 한계를 넘어선 그 모든 범위를"(전집 14, 326쪽) 포괄하면서도 바로 이 조건들에 항상 결부되어 있다. 왜냐하면 문화의 발전이라는 것이 시작될 수 있도록 통제기구들을 통하여 순치되고 전환되어야만 하는 것은 외적인 자연뿐만 아니라 충동을 통하여 결정된 내적인 자연이기 때문이다. 이를테면 《정신분석에 대한 저항들(Die Widerstände gegen die Psychoanalyse)》에서 문화는 다음과 같이 설명된다. "인간의 문화는 두 개의 버팀목에 의존해 있는데, 버팀목의 하나는 자연력의 지배이고 다른 하나는 우리의 충동의 억제이다"(전집 14, 106쪽). 이제 인간은 충동을 통하여 규정되는바, 프로이트는 "신체 내부에서 끊임없이 흐르는 자극의 샘의 대변자"(전집 5, 67쪽)로 파악한다. 하지만 인간은 그것을 조정하여 사회적으로 얻고자 하는 목적들에 종속시킬 수 있는 유일한 생명체이다. 이렇게 충동은 문화와 모순 관계에 있으면서도 동시에 그 가능성의 조건이라고도 볼 수 있는데, 충동의 제약과 조정을 통해서만 비로소 문화의 업적이라는 것이 성취될 수 있기 때문이다.

프로이트의 문화개념은 비판적 의도에서 수용되고 있다. 왜냐하면 이 개념은 개개인의 희생을 요구하는 문화생산비에 대한 반성을 내포하고 있으며, 이런 점에서 문화는 '문명(Zivilisation)' 또는 '사회(Gesellschaft)'와 밀접한 관계로, 부분적으로는 동의어로도 사용되고 있기 때문이다. 따라서 프로이트는 충동을 기초로 하는 문화 이해를 내세워 공동체의 이상적 요구들에 부응하려는 미적-예술적, 윤리적-도덕적 성과만을 포용하는 규범 강조적인 문화개념에 대해 단호히 회의적인 태도를 취한다. 이렇게 볼 때 개인의 자유 역시 프로이트에게는 어떤 적절한 문화조직에 의하여 도달될 수 있는 가치가 아니다. 그럴 것이 그는 개인에게서 거침없이 발출될 수 있는 충동의 가능성이 어쨌든 그 어떤 문화보다도 가장 위대하다는 가정에서 출발하기 때문이다. 개인의 충동 욕구와 문화적 요구 사이의 갈등에 빠진 인간의 문화는 필연적으로 타협에 의해 이루어진 성과물이다. 하지만 바로 그렇기 때문에 문화에 대한 특정한 이해 가능성 역시 열릴 수 있다. 왜냐하면 문화적 형식과 실행이 사회적 화목과 가치창조에 일조하는 충동조절의 표현으로 이해되는 한, 정신분석적 설명 또한 문화적 틀 안에서 형식이 된 충동 욕구와 발생조건을 설명해 낼 수 있기 때문이다. 프로이트의 문화개념은 동시에 협소한 규정적 확증들을 훨씬 더 넘어선다. 왜냐하면 그것에 의거할 때에야 비로소 구체적인 문화적 객관화의 분석이 문화의 발생조건과 의미의 차원을 해명할 수 있기 때문이다.

친부 살해로부터 유래된 문화의 발전

문화적 발전의 원천은 어디서도 직접 "관찰의 대상이 될 수 없고"(전집 9, 171쪽) 역사적으로 도달할 수 없는 선사시대에 뿌리를 두고 있다. 따라서 그것은 간접적으로만 해명될 수 있고, 따라서 근본적으로 사변적이다. 하지만 프로이트는 그의 문화비판적 저술들에서 문화가 선사시대의 골동품뿐 아니라 그 자체의 발생사를 간직하면서 원칙적으로 재구성적 이해를 허용하는 한, 항상 그 자체의 기억으로 존재한다는 가정에서 출발한다. 그러므로 원초적 사건과 경험들에 대한 지식은 옛 문화의 잔재와 유적 또는 구술과 문자의 전통을 통해서만 계승되는 것이 아니라 상징적 표현형식을 통해서도 전해져 내려온다. 프로이트는 발생에 대한 고고학적이고 역사적인 해명의 시도를 넘어 무엇보다 사회적 공동체의 계명들에서 표현되는 문화적인 기억을 밝혀내려고 한다. 그리하여 프로이트는 곳곳에서 통용되는 중심적인 사회적 규정인 살인금지 조항으로부터 여기에 틀림없이 인간의 강한 욕구가 바탕에 깔려 있다는 사실을 추론해 낸다. "어느 사람도 욕구하지 않는 것을 우리가 금지할 필요는 없으며, 그것은 저절로 욕구의 대상에서 배제될 것이다. 너는 살인해서는 안 된다는 계명의 강조야말로 우리가 무한히 오랜 세대에 걸쳐서 살인자들의 후예라는 것을 우리에게 확실하게 해 준다. 어쩌면 우리 자신처럼 그들의 혈관에 살기가 배어 있었는지도 모른다"(전집 10, 350쪽). 이 때문에 그의 200쪽에 달하는 글 《토템과 터부》에서 프로이트는 문화 형성의 초기에 틀림없이 살인이 일어났고, 이에 대한 기억이 커다란 죄책감으로 뇌리에 들어차게 되었다는 생각을 발전시킨다. 이 기억은 시간이 지나면서 집단무의식 속으로 가라앉았고, 바로 이 때문에 세대에 걸쳐서 계속 이어져 내려오고 있는 것이다.

프로이트는 이런 생각을 가지고 사실을 재구성하려는 것이 아니라 충동에 기초한 문화의 태동을 기억의 역사로 확장하고자 한다. 그는 인류사를 위한 일련의 판단으로부터 응집력 있는 사건의 연속적 결과를 구축했다. 그럴 것이 축적되어 온 문화적 진화로서 오랜 시간과 수많은 세대를 넘어 사실적으로 수행되어 왔음이 틀림없던 자연상태에서 문화로의 획기적인 변전을 효과적으로 응축한 이야기로 설명하는 것이 그의 관심사였기 때문이다(전집 14, 458쪽 이하). 그의 이야기 형식의 설명은 "혁명적인" 공동체의 행동을 통하여 끝나게 된 원시상태에 대한 표상을 전개하고 있다. 즉 선사

시대의 원시인들은 장성한 자식들을 질투심 때문에 살해하거나 추방하던 강력한 부친의 지배권 아래에서 생활하지만, 나중에는 형제의 무리가 결속하여 부친에게 대항하고 부친을 살해하여 먹어 치우기까지 했다는 것이다. 그런데 형제의 무리를 강화하기 위하여 부친의 여자들을 보호하고 그들과의 성적 관계를 금하자는 제안이 결의되었고 족외혼의 계명이 관철되었다. 이렇게 해서 친부살해 및 근친상간 금기에 대한 "사회조직의 첫 번째 형식이 **충동포기**(Triebverzicht)와 더불어" 성립되기 시작했고, 일종의 "사회계약(Gesellschaftsvertrag)"이 체결되었다(전집 16, 188쪽). 개별자의 권력을 공동체의 권력으로 대체하는 것은 결정적인 문화의 첫걸음이다(전집 14, 455쪽). 단체에 맡겨진 권력은 이제 규범과 규정 속에서 강조되고, 이를 통해 모든 사람을 보호하기 위해 충동적인 폭력성과 성 에너지가 제약받게 되기 때문이다. 따라서 프로이트는 문화의 시작을 자유로운 충동발산에서 충동의 제한에 의해서만 성립될 수 있었던 사회적 조직형태로의 추이로 규정했다. 그러나 문화를 주도한 이 실용적이고 직접적인 생존투쟁과 관련된 동기들 외에 프로이트의 문화의 기원에 대한 해석에서 결정적인 것은 친부살해를 통해서만 비로소 문화적 발전에 필수적인 심급인 양심이 자리를 잡을 수 있었다는 사실이다. 왜냐하면 일회적인 행동을 통하여 도달된 문화적 수준이 계속 유지되기 위해서는 새로운 문화적 규정의 내면화가 외적인 행위를 뒤따라야 하기 때문이다.

친부살해가 도덕적 명령에 종속됨 없이 일어났을지라도, 프로이트의 해설에는 이미 내적으로 규율을 받아들이는 친부에 대한 육적 동화가 거론된다. 인종연구[특히 1905년 앤드류 랭(Andrew Lang)과 1910년 프레이지어의 연구]를 다시 시작하면서 프로이트는 문화적 발전 과정에서 살해된 사람에 대한 최초의 추모기념인 장례식의 식사로부터 친부 대신 숭배의 대상인 위험한 짐승을 잡아먹는 토템식사가 생겨난다고 추론한다. 제식에서 상징적인 반복을 통해서야 비로소 본원적 행동에 대한 기억이 유지될 수 있고, 죄의식이 쌓이게 되고, 살인의 금기가 도덕적으로 강화될 수 있는데, 그럴 것이 "터부는 양심의 명령이기에 손상을 받으면 자명하면서도 근본을 알 수 없는 죄책감이 일어나기 때문이다"(전집 9, 85쪽). 문화의 기원에 대한 프로이트의 해설에서 논란의 여지가 있는 역사적 증거와는 상관없이 분명한 점은 발전단계마다 그 안에 문화적응의 교과과정(Curriculum der Enkulturation)이 개발되고 있다는 사실이다. 예컨대 형제무리의 결성에 따라 사회공동체 구조를 결정적으로 변화시키는 행위(친부살해 행위)는 심리적 대표성의 재편(충동포기)과 문화적 실제에 대한 기억의 필연성을 초래함으로써(반복의 제식), 결국 새로운 문화적 계율(터부)이 기억에 기록되고[내면화(Verinnerlichung)] 양심의 감독을 받게 된다. 부친에 대한 죄의식의 회상구조가 중심이 되는 문화에 대한 이 해설은 프로이트에게도 그의 후기 문화이론 저작들에서 항상 다시 거론되고, 특히 종교사의 해석에 새롭게 적용되었다는 점에서 매우 기본적인 저술이었다.

문화에 대한 기억의 역사로서의 종교

프로이트가 그의 상당히 긴 글 《인간 모세와 유일신교》에서 표명하였듯이 종교의 발전은 토테미즘으로부터 다신교를 거쳐 "단 하나의 절대적 지배권을 지닌 아버지신(Vatergott)의 귀환"(전집 16, 189쪽)과 더불어 유일신교로까지 수행되었다. 이 명제에서 그는 자신의 개인심리학에 바탕을 둔 인식에 의존하고 있다. 왜냐하면 잠복기간 이후에 다시 행동화되는 유아기적 경험들과 유사하게 종교의 발전에서도 조상인 아버지는 망각의 국면 이후에야 비로소 유일신의 모습으로 다시 기억될 수 있기 때문이라는 것이다. 또한 여기서 종교는 문화적 발전에 대한 기억의 역사로서 파악되고 있다. 왜냐하면 인류가 기독교의 교리에 따라 "태초의 죄로 얼룩진 행위를 조금도 숨김없이"(전집 9, 185쪽) 고백했으며, 원죄의 이념 속에 "아버지이신 하나님에 대한 범죄행위"(전집 9, 185쪽)가 무의식적 기억으로 보존되어 왔기 때문이라는 것이다. 또한 신경증 환자의 "타협형성(Kompromißbildung)"(전집 16, 181쪽)과 비견될 만큼 종교에서 정신적 외상을 남긴 사건은 억압된 동시에 그 고착화가 강화되었다는 것이다. 이 때문에 종교적 제식들은 "반복강박(Wiederholungszwang)"(전집 16, 180쪽)에 따라 원시가족사에 대한 연관성이 문화적 기억 속에 보존되어 있도록 표현되는 연출로 이해된다. 그러나 프로이트는 종교를 사례사(Fallgeschichte)에서의 증상처럼 분석하고 있을 뿐 아니라 문화의 기원에 대한 자신의 설명을 근본적인 문화적 외상에 대한 해석모델로 설정하고 있다.

프로이트의 문화 분석에 대해 종교는 탁월한 의미를 갖게 된다. 그 이유는 종교의 규범적 상태와 제식의 실제가 예컨대 충동포기의 과정에 대한 추리가 가능해지는 문화적 예증을 제시하고 있기 때문이다. 요컨대 도덕적 명령의 내면화에 따라 개별자에게 양심의 심급이 구축되는 한, 본원적으로 외부 객체를 조준하던 공격은 이제 자아를 향한다. 이와 동시에 양심은 문화 창조의 동력을 발전시켜 나간다. 양심은 충동포기를 통해 구축될 뿐만 아니라 자아의 충동포기를 점점 더 포괄적으로 요구하기 때문이다. 심지어 프로이트는 충동포기가 종교에서 문화의 불가피한 조건으로 찬양되고 있으며, 그것은 상징적으로 치유되기 위한 신성의 제물이 되었다는 논점을 제시한다. 그러나 프로이트는 문화에 대한 기억의 역사라는 의미에서 종교의 상징적 형식과 제식을 이해할 뿐 아니라 개별자에게 타협형성의 필연성으로부터 생겨난 심리사회적 결과를 해석하고 있다.

문화발전과 문화작업

프로이트는 근본적으로 충동장치(Triebausstattung) 때문에 모든 인간에게 문화적 적응능력이 요구될 수밖에 없다는 전제에서 출발하여 이 타협형성은 이제까지 늘 잠정적인 문화적 발전과 결부되어 있다고 가정한다. "이런 방식으로 개별 인간은 그의 현재의 문화 환경에 의존되어 있을 뿐 아니라 그의 선조들이 이룩한 문화사의 영향권에 종속되어 있다"(전집 10, 333쪽 이하). 따라서 타협형성의 능력은 생물학적으로 '기억되는' 가운데 발생학적 성향을 넘어 계속 유전된다. "오늘날 태어나는 인간들은 이기적인 충동을 유전적으로 물려받은 조직화로서의 사회적 충동으로 변화시키려는 어느 정도의 성향(소질)을 가지고 있다. 유전적으로 물려받은 조직화는 가벼운 충격으로도 이런 변화를 관철한다"(전집 10, 333쪽). 그러므로 인간의 문화습득은 문화유용성의 천성적인 부분과 실제로 매번 시대상황에서 요구되는 적응능력 덕분인 것이다.

이 타협협성은 프로이트가 《문화 속의 불쾌감》에서 언급한 바와 같이 "에로스와 죽음, 삶의 충동과 파괴충동 사이의"(전집 14, 481쪽) 투쟁으로 수행된다. 문화는 마치 에너지가 들어 있는 충동의 조절체계로 간주되고 있는데, 문화의 과제는 죽음의 충동의 주요 대변자인 공격본능을 제어하고 삶의 충동을 문화를 촉진하는 쪽으로 인도해 나가는 것이기 때문이다. 프로이트는 "성애(性愛)의 영향 아래에서 이기적 충동의 변형능력"을 문화작업으로 파악한다(전집 10, 334쪽). 시도 때도 없는 인간의 성충동은 대다수 고등동물의 경우보다 강렬하게 형성되므로 그 강도가 줄어들지 않아도 자신의 성 에너지를 다른 곳으로 전위시킬 수 있다. 문화작업에 필요한 힘들은 대부분 "성적 자극의 이른바 **도착된**(pervers) 부분", 요컨대 문화적으로 바람직하지 않던 "부분에서 얻어진다"(전집 7, 151쪽). 예를 들어 이런 면은 근친상간 터부와 같이 도덕적 명령이나 금지를 통하여 나타난다. 성충동의 강도는 개인적으로 다르며 문화작업에 맡겨질 수 있는 몫도 상이하지만, 그럼에도 프로이트는 공격성의 억압과 성 에너지의 승화에서 "문화에 의해 강요된 충동의 운명"(전집 14, 457쪽)을 감지한다. 그렇다. 심지어 프로이트는 사회적 관계 일반의 대다수 영역이 "문화거부(Kulturversagung)"(전집 14, 457쪽)의 이런 형태들을 지배하고 있다고 가정하면서 이미 《5세 사내아이의 공포증 분석》에서 "개체로 하여금 조금도 행동성의 손실 없이 문화적 능력과 사회적 유용성을 갖추도록"(전집 7, 376쪽) 요구한 바 있다. 이와 동시에 사회비판적 개체 역시 사회통합을 위하여 문화적 요구의 상당 부분을 충당해야만 하는 딜레마의 문제가 거론된다.

문화위선과 순응과정

프로이트는 치료작업으로부터 이런 딜레마를 상세히 알고 있었다. 따라서 문화발전과 충동의 억압은 상호 정비례한다는 전제를 내세운다. 다시 말해 개체가 자신의 충동욕구를 자제하고 이기적 노력을 이타적 목표로 바꾸도록 강요받으면 받을수록, 도덕적 요구도 그만큼 더 높아진다는 것이다. 그렇지만 프로이트는 사회 내부에서 "문화적으로 변화된 인간들의 수를 너무 과대평가하는"(전집 10, 335쪽) 경향이 생겨나는 것을 우려한다. 그럴 것이 몇 사람만이 윤리적 규범을 받아들여 내면화했고, 상당수는 이것이 자기이해와 일치할지라도 그저 문화적으로 적당히 행동하고 있기 때문이다. '문화적 보호색(kulturelle Mimikry)'의 이런 형태는 문화의 산물인 동시에 사회화의 이상적 형식으로서 문화의 저변을 위태롭게 할 수 있다. "그러므로 실제로 비교할 수 없을 만큼 문화적 인간보다는 문화위선자가 더 많이 존재하며, 그래서 우리는 어느 정도의 문화위선이 문화의 보전을 위해 필수불가결한 것이 아닌지 논의해 볼 수 있을 것이다. 왜냐하면 오늘날을 살아가는 사람들의 이미 조직화된 문화습득은 어쩌면 이런 업적에 비교하면 불충분할 수도 있기 때문이다"(전집 10, 336쪽).

프로이트는 문화위선 행위에서 사회적 공동체 내부에 존재하는 고통의 원천을 끄집어낸다. 공격적인 성향의 포기가 물론 사회적 공동체의 계율이기는 하지만, 개인은 누구나 공격성의 상이한 형태와 직면해 있기에 그러하다. 문화는 실로 부분적으로는 법규를 통하여 개인의 직접적인 폭력성향을 억제할 수 있지만, "그러나 인간이 지닌 공격성의 보다 세심하고 민감한 표출을 법이 고려하지는 못한다"(전집 14, 472쪽). 바로 개인의 이기적 성향은 문화적으로 받아들여진 형식에 의해 숨겨질 수 있고, 따라서 당장에는 문화적대성으로 인식될 수 없기 때문에 사회 내부에서 과소평가되고 있지만, 그것은 언제든지 폭발할 수 있는 폭력잠재력을 형성하고 있다.

프로이트가 《전쟁과 죽음에 대한 시대적 고찰》과 《집단심리학과 자아분석》에서 상술하고 있듯이 문화 내부에서의 공격성향은 아주 분명하다. 그리고 특히 문화적으로 승인된 전쟁에서 자기 집단 밖의 이방인을 향할 때면 노골화된다. 그러므로 공격성의 억압이나 은폐가 내부를 향해 결합에너지를 방출하는 동안, 아주 인접해 있거나 서로 가까운 공동체들에서는 교대적인 공격의 경향이 "작은 차이들의 나르시시즘을"(전집 14, 474쪽) 강화한다. 타인에 대한 공감이 구성될 수 없을 때 상대방은 공격성의 대상이 되는 이방인처럼 보이기 때문이다. 반면에 자기 집단 내에서는 이런 공격성이 리비도의 분발을 통하여 제어될 수 있다. 프로이트의 설명에 따르면 문화공동체는 구성원들이 상호 간에 동일시를 거듭하면서 결속을 이룰 때만 구성되고 유지될 수 있다. 리비도의 결합에너지는 집단구성원들이 고정된 기준에 따라 서로 유사한 것으로 인식하고 공동의 이상을 추구하며 서로가 이해할 수 있을 때 구축될 수 있다. 여기서 "어느 문화시기의 초자아"(전집 14, 501쪽)는 문화발전 단계에서 아직 도달하지 못했거나 근본적으로 도달하지 못한 채 머물러 있는 것을 대표하는 탁월한 인격체들 또는 이상적 인물들을 통하여 구축될 수 있다. 그렇지만 동시에 프로이트는 문화적 초자아의 윤리적 요구가 인간의 체질을 선도해 나가기에는 불충분하다고 비판한다. 왜냐하면 충동의 지배가 어느 특정한 한계를 넘어서게 되면 반항이나 신경증으로 귀결되기 때문이라는 것이다.

문화의 오류가능성

프로이트는 충동의 억압을 위한 문화의 조절기능이 자유를 필요로 하는 개체를 지속적으로 제한하고 강요에 의해 손상을 입히는 한, 문화의 병적인 기본구조가 성립된다고 진단한다. 아울러 그는 문화발전으로 인하여 부득이 피해야만 하는 일이 발생할 수밖에 없는 문화발전의 변증법을 제시한다. "현재 우리의 최고의 모습과 우리가 앓고 있는 병의 상당 부분"(전집 16, 25쪽 이하)은 문화 덕분이라는 것이다. 반작용 및 보상능력을 통하여 문화적 이상에 대한 심리사회적 희생을 감수해야만 하는 개체는 완수할 수 없거나 포기할 수밖에 없는 요구들에 저항감을 가진다. 이에 따라 프로이트가 그의 논문 《문화적 성도덕과 현대인의 신경증(kulturelle Sexualmoral und die moderne Nervosität)》에서 명료하게 설명하고 있듯이, 문화는 무엇보다 문화적 성도덕에 전적으로 근거하는 불쾌감을 생산한다.

프로이트는 사회적-기왕증 발작(sozial-anamnestischer Impetus)이라는 개념을 내세워 신경질환의 증가 원인이 도시적 현대로의 급변에 있다고 봄으로써 단호한 시대비평가의 자세를 취한다. 구체적으로 말해 신경쇠약의 증가 원인은 현대사회의 요구를 더 이상 정당화하지 못하는 전승된 문화적 성도덕 때문이다. 프로이트는 이런 예를 근거로 충동역학적 장치(triebdynamische Ausstattung)로 문화요구를 받아들일 수 있는 사람이 단 몇 사람에 지나지 않으며, 다른 사람들은 그 대가로 희생을 치르거나 문화위선자로서 "**이중의** 도덕"(전집 7, 144쪽)을 만들어 낼 수밖에 없다는 인식을 다시 한 번 인상적으로 개진한다. 나아가 그는 대다수 인간에 대한 성충동 억압에는 한계가 있으며, 도가 지나치면 그들의 체질이 문화요구를 따를 수 없다고 강조한다. 프로이트에 따르면 그 이유는 성적 충동을 바람직한 문화형태로 억압하거나 승화를 통하여 문화업적으로 변형시키지 못하면, 신경증 장애가 발생하게 되기 때문이다. 아울러 강렬하고 생산적인 문화작업을 가능케 하고 자극해야만 하는 문화적 성도덕이 비생산적이 될 터인데, 개체는 손상을 받아 문화적으로 바라던 목적에 도달할 수 없기 때문이라는 것이다. 프로이트는 그의 시대의 문화적 성도덕이 "일부일처를 제외한 모든 성교의 엄격한 금지"(전집 7, 144쪽)를 요구하고, 또한 혼전금욕의 계율을 통하여 남성들의 생식능력을 약화시키는 동시에 여성들의 불감증을 유도하려고 한다고 분석함으로써 이 명제를 분명히 한다. 심지어 프로이트는 이런 문화적 성도덕의 결과가 '신경쇠약의' 어머니들을 통하여 다음 세대로 옮겨 갈 수 있으며, 그 결과 문화가 전반적으로 약화될 수도 있다고 가정한다. 프로이트는 이를 《강박행위와 종교의 관습(Zwangshandlungen und Religionsübungen)》, 《문화적 성도덕과 현대인의 신경증》, 《문화 속의 불쾌감》에서 분석한 바 있다. 그는 문화적 성도덕에 의하여 조성된 신경증을 현대 문화병의 증상으로 이해한다. 어느 사회조직 내에서 문화요구가 너무 과도하여 구성원들이 특정한 문화병에 내몰리게 되면, "문화적 공동체의 병리학"(전집 14, 505쪽)이 거론되지 않을 수 없기 때문이라는 것이다. 따라서 그는 인간의 충동을 조절하는 타협형성과 개인적으로 이루어지는 문화의 객관화를 이해하고 그 병리적 현상형식을 문화의 증상형성(Symptombildung)으로 분석함으로써 개인심리학과 정신분석적 문화이론을 직접 접목한다.

문화분석의 방법

프로이트는 문화발전의 과정에서 심리 내적 적대감정(innerpsychische Antagonismen)은 "더 넓은 무대"(전집 16, 33쪽) 위에서 일어나듯이 진행된다고 전제한다. 그의 문화이론은 개인심리학과 마찬가지로 적대적 원칙들을 통하여 결정된다. 요컨대 자연스럽게 자리 잡은 인간의 기본요소가 발전하면서 뒤늦게 대두한 원칙에 의하여 심각한 갈등의 대결 국면으로 빠진다. 그래서 개인의 발달에는 쾌락과 사실원리가, 문화발전에는 충동과 문화적 계율 및 요구가 대립적 관계에서 논의된다. 치료 작업의 결과에서 출발하는 프로이트는 개인심리학에서 이른바 집단심리학을 도출해 낸다. 집단심리학에서 문화는 문화적 초자아를 통하여, 하지만 무엇보다 집단무의식을 통하여 훨씬 더 크게 관리되는 집단주체의 조직형태처럼 파악된다. 문화적 초자아에게는 문화이상의 대표성이 축적되어 있는 반면에, 집단무의식에는 원초적으로 사실적 체험이 전치와 응축(Verschiebung und Verdichtung)의 법칙에 따라 여러 세대를 지나 이어져 내려온다. "무의식이 있었던 곳에 자아가 있어야 한다"(전집 15, 86쪽)는 분석적-계몽적 명령과 유사하게 프로이트는 그의 문화비판적 저술들에서 집단무의식의 분석가능성에 집중하는 동시에 정신적 외상 체험의 자기서술 과정에 의존한다. 그는 개인심리학에 대한 초기 저술에서 후기의 저술 《인간 모세와 유일신교》에 이르기까지 미루어 두었던 것을 다시 시작하면서 집단무의식을 계속해서 기술하고 규정하려 노력했다. 신경증에는 늘 억압이 따라다니듯이 문화적 실제, 여기서는 프로이트가 특히 종교제식에도 마찬가지라는 논제에서 출발하기 때문에 (그가 문화적 객관화를 증상으로 분석하는 한) 그는 문화를 해독하기 위하여 천재적으로 정신분석적 방법을 전개한다.

프로이트는 이를 넘어 정신분석적 문화비교를 위한 시도를 발전시켜 나간다. 여기서 그는 현대 이전 사회의 문화적 실제에 근거하여 자체 문화의 초기적 발전단계를 추론할 수 있는 진화론적 모델(Elmar Waibl)의 의미에서 문화의 비동시성을 해명한다. 신화, 옛날 문화의 제식과 종교적 표상에 (은폐된 형태로 현대라는 현시점까지 이어지는) 범접하기 힘든 태고의 흔적이 여전히 남아 있다는 명제를 입증하기 위하여 그는 수많은 문화인류학 및 인종학에 관한 문헌들(Smith, Wundt, Storfer)을 끌어들인다. 예컨대 문화의 기원에 대한 그의 이념은 다윈의 원시부족에 관한 정리와 홉스의 '만인의 만인에 대한 투쟁론'에 기반을 두고 있다. 그러나 이때 개진된 학문적 인식들 역시 그 자신의 개인심리학 연구 성과와 비견되면서 새롭게 평가받고 있다.

요컨대 프로이트의 논지는 인간의 영적 활동에는 과거의 발전단계에서 유래하는 욕구와 분절된 방식들이 계속해서 발견될 수 있으며, 문화에는 과거의 모든 발전단계가 그때그때 은폐된 형태로 보존된 채 남아 있다는 인식에 근거한다. 따라서 지속발전이 지장을 받을 수 있지만, 퇴행은 늘 일어나게 된다. 이유인즉 "원시의 영적인 것은 가장 완벽한 의미에서 영원하기"(전집 10, 337쪽) 때문이다.

이제 프로이트는 '문화'를 궁극적으로 모든 발전단계가 실행되고 있는 우주로서 이해한다. 개체의 사회화는 언제나 여러 세대와 모든 연령층이 동시에 현존하는 문화적 공동체 내에서 수행되기 때문이다. 어린아이의 행동 관찰은 프로이트에게 문화에 접근하는 왕도가 되고 있다. 왜냐하면 그가 여기서 이미 극복된 것으로 믿고 미루어 둔 문화적 형태에 대한 풍부한 관찰영역을 발견하기 때문이다. 이렇게 해서 프로이트는 어린아이의 공포와 불안의 분석으로부터 자료를 끌어내어 그것으로 문화사의 미개척 분야에 활용한다. 프로이트는 이렇게 말한다. "그런데 어린아이의 영적 삶에 대한 분석적 단계가 뜻밖에도 태고에 대한 우리 지식의 틈을 메울 수 있을 만큼 풍부하게 소재를 제공하고 있다"(전집 16, 190쪽). 그는 동물에 대한 공포처럼 거세불안의 강도를 아버지와 연관된 원초적 불안의 증거로 해석한다. "오이디푸스 콤플렉스 및 거세 콤플렉스가 있는 신경증 어린아이의 아버지에 대한 행동에는 개인적으로 정당하지 않은 것처럼 보이는 이런 반응이 무수히 나타난다. 어린아이의 반응은 더 어릴 때의 성에 대한 체험 관계를 통하여 비로소 계통발생학적으로 파악된다"(전집 16, 206쪽). 문화 이전의 출발 상황에 직접 접근할 수 없기 때문에 프로이트는 충동역학적(triebdynamisch)으로 기초한 발전모델로서의 문화표상에 고유한 경험적인 결함을 개인의 발전과정을 분석함으로써 산출해 낸 관찰자료를 통해 보충한다. 따라서 프로이트는 "개인심리학과 집단심리학 사이의 심연"(전집 16, 207쪽)에 가교를 놓을 기회를 비교 개인분석에서 찾는다. 개인사적 유산이 아니라 계통발생학적으로 고대 유산에서 유래하는 더 오래된 문화의 성향과 내용만이 결정적일 수 있기 때문이다.

프로이트는 그의 문화비판적 저술들에서 문화발전이 인간을 더 큰 행복으로 이끈다는 환상에 반박하면서 다음과 같이 자신의 논점을 분명히 했다. "내게는 인류의 운명에 대한 물음이 문화발전에서 인간의 공격 및 자기파괴 충동을 통한 공동생활의 장애를 극복할 수 있는지, 어느 정도 극복할 것인지에 달린 것처럼 보인다"(전집 14, 506쪽). 프로이트의 비판적인 자세, 심지어 부분적으로 문화비관적인 자세는 문명의 발전에 대한 그의 실망감 때문이기도 하지만, 결정적으로는 충동에 기초한 그의 문화이해에서 비롯된다. 그는 사회 내에서 문화위선과 같이 개인에게 요구되는 본연의 희생을 폭로하고자 했다. 이에 따라 그의 문화 개념에는 이기적인 노력과 이타적인 노력 사이에서 항상 비등하는 갈등이 동시에 주제화된다. 이런 갈등이 문화적 발전을 필연적이면서도 철저히 양가적인(ambivalent) 시도가 되게 한다.

프로이트의 문화이론적 접근에는 개념적으로 다양하게 발전되어 온 그의 치료요법적인 방향의 개인심리학만큼 세심한 주의가 요구된 것은 아니었다. 프로이트의 문화이론적 해석방법에 대한 비판적 연구들, 예컨대 최근의 문화인류학 연구를 포함하는 프랑크푸르트학파의 텍스트들에서는 특히 공격성과 문화발전의 관계를 분석하는 데 초점을 두고 있다. 이 가운데 아도르노와 호르크하이머의《계몽의 변증법(Dialektik der Aufklärung)》과 르네 지라르의《성스러움과 폭력(das Heilige und die Gewalt)》은 이 수용 및 논쟁관계 내에서 매우 탁월한 지침에 속한다.《인간 모세와 유일신교》는 프로이트의 저술 중 최근에 가장 자주 해석되는 텍스트일 뿐 아니라, 문화적 기억의 연구(Assmann)에서도 새로운 독서법을 위해 보완되고 있다. 정신분석적 문화이론은 심층적 해석학의 방법을 통하여 문화분석(Lorenzer)으로 확고하게 계속 발전되었다. 그 밖에도 인종정신분석의 문화비교 연구(Erdheim, Reichmayr), 문화심리학(Boesch), 문화비교 심리학(Thomas)이 유사한 방법들에 속한다. 그러나 개별적으로(Schmid-Noerr) 문화에 대한 프로이트의 관점을 비판하는 흐름을 배제한다면, 현재의 문화과학적 연구에 대한 그의 문화이론적 시도는 내적인 공감이라는 측면에서 또는 그의 개인심리학적 저술과 관련하여, 나아가 현대의 문화이론이라는 맥락에서도 마찬가지로 의미를 획득하고 있다. 니체와 그 이후 에른스트 카시러의 문화철학적 시도는 주로 철학적 사유의 전통에 대한 인식에 편차가 많았음에도 인정을 받고 있다. 또한 뒤르켐과 베버, 짐멜의 문화사회이론이 본질적으로 사회적 삶의 세계에 대한 관찰과 분석의 토대가 되고 있다면, 프로이트는 임상 과정에서의 경험적 지식으로부터 도출한 정신분석적 방법을 통하여 문화로의 접근방식을 찾아냈다. 이렇게 함으로써 프로이트는 문화의 비판적 관찰자이자 해석자, 동시에 기왕증(既往症)에 숙련된 진단가가 될 수 있었다. 문화란 사회화와 증상형성의 고도로 복잡한 과정으로 이해되어야 하며, 이로부터 심리사회적 생산비용(Gestehungskosten)이 분석될 수 있다는 그의 소견은 개별적 인간을 지향하면서 문화연구에 실제적 영향을 미치고 있다.

참고문헌

Assmann, Jan: Religion und kulturelles Gedäctnis(종교와 문화적 기억). Zehn Studien. München 2000.

Boesch, Ernst E.: Kultur und Handlung. Einführung in die Kulturpsychologie(문화와 행위. 문화심리학 입문). Bern u.a. 1980.

Erdheim, Mario: Die gesellschaftliche Produktion von Unbewußtheit. Eine Einführung in die ethnopsychoanlytischen Prozeß(무의식의 사회적 생산. 인종정신분석적 과정 입문). Frankfurt a.M. 1983.

Frazer, James G.: Totemism and Exogamy(토테미즘과 족외혼). 4 Bde. London 1910.

Girard, René: Das Heilige und die Gewalt(성스러움과 폭력). Frankfurt a.M. 1994(불어판 1972).

Horkheimer, Max u. Theodor W. Adorno: Dialektik der Aufklärung(계몽의 변증법) [1947]. Frankfurt a.M. 1973.

Lang, Andrew: The secret of the Totem(토템의 비밀). London 1905.

Lorenzer, Alfred: Tiefenhermeneutische Kulturanalyse(심층해석학적 문화분석). In: Hans Dieter König u.a.: Kultur-Analysen. Frankfurt a.M. 1988, 11-98쪽.

Reichmayer, Johannes: Einführung in die ethnopsychoanlyse(인종정신분석 입문). Geschichte, Theorien und Methoden. Frankfurt a.M. 1995.

Schmid-Noerr, Grunzelin: Zur Kritik des Freudschen Kulturbegriffs(프로이트의 문화개념 비판). In: Psyche 47(1933), 325-343쪽.

Smith, W. Robertson: Lectures on the Religion of the Semites(유대인의 종교에 대한 강의) [1984].

Storfer, Adolf Josef: Zur Sonderstellung des Vatermordes: eine rechtsgeschictliche und völkerpsychologische Studie(친부살해의 특수한 위치에 대하여. 법제사적이고 민족심리학적 연구). Leipzig 1911.

Thomas, Alexander (Hg.): Kulturgleichende Psychologie(문화비교심리학). Göttingen u.a. 2003.

Weibl, Elmar: Gesellschaft und Kultur bei Hobbes und Freud(홉스와 프로이트에서 사회와 문화). Wien 1980.

Wundt, Wilhelm: Völkerpsychologie: eine Untersuchung der Entwicklungsgesetze von Sprache, Mythus und Sitte(민족심리학: 언어, 신화와 윤리의 발전법칙 연구); in 10 Bänden. Leipzig 1906.

Ortrud Gutjahr

2. 고대와 신화

신화의 생성조건에 대한 프로이트의 이론

프로이트는 그의 친구 빌헬름 플리스에게 보내는 1897년 12월 12일자 편지에서 신화이론에 대한 최초의 암시를 드러내면서 "심리 내적인 신화(endopsychische Mythen)"에 관해 언급한다. "자신의 심리 장치에서 생겨나는 불명료한 내적 지각은 사고의 환영(Denkillusion)을 만들어 낸다네. 그러면 그 환영은 자연스럽게 외부로 그리고 특정한 방식에 따라 미래와 내세로 투사되지. 불멸, 인과응보, 온전한 내세는 우리의 심리 내부의 그와 같은 표현이라네. 정신 나간 소리라고? 이것이 바로 정신-신화학(Psycho-Mythologie)이라네"(Fließ, 311쪽).

이 편지에서 정신분석의 창시자는 신화와 종교를 구분하지 않는다. 신화적 직관은 오직 심리적 조건들, 말하자면 '심리 장치(psychischer Apparat)'의 어렴풋한 지각, 즉 마음의 총체에서만 발원한다. 불명료한 지각의 좀 더 근접된 규정은 내부와 외부 사이의 모호함을 의미하며, 그것은 투사의 방어양식으로 표출된다. 투사 과정을 통하여 '공상'은 —요컨대 표상의 복합체 내지 환상은— 외적 과정의 지각으로서 감지된다.

여기서 프로이트가 2년 뒤의 저작 《꿈의 해석》에서 분석하게 되는 꿈의 과정은 이미 심리학과 유사한 면을 보여 준다. 그는 이 작품에서 특정한 신화인 오이디푸스 신화를 집단적 성격을 지닌 "원초적 꿈의 소재"(전집 2/3, 270쪽)로 파악한다. 이 특별한 사례는 1908년 프로이트가 신화를 "모든 국가의 소망환상(Wunschphantasie)이 왜곡되어 남아 있는 잔재들, 젊은 인류의 백 년의 꿈"(전집 7, 222쪽)과 동일시함으로써 원칙적인 범례로 발전한다. 신화가 꿈과 동일한 심리적 구조로 되어 있다면, 신화는 소망과 그것의 방어에서 나타나는 일종의 타협이다. "모든 국가의 소망환상"은 개인의 꿈에서 나타나는 소망의 동기들처럼 단순히 자발적으로, 제한 없이 온전한 규모로 성취될 수 있는 것이 아니라 억압절차 같은 방어과정에 종속된다. 왜냐하면 일반적으로 오이디푸스의 경우처럼 금지된 소망이 문제시되기 때문이다. 방어는 원초적 소망의 성격을 왜곡함으로써 결국 그것을 "잔재"로 남아 있도록 한다.

소망-방어 모델 역시 프로이트의 신경증 파악에 기초해 있으므로 신화와 신경증 사이의 구조 동일성이 존재한다. 프로이트의 관점에 따르면 "인류의 신화형성력"은 꺼져 버린 것이 아니라 "신경증 속에서 태고 시대와 동일한 심리적 생산물을 만드는 일"(전집 8, 319쪽)에 인과율적으로 관여한다. 신화와 꿈 및 신경증의 구조 동일성은, 지금은 물론 보다 상세한 정의가 이루어져 있기는 하지만, 플리스에게 보내는 편지 인용문만큼이나 프로이트의 신화 개념을 다시 포괄적인 것으로 나타나게 한다. 신화, 꿈과 신경증의 구조 동일성은 결국 오이디푸스 콤플렉스라는 공통의 이론적 토대에 기초한다. 오이디푸스의 삼자관계 내에서 갈등과 갈등해소의 전략들은 일차적으로 어린아이의 정신적 발달과 자아, 무의식, 초자아, 자아 이상이라는 정신구조(전집 13)의 형성을 촉진하는 심리적 구조의 지배적인 요인들이다. 오이디푸스 콤플렉스를 인류학적 상수로 보려는 관점은 프로이트에게 개체발생학과 계통발생학의 비교 가능성을 부여한다. 동시에 집단적 주체로서의 단체는 개체처럼 수용되고 다루어진다. 개인의 발전을 비로소 가능하게 하는 근친상간 금지는 인류문화의 성립에 대해서도 필수불가결한 조건이 되고 있다(전집 9). 여기서 프로이트의 계통발생 개념이 생물학적인 동시에 역사적 의미(전집 9)를 갖고 있다는 점을 간과해서는 안 된다.

우리는 프로이트가 주장하듯이 오이디푸스 콤플렉스의 비중이 크다는 사실로부터 그것이 신경증의 핵심이자 꿈의 생성에서 가장 중요한 동기라는 사실을 쉽게 이해할 수 있다. 인류학적 토대로서의 오이디푸스 콤플렉스는 정신분석의 창시자에게 인류발전과 신화의 정신분석적 해석을 시도할 수 있는 아르키메데스의 중심점을 제공한다. 그는 1923년에 다음과 같이 그의 관점이 어떻게 이루어졌는가를 기술한다. "오이디푸스 콤플렉스의 의미가 거대하게 커지기 시작하여, 우리는 인류의 원시시대에 국가의 질서, 윤리, 법과 종교가 서로서로 오이디푸스 콤플렉스에 대한 지속적인 역반응으로 생겨났다는 것을 추측하게 되었다"(전집 13, 229쪽).

프로이트는 발생과 관련하여 신화와 종교에 ―둘 다 오이디푸스 콤플렉스에 연원한다는 관점에 따라― 차이를 두고 있지 않지만 《토템과 터부》(전집 9, 96쪽)에서는 양자의 차이를 구분한다. 그는 이 저서에서 인류가 현실이해의 측면에서 세 가지 사고체계를 발전시켰다고 주장한다. 즉 애니미즘의 사고체계(만유정령설을 가정함으로써 이루어지는 원시적 세계해석), 종교적 사고체계(여러 영역에 대해 특정한 해당 신들의 형상을 가정함으로써 이루어지는 다양한 세계해석), 그리고 끝으로 과학적 사고체계(합리적 세계해석 내지 설명)가 그것이다.

프로이트는 그의 후기 저작들에서도 계속하여 《토템과 터부》(전집 9, 171-175쪽)에서 분석한 (다윈에 따른) 원시부족 가설에 의존하면서 신화의 기원에 대한 자신의 생각을 개진해 나간다. 원시부족의 상황에서는 가장 힘이 강한 사내가 부족을 지배했다. 그는 여자들을 독점하면서 아들들에게는 금욕을 강요한다. 이 계율을 지키지 않는 자는 거세와 죽음의 위협을 받는다. 어느 날 부족장에게 실망한 아들들은 서로 작당하여 친부를 살해하고 심지어 그를 잡아먹는다. 잡아먹는 행위는 힘에 있어 친부와 동일하다는 것을 의미하며, 그것은 최초의 토템식사를 하게 되는 원인이 된다. 아들들은 친부에게 애증이 있을 뿐만 아니라 그의 힘을 숭배하기 때문에 마음속에서 죄의식을 느끼게 되고, 그 결과 나중에 자발적으로 그들 부족의 여자들에 대한 금욕의 계율을 준수하게 된다. 이렇게 해서 근친상간 금지 역시 내적 과정으로서 생겨난다. 오이디푸스 콤플렉스의 기본구조 또한 친부살해와 근친상간이라는 주제들로 기술되어 있다.

프로이트는 임상체험이 증가하면서 그의 분석대상자의 무의식적 환상이 개인적으로 무의식에 축적된 유년체험의 결정요인을 넘어서는 집단적 차원을 지니고 있다는 관점에 점점 더 가깝게 다가선다. 그는 이에 대한 해명을 찾으려고 노력하다가 원시부족 상황에서 유래되는 계통발생학적 유산에서 이를 발견한다. 정신분석의 창시자는 1939년 그의 마지막 위대한 작품인 《인간 모세와 유일신교》(전집 16)에서 원시부족 사회로부터 연원되는 직접적인 유전과정을 생각하게 된다. 인간 모세는 "보고를 통하여 기억속에 이식된 전통이 아니라 유전적으로 계승된 전통"(전집 16, 207쪽)을 갖고 있다는 것이다. "오이디푸스 콤플렉스 및 거세 콤플렉스가 있는 신경증 어린아이의 아버지에 대한 행동에는 개인적으로 정당하지 않은 것처럼 보이는 이런 반응이 무수히 나타난다. 어린아이의 반응은 더 어릴 때의 성에 대한 체험 관계를 통하여 비로소 계통발생학적으로 파악된다." 나아가 프로이트는 이에 대해 다음과 같은 주장을 제기한다. "식물학의 현재 태도는 선천적 특성의 유전에 관해 전혀 알려고 하지 않는다. 인간의 고대유산은 성향뿐만 아니라 내용…, 앞선 세대들의 체험에 대한 기억의 흔적을 포괄하고 있다(전집 16, 206-207쪽). 1939년에 와서는 《토템과 터부》를 쓸 때보다 훨씬 더 생물학적으로 보이는 이런 계통발생학적 가설을 가지고 프로이트는 "개인심리학과 집단심리학 사이의 심연에 가교를 놓았고", 이에 따라 이제는 "민족을 개별적인 신경증 환자처럼 다룰" 수 있게 된다(전집 16, 207쪽). 프로이트는 "고대유산"이 무의식적 환상 속에 침전되어 있을 때 이를 "원초적 환상(Urphantasie)"이라고 불렀다. 그것은 다시 말해 부모의 성교, "거세"와 "유혹"이라는 원초장면과 관련된 환상이다(전집 11).

'볼프스만'의 분석에서 프로이트는 그의 상담 환자가 어린 시절에 실제로 체험했던 것과 초개인적 상징성을 지닌 "유전적 틀" 사이의 무의식적 환상을 구성하면서 규칙적인 갈등을 표출한다는 점에 주의를 환기한다. 예를 들어 동성애적으로 사랑하던 유약하고 우울한 아버지가 '볼프스만'의 환상 속에서는 "거세공포를 일으키고 유년기의 성을 위협하던 당사자"(전집 12, 155쪽)였다는 것이다. 프로이트가 수많은 꿈상징(Traumsymbol)의 집단적 의미에서도 표명하는 바와 같이 이 비개인적이고 단조로운 현상방식에 따라 비역사적인 느낌을 자아내는 무의식적 환상의 핵심은 일상적인 정신분석 경험에 속하며, 결코 프로이트 이론의 부차적인 측면이 아니다. 정신분석의 창시자가 꿈을 분석하는 즉시 집단적 의미 층으로 파고드는 어떤 특별한 경향이 있는지는 확인할 수 없지만 —꿈을 분석할 때면 언제나 상응하는 상징들과 결부된 개인적 동기를 끈질기게 조사한다—, 그럼에도 그는 이 문제를 회피하지 않고 어떤 해명을 찾아내려고 노력한다. 이런 경향이 그가 《인간 모세》에서 요구하는 내용들의 유전적인 계승처럼 항상 무리한 결과로 나타나는 것은 아니다. '볼프스만' 분석에 대한 논의에서 그는 "철학의 범주처럼 삶의 인상을 체계적으로 수용하는 계통발생학적으로 가져온 도식"에 관해 언급하는데, 이 도식이 "인류문화사의 침전물"(전집

12, 155쪽)이라는 것이다. 짐작건대 프로이트는 철학의 '범주' 개념을 가지고 특정 의미에서의 경험내용을 고유한 도식으로 구조화하는 칸트와 같은 선험적 방식의 이론적 조건들을 말하고 있는 것처럼 보인다.

우선적으로 언어 참여에 중심이 맞추어진 오늘날의 상징논쟁에서 더 이상 역할을 하지 못하는 이런 양상을 나는 항상 논의할 만한 가치가 있다고 생각한다. 프로이트가 생물학을 끌어들이자마자 그에게 철저히 논박하면서 즉각 현상에 대한 역사적, 사회적 조건들을 내세우는 에리히 프롬조차도, 특히 꿈상징에서 분명해지는 무의식적 환상의 비역사적 침전물을 인정하고 있다. 프롬은 그의 저술 《동화, 신화, 꿈》(프롬 전집 9)에서 의미구조의 이 고대적 보편성을 모든 시대와 공간을 살아가는 인간에게 공통적인 "인류의 언어"라고 간단하게 명명한다.

어쩌면 이 집단적 상징관계의 비역사적 핵심은 부분적으로는 인간적인 해부학과 생리학의 동일성에 근거하고, 나아가 문화에 의해 창조된 것이 아니라 문화에 의해 단지 독특하게 형성된 인간실존의 비교적 변함없는 기본성향, 즉 고립존재라는 사실, 성 차이, 세대 사이의 경계에 근거하는 것인지도 모른다. 정신분석적 병리학의 구상은 이 세 가지 주제로 수렴된다. 그럼에도 불구하고 이런 관점으로 해결되지 않는 부분이 남아 있을 수 있다. 우리는 프로이트의 시도, 언급한 세 가지 영역을 계속 포괄하고 그와 관련하여 계통발생학적 가설을 이론적으로 충분히 설명할 수 있는 꿈상징의 집단적인 부분도 동시에 확고히 하는 오이디푸스 콤플렉스의 편재성을 진부한 것으로 간주하고 연구대상에서 배제해서는 안 될 것이다. 프리드리히 빌헬름 아이크호프(Friedrich Wilhelm Eickhoff)는 우리가 아직도 얀 아스만의 "문화적 기억"이라는 연구 성과가 훌륭한 개념을 주저 없이 "계통발생학적 요인"(Eickhoff 2004)으로 확정할 수는 없다는 데 동의한다. 아마도 생물학적 유전인자와 아스만이 말하는 "문화적 기억"의 과정 사이에서 "보완계열(Ergänzungsreihe)"(전집 5, 141쪽)을 생각하는 것이 더 실제적일 수도 있을 것이다. 여기서 나는 프로이트가 명명한 바와 같이 경험내용을 전형적인 방식으로 정돈하고 구성하는 이론적인 선험적 구조화의 경향을, 말하자면 가능한 가설로 보고 있다.

현대의 발달심리학은 어린아이에게 주어진 일련의 놀라운 능력을 밝혀내고 있는데, 이런 능력은 선(先) 형성된 발생구조에서 연원하는 것처럼 보인다(Stern 1996 참조). 아이크호프는 본질적으로 프로이트의 선험적 틀에 상응하는 것으로 볼 수 있는 개체생물의 선구상(先構想, Präkonzept)이라는 용어를 사용한다. 칼 융은 1954년 '원형 자체(Archetypus an sich)'와 '원형적 상(archetypisches Bild)'의 구별을 통하여 프로이트의 개념과 유사한 구조를 기술한다(Jung 전집 8권 참조). 그의 연결점 역시 프로이트처럼 칸트의 범주이론이다. 이는 놀라운 일이 아니다. 왜냐하면 그가 서신교환을 통하여 문서화한 바와 같이 계통발생학적 가설은 두 선구자의 사고에서 중요한 역할을 하기 때문이다. 자신은 심층 영혼의 환상을 구성함으로써 고대의 유산이론을 추구했던 프로이트 제자들 가운데 유일한 사람(Jung, 1961)이라는 칼 융의 주장이 설령 옳다 할지라도, 그의 시도는 프로이트의 그것과는 근본적으로 차이가 있다. 프로이트가 집단적 무의식의 상징성에서 오로지 충동의 질만을 주목한다면, 융은 집단적 무의식의 상징을 충동과 정신을 통합하는 '원형적 상'으로 파악한다. '원형 자체'는 정신의 자기표현인 것이다.

1921년 프로이트는 《집단 심리학과 자아분석》(전집 8, 151-155쪽)에서 다시 한 번 원시부족의 친부살해에 관한 "과학적 신화"를 언급한다. 이에 따르면 친부를 죽인 아들들 가운데 누군가는 친부의 자리를 차지하기 위해 새로운 싸움을 도발해야만 하고, 자신도 친부의 비극적 운명을 겪을 수밖에 없다는 불안에 사로잡힌다. 평등한 토테미즘적 형제공동체 시대에 이어서 잠시 여성지배의 시기가 도래했지만, 이 역시 남성들에 의해 종결되었다. 개체는 죽은 조상을 애도하면서 집단에서 풀려나와 아버지의 위치에 돌아가고 싶었을 것이다. 이런 식으로 형성되고 의사소통된 환상에 따라 일어난 사건은 욕구라는 의미에서 현실을 허구화한 최초의 서사시인의 탄생이었다. 이와 더불어 영웅 신화가 창조되었다. 영웅은 혼자서 친부를 죽인 자였다. 이로써 영웅은 어쩌면 아버지신(Vatergott)의 선구자가 되었는지도 모른다.

프로이트의 신화이론에 대한 발전단계는 다음과 같이 요약될 수 있다. 처음에는 신경증적인 증상의 형성과 특히 꿈상징에서 표현되는 여러 무의식적 환상들의 집단적 의미에 대한 임상경험이 존재한다. 가령 꿈에 나타난 파고드는 성격을 지닌 길쭉한 물건에 대한 남성생식기의 의미와 공간적으로 둘러싸인 형태를 지닌 여성생식기의 의미는 많은 낱말의 다양한 의미 스펙트럼 속에서 표출되는 이 일반적인 비유관계에 대한 하나의 예에 속한다. 예를 들어 독일어에서 Scheide란 낱말은 여성생식기에 대한 표현인 질이란 의미인 동시에 칼의 덮개인 칼집의 의미를 지닌다. 라틴어의 'vagina'도 이와 동일한 이중적 의미관계를 나타낸다. 라틴어에서도 칼집은 질과 칼집을 뜻하고, 칼은 페니스를 뜻하기도 한다. 이런 예로 보아 남성의 해부학과 상징성 사이의 형식 및 기능에 대한 동일성은 더 이상 사족이 필요 없을 정도로 명백하다. 말할 것도 없이 프로이트는 "비교의 제3점(Teritum comparationis)"이 주어지지 않는 곳에 상징형상이 존재한다고 강조한다(전집 8, 404쪽).

신화이론을 향한 프로이트의 다음 행보는 오이디푸스 콤플렉스의 편재성(偏在性)을 받아들이는 단계이다. 오이디푸스 콤플렉스는 "신경증의 핵심"이자 꿈의 중요한 동인으로서 환상형성 일반의 결정적인 동기인 동시에 집단적 신화의 환상을 만들어 내는 동기이다. 개인의 무의식적 환상이 집단적 신화의 현상형식[예를 들어 '늑대인간(Wolfsmann)'의 경우 거세공포를 일으키는 당사자로서의 아버지]이라는 의미에서 무의식적인 것 속에서 지속적으로 하나의 도식화된 가공물을 획득하고 있다. 그러므로 프로이트는 계통발생학적으로 정착된 경향을 요구함으로써 이로부터 도식과 도식화된 행동성을 도출해 내야 한다고 생각한다.

프로이트와 고대신화의 관계

고대 그리스-로마와 유대교라는 서구문화의 두 뿌리는 유대인 가정에서 자라나 인문주의적 교양을 습득한 프로이트에게는 어린 시절부터 친숙했다. 일찍이 그리스 신화와 유대인 신화라는 관찰의 공간 앞에서 프로이트는 자신의 임상경험을 반영하기 시작한다. 여기서 이 방법은 근본적으로 선택이 아니라 —그가 단언하기를 꺼려하지 않듯이(전집 1, 227쪽)— 서구문화의 뿌리를 자발적으로 계속 다루는 임상경험의 특성을 통하여 스스로 터득한 것이다.

이렇게 해서 그의 임상이론에서 가장 중요한 그리스 신화의 두 인물, 오이디푸스와 나르시스가 시종일관 나타나게 된다. 그의 저술에는 많은 신화의 형상들이 등장한다. 그리스 신화의 경우 오이디푸스와 나르시스 외에도 제우스와 크로노스, 메디아와 크레우사, 스핑크스, 히드라, 프로메테우스, 아리아드네, 미궁, 거인들, 메두사, 플라톤의 《향연》 중 분신에 관한 이야기가 나온다. 유대교 신화의 경우에는 아담, 요나, 요셉과 그의 형제들, 토비아스가 나오며 적어도 부분적으로는 모세도 이 계열에 속한다. 종종 모세를 두고 공전하는 프로이트의 지각 속에서 모세는 신화적으로 강렬하게 채색된 역사적 인물이다(인간 모세 2장 참조).

프로이트에게 가장 중요한 신화의 인물은 오이디푸스이다. 이 정신분석의 창시자는 특이하게도 그리스 본래의 오이디푸스 신화에 흥미를 갖는 것이 아니라 오직 소포클레스의 오이디푸스 희곡에만 주의를 기울인다. 소포클레스 희곡을 보면 친부살해와 근친상간의 사실이 점점 분명하게 밝혀질 무렵에 작가는 이오카스테로 하여금 말하게 한다. "많은 사람이 꿈속에서도 어느새 자신이 어머니에게 다가 서 있는 것을 보았기 때문입니다. 하지만 이 모든 것을 공허하게 여기는 사람은 삶의 번민을 쉽게 짊어지기 마련입니다"(소포클레스, 프로이트 전집 2/3, 262-273쪽에서 인용).

드라마의 이 부분에서 프로이트는 근친상간이 "원초적인 꿈의 소재"임을 발견한다. 그는 근친상간과 친부살해에 대한 환자의 무의식적 환상이 꿈속에서 표출된다는 언급을 통하여 소포클레스의 표명을 입증한다(전집 2/3, 262-263쪽). 그렇기에 그는 그의 이론에 가장 중요한 이 신화적 소재를 1900년에 《꿈의 해석》(전집 2/3)에서 다루고 있다. 프로이트는 놀라운 감정에 사로잡힌 채 《오이디푸스 왕》의 비극이 일으키는 충격적인 효과가 "우리 내부의 목소리"에서 우러나오는 것이라고 강조한다. "오이디푸스에게 내재된 어쩔 수 없는 운명의 힘을" 우리 내부의 목소리는 "인정할 자세가 되어 있다"는 것이다. 이런 오이디푸스의 운명에 대해 프로이트는 다음과 같이 언급한다.

> 그의 운명은 "우리의 운명이 될 수도 있었을 것이다. 왜냐하면 우리의 탄생에 대한 신탁이 그에게 내린 것과 동일한 저주를 우리에게 내리고 있기 때문이다. 어쩌면 우리 모두에게 최초의 성적 자극은 어머니를 향하고, 최초의 증오와 폭력적인 소망은 아버지를 겨냥하게 되어 있었는지도 모른다. 우리의 꿈이 이를 입증한다. 자신의 친부 라이오스를 살해하고 어머니 이오카스테와 결혼한 오이디푸스 왕은 우리 어린 시절의 소망 성취의 표현일 따름이다. … 저 원시적 소망을 실현한 인물 앞에서 우리는 우리 내부에 잠재된

이런 소망이 그간 겪었던 억압의 총량을 느끼며 놀라서 뒷걸음질 친다”(전집 2/3, 269쪽).

이보다 2년 전인 1897년 10월 15일 플리스에게 보내는 서한에는 이와 관련된 프로이트의 직접적인 생각이 들어 있다. 그는 자신에게도 “어머니에 대한 애정과 아버지에 대한 질투심”이 있었으며, 그것을 이제 “과거 어린 시절의 일반적인 결과”로 간주한다고 보고한다(Fließ, 293쪽).

오이디푸스 콤플렉스의 편재성을 가정하기 위하여 프로이트에게는 다음의 기본자료들, 즉 그의 환자들과 특히 그들의 꿈, 자기 자신, 소포클레스의 비극과 셰익스피어의 《햄릿》에서 오이디푸스 주제가 어떻게 다루어지는가를 살펴보는 것만으로 충분하다. 햄릿은 죽은 아버지의 혼령이 그에게 지시한 명령(즉 햄릿의 아버지를 살해하고 왕위를 찬탈했으며, 햄릿의 어머니와 결혼한 숙부를 죽이라는 명령)을 이행할 수 없다. 햄릿이 덴마크의 새로운 왕이 된 숙부를 죽이지 못하고 망설이는 이유를 프로이트는 오이디푸스적인 환상에 빠진 햄릿이 숙부를 죽이라는 아버지의 명령대로 숙부를 죽여야만 했을 때 생겨나는 죄책감 때문이라고 본다(전집 2/3, 271쪽).

프로이트는 오이디푸스 콤플렉스 개념을 1910년에야 비로소 《정신분석에 관하여(Über Psychoanalyse)》라는 논문에서 소개했지만(전집 8, 50쪽), 실제로 그는 이미 1900년에 발표한 《꿈의 해석》에서 분명히 이 개념의 기초를 선보인 바 있었다. 그는 오이디푸스 콤플렉스가 인류학적 상수라는 더 포괄적인 근거를 우선 두 가지 생물학적 사실로부터 이끌어 낸다. 어린아이의 장기간에 걸친 부모 의존성과 성 발달에 있어 두 번의 도약, 즉 3-5세 사이의 남근기에 해당하는 시기와 다음으로는 잠복기를 지나 사춘기의 새로운 국면이 그것이다(전집 8, 221쪽).

이제까지의 설명은 주로 프로이트의 충동이론의 관점에서 개진되었다.

그러나 오늘날 충동이론은 적지 않은 정신분석가들에게 진부한 것으로 간주되고 있다. 정신분석의 네 가지 조류는 충동이론, 자아심리학, 대상관계이론, 자기심리학이다. 이 가운데 충동이론이 가장 오래된 분과이다. 자아는 정신분석이 충동이론의 토대를 포기하게 되면 지속적으로 자체의 정체성을 상실할 수밖에 없을 것이라는 입장을 고수하고 있다. 프로이트의 충동 개념은 결코 순수 생물학적 범주가 아니었다. 그것은 언제나 생물학과 심리학 사이의 매개적 위치에 의해서는 단순한 공통분모를 이끌어 낼 수 없는 하나의 구상이었다. 프로이트의 관점에 따라 충동 —특히 성충동은— 관계체험을 통해서야 비로소 성립되며(전집 5, 123쪽), 이를 통하여 "충동의 운명"(전집 10, 232쪽)이라는 의미에서 특징을 갖게 된다.

장 라플랑슈(Jean Laplanche)는 소아의 성적 갈등이 지속적으로 가까운 성인에 의한 실제의 유혹 때문이라는 프로이트의 "유혹이론(Verführungs-theorie)"에 대한 탁월한 해석과 프로이트의 충동이론 가운데 오이디푸스 콤플렉스에 대한 해석을 통하여 오늘날의 정신분석에서도 하나의 토대를 구축한 바 있다. 프랑스의 정신분석가들만이 수행할 수 있는 프로이트 작품에 대한 세밀한 설명을 통하여 라플랑슈는 충동이론의 대상관계심리학적 실체를 해명하였다. 그는 《일반 유혹이론 및 기타 연구》(1988)에서 오이디푸스적 갈등이 어린아이에게 내생적으로 나타나는 것이 아니라 무의식적인 환상, 다시 말해 어린아이에게 영향을 미치는 어른의 성적 환상에 대한 좌절된 반작용이라고 분석한다. 그는 이것이 임상경험과도 일치한다고 말한다. 나아가 근친상간 금지는 언어적-문화적이자 집단적인 어떤 것으로서 모든 개인적 체험구조에 선행한다는 것이다. 물론 그는 여기서 프로이트의 주장을 고려하고 있지만, 계통발생학적 근거에 대해서는 견해를 같이하지 않는다.

조르주 데버루(Georges Devereux)는 1953년에 발표한 《왜 오이디푸스는 라이오스를 죽였는가》라는 논문에서 라플랑슈와 유사한 의도로 다음과 같은 사항을 입증하였다. 즉 그의 부모의 사전 결정과 고민에 대해 행동보다는 얼마나 많은 반작용이 오이디푸스의 태도를 결정하고 있는가, 그리고 오이디푸스가 아버지가 겪는 운명의 본질적인 몫을 얼마나 똑같이 반복하고 있는가 하는 점을 입증하였다. 그 밖에도 데버루는 오이디푸스 콤플렉스의 동성애적 측면, 영웅의 아버지에 대한 사랑과 아버지 라이오스를 두고 어머니 이오카스테와 벌이는 경쟁관계를 조명하는 신화의 새로운 해석을 도입한다.

정신분석적 신화해석들을 살펴보면 정신분석가에게 오이디푸스 콤플렉스가 전과 다름없이 지금도 모든 신화적 동기 가운데 가장 중요하다는 결론이 도출된다.

신화에 대한 가장 포괄적인 정신분석적 작품은 오토 랑크(Otto Rank)의 《문학과 전설에 나타난 근친상간 동기》(1912)이다. 프로이트의 다른 중요한 제자들도 정신분석의 중심적 신화들에 대한 연구를 발표한 바 있다. 카를 아브라함(Karl Abraham; 1909)은 오이디푸스 설화에 나타난 3이라는 수의 상징적 의미를 다루고 있다(상징연구를 위한 두 편의 글, 122쪽). 그런가 하면 산도르 페렌치(Sandor Ferenczi; 1912)는 오이디푸스와 관련하여 욕망 및 사실원칙을 다룬다. 테오도르 라이크(Theodor Reik; 1920)는 오이디푸스와 스핑크스의 만남에서 종교적 측면(스핑크스)과 결부된 아버지(라이오스)와 아들(오이디푸스)의 새로운 만남을 포착한다. 드리에크 판 데어 슈테렌(Driek van der Sterren; 1948/74)은 소포클레스의 드라마 《오이디푸스 왕》에 관하여 포괄적인 정신분석적 해석을 시도한다. 마르크 칸처(Mark Kanzer; 1950, 1964)는 소포클레스의 오이디푸스 삼부작(《안티고네》, 《오이디푸스 왕》, 《클로노스의 오이디푸스》)을 분석하면서 3대에 걸친 감정적 갈등의 지속성(근친상간적인 사랑, 경쟁자의 공격, 거대한 환상)을 입증한다. 에리히 프롬은 《오이디푸스 왕》에서 근친상간적인 사랑보다는 오히려 모권과 부권 사이에서 투쟁의 역사적 차원을 보여 주는 권위의 충돌을 찾아낸다(전집 8권 참조). 아바 지글러(Ava Siegler; 1983)는 오이디푸스 신화와 오이디푸스 콤플렉스 사이의 일치점과 차이를 연구한다. 롤프 포크트(Rolf Vogt; 1986)는 언어와 그림(단지에 그린 그림과 양각)으로 된 오이디푸스-스핑크스 주제에 관한 모든 그리스 문헌을 참조하는 가운데 오이디푸스 신화의 부분 영역에 대한 체계적 연구를 제시한다. 존 스타이너(John Steiner; 1990)는 멜라니 클라인(Melanie Klein)과 윌프레드 비온(Wilfred Bion)을 지향하는 연구에서 《클로노스의 오이디푸스》에 나타난 진실의 부정과 전능함에 대한 포괄적 감정으로 인한 오이디푸스의 몰락을 분석한다. 니콜라스 란트(Nicholas Rand; 2001)는 정신분석가들이 친부살해와 근친상간에 고정되는 것을 비판하면서 오이디푸스 신화에서 비밀의 은폐와 노출이 얼마나 중요한 것인지를 실제로 입증한다.

오이디푸스 신화에 대한 작업들의 이런 나열은 물론 완전한 것이 아니다. 그것은 정신분석가들이 생각하는 중요한 신화적 출발점에 대한 끊임없는 쟁점을 부각시킬 따름이다.

프로이트가 시도하는 신화해석의 방법

무엇보다 꿈은 신경증과 더불어 프로이트에게 신화 이해의 패러다임이다. 꿈 해석의 방법은 꿈을 꾼 사람의 꿈에 대한 "자유연상(freie Assoziation)"과 분석가의 상징 이해를 통한 초개인적 의미를 지닌 상징들의 번역으로 이루어진다. 물론 두 번째 경우에도 분석가는 우선적으로 이 상징들의 개인적 의미연관을 추적한다(전집 2/3). 해석자 프로이트의 경우 신화해석에는 없는 꿈을 꾼 사람의 '자유연상'은 그의 임상경험과 이론, 그의 일반적

지식에서 유래하는 목적지향적인 연상으로 대치된다. 해석 시도가 올바른가 하는 문제는 신화 텍스트에서 검증된다.

예를 들어 프로이트는 그의 사후에 발표된 《메두사의 머리(Das Medusenhaupt)》(전집 17, 45-48쪽)에서 메두사를 환자가 꿈에서 본 형상처럼 해석한다. 그는 메두사의 머리에서 혀를 날름거리는 뱀들을 "반대를 통한 표현"(전집 2/3, 474쪽)이라는 꿈의 기제의 의미에서 전체 남근들의 수로 이해한다. 그것들이 마녀에게는 없는 남근을 대신하고 은폐한다는 것이다. 실제로 꿈을 꾼 사람이나 그와 연관된 자유연상도 없기 때문에 프로이트는 집단적 상징의 무시간성이라는 의미에서 다른 시대와 문화에서 유래한 문학적 범례, 즉 프랑스의 작가 라블레의 범례와 관련되는 자신의 연상을 사용한다. 이를 위해 프로이트는 그리스 신화와 다른 민족, 다른 시대의 신화에 나오는 메두사에 대한 참고자료와 보다 포괄적인 관련자료를 찾게 된다.

오늘날의 관점에서 보면 프로이트는 자신의 신화해석에서 일차적으로 전이(Übertragung)와 역전이(Gegenübertragung)에 기초하는 정신분석적 방법을 이용하는 것이 아니라 오이디푸스 콤플렉스 이론으로 되돌아가 자신의 해석을 시작한다. 정신분석의 창시자는 특정 신화에는 거의 관심이 없다. 오이디푸스 신화는 그에게 분리된 연구로서는 조금도 가치가 없다. 그에게는 자신이 세운 이론의 보편타당성을 신화적 자료에서 예증하는 일이 무엇보다 중요하다. 오늘날 정신분석에서 언어로 기술화된 방식의 이론번역은 매우 위험한 것으로 보인다. 왜냐하면 이런 방법으로는 새로운 어떤 것이 거의 발견될 수 없으며, 처음부터 이론적 틀이 너무 지배적이어서 본질적으로 연구 결과를 성급히 예단하게 되기 때문이다. 정신분석적 방법의 가능한 한 가장 엄격한 적용이 정신분석적으로 텍스트에 접근할 수 있는 적절한 방식으로 간주된다. 알프레트 로렌처(1986)는 정신분석적 방법을 문화적 내용 분석에 적용하는 주목할 만한 계획을 제시했다. 하르트무트 라구제(1991, 1993)는 문예학과 성서해석 연구에서 정신분석적 텍스트 해석과 임상적 방법 사이의 한층 더 밀접한 관계를 밝혀낸 바 있다.

문화공간에서 프로이트 신화이론의 영향

호르크하이머와 아도르노는 1947년에 발표한 그들의 획기적인 저서 《계몽의 변증법(Dialektik der Aufklärung)》에서 프로이트에 대해 철저히 논구한다. 여기서 그들은 후일 한스 블루멘베르크(Hans Blumenberg)와 마찬가지로 프로이트의 종교심리학적 저술들을 신화 개념의 관점에서 파악한다. 프로이트는 신화에서 내적으로나 외적으로 위협적인 본능을 장악하려는 지속적인 시도 속에서 명백해지는 권력의 양상을 특별히 강조하고 있는데, 이 권력과 무기력의 변증법이 바로 호르크하이머와 아도르노의 중심적 출발점이다. 그들은 내적 (충동) 본능에 대한 권력기제 및 통제기제를 분석하기 위하여 프로이트를 끌어들여 노련하게 세분화된 도구를 이용한다.

철학자 블루멘베르크는 그의 저서 《신화연구(Arbeit am Mythos)》(1979)에서 더욱 엄밀하게 프로이트의 이론을 지향한다. 신화를 충동소망(Triebwunsch)과 방어 사이의 타협형성으로 보는 프로이트의 관점은 블루멘베르크의 경우 "소망의 절대성"과 "현실의 절대성" 사이의 갈등으로 나타난다. 블루멘베르크는 수백 년에 걸친 신화와 문화의 관계, 그것의 내포적이고 명시적인 해석, 새로운 가공, 사회적 과정의 모든 중요한 차원에서의 변형과 발전적 전개를 "신화연구"라고 지칭한다. 그러므로 프로이트와 그 밖에 다른 정신분석가들의 오이디푸스 신화연구, 오이디푸스 콤플렉스에 관한 폭넓은 이론의 다양화가 "신화연구"인 셈이다. 블루멘베르크는 우리가 "신화연구"를 "이미 근거로 삼을" 때에만 우리는 이 "신화연구"를 계속 할 수 있을 것이라고 말한다(1979, 295쪽).

참고문헌

Abraham, Karl: Zwei Beiträge zur Symbolforschung: Zur symbolischen Bedeutung der Dreizahl(상징연구를 위한 두 기고문: 숫자 3의 상징적 의미를 위하여): Der »Drei Wege« in der Ödipussage. In: Imago IX(1909), 1, 122-131쪽.

Assmann, Jan: Sigmund Freud und das kulturelle Gedächtnis(지그문트 프로이트와 문화적 기억). In: Psyche 58(2004), 1-25쪽.

Blumberg, Hans: Arbeit am Mythos(신화연구). Frankfurt a.M. 1979.

Devereux, Georges: Why Oedipus killed Laius: A Note on the Complementary Oedipus Complex(오이디푸스는 왜 라이오스를 살해했나?). In: International Journal of Psychoanalysis 34(1953), 132-141쪽.

Eickhoff, Friedrich Wilhelm: Über die »unvermeidliche Kühnheit«. Erinnerungsspuren an das Erleben früherer Generationen anzunehmen. Wie unentbehlich ist der von Freud erschlossene phylogenetische Faktor?("불가피한 대담성에 관하여." 이전 세대의 체험에 대한 기억의 흔적을 받아들이기. 프로이트가 계발한 계통발생의 요소는 어째서 필수불가결한가?). In: Psyche 58(2004), 448-457쪽.

Ferenczi, Sándor: Symbolische Darstellung des Lust-und Realitätsprinzips im Ödipusmythos(오이디푸스 신화에서 쾌락 및 현실원리의 상징적 표현). In: Imago 1(1912), 3, 276-284쪽.

Fromm, Erich: Gesamtausgabe in 12 Bänden(12권으로 된 전집). Hg. von Rainer Funk. München 1999.

Horkheimer, Max u. Theodor W. Adorno: Dialektik der Aufklärung(계몽의 변증법). Amsterdam 1947.

Jung, Carl Gustav: Gesammelte Werke(전집). Bd. 1-18. Hg. von Marianne Niehus-Jung u.a. Olten 1971.

______: Erinnerungen, Träume, Gedanken von C. G. Jung(구스타프 칼 융의 기억, 꿈, 사

고). Aufgezeichnet und hg. von Aniela Jaffé. Olten/Freiburg I.Br. 1961.

Kant, Immanuel: Kritik der reinen Vernunft(순수이성비판) [1781]. Sämtliche Werke. Bd.3. Leipzig 1924.

Kanzer, Marke: The Oedipus Trilogy(오이디푸스 삼부작). In: Psychoanalytic Quarterly 19(1950), 561-572쪽.

_______: On Interpreting the Oedipus Plays(오이디푸스 희곡을 해석하는 것에 관하여). In: Psychoanalytic Study of Society 3(1964), 26-38쪽.

Kerényi, Karl: Die Mythologie der Griechen(그리스의 신화). II. Die Heroen-Geschichten. Zürich 1958.

Laplanche, Jean: Die allgemeine Verführungstheorie und andere Aufsätze(일반 유혹이론과 다른 논문들). Tübingen 1988.

Lorenzer, Alfred: Tiefenhermeneutische Kulturanalyse(심층해석학적 문화분석). In: Ders. (Hg.): Kultur-Analysen. Frankfurt a.M. 1986.

Raguse, Hartmut: Leserlenkung und Übertragungsentwicklung(독자지도와 전이의 발전). In: Zeitschrift für psychoanalytische Theorie und Praxis 6(1991), 106-120쪽.

_______: Psychoanalyse und biblische Interpretation(정신분석과 성서해석). Stuttgart 1993.

Rand, Nicholas: Psychoanalytische Literaturbetrachtung am Beispiel von König Ödipus(오이디푸스 왕을 범례로 한 정신분석적 문학관찰). In: Psyche 55(2001), 1307-1328쪽.

Rank, Otto: Das Inzest-Motiv in Dichtung und Sage(문학과 전설에 나타난 근친상간 동기) [1912]. Darmstadt 1974.

Reik, Theodor: Ödipus und Sphinx(오이디푸스와 스핑크스). In: Imago VI(1920), 2, 95-131쪽.

Siegler, Ava: The Oedipusmyth and the Oedipuscomplex(오이디푸스 신화와 오이디푸스 콤플렉스): Intersecting Realms, Shared Structures. In: The International Review of Psycho-Analysis 10(1983), 205-215쪽.

Steiner, John: The Retreat from Truth to Omnipotence in Sophocles' Oedipus at Colonus(소포클레스의 비극 《콜로노스의 오이디푸스》에서 진실로부터 전능으로의 후퇴). In: The International Review of Psycho-Analysis 17(1990), 227-239쪽.

Stern, Daniel: Die Lebenserfahrung des Säuglings(젖먹이의 삶의 경험) [1985]. Stuttgart 1996.

Sterren, Driek van der: Ödipus(오이디푸스) [1948]. München 1974.

Traverso, Paola: »Psyche ist ein griechisches Wort...«Rezepzion und Wirkung der Antike im Werk von Sigmund Freud("프시케는 그리스의 낱말이다…" 프로이트의 작품에서 고대의 수용과 영향). Frankfurt a.M. 2003(이탈리아어판 2000).

Vogt, Rolf: Psychoanalyse zwischen Mythos und Aufklärung oder Das Rätsel der Sphinx(신화와 계몽 사이에서의 정신분석 또는 스핑크스의 수수께끼). Frankfurt a.M./New York 1986.

Rolf Vogt

3. 종교

종교라는 주제는 프로이트의 전집에 시종일관 나타난다. 이미 분석시기 이전인 코카인에 대한 글들에서는 "코카나뭇잎"을 제식용으로 또는 종교적으로 사용한 페루 인디언들에 대한 상세한 문화사적 설명이 나온다.

> "설화에 따르면 태양신의 아들인 망코 카팍(Manco Capaç)이 태초에 티티카 호수의 암벽에서 내려와 불쌍한 원주민들에게 아버지의 빛을 가져다주었고, 그들에게 신의 지식, 유용한 기술의 습득을 가르쳤으며, 또한 배고픈 자들의 배를 불려 주고 약한 자들을 강하게 하며 그들의 불행을 잊게 하는 이 신의 식물인 코카나무를 선사했다고 한다. 코카나뭇잎은 신에게 제물로 바쳐지게 되었는데, 신에게 제식을 행하는 동안 원주민들은 죽은 자들이 저세상에서 은총을 받도록 이것을 씹어서 죽은 자들의 입에 넣어 주었다"(프로이트 1884, 44쪽).

프로이트의 종교에 관한 후기 저술들에서 발견되는 많은 것들이 이미 이 단락에 들어 있다. 신적인 힘들이 인간의 무기력함을 돕고, 자연의 잔혹함이나 죽음과의 화해를 이루어 준다는 것이다. 신성한 식물에 구현된 문화이상은 아버지에 대한 동경을 대신하여 진정시키고, 예술과 숭배행위, 희생제와 가장 밀접한 관계에 있다. 신식(Deophagie)[1]은 신화적인 문화영웅과의 동일시뿐만 아니라 집단형성의 결과를 초래했다.

프로이트의 제자 어니스트 존스(Ernest Jones)는 프로이트가 인간은 어떻게 인간이 되었느냐는 단 하나의 물음에 대해서만 거의 몰두했다는 사실을 환기하였다(Jones 1-3). 이 물음에는 프로이트에게 언제나 최초의 심리학적이고 인류학적인 세계해명을 제시하던 문화 초기와 종교에 대한 천착이 포함되어 있었다. 685개의 삽화가 들어 있고 두 가지 언어로 쓰여 있는 필립손 성서[2]와 백과사전의 상세한 해설들이 어린 시절 그에게 중요한 의미를 지니고 있었다. 프로이트도 다음과 같이 쓰고 있다. "이른 나이에 독서법을 체득하자마나 성서의 이야기에 빠져들었는데, 내가 한참 뒤에야 깨달았듯이, 이것이 지속적으로 내 관심의 방향을 결정했다"(증보판, 763; Pfrimmer 1982).

프로이트의 진술에 따르면 그럼에도 그는 초자연적 세계를 믿지 않았다. 그의 종교관은 순수 인류학적이었다. 신화들은 "외부세계로 투사된 심리학"(《일상생활의 정신병리학》 전집 4, 287쪽)으로 재해석되고, "초감각적 사실성"은 포괄적인 관점에서 "무의식적 심리학"으로 재해석될 수 있다. 이에 따라 "형이상학" 역시 "메타심리학"으로 대치될 수 있다(전집 4, 288쪽). 하지만 이것으로 주제가 완결된 것은 결코 아니었다. 대체로 하나의 점이 형성될 때 프로이트에게는 이중점이 나타났다. 언제나 영적 행위와도 같은 의료 행위가 어떤 효과가 있는지의 물음에 전념할 무렵인 1890년에 프로이트는 이미 "신앙의 기대"라는 특수한 현상과 부딪친 바 있다. "신앙요법"

1) 역주: 신과의 교류 또는 신의 힘을 받기 위하여 신성한 동식물이나 성찬 일부를 먹는 일.
2) 역주: 구약성서를 히브리어와 독일어로 편찬한 이스라엘의 성서.

의 현상에 대해서도 그는 어떤 다른 힘도 영적인 것으로 간주되기를 바라지 않았다. 동시에 그는 "종교적 무신론자들"도 신앙요법을 포기할 필요까지는 없다는 소견을 그들에게 피력했다. 또한 그는 치료하는 사람의 외관이나 치료 장소의 모습, "그리고 집단에 미치는 영향이 그들의 종교적 믿음을 완전히 대치한다"(전집 5, 299쪽)고 주장했다. 신앙의 기대는 인류학적 상수이다. 그것은 "사랑하는 부모에 대한 어린아이의 태도에서"(전집 5, 307쪽) 발견되며, 최면상태에서도 관찰된다. 신앙에 대한 기대는 대체종교로 이해될 수 있는 전체주의적 통치형식의 등장에 대하여 대단히 큰 설득력을 지닌다.

보편적 강박신경증으로서의 종교

1907년에 발표된 《강박행위와 종교적 관습(Zwangshandlungen und Religionsübung)》(전집 7, 127-139쪽)은 《토템과 터부》로 향하는 첫걸음이며, 대체로 상당히 일방적으로 종교를 비판하는 프로이트의 글로 알려져 있다(Licœur 1966/1977, 211쪽). 프로이트는 이 에세이에서 종교의 실제 또는 좀 더 일반적으로 종교적 제식을 강박증의 개인적인 의식(儀式)과 비교하고 있다. 두 경우 모두에 제식의 세세한 일에 주의를 기울이고 그 어느 것도 빠트려서는 안 된다는 똑같은 걱정, 다시 말해 태만할 경우에는 똑같은 양심의 가책이 나타난다. 이행해야 한다는 특별한 양심의 호소와 태만했을 때의 불안이 의례적인 행동을 '성스러운 행위'와 같은 어떤 것으로 만든다. 그렇지만 양자 사이에는 커다란 차이 또한 존재한다. 그럴 것이 신경증적 의식은 종교적 관습의 개방성 및 공동성과는 달리 개인적이고 은폐된 채 남아 있기 때문이다. 종교적 숭배행위는 신경증의 유치하고 무감각하게 나타나는 의식과는 달리 상징적이고 의미심장한 것으로 연출된다. 이 '신성모독적인 비교'에서 강박신경증은 "사적 종교의 반쯤은 우습고 반쯤은 비극적인 풍자화"(전집 7, 132쪽)로 나타난다. 이런 대립적 관계는 정신분석이 의식의 의미를 해명함으로써 부분적으로 해소된다. 신경증과 종교적 제식에 나타나는 '신성한 금지'와 '신성한 행동'의 근저에는 죄의식이 자리잡고 있다. 즉 억압된 충동자극(Triebregung)과의 관계에 지극히 불결하다는 의식이 들어 있는 것이다. 프로이트가 꿈작업에서 최초로 연구한 전치기제와 관련하여 종종 강박신경증의 '유치한 명령'과 방어된 성적 충동 사이의 연관성이 나타날 수 있다. 점점 더 사소한 법령들로의 전치가 종교에서도 일어날 수 있는데, 하지만 이 법령들이 오히려 공격적이고 '사회적으로 유해한 충동'을 몰아낸다는 것이 종교적 관점이다. 이런 의식의 팽창은 때때로 —이에 관해 프로이트 등 몇몇은 루터의 종교개혁을 생각했던 것처럼 보인다— "본원적 세계관계를 창출하려고 노력하는 돌발적인 개혁"(같은 곳, 138쪽)의 원인이 된다. 그러므로 이렇게 볼 때 "강박신경증은 종교형성의 병리적 상관물로 파악될 수 있으며 신경증은 개인적 종교성으로, 종교는 보편적 강박신경증으로 특징화될 수"(같은 곳, 138쪽 이하) 있다.

이 시점에 이미 보다 포괄적인 발전을 고려한 몇 가지 결론이 프로이트에게서 도출된다. 즉 인간의 문화발전은 충동 및 권력의 포기에 기인하며, 종교야말로 이것에 본질적으로 기여한다는 것이다. 종교는 방어기능을 가지고 있다. 따라서 복수 및 보복의 소망이 더 이상 존속되어서는 안 된다. 그것은 "신의 제물로" 바쳐질 수 있는바, "원한은 나의 것이라고 주님은 말한다"(같은 곳, 139쪽). 나아가 가장 지고한 것과 가장 저급한 것의 밀접한 결합이 제시된다. 가장 신성한 것, 더 자세히 말해 신성이나 터부는 분명히 가장 신성하지 못한 것에서 파생되었다. 프로이트는 이 주제를 《원시어의 대립적 의미에 대하여(Über den Gegensinn der Urworte)》(1910)와 그 이후의 저작들에서도 계속 다루어 나간다. 일반적으로 말해 문화는 권력의 변형 덕분에 성립되었다. 대립적 의미를 지닌 이 원시어와 그것을 표현하는 힘, 오늘날 '신성의 불타오르는 열정'이라고 불리는 것을 고려하지 않고는 종교에 대하여 진지하게 숙고할 수 없다. 결국 이 저술은 《토템과 터부. 영적인 삶에서 야만인과 신경증 환자의 몇 가지 일치점들》(본서 I권 2장 9.1 참조)을 지향하는 유사한 또는 동일한 것으로 읽힐 수 있다.

문화과학에서 비교연구가 성행하고 로버슨 스미스(Robertson Smith), 제임스 프레이저(James Frazer), 에밀 뒤르켐(Emile Durkheim) 등과 같은 제식이론의 선구자들이 놀라운 인류학적 소견과 이론적 인식을 활발하게 발표하던 시기에 프로이트는 자신의 저작들을 집필했다. 이 분야의 논쟁에 대한 프로이트의 기여는 1907년에 대략 다음과 같이 요약될 수 있다. 즉 그의 개인을 다루는 정신분석에는 종교학이 발표한 소견들을 옹호하는 아주 오래된 고대적 자아분절(Ichsegment)이 나타난다는 점이다. 그는 오늘날 신경증이라고 불리는 것이 어느 정도는 "인류의 상태"를 제시한다는 가설을 과감하게 내세웠다(F/Fer 12.7.15; Haas, 38쪽). 여기서 《강박행동과 종교적 관습》에서 거론되는 숭배와 제식이 틀림없이 중요한 열쇠였다. 신경증과 정신이상에서 나타나는 과거의 자취는 배아발달의 장궁(臟弓)처럼 인간의 초기단계를 입증한다. 이런 단계에서는 문화작업과 관련된 종교의 제식이 독점적 위치를 차지했다. 문화과학에서의 비교연구로부터 거의 기대할 것이 없는 시기에 프로이트는 이런 유추적 결론을 가지고 "진퇴양난에 빠져 있었다"(Henseler 1995, 20쪽)는 것이 지배적인 견해이다.

환영으로서의 종교

좁은 의미에서 프로이트의 종교비판은 《환영의 미래(Die Zukunft einer Illusion)》와 《문화 속의 불쾌감》(2장 9.3과 9.4 참조)에 나타난다. 프로이트는 자연력에 대한 인간의 무기력과 무능력의 인식으로부터 비판을 시작했다. 자연의 불가항력적인 파국들은 인간의 힘을 통합하고, 내적인 분규를 잊도록 하며, 점점 더 상세히 기술화된 방식으로 문화적 방어 예비수단을 고안하도록 자극한다. "섬뜩한 상황에서도 편안하게"(전집 14, 338쪽) 느낄 수 있도록 비인간적 자연력을 인간화하는 것이 이에 속한다. 천둥의 울림이나 사납게 몰아치는 폭풍, 그 밖에 다른 자연력 속에서 고지되는 신들, "폭력적인 초인"에 대한 불안은 이렇게 완화되었다. 이런 식으로 어린아이가 부모에 대한 자신의 불안을 진정할 수 있었다.

프로이트는 재차 유추의 도움으로 논지를 이끌어 나간다. 그는 소아신경증이 일반적으로 때가 되면 사라지듯이, 종교적 소망의 표상과 밀접하게 결부된 "인류의 신경증"도 해소되어 인간들이 제대로 성장하면 좋겠다고 언급한다. 지금 현대의 인간들은 흡사 사춘기의 분리단계에라도 들어서 있는 것 같은데, 이런 단계에서는 인류의 신경증이 소아신경증과 "동일한 성장과정의 운명적 가혹함"(362쪽)으로 수행되기를 희망할 수밖에 없다는 것이다. 동시에 그는 "과학정신의 강화", 신과 이성 또는 로고스를 따르는 "종교적 교리의 압박에서 해방된 교육"(378쪽)을 강조한다. 만일 종교가 성적 발달에 미치는 해로운 영향을 억제할 수 있다면, 그것은 국민건강에 중요한 기여를 하는 셈이 될 것이다. 성의 억압에서 해방되면 지성은 훨씬 더 훌륭하게 계발될 수 있을 것이며, 실제로 제2차 세계대전 이전 시기에 권위사회, 성적 억압, 신경증 발생 사이의 관계를 내용으로 하던 심리위생학적 계몽에 대한 저술 활동과 성정치 운동이 일어났다는 것이다.

프로이트는 신앙을 가진 사람이 유치하고 비현실이며, 마취제처럼 '종교적 위안'에 매달리는 경향이 있다고 진단했다. 그는 《문화 속의 불쾌감》에서 그는 많은 사람이 "집단광기"에 참여함으로써 "개인적 신경증"(전집 14, 444쪽)을 모면한다고 언급했다. 아울러 과학과 기술을 지닌 현재인간은 일종의 "인공신(Prothesengott)"으로서 과거에 "문화이상이었던"(451쪽) 신들에게 점점 더 가까워지는 도정에 있다는 것이다. 그럼에도 현재인간은 "신과의 유사성"을 결코 행복하게 느끼지 않는다. 결국 프로이트의 판단은 종교가 자신이 유래한 시대의 각인인 "인류의 무지한 어린 시절"(전집 15, 181쪽)을 간직하고 있다는 암시에서 절정에 이른다. 하지만 프로이트는 종교가 주는 위안은 믿을 만한 것이 못 되는데, 왜냐하면 당시에 세계는 본질적으로 어린아이들의 방이 아니며, 따라서 우리가 "종교 일반의 진리내용을 소홀히 해도 좋기"(181쪽) 때문이라고 말한다.

프로이트의 종교비판은 이후 수십 년 동안 격렬한 논쟁을 불러일으켰다. 이때 재차 거론되었던 것은 포이어바흐와 마르크스, 니체의 관점이 심원한 방식으로 프로이트에게서 지속되었다는 점이었다. 이와 동시에 적지 않은 신학자들이 —취리히 출신의 목사이자 정신분석가였던 오스카 피스터(Oskar Pfister)를 위시한 사람들이— 프로이트의 종교비판에서 종교를 정화하려는 시도를 알아냈다는 것은 아마도 특기할 만한 사실일 것이다. 이런 시각은 폴 리쾨르와 한스 큉에게서도 엿볼 수 있다. 큉에게 《환영의 미래》는 거의 "성직자의 행운처럼 여겨진다"(Küng 1987, 123쪽).

현재는 변화된 상이 제시되고 있다. 위르겐 하버마스와 사프란스키와 같은 철학자들은 너무 지나치게 현실각성이 진행되어 이제까지 사회형성과 가치정립이 보증된 신적 심급의 책무였던 곳에서 진공상태가 생겨날 수 있다고 염려한다. 어쨌든 프로이트가 과학정신의 빛 속에서 열망하던 인류의 성년기는 오늘날까지 출현하지 않았다. 오히려 종교의 필요성이 중단 없이 지속되고 있음은 간과할 수 없는 일이다. 세계종교의 구속력이 효력을 상실한다면, 영성이 '밀교의 지하오락실'로 떠나가 버릴 위험이 있을 뿐만 아니라, 구원의 열망이 위험하게 왜곡되는 더 나쁜 사태가 벌어질 수 있다. 국가사회주의와 스탈린주의는 이런 왜곡된 대체종교인 것이다. 더는 교회 안에 묶이지 않았던 신앙의 열망이 새로운 계시를 그런 대체 종교에서 찾았다. 현세적 행복의 가능성에 관한 한 종교는 어쩌면 이미 현실적으로 변한 지 오래되었는지 모른다. 종교는 세속화되고 다신교를 표명하는 내재성 속에서는 만족할 수 없을 뿐 아니라 가혹한 경쟁과 이기적인 투쟁 또는 침체에 빠져드는 도덕 자체의 과잉요구를 불러일으키는 그 어떤 것이 완성될 수 있었던 초월성을 제시하였다. 오스카 피스터는 나름대로 종교의 방어적 기능을 이미 지적한 바 있었다. 동시에 피스터는 그 자신도 그것에 많은 환상이 내재한다는 것을 인식하고 있었지만 프로이트가 "과학의 메시아적 성격(Messianität der Wissenschaft)"(Pfister 1928/1977, 125쪽)이라고 칭했던 것 ―그 자신도 많은 환상이 내재해 있음을 인식하고 있었던 것― 에 대해 비판적으로 논구했다.

21세기 초에 하버마스가 이 문제를 다루고 있다. 그는 생물학적 관점에서 냉철하게 '백년 후 사회'에서 일어날 '문화투쟁'과 같은 어떤 것을 예견한다. 인간 배아를 생명공학적으로 다루는 문제에 관한 한, 인간은 신의 피조물이자 동일한 형상이라는 창세기 첫 구절에 나오는 언급이 "종교적으로 음조가 맞지 않는 무엇인가를 말해 주는"(Habermas 2001, 30쪽) 것일 수도 있다는 것이다. 하버마스에 의하면 이제까지 적절한 '결합력(Artikulationskraft)'만은 도덕적 감정을 위해 종교에 존속해 왔다. 그러나 이제 도덕적 감정은 동일한 의미의 세속어로 번역될 필요가 있다. "원죄가 죄로, 신의 계율에 대한 위반이 인간의 법에 대한 위반으로 변질되었을 때 무엇인가가 사라지고 말았다"(같은 곳, 24쪽). 현대인들은 전반적으로 의식하는 것 이상으로 종교적 전통의 "규범적 내실"(같은 곳, 20쪽)에 의해 살아간다. 프로이트가 코페르니쿠스와 다윈을 끌어들여 시도했던 진보적이고 낙관적인 해석은 탈 미몽의 과학적 세계에서 존재의 지붕이 없어져 버린 현대인들에게 점점 더 의심스러워지고 있다. 정신을 귀화시키는 신경생리학자들의 가련한 언어유희가 처음부터 "자아는 자신의 집에서 주인이 아니다"(전집 12, 11쪽)라는 프로이트의 계몽적 태도를 한층 넘어서서 '자아' 일반으로부터 모든 자유를 박탈하고는, 그것을 "환영(Illusion)"이라고 설명했다(Habermas 2004, 890쪽)는 것이다.

사프란스키 역시 종교의 특정한 측면을 옹호할 수밖에 없는 입장이다. 그는 종교에서 도덕의 근거지, 거처와 의미충족을 통찰하고 있을 뿐 아니라 100년 전의 윌리엄 제임스처럼 종교의 활발하고 열광적인 힘을 환기한다. 미몽에서 깨어난 세속적 문명은 활력이라는 점에서 너무 냉각되어 우울 등 가장 중요한 국민병적 증세들이 증가 일로에 있다는 것이다. 사프란스키는 지상의 천국을 약속하는 총체적 이념주의자들을 가장 두드러진 형상에 따라 "천재의 문화적 고안"과도 같은 어떤 것으로 존재하는 "인간 우호적인 종교"(Safranski 2004, 138쪽)와 대립적으로 파악한다. 유럽문화사에서 종교적이고 기독교적인 영감과 관련된 모든 것을 빼 버린다면, 남는 것이 무엇인지 우리는 족히 상상할 수 있을 것이다. 초월성이 사라지고 현재 우리의 극단적 내재성을 반영하는 악명 높은 신들, 즉 시장과 미디어 콘체른에 적응하기 시작하는 상품형태의 예술마저 없어지면, 그것의 변형적인 힘들 역시 함께 사라지게 될 것이다. 물론 예술 애호적으로, 여행을 통하여 또는 문화학적이고 인종학적으로, 정신분석적으로 감정에서 사라져 버린 것과 함께 남아 있으려는 다양한 통합적 시도들이 여전히 존립한다. 프로이트의 경우에도 그의 "인류학적 지식욕"(전집 14, 34쪽)에는 윌리엄 제임스가 종교심리학적 강의를 위해 처음에 제목으로 생각했던 것과 같은 어떤 것이 나타난다. 나중에 《종교적 경험의 다양성》으로 제목이 바뀐 《인간의 종교적 취향과 철학을 통한 그들의 만족(Man's religious Appetites and their Satisfaction through Philosophy)》(James 1901/1979)이 그것이다.

종교의 진리

《환영의 미래》에서 프로이트는 "종교적 감정의 가장 깊은 근원을 다룬다기보다는 오히려 일반인이 종교를 어떻게 이해하는지를 다루고 있다"(전집 14, 431쪽). 그가 그의 본질적 삶의 주제, 즉 "일찍이 거의 사고가 일깨워지지 않았던 젊은이를 사로잡았던 문화적 문제들"에 대한 "관심"(전집 16, 32쪽)으로 되돌아갔던 것만큼이나 무엇이 인간의 문화를 가장 내적으로 결속하고 있는가 하는 물음이 그를 새롭게 잡아끌었다. 이를 위해 그는 종교에 대한 부정적인 시선을 거두지 않을 수 없었다. 그는 종교의 "진리내용"으로부터 문화생성에 대한 기본적인 통찰을 전개하기 위하여 종교의 "더 높은 정당성"(같은 곳, 33쪽)을 입증해야만 했다. 출발점은 《토템과 터부. 영적인 삶에서 야만인과 신경증 환자의 몇 가지 일치점들》이었다. 하지만 프로이트가 후기 작품 《인간 모세》에 이르는 도정에서도 프로이트는 이 주제에 접근했을 때에는 그의 문화이론을 한층 더 논리적으로 가다듬었다. 그는 정신분석과 다른 인문과학을 동원하여 종교를 비판했지만, 막상 자신이 애호하는 대담한 작품인 《토템과 터부》에서는 이를 허용하지 않았다. 프로이트는 《나의 이력서》에서 다음과 같이 적고 있다. "나는 인류사의 사건들, 인간본성과 문화발전 및 원시적 체험의 침전물들 사이의 교대작용을 종교가 그 대변자로서 선도하고 있으며, 정신분석이 개별인간에게서 연구하는 자아, 무의식, 초자아 사이의 역동적 갈등의 반영만이 동일한 과정들을 더 넓은 무대 위에서 반복한다는 것을 점점 더 명확하게 인식했다"(같은 곳, 32쪽 이하).

곧 이 거부의 역사를 비판적으로 개괄하는 글이 나왔다. 1920년에 인종학자인 크뢰버(A. L. Kroeber)는 《토템과 터부》를 맹렬히 비난했다. 그 이래로 《토템과 터부》는 '인종학적으로 반박당하는' 저술로 간주되었고, 크뢰버가 정신분석에 접근했을 때에는 반박도 그만큼 더 심해졌다. 물론 제2차 세계대전이 시작되고 프로이트가 사망한 1939년에 들어와 크뢰버는 어느 회고록에서 공격의 무게를 현저히 완화하면서 그의 문화이론적 명제를 선사시대의 일회적 사건과 더는 연관시키지 않았다. 그보다는 오히려 자신의 명제를 오이디푸스 콤플렉스와 상응하여 수천 년 인간화 과정에 걸쳐 있는 체계적인 사건과 연관시켰다. 그러나 정신분석이 문화발생에 대한 이 기본적 사고를 파악하고 발전시키는 데 거의 성공하지 못한 데에는 틀림없이 더 심원한 이유가 있을 것이다.

포이어바흐의 규정처럼 신들의 정체를 투사(投射)로 밝혀내기는 비교적 쉽다. 그렇지만 하늘로 투사된 것을 다시 인간관계로 번역하는 일은 매우 어려운 것처럼 보인다. 탈신비화의 결과는 무관심인데, 왜냐하면 종교가 종종 지나치게 경시된 크기, 예컨대 '상부구조'로서 오인되고 있기 때문이다. 프로이트의 문화이론은 다음 세대에는 정신분석 밖에서 더 진지하게 수용되었다. 1972년도에는 발터 부르케르트(Walter Burkert)와 르네 지라르(René Girard)의 상호 독립적으로 발표된 저작들이 나오면서 르네상스와도 같은 신기원적인 일이 벌어진다. 《죽이는 인간(Homo necans)》과 《성스러운 것과 폭력(Das Heilige und die Gewalt)》은 프로이트의 사고를 면밀히 추적하고 발전시켜 나간다. 이에 따르면 종교의 정체는 권력을 이해하여 변형시키는 사회적 제도로 분석된다. 반복을 강요하는 예법에 따라 충격적이거나 불순한 권력이 신성한 권력으로 옮겨 가는 희생제식에서 문화는 대재앙의 경험을 '놀이의' 방식으로 동화시키고 그것을 신성화하거나 신격화한다. 장례식 역시 이렇게 거행되며, 어린아이들 역시 같은 방식으로 그들의 문화세계를 놀이에 적용한다. 한편으로 문화적 제도이자 보호자 역할의 선조와 신들인 것이, 다른 한편으로는 영적인 구조와 영적인 심급이 된다. 제식에서와 마찬가지로 놀이에서도 배척, 희생양 기제, 대리희생과 전이가 함께 일어난다. 예를 들어 "토테미즘의 유아기적인 회귀(infantile

Wiederkehr des Totemismus)"와 "어린아이들의 동물공포"(전집 14, 93쪽)는 인상적으로 이를 증명한다. 지난 이삼십 년 사이에 멜라니 클라인, 도널드 위니콧(Donald W. Winicott), 윌프레드 비온의 연구를 통한 프로이트에 대한 공감은 우연히도 계속 증보되었고, 장례 과정을 여기에 다룬 연구가 무난히 포함될 수 있다(Haas 2002).

고대문헌학자 부르케르트는 신성한 권력이 불순한 권력을 막을 수 있는 희생제식에 내재하는 역설을 고대 그리스의 희생제식과 신화에 의거하여 아주 냉철하게 분석했다. 그러므로 이 반이상적 시각에서 종교의 경건한 측면은 언급되지 않는다. 영국의 인종학자들, 이른바 케임브리지학파는 극 중에서도 특히 비극이 제식에서 유래된 것이라고 파악함으로써 지극히 흥미로운 결과를 자아내었다. 여기서 연극은 옛 희생의 돌을 대치함으로써 더는 속죄의 피가 아니라 눈물과 경악, 동정심이 공동체를 정화한다. 《토템과 터부》의 마지막 장에 주인공이 감수하는 "비극적 죄"에 관한 언급이 나온다. 그에게 모두를 우울하게 하는 "범죄"가 맡겨진다. "이렇게 비극의 주인공은 ―그의 의지와는 반대로― 합창대의 구원자가 된다"(전집 9, 188쪽).

오이디푸스는 이런 비극의 주인공이다. 테베에는 역병이 창궐하는데, 신탁의 요구에 따라 이를 책임질 죄인이 있어야만 한다. 르네 지라르는 신탁이 희생양 사건으로, 근친상간과 친부살해는 그것이 일어나든 아니든 결코 역병을 일으킬 수 없음을 분명히 했다. 더 결정적인 것은 친부살해와 근친상간이 어째서 주인공에게만 부과되는가 하는 물음이다(Girard 1972/1992, 111쪽). 재앙의 모든 불결함은 오이디푸스에게 집약되고, 그는 가장 부정적인 표현에 따라 '저주를 받게' 되거나 저주받은 인물, 도덕적 괴물이 되어 버린다. 신화적 사고에서 공동체는 오이디푸스의 추방과 더불어 정화될 수 있다. 하지만 나중에 죽어 가는 늙은 오이디푸스는 정신적으로 고양된다. 소포클레스의 비극 《콜로노스의 오이디푸스》에서는 변화된 오이디푸스가 등장한다. 사람들은 이제 그의 묘지로부터 보호를 기대하고, 그는 문화영웅이 되어 가는 도정에 있다. 근본적으로 신들은 신성을 가진 희생양이다(전집 16, 238쪽; Girard, 390쪽).

이런 비극은 제식처럼 정화작용이자 근본적으로 원초적 비극이다. 프로이트의 경우 원초적 친부살해와 원초적 범죄라고 불리는 것을 문예학자 지라르는 초석적 폭력(Gründungsgewalt)[3]이라고 명명한다. 지라르는 여기서 어느 정도 프로이트에 의존하고 있다. 그는 선각자가 앞서 더듬어 지나간 지점에서 자신의 이론을 적용한 덕분에 힘들지 않게 체계를 세우고 그것을 계속 세밀화해 나갈 수 있었다. 그의 〈모방이론〉은 간주관적이거나 또는 사회적이다. 그것은 내적 심리의 차원에서는 결여된 점이 있지만, 정신분석에 비하면 일종의 단순화를 보여 준다. 프로이트에게 제식이란 "이로부터 인간의 죄의식, 원죄가 일깨워지는 동시에 사회적 단체와 종교, 윤리적 제한이 시작되는 끔찍한 행위에 대한 추모식"이었다(전집 14, 94쪽). 반면에 지라르는 그의 초석적 폭력에 관해 이제까지 현전하는 모든 것을 능가하는 위기, 이 때문에 〈부정적 제식〉으로서의 금지를 포함하는 전통적 제식 수단들로는 더 이상 해결될 수 없는 위기라는 말로 논리를 전개하기 시작한다. 그렇지 않았다면 공동체 변두리에 존재하는 것, 예컨대 노예, 이방인, 불구자, 어린아이나 동물을 희생시키는 제식만으로도 위기를 해결하고 평화를 이룰 수 있었을 것이며, 따라서 폭력의 순환이 더는 작동되지 않고 끝나 버렸을 것이고, 성스러움이 나쁜 폭력을 흡수하고 완화하여 좋은 안정성과 질서로 바꾸었으리라는 것이다. 지라르에 따르면 반면에 초석적 폭력은 근본적인 성격인바, 모방의 자극에 따라 결국 "화해적인 희

3) 역주: 인류 공동체의 기저에는 애초부터 폭력이 잠재한다는 것.

생”(Girard, 104쪽 이하)이 희생양의 방식에 따라 자체의 계열에서 추구되고 발견되었다. 이것으로 모든 악한 것은 투사적으로 집약되어 사라지고, 추방 내지 살해되어 제거된다. 위기의 종식과 더불어 이렇게 살해된 것은 구원을 가져오는 자와 신적 존재로 신성시된다. 이와 연관된 신화는 나쁜 행위를 거룩하게 변용시키고 인간으로부터 폭력관계를 떼어 버린다. “종교적인 것은 인간을 실제로 해방한다. 그럴 것이 만일 인간들이 실제로 일어났던 위기를 기억한다면, 그들에게 해를 입힐지도 모르는 추측으로부터 안게 될 부담을 덜어 주기 때문이다”(같은 곳, 200쪽).

만일 프로이트가 코카인에 대한 글에 나오는 페루의 망코 카팍으로 다시 한 번 되돌아왔다면, 그는 의심할 바 없이 이에 상응하는 신화작업으로부터 출발했을 것이다. 그에게 종교의 형성은 “아버지 콤플렉스”의 토대 위에서 세워지고 “양가성(Ambivalenz) 위에서”(전집 14, 94쪽) 구축되었다. 지라르는 “양가성” 대신에 성화(Sakralisierung)라는 보다 강렬한 표현을 사용한다. 이 원시어의 이중의미는 종교의 과정적 사건에 더 부합된다. 초석적 폭력사건으로서 형제살인도 일어났으므로 지라르는 아버지의 우위를 논박한다. 폭력사건이 오랫동안 지속된 위기로부터 발생하는 집단살인이라는 것이 오히려 결정적인 문제라는 것이다. 초석적 폭력은 새로운 제식의 순환을 열거나 프로이트의 경우처럼 새로운 문화 및 초자아로의 길로 나아가는 계기가 된다. 우리는 인간화를 매 단계마다 더 많은 내면화, 문화적 반성 및 변화된 금지를 일으키는 이런 초석적 사건들의 고리 내지 연쇄로 생각할 수 있다. 프로이트와 지라르는 유대인 법과 마찬가지로 서구문화 및 초자아의 성립을 이런 초석적 살인의 토대 위에서 통찰한다. 여기서 옛 전통은 ‘신성의 불꽃(Glutkern des Heiligen)’ 속에서 녹아 버리고 삶을 위한 새로운 전통이 일깨워진다. 하지만 이 과정에서도 문화법칙이 밝혀지고 간파되는 한, 이런 일은 더 많이 일어나게 된다. 문화의 기제들은 복음서에서 그리스도의 수난이 묘사되는 방식으로 프로이트와 지라르의 관점에서 가장 분명하게 인식되도록 서술되어 있다. "그런데 보라! 신성한 곳의 휘장이 위에서 아래까지 둘로 찢어졌다"(마태복음, 27, 51)와 같이 십자가에서의 죽음의 순간이 성서에 묘사되어 있다면, 두 사람의 시선은 문화발전의 가장 은밀한 곳을 넘나든다. 이럴 때면 성스러운 것이 자신의 희미하고 야누스의 머리와 같은 비밀을 드러낸다. 유대교 및 기독교의 전통에서 최초로 폭력과 종교제식의 문화적 결합이 등장하면서 종교비판으로 인하여 종교가 더욱 풍부해지고 있다.

프로이트는 《문화 속의 불쾌감》에서처럼 가장 신랄한 종교비판의 한가운데서 다시 종교전통의 진리내용에 깊은 관심을 표명한다.

> "한 문화시기의 초자아는 개별 인간의 근원과 유사한 근원을 갖고 있다. 이 초자아는 위대한 지도자적 인격의 소유자, 엄청난 정신력을 지닌 인간 또는 인간적 노력 가운데 하나가 너무 강렬하고 순수하여 이 때문에 종종 일방적인 태도로 소양을 쌓은 그런 인간들이 뒤에 남겨 놓은 인상에 의존한다. 유사성은 많은 경우에도 계속 일치하는데, 이런 인물들이 —항상 그런 것은 아니지만 충분히 빈번하게— 생전에 타인들로부터 조롱과 학대를 당하거나 정말 잔인하게 제거를 당하기 때문이다. 이는 선조 역시 무법적인 살해를 당한 오랜 뒤에야 비로소 신성(神性)으로 상승하는 것과도 같다. 이 운명관계에 대하여 바로 예수 그리스도라는 인물이 가장 감동적인 예이다. 설령 예수 그리스도가 그를 저 원초적 사건에 대한 어두운 기억 속에서 삶으로 불러들이는, 예컨대 신화에 속하는 것은 아닐지라도 말이다(전집 14, 501쪽 이하).

프로이트는 여기서 성서 원전을 인류학적으로 해독하고, 그것의 적나라한 영향을 그의 문화이론에 대한 근거로 사용하기 시작했다. 이 성서적 인류학은 지라르에 의해 훨씬 더 대규모로 진행된다.

종교는 오늘날 여러 지역에서 비교적 많은 존경을 받고 있다. 특히 인간의 조건에 속하는 〈**신성**의 불꽃〉 때문에 그러하다. 종교의 환상적인 성격은 오늘날 ―이를테면 도널드 위니콧(Winnicott 21쪽 이하)의 경우처럼― 긍정적인 것으로 인식되고 있다. 종교는 집단적이고 종종 훌륭한 예술작품으로 파악될 수 있다. 먼 옛날에 뿌리를 내린 채 미래를 향해 열려 있는 종교는 반복적인 곤경과 위기를 통하여 삶의 사실에 대한 정제된 지식을 소유하고 있다. 우리는 종교가 인류학적 사실성에 근거하여 제시해야만 하는 것을 이해하고 존중하기 시작했다. 예를 들어 하버마스는 유대교적-기독교적 전통에 내재한 종교 비판적 잠재력, 즉 "종교적인 것의 신성모독"과 "마술"의 미몽을 일깨우는 능력을 인정한다. 종교가 "신화를 극복했고, 희생을 승화했으며"(Habermas 28쪽), 희생-희생양 기제의 비밀을 밝혀냈다는 것이다. 신화적 사고에 비추어 볼 때 죽음을 당하거나 오이디푸스처럼 추방당한 자만이 죄가 있었다면, 성서에서는 아벨의 죽음에서 시작하여 그리스도의 수난에 이르기까지의 희생자는 무죄이다. 여기서 관계가 역전되어 이제 죄의 역할은 카인과 같은 행위자 또는 집단에 돌아간다. 이것이 시대전환의 본래 의미를 결정한다. 이렇게 이해된 "복음"(전집 16, 244쪽), 종교의 이런 진리는 여전히 세속적 이성뿐만 아니라 사실적으로 실존하는 기독교에 대해서도 저항과 분노를 표출한다. 그럼에도 우리는 "인류의 미래"에 대해 "낙관"해도 좋은지 모른다. 왜냐하면 "지성의 목소리는 나직하지만, 그 목소리는 청취되기 전에는 멈추지 않기"(전집 14, 377쪽) 때문이다.

참고문헌

Burkert, Walter: Homo Necans. Interpretation altgrichscher Opferriten und Mythen(죽이는

인간. 고대 그리스의 희생제와 신화의 해석). Berlin/New York 1972.

Freud Sigmund: Über Coca(코카나무에 관하여) [1884]. In: Albrecht Hirschmüller (Hg.): Schriften über Kokain, Frankfurt a.M. 1996, 41-83.

Girard René: Das Heilige und Gewalt(성스러운 것과 폭력). Frankfurt a,M. 1992(불어판 1972).

Haas, Eberhard Th.: …und Freud hat doch recht. Die Entstehung der Kultur durch Transfomation der Gewalt(…그렇지만 프로이트가 옳다. 폭력의 변형을 통한 문화의 성립). Gießen 2002.

Habermas, Jürgen: Glauben und Wissen(믿음과 지식). Frankfurt a.M. 2001.

_______: Freiheit und Determinismus(자유와 결정론). In: Deutsche Zeitschrift für Philosophie 52(2004), 871-890.

Henseler, Heinz: Religion— Illusion? Eine Psychoanalytische Deutung(종교— 환영? 정신분석적 해명). Göttingen 1995.

James, William: Die Vielfalt religiöser Erfahrung(종교적 경험의 다양성). Olten 1979(영어판 1901-02).

Küng, Hans: Freud und die Zukunft der Religion(프로이트와 종교의 미래). München 1987.

Pfister, Oskar: Die Illusion einer Zukunft(미래의 환영) [1928]. In: Eckart Nase/Joachim Scharfenberg (hrsg.): Psychoanalyse und Religion. Darmstadt 1977, 101-141.

Pfrimmer, Théo: Freud lecteur de la Bibel(성서의 독자 프로이트). Paris 1982.

Ricœur, Paul: Der Atheismus der Psychoanalyse Freuds(프로이트 정신분석의 무신론) [1966]. In: Eckart Nase/Joachim Scharfenberg (Hg.): Psychoanalyse und Religion. Darmstadt 1977, 206-218쪽.

Safranski, Rüdiger: Der Wille zum Glauben(믿음에의 의지). In: Alf Gerlach/Anne-Marie Schlösser/Anne Springer (Hg.): Psychoanalyse des Glaubens. Gießen 2004, 131-144.

Winnicott, Donald W.: Vom Spiel Zur Kreativität(놀이에서 창조성으로). Stuttgart 1973(영어판 1971).

Eberhard Th. Haas

4. 생물학과 유물론

정신분석적 담론은 텍스트와 기호의 제국 내에서 비교·은유·환유에 의해 작동되며, 하나의 텍스트는 그 내부에서 계속 다른 것으로 번역되고 변화한다. 요컨대 우리는 그 의미가 참여자들의 주관적 동의를 필요로 하므로 엄밀한 뜻으로 볼 때 '객관성'과는 아주 동떨어지고 철저히 문학적으로 분석된 담론과 관계한다는 것은 너무나 자명한 사실이다. 그럼에도 프로이트가 자연과학과 신경학, 생물학에 의존한 것이 단순히 사소한 일에 불과했노라고 주장할 수는 없다. 더구나 옥타브 마노니가 설명하고 있는 것처럼(Mannoni 1968/1971, 18쪽) 프로이트가 《심리학의 초안(Entwurf einer Psychologie)》(증보판, 387-486쪽)을 발표한 1895년 이후에 그런 것과 완전히 거리를 두었다는 것은 있을 수 없는 일이다. 이에 대해서는 두말할 필요가 없다.

이미 프로이트의 과학적 편력, 다시 말해 브뤼케 연구소에서의 오랜 실습과 그로 인한 물리학적-유물론적 영향의 배경, 1880년대의 코카인 경험(본서 I권 2장 1.2), 1890년대 초의 실어증 연구(본서 I권 2장 1.3), 그 흔적이 제1차 세계대전 기간 중에 발표된 그의 메타심리학적 저술들에 나타나는 라마르크 진화론에의 심취(본서 I권 2장 5.4 참조), 그 밖에 다른 많은 증거가 그의 생애에서 이와 같은 특징이 그에게 오랫동안 의미심장하게 남아 있었음(전집 17, 80쪽; 증보판, 672, 764쪽 등; Sulloway 1979/1982)을 매우 설득력 있게 뒷받침해 준다. 프로이트에게 과학이 동시대적 과학의 지배적 영향에 따라 '본질적인 것'으로 간주되는 것은 아주 당연한 일이었다. 스스로 고안해 낸 정신분석을 과학으로 증명하는 것이 프로이트의 공공연한 명예심이었기에, 정신분석이 비과학적이라는 평판에서 벗어나기 위해 그는 늘 그것을 "해석 너머로(beyond interpretation)"(Gedo 1998) 이주시키고자 노력해야만 했다. 우리는 이런 태도에서 정신분석이 항상 지엽적 현상으로 처리되는 위험 속에서도 새로운 발견을 통하여 과학 분야에서 인정받는 데 유용했던 철저히 과학 전략적인 수단을 찾아볼 수 있다.

"혼합된 담화(gemischte Rede)"로서의 정신분석

그러나 동시에 또 다른 어떤 것이 작용했는지도 모른다. 그렇기 때문에 프로이트는 처음부터 정신분석을 위한 견고한 토대를 마련해야만 했다. 그가 보기에 자연과학만이 그것을 제공할 수 있었다. 한편으로 정신분석을 결정하는 '의미(Sinn)'의 해석학적 담화는 따라서 계속해서 중단될 수밖에 없었거나 '힘(Kraft)'의 담화, 즉 물리학주의(Physikalismus)와 생물학의 힘을 통하여 보완되어야 했다. 예컨대 에로스와 타나토스는 삶의 역사적 의미에 대한 이해와 구성(내지 재구성)의 형상일 뿐만 아니라 회피할 수 없는 필연성으로 이루어진 유기체적 생물의 형태인 것이다. 폴 리쾨르는 프로이트 담론의 이런 특성에 대해 "혼합된 담화"의 특징을 발견했으며(Ricœur1965/1969, 79쪽), 이를 전체 작품에 대해 구성적인 것으로 설명한 바 있었다. 예를 들어 프로이트 후기에 발표된 《정신분석 개요(Abriß der

Psychoanalyse)》에도 이런 점이 언급되어 있다.

“우리가 다루는 현상들은 심리학에 속할 뿐만 아니라 유기적-생물학적 측면도 지니고 있다. 따라서 우리는 정신분석을 구축하려는 노력 속에서 의미심장한 생물학적 발굴을 실행해 왔으며, 새로운 생물학적 습득을 피할 수 없었다. … 공간적으로 연장되고 목적에 따라 결합된 정신적 도구, 삶의 필요성을 통하여 발전되었으며 모종의 조건에 따라 특정한 위치에서만 의식의 현상을 발생시키는 정신적 도구의 습득은 우리로 하여금 심리학을 다른 모든 자연과학, 예컨대 물리학과 유사한 토대 위에서 정립할 수 있는 상황을 만들어 주었다. 어느 경우에든 우리의 지각에 직접 주어진 연구대상의 특성 (질) 배후에서 우리의 감각기관의 수용능력과 독립적으로 존재하고, 예측된 실제 사태에 더 잘 접근된 다른 것을 밝혀내는 것이 과제이다”(전집 17, 125쪽 이하).

실제로 프로이트는 다음과 같이 희망 사항을 토로한다.

“우리의 모든 심리적 잠정성은 유기체적 받침대의 토대 위에서 세워져야만 한다. … 그렇지 않으면 나는 바로 다른 모든 종류의 것, 생물학적 사유 역시 심리학과는 거리가 먼 것으로 보려고 노력하기 때문에, 나는 분리된 자아 및 성충동의 가정, 그러니까 리비도 이론이 적어도 심리학적 근거에 의존해 있으며, 본질적으로 생물학적 기반 위에서 이루어져 있음을 … 분명히 인정하려고 한다”(전집 10, 144쪽).

결국 프로이트에게 유명한 공식이 성립된다.

“생물학은 실제로 … 심리학에 대하여 밑에 깔려 있는 자연 그대로의 바위 역할을 수행한다"(전집 16, 99쪽).

이와 같은 표명에서 문제가 되는 것은 하버마스의 말처럼 단지 프로이트의 "과학적 자기불신"(Habermas 300쪽 이하), 그 자체로 해명되고 극복되어야만 하는 일종의 자기오해란 말인가? 얼핏 그렇게 보일 수도 있을 것이다. 왜냐하면 일반화될 수 있는 언표(言表)를 겨냥하는 자연과학적 개관주의의 딱딱한 개념과 반면에 이해와 간주관성, 자기반성을 목적으로 하는 해석학적 주관주의의 유약하고 비유적인 언어만큼 서로 어울리지 않는 것은 없는 것처럼 보이기 때문이다.

분명히 추체험적인 이런 평가는 프로이트가 자연과학으로서의 정신분석 기획을 고집하는 데에 그럴 만한 여러 가지 이유가 있었다는 사실을 간과하고 있다. 여기에는 이미 언급한 바와 같이 과학 전략가로서의 입장이 고려되어야 한다. 프로이트는 심리학적 변혁을 추구하면서 처하게 된 고립적 상황을 반드시 약화시킬 필요가 있었고, 그는 이를 위해 오늘날까지도 과학적 패러다임으로 존재하는 자연과학을 위하여 심리학적 변혁을 잠정적으로 보류했다. 그루브리히 지미티스에 의하면 이런 관계 속에서 상기되는 사실은 프로이트가 그의 시대에 자연과학적 설명모델을 다른 분야에 적용하려고 시도한 유일한 사람은 아니라는 것이다. 당시 초기 러시아의 T. D. 리센코가 마르크스 사회이론에 자연과학적 토대를 마련하려고 노력했다는 것이다(Grubrich-Simitis 1985, 111쪽). 프로이트가 얼마동안 라마르키즘의 문제에 대해 함께 의견을 교환했던 오토 페니첼과 산도르 페렌치 같은 그의 제자들(같은 곳, 87쪽 이하)뿐만 아니라 빌헬름 라이히(Wilhelm Reich)도 프로이트의 정신분석이 순수 해석학 분야로 제한되지 않는다는 점 때문에 친화적인 태도를 보였다.

그러므로 생물학에 대한 고집스럽고 완고한 선호 경향은 프로이트로 하여금 기존 정신분석의 해석학적 독서법이 주관주의의 한계를 뚫고 나가는 데 필요한 직감력을 소유하도록 영향을 주었는지 모른다. 주관주의는 그가 계속 강조해 온 창조의 과학적 성격을 위협할 뿐만 아니라 창조 자체를 주관적 취향에 빠져들게 함으로써 고갈시킬 수 있기 때문이다.

정신분석이 프로이트 이후로 많은 사람의 수중에서 긍정적이든 부정적이든 거의 모든 것에 이용되는 도구가 된 발전과정을 눈여겨보면, 자연과학 연구자의 이상인 객관성에 집착한 프로이트의 엄밀한 태도를 이해할 수 있을 것이다. 이렇게 볼 때 프로이트 덕분에 심신의학자 빅토르 폰 바이체커가 특정한 경우에 '몸의 말(Organsprache)'로 보고되는 해석의 문제성에 주의를 기울이게 된 것도 어쩌면 그저 역설적인 상황인지도 모른다. "몸의 말로 보고되는 해석은 우리에게 서로 상쇄되고 혼란에 빠질 수밖에 없는 상반된 신경감응을 암시함으로써 장애의 보다 더 미세한 메커니즘을 보여주었다. 이런 연구로부터 나는 교육적인 이유에서 정신분석가들을 멀리해야 했다. 왜냐하면 신경감응, 혈관확대, 신경통로는 그들에게 너무 위험한 유혹일 수도 있기 때문이다. 그들은 심리적 사고방식을 스스로 제한하는 법을 배워야 했다"(Weizsäcker 1955, 125쪽 재인용).

프로이트 역시 "교육적인 이유"에서 신생 과학을 연구하는 주역들이 무의식으로부터 세계의 사실을 심리적 사실로 관찰하는 법을 받아들이도록 무엇보다 먼저 주의를 기울여야 했다. 그는 여기서 몇 걸음 더 나아간 다음에야 비로소 정신분석가들로 하여금 언제나 사회적-문화적으로 매개되는 영적이고 인간적인 모든 행동이 —엥겔스의 유명한 말을 인용하여— "최종 심급"인 생물학적-유기체적 토대에 근거해 있다는 사실을 깨우칠 수 있도록 할 수 있었다. "우리가 정신분석적 작업을 마친 뒤에는 … 생물학과의 연관성을 찾아야만 하며, 이제 그 연관성이 이런저런 본질적인 점에서 확고한 것처럼 보인다면 만족해도 좋을 것이다. … 생물학에서 무상한 개체들이 연속적으로 진화된 기관처럼 매달려 있는 불멸의 유전질(遺傳質)의 포괄적인 표상은 우리를 거부한다. 이런 생물학으로부터 비로소 개별 존재의 생리학과 심리학에서의 성충동 역할을 올바르게 이해할 수 있다"(전집 8, 410쪽).

나르시시즘적 모욕(narzißtische Kränkung)[4]

더욱이 우리는 프로이트의 생물학적 신념이 코페르니쿠스와 다윈, 그 자신을 통한 이른바 인류의 세 가지 나르시시즘적 모욕에 대한 명제(전집 11, 294쪽 이하; 전집 12, 7쪽 이하)를 다윈적인 의미에서 확고히 구축하는 데 대단히 유용하다는 것을 분명히 해야만 한다(Green 1991/1996, 180쪽). 인간이 최초로 "모든 동물과 함께"(Bertolt Brecht) 죽어야만 하는 유한한 육체적 존재라는 것, 그리고 《인간 모세》에서 언급되듯이 호모 사피엔스의 동물성과 유한성에 대한 통찰이 인간 월권의 옛 시대가 인간과 동물 사이를 지나치게 벌려 놓았던 간극을 좁히도록 도와준다는 것(전집 16, 207쪽), 이것이 바로 프로이트가 포기하려고 하지 않았던 가장 깊은 확신에 속했다. 일단 "인간 동물(Menschentier)"이라는 말이 거론되면, 그것은 비유적인 것이 아니라 글자 그대로 정확히 동물의 본능장치와 인간의 "고대적 유산"(같은 곳, 208쪽)이 그리 멀리 떨어져 있지 않다는 라마르크의 관점과 일치한다.

육체와 영혼의 문제를 찾아서

마지막으로 신비로운 이야기일지 모르지만 프로이트의 동시대 자연과

4) 역주: 인류가 과학 때문에 감수할 수밖에 없는 모욕을 말한다. 본서 I권 192쪽 참조.

학과에 대한 긍정적인 관계, 그러나 결코 단순하지 않은 관계를 적절히 평가하기 위하여 프로이트가 —그가 애호하는 시인 하인리히 하이네를 경유하는 과정에서— 스피노자의 숭배자였다는 아마도 거의 알려지지 않았을 사실을 지적하고 넘어가고자 한다. 그는 실제로 스피노자에게 "상당히 놀라운 경의"를 표한 바 있다(증보판 670쪽). 그는 몇 번에 걸쳐 17세기의 위대한 이단자에 대해 언급했다. 이는 그렇지 않았다면 정말 철학과 엄격한 거리를 유지하려고 했을 프로이트가 포르투갈계 유대인인 스피노자, 그의 "무신앙의 동지"(전집 6, 83쪽)를 얼마나 진심으로 존경했는지를 알게 해준다. 어쩌면 프로이트는 스피노자에게서 그 자신이 지닌 사유의 먼 선구자적 자취를 인식했는지도 모른다. 이에 대해 스피노자 문헌에는 이 네덜란드인이 본질적 의미로 현대 최초의 과학적 심리학자라는 말이 나온다. (1962년도 판 브리태니커 백과사전에는 심지어 스피노자가 정신분석을 선취했다는 말이 나올 정도이다.) 프로이트 자신은 물론이고 마키아벨리, 홉스, 다윈, 마르크스와 니체처럼 스피노자 역시 "어두운 계몽의 철학자"(Yovel 1989/1994, 421쪽) 유형, 다시 말해 어둡고 놀라우며 때로는 모순적으로 느껴지는 새로운 어떤 것을 밝혀낸 지적 유형에 속한다. 프로이트와 마찬가지로 스피노자에게도 인간의 자연화, 자연적이고 육체적인 것의 권위가 중요했으며, 프로이트와 마찬가지로 스피노자는 데카르트주의와 그것이 추구하는 정신과 자연의 분리, 즉 "사유하는 것(res cogitans)"과 "연장되는 것(res extensa)"의 이원성에 강력하게 반대하는 태도를 취하는 가운데 마음의 과정과 육체적-자연적 과정 사이에는 일종의 보완성이 있다는 이념을 옹호했다(같은 곳, 421쪽 이하, 537쪽). 스피노자에게 정신 내지 영혼은 "몸의 생각(idea corporis)"이다. 사유와 느낌은 흡사 육체를 관통하듯이 지나가고, 어쨌든 순수 정신적인 것으로서 육체와 독립하여 전개되지 않는다.

프로이트의 정동(Affekt)에 대한 정의 역시 —그것을 쾌감 및 불쾌에 근거한 유사 생리학적 과정의 단지 의식화된 표명으로만 기술할 때에는—스피노자와 비슷하다. 《충동과 충동의 운명》이라는 논문의 메타심리학적 글에도 나타나듯이 충동은 프로이트에게 재차 "영적인 것과 육체적인 것 사이의 경계개념(Grenzbegriff)"이자 "육체 내에서 유래하여 영혼에 도달하는 자극의 정신적 대변자이며 … 육체적인 것과의 관계에 따라 영적인 것에 부과되는 작업요구의 척도이다"(전집 10, 214쪽). 상당히 모호하지만 프로이트가 "관계"라고 부르는 것이 스피노자의 경우에는 "보완성의 원칙(Komplementaritätsprinzip)"이라는 명칭으로 사용된다. 한쪽 편, 즉 심적인 것 내지 정신적인 것이 다른 한쪽 편으로 환원되지는 않지만(반대의 경우도 마찬가지인데), 양쪽 편은 공통의 존재론적 연관성을 제시한다. 우리가 프로이트를 비밀스러운 스피노자주의자로 받아들인다면 —'비밀스러운'이란 그가 주지하듯이 철학자를 보증인으로 인용하는 것을 인정하지 않았기 때문이다— 정신분석을 자연과학적으로 정초하려는 그의 노력이 순수 "과학주의적 자기오해"와는 다른 빛으로 나타난다. 요컨대 육체와 영혼, 자연과 정신의 분리라는 현대적 파편화(학문의 분야에서는 자연과학과 정신과학의 파편화)를 지양하려는 시도(Grubrich-Simitis 1985, 111쪽)의 빛으로 나타나는 것이다. 원한다면 누군가는 프로이트의 이런 노력을 실패한 것으로 간주할 수도 있을 것이다. 그러나 그의 노력은 그 자체로 어떤 면에서든 존경받을 만하다.

참고문헌

Gedo, John E.: Überlegungen zur Metapsychologie, theoretischen Kohärenz, zur Hermeneutik und Biologie(메타심리학, 이론적 일관성에 대한 그리고 해석학과 생물학에 대한 숙고). In: Psyche 52(1998), 1014-1040.

Green, André: Der Trieb in Freuds späten Arbeiten(프로이트의 후기 작업에서 충동). In:

Über Freuds »Die endliche und die unendliche Analyse«. Bearb. von Johann Michael Rotmann. Stuttgart-Bad Cannstatt 1996(영어판 1991).

Grubrich-Simitis, Ilse: Metapsychologie und Metabiologie. Zu Sigmund Freuds Entwurf einer »Übersicht der Übertragungsneurosen«(메타심리학과 메타생물학. 지그문트 프로이트의 《전이신경증 개관》의 구상에 대하여). In: Sigmund Freud: Übersicht der Übertragungsneurosen. Ein bisher unbekanntes Manuskrift. Hg. von Ilse Grubrich-Simitis. Frankfurt a.M. 1985, 83-128쪽.

Mannoni, Octave: Sigmund Freud in Selbstzeugnissen und Bilddokumenten(자기진술과 사진이 들어 있는 문서 속에서의 지그문트 프로이트). Reinbek 1971(불어판 1968).

Ricœur, Paul: Die Interpretation. Ein Versuch über Freud(해석. 프로이트 연구). Frankfurt a.M. 1969(불어판 1965).

Schmidt, Alfred/Bernard Görlich: Philosophie nach Freud. Das Vermächtnis eines geistigen Naturforschers(프로이트를 향한 철학. 정신적 자연과학자의 유언). Lüneberg 1995.

Sulloway, Frank J.: Freud. Biologie der Seele(프로이트. 영혼의 생물학). Jenseits der Psychoanalytischen Legende. Köln-Lövenich 1982(영어판 1979).

Weizsäcker, Viktor von: Natur und Geist(자연과 정신). München 1955.

Yovel, Yirmiyahu: Spinoza. Das Abenteuer der Immanenz(스피노자. 내재성의 모험). Göttingen 1994(영어판 1989).

Hans-Martin Lohmann

5. 병과 건강

억압의 결과로서의 심적 고통: 프로이트의 혁명적 이론

사람들이 프로이트의 면전에서 정신질환을 비도덕적 품행의 결과, 유전적이고 유기체적인 정신병적 소질 또는 악마적인 광기의 결과로 설명했을 때, 프로이트는 심적 고통을 이해하는 가운데 기본적인 품행을 논의하기 시작했다. 프로이트에 의하면 신경증과 정신병리학적 증상은 영적인 내용의 억압 때문에 발생한다. 억압이 진행되면서 무의식적으로 되어 버린 과정들은 더 이상 의식적 사고의 법칙들로는 기술될 수 없는 기능방식에 굴복한다. 영혼의 병리학을 이해하기 위해서는 직접적 소망충족 경향, 현실원리(Realitätsprinzip)와는 대립적인 쾌락원리(Lustprinzip)의 지배, 응축과 전치 및 상징화의 기제를 통하여 두드러진 특징을 띠게 되는 이른바 일차적 과정부터 논의를 시작하는 것이 필연적이다. 무의식의 이런 작업방식은 의식적 처리과정의 양식과는 다른 신경증적 고통상태의 영적 작용이 일으키는 비합리성을 설명한다. 예컨대 누군가는 어째서 이성적으로는 손이 깨끗하다고 생각되는데도 계속해서 강박적으로 손을 씻는가? 어느 환자는 실제로 거대한 부를 누리고 있으면서도 무슨 이유로 가난해지는 것을 두려워하는 것일까?

신경성 질환이 발생하는 이유에 대한 프로이트의 이론은 시종일관 정신발생학적으로 기초되어 있다. 물론 인체의 요인들은 그의 일련의 보완적 구상에 따라 고려되고 있지만, 단지 하나의 성향만을 형성하고 있다. 그럼에도 프로이트는 자신의 이론을 통합적 과학의 틀 속에서 구체화했다. 그럴 것이 병인학적(病因學的)이고 정신병리학적인 임상이론은 그 수용에 있어서 자연과학의 검증된 경험적 안전성의 규칙만을 필요로 하기 때문이다. 1911년 프로이트가 어느 연설에서까지 스스로 인정한(Kätzel 1990 참조) 이런 방법론적 관점은 나중에 가서 그에게 과학주의적 자기오해라는 비난을 초래했다(Habermas, 300쪽 이하). 그러나 이런 관점은 프로이트에게 중요한 것처럼 보였는데, 왜냐하면 병의 발생에 대한 그의 이론이 당시에 통용되던 모든 관점과 어떤 식으로든 충돌했기 때문이다.

히스테리의 원인을 밝히는 최초의 숙고로부터 시작하여 나중의 《정신분석 개요(Abriß der Psychoanalyse)》(전집 17, 63-138쪽)에 이르기까지 프로이트는 정상성(Normalität)과 병리학, 건강과 병이라는 주제에 몰두했다. 우선 증상 발생에 관한 그의 정신발생학적 모델이 정동심리학적(affektpsychologisch) 측면에 근거를 두고 있었다면, 추후의 어느 시점부터 증상은 정신적 외상의 영향 결과로 파악되었다. 1890년대에 들어와 정신적 외상이론을 교정한 이후로는 주로 내적 심리의 갈등모델이 단순한 원인-작용 모델을 대치하였다. 이렇게 프로이트의 경우 갈등모델에서 어린 시절에 겪는 인간 사이의 갈등관계가 출발점을 형성하는 것도 물론 사실이지만, 점차 외적 갈등을 처리하는 내적 심리의 자체 동력이 우세해진다.

프로이트는 영적인 질병을 진지하게 받아들였다. 신경증은 영적인 원인으로 발병하며, 오로지 영적인 수단으로만 치유될 수 있다. 동시대의 신경치료와 신경학이 "신경"과 뇌, 유전이나 박테리아 감염에서 유해한 병인을 찾았던 반면에 프로이트는 심리적 배경을 병인으로 볼 것을 요구했다. 그는 이런 심리적 배경을 갈등적인 충동의 운명(Triebschicksal) 속에서 찾는 동시에 충동의 개념을 생물학에서 차용했다. 그러나 이것으로 결코 생리학적-자연과학적 범주를 끌어들인 것이 아니라, 충동을 가지고 육체적인 것과 영적인 것 사이의 경계개념을 요구했다. 따라서 정신신경증(Psychoneurose)이란 칼 융이 1932년에 프로이트를 문제적으로 비난하며 사용했던 "선병(腺病)"이 아니라 "교양의 역사", 다시 말해 사회화의 결과이다. 사회화 과정에서 정신성욕(Psychosexualität), 자기보전, 나르시시즘, 공격성이나 이런 것들의 갈등적 침전물이 결정적 의미를 지닌다.

병리학과 정상성의 엄밀한 구분이 당연하다는 듯이 당시 의료계 및 심리치료의 담론에 속했다면 —이는 동시에 병과 건강을 특정 기준에 따라 고정화하는 것을 의미했는데— 프로이트는 반대로 지배적인 의학적 관점에 연속의 이념을 제기함으로써 그간 통용되던 이분법을 깨트렸다. 인간은 완전하게 구별되는 것이 아니라 그들의 영적인 건강의 관점에서 편차가 있을 뿐이다. 프로이트에 따르면 건강과 병은 "원칙적으로 나누어지는 것이 아니라 실제로 결정될 수 있는 총합의 한계를 통해서만 구분된다"(전집 5, 8쪽)는 것이다.

"무의식을 의식에 접근시키기"

노동 및 사랑의 능력 — 아마도 이것이 프로이트가 정신분석 요법의 목적과 동시에 정신의 건강을 규정한 바와 같이 정신분석가가 질문을 받으면 가장 자주 대답했을 표제어일 것이다. 그러나 실제로 프로이트는 이 규정을 결코 서면으로 공식화한 적은 없었다. 엄밀히 말해 오히려 그는 에로스적인 향락과 고된 노동이 서로 배척된다는 관점에 아마 동의할 것이다.

“정상적인 개인”의 노동 및 사랑의 능력에 대한 프로이트의 진술은 오히려 에릭손(Erik H. Erikson)에 의하여 전파되었지만(Elms 2005, 92쪽 참조), 증명할 만한 어떤 자료도 존재하지 않는다.

일반인들은 프로이트의 저작 대부분이 개념적으로도 영혼의 건강과 병에 관해 다루기를 기대할지도 모른다. 그러나 실제로 프로이트에게서 이 개념에 대한 직접적 관련성을 찾아보기는 거의 어렵다. 물론 프로이트가 정신의 정상성에 도달하기 위해 필수적인 분석적 치료의 과제와 일정한 목표에 열중했다는 것은 사실이다. 이미 프로이트에게서 인식될 수 있는 이런 경향은 이후 정신분석가들의 경우에도 같은 양상을 보였다. 이로 인해 해당 정신분석 사전과 편람에는 “건강”과 “병”에 대한 어떤 해설도 나오지 않는데, 더욱 놀라운 일은 이 표제어에 관해 전문용어 색인에도 전혀 기재되어 있지 않다는 점이다.

일상생활에서 “그것 참 정상이 아닌걸” 하는 외침이 이상적 또는 평균적 기준에 대한 확실한 지식을 전제로 하고 있는 것처럼 보일지라도, 건강과 병의 정의에 대한 그 어떤 시도도 끝없이 논쟁을 불러일으킨다. 그럴 것이 일상적 심리에서 볼 때 “정상성”이란 단순히 건강의 다른 표현인 데 반해, 의학적 의미에서는 기능적으로 병의 부재로 기술될 수 있으며, 심리학적 의미에서는 사회적 가치표상과 이념적 선입견을 인식시킬 수 있기 때문이다. 이 때문에 프로이트는 지나치게 행동 및 체험에 근접한 표현법을 피했다. 예컨대 “건망증을 지양할 것”이나 “무의식을 의식에 접근시키기”(전집 5, 8쪽)처럼 정신적 정상성 내지 건강에 도달하기 위한 추상화된 임상적 규정 또는 메타심리학적 규정을 선호했다. 그 밖에도 《끝이 있는 분석과 끝이 없는 분석(Die endliche und unendliche Analyse)》에 표현된 다음의 예가 이에 속한다. “분석은 자아기능에 대하여 가장 유리한 심리적 조건들을 창출해야만 한다. 그것으로 분석의 과제가 해결될 것이다”(전집 16, 96쪽). 이때

금 우리는 《정신분석입문 강의》에서 "충분할 정도의 향락 및 실행 능력"(전집 11, 476쪽)이라는 표현처럼 프로이트에게서 뭔가를 즉각 상상할 수 있는 규정을 발견하기도 한다.

프로이트가 건강과 병은 하나의 연속에 근거해 있다는 전제에서 출발했다 할지라도, 예컨대 그는 확실한 성도착(Perversion)의 경우처럼 영적 건강의 허구적 이상을 향한 거리가 너무 먼 것처럼 보일 때는 철저히 명확한 경계설정을 시도할 수 있었다. 설령 프로이트가 건강한 개인의 경우에도 성에 도착적인 부분이 섞여 있으며, 그것에 날카로운 경계를 그으려고 할 때는 성생활의 영역에서 해결할 수 없는 어려움에 부딪친다는 것을 인정했다 할지라도, 확실한 성도착은 "병적인 것으로 설명될"(전집 5, 60쪽) 수밖에 없다. 물론 프로이트는 이런 식의 도착적 개인들이 어떤 경우에나 다른 식의 심각한 변태(Abnotmität)를 보인다고 예상해서는 안 될 것이라고 말한다. 단지 그 반대의 경우에만 강력한 상관관계가 성립된다는 것이다.

정신병적인 체험에서도 정신병의 규정은 얼핏 눈에 보이는 것처럼 단순한 것은 아니다. 왜냐하면 이른바 건강한 사람도 밤에 꿈을 꿀 때는 정신병적 체험세계로 후퇴하기 때문이다. 물론 잠에서 깨었을 때 그는 자신이 꿈을 꾸었다는 것을 의식하고 꿈의 체험과 사실을 구별할 수 있다. 그럼에도 여기에는 다시 신경증 및 정신병과 "정상성"의 상이한 체험상태 사이에 유동적인 차이가 존재한다. "그러므로 신경증과 정신병은 외부세계에 대한 무의식의 반란의 표현, 불만의 표현이다. 다시 말해 사실적 궁핍, 운명에 적응할 수 없는 무의식의 무능력의 표현이다. … 신경증은 사실을 부인하지 않고 다만 그것에 관해 아무것도 알려고 하지 않을 뿐이다. 하지만 정신병은 사실을 부인하면서 그것을 대체할 것을 찾는다. 우리는 신경증처럼 사실을 거의 부인하지 않지만, 정신병처럼 그것의 변형을 찾으려고 애쓰는 두 반응의 특정한 성향을 통합하는 행동을 정상적이라거나 '건강하다'

고 부른다"(전집 13, 365쪽).

히스테리에 대한 연구에서 정신분석 개요에 이르기까지: 해결될 수 없는 갈등이 병인성을 형성한다

프로이트의 초기 이론에 따르면 병의 유발과정 이후 몇 년 뒤에도 증상을 일으키는 힘을 지닌 것은 억압된 외상체험이었다. 프로이트는 이 잠재력을 다음과 같이 설명했다. "병인성을 갖게 된 표상들이 이렇게 신선하고 정동적으로 힘 있게 유지되는 이유는 자유로운 연상의 상태에서 해소작용하기(Abreagieren)[5]와 재생산을 통한 정상적 사용이 그 표상들에 거부를 당하기 때문이다"(전집 1, 90쪽). 이처럼 임상이론 형성의 초기단계에서 프로이트는 견디기 힘든 표상들의 방어를 여전히 수치심에 근거하는 것으로 파악했다. 한 인격체의 자존심과 자기모습 사이의 불일치 때문에 정동으로 채워진 일정한 표상들은 방어적이 되지 않을 수 없다. 그러나 프로이트는 추후의 어느 시점에서 주로 오이디푸스 콤플렉스에 의해 결정화된 죄가 병을 만드는 억압과정에 책임이 있는 것으로 보면서 이후로는 수치심의 체험과 자존심이라는 주제를 정신건강과 정신병에 대한 관찰에서 거의 완전히 배제했다.

해소되지 못한 오이디푸스적인 갈등은 무의식 속에서 병의 소질로서 남아 있으며, 신경증 발병에 대한 필연적 조건을 형성한다. 그러나 적절한 발생적 상황이 연출될 때에야 비로소 이 갈등이 다시 활성화된다. 대체로 외

5) 역주: 분석대상자로 하여금 외상체험에 대한 회상과 가공을 통하여 외상에서 해방되도록 돕는 일종의 정화 방법. 종종 소산으로도 번역되고 있다. 본서 I권 243쪽 '해소작용(Abreaktion)' 참조.

부에 대한 거부 형식으로 이루어진 우발적인 체험이 충분한 조건이 된다. 충동지연(Triebaufschub)을 통하여 완화될 수 없는 외부에 대한 거부 때문에 내적 갈등이 발생한다. 이 내적 갈등은 퇴행을 거듭하며 유아기적 충동목적의 복귀에 이르게 되지만 이와 같은 복귀는 초자아로부터 용인되지 않는다. 이로 인한 결과는 신경증적 증상형성에 의한 도피적 방책이다. 증상은 대체로 충동만족과 초자아를 통한 처벌의 상쇄로 이루어지는 타협을 보여 준다.

이런 신경증 증상과 내적-외적 갈등의 관계는 증상을 고립적으로 파악할 것이 아니라, 투쟁적인 동력과 전기적 조건을 지닌 경험 양면을 모두 고려하여 전체적으로 주시할 것을 요구한다.

진리를 찾으려는 노력
— 건강을 목적으로 하는 억압의 지양

프로이트가 최면이나 카타르시스를 통하여 병이 치유될 수 있다는 생각을 버린 이후에 무엇보다 중요한 과제가 된 것은 무의식적 소망자극이 어떻게 의식화될 수 있는가 하는 물음이었다. 이는 암시나 지적인 영향을 통해서가 아니라 분석자가 무의식을 번역함으로써 이루어질 수 있었다. 이런 이유로 무의식을 의식화하려는 목적은 다른 수단에 의해 이루어질 수밖에 없었다. 환자가 억압된 충동자극(verdrängte Triebimpulse)의 의식화에 저항하기 때문에, 바로 이 저항이 환자에게 먼저 의식화되어야 한다. 이런 일은 분석자와의 관계에서 가장 의미심장하게 일어난다. 그리하여 저항과의 싸움은 일찍이 떠나 버린 어린 시절의 싸움터가 아니라 정신분석적 처리의 여기, 지금에서만 벌어질 수 있다. 이 때문에 과거의 병에서 전이신경증(Übertragungsneurose)이 생겨난다. 전이신경증은 실제적 관계에서 신경증 증상에 책임이 있는 그 모든 난제를 주제화하도록 허용한다. 전이신경증에서 저항 분석의 도움으로 얻게 되는 이제까지 억압된 충동작용의 의식화는 환자들로 하여금 어떤 불안 때문에 자신의 소망이 현재의 관계에서, 그러나 부모와의 근원적 관계에서도 억압당할 수밖에 없었는가를 인식시켜 준다. 이제부터 그가 이 소망을 의식적이고 의도적으로 억누를 것인지 또는 끝까지 살릴 것인지는 그 자신의 판단에 달려 있다.

프로이트에 의하면 정신분석적 치료는 고통과 증상을 완화할 뿐만 아니라, 특히 한 인격체의 내적 결단의 활동 공간을 확장하고 이제까지 강박으로 느껴졌던 것을 극복하게 하는 데 기여한다. 이와 동시에 전이신경증에서 갈등의 세심한 심화작업(Durcharbeiten) 없이 일어나는 그 어떤 성급한 증상 치유도 고유한 소망과 감정을 의도적으로 처리할 수 있는 가능성을 축소한다. 설령 거의 모든 환자가 신경증적 고통의 완화를 회복의 가시적인 특징으로 열망할지라도, 프로이트에게는 치유 이전에 질병의 무의식적 연관성과 배경의 인식이 더 우선적이었다. 그럴 것이 증상의 잠정적인 완화는 대체로 거의 암시효과나 전이사랑(Übertragungsliebe), 플라시보 효과의 결과가 아니며, 이런 것 때문에 결코 지속성을 갖지는 못한다. 그러므로 프로이트에게는 인식을 추구하는 끊임없는 노력이 더 중요했다. "정신분석에는 처음부터 치료와 연구 사이의 떨어질 수 없는 연계관계가 성립되어 있었다. 인식이 결실을 가져왔고, 새로운 어떤 것을 경험하지 않고는 아무것도 처리할 수 없었으며, 선행(善行)의 효과를 체험하지 않고는 어떤 깨달음도 얻지 못했다. 우리의 정신분석적 방법은 이 귀중한 상호 만남이 보존되어 남아 있는 유일한 것이다"(전집 14, 293쪽 이하).

자기기만을 인식하고 더 큰 내면의 자유와 자기성찰을 얻으려는 목적으로 전이신경증의 면밀한 조사를 시행하는 가운데 억압을 지양하는 것은 프로이트에게 정신건강에 도달하기 위한 포기할 수 없는 전제였다. 적절한 환자의 경우 충분할 정도로 영적 성숙함을 보여 주는 숙련된 임상의사와의 협동으로 이것이 가능하다는 가정을 내세워 프로이트는 자신이 계몽의 상속자임을 증명했다. 그는 《환영의 미래》에서 다음과 같이 말한다. "지성의 목소리는 나직하지만, 그 목소리는 청취되기 전에는 멈추지 않는다"(전집 14, 377쪽).

종전까지 프로이트에게 타인뿐만 아니라 자신에게도 은폐되어 있었던 달갑잖은 진리의 출현이라는 의미에서의 진리는 오랫동안 모든 정신분석적 노력의 목적이었다. 그러므로 이제까지 무의식적인 것, 억압에 귀속되어 있던 것은 고통스러운 과정을 지내며 다시 —또는 최초로— 의식화되어야 할 것이다. 지나친 편견과 이데올로기, 허구적 이상 및 비현실적 기대의 자세, 자기 삶의 거짓과 자기기만과 치열하게 대결하는 사람만이 자신의 삶에 대한 책임을 떠맡을 수 있다는 것이다.

분석치료의 효과에 대한 프로이트의 생각은 그에게 인간세계 및 자기이해의 가장 성숙한 단계를 보여 주었던 그의 객관주의적 과학적 자세와 일치했다. 개인적 억압뿐만 아니라 문화사회적 순응을 강요하는 형성력 때문에 생겨난 (자기 자신의 거짓을 더는 믿지 않는) 계몽적인 환자는 자신의 노력에 의하여 편견 없고 순수하며 객관성에 충실한 과학자의 유형에 점점 더 가까이 다가설 수 있었다. "지성(과학정신, 이성)이 시간의 흐름과 더불어 인간의 영적 삶에서 독단적 힘을 쟁취하게 되는 것이 우리의 가장 값진 미래의 희망이다"(전집 15, 185쪽).

프로이트가 그의 객관적 과학지식의 가치평가에서 현대가 보증하는 과학주의에 지나치게 무비판적으로 의존했다는 비난이 종종 대두되어 왔다. 이른바 포스트모던의 인간들은 과학의 인식이 보다 건강하고 정신적으로 만족스러운 삶에 기여할 수 있는 것을 고려할 때 훨씬 더 회의적이 되어 버렸기 때문이다. 우리는 그동안 과학이 얼마나 오류에 빠지기 쉬운지, 얼마나 이론 의존적이고 패러다임 중심적으로 구성되어 있는지를 예감하거나 알고 있기 때문이며, 나아가 과학에 병적으로 열광하는 양상에 의하여 과학적 세계해명과 관점의 한계가 공공연하게 드러나기 때문이다. 그럼에도 정신분석가들의 경우에 "통찰(Einsicht)"의 창출은 수십 년간 분석적 치료의 필수조건이자 영적 건강의 최고 목적으로서 간주되었다. 하버마스는 이에 부응하여 정신분석을 "방법적으로 자기성찰을 요구하는 학문의 유일한 구체적 예로"(Habermas 1968, 262쪽) 설명한 바 있었다.

하지만 몇 년 전부터 많은 정신분석가들에게 진리의 창출은 더 이상 정신분석치료의 목적으로 간주되지 않고 있다. 단지 서술적인 진리가 목적일 뿐이라는 확신이 역사적 진리를 믿는 사람들의 입장을 대치한다. 프로이트가 목적으로 설명한 것(전집 11, 473쪽), 즉 분석가들의 해석이라는 것이 환자의 현실과 일치할 수 있는가 하는 점이 의심을 받고 있는 것이다. 이에 대해 프로이트는 해석이 미적 기준, 예컨대 조화 내지 통일성에 어울릴 만하다면 그것으로 충분하다고 말한다. 조화의 추구보다 더 중요한 것은 어쨌든 새로운 종류의 관계체험, 공감하는 대상과의 감정적 교정의 경험, 경험적 표준의 새로운 검증을 가져오는 만남의 놀라운 순간이라는 것이다.

건강의 포괄적인 표상:
신경증의 비참함에서 아주 일상적인 불행으로

놀라울 정도로 프로이트의 초기 저작에 이미 나타나는 정신분석치료 목적의 규정, 즉 히스테리의 비참함에서 "평범한 불행"으로의 변화라는 구호는 거의 알려져 있지 않고 그리 인기가 있는 것처럼 보이지도 않는다. 브로이어(Breuer)와 공동으로 저술한 프로이트의 《히스테리에 대한 연구(Studien über Hysterie)》는 정신분석치료 목적의 이 수수께끼 같은 규정으로 끝난다

(전집 1, 312쪽). 사람들은 사실적 삶의 상태를 이루는 법을 배워야만 한다. 그들은 종종 분석치료로부터 새로운 인간이 되어 행복한 존재의 영원한 권리를 얻기를 기대한다. 그러나 프로이트에 의하면 누군가가 자신이 살아가는 세상을 사실적으로 지각할 수 있다면, 그것은 많은 것을 성취한 것이고 영적 건강의 표시라는 것이다. 그의 태도는 나중에 "우울한 사실주의(Depressiver Realismus)"라고 불리기도 했다. 왜냐하면 이런 태도는 방어, 미혹으로 이끄는 이상화와 어린이-꿈(kinderträume) 없이 환자들 당사자에게 지금 그대로의 사실, 다시 말해 예상할 수 없고 모순으로 가득 차 있으며, 극도로 잔인하기도 하지만 희망에 가득 차 있고 고무적인 사실을 경험하게 해 주기 때문이다.

정신건강은 심리학적 수단으로 탐구되어야 한다

현재의 수많은 생물학자와 신경생리학자는 정신적 체험에 대한 표현을 (심리학적 언어를 포기하지 않으면서도) 신경과학적 언어로 규정하려는 유혹에 빠져 있는 것이 사실이다. 그러나 이에 반해 프로이트는 순수 심리학적 내지 심층심리학적 구상을 발전시키려고 시도했다. 예를 들어 그는 《꿈의 해석》이나 《성이론을 위한 세 편의 논문》에서 심리학적 토대에 머물 것을 요구하면서, 과학 신봉의 시대에 심리학적으로만 이루어지는 담론보다 더 큰 명성을 약속하는 것처럼 보이는 신경생물학적 환원주의(neurobiologischer Reduktionismus)의 경향에 반대하는 뜻을 명확히 했다. 동시에 그는 숙련된 신경해부학자 및 신경생리학자로서 자연과학적 관찰방법에는 결코 반대하지 않았다. 그럴 것이 심지어 그는 이따금 자신의 새로운 심리학을 언젠가는 신경생물학적으로 구축하고 영적인 질병들을 약제로 치료할 수 있을 것이라는 희망을 토로하기까지 했다. 그럼에도 그에게 정신적 현상의 심리학적 구상은 평생 동안 똑같이 중요한 문제로 간주되었다.

널리 유포된 심리학적 사유 및 성찰의 소홀함에 맞서 프로이트가 정신분석적 방법으로 끝까지 탐구하려고 노력했던 것은 사람들이 지속적으로 만들어 내고 신경증적인 한계와 고통의 상태에 빠져들게 하는 다양한 의미들이었다. 19세기와 마찬가지로 정신적인 건강과 병을 신경과학적으로 뇌 속에 밝혀내고 심리적이고 문화적인 맥락을 배제하려는 실제적인 경향과 직면하여 프로이트의 태도는 예나 지금이나 변함없이 통찰력이 있는 것처럼 보인다.

삶의 목적과 치료의 목적 — 신경증 증상의 재활을 위하여

20세기에 들어와 거의 모든 정신분석 저자들은 정신건강에 관한 물음에 대하여 프로이트의 이론적 방향에 따라 대답하려고 하였다(Sandler/Dreher 1999). 비교적 후대의 저자들은 프로이트의 오이디푸스적인 갈등병리학을 분명하게 넘어서서 과거의 정신적 외상상해(Traumatisierung)와 갈등, 이를테면 인접(Nähe), 구속(Bindung)과 자율(Autonomie) 같은 기본갈등에 몰두했다(Rudolf 2000). 과거의 정신적 외상충격은 자아의 구조적 능력이 발전하는 것을 저해함으로써 갈등을 해소하기 힘들게 한다. 물론 후대의 정신분석가들도 변함없이 영적 건강에 대한 전제로서 통찰과 자기분석을 위한 능력이라는 목적을 고수했지만, 이른바 삶의 목적이나 치료의 목적에 점점 더 큰 가치를 부여했다. 이로써 신경증의 증상은 더 큰 의미를 얻게 되었다. 이제 정신건강은 진리의 추구보다 행동의 특징에 더 강하게 집착하게 되었다. 하지만 건강이라는 특징의 구체화와 더불어 그것의 문화적이고 사회적인 조건이 불가피하게 드러난 것도 사실이다.

"건강"과 "병"은 프로이트의 관점에서 볼 때에도 파악하기 어려운 범주이다

1970년대에 이른바 낙인이론적 시도(Labeling approach; Keupp 1972; Scheff 1972 참조)로 인해 야기된 정신건강과 정신병 진단에서 널리 퍼진 의학적 병 모델에 대한 비판은 병과 건강을 상호 극단적 개념으로 대립시키려는 프로이트의 태도와 유사함을 보여 준다. 의학적 병 모델에서 "일탈행동(abweichendes Verhalten)"이나 "장애"는 소위 정상적이고 자연스러운 건강상태로부터 벗어난 것으로 이해된다. 진단에 의한 "병적" 상태의 원인은 현재나 과거의 발병 조건에 대한 고려 없이 개인에게 전가되며, 이런 일이 벌어지면 흔히 "스트레스"라는 말로 치부된다. 증상은 결국 생물발생학적 근거의 내적 요인에 기인하는 심층적 병의 상태로 관찰된다. 병리적 실체를 찾을 때 사회적 관계구조는 더 이상 주제화되지 않고 있으며, 현재와 과거의 상호작용 과정도 완전히 배제되어 있다. 진단은 스스로 낙인찍기, 병적인 역할의 답습과 의학적 체계로의 종속과 같은 불행한 악순환을 초래하는 낙인찍어 떠넘기기 과정(stigmatisierende Zuschreibungsprozesse)으로 변하고 있다.

임상심리학 분야의 전문가들은 "무의식이 있었던 곳에 자아가 있어야 한다"(전집 15, 86쪽)와 같이 너무 애매하게 느껴지는 권고로는 만족할 수 없었고, 진단 및 검증이론의 토대 위에서 건강과 병에 대한 기준을 확고히 하려고 시도했다. 이에 따라 객관적 토대 위에서 "신경증적 성향", "자아복원력(Ich-Resilienz)", "우울증", "심리사회적 안녕", "응집력체험(Kohärenzerleben)" 등을 정신적 적응의 요소로서 진단하기 위한 설문지가 개발되었다. 자기평가에 의해 조사된 가치라는 점에서 이 설문지는 너무 주관적이고 오류가능성이 있도록 측정된 감별자의 데이터로서 완전히 바꾸지는 않을지라도 일부를 보완할 필요가 있었다. 물론 어느 비판적 분석은 사람들이 자신들의 평가와 관련하여 오인할 수 있다는 점을 지적한다. 임상전문가의 시각에서 볼 때 그들은 신경증적이거나 인격장애를 보이는데도 스스로를 건강하다고 생각한다는 것이다. 어쩌면 다른 어떤 분야에서도 정신건강과 정신병의 분야만큼 이렇게 많은 무의식적 자기기만이 존재하지 않을지 모른다(Shedler 외 1993). 조이스 맥두걸(Joyce Mcdougall)은 "비정상적"으로 분류될까 봐 두려워하고 자신의 신경증적 문제를 극구 부인하여 눈에 띄는 개인을 특징화하기 위하여 "정상병(Normopathie)"이란 표현을 만들었다(Mcdougall 1989/1991). 무의식적으로 나타나는 이런 사람들의 감정을 지각하지 못하거나 그 정체를 알 수 없을 경우 이들에게는 정말 중대한 심신의 위기가 찾아올 수 있다.

그러므로 사람들이 신경증적 성향과 관련하여 스스로 평가하는 방법보다는 예컨대 작동화된 심리역동적 진단(Operationalisierte Psychodynamische Diagnostik; 연구모임 OPD 2000)처럼 타인이 평가하는 방법이 더 의미심장하다. OPD 방법에 이어서 인격구조(신경증, 경계선 성격장애, 정신병)의 상이한 수준을 파악하기 위하여 만들어진 하이델베르크 구조변화등급(Heidelberger Umstruktuierungsskala; HUSS; Rudolf 외 2000)이나 또는 클라킨(Clarkin) 등(2002)에 의해 개발된 인격조직의 구조적 인터뷰(Strukturelle Interview der Persönlichkeitsorganisation; STIPO) 역시 참고할 만하다. 이는 정체성 강화, 상호 인간관계, 방어기제와 적응전략의 사용, 공격성의 처리, 도덕적 가치와 사실검증의 질에 대한 평가를 지향한다.

그러나 이 모든 진단 평가의 범주들은 이상적으로 정의된 (북아메리카 및 서유럽의) 규범과의 편차가 병 또는 건강에 대한 기준으로 통용되는 한 가지 모델의 틀 속에 머물러 있다. 예컨대 이런 규범에 따르면 인정하는 타인에 대한 의존성이 높은 것이 의존성이 낮은 것보다 "병리적"이며, 억압할 수 있는 것이 분열을 일으키는 것보다 더 건강하다는 논리가 성립된다. 누가 또는 무엇이 건강하거나, 병적이거나, 도착적으로 간주되어야만 하는지의 규정은 그것이 무엇보다 사회적 통제를 의미하는 것이 아니냐는 의혹에 계속 빠지게 된다. 예컨대 우리가 수십 년 동안 동성애의 평가를 북아메리카식의 정신분석을 통하여 성도착으로 본다면, 정신분석적 진단에 대한 푸코의 비판(Foucault 1961/1973)은 이와 관련하여 직접 통찰력을 갖게 된다. 이 때문에 건강과 병에 대한 담론은 계속해서 불안한 모험으로 남아 있다. 치료에서 분석자는 성급하게 "건강"과 "병"에 대한 이분법에 빠지지 않은 채 자기 자신에 대해 진실할 수 있고 진실해야만 한다는 프로이트의 의도는 여전히 실제적인 의미를 지닌다.

참고문헌

Arbeitskreis ORD (Hg.)(연구서클): Operationalisierte Psychodynamische Diagnostik. Grundlage und Manual(작동화된 정신역동적 진단법. 기초와 매뉴얼). Bern 1996.

Clarkin, John, F./Eve Caligor/Barry Stern/Otto F. Kernberg: STIPO; Strukturelle Interview of Personality Organisation(인격 조직의 구조적 인터뷰). New York. Unpublished manual, 2002.

Elms, A.C.: Der apokrype Freud: Sigmund Freuds berühmteste "Zitate" und ihre wahren Quellen(외전의 프로이트: 프로이트의 가장 유명한 "인용들"과 그것의 진짜 출처). In; Luzifer-Amor 18(2005), 82-108쪽.

Foucault, Michel: Wahnsinn und Gesellschaft. Eine Geschichte des Wahnsinns im Zeitalter der Vernunft(광기와 사회. 이성의 시대에서 광기의 역사). Frankfurt a.M. 1973(불어판 1961).

Habermas, Jürgen: Erkenntnis und Interesse(인식과 관심). Frankfurt a.M. 1968.

Jung, Carl Gustav: Die Beziehungen der Psychotherapie zur Seelsorge(영혼배려와 심리치료의 관계) [1932]. In: Ders: Zur Psychologie westlicher und östlicher Religion. 전집 11권. Olten 1948, 355-376쪽.

Kätzel, Siegfried: Überlegungen zu einem »Freud-Dokument«("프로이트-문서"에 대한 숙

고). In: Luzifer-Amor 3(1990), 164-167쪽.

Keupp, Heiner: Psychische Störungen als abweichendes Verhaten(일탈행동으로서의 정신장애). Zur Soziogenese psychischer Störungen. München 1972.

McDougall, Joyce: Theater des Körpers(몸의 연극). München 1991(영어판 1989).

Mertens, Wolfgang: Einführung in die psychoanalytische Therapie(정신분석적 치료 입문) [1991]. Stuttgart 2005.

Mentzos, Stavros: Neurotische Konfliktverarbeitung(신경증의 갈등처리). Frankfurt a.M. 1982.

Rudolf, Gerd: Psychotherapeutische Medizin und Psychosomatik(정신치료의학과 정신신체의학). Sttutgart 2000.

_______ /Tilmann Grande/Claudia Oberbracht: Die Heidelberger Umstruktuierungsskala. Ein Modell der Veränderung in psycoanalytischen Therapien und seine Operationalisierung in eiener Schätzskala(하이델베르크의 구조변화등급. 정신분석적 치료와 평가등급에서 그것의 작동화). In: Psychotherapeut 45(2000), 237-246쪽.

Sandler, Josef/Anna Ursula Dreher: Was wollen die Psychoanalytiker? Das Problem der Zielen in der psychoanalytischen Behandlung(정신분석가는 무엇을 원하는가? 정신분석적 치료에서 목표의 문제). Stuutgart 1999.

Scheff, Thomas: Die Rolle des psychisch Kranken und die Dynamik psychischer Störungen(정신병자의 역할과 정신장애의 역동성): Ein Bezugsrahmen für die Forschung. In: Heiner Keupp (Hg.): Der Krankheitsmythos in der Psychopathologie. München 1972, 136-156쪽.

Shedler, Jonathan/Martin Maymann/Melvin Manis: The Illusion of Mental Health(정신건강의 환영). In: American Psychologist 37(1983), 1117-1131쪽.

Wolfgang Mertens

6. 연극, 장면과 유희

프로이트의 저작에는 연극에 대하여 체계적으로 다루어지는 것은 아니지만 눈여겨볼 만한 특별한 의미가 나타난다. 주지하듯이 프로이트는 정신분석을 발굴하고 방법적으로 발전시켜 나가면서 지속적으로 연출과 연극의 계기들과 부딪쳤다. 그리하여 그가 사용하는 용어에는 연극에 대한 다양한 연상들이 결부되고, 그것이 정신분석 이론에도 계속적인 변화의 과제로 작용한다. '장면', '무대', '표현', '역할', '유희'와 같은 개념들은 아주 다른 문맥에서 연극을 지시하고 있으며, 논쟁적이고 기법적인 기능을 넘어서 프로이트의 사유와 정신분석 전반에 대한 연극 및 연극적 성격의 중요성을 제시한다. 그러나 —여기서 그 언표가 늘 당연한 것처럼 보이는— 몇 가지 연극의 은유들만이 다루어지는 것이 아니다. 프로이트 이론의 포괄적 부분들은 연극과의 은유적이고 '본래적인' 관계 사이에서 진동하면서, 바로 그 경계와 아울러 허구와 사실 사이의 범주적인 차이뿐만 아니라 '정상적인' 예술적 환상과 정신병적인 환상의 엄밀한 분리에 물음을 제기한다. 따라서 프로이트의 저작들에서 연극적인 측면에 대한 성찰을 조망하기 위해서는 현대극의 변화과정과 오늘날까지 지속적인 연극과 정신분석의 상호관계가 고려되어야 한다. 이미 1890년에 시작된 문학 장르로서의 드라마의 위기는 의식과 주관성의 전통적 모델이 해체됨으로써 발생했다. 이로 인한 "전위연극"의 태동으로 연극에서는 육체연기, 매체성과 퍼포먼스라는 새로운 형식을 위해 무엇보다 드라마 텍스트 우위로부터의 탈피가 일어났다. 18세기와 19세기의 시민문화가 만들어 낸 전통적 연극개념에 대한 이와 같은 문제제기의 맥락에서 프로이트 저작들에 나타난 연극과 정신분석 사이의 교대관계의 폭이 조망될 수 있다.

히스테리의 연극

정신병적 증상과 행동방식에 몰두하던 프로이트의 초기는 이미 연극적인 특징을 드러냈다. 그가 살프트리에 병원에서 장 마르탱 샤르코(Jean-Martin Charcot)로부터 치료방법을 배우고, 또한 극장에서 전설적인 여배우 사라 베르나르(Sarah Bernhardt)에게 감동을 받았던 —결실이 많았던— 1885/86년 파리에서의 체류를 기회로 그는 열정적이면서도 불운한 연인이 오랫동안 시달리던 망상을 경험할 수 있었다. 히스테리를 통합적인 질병 콤플렉스로 파악하고 치료하려던 당시 파리에서 감행되던 시도들은 환자들뿐만 아니라 의사들의 경우에도 인상적인 몸짓과 자세로 흉내를 내는 연출 계기에 감명을 받았다. 이런 점을 프로이트도 1913년에 발표한 기고문 《정신분석에 대한 관심(Das Interesse an der Psychoanalyse)》에서 지적하고 있다. 그는 여기서 히스테리 발작을 "기술적 공식(deskriptive Formel)"으로 제한하고자 했던 샤르코와 어쨌든 히스테리 발작들에서 효과적인 "무의식적 표상"을 인식한 피에르 자네(Pierre Janet)를 정신분석의 실행과는 명확히 구분한다. "환자들에게 히스테리 발작은 의식화되지 않은 채 그들의 환상을 사로잡는 체험되고 허구화된 장면들의 모방적 표현이라는 것을 정신분석이 입증했다. 표현된 행동의 응축과 왜곡을 통하여 이 무언극은 관객에게 불투명해진다"(전집 8, 399쪽). 프로이트는 이렇게 히스테리를 무의식적 장면의 모호한 극적 연출로 기술함으로써 어떻게 하면 소위 순수 생리적으로 설명되는 현상을 "심적 행동"으로 해석할 수 있는가에 대해 훌륭한 범례를 제시한다. 이와 동시에 히스테리에서 '연출적인' 거동과 과학적 관계의 문제성이 예측될 수 있다. 분석적 담론은 히스테리와 몸짓연기의 상호 불가분적 위장전략을 밝혀내기 위해 병적 행동의 표현을 명백하게 "왜곡"으로 규정하고 다시 묘사해야(darstellen) 하는 모방의 방법을 필요로 한다.

디디-위베르망에 의하면 장 마르탱 샤르코의 치료요법은 환자들의 육체적 자기표현의 관찰을 훨씬 넘어 많은 관점에서 "히스테리의 발명"으로 특징될 수 있는 일종의 연출이었다(DiDi-Huberman 1982/1985). 약혼녀에게 보내는 편지에서 프로이트는 자신에게 끼친 샤르코의 영향을 미적이고 무대적인 경험과 비교한다. "나의 두뇌는 저녁때 연극을 보고 난 후처럼 만족스러웠다"(편지 189쪽). 그리고 그는 애도사에서 파리의 의사 샤르코에게 자주 제기된 "연극적인 것에 대한 비난"(전집 1, 29쪽)을 언급한다. 이렇게 된 이유는 실증의 목적으로 환자들에게 아주 효과적으로 연출하는 샤르코의 수법뿐만 아니라 그의 습관 때문이었다. 그는 환자들에게 강연하면서 그들의 전형적인 제스처와 거동을 흉내 냄으로써 이 행동극의 미적 형상화를 촉진하고, 열정적 공식의 레퍼토리를 만들어 내곤 했다. 히스테리 검사와 밀접하게 연관된 최면기법은 치료방법으로 사용되기도 전에 전 유럽의 연극무대에서 공연되었다. 프로이트는 1880년에 이미 빈에서 그에게 "최면 현상의 실제"(전집 14, 40쪽)를 입증한 유명한 최면술사 한스의 무대공연을 관람했다. 세기말에 들어서서 히스테리 발작이 급증하자 다시 최면술 장면이 유행되었는데, 이는 어느 정도는 공개적 행동화를 위한 아주 새로운 가능성을 열어 주었다. 프로이트는 나중에 행동화(Agieren)를 반복강박의 무의식적 작용으로 더 상세히 정의하였다. 이 경우 타자의 간여, 특히 전이과정에서 분석가의 간여가 의식화된 회상작업의 자리에 들어오게 된다[기억, 반복과 심화작업(Erinnern, Wiederholen und Durcharbeiten) 참조, 전집 10, 130-131쪽]. 프로이트는 요셉 브로이어와 공동 출간한 《히스테리 연구》에서 과도한 연극적 행동으로서의 히스테리가 분석적 치료를 거부할 수 있다고 언급하고 있다. 다른 의사와의 대화에서 그는 에미(Emmy von N.)라는 여성의 저항을 통찰했음이 틀림없다. "그녀는 나와 마찬가지로 그와 —다른 의사들과도— 같은 행동을 해 보였습니다"(전집 1, 162쪽). 이렇게 히스테리 연구의 맥락에서 최초로 프로이트의 태도에 연극, 모방과 연기에 대해 양가성이 나타난다. 한편으로 그는 위장, 표상과 표현의 기만적인 힘을 (그리고 아울러 치료와 정신분석의 명망에 대한 이런 것들의 지속적인 위협을) 충분히 깨달았다. 그러나 다른 한편으로 인간 행동의 연극적이고 퍼포먼스적인 측면에 대한 통찰뿐 아니라 연출 수단을 동원한 점은 정신분석의 기법과 이론의 포기할 수 없는 구성요소로서 남아 있었다.

카타르시스와 연기

프로이트는 그가 살던 시대의 연극에도 영향을 받았다. 고대 드라마와 셰익스피어, 독일 고전주의뿐만 아니라 동시대의 드라마에 대한 그의 잦은 언급, 그 밖에도 유명한 저술가이자 극작가인 아르투르 슈니츨러에 대한 "도플갱어 불안"의 고백이 이를 잘 보여 준다(Worbs 1983, 179쪽 이하). 제네바 학파의 장 스타로빈스키에 의하면 마치 현대문학과 예술을 경멸하는 것처럼 보이는 프로이트의 태도가 "방어기제"로서 그의 문학적 경향과 작가들의 표현형식 및 통찰력에 의존하는 정신분석의 성격을 은폐하도록 했다는 것이다(Starobinski 1970/1973, 99쪽). 이와 같은 스타로빈스키의 해석은 프로이트의 사유에서 차지하는 연극의 위상, “장면”의 표현과 분석에 대한 그의 관심을 설득력 있게 지적한다. [프로이트가 나중에 어린아이가 목격한 부모의 성관계에서 무엇보다 외상의 흔적에 적용한 장면개념 역시 근본적으로는 히스테리 연구 시절에서 유래한 것이다. “원초적 장면(Urszene)”에 대해서는 《유아기 신경증의 역사(Geschichte einer infantilen Neurose)》, 전집 12, 65쪽 참조. 그 밖에 플리스(Fließ)에게 보내는 1897년 4월 2일 자 편지, F, 253쪽 참조]. 반대로 동시대 작가들을 통한 정신분석적 저술의 수용은 바로 무의식적 충동갈등과 관련하여 연극에서 풍성한 결실을 낳았다. 예컨대 슈니츨러와 호프만스탈을 손꼽을 수 있다. 호프만스탈은 비평가이자 극작가인 헤르만 바르의 권고로 《히스테리에 대한 연구》를 근거로 《엘렉트라(Elektra)》 비극을 번안하였고, 이와 동시에 1900년경에 부각된 고대에 대한 매혹을 결정적으로 형상화했다. 이렇게 억압의 반복인 비극적 갈등의 해석에 대한 히스테리 치료의 “카타르시스 방법”이 다시 비극의 중심으로 자리 잡게 되었다. 프로이트가 오이디푸스 콤플렉스의 발견과 더불어 그의 자기분석도 비극적 경험의 틀에 삽입시켰음을 플리스에게 보내는 1897년 10월 15일자 편지가 알게 해 준다. 이 편지에서 그는 처음으로 “어머니에 대한 애정과 아버지에 대한 질투심을” —이미 셰익스피어의 《햄릿》을 고려하여— “어린 시절의 일반적인 사건”으로 간주한다(F, 293쪽). 그렇지만 카타르시스에 대한 프로이트의 관점에는 무엇보다 야콥 베르나이스(Jacob Bernays; 프로이트의 부인인 마르타의 숙부)가 1857년 레싱 이후에 정열의 도덕적 정화의 지배적 사고였던 공포와 동정심에 반해 통용시킨 아리스토텔레스의 카타르시스 개념에 대한 새로운 해석이 중요하다. 베르나이스는 카타르시스를 오히려 생리적-의학적 의미에서의 정화과정(Bernays 1970, 6쪽 이하와 9쪽 이하 참조)으로 이해했으며, 이는 브로이어와 프로이트와도 연계될 수 있었다.

프로이트가 명시적으로 연극에 헌정한 1906년에 발표된 글 《무대 위의 정신병적 인물들》(증보판, 655-661쪽)은 연극의 목적을 공포와 동정심과의 관계에서 파악하는 동시에 감정고조와 긴장의 전달을 통한 쾌감의 환기로서 규정하고 있다. 왜 비극에서는 고통의 연출이 바로 만족감을 줄 수 있는가 하는 오래된 물음에 프로이트는 실러 미학의 전통에서 예술의 **유희적 성격**과 무엇보다 주인공의 영적 고통에 대한 관찰자의 거리두기(Distanzierung)라는 말로 대답한다(같은 곳, 657쪽). 이런 의미에서 프로이트는 어린아이들의 놀이를 백일몽과 문학적 행위에 적용된 환상뿐만 아니라 과거에 부정적인 체험이 "놀이의 행동성으로 전이되는" 불쾌한 장면의 반복으로 고찰한 바 있다(《쾌락원리의 저편》, 전집 13, 14쪽 이하). 이와 유사하게 비극은 가장 고통스러운 인상들을 미적인 즐거움으로 변화시킴으로써, 관객의 기능은 매번 다를지 몰라도 어린아이의 놀이와 가까운 어떤 것이나 극적 연출을 시도하려는 무의식적 행동화가 엿보이게 된다. 이미 《무대 위의 정신병적 인물들》은 이런 놀이의 인류학적 관점의 맥락에 근거한다. 여기서 프로이트는 주인공의 투쟁이 신들이나 사회제도를 향하는 것인지 또는 주인공의 영적인 삶에서 대립적 경향들의 갈등이 문제인지에 따라 드라마의 유형을 구분한다. 무의식적이고 억압된 자극이 표출될 수 있는 드라마는 좁은 의미로 정신병리학적이지만, 그것은 관객의 측면에 대해서도 신경증적 소질을 요구한다고 프로이트는 말한다. 그러므로 무대에서는 정신병적 성격의 적용가능성에 대하여 관객의 **신경증적 가변성**과 "저항을 피해 선쾌락(Vorlust)을 부여하는 작가의 수법"이 결정적이다. 그렇다면 연극에서 비정상적인 사람과의 유희에 중요한 것은 무엇보다 관객이 병으로 **전위될** 수 있도록 신경증적 갈등이 이미 사실로서가 아니라 발현되어 나타나는 것이다(같은 곳, 661쪽).

잠재적인 충동갈등은 관객으로 하여금 "대사에 몰두하는 것이 아니라 감정에 사로잡히도록 주의를 딴 곳으로 돌려서" 경험하게 해야 한다. 셰익스피어의 《햄릿》이 개척한 이 현대 드라마의 방식에서 신경증의 집단적 잔재는 ―억압된 유아기적 소망의 무의식적 대리만족으로서― 정신적 수준의 "긴장고조" 기능을 일으킨다. 내적 긴장의 카타르시스적 해소작용(Abreaktion)[6]을 위하여 주인공과의 친밀성이 감정적으로 파악되어야 한다. 그러나 프로이트가 "본래적 정신분석"의 발전을 바로 카타르시스 방법과의 분리로 이해한 것(전집 14, 47쪽)과 유사하게 연극사건에 대한 그의 이해에는 단순히 감정이입에 기초한 만족에 반론을 제기하는 계기들 또한 나타난다. 이렇게 그는 고통을 함께하는 작가가 고려하지 않으면 안 되는 연출된 것에 대한 "저항"을 언급한다. 그 밖에도 그의 냉철한 묘사에서 특히 눈에 띄는 것은 현대 드라마와 관련하여 그가 오히려 (자주) 청중에 관하여 언급한다는 사실이다. 그러므로 연극의 관찰자가 바로 "청취자(Hörer)"와 동일하다면, 그 관찰자는 연출된 것에 모종의 책임을 지는 청취자로서 간주된다. 연극에 특정한 "환영(Illusion)"에 대한 프로이트의 기술은 이미 동일시가 무대 위에는 다른 자가 행위를 하고 있다는 확신에서만 가능하다는 사실, 그리고 여기서 중요한 것은 우연성의 유희라는 사실을 확실히 하고 있다(증보판, 656쪽). 물론 프로이트는 다른 곳에서 셰익스피어의 《리처드 3세》와 관련하여 위대한 문학이 동기 부여의 틈새를 통해 우리가 "비판적 사유"에서 벗어날 수 있도록 우리의 정신적 행동성을 집중시킨다고 말한다(전집 10, 369쪽). 그러나 프로이트는 《미켈란젤로의 모세》에서 "나는 감동을 받는 동시에 내가 왜 감동하고 무엇이 나를 감동시키는지 도대체 알 수가 없다"(전집 10, 172쪽)고 언급할 만큼 바로 극작품에서도 타협을 원치 않았다. 이렇게 '감동'을 방해하는 분석적 계기가 카타르시스적인 감정이

6) 역주: 분석대상자로 하여금 외상체험에 대한 회상과 가공을 통하여 외상에서 해방되도록 돕는 정화 방법의 일종이다. 종종 소산(消散)으로 번역되고 있다. 본서 I권 243쪽 참조.

입과 퇴행적인 감정이입이라는 결과를 낳는다.

연극 인식의 이 두 측면 사이에 나타나는 긴장은 프로이트가 명시적으로 드라마 작품들의 구성과 영향에 대해 기술한 곳에서도 해소되지 못한 채 남아 있다. 특히 《작가와 환상행위(Der Dichter und das Phantasieren)》, 《작은 상자선택의 동기(Das Motiv der Kätschenwahl)》와 《정신분석적 작업에서 나온 몇 가지 성격유형들》과 같은 글들이 그 예에 속한다. 그러나 프로이트의 연극관람에 대한 그때그때의 암시들은 오히려 자신의 인상과 관객의 태도를 사회학적이고 인류학적인 관점에서 묘사하는 그의 편지들에서도 계속된다. 여기서는 배우의 능력뿐만 아니라 지각의 편차와 장해, 값비싼 좌석에서의 참을 수 없는 열기와 답답함에 대해서도 거론된다. 프로이트가 이에 대해 종종 편두통으로 반응했다는 사실이 '연극공포증'을 무조건 추론하게 (이에 대한 근거도 물론 거의 없다) 하는 것은 분명히 아니지만, 과도한 감정표출에 대해서는 이따금 저항했다는 것을 나타낸다고 할 수 있을 것이다(편지 176, 185, 199쪽). 아마 그렇지 않았다면 그는 오히려 연극 행사의 우스꽝스러운 측면, 역할의 감정표출을 위하여 때때로 몸을 비트는 배우의 행동이나 관객의 멋대로 떠들고 싶어하는 욕구를 인정했을 것이다. 이와 같은 인식에 의하여 장면의 유희는 더 이상 불쾌한 문학적 진리만을 표현하는 미적 수단으로서가 아니라 독립적인 사실로서 나타나게 된다. 이렇게 프로이트에게서 연극은 때때로 주장되는 바와 같이 비극의 영향미학으로 제한되는 것이 아니며(Thoret 1988, e 17쪽 참조), 희극적이고 비판적인 사유의 계기를 동시에 포괄한다. 타인이 겪는 고통의 동일시를 통한 감정적 긴장 고조의 원칙으로부터는 비극적 카타르시스의 틀을 넘어서는 것이 거의 설명될 수 없다. 그것은 오히려 관찰자의 태도에 나타나는 공격적이고 적극적이며, 비판적이고 성찰적인 계기들의 결합을 암시하고 있다. 이런 배경에 앞서 결국 프로이트의 글에서 연극의 양상에 대한 '은유의' 연관들 역시 오랫동안 알려져 온 것보다 훨씬 더 다층적인 것으로 증명되고 있다(Conrad 2004, 105쪽 이하 참조).

표현가능성과 연출

프로이트가 세계적인 드라마에 몰두하면서 최초로 눈에 띄게 많은 인용을 달았던 《꿈의 해석》(Worbs 1983, 91쪽 이하 참조)은 간접적으로 연출을 의미하는 기술적 개념들을 사용하고 있다. 이렇게 "표현가능성에 대한 고려"는 정신적 재료의 응축, 전치와 더불어 꿈 작업의 제3원칙으로 통한다. 자크 라캉은 이 개념을 "연출 방법의 고려(égard aux moyens de la mise en scene)"라고 번역함으로써 꿈의 연극적 측면을 강조한 바 있지만, 이와 동시에 유희의 계기를 글자와 의미의 논리에 결부시켰다(Lacan 1966, 511쪽). 프로이트에 따르면 꿈 작업은 바로 시각적 생동감을 통하여 잠재적인 꿈생각들에 도움을 주는 "현재적 상황"을 생산한다(전집 2/3, 538쪽 이하). 상징성, 표현된 상황들의 검열에서 자유롭고 퇴행적인 성격을 통하여 꿈꾸는 자가 "주역"(전집 10, 413쪽, Meister, 295쪽 이하 참조)을 맡는 **장면들**의 투사로서 "환각적 체험"(전집 11, 218, 364쪽)이 가능해진다. 연극적 과정에 의존하는 이런 양상은 늘 꿈의 파편들은 포기하면서도 무엇보다 해석의 기회와 난관을 보여 주는, 그 자체로 연출처럼 보이는 프로이트의 꿈의 담론에서 계속 나타난다. 이런 맥락에서 특기할 만한 사실은 가장 자주 상세하게 논의되는 꿈들 가운데 하나가 '**연극관람**'을 의미한다는 점이다. 예컨대 꿈을 꾸는 여성은 반쯤은 텅 빈 극장에서 자신의 남편과 함께 있다. 프로이트는 입장권을 너무 일찍 그리고 너무 비싸게 구입했다는 그녀의 불쾌감으로부터 성급하게 치른 결혼식에 대한 그녀의 불만을 도출한다(전집 2/3, 419쪽). 《정신분석입문 강의》는 여러 차례 이 꿈으로 되돌아오면서 "극장에 가는 것"

을 과거의 소망충족 형식, 즉 성적 욕구를 대치하여 관람욕구의 형식을 받아들인 결혼에 대한 보상형성(Ersatzbildung)으로 해석한다(전집 11, 122, 140, 227, 231쪽 참조). 이 꿈의 해석은 이렇게 논증의 맥락을 넘어 연극 관람자의 쾌락인 '금지된 것을 바라보기'에 근거한다.

프로이트는 《성이론에 대한 세 논문》에서 부분충동으로서의 관음증(Schaulust) 및 노출증(Exhibitionslust)의 의미를 개관한 바 있다(전집 5, 66, 93쪽 이하). 따라서 눈으로 보는 행위의 성적인 역할은 항상 자기 자신을 (성적인 기관뿐만 아니라 육체 전체를) 과시하고 보여 주려는 욕구나 그렇게 하는 것에 대한 두려움과의 관계에서 생각해야만 한다. 그러나 표현과 지각이라는 능동적이고 수동적인 이 배분관계 또한 (배우와 관객의 외적으로 고정된 위치에도 불구하고) '다른 측면'에서 중요한 기능을 지니는 연극을 지칭한다. 연극에서 배우의 소망표상만이 전적으로 관객의 시야에 노출되는 것은 아니며, 개인적인 소망표상은 다른 배우들과의 협동을 통하여 깨어진다. 스스로 잘 보지 못하면서 '잘 보는 눈'이 되려는 관객의 관음증적인 환영 역시 다른 많은 관객의 감지할 만한 동참을 통하여 착각이라는 것이 입증된다. 그러므로 바로 자기인식 및 타자인식뿐만 아니라 표현 일반의 장면적 조건에 대한 정신분석의 통찰이 19세기 전통적 시민극의 감정이입과 관음증의 경향을 밝혀내는 데 적합하다. 프로이트야말로 연극의 인상을 통하여 또는 꿈을 분석할 때 실수와 특히 환상도구의 희극적 노출 계기가 되는 위트를 다룸으로써 이런 결과를 최초로 성찰했다. 그러나 이미 샤르코의 경우와 유사하게 이 성찰의 한계는 환자의 시선을 피하는 ―스스로를 드러내지 않은 채 바라보는― 기술적 배치에 이르기까지 바로 정신분석적 치료의 연극적 소모가 나타나는 곳에 있다(전집 14, 53쪽). 연극에 대한 프로이트의 양가적인 태도 역시 이처럼 늘 승인되지 않는 친밀성에 근거하는 것으로 보인다.

프로이트는 현대 드라마 작가들뿐만 아니라 정신분석의 연출 실제도 마찬가지로 유용성이 있을 수 있었다(이는 많은 면에서 연극 덕분이었다)는 것을 《일상생활의 정신병리학(Psychopathologie des Alltagslebens)》에서 입증하고 있다. 예컨대 위대한 여배우 엘레오노라 두세(Eleonora Duse)가 간통을 다룬 연극에 등장했을 때 "방문객"과의 만남에 앞서 잠시 결혼반지를 빼 냄으로써 증상행동을 노출했다면, "이런 행동은 그녀가 자신의 연기를 얼마나 심원한 깊이에서 끌어내고 있는지를 잘 보여 주는 범례가 될 것이다"(전집 4, 227쪽). 그러나 프로이트는 1920년대 이후 이와 같은 정신분석적 지식의 응용형식을 넘어 연극적 과정 자체를 모험적으로 연출하기 시작하면서 관객의 쾌락과 잔인함까지도 노골적으로 극화했던 [여기에는 브레히트와 앙토냉 아르트(Antonin Artaud)만이 거론된다] 새로운 연극형식들을 더는 상세히 알지 못했다. — 설령 그가 몇 가지 관점에서 이런 것들에 접근하고 이론적 기초를 닦았다 할지라도.

조이스 맥두걸의 연구 《영혼의 연극(Theater der Seele)》과 《몸의 연극(Theater der Körper)》(McDougall 1982/1988과 1989/1991)은 연극과의 분명히 은유적인 관계가 주체의 체질에 대한 치료적 관점을 정리하는 데 도움이 될 수 있다는 것을 보여 준다. 하지만 사무엘 베버는 이 시도에 기초하는 자율적이고 행동적이며 스스로를 확신하는 주체의 개념이 프로이트 이론의 복합성과 연극의 현실을 소홀히 한다는 점을 명확히 하였다(Weber 2004, 252쪽 이하). 맥두걸은 자아를 주인공이자 작가, 감독으로 다루려는 경향이 있었다. 베버는 언젠가 이런 경향을 알프레드 아들러(Alfred Adler)가 기껏해야 '반응'할 수 있을 뿐인 자아에게 과도한 권력을 부여한 것을 비난했던 다음과 같은 프로이트의 쟁점과 대비시킨다. "자아는 동시에 연기장 내의 모든 변화가 그의 호령에 의해서만 이루어지도록 몸짓을 통해 관객을 납득시키려는 서커스의 우스꽝스러운 광대 역할을 수행한다"(전집 10, 97쪽). 베버는 비교

연구를 통해 프로이트가 ―비극적 관점이든 희극적 관점이든― 주체의 무기력을 연출하는 극적 성격의 아주 다른 형식들, "자아는 자신의 집에서 주인이 아니라는"(전집 12, 11쪽) 불가피한 통찰을 고려했다고 다시 확언한다.

바로 이런 경험으로 말미암아 20세기가 경과하는 동안 드라마의 텍스트에서 해방되고, 나아가 감정이입과 역할연기를 지속적으로 포기하는 새로운 연극형식들이 본질적으로 생겨나게 되었다. 1950년대에 들어와 퍼포먼스의 예술이 출발한 이후 역사적 아방가르드의 연극이념이 다시 수용되었으며, 그러는 사이에 레퍼토리의 처리 자체가 빈번하게 퍼포먼스적 성격을 갖게 된다. 예를 들어 1975년에 클라우스 미하엘 그뤼버(Klaus Michael Grüber)에 의해 살프트리에 병원에서 히스테리 연극의 자취를 찾아 연출된 괴테의 《파우스트》는 그 이후로는 점점 더 폭넓게 분석-해부되었고, 비극적 주인공의 배역도 여러 배우에 의해 합창으로 또는 심지어 관객이 말하는 형식으로 진행되었다. 연극과 퍼포먼스에 관한 현재의 이론들 역시 프로이트와 그의 저술들의 영향사와 자주 연관된다(Campbell/Kear 2001 참조). 결국 1980년 이후 수많은 연극 프로젝트들은 프로이트와 관계를 맺고 있거나[특히 Robert Wilson: 프로이트의 삶과 시대(The Life and Times of Sigmund Freud), 1969, 그리고 엘렌 시수(Hélène Cixous): 도라의 초상(Portrait de Dora), 1978] 정신분석적 사례의 연출에 열중하고 있다[피터 브룩(Peter Brook): 웃는 남자(L'homme qui), 1993과 나는 현상이야(Je suis un phénomè), 1999]. 치료의 감정이입 시에 갈등상황(사이코드라마)에 머물러 있는 것이 아니라 연극 전체를 배우와 관객의 상황에 대한 유희로 성찰하는 바로 이런 생산물들은 프로이트의 저술 및 정신분석의 계획과 장면적으로 부딪치면서 다양하고 철저히 비판적인 잠재력을 보여 준다.

참고문헌

Bernays, Jacob: Grundzüge der verlorenen Abhandlung des Aristoteles über Wirkung der Tragödie(비극의 효과에 대한 아리스토텔레스의 잃어버린 논문의 특징들) [1857]. Hg. von Karlfried Gründer, Hildesheim 1970.

Campbell, Patrick/Adrian Kear (Hg.): Psychoanalysis and Performence(정신분석과 퍼포먼스). London/New York 2001.

Conrad, Bettina: Gelehrtentheater. Bühnemetaphern in der Wissenschaftsgeschichte zwischen 1870 und 1914(학술극. 1870년과 1914년 사이의 학문의 역사에서 무대은유). Tübingen 2004.

Didi-Huberman, Georges: Erfindung der Hysterie. Die photographische Klinik von Jeam-Martin Charcot(히스테리의 발명. 샤르코의 임상사진술). München 1995(불어판 1982).

Lacan, Jacques: L'instance de la lettre dans l'inconscient ou la raison depuis Freud(무의식에 있어 문자가 갖는 권위 또는 프로이트 이후의 이성). In: Ders.: E'cris. Paris 1966, 439-528.

McDougall, Joyce: Theater der Seele(영혼의 연극). München 1988(불어판 1982).

_______: Theater des Körpers(몸의 연극). München 1991(불어판 1989).

Meister, Monika: Die Zeichen des Traums und ihre szenische Repräsentation(꿈의 신호와 그것의 장면연출). In: Maske und Kothurn 37 (1991), H. 1-4, 295-310.

Starobinski, Jean: Psychoanalyse und Literatur(정신분석과 문학). Frankfurt a.M. 1973(불어판 1970).

Thoret, Yves: Place du théâtre dans l'CEuvre de Freud(프로이트 작품에서 연극의 자리). In: Degrés 16 (1988) Nr. 56, el-e20.

Weber, Samuel: Psychoanalysis and Theatricality(정신분석과 연극성). In: Ders.: Theatricality as Medium. New York, 251-276.

Worbs, Michael: Nervenkunst. Literatur und Psychoanalyse im Wien der Jahrhundertwende(신경예술. 세기말 빈에서의 문학과 정신분석). Frankfurt a.M. 1983.

Patrick Primavesi

제4부

수용 및 영향사

1. 정신분석

1
독일어권에서의 수용

카를 아브라함(1877-1925)은 프로이트의 첫 번째 제자이자 독일에서 활동한 최초의 정신분석 연구자였다. 그는 임상작업 외에도 이론적인 글과 정신분석의 응용을 위한 저술을 포함하는 방대한 학문적 업적을 남겼다(Abraham). 그는 전(前) 성기기의 발전단계에 대한 이해를 세분화했고, 이런 통찰을 정신분석적 정신병 이해의 심화에 이용했다. 구강기와 항문기에 대하여 그는 단계화를 시도했다. 말하자면 아브라함은 양가적 성격이 일어나기 이전에 생존만이 중요한 구강기의 수유단계(orale Saugestufe)와 구강-가학적 단계(oral-sadistische Stufe)를 구분했으며, 마찬가지로 대상을 소유하고 전적으로 의존하려는 초기의 항문기와 대상을 배척하려는 후기의 항문기를 단계화했다. 비전문인분석(Laienanalyse)에 대한 논쟁에서 아브라함은 정신분석에 대한 그의 선구적 임상치료의 업적을 높이 평가하는 데 주저하지 않았던(전집 14, 564쪽) 프로이트의 관점에는 오히려 비판적 입장을 취했다. 아브라함은 수많은 저명한 분석가들, 특히 멜라니 클라인의 스승이었다.

일찍이 프로이트의 동반자로서 길을 개척한 두 사람은 알프레드 아들러(1870-1937)와 칼 구스타프 융(1875-1961)이었다. 프로이트는 두 사람과 제1차 세계대전이 발발하기 이전에 관계가 결렬되었다. 아들러가 이른바 개인심리학을 구축하면서 거기서 리비도 이론을 배제하고 그 대신 가치와 힘, 확실성을 찾으려는 개인적 노력을 중시하는 동안, 칼 융은 충동 갈등의 무의식보다는 신화와 상징을 다루는 애매한 분석심리학을 창설했다. 프로이트가 처음에 자신의 직계 후계자로 지정한 융과의 날카로운 대립 이후에(F/J, 581쪽 이하 참조), 그리고 융이 국제정신분석학회(IPV) 회장을 사임한 이후인 1914년에 프로이트는 정신분석 운동의 운명을 주도한 것으로 평가되는 비밀스러운 위원회를 결성했다. 이 위원회의 회원으로는 한스 작스(1881-1947), 에른스트 존스(1879-1958), 카를 아브라함, 오토 랑크(1884-1939), 산도르 페렌치(1873-1933)가 있었고 나중에 막스 아이팅곤(1881-1943)이 여기에 합류했다. 재력가인 아이팅곤은 제1차 세계대전 이후에 자금을 출자하여 베를린 정신분석 연구소를 세웠다. 이 연구소는 외래환자 진료소인 동시에 관련 정신분석 연구자를 위한 실습장소의 기능을 갖춘 이런 종류의 연구소로는 세계 최초의 조직이었다. 한스 작스는 새로운 정신분석 운동에서 최초의 전문적인 교육분석가로 간주된다. 분석가들의 표준화된 질적 교육을 위한 최초의 규칙들이 그에게서 나왔다(Lohmann 1991, 159쪽 이하). 전쟁 발발 이전에도 일련의 정신분석 잡지들이 창간되었다. 이를테면 《정신분석 및 정신병리학 연구 연감》과 《정신분석과 이마고를 위한 중앙지(Zentralblatt für Psychoanalyse und der Imago)》가 이에 속한다.

의사였던 아브라함과 융처럼 산도르 페렌치도 《성기기 이론의 시도》

(Ferenczi 1924)에 대한 정신분석적 구상을 확대하였고, 정신분석 기법을 위한 글들을 저술했으며, 프로이트의 유혹이론에 대한 새로운 구조적 관점을 제기했다. 당시에 프로이트 학파 사이에서 지극히 큰 논란이 되었던 욕정(Leidenschaft)의 언어와 애정성(Zärtlichkeit)의 언어 혼란으로 빚어진 성인과 어린아이와 사이의 "언어 혼란" 개념(Ferenczi 1932/1972)은 장 라플랑슈의 보편적 유혹이론의 모태가 되었다. 1920년대 중엽에 마찬가지로 프로이트와 결별한 오토 랑크는 "가족소설"의 구상을 심화시켰고, "출생의 외상(Geburtstrauma)" 개념(Rank 1924/1998)을 창안했다. 그 밖에 독일과 오스트리아, 스위스에서 프로이트 학파의 제1세대 중에 중요한 구성원으로는 파울 페더른(Paul Federn), 빅토르 타우스크(Viktor Tausk)나, 루 안드레아스 살로메(Lou Andreas-Salomé), 헬레네 도이치(Helene Deutsch)가 있었다.

프란츠 알렉산더(1891-1964)의 저술은 정신분석적 토대 위에서 정신신체의학을 구축하는 데 초석이 되었다. 그는 식물신경증(vegetative Neurose), 갈등과 유기적 질병 사이의 관계를 기술했다. 투레 폰 우엑스퀼(Thure von Uexküll)과 알렉산더 미처리히의 정신신체의학 저술은 이런 토대에 근거한다. 미하엘 발린트(Michael Balint 1896-1970)는 일차적 사랑의 개념을 가지고 학계의 이목을 어린 시절의 어머니-유아 관계로 돌렸다. 이른바 기본장애(Grundstörung)라는 용어는 이 일차적 체험의 결손과 갈등조건으로부터 초래된 기형발달(Fehlentwicklung)을 의미한다(Balint 1968/1970). 한편 스위스의 심리치료 전문가 루트비히 빈스방거(Ludwig Winswanger 1881-1966)는 현존재분석을 발전시켰다. 무엇보다 지크프리트 베른펠트(1892-1953), 오토 페니첼(1897-1950), 빌헬름 라이히(1897-1957)는 서로 다르지만 마르크스주의 이론과 정신분석을 통합하려고 노력했던 정치적 앙가주망의 분석가들이었다. 베른펠트는 정신분석과 교육학의 중계자(Bernfeld 1925/1967)로서, 나중에는 프로이트 전기작가(Bernfeld/Cassier Bernfeld 1981)로서 두각을 나타냈다. 페니첼의 신경증이론(Fenichel 1945/1974-1977)은 신경증을 정신분석적으로 이해하기 위한 전범이 되었다. 라이히는 신경증의 변형, 성적 억압, 권위적인 교육과 경제적 현실을 사적 유물론의 관계로 설명하고자 함으로써 격렬한 논쟁을 불러일으켰고, 이로 인해 결국은 국제정신분석학회에서 제명당했다. 그가 파시즘 집단 운동의 시대에 퇴행적인 지도자 및 집단의 결속이라는 주제를 내세워 프로이트의 집단심리학(전집 8, 71-164쪽)을 정치적으로 실제화한 것은 그의 공적으로 남아 있다(Reich 1933/1971).

안나 프로이트(1895-1982)는 아동정신분석의 창시자로 통한다. 프로이트의 막내딸인 그녀는 《자아와 방어기제(Das Ich und die Abwehrmechnismen)》(1936/1980)라는 저서로 본래의 창시자였던 하인츠 하르트만(Heinz Hartmann 1894-1970)과 더불어 자아심리학을 주도하는 이론가가 되었다. 자아심리학은 정신적 사건을 관찰하면서 자아의 관심 이동을 다룬다. — 자아심리학은 프로이트적 시도인 갈등지향에서 떨어져 나와 기능을 지닌 자아가 그 해결의 중심이 되는 적응문제를 다룬다. 자아행동은 갈등의 영향을 받지 않는 일차적 자율영역과 2차적 자율영역으로 고찰되며, 자아행동의 발전은 보편적 발전이론으로 규정될 수 있다. 이를 통해 정신분석은 특히 순수학술적 심리학과 결합이 가능해졌다. 에른스트 크리스, 루돌프 뢰벤슈타인, 데이비드 라파포트는 미국에서 자아심리학을 정신분석 내에서 영향력 있고 때로는 주도적인 흐름으로 만들었고, 이는 제2차 세계대전 이후 독일어권에서의 프로이트 수용에도 우선적으로 강한 영향을 미쳤다.

이런 흐름은 국가사회주의의 승리가 의미하고 있었던 "문화단절"에 의해 1933년 이후 사실상 정지된 바 있었다. 독일과 오스트리아로부터 유대인 분석가들뿐만 아니라 프로이트와 그의 작품의 추방은 수십 년 동안 보상받을 수 없는 황폐화를 초래했다(Lohmann 1984/1994; Lockot 1985; Cocks 1985 참조). 1960년대와 1970년대에 들어와서야 비로소 (대략 1950년 이후)

알렉산더 미처리히와 마르가레테 미처리히-닐센(Margarte Mitscherlich-Nielsen)을 중심으로 모여 있던 독일의 잔여 프로이트 학파가 프로이트의 정신분석을 공적인 의식으로 되돌려 놓고 국제적 표준과 연결시킬 수 있었다(Kurzweil 1993, 386쪽 이하). 이처럼 프로이트의 정신분석을 재정비하는 과정에서 미처리히가 1947년에 공동편집인으로 창간한 잡지 《정신(Psyche)》이 중요한 역할을 수행했으며, 마찬가지로 프랑크푸르트의 피셔 출판사가 1960년에 프로이트 저작의 독일어 판권을 획득하고 그에 대해 관리를 하게 되었다는 사실도 이에 지대한 역할을 담당했다. 프로이트의 후계자들이 미국 망명에서 돌아온 호르크하이머를 위시한 아도르노 등의 이른바 프랑크푸르트학파를 통하여 얻게 된 지원은 근본적으로 그들의 시도가 결실을 맺는 데 도움이 되었다.

아마도 독일에서 정신분석이 철저히 배척을 받았던 경험, 물론 1960년대와 70년대에 마르크스적 사유의 르네상스 역시 독일어권 정신분석의 적지 않은 대변자들이 정치 및 사회이론적 물음에 특별히 열린 자세를 취하는 계기로 작용했는지 모른다. — 그들은 어쨌든 영미권의 정신분석적 주요 흐름보다는 더 열린 자세를 취했다. 문화적으로 특수한 인격구조와 성격형성이 관심의 중심에 들어선 것이 그렇게 놀라운 일은 아닐 것이다. 또 한 사람, 미국으로 이주한 사회철학자 에리히 프롬은 프로이트와 마르크스를 결합하여 신(新)정신분석을 정초했다. 여기서는 정신분석 이론의 사회적이고 철학적인 새로운 규정이 중요한 문제로 대두된다. 개인은 사회적으로 결정되는 것으로 간주되고, 특히 가족과 같은 사회제도와의 상호행동 속에서 발전된다(Fromm 1936/1970). 반면에 충동이론은 포기되고, 이제 오이디푸스 콤플렉스는 부권적으로 파악된 사회의 산물이자 권위의 갈등을 표현하는 것으로 나타난다. 프롬의 이론들은 대중에게 대단히 큰 인상을 심어 주었으며, 카렌 호나이(Karen Horney), 해리 스택 설리번(Harry

Stack Sulivan), 고든 올포트(Gordon Allport)와 같은 저자들에게 강한 영향을 미쳤다.

프롬처럼 사회철학자이자 프랑크푸르트학파의 대표자 가운데 한 사람인 마르쿠제는 프로이트의 충동이론이 적어도 함축적으로 사회이론적 심층차원을 포함하고 있기 때문에 사회적 신조가 충동이라는 주제를 배제해서는 안 된다고 주장함으로써 프롬의 이론적 시도를 반박했다(Markuse 1955/1970). 부분적으로 1933년 몇 년 전의 논쟁과 관련되어 있었던 재구축된 프로이트-마르크스주의의 영향권 속에서 신세대 프로이트학파가 등장했다. 그들은 라이무트 라이헤(Reiche, 《성과 계급투쟁》 참조)와 헬무트 다머(Dahmer, 《리비도와 사회》 참조)와 함께 프로이트의 충동이론과 마르크스에게 영향을 받은 사회이론의 결합을 강력하게 추진하려고 시도했다.

완전히 이질적인 것은 아니지만 이런 경향과는 다른 쪽으로 알렉산더 미처리히의 탁월한 성과물이 나와 있었다. 그의 가장 중요한 출판물들의 제목인 《아버지 없는 사회로의 도정에서(Auf dem Weg zur vaterlosen Gesellschaft)》(1963), 《우리 도시들의 거주 부적합성(Die Unwirtlichkeit unserer Städte)》(1965), 《애도할 줄 모르는 독일인(Die Unfähigkeit zu trauern)》(1967, 마르가레테 미처리히와 공동저술)은 한편으로 최근 독일역사에서 외상을 입힌 정치사회적 경험을 겨냥하는 명백한 신호였지만, 다른 한편으로 프로이트와 마르크스의 통합적 담론에서 어떤 인정도 얻어 내지 못했다. 미처리히의 성과물은 그의 정신신체의학적 작업(Mitscherlich 1966/1967)을 제외하고는 장기적인 영향을 주지 못한 채(Lohmann 1987) 독자적인 것으로 남아 있는 반면에, 그의 부인 마르가레테 미처리히가 정신분석적 토대 위에서 개척한 1970년대와 80년대 페미니즘을 향한 그녀의 헌신적 노력은 지속적으로 공중의 반향을 얻었다(Kutter1989/2000, 56쪽).

알프레트 로렌처(Alfred Lorenzer)의 작업은 프로이트의 충동이론에 대한 충실함을 뚜렷하게 보여 준다. 그는 사적 유물론의 개념적 틀 내에서 주체의 충동결정성을 고려하려고 노력했다. 또한 충동조직이 한편으로는 인간의 유기체적-생물학적 결정성과 다른 한편으로는 문화적-사회적 결정성의 상호 교점으로 이동한다고 보았다. 이런 주체적 비판이론의 계획을 실행하기 위하여 그는 이론적이고 문화과학적인 물음들의 커다란 틀을 구축했다. 이 물음들은 유물론적 사회화이론의 구성에서 정신분석을 다루는 과학이론적인 연구에 이르기까지 광범위한데, 여기서 정신분석은 심층해석학으로서 표현의 가능성을 발견한다(Lorenzer 1974). 로렌처의 사회화 이론 및 비판적 노력의 근처에 무엇보다 클라우스 호른(Klaus Horn)의 작업이 주체의 비판적 이론 가운데 하나에 속한다(Kutter, 37쪽 이하). 헤르만 아르겔란더(Hermann Argelander; 1972)는 임상 분야에서 로렌처도 이용했던 “장면”과 “장면이해”의 개념을 소개했다. 특히 볼프강 로흐(Wolfgang Loch; 1967)의 작업은 정신분석의 철학적 정초에 효과적으로 기여했다. 호르스트 에버하르트 리히터(Horst Eberhard Richter)는 판을 거듭한 책들로 사회심리학 분야에서 인기를 끌었다. 물론 그의 책들은 대체로 “감각적 경향”과 “삶의 유용성”에 따라 넓은 공중의 욕구에 호응했는데, 이는 겉으로 볼 때만은 프로이트의 정신분석 덕분이었다.

스위스의 정신분석가인 프리츠 모르겐탈러(Fritz Morgenthaler), 파울 파린(Paul Parin), 골디 파린 마테이(Goldy Parin-Matthéy), 마리오 에르트하임(Mario Erdheim)은 독일어권의 프로이트 수용을 인종학 내지 인종분석의 관점으로 확대했다. 이 담론은 “외국인”과 문화적 무의식을 프로이트적인 담론에 연관시킴으로써 그때까지 계속 정신분석에 폐쇄되어 있었던 공간만큼 풍부해졌다(Kurzweil 1993, 395쪽 이하). 특히 이 스위스 학자들이 보여 준 철저한 정치적 성향 때문에 그들은 헬무트 다머(Helmut Dahmer)와 한스 마르틴 로만(Hans-Martin Lohmann) 등의 독일 좌파 프로이트 추종자들과 결속관계를 맺게 되었다(Lohmann 1983/1985, 1984/1986; Kurzweil, 397쪽 이하 참조). 무엇보다 여성으로서 프로이트의 저작에 해설 등을 단 비평판(Kritische Ausgabe)과 그의 서신교환에 몰두하여 성과를 거둔 일제 그루브리히 지미티스(Ilse Grubrich-Simitis)는 독일어권 정신분석 내에서 독자적인 위치를 차지한다. 역사적으로 비평판의 엄격한 표준을 충족시키는 프로이트 전집의 출간이 목적이자 "이상"이었던, 오늘날까지 완결되지 않은 그녀의 작업(Grubrich-Simitis 1993, 303쪽 이하; 증보판, 27쪽 참조)은 독일어로 된 프로이트의 원전이 오랫동안 머물러 있었던 처량할 만큼 낮은 수준을 적어도 부분적으로는 극복할 수 있게 하는 데 결정적으로 기여했다.

그런데 독일어권에서의 프로이트 수용은 유행과 영향관계가 바뀌면서 그때그때 달리 결정되어 왔다. 1950년대와 60년대에는 무엇보다 프로이트 학파의 특징이었던 자아심리학이 있었다면, 1970년대와 80년대에는 하인츠 코후트(Heinz Kohut)의 자기심리학(Selbstpsychologie)과 도널드 위니콧과 마르가레트 말러, 오토 F. 케른베르크의 대상관계이론(Objektbeziehungs-theorie)이 담론 지배적인 이론으로서 뒤따라 나왔다. 오늘날까지도 독일어로 된 정신분석에 길잡이의 의미를 지는 것은 멜라니 클라인(1882-1960)의 저작이다. 여러 면에서 안나 프로이트의 적수로 꼽힐 수 있는 아동정신분석가인 그녀는 정신분석 논쟁에 새로운 개념들을 아주 많이 도입했다. 클라인의 발전이론은 대상관계의 측면을 지향한다. 그녀는 편집-분열적 자리(paranoid-schizoide Position)와 우울증 자리(depressive Position)를 구분한다. 편집-분열증 상태에서 대상은 우선 젖가슴과 관련되는 한 부분대상으로 나타난다. 이때 가슴은 좋은 가슴과 나쁜 가슴, 즉 분열된 대상으로 다가선다. 주체의 이런 상태에서는 내사와 투사를 통하여 방어되는 피해망상이 지배적이다. 대상을 전체로서 파악하고 분열을 줄일 수 있는 능력이 커지게 되면 대상으로 인한 우울증적 불안이 찾아온다. 이때 공격성이 제어되면서 보다 안정적인 대상의 점유와 내면화가 유발된다.

Lothar Bayer/Hans-Martin Lohmann

프로이트 저작의 출판 상황

프로이트는 책의 남자였고, 1919년에 그가 설립한 국제적인 정신분석 출판사로 인하여 거의 출판인에 가까울 정도였다. 수많은 그의 단행본 외에도 최초의 《전집(Gesammelte Schriften)》(Freud 1924-1934)이 그곳에서 출간되었다. 이 전집은 암 발병의 흔적이 발견된 1923년에도 계획되었고, 우선은 총 10권으로 출간될 예정이었다. 하지만 그는 넘치는 창조적 에너지로 1934년까지 전집에 2권을 더 추가하게 되었다. 원전에 해설 등을 다는 비평판(Kritische Edition)은 고려되지 않았다. 우연하게 11권과 12권을 나누어 놓은 것이 추가적인 결실을 맺게 되었다. 1권에서 10권까지 연관성 있게 계획된 책들은 주제에 따라 분류되었으며, 주석과 편집 장치도 최소한으로 제한되었다. 프로이트 자신이 내린 편집상의 유일한 결정은 《꿈의 해석》과 관련된다. 즉 2권은 이 걸작의 원문을 그대로 제시하고 있지만, 이와는 달리 3권에는 추후에 출간될 판들을 대비하여 부분적으로 방대하고 많은 보완점이 삽입된다.

프로이트는 영국으로 이주하자마자 나치 당원들에 의해 해체된 국제적 정신분석 출판사의 후속으로 1939년에 이마고(Imago) 출판사를 설립했다. 주요 목적은 마리 보나파르트와의 협력 하에 빈에서 출간한 기존의 전집을 18권으로 계획된 《전집(Gesammelte Werke)》의 형태로 되살리는 것이었다. 망명 중에 전집을 "사랑하는 모국어"(전집 10, 328쪽)로 완결하기를 원한 것은 테러와 박해에 대한 인상적인 저항의 몸짓이었다. 이 두 번째 전집의 1권에서 17권까지는 프로이트가 사망한 뒤인 1940년과 1952년 사이에 출간되었다. 그렇지만 18권으로 준비된 전집색인의 원고는 1961년에 이마고 출판사가 해체되기 전까진 출간될 수 없었다. 프랑크푸르트의 피셔 출판사가 1960년에 판권을 얻게 되었을 때, 출판사는 색인원고와 함께 《전집》의 재고를 넘겨받았다. 첫 번째 전집과 마찬가지로 1권에서 17권까지 비평판은 고려되지 않았고, 편집 장치도 최소로 제한되었다. 여러모로 불충분한 것은 무엇보다 전쟁 및 뒤이은 전후시기에 어려워진 작업조건 때문이었다. 앞서 출간된 빈 판과는 달리 이번 전집은 연대순으로 분류되었다. 《꿈의 해석》은 프로이트의 생존 시에 출간된 8판의 형태, 그러니까 통합된 추가분을 포함하여 제공되었다. 《전집색인》 원고는 피셔 출판사에서 근본적으로 수정되었고, 1968년 당시의 시점까지는 최초의 프로이트 전집색인으로 출간되었다. 1987년에 번호 없이 출간된 전집의 마지막 권 《증보판》에서는 결국 모든 심리적-정신분석적 텍스트들이 모여졌고, 여러 이유로 17권에는 없는 방대한 비판적 장치가 추가되었다. 그 밖에도 "전이신경증 개관"(전집 증보판, 634-651쪽)처럼 나중에야 부각된 저술과 심지어 제임스 스트레이치가 부분적으로 편집한 영어판 《지그문트 프로이트의 완전한 심리적 저작의 표준판(The Standard Edition of the Complete Psychological Works of Sigmund Freud)》에는 포함되지 않았던 글들이 추가되었다. 주제에 따라 분할되었지만 마찬가지로 큰 주제 내에서 연대기를 따르는 '증보판'을 포함하는 전집이 오늘날까지 독일어로 된 전집들 가운데 가장 포괄적인 내용의 제시를 구체화한다. 1969년과 1975년 사이에 최초로 출간된 대학생 및 학자를 위한 《연구판(Studienausgabe)》에는 10권과 한 권의 번호가 붙지 않은 보충서가 포함된다. 이 판은 주제별로 나누어져 있다. 이것이 유일하게 방대한 저작이 아닌 한, 그때그때 여러 개의 글을 특정한 주제로 모아 놓은 책들 내에서 연대기적 순서가 통용된다. 《연구판》은 전체적으로 방대한 비판적 장치가 준비되어 있는 이제까지 유일한 판이다. 편집자의 주석은 새롭게 첨부된 항목들 외에는 《표준판》을 위해 작성된 편집장치의 본질적인 부분을 차용하고 있다. 그 밖에 프로이트가 특히 그의 주요 저작, 예컨대 《꿈의 해석》이나 《성이론에 대한 세 편의 논문》의 새로운 판에서 시도하곤 했던 수많은 교정들, 그러니까 이른바 개정인쇄가 다시 이루어졌고, 발행연도가 찍혀서 독자에게 알려졌다. 《표준판》에서 제공된 프로이트 원문의 2/3 이상이 《연구판》에도 포함되어 있다. 프로이트 사후 50년을 맞이하여 개정되고 실제화된 이 비평판의 새로운 판은 1989년에 출간되었다. 동시에 《색인이 있는 프로이트 저작목록》이라는 새로운 제목 아래 처음부터 《연구판》에 편입되었던 《지그문트 프로이트 용어색인 및 총참고문헌(Sigmund Freud-Konkordanz und-Gesamtbibliographie)》이 확대판으로 출간되었고, 그 사이에 국제적으로 사용된 저작목록의 작업문서도 출간되었다. 《연구판》은 나치 정권에 의해 야기된 단절 이후로 서독의 영향사에서 전집의 새로운 발굴을 하게 된 1970년대의 활발한 프로이트 수용에 결정적인 역할을 담당했다.

초보적이고 주제별로 나누어져 있으며, 학습지도를 위해 해설된 프로이트 저작 입문을 제시하는 것은 1978년 이후에 발간된 《두 권으로 된 선집(Werkausgabe in zwei Bänden)》인데, 처음에는 하드커버로 나왔으나 2006년부터는 포켓북 형태로 나오고 있다. 1991년 이후 총 28권짜리 《지그문트 프로이트 —포켓북 작품집(Sigmund Freud —Werke im Taschenbuch)》 판에서는 프로이트 전집의 대부분이 전집 원문을 토대로 하여 주제별로 나누어져 제공되었다. 물론 부가적으로 해설이 들어 있는데, 여기서 당대의 학자들이 프로이트 글과 당시의 정신분석적 현황을 연관시키고 있다.

프로이트는 서랍에 보관하기 위해 글을 쓰는 저자가 아니었다. 그의 거의 모든 텍스트가 그의 감독하에 생전에 출간되었다. 그러므로 그는 존경할 만큼 명료하고 완벽한 형태로 그의 저작을 남겼다. 오늘날 원어로는 여전히 역사적-비판적 전집이 없는 것이 아니냐고 불평을 한다면, 가끔은 정신분석 전집 그 자체가 완벽한 접근을 불허한다는 느낌이 들 수도 있다. 그러나 이는 적절치 않다. 게다가 《연구판》과 《전집Gesammelte Werke》의 마지막 권에 들어간 방대한 《증보판》의 형태로 전집 내의 2/3 이상이 확고한 비평판으로 존재한다.

상황을 평가하면서 1938년에 프로이트가 런던으로 망명했을 때 그의 전집과 관련된 판권도 그쪽으로 함께 넘어갔다는 역사적 사실이 고려되어야 한다. 제임스 스트레이치와 그의 조력자들은 《표준판》 작업의 맥락에서 1940년대 후반 이후에 출판 간행문화를 발전시켰다. 이에 비하면 피셔 출판사가 프로이트의 저작을 독일어권으로 가져왔던 1960년대에 이쪽에는 어떤 부응할 만한 것이 없었다. 이렇게 영국 편집자들의 협력이 없었다면 《연구판》과 《전집-증보판》과 같은 독일어로 된 최초의 비평판들이 성립할 수 없었을 것이라는 참으로 역설적인 상황에 이르게 되었던 것이다. 물론 이 판들에는 이미 미래의 역사적-비판적 전집에 대한 많은 부가적 초석들이 들어 있었던 것도 사실이었다. 이 중 두 가지만을 거론하자면, 《전집》의 마지막 권인 《증보판》에는 "심리학 구상"의 새롭고도 개선된 필사본뿐만이 아니라 《쥐인간(Rattenmann)》에 대한 원어메모가 들어 있다. 이제 역전된 협동방향에서 독일어권에서 얻어진 초석들 가운데 많은 것이 마무리에 와 있는 《수정된 표준판(Revised Standard Edition)》에 접목된다는 사실은 언급할 만한 가치가 있다. 이러는 사이에 독일어권 프로이트 저서 판들의 역사에서 새로운 국면이 개시되어 포괄적인 역사적-비평적 판을 향한 길이 열리게 되었다(Grubrich-Simitis 1993). 이에 속하는 것이 첫 세 단계의 세부적인 재구성이었다(Wien에서 1938년까지, 1938-1960년, 1960년 이후 프랑크푸르트). 게다가 워싱턴에 있는 국회도서관에 보관된 프로이트 수기에 대한 혁신적인 연구는 처음으로 그의 창조적인 세 과정[메모, 계획, 원고의 정서(淨

書)]뿐만 아니라 풍부한 발생의 변형에 대한 통찰을 가능하게 하였다. 나아가 몇몇 저작 중에는 예컨대 《쾌락원리의 저편》처럼 출간되지 않은 채 이제까지 알려지지 않은 최초의 원본들이 전승됐음이 밝혀졌다. (그런데 특기할 만한 사실은 정신분석가들과 독문학자들의 경우 프로이트의 작업에 대한 이런 연구가 독일어권에서보다 외국에서 더 활발한 흥미를 끌었다는 점이었다.) 하지만 이제는 아무리 세분화가 진행될지라도 이런 발굴과 판의 개정을 통하여 전집의 윤곽과 저자의 상이 크게 변화하지는 않을 것이다. 그루브리히 지미티스의 저서 마지막 부분에 발표된 미래 독일어권의 역사적-비판적 전집에 대한 개요에 따르면 이 전집이 《표준판》보다 더 포괄적이 될 것이라고 예상된다. 왜냐하면 주로 새로운 학술적 초기저작들과 적어도 생생한 편지자료의 중심적인 저작물 모음이 여기에 포함될 수 있었기 때문이다. 게다가 확실한 발생의 변형과 초기 원전단계들이 고려될 수밖에 없었을 것이기 때문이다. 특히 저 개요의 맥락에서 편집 작업을 수행할 수 있는 원칙뿐만 아니라 이 새로운 전집의 결과와 영향에 대한 예측이 반영되고 제시되었다. 물론 이것의 실현은 미래의 과제로 남아 있다. 그런데 분명히 해야만 하는 것은 런던에서 만들어진 《전집(Gesammelte Werke)》이 여전히 독일어로 된 가장 포괄적인 판이라면, 프로이트라는 저자는 망명으로부터 귀환하지 않은 것과 마찬가지라는 사실이다.

프로이트의 선집 및 전집

Gesammelte Schriften(전집)(12권). 1,2,3,6,9,11권 Anna Freud와 A.J. Storfer 발행. 4,5,7,8,10권. Anna Freud와 Otto Rank, A.J. Storfer 발행. 12권 Anna Freud와 Robert Wälder 발행. Wien 1924-34.

Gesammelte Werke(전집)(18권과 번호 없는 증보판). 1-8, 10-14. 16, 17권 Anna Freud, Edward Bibring, Wille Hoffer, Ernst Kris, Otto Isakower 발행. 9, 15권 Anna Freud와

Edward Bibring, Ernst Kris 발행. 18권 Anna Freud와 Willi Hoffer 발행. 증보판 Ilse Grubrich-Simitis의 협력 하에 Angela Richards 발행. 1-17권 London 1940-52(1960년부터 Frankfurt a,M); 18권 Frankfurt a.M. 1968; 증보판 Frankfurt a.M. 1987.

Studienausgabe(연구판)(10권과 번호 없는 보충판). 1-10권 Alexander Mitscherlich, Angela Richards, James Strachey; 보충판 Alexander Mitscherlich, Angela Richards, James Strachey, Ilsa Grubrich-Simitis 발행, Frankfurt a.M. 1969-75.

Werkausgabe in zwei Bänden(두 권으로 된 선집). Anna Freud와 Ilse Grubrich-Simitis 발행. Frankfurt a. M. 1978; 재인쇄 2006년.

Sigmund Freud — Werke im Taschenbuch(지그문트 프로이트 —포켓북 작품집)(28권). Ilse Grubrich-Simitis 발행. Frankfurt a.M. 1991년 이후부터.

The Standard Edition of the Complete Psychological Works of Sigmund Freud(지그문트 프로이트의 완전한 심리적 저작의 표준판)(24권). Angela Richards의 협조와 Anna Freud, Alix Strachey, Alan Tyson과의 공동작업 속에서 James Strachey 발행; 24권(색인과 참고문헌)은 Angela Richards가 작성. London 1953-74.

Sigmund Freud-Konkordanz und-Gesamtbibliographie(지그문트 프로이트 용어색인 및 총참고문헌). Ingeborg Meuer-Palmedo가 작성. Frankfurt a.M. 1975. 확대판; Freud-Bibliographie mit Werkkonkordanz(용어색인이 들어 있는 프로이트 참고문헌). Ingeborg Meyer-Palmedo와 Gerhard Fichtner가 개정. Frankfurt a.M. 1989; 새로 확대 및 개정된 판. 1999.

참고문헌

Abraham Karl; Gesammelte Schriften in zwei Bänden(두 권으로 된 모음글). Hg. von Johannes Cremerius. Frankfurt a.M. 1982.

Alexander, Franz; Psychotherapeutische Medizin(정신요법의학). Berlin 1951.

Andreas-Salomé, Lou: In der Schule bei Freud. Tagebuch eines Jahres(프로이트의 학교에서. 한 해의 일기)(1912/13) [1958]. Hg. von Ernst Pfeiffer. Frankfurt a.M./Berlin/Wien 1983.

Argelander, Hermann: Der Flieger. Eine characteranalystische Fallstudie(날아다니는 사람. 성격분석의 사례연구). Frankfurt a.M. 1972.

Balint, Michael; Therapeutische Aspekte der Regression. Die Theorie der Grundstörung(퇴행

의 치료양상. 기본장애의 이론). Stuttgart 1970(영어판 1968).
Bernfeld, Siegfried: Sisyphos oder die Grenzen der Erziehung(시시포스 또는 교육의 한계) [1925]. Frankfurt a.M. 1967.
_______ /Suzanne Cassirer Bernfeld: Bausteine der Freud-Biographik(프로이트 전기의 초석). Hg. von Ilse Grubrich-Simitis. Frankfurt a.M. 1981.
Cocks, Geoffrey: Psychotherapy in the Third Reich(제3제국에서 심리치료). The Göring Institute. New York/Oxford 1985.
Dahmer, Helmut: Libido und Gesellschaft. Studien über Freud und die Freudsche Linke(리비도와 사회. 프로이트와 프로이트 좌파에 대한 연구) [1973]. Frankfurt a.M. 1982.
_______ (Hg.): Analytische Soziopsychologie(분석적 사회심리학). Frankfurt a.M. 1980.
Erdheim, Mario: Die gesellschaftliche Produktion von Unbewußtheit. Eine Einführung in den ethnopsychoanalytischen Prozeß(무의식의 사회적 생산물. 인종정신분석적 과정에의 입문). Frankfurt a.M. 1982.
Fenichel, Otto: Psychoanalytische Neurosenlehre(정신분석적 신경증론). Freburg/Olten 1974-1977(영어판 1945).
_______: 119 Rundbriefe(119 회람장) (1934-1945). Hg. von Elke Mühlleitner und Johannes Reichmayr. Frankfurt a.M./Basel 1998.
Ferenczi, Sándor: Versuch einer Genitaltheorie(성기기이론의 시도). Leipzig/Wien/Zürich 1924.
_______: Sprachverwirrung zwischen dem Erwachsen und dem Kind. Die Sprache der Zärtlichkeit und der Leidenschaft(성인과 어린아이 사이의 언어혼란. 애정성과 욕정의 언어) [1932]. In: Ders.: Schriften. Bd.2. Hg. von Michael Balint. Frankfurt a.M. 1972, 303-313.
_______: Ohne Sympathie keine Heilung(공감이 없으면 치유도 없다). Das klinische Tagebuch von 1932. Hg. von Judith Dupont. Frankfurt a.M. 1988(불어판 1985).
Freud, Anna: Das Ich und die Abwehrmechanismen(자아와 방어기제) [1936]. In: Die Scriften der Anna Freud, Bd. 1. München 1980, 191-355.
Fromm Erich: Autorität und Familie. Sozialpsychologischer Teil(자율성과 가족. 사회심리학적 부분) [1936]. In: Hans Peter Gente (Hg.): Marxismus, Psychoanalyse, Sexpol. Bd.1. Frankfurt a.M. 1970, 251-306.

_______: Analystische Sozialpsychologie und Gesellschaftstheorie(분석적 사회심리학과 사회이론). Frankfurt a.M. 1970.

Grubrich-Simtis, Ilse: Zurück zu Freuds Texten. Stumme Dokumente sprechen machen(프로이트의 텍스트로 돌아가라. 말 없는 문서를 말하게 하기). Frankfurt a.M. 1993.

Kernberg, Otto F.: Borderline-Störungen und Pathologischer Narzißmus(경계선 장애와 병리학적 나르시시즘). Frankfurt a.M. 1978(영어판 1975).

King, Pearl/Riccardo Steiner (Hg.): Die Freud/Klein-Kontroversen(프로이트/클라인 논쟁) 1941-1945. Stuttgart 2000(영어판 1991).

Klein, Melanie: Gesammelte Schriften(전집). Hg. von Ruth Cycon. Stuttgart-Bad Cannstatt 1995-2002.

Kohut, Heinz: Narzißmus. Eine Theorie des psychoanalytischen Behandlung narzißtischer Persönlichkeitsstörungen(나르시시즘. 나르시시즘적 인격장애의 정신분석적 치료). Frankfurt a.M. 1973(영어판 1971).

Kurzweil, Edith: Freud und die Freudianer. Geschichte und Gegenwart der Psychoanalyse in Deutschland, Frankreich, England, Österreich und den USA(프로이트와 프로이트 학파. 독일, 프랑스, 영국, 오스트리아와 미국에서 정신분석의 역사와 현재). Stuttgart 1993.

Kutter, Peter: Moderne Psychoanalyse. Eine Einführung in die Psychologie unbewußter Prozesse(현대의 정신분석. 무의식적 과정들의 심리학 입문) [1989]. Stuttgart 2000.

Loch, Wolfgang: Krankheitslehre der Psychoanalyse(정신분석의 질병이론). Stuttgart 1967.

Lockot, Regine: Erinnern und Durcharbeiten. Zur Geschichte der Psychoanalyse und Psychotherapie im Nationalsozialismus(기억과 심화작업. 국가사회주의에서 정신분석과 정신치료의 역사를 위하여). Frankfurt a.M. 1985.

Lohmann, Hans-Martin (Hg.): Das Unbehagen in der Psychoanalyse. Eine Streitschrift(정신분석에서 불쾌감. 논박서) [1983]. Frankfurt a.M. 1985.

_______ (Hg.): Die Psychoanalyse auf der Couch(소파 위의 정신분석) [1984]. Frankfurt a.M. 1986.

_______ (Hg.): Psychoanalyse und Nationalsozialismus. Beiträge zur Bearbeitung eines unbewältigten Traumas(정신분석과 국가사회주의. 치료되지 못한 외상 개선에 대한 기고문) [1984]. Frankfurt a.M. 1994.

_______: Alexander Mitscherlich mit Selbstzeugnissen und Bilddokumenten(미처리히의 자

기입증과 그림이 들어 있는 문서). Reinbek 1987.

_______: Laienanalytiker, Künstler, Bonvivant. Hanns Sachs und sein »Bubi Caligula«(비전문인분석가, 예술가, 탕아. 한스 작스와 그의 《부비 칼리굴라》). In: Hanns Sachs: Bubi Caligula [1930]. Weinheim 1991, 153-167.

_______: 50 Jahre »Psyche«(《정신》 50년)(1947-1996). In: Thomas Plänkers 외 (Hg.): Psychoanalyse in Frankfurt a.M. Zerstörte Anfänge, Wiederannäherung, Entwicklungen. Tübingen 1996, 753-756.

Lorenzer, Alfred: Sprachzerstörung und Rekonstruktion. Vorarbeiten zu einer Metatheorie der Psychoanalyse(언어파괴와 재건. 정신분석의 메타이론에 대한 사전작업). Frankfurt a.M. 1970.

_______: Die Wahrheit der psychoanalytischen Erkenntnis. Ein historisch-materialistischer Entwurf(정신분석적 인식의 진실. 사적 유물론의 시도). Frankfurt a.M. 1974.

_______: Die Sprache, der Sinn, das Unbewußte, Psychoanalytisches Grundverständnis und Neurowissenschaft(언어, 의미, 무의식, 정신분석적 기본이해와 신학문). Hg. von Ulrike Prokop. Stuttgart 2002.

Mahler, Margaret: Symbiose und Individuation(공생과 개별화). Stuttgart 1972(영어판 1968).

Markuse, Herbert: Triebstruktur und Gesellschaft. Ein philosophischer Beitarg zu Sigmund Freud(충동구조와 사회. 지그문트 프로이트에 대한 철학적 기고). Frankfurt a.M. 1970(영어판 1955).

Mitscherlich, Alexander: Auf dem Weg zu vaterlosen Gesellschaft(아버지 없는 사회로의 도정에서). München 1963.

_______: Die Unwirtlichkeit unserer Städte. Anstiftung zum Unfrieden(우리 도시들의 거주부적합성. 불화를 일으키는 계기). Frankfurt a.M. 1965.

_______: Krankheit als Konflikt. Studien zur psychosomatischen Medizin 1 und 2(갈등으로서의 질병. 정신신체의학에 대한 연구). Frankfurt a.M. 1966/1967.

_______: /Margarte Mitscherlich: Die Unfähigkeit zu trauern. Grundlagen kollektiven Verhaltens(신뢰할 수 없음. 집단행동의 토대). München 1967.

Mitscherlich, Margarete: Müssen wir hassen? Über den Konflikt zwischen innerer und äußerer Realität(우리는 증오해야만 하는가? 내적인 사실과 외적인 사실 사이의 갈등에 관하

여) [1972]. München 1980.

_______: Die friedfertige Frau. Eine psychoanalystische Untersuchung zur Agression der Geschlechter(화목한 여성. 성의 공격에 대한 정신분석연구). Frankfurt a.M. 1985.

Parin, Paul/Fritz Morgenthaler/Goldy Parin-Matthey; Die Weißen denken zuviel. Psychoanalytische Untersuchunen bei den Dogon in Westafrika(백인들은 너무 지나치게 생각한다. 서아프리카에서 도곤 부족에 대한 정신분석적 연구). Zürich 1963.

_______: Fürchte deinen Näcsten wie dich selbst. Psychoanalyse und Gesellschaft am Modell der Agni in Westafrika(너의 이웃을 너 자신처럼 두려워하라. 서아프리카의 아그니 족을 모델로 한 정신분석과 사회). Frankfurt a.M. 1971.

Rank, Otto: Das Trauma der Geburt und Bedeutung für die Psychoanalyse(출생의 외상과 정신분석에 대한 의미) [1924]. Gießen 1998.

Reich, Wilhelm: Die Funktion des Orgasmus [1927]. Köln 1968.

_______: Charakteranalyse(성격분석) [1933}. Köln 1968.

_______: Die Massenpsychologie des Faschismus(파시즘의 집단심리) [1933]. Köln 1971.

Reiche, Reimut: Sexualität und Klassenkampf. Zur Abwehr repressiver Entsubliemierung성욕과 계급투쟁. 억압적 탈승화의 방어에 대하여) [1968]. Frankfurt a.M. 1971.

Sachs, Hanns: Freud. Meister und Freund(프로이트. 거장과 친구). Frankfurt a.M./Berlin/Wien 1982(영어판 1944).

Winnicott, Donald W.: Von der Kinderheilkunde zur Psychoanalyse(어린아이 치료술에서 정신분석으로). München 1978(영어판 1965).

2
프랑스에서의 수용

1885-1924

프랑스에서 프로이트 정신분석의 수용은 뒤늦게 시작되었지만, 출발조건은 가장 좋았다. 1885-1886년에 장 마르탱 샤르코에게서 청강했던 프로이트는 1893년과 1896년 사이에 당시 가장 유명한 두 잡지(Archives de neurologie, Revue neuologique)에 모두 네 편의 글을 프랑스어로 기고했다(전집 1, 37-55, 343-353, 405-422쪽; Freud 1893). 이 글들에서 그는 히스테리와 신경증 증상의 정신분석적 치료 필요성을 거론했다. 그렇지만 프로이트의 기고문들은 공감을 얻지 못했다. 다만 당시에 잡지에서 이미 그 자신의 연구를 입증한 피에르 자네(Pierre Janet)의 경우만은 예외적으로 공감을 얻었다(Mordier 1981, 55쪽). 그러므로 프로이트의 첫 발표와 더불어 이삼십 년 넘게 계속 우월성 논쟁과 표절시비를 일으켰던 프로이트와 자네 사이의 격렬한 경쟁관계가 시작된 셈이었다.

프랑스에서는 1907년에서야 비로소 정신분석과 관계된 최초의 간행물이 나오게 된다. 융의 제자인 스위스 출신의 알퐁제 마에더(Alphonse Maeder)가 《심리학 기록보관소(Archives de Psychologie)》에 아주 단순하게 꿈 해석의 방법을 제출한다. 그는 무의식과 심층의식 사이의 차이를 고려하지 않은 채 여전히 프로이트의 방법을 최면치료의 맥락으로 사용한다. 1908년에 "관념연상(Ideenassoziation)"의 방법으로 프랑스 청중에게 다가가는 샤를 라담(Charles Ladame)은 정신분석을 "환자의 정신감정"을 위한 보조수단으로 생각한다. 그 역시도 취리히 학파의 일원인바, 1911년까지 계속된 발표를 통하여 여러 방법을 인식시킨다. 정신분석은 축소된 채 다른 맥락에서 적용될 수 있는 방법으로 지각되고 있으며, 따라서 지배적인 전통적 정신의학의 모든 충격이 회피된다. 또한 소아의 성이 갖는 의미와 해석에서 상징성의 기능과 같은 까다로운 주제들이 배제된다. 동시에 블로일러와 융을 중심으로 하는 취리히 학파가 "필터"의 역할을 담당한다(Mordier 1981, 62쪽).

프와티에에 거주하는 의사인 피에르 에르네 르네 모리쇼 보샹(Pierre

Ernest René Morichau-Beauchant)이 최초로 프로이트를 편견 없이 받아들인 프랑스의 수용자로 간주될 수 있으며, 그는 그 자체로 프로이트에게 평가를 받는다(F/J 417쪽; 전집 10, 72쪽). 모리쇼 보샹은 1911년과 1922년 사이에 동성애와 편집광, 전이를 넘어서서 간질치료와 자기성애에 대하여 여러 편의 논문을 작성한다. 처음에 발표된 논문들은 명백하고도 열광적으로 지배적인 반(反) 프로이트의 경향과 단절하면서 성생활 같은 금지된 주제를 다루고 있으며, 프로이트와 자네 사이의 우월성 논쟁에서 프로이트의 편에 선다. 반면에 나중에 발표된 논문들은 프로이트의 위치에서 방향을 바꾸어 전통적 정신의학의 이해로 되돌아가는 경향을 보여 준다. 모리쇼 보샹은 1912년에 취리히 학파에 가입했다. 그것은 실용적 이유 때문이었지만 그의 도정은 프랑스에 적지 않은 영향을 남긴 것으로 보인다.

1913년은 두 가지 측면에서 의미심장하다. 우선 에마뉘엘 레지스(Emmanuel Régis)와 안젤로 루이 마리 에나르(Angelo Louis Marie Hesnard)가 최초로 정신분석적 신경증 및 정신병 이론의 상세한 설명을 잡지 기고문으로 발표하고는 이듬해에 책으로 출간한다. 그럼에도 이것은 프랑스에서 프로이트 정신분석에 대한 대부분의 초기 입장처럼 적지 않게 축소되어 있고 편견에 사로잡혀 있다. 산도르 페렌치는 철저히 이 책을 비판하면서(Ferenczi 1985) 의심스러움을 표명한다. 이 책에서 모순이 인지되는 이유는 한 저자에게서는 정신분석에 대하여 반쯤은 성실한 표명이 나오는 데 반해, 다른 저자에게서는 상세하지 않지만 아주 거친 비판이 나오기 때문이라는 것이다(같은 곳, 44쪽). 실제로 나중에 프랑스 정신분석의 창시자이자 대표자 가운데 하나가 되는 에나르는 몇 년 뒤에도 학문적 스승인 레지스가 제기한 불성실한 비판과는 철저히 구분되는 입장을 취하게 된다.

1913년 런던에서 개최된 제17차 국제의학회의에서는 오스트리아, 프랑스, 스위스 출신의 "정신역동적(psychodynamisch)" 학파의 상이한 대표자들 사이에 최초로 직접적인 대결이 일어난다. 자네는 프로이트의 정신분석에 대하여 전반적으로 날카롭게 비판한다. 비판에 있어서 그는 정신분석에서 유의해야 할 모든 것을 자신의 저작에서 미리 공식화하고 있지만, 그 밖에 다른 모든 것은 그만큼 허술하게 다룬다(이에 대해 프로이트 자신이 여러 차례 입장을 밝히고 있다; 전집 10, 72쪽; 전집 14, 37, 44, 56쪽). 자네와 다른 사람들이 나중에 비판적으로 계속 사용하게 되는 판에 박은 차별화 방식은 정신분석을 "사변"이나 "철학"으로 낙인찍고, 심지어는 "메타정신의학(Metapsychiatrie)"으로까지 비방한다. 크레펠린(Kraepelin)이 유포한 메타정신의학이라는 이 모욕적인 용어(Ferenczi 1985, 29쪽)는 프랑스 측에서 볼 때 과학성의 요구와 일치한다. 런던회의에서도 자네는 자신의 연설에서 모순을 찾아내는 어니스트 존스(Ernest Jones)에 의해 날카롭게 반박을 당한다.

레지스와 에나르의 출간 작업물은 런던에서 자네의 패배를 입증하였다. 하지만 실제로 프로이트 정신분석의 프랑스어 판 발표에는 프로이트와 자네의 입장이 뒤섞여 있다. 엘리자베트 루디네스코(Elisabeth Roudinesco)는 "일시적인 자네주의(Gelegenheitsjanetismus)"의 침투에 관해 언급한다(Roudinesco 1994, 206쪽). 전쟁 및 전후의 시기에는 국가주의적이고 인종차별적이며 반유대주의적인 분위기가 갈수록 짙어진다.

1925-1963

프랑스에서는 1920년대 중반에야 비로소 프로이트 연구가 최초로 제도적인 결과에 도달한다. 1925년에는 발생정신의학(Évolution psychiatrique; EP)이라는 단체가 창설되면서 프로이트적인 이념의 수용에도 공헌한다. 이어서 1926년에는 파리정신분석학회(Société Psychoanalytique de Paris; SPP)가 생겨나며, 다음 해에는 《정신분석 학회지(Revue française de psychanalyse)》 제1호가 출간된다. 12명의 창립 발기인에는 (이 가운데 몇 사람은 EP에도 참여해 있다.) 정신분석에서 논란의 여지가 없는 선구자 에나르 외에도 프랑스 유형의 정신분석을 계속 대변하면서 무엇보다 나중에는 프랑스어 문법의 공동저자로서 명성을 쌓게 되는 에두아르 피숑(Édouard Pichon), 그리고 오랫동안 프로이트와 교류를 유지하는 르네 라포르그(René Laforgue)가 속해 있다. 이후 라포르그는 발기인에 속하면서도 갈수록 빈 계열을 대변하려고 시도하는 마리 보나파르트에 의하여 창설회원으로 선정된다. 마리 보나파르트는 거기서 폴란드에서 출생하고 베를린에서 교육을 받은 이주민 루돌프 뢰벤슈타인의 지지를 받는다. 마찬가지로 폴란드 출신의 외제니아 소콜니카(Eugénie Sokolnicka)가 중요한 인물인데, 그녀는 "프로이트의 합법적인 대변자"(Roudinesco 1982/1994, 246쪽)로서 1921년 프로이트에 의하여 파리로 오게 된다. 그녀는 한때 생탄 병원에서 근무하지만, 의학적 교육이 없다는 이유로 해고된다. 그녀는 1934년에 사망한다. 이 무렵 스위스 제네바에서 언어학자 소쉬르의 아들인 레이몬드와 정신분석의 국제적 계획을 옹호하는 샤를 오디에(Charles Odier)가 합류한다.

12명의 발기인들 모두가 높은 수준의 이론가나 숙련된 의사는 아니다. 학회의 발전은 점점 더 파리에서 프로이트의 합법적 대리인으로서 위치를 굳혀 가는 마리 보나파르트와 프랑스식으로 적응하는 정신분석의 대표자, 특히 에두아르 피숑 사이의 경쟁에 의하여 특징화된다. 무엇보다 보나파르트는 자신의 능력을 발휘하여 그녀의 지위를 차지했다. 그녀의 최대 업적은 프로이트가 플리스에게 보낸 편지를 (심리학의 설계를 포함하여) 얻게 된 것이라고 할 수 있을 것이다. 더구나 그녀는 편지를 없애려고 했던 프로이트에게서 그것을 지켜 낸 바 있다.

1932년에는 그해 발표한 논문 《인격과 관련된 편집증적 정신병(Über die paranoische Psychose in ihren Beziehungen zur Persönlichkeit)》으로 당시의 정신의

학과 정신병리학을 잘 알고 있을 뿐 아니라, 프로이트의 중심 저서에도 정통할 수 있다는 증거를 제시한 젊은 의사 자크 라캉이 파리정신분석학회(SPP)에 합류했다(본서 316쪽 이하 라캉의 "프로이트로 돌아가자" 참조). 물론 그는 파리의 정신분석가들보다 더 일찍이 초현실주의자들과 어울리며 자신의 저작과 이념으로 반향을 얻었다. 그는 루돌프 뢰벤슈타인에게서 6년 반이나 교육분석(Lehranalyse)을 계속했고, 뢰벤슈타인이 다시 미국 쪽으로 이주할 수밖에 없는 상황이 오자 교육분석을 끝냈다(Roudinesco 1993/1996, 118-124쪽). 피숑은 라캉이 1938년에 정신분석가이자 파리정신분석학회의 정회원으로 인정받는 것에 우려를 표명했다.

라캉의 비약은 제2차 세계대전이 끝난 뒤에 시작되었다. 1945년 창립세대에서 가장 중요한 주역들 가운데 하나인 보나파르트도 결정적인 역할을 담당했다. 피숑은 이미 1940년에 사망했다. 안젤로 에나르는 교육분석 실행을 거부함으로써 배척을 받았고, 라포르그는 독일 점령군에 대한 그의 태도가 미심쩍어서 불신을 받았다. 뢰벤슈타인과 레이몬드는 미국 망명길에 머물러 있었고, 샤를 오디에는 스위스로 돌아갔다. 라캉에 대한 보나파르트의 단호한 적대감에도 불구하고 그것이 프랑스 정신분석가들 가운데 제2세대에 속하는 이 명석한 사내가 전후 정신분석계에서 제도적으로 주도적인 역할을 맡게 되는 것을 막을 수는 없었다.

1953년에는 바로 비전문인분석(Laienanalyse)의 문제로 파리정신분석학회에 분열이 일어난다. (프랑스 정신분석에서 주체도 객체도 아니었던 라캉의 생전에 최초로 일어난 분열이었다.) 라캉은 다니엘 라가슈(Daniel Lagache), 프랑스와 돌토(Françoise Dolto)와 함께 파리정신분석학회 다수의 회원, 대체로 그에게 분석을 받고 있는 젊은이들이 가입해 있는 프랑스정신분석학회(SFP)에 합류한다. 여기서는 그의 단시간 면담의 실제 때문에 더 많은 분석대상자가 참여할 수 있기 때문이다. 1953년에서 1963년까지는 본질적으로 라캉의 이론과 세미나로 점철되어 있다. 1958년에는 정신분석과 심리학을 연관시키려는 라가슈와 라캉 사이에 이론적 논쟁이 벌어진다. 이 논쟁에서는 정신분석에서 "주체"와 "자아", "개성"이라는 개념의 기능이 중점적으로 다루어진다(Lagache 1961; Lacan 1966 참조).

이런 생산적 국면은 프랑스정신분석학회의 구성적 실수로 그늘에 가린다. 새로운 단체의 창시자들은 파리정신분석학회를 떠남으로써 국제정신분석학회(IPA)의 회원자격을 상실했다. 새로운 학회의 참여자들은 국제정신분석학회의 회원자격을 다시 신청해야만 했다. 보나파르트는 라캉에 대한 증오심 때문에 무조건적인 승인에 강력히 반대했다. 회원가입 처리는 거의 10년 넘게 지체되었고, 1963년 10월에야 프랑스정신분석학회가 국제정신분석학회에 흡수됨으로써 끝났다. 이는 라캉과 도토를 인가된 교육분석가 명단에서 제명하는 조건으로 이루어졌다. (라캉은 단기간 면담 때문에 제명된 최초의 회원이자 다른 규칙위반 때문에 제명된 마지막 회원이었다.)

1964-2005

라캉은 새로운 기관을 창설해야 할 필요가 있었다. 그리하여 1964년에 파리프로이트학교(École freudienne de Paris; EFP)가 발족되었다. 그의 뒤를 따른 사람들은 세르주 르클레르(Serge Leclaire), 옥타브 마노니(Octave Mannoni), 모드 마노니(Maud Mannoni), 무스타파 사포우안(Moustapha Safouan) 및 교육에 참여했던 많은 젊은이들이었다. 그런가 하면 장 라플랑슈와 퐁탈리스(J. B. Pontalis)도 라가슈, 발디미르 그라노프(Waldimir Granoff), 다니엘 비들뢰허(Daniel Widlöcher)가 소속된 프랑스정신분석학회에서 새로 발족한 프랑스정신분석연합(Association psychanalytique de France)에 합류했다. 라캉 학파는 1969년에 분열을 경험한다. 라캉이 제시한 "통과(passe)" 논쟁 때문에 프랑수아 페리에(François Perrier), 피에라 올라니에(Piera Aulagnier), 코르넬리우스 카스토리아디스(Cornelius Castoriadis), 장 폴 발라브레가(Valabrega) 등이 파리프로이트학교를 떠나 OPLF(Organisation psychanalytique de langue françoise) 또는 제4그룹(Quatrième Groupe)을 창설한다. 글자 그대로 "통과(passe)"는 라캉이 교육분석과 교육분석가가 되기 위한 허가절차를 개혁하려는 시도와 관련된다. 라캉은 "분석가의 욕구"에 대한 성찰 결과로 분석가의 "자기인증(Sebstautorisierung)"을 주장했으며, 이것을 보장할 수 있는 절차를 모색했다. "통과" 절차에서 분석가의 칭호를 취득하려고 신청한 지원자, 이른바 통과자(passant)는 "안내자(passeur)"로 불리는 두 분석가 앞에서 자신의 분석에 대해 보고를 해야만 했다. "안내자들"의 과제는 그들이 전해 들은 진술 내용을 마지막으로 결정적인 심사위원회 앞에서 말하는 것이었다. 이 실험은 근본적으로 실패하고, 1978년에는 라캉도 이를 자인한다. 라캉은 1980년에 파리프로이트학교를 해체하고 이듬해에 프로이트주의학교(École de la Cause freudienne)를 설립한다. 그러나 본인 자신은 병들고 노쇠하여 더는 그 일에 참여하지 못한다. 라캉은 1981년 9월에 사망한다.

프랑스 정신분석의 라캉적인 지류 내에서 라캉 사후 몇 년 내에 많은 균열과 소그룹 단체가 생겨난다. 이런 집단적 분열과는 달리 라캉의 사위이자 후계자인 자크 알랭 밀레(Jacques-Alain Miller)가 국제화를 위해 노력한다. 1992년 2월 1일 정신분석 세계연합(Association mondiale de psychanalyse; AMP)이 창설된다. 이는 라캉주의가 정신분석적으로 라틴아메리카에서만 뿌리를 내릴 수 있었다는 점과 관련하여 매우 야심 찬 시도였다.

프랑스 정신분석가들의 분열에 대응하기 위해 르네 마요르(René Major)가 아주 다른 시도를 감행한다. 그는 '프로이트 대면(Confrontations Freud)'이라는 단체와 잡지를 통하여 서로 상이한 단체와 모임의 구성원이 서로 의견을 나눌 수 있는 제도적으로 무관한 공간을 제공한다. 1989년에는 르클레르가 독립적인 정신분석가협회(Association pour une instance des psychanalystes; APUI)의 창설을 선언하지만 성과가 없었다. 마요르는 2000년도 파리에서 정신분석3부회(Gegenstände der Psychoanalyse)를 소집한다. 그는 유리한 시점을 선택함으로써 더 많은 재능을 입증한다. 이 모임은 크게 성공을 거두고 있다.

국제정신분석학회(IPA)에 소속된 두 단체 SPP와 AFP은 거의 소용돌이치는 일 없이 존립하며 흘러가고 있다. 어쨌든 프랑스 정신분석의 "합법적인" 분파는 다니엘 비드뢰허와 앙드레 그린(André Green)을 IPA 회장과 부회장으로 선출했다. 이제 프랑스는 자체적으로 100만 주민과 관련된 정신분석가들에게 가장 높은 지분을 소유할 것을 요구할 수 있다(Roudinesco/Plon 1997, 325쪽).

프랑스에서 프로이트의 저작물

프로이트 저작들의 최초 번역물들은 1920년대 초에 출간되었다. 메이에르송(I. Meyerson)이 번역한 《꿈의 해석》은 1926년에 나왔다. SPP 창설 이후 번역의 진행은 속도를 내기 시작했다. 수많은 저작이 오직 마리 보나파르트 단독으로 또는 베르망(A. Berman)이나 루돌프 뢰벤슈타인과의 협력으로 번역되었다. 물론 SPP의 창설 뒤에 〈정신분석적 어휘의 통합을 위한 언어학위원회〉가 조직되었으나 이 초기의 번역물들에서는 단지 제한적으로만 용어결정의 부조화를 시정할 수 있을 뿐이었다. — 무엇보다 이 위원회를 주도하던 피숑이 번역자로는 거의 나서지 않았기 때문이다. 특히 라캉은 이 초기 번역들의 수준을 비난하면서 번역물들에 일반적으로 나타나는 이론 및 개념구성의 오류와 개별적으로 심각한 객관성 결여를 지적했다. 그러나 이런 상황은 1980년대에 들어서야 비로소 새로운 결과로 나타났다. 즉, 퐁탈리스(J. B. Pontalis)가 이끌어 가는 갈리마르 출판사의 《무의식의 인식(Connaissance de l'inconscient)》 시리즈에서 더 높은 기대를 충족하는 몇몇 중요한 프로이트 저작의 새로운 번역물들이 나오게 되었다. 앞서 퐁탈리스와 함께 유명한 《정신분석 용어사전(Vokabular der Psychoanalyse)》을 저술한 장 라플랑슈는 프로이트 전집의 간행이라는 다른 진로를 추구했다. 1992년부터는 앙드레 부르기뇽(André Bourguignon, 1996년 사망), 피에르 코테(Pierre Cotet)와 라플랑슈가 발행인이 되어 21권으로 기획된 '완결전집(Œuvres Completes)'판이 나오기 시작하여 2005년까지 13권이 출간되었다. 이에 앞서 1989년에는 이미 《프로이트를 번역하다(traduire Freud)》라는 주석 및 색인이 들어 있는 판이 출간된 바 있었다. 번역은 (엄밀한 용어의 표준을 준수해야만 하는) 라틴계 어문학자, 독문학자, 정신분석가로 구성된 세 팀으로 이루어졌고, 또한 많은 비용을 들여 교정되었다. 프로이트 언어의 관용적인 특징이 반영되면서 좀 더 쉬운 이해가 저해되기는 했지만, 라캉의 용어를 피하려는 의도 또한 이 번역의 두드러진 점이었다. 예컨대 소망(Wunsch)은 예전의 프로이트 번역들에서처럼 더는 욕망(désir)이 아니라 훨씬 더 유연한 소원(souhait)으로 바뀌었다. 이에 상응하여 전집은 부분적으로 프랑스에서 비판적으로 수용되었다(Roudinesco/Plon 1997, 1066쪽).

참고문헌

Barande, Ilse/Robert Barande: Histoire de la psychoanalyse en France(프랑스에서 정신분석의 역사). Toulouse 1975.

Chatel, Marie-Magdeleine: Passe(통과). In: Pierre Kaufmann (Hg.): L'apport freudien. Éléments pour une encyclopédie de la psychanalyse. Paris 1993, 299-312.

Ellenberger, Henri: Die Entdeckung des Unbewußten(무의식의 발견) [1973]. Zürich 1985(영어판 1970).

Fages, Jean-Baptiste: Geschichte der Psychoanalyse nach Freud(프로이트 이후의 정신분석의 역사). Frankfurt a.M./Berlin/Wien 1981(불어판 1976).

Ferenczi, Sándor: Die psychiatrische Schule von Bordeaux über die Psychoanalyse(정신분석에 대한 보르도의 정신의학 학파). In: Ders.: Bausteine zur Psychoanalyse 4 [1938]. Frankfurt a.M./Berlin/Wien 1985, 12-45.

Freud, Sigmund: Les diplégies cérébrales infantiles(유아의 뇌의 양측 마비들). In: Revue neurologique 8 (1893), 177-183.

Hesnard, Angelo/Emmanuel Régis: La Psychanalyse des névroses et des psychoses, ses applications médicales et extra-médicales(신경증과 정신병의 정신분석, 그 의학적-의학외적 적용들). Paris 1914.

Janet, Pierre: Etat mantal des hystériques(히스테리 환자들의 정신상태). Paris 1894.

_______: La Psychanalyse(정신분석). In: Journal de psychlogie normale et pathologique (1914), 1-36, 97-130.

Lacan, Jacques: Remarque sur le rapport de Daniel Lagache: Psychanalyse et structure de la personnalité(다니엘 라가슈의 보고에 대한 지적들: 개성의 정신분석과 구조). In: Ders.: Écrits. Paris 1966, 647-684.

Ladame, Charles: L'Association des idéas et son utilisation comme méthode d'examen dans les maladies mentales(정신병들의 검사 방법으로서 연상과 그 사용). In: L'Encephale (1908), 180-195.

Lagache, Daniel: Psychanalyse et structure de la personnalité(개성의 정신분석과 구조). In: La Psychanalyse (1961), 5-58.

Maeder, Alphonse: Essai d'interprétation de quelques rêves(몇 가지 꿈에 대한 해석의 시도). In: Archives de psychologie (1907), 354-375.

_______: Contribution á la psychopathologie de la vie quotidienne(일상생활의 정신병리학에 공헌). In: Archives de psychologie (1907) 149-152.

Major, René (hg.): États généraux de la psychanalyse(정신분석의 일반적인 상태들). Juilet 2000. paris 2003.

Mijolla, Alain de: Freud en français jusqu'en 1940(1940년까지 프랑스어로 쓴 프로이트). In: Revue internationale d'histoire de la psychanalyse (1991), 283-289.

Mordier, Jean-Pierre: Les débuts de la psychanalyse en France(프랑스에서 정신분석의 초기

성과들). 1885-1926. Paris 1981.

Morichau-Beauchant, Pierre Ernest René: Le >Rapport affectif< dans la cure des psychonévroses(정신신경증들의 치료에서 '애정의 관계'). In: Gazette des hôpitaux civils et militaires. 15. 11. 1911, 1845-1849.

Prévost, Claude: Janet, Freud et la Psychologie clinique(자네, 프로이트와 임상의 심리학). Paris 1973.

Roudinesco, Elisabeth: Historie de la Psychanalyse en France(프랑스에서 정신분석의 역사). 1. 1885-1939 [1982]. Paris 1994.

______: Historie de la Psychanalyse en France(프랑스에서 정신분석의 역사). 1925-1985. Paris 1986.

______: Wien-Paris. Die Geschichte der Psychoanalyse in Frankreich(프랑스에서 정신분석의 역사). Weinheim/Berlin 1994.

______: Jacques Lacan. Bericht über ein Leben, Geschichte eines Denksystems(자크 라캉. 삶에 대한 보고. 사고체계의 역사). Köln 1996(불어판 1993).

______/Michel Plon: Dictionnaire de la psychanalyse(정신분석 사전). Paris 1997.

Hans-Dieter Gondek

3
영미권에서의 수용

미국과 영국에서 프로이트 수용에 대한 시각은 양가성에서 자유롭지 않다. 한편으로 두 나라가 프로이트와 그의 많은 추종자 및 제자들을 받아들였다는 것은 의심할 바 없이 독일과 오스트리아, 유럽의 점령된 나라들에서 국가사회주의에 의한 정신분석의 배척과 척결 이후로 정신분석이 구원되었음을 의미했다. 다른 한편으로 이 구원은 정신분석적 사고가 새로운 맥락에서 실제적으로 변화되고 그 맥락에 적응하면서 대가를 치렀다. 러셀 자코비(Russell Jacoby)는 "순응주의의 승리"에 관해 말한다(Jacoby 1983/1985).

미국에서의 프로이트 수용

그 어떤 나라에서도 미국만큼 지극히 새롭고 특별한 생각에 대하여 자유롭게 열려 있는 공개적인 지적 담론이 부각되지는 않을 것이다. 그렇기에 정신분석 또한 미국에서 빠르게 높은 인기를 얻었고, 정신의학과 의학뿐 아니라 나중에는 인문과학 및 문화과학으로 퍼져 나갔다. 이미 제1차 세계대전 이전에 정신분석적 이념과 주제들이 정치인들과 지식인들의 "진보적 운동"에서 반향을 얻었다. 이들은 산업화와 경제번영으로 인해 미국의 가치 및 도덕표상이 위협받는 것으로 보면서 심리치료와 교육의 도움으로 사회개혁뿐 아니라 개인의 변화를 통한 발전을 원했다. 이렇게 해서 몇 년 사이에 수많은 정신치료학교가 생겼다. 정신분석은 한편으로 당시의 "역동적 정신의학(dynamische Psychiatrie)"의 추세에 일치하고, 다른 한편으로는 개인의 승화 및 자기조절 능력을 촉진함으로써 도덕교육에 기여하는 방법으로 간주되었다(Putnam 1915 참조). 이렇게 정신분석이 급속히 수용된 데에는 1909년 클라크 대학교에서 프로이트가 강연(전집 8, 1-60쪽)한 것도 기여한 것처럼 보인다. 강연에서 프로이트는 이론적으로 아주 단순하고 성문제에서 벗어난 정신분석의 변형을 제시하면서 무엇보다 치료요법의 유용성을 중점적으로 강연했다. 하지만 프로이트의 원전들은 대다수 미국 독자들에게 언어문제로 가까이 갈 수 없었기 때문에 계속해서 이해의 어려움이 뒤따랐다. 영어 번역판들 또한 원전을 늘 충실하게 반영한 것은 아니었다. 그래서 오스트리아와 헝가리에서 이주하여 나중에는 뉴욕정신분석학회 회장으로 활동한 아브라함 아르덴 브릴(Abraham Arden Brill)은 프로이트의 본문에 자신의 해설을 여러 차례 덧붙였다(May 1982, 491쪽). 프로이트가 병원이나 연구소를 운영하지 않았기 때문에 정신분석에 관심을 가졌던 몇몇 미국의 정신과 의사들은 실습교육을 더 쌓기 위해 취리히로 여행을 떠났다. 그들은 칼 구스타프 융의 이해에 따라 정신분석을 배워 익혔다. 프로이트 자신은 몇몇 동료들에게 집회에서나 또는 서신교환을 통해 분석방법을 알려 주었다.

1920년대는 미국에서 정신분석의 융성기로 발전되는 시기였다. 정신분석은 이제 도덕적 목적에 이용된다기보다는 오히려 해방 및 구제 운동의 선언에 도움을 주었고, 자유로운 공적 담론의 일부가 되었다. 이런 독서법에 따라 정신분석은 행복추구(pursuit of happiness)라는 미국적 이상을 떠받치는 토대가 되었다(Roudinesco 2000/2004). 네이선 헤일(Nathan G. Hale)은 1930년대까지 정신분석의 놀라운 보급의 이유로 특히 프로이트의 모순적 이론형성에 근거하는 변화가능성을 다음과 같이 지적한다. "정신분석은 초기적 모습에서는 성적이고 문화적인 개혁 운동으로 보일 수 있었지만, 프로이트의 최종 문서의 관점에서는 끊임없는 갈등의 냉철하고 비극적인 환상으로 보일 수도 있었다"(Hale 1995, 381쪽). 이 무렵 정신분석은 사회과학, 예를 들어 심리학과 사회학, 인류학에도 접근하기 시작했다(Cooley, Mead, Benedict, Kardiner, Parsons). 하지만 점점 더 증가하는 미국 정신분석의 의학적 실용화 추세 때문에 폭넓은 사회과학적 수용이 정신분석의 지속적 이론형성에 영향을 미치는 데 한계를 보일 수밖에 없었다.

프로이트가 《나의 이력서(Selbstdarstellung)》에서 미국 동료들의 가치평가와 인정에 대해 감동을 표하는 동안에도 갈등은 계속 크게 표출되었다(전집 14, 78쪽). 이런 갈등은 소위 비전문인분석의 물음에서 점화되었다. 유럽에서 이 문제는 무면허 의료행위 때문에 테오도르 라이크(Theodor Reik)를 고소한 —나중에는 취하한— 사건을 통하여 첨예화되었다. 이때 프로이트는 처음부터 의사가 아닌 사람들의 정신분석적 실습과 행동을 변호했다(전집 14, 207-296쪽). 그는 분석이 의학의 전문분과가 되는 것을 바라지 않았고, "치료가 과학을 분쇄하는 것이 예방되었음을 알고자"(같은 곳, 291쪽) 했다. 이렇게 그는 "정신과학적, 심리적, 문화사적 소재를"(같은 곳, 288쪽) 중심적 교육내용으로 생각했다. 실제적인 구분은 의료적인 정신분석과 그 적용 사이에서가 아니라 "과학적 정신분석과 그것의 의학 및 기타 분야에의 적용 사이에서"(같은 곳, 295쪽) 이루어진다는 것이다. 미국의 분석가들은 이런 태도를 공유하지 못했다. 비전문인분석에 대한 그들의 거부감은 본질적으로는 예컨대 병원의 인허가를 위태롭게 하지 않으려는 실용적 이유 때문이라고 할 수 있었다. 이는 국가사회주의로부터 도피하여 이제 정신분석학회의 일원이 되기 위해 의학 실습을 받지 않으면 안 되는 유럽 출신의 이민자들에게는 엄청난 결과였다.

그러는 사이에 많은 도시에서 정신분석 단체들이 형성되었고, 국제정신분석학회(IPA)로부터 실습 및 허가 문제에서 독립성을 얻고자 노력하여 결국 이 주장을 관철한 미국정신분석학회(APA)로 통합되었다(미국에서의 복잡한 제도화 과정에 대해서는 Hale 1971; May 1982 참조). 하지만 미국의 정신분석은 이론 형성과정에 본질적으로 영향을 미치는 실습문제에서만 유럽의 정신분석과 차이가 나는 것이 아니었다. 보다 심각한 질병, 예컨대 정신질환이 있는 환자들 역시 치료대상이 되었고, 이는 그만큼 치료과정에 변화를 일으켰다. 유럽에 비해 더 적은 치료횟수, 더 짧은 치료기간, 정체된 맥락에서의 치료가 그것이다(Roudinesco 2000/2004 참조).

1940년대에 들어와 정신분석에서 분리 및 분열 운동이 일어나기 시작했다. 뉴욕 연구소에는 이미 두 개의 상반된 단체가 형성되고 있었다. 그 중 하나는 로렌스 커비(Lawrence Kubie), 산도르 라도(Sándor Radó), 베르트람 레빈(Bertram Lewin)을 중심으로 한 "임상적 정통성(klinische Orthodoxie)"의 부류가, 다른 하나는 카렌 호나이(Karen Horney)와 해리 스택 설리번(Harry Stack Sullivan)을 중심으로 한 “문화 지향적 이탈(kulturalistische Dissidenz)”의 부류였다. 호나이는 지원자를 더 이상 양성할 수 없게 되자 연구소를 떠나 새로운 연구소를 설립했다. 정신분석의 생물학적 이해에 반대하고 개인의 정신구조와 행동 및 체험에 미치는 실제 사회의 영향을 강조한 그녀의 책들은 미국의 지식인들에게 엄청난 영향을 미쳤을 뿐만 아니라 거대한 독자층을 지니고 인기를 끌었던 베스트셀러가 되기도 하였다(Kurzweil 1992).

박해와 전쟁, 망명의 경험으로 인하여 정신분석적 이론형성의 패러다임 전환이 일어나게 되었다. 즉 내적 심리의 갈등과 적대적 충동(Triebantagonismus)의 자리에 자아(das Ich)와 자기(das Selbst)의 강조가 비교적 자율적이고 사실에 부응하는 정신적 심급으로 들어서게 되었던 것이다. 극단적 외상경험 이후의 적응과 회복을 위한 인간 능력이 자아심리학이라고 불리는 것의 중심에 있었다. 자아심리학을 대변하는 주요 인물은 하인츠 하르트만(Heinz Hartmann), 루돌프 뢰벤슈타인, 에른스트 크리스(Ernst Kris)였다. 실증주의의 과학적 이상을 지향하는 이런 경향은 대략 20년 동안 미국의 정신분석적 사고에 결정적이었다. 정신분석의 본질적 변화는 정신신체 의학적 질병과 단기요법에 대한 치료개념을 개발함과 동시에 ‘고전적’ 정신분석 치료에 대한 바람직한 방향의 문제를 제기한 프란츠 알렉산더(Franz Alexander)를 중심으로 하는 시카고 그룹으로부터 시작되었다. 정신분석 이론과 치료의 수정을 둘러싼 논란은 약 15년 동안이나 심각하게 진행되어 네이선 헤일(Nathan Hale; 1955)은 심지어 이를 정통적 내지 고전적 분석가들과 수정주의자들 사이에 벌어진 정신분석의 “시민전쟁(civil wars)”으로까지 표현한 바 있다.

자아심리학 내에서는 어린아이들의 관찰과 치료 결과로 생겨난 발달심리학적 시도가 중요한 역할을 수행했다. 르네 스피츠(René A. Spitz)는 최초로 어린아이의 정신구조 형성에 대한 어머니와 어린아이 사이의 감성적 교감과정의 의미를 제시함과 동시에 유아기 연구의 토대를 세움으로써 중요한 통찰을 공식화하였다(Spitz 1959/1972). 한편 마가렛 말러(Margaret Mahler)는 어린아이에게 개별화와 분리가 복합적 발달과제로 나타나는 인간의 정신적 탄생을 개념화하였다(Mahler 1968/1972; Mahler/Pine/Bergman 1975/1978). 에릭 에릭슨(Erik H. Erikson)은 전 생애에 걸친 발달과정을 정체성의 형성이라는 관점에서 주제화하면서 이에 근거하여 내적 심리과정과 사회적 과정의 상호작용을 부각했다(Erikson 1950/1961).

하인츠 하르트만(1964/1972)과 데이비드 라파포트(David Rapaport; 1942/1977)가 구축한 자아심리학은 결국 지배적인 경향으로 관철되었고, 미국적 정신분석의 주요 흐름을 형성하게 되었다. 라파포트는 프로이트, 하르트만과 에릭슨의 시도를 일반심리학과 연결시키고 학술적 심리학(akademische Psychologie)에 접근하고자 했다. 계속된 자아심리학의 이론형성은 신경생리학, 심리학, 비교행동학의 결실이 연관됨으로써 갈등심리학과 프로이트의 메타심리학적 전제들과는 점점 더 멀어지게 되었다. 프로이트의 메타심리학적 전제들은 고답적일 뿐 아니라 지나치게 물리학과 생물학을 지향하는 것 때문에 거부를 당했다. 임상적 자아심리학은 처음에는 이런 이론적 논쟁에서 거론되지 않았다(K. R. Eisler, Merton Gill 등). 그것은 암시적이고 조작적인 것으로 비판을 받았던 반대파들의 치료과정과 충돌하면서 '고전적' 치료의 실제에 집중적으로 몰두했다. 시간이 경과하자 이제까지 충동이론에 따라 공식화된 병의 형태도 자아심리학적으로 수정되었다.

하인츠 코후트(Heinz Kohut)와 오토 케른베르크(Otto F. Kernberg) 사이에 벌어진 나르시시즘 논쟁도 이런 맥락에서 시작되었다. 코후트는 자아심리학에 대한 비판으로부터 —적응과정보다는 오히려 인격발달에 기초가 되는— 자기의 나르시시즘적 점유가 전면에 등장하는 소위 자기심리학(Selbstpsychologie)을 발전시켰다(Kohut 1971/1973). 코후트가 나르시시즘의 거대한 환상을 '정상적' 발달의 틀 속에서 주제화한 반면에, 케른베르크는 주로 나르시시즘의 병리적 형태를 다루었다(Kernberg 1975/1978). 케른베르크는 정상적일 뿐만 아니라 병리적인 나르시시즘도 대상관계에 근거한다고 강조했는데, 이는 인간 상호관계를 말하는 것이 아니라 멜라니 클라인에 의거하는 자기표상과 대상표상의 상호관계를 의미하고 있었다. 그는 자신의 정신분석적 대상관계이론에서 프로이트의 충동이론을 클라인적인 시도와 말러의 발달심리학과 접목하고자 했다(Kurzweil 1992).

1960년 이후로 미국 정신분석의 위기가 심각하게 논의되면서 이론 및 치료와 관련된 정신분석적 편제들의 다양한 증상과 결점들이 거론되었다(May 1982). 미국정신분석학회(APA)에서의 실습교육과 회원자격에 대한 젊은 의료인들의 관심이 줄어들기 시작했다. 그들은 정신분석의 비과학성에 불만을 토로했고, 치료의 효율성은 기대 밖에 머물렀다. 지원자의 부족을 해소하기 위하여 의료인이 아닌 사람들이 —우선 연구에서 자질을 인정받은 사람들이, 추후에는 다른 관심자들이— 실습교육을 받을 수 있도록 허가되었다. 그럼에도 미국정신분석에서 임상적 치료의 실행은 이후로도 지배적 흐름이었다.

이와는 무관하게 정신분석적 구상이 다른 맥락에서도 계속 구체화되었다. 1970대부터 정신분석적 시도가 —라캉의 독서법으로— 대학의 담론에 지대한 영향력을 발휘한다. 이때 라캉의 수용은 본질적으로 문예학 연구소에서 이뤄진다(Roudinesco 2000/2004). 상호 통합적 젠더담론(Genderdiskurs)은 정신분석 내에서도 이론형성의 움직임을 초래했다. 그래서 이를테면 프로이트의 여성관에 대한 비판은 제시카 벤자민(Jessica Benjamin)과 같은 여성분석가가 차별이론적 '관계의 정신분석'을 정초하게 하였다. 정신분석적 단체 외에서의 프로이트 수용 또한 젠더정체성과 대상선택을 고려하는 주디스 버틀러(Judith Butler)의 수용과 마찬가지로 생산적이었다(Butler 1993/1995). 하지만 1980년대 말과 90년대 초엽에 들어와 이런 긍정적 수용의 다른 편에는 프로이트와 정신분석 전반에 대해 이유 없고 터무니없이 흠집을 내려는 공개적인 "프로이트 때리기(Freud-bashing)"가 일어났다. 이런 흐름은 본원적으로 이른바 "기억치유 운동(recovered Memory-Bewegung)"에서 시작되었고, 어린아이들의 성적 남용에 대한 정신분석의 무차별을 비난함과 동시에 유아기 성의 정신분석적 시도를 공격했다. 그러나 부정적인 징후에도 불구하고 정신분석에 대한 이런 공개적인 공격은 무엇인가 의미심장함을 표명하면서 일찍이 정신분석의 추종자들이 자주 포기했던 비판의 가시를 되살리는 것처럼 보인다.

영국에서의 프로이트 수용

정신분석이 크게 인기를 얻으며 나라 전체로 퍼져 나갔던 미국과는 달리 영국에서 그것은 근본적으로 런던이라는 하나의 중심으로 제한된 상태에 머물러 있었다. 물론 런던에서 정신분석은 이론형성과 임상적 실제와 관련하여 대단한 생산성을 보여 주었다. 국제적 정신분석 운동 내에서 영국 연구소의 높은 명망에 비하면 영국에서는 오히려 그에 대한 인정이 부족한 편이다. — 정신의학이나 심리학 어느 쪽에도 정신분석이 파고들 수 없었다(Dare 1982). 영국학회를 창설한 프로이트의 제자이자 그의 전기를 쓴 어니스트 존스는 정신분석에서 중심적인 인물로 간주된다. 그는 처음에 프로이트의 초기 저작에 감동을 받았고, 이후 취리히에서 칼 융의 강의를 청강했으며, 결국은 산도르 페렌치에게 교육분석을 실시했다. 그는 영국의 경험주의 전통을 지향하면서 언제나 프로이트의 견해에 동조한 것은 아니었지만, 그런 차이에서 살아 있는 학문의 특징을 간파했다(King/Holder 1992). 런던 연구소에서는 존스의 의도에 반해 의사가 아닌 사람들, 예를 들어 프로이트 《전집》[표준판(Standard Edition)] 공동 번역자에 속하는 알릭스 스트레이치(Alix Strachey)와 제임스 스트레이치(James Strachey)가 정신분석의 전문가가 되었다.

런던에서 특별한 관심을 끌었던 것은 성인의 치료에도 영향을 미치고 이론적 관점을 발전시킨 어린아이의 관찰과 치료요법이었다. 안나 프로이트와 멜라니 클라인이라는 선구자적인 두 여성은 특히 정신적 사실과 외적 사실의 의미 평가에서 견해를 달리했다. 클라인이 무의식적 환상을 중시했다면, 안나 프로이트의 경우에 그것은 자아 실행으로서의 방어과정이었다. 유아발달과 회복의 시도에서 나타나는 공격적이고 사디즘적인 표현들의 강조는 클라인적인 정신분석의 특수성이다(King/Steiner 1991/2000; Grosskurth 1987/1993).

하지만 둘 사이의 견해 차이는 미국에서처럼 분열을 일으킨 것이 아니라 생산적인 이론적 논쟁으로 발전했고, 이는 다른 외국의 분석가들에게도 큰 관심을 끌었다. 멜라니 클라인을 중심으로 하는 A그룹과 안나 프로이트를 중심으로 하는 B그룹 외에도 또 하나의 그룹이 형성되었다. 이른바 "독립파(Independents)"가 그것으로, 중심적 인물로는 본래의 프로이트 정신분석에 충실했던 미하엘 발린트(Michael Balint), 로널드 페어베언(Ronald Fairbairn)과 이후에 도널드 위니콧이 있었다. 클라인의 그룹은 라틴아메리카의 정신분석에 커다란 매력을 선사하면서 이론적으로 풍성한 결실을 거두었다. 예컨대 한나 시걸(Hanna Segal)은 클라인의 저작을 보다 넓은 독서층에 전파했으며, 윌프레드 비온(Wilfred Bion)은 무의식적 사고와 단체분석(Gruppenanalyse)에 공헌했다. 요셉 샌들러(Joseph Sandler)는 햄스테드 병원에서의 연구 결과로 B그룹 출신의 저명인사가 되었다. 로널드 페어베언은 "독립파"의 맥락에서 그의 대상관계이론을 전개했다. 페렌치처럼 헝가리 출신으로서 자신의 연구를 계속해 온 발린트는 일차적 나르시시즘의 개념을 비판하고 충동의 대상지향을 강조했다. 이를 통해 그는 어린아이들의 치료에서 정신분석에 대한 중요한 자극을 얻었던 소아과 의사 출신 위니캇의 관념에 근접해 갔다.

런던 연구소에서 가장 가치 있는 것으로 볼 수 있는 학문적 출판 관련 행위는 제임스 스트레이치를 통한 프로이트 저작물 번역의 촉진으로, 그 결과 여러 가지 측면에서 프로이트의 독일어판 《전집(Gesammelte Werke)》을 능가하는 24권의 표준판이 출간되었다. 물론 오래 전부터 이 번역의 개정이 논의된 바 있다. 왜냐하면 예컨대 "충동(Trieb)" 또는 "사후성(Nachträglichkeit)"과 같은 정신분석의 몇 가지 중심적인 개념들이 영어로 오역되었기 때문이다. 그사이에 발굴된 프로이트 원전을 추가하고 잘못된 번역 논란을 수용하는 두 번째 판인 《개정 표준판(Revised Standard Edition)》이 완결을 목전에 두고 있다.

참고문헌

Balint, Michael: Die Urformen der Liebe und die Technik der Psychoanalyse(사랑의 근원형태와 정신분석의 기법). Frankfurt a.M. 1966(영어판 1947).

Benjamin, Jessika: Phantasie und Geschlecht. Psychoanalytische Studien über Idealisierung, Anerkennung und Differenz(환상과 성. 이상화, 인정과 차이에 대한 정신분석적 연구). Frankfurt a.M. 1996(영어판 1993).

Bion, Wilfred R.: Erfahrungen in Gruppen und andere Schriften(단체에서의 경험과 기타 저술). Stuttgart 1971(영어판 1961).

Butler, Judith: Körper von Gewicht(육체의 중요성). Berlin 1995(영어판 1993).

Dare, Christopher: Psychosnalyse in Großbritannien(영국에서의 정신분석). In: Eicke 1982, 542-549쪽.

Eicke, Dieter (Hg.): Tiefenpsychologie Bd. 2(심층심리학 제2권). Weinheim 1982.

Eissler, K.R.: Todestrieb, Ambivalenz, Narzismus(죽음의 충동, 양가성, 나르시시즘). München 1980(영어판 1971).

Erikson, Erik H.: Kindheit und Gesellschaft(유년시절과 사회). Stuttgart 1961(영어판 1950).

Ferenczi Sándor: Schriften zur Psychoanalyse(정신분석을 위한 글들). Hg. von Michael Balint. Frankfurt a.M. 1972.

Freud, Anna: Die Schriften der Anna Freud(안나 프로이트의 글들). Frankfurt a.M. 1987.

Gill, Merton M.: Die Übertragungsanalyse(전이분석). Frankfurt a.M. 1996(영어판 1982).

Grosskurth, Phyllis: Melanie Klein. Ihre Welt, Ihre Werk(멜라니 클라인. 그녀의 세계, 그녀의 작품). Stuttgart 1993(영어판 1987).

Hale, Nathan G.: Freud and die Americans. The Beginnings of Psychoanalysis in the United States 1876-1917(프로이트와 미국인들. 미국에서 정신분석의 시작). New York 1971.

_______: Rise and Crisis of Psychoanalysis in the United States(미국에서 정신분석의 융성과 위기): Freud and die Americans. 1917-1985. Freud and the Americans 1917-1985. New York 1995.

Hartmann, Heinz: Ich-Psychologie. Studien zur psychoanalytischen Theorie(자아심리학. 정신분석이론 연구). Stuttgart 1972(영어판 1964).

Horney, Karen: Neue Wege in der Psychoanalyse(정신분석으로의 새로운 도정). München 1974(영어판 1939).

Jacoby, Russell: Die Verdrängung der Psychoanalyse oder Der Triumph des Konformismus(정신분석의 억압 또는 순응주의의 승리). Frankfurt a.M. 1985(영어판 1983).

Kernberg, Otto F.: Borderline-Störungen und pathologischer Narzißmus(경계선 장애와 병리학적 나르시시즘). Frankfurt a.M. 1978(영어판 1975).

_______: Objektbeziehungen und die Praxis der Psychoanalyse(대상관계와 정신분석의 실제). Stuttgart 1981(영어판 1976).

King, Pearl/Alex Holder: Great-Britain(영국). In: Kutter 1992, 150-172.

King, Pearl/Ricardo Steiner (Hg.): Die Freud/Klein-Kontroversen 1941-1945(프로이트/클라인 논쟁). Stuttgart 2000(영어판 1991).

Klein, Melanie: Gesammelte Schriften(전집). Stuttgart 1995(영어판 1975).

Kohut, Heinz: Narzißmus. Eine Theorie der psychoanalytischen Behandlung narzißtischer Persönlichkeitsstörungen(나르시시즘. 나르시시즘의 성격장애에 대한 정신분석적 치료 이론). Frankfurt a.M. 1973(영어판 1971).

Kris, Ernst: Die Aufdeckung von Kindheitserinnerungen in der Psychoanalyse(정신분석에서 어린 시절의 기억 노출). In: Psyche 31(1977), 732-768(영어판 1956).

Kubie, Lawrence: Psychoanalyse ohne Geheimnis(비밀이 없는 정신분석). Hamburg 1956(영어판 1936).

Kurzweil, Edith: USA(미국). In: Kutter 1992, 186-234.

_______: Freud und die Freudianer. Geschichte und Gegenwart der Psychoanalyse in Deutschland, Frankreich, England, Österreich und den USA(프로이트와 프로이트의 추종자들. 독일, 프랑스, 영국, 오스트리아와 미국에서 정신분석의 역사와 현재). Stuttgart 1993.

Kutter, Peter (Hg.): Psychoanalysis International(국제적 정신분석). Bd. 1. Stuttgart 1992.

Lewin, Bertram: Das Hochgefühl. Zur Psychoanalyse der gehobenen, hypomanischen und manischen Stimmung(고조된 감정. 고조된, 경조병적이고 조병적인 기분의 정신분석에 대하여). Frankfurt a.M. 1982(영어판 1950).

Loewenstein, Rudolpf M.: Das Problem der Deutung(해석의 문제). In: Psyche 22(1968), 187-198(영어판 1951).

Mahler, Margaret: Symbiose und Individuation(공생과 개별화). Stuttgart 1972(영어판 1968).

_______/Fred Pine/Anni Bergman: Die psychische Geburt des Menschen(인간의 심적 탄생). Frankfurt a.M. 1978(영어판 1975).

May, Ulrike: Psychoanalyse in den USA(미국에서의 정신분석). In: Eicke 1982, 482-527쪽.

Putnam, James Jackson: Human Motives(인간적 동기). Boston 1915.

Rapport, David: Gefühl und Erinnerung(감정과 기억). Stuttgart 1977(영어판 1942).

_______/Merton Gill: The Points of View and Assumptions of Metapsychlogy(관점과 메타심리학의 가설들). In: International Journal of Psychoanalysis 40(1959), 153-162.

Roudinesco, Elisabeth/Michel Plon: Wörterbuch der Psychoanalyse(정신분석사전). Wien 2004(불어판 2000).

Segal, Hanna: Wahnvorstellung und künstlerische Kreativität(망상표상과 예술적 창조성).

Stuttgart 1996(영어판 1991).
Spitz, René A.: Eine genetische Feldtheorie der Ichbildung(자아형성의 발생적 분야이론). Frankfurt a.M. 1972(영어판 1959).
Sullivan, Harry Stack: The Interpersonal Theory of Psychiatry(정신의학의 대인관계 이론). New York 1953.
Winnicott, Donald W.: Von der Kinderheilkunde zur Psychoanalyse(정신분석을 위한 어린이 치료술에 관하여). München 1976(영어판 1958).

Ilka Quindeau

4
정신분석의 제도화

100년이 넘는 정신분석 제도화의 역사는 필연적으로 비판적 이념의 확장, 그것의 지속과 동시에 완화를 반영한다. 20세기 전반에 미친 영향과 더불어 프로이트의 정신분석은 이 역사의 산물인 동시에 징후이자 이 역사처럼 간극과 부정으로 각인되어 있었다.

정신분석 운동의 초기 역사

프로이트 초기의 정신분석적 경험들은 단체에서 동료 간의 의견교환으로 심화되지 못했다. 1897년 브로이어와 소원해지고 플리스와 서신교환을 끝낸 뒤에 자기분석의 국면이 찾아왔으며, 그 결과 《꿈의 해석》이 출간되었다. 1902년에야 비로소 이해당사자들의 모임인 "수요심리학회(Psychologische Mittwochsgesellschaft)"가 결성되었다. 이 모임은 1908년 22명의 회원으로 늘어나면서 "빈정신분석학회(Wiener Psychoanalytische Vereinigung)"로 개칭되었다(Jones 1955; Nunberg/Federn 1976-1981; Fallend 1995).

국제화와 분열

외국에도 연구단체들이 결성되었다. 1907년 취리히에 프로이트학회(Jung), 1908년에는 베를린정신분석학회(Abraham), 1911년에는 뉴욕정신분석학회(Brill)와 미국정신분석학회(APsaA: Putnam), 1913년 런던정신분석학회(Jones)와 헝가리정신분석학회(Ferenczi)가 결성되었다. 잠시 해체된 런던학회는 1919년에 영국정신분석학회로 개칭되었다.

국제정신분석학회(IPA)의 창립은 1910년 3월 독일의 뉘른베르크에서 결정되었다. 프로이트가 자신의 후계자로 생각한 칼 융이 초대 회장으로 선출되었는데, 아마도 그의 지명이 초기의 정신분석을 유대인 학문이라는 악평에서 구해 줄 수 있었을 것이다. 오늘날 IPA는 전 세계에 약 11,000명의 회원을 두고 있다. IPA에는 36개국에 66개의 지역학회와 5개 연구단체가 속해 있다. 실습교육은 국제적으로 규정된 최소표준을 따르고 있으나, 국가적으로는 서로 상이한 관례를 고려하고 있다. 국가의 전문단체 내에도 종종 예하단체나 명백히 다른 이론적 방향의 연구소 육성을 통하여 견해의 거대한 다양성이 주어져 있다. IPA의 전문단체와 연구소 외에도 분리 및 분파 운동으로 생겨났지만 철저히 정신분석적 사고의 담지자 및 자격 있는 대변자로 이해되는 여러 정신분석 단체가 존립한다.

IPA가 창설되자마자 잇달아 분열이 발생했다. 1911년 아들러(Adler) 등이 빈정신분석학회를 탈퇴했고, 1912년에는 빌헬름 슈테켈(Wilhelm Stekel)이 [그가 주도한 잡지 《정신분석을 위한 중앙지(Zentralblatt für Psychoanalyse)》와 함께] 탈퇴했다. 1913년에는 프로이트와 그의 기대하던 후계자 칼 융이 서로 갈라섰다. 이로 인해 차후에는 프로이트 이론의 순수함을 지키려는 과제를 앞세운 "비밀위원회(das Geheime Komitee)"가 창설되었다. 회원으로는 프로이트 외에 아브라함, 페렌치, 존스, 랑크, 한스 작스였으며 1919년에는 막스 아이팅곤도 가입했다. 1924년 이 단체를 해체에 이르게 한 페렌치와 랑크의 불화가 있기까지 비밀위원회는 지속적으로 정신분석의 제도적 발전에 영향력을 행사했다. 하지만 그렇다고 정신분석의 계속된 분열이나 지속적 발전을 막을 수는 없었다(Jones 1955/1962; Wittenberger 1988a,b, 1995; Grosskurth 1991; Fallend 1995).

미국에서는 무엇보다 비전문인분석의 문제가 급속도로 성장하는 정신분석 공동체를 분열시켰다. 1938년 APsaA는 실습교육 및 허가문제에 있어서 IPA와는 독립적으로 행동할 것을 선언했다. 1988년 법적 투쟁이 끝난 뒤에야 비로소 IPA 역시 의사가 아닌 사람들의 실습교육을 허가한 미국의 단체들을 인정했다(Wallerstein 1998). 계속된 분열은 뉴욕정신분석학회와 자신의 의지에 반해 APsaA를 탈퇴한 카렌 호나이(Karen Horney) 중심의 신프로이트학파와 관련이 있었다(Rubins 1978). 1942년에는 산도르 라도를 중심으로 한 일군의 분석가들이 뉴욕학회를 탈퇴했지만, APsaA에는 잔류할 수 있었다(같은 곳). 1947년에는 설리번 등이 워싱턴-볼티모어 학회를 떠났다. 이런 분열의 결과로 나중에 뉴욕에 윌리엄 앨런슨 화이트-연구소(William Alanson White-Institut)가 생겼다. 프랑스에서도 마리 보나파르트의 시기 이후로 1953년, 1964년, 1969년에 자크 라캉과 관련된 결실 있는 분열이 일어났다(de Mijolla 1995).

독일과 미국에서 정신분석학회의 분열과 더불어 IPA 외에도 1961년에 정신분석학회의 국제연합(IFPS)과 같은 다른 국제적 연합체가 생겨났다. 이런 와중에 다원적 포럼으로 이해되는 IFPS는 유럽과 미국에서 약 2000명의 회원을 가진 24개의 단체를 영입한다.

최초의 정규적인 정신분석적 실습은 1920년 아이팅곤과 짐멜이 설립한 베를린 폴리클리닉에 의하여 실행되었다. 그곳에서 개발된 실습교육의 지침들은 1925년 바트홈부르크에서 국제적 의무로 선포되었다. 이와 같은 실습의 법제화는 한편으로 이미 처음 몇 년부터 조야한 정신분석의 부실한 실습형태와는 명확히 구별되는 것으로 이해된다. 하지만 그럼에도 법제화의 경직성은 늘 실습과 제도수용 사이의 분규에 대한 비판을 불러일으켰다(Balint 1948; Mannoni 1970/1973; Cremerius 1986).

정신분석적 운동에 내재한 분열의 경향은 배척에 대한 불안감(Brecht 1992), 단체 소속의 계보적인 모형과 정신분석에 전형적인 강렬한 파트너십(Pines 1995) 때문이다. 그러나 이는 특정한 목적, 다시 말해 (주체 내에서 사회적으로 생산된) 무의식의 발견에 도움이 되는 실제를 필연적으로 새로운 무의식을 재생산하는 연합의 형식으로 전달해야만 하는 모순 때문이기도 하다(Dahmer 1982, 1988, 1989 참조; Erdheim 1987 참조). 이런 모순과 여기서 생겨나는 필연적 저항(Cremerius 1982)은 자기분석에 의해 기억되고 극복되어야 하는데, 그렇지 않으면 분리와 분열의 행동이 나타난다. 이 두 가지가 모두 억압될 때, 그것은 예컨대 정신분석의 의료화처럼 문화비판적 잠재력의 손실로 이어지게 된다.

그러나 제도비판의 역사 자체는 정신분석학회들의 반성적 잠재력을 보여 주기도 한다. 분석가들이 자신의 역사에 다가설 때, 그들은 자신의 제도 속에서 상호 간에 인간적인 방어의 힘을 감지할 것이다. 예컨대 제3제국 이후 수십 년 동안 거부를 경험한 독일 정신분석의 고통스러운 분열로 말미암아 오늘날 독일의 정신분석은 역사적 반성의 문화를 맞이하게 되었다(Brecht 외 1985; Lockot 1985, 1994).

출판물과 잡지

정신분석의 초기 저술들은 대부분 빈의 도이티케 출판사 또는 헬러 출판사에서 간행되었다. 프로이트는 1919년에 안톤 폰 프로인트(Anton von Freund)의 넉넉한 기부금 덕분에 국제정신분석 출판사(Internationaler Psychoanalytischer Verlag; IPV)를 차릴 수 있었다. 이는 정신분석과 프로이트 저작의 국제적 유포에 대단한 의미를 지닌 시도였는데, 프로이트의 12권짜리 전집이 이곳에서 출간되었다(1924-1934). 출판사는 정신분석서적들을 수익성과는 상관없이 출간할 수 있는 가능성을 제공했다. 출판사 대표는 "비밀위원회"의 위기가 찾아와 1925년에 사퇴하기 전까지 오토 랑크가 맡았고, 이후에는 슈토르퍼(Storfer)가, 1932년부터는 아들인 마르틴 프로이트가 1938년에 출판사가 강제로 해체되기 전까지 맡았다(Fallend 1995; Hall 1988; Sigmund Freud-Gesellschaft 1995; Freud-Eitingon 2004). 국제정신분석 잡지사(International Psycho-Analytic Press)라는 런던 지부의 창설 역시 이미 1919년에 이루어졌지만, 1922년 존스와 랑크 사이의 긴장이 고조된 이후에 이 잡지사는 독립하게 되었다.

최초의 정신분석 정기간행물로서 《정신분석과 정신병리학 연구 연감(Jahrbuch für Psychoanalytische und Psychopathologische Forschung)》이 1909년에 간행되었다. 간행된 곳은 헬러 출판사였는데, 1914년부터는 도이티케 출판사가 《정신분석 연감(Jahrbuch des Psychoanalyse). 정신분석과 정신병리학 연구 연감의 새로운 연속》(프로이트 발행)이라는 명칭으로 계속 간행했다. 그 이후의 잡지로는 1910년 비스바덴에 국제정신분석학회(IPA)가 창설됨과 아울러 《정신분석을 위한 중앙지. 영혼학을 위한 의학월간지. 국제정신분석통합 기관(das Zentrablatt für Psychoanalyse. Medizinische Monatsschrift für Seelenkunde. Organ der Internationalen Psychoanalytischen Vereinigung)》이 간행되었다. 이 잡지의 발행인은 프로이트였고, 편집인은 알프레드 아들러와 빌헬름 슈테켈이었다. 그러나 잡지의 판권을 소유한 슈테켈이 떠나자 1913년에 《의료적 정신분석을 위한 국제잡지. 국제정신분석통합의 공식기관(Internationale Zeitschrift für ärztliche psychoanalyse Offizielles Organ der Internationalen Psychoanalytischen Vereinigung)》이라는 새로운 명칭의 잡지가 간행되었다. 1912년에는 빈의 헬러 출판사에서 《이마고. 정신분석을 정신과학에 적용하기 위한 잡지(Imago. Zeitschrift für Anwendung der Psychoanalyse auf die Geisteswissenschaft)》가 간행되었고(발행: 프로이트, 편집: 랑크, 작스), 같은 해 뉴욕의 길포드 잡지사에서는 《정신분석 리뷰. 행동과 문화의 이해에 헌신하는 정신분석적 심리학의 미국잡지(The Psychoanalytic Review. An American Journal of Psychoanalytic Psychology Devoted to the Understanding of Behavior and Culture)》가 간행되었다. 이 잡지의 발행은 정신분석을 위한 국가심리학연합(NPAP)으로 되어 있었다. 1920년부터 런던의 발리에르. 틴들 앤 콕스(Baillière, Tindall and Cox) 출판사에서는 《정신분석의 국제 저널(The International Journal of Psychoanalysis. Official Organ of the International Psycho-Analytical Association)》이 간행되기 시작했다. 발행인은 IPA를 대변하는 글로버(Glover)였다.

2005년 3월 ZDB(베를린 국립도서관의 잡지 데이터뱅크)는 '정신분석'과 연관된 제목으로 세계에서 269개의 정기간행물을 입증한 바 있다.

영미권에서는 예컨대 다음과 같은 정기간행물이 간행된다. 《정신분석 계간지(The Psychoanalytic Quarterly)》(1932년부터), 《미국의 이마고(American Imago)》(1932년부터), 《정신분석의 미국 저널(The American Journal of Psychoanalysis)》(1942년부터), 《미국정신분석연합 저널(Journal of the American Psychoanalytic Association)》(1953년부터), 《아동의 정신분석연구(The Psychoanalytic Study of the Child)》(1945년부터), 《정신분석과 동시대의 과학(Psychoanalysis and Contemporary Science)》(1972년부터), 《정신분석과 동시대의

사고(Psychoanalysis and Contemporary Thought)》(1978년부터), 《국제정신분석포럼(International Forum of Psychoanalysis)》(1992년부터).

프랑스에서는 《정신분석의 프랑스 리뷰(Revue Française de Psychanalyse)》(1927년부터), 《정신분석의 새로운 리뷰(Nouvelle Revue de Psychanalyse)》(1970년부터)가 간행된다.

독일에서는 《정신. 정신분석과 그 적용을 위한 잡지(Psyche. Zeitschrift für Psychoanalyse und ihre Anwendungen)》(1947년부터), 《정신분석 연감. 이론과 실제를 위한 기고문(Jahrbuch der Psychoanalyse. Beiträge zur Theorie und Praxis)》(1960년부터), 《정신분석 포럼(Forum der Psychoanalyse)》(1985년부터)이 간행된다.

독일에서의 특수한 발전

1908년 베를린에서는 아브라함을 중심으로 급격히 성장해 가는 정신분석 관련자 모임이 구성되었다. 이 모임은 1910년 IPA가 창설된 이후 국제정신분석 통합체의 베를린 지역단체로서 결성되었고, 1926년에는 독일정신분석학회(DPG)로 개칭되었다. 1920년 막스 아이팅곤은 지속적으로 자금을 출자하여 최초의 정신분석적 폴리클리닉을 열었다. 1926년에는 프랑크푸르트에 남서독 연구공동체(Arbeitsgemeinschaft)가 창설되었고, 이후 1929년에는 프랑크푸르트 정신분석 연구소가 설립되었다. 이 최초의 정신분석 연구소는 프랑크푸르트 사회연구소와의 긴밀한 협동을 통하여 세계적인 의미를 획득하게 되었다.

1933년 나치스가 권력을 장악하자 유대인 정신분석가들은 박해를 받고 추방되었다. 1935년에는 독일정신분석학회(DPG)의 유대인 회원들이 탈퇴를 강요당했다.

오늘날까지 논란이 되고 프로이트도 인정한 것으로 보이며, 대다수 비유대인 정신분석가들이 눈을 감고 묵인한 정치 상황으로 말미암아 1936년 독일 심리연구소와 정신치료연구소가 합병되었고, 그것은 나중에 정신치료를 위한 제국연구소로 바뀌게 되었다. 1938년에는 마침내 DPG가 해체되었고, 정신분석은 M.H. 괴링[7]이 소장이었던 "독일의 영혼치유(Deutsche Seelenheilkunde)" 연구소의 산하 기관인 연구단체 A로 편입되었다. 이곳을 이끄는 사람들은 융과 아들러의 추종자들이었다. 이제 국제적인 정신분석 토론의 기회는 단절되어 버렸고, 단체 내부에서도 힘의 관계가 슐츠 헨케(Schultz-Hencke)의 신정신분석에 유리하게 돌아갔다.

전쟁이 끝난 뒤 제국연구소와 연결하여 새로운 조직형태를 찾으려는 시도들이 있었지만, 무엇보다 1960년 프랑크푸르트 연구소는 막스 호르크하이머(Max Horkheimer)의 지원 덕분에 정신분석 연구 및 실습의 중심지로 재건될 수 있었다. 이곳에서 알렉산더 미처리히가 중요한 역할을 맡았다. 오늘날 프랑크푸르트에 있는 지그문트 프로이트 연구소는 정신분석 연구를 위한 저명한 장소이다.

1945년 이후 제국연구소와 연결하려는 시도는 기존 구성원들 사이에 갈등이 불거지면서 곧 분열로 이어졌다. 국내망명을 선택한 한쪽은 정신분석의 구원자로 자처하면서 슐츠 헨케를 통한 정신분석적 메타심리학과 치료기법의 새로운 분석공식을 발전의 양상으로 보았다. 반면에 다른 쪽은 통합을 강요하는 시대의 지배적인 입장을 비분석적인 것으로 간주하면서 국제적 토론에서 주도적인 입장으로 돌아갈 것을 촉구했다. 이렇게 해서 결국 독일 정신분석은 분열되고 말았다. 새로 창설된 독일정신분석연합(DPV)은 1951년 IPA의 승인을 받았고, 독일정신분석학회(DPG)의 잠정적인 승인도 이루어졌다. 이 과정을 명확히 하고 분열된 전문단체 사이의 토

7) 역주: 헤르만 괴링의 사촌.

론을 다시 가능하게 하기 위해서는 이삼십 년의 치열한 대결과 역사적 보완이 필요했다(Brecht 외 1985; Lockot 1985, 1994). 그러는 사이에 DPG는 다시(부분적으로) IPA에 흡수되었다.

DPV는 이제 독일에서 13개의 교육연구소(Ausbildungsinstitut)를 관장하면서 약 1100명의 회원을 두고 있다. 약 800명의 회원으로 구성된 DPG는 14개의 교육연구소를 운영하고 있다. 전쟁이 끝난 뒤 이른바 "자유 연구소들(die freien Institute)"은 특수한 길을 밟았다. 이 연구소들은 DPG와 DPV의 전문분과들인 융 계열의 독일분석심리학회(DGAP), 아들러 계열의 독일개인심리학회(DGIP)와 새롭게 창립된 몇몇 자유 연구소들에서 1949년에 발족한 연대, 즉 오늘날 의사와 의사가 아닌 정신분석가의 본질적 이익을 대변하는 독일정신의학 및 심층심리학회(DGPT)의 직업 정치적 연대로 조직되어 있다. DGPT는 독일 내에 53개 연구소를 대변하고 있는데, 이 가운데 17개는 자유 연구소이고, 3개는 DGAP의 융 연구소, 6개는 아들러 연구소, 13개는 DPV의 연구소, 14개는 DPG의 연구소들이다. DGPT는 2005년에 2806명의 정식회원과 356명의 특별회원으로 이루어져 있다.

참고문헌

Balint, Michael: Über das Psychoanalytische Ausbildungssystem(정신분석 교육체계에 대하여). In: Ders.: Die Urform der Liebe. Frankfurt a.M. 1981, 307-332쪽(영어판 1948).

Bernfeld, S.: Über die Psychoanalytische Ausbildung(정신분석 교육에 대하여) [1952]. In: Psyche 38(1984), 437-459(영어판 1962).

Brecht, Karen: Paranoid-Schizoide Aspekte im Institutionalisieungsprozeß der Psychoanalyse und seiner Kritik(정신분석의 제도화과정과 그 비판에서의 편집-분열적 양상). In: Wiese 1992, 51-55쪽.

_______ /Volker Friedrich u.a. (Hg.): »Hier geht das Leben auf eine sehr merkwürdige Weise weiter…(여기서 삶은 아주 이상한 방식으로 계속 진행된다…)« Zur Geschichte der

Psychoanalyse in Deutschland. [o.O.] 1985.

Cremerius, Johannes: Die Bedeutung des Dissidenten für die Psychoanalyse[정신분석에 대한 이견자(異見者)의 중요성]. Psyche 36(1982), 481-514쪽.

_______: Spurensicherung. Die ›psycho-analytische Bewegung‹ und das Elend der psychoanalytischen Institution(증거확보. "정신분석 운동"과 정신분석 제도의 비참함). In: Psyche 40(1986), 1063-1091쪽.

_______: Wenn wir Psychoanalytiker Ausbildung organisieren, müssen wir sie psychoanalytisch organisieren!(우리가 정신분석가 교육을 조직화한다면, 우리는 그들을 정신분석적으로 조직화해야만 한다!) In: Psyche 41 (1987), 1067-1096쪽.

Dahmer, Helmut: Libido und Gesellschaft. Studien über Freud und die Freudsche Linke(리비도와 사회. 프로이트와 프로이트 좌파 연구). Frankfurt a.M. 1982.

_______: Psychoanalyse und Organisation(정신분석과 조직화). In: Werkblatt. Zeitschrift für Psychoanalyse und Gesellschaftskritik 16-17 (1988), 7-14쪽.

_______: Psychoanalyse ohne Grenzen(경계가 없는 정신분석). Freiburg i.Br. 1989.

Erdheim, Mario: Das Verenden einer Institution(제도의 죽음). In: Psyche 40 (1986), 1092-1103쪽.

Fallend, Karl: Eine Wissenschaft im Aufschwung. Psychoanalyse 1918-1934(약진 중인 학문. 정신분석) 1918-1934. In: Karl Fallend/W. Kienreich (Hg.): Zur Geschichte der Psychoanalyse. Von ihren Anfängen bis zur Gegenwart. Salzburg 1986, 27-35쪽.

_______: Sonderlinge, Träumer, Sensitive. Psychoanalyse auf dem Weg zur Institution und Profession(기인, 몽상가, 신경과민자, 제도와 직업으로 가는 도정에서의 정신분석). Protokolle der Wiener psychoanalytischen Vereinigung und biographische Studien. Wien 1995.

Fenichel, Otto: Hundertneunzehn Rundbriefe(119개의 회람장)(1934-1945). 2Bde. Mit CD-ROM. Frankfurt a.M. 2002.

Freud, Siegmund/Max Eitingon: Briefwechsel 1906-1939(서신교환 1906-1939). Hg. von Michael Schröter. 2Bde. Tübingen 2004.

Grosskurth, Phyllis: The secret Ring. Freud's Inner Circle and the Politics of Psychoanalysis(비밀의 반지. 프로이트의 측근들과 정신분석의 정치학). Reading 1991.

jacoby, Russell: Die Verdrängung der Psychoanalyse oder Der Triumph des Konformismus(정

신분석의 억압 또는 순응주의의 승리). Frankfurt a.M. 1990.

Jones, Ernst: Das Leben und Werk von Siegmund Freud(지그문트 프로이트의 삶과 작품). Bd. 2: Jahre der Reife 1901-1919. Bern 1962(영어판 1955).

Lockot, Regine: Erinnern und Durcharbeiten. Zur Geschichte der Psychoanalyse und Psychotherapie im Nationalsozialismus(기억과 심화작업. 국가사회주의에서 정신분석과 정신치료의 역사에 대하여). Frankfurt a.M. 1985.

_______: Die Reinigung der Psychoanalyse. Die Deutsche psychoanalytische Gesellschaft im Spiegel von Dokumenten und Zeitzeugen(정신분석의 정화. 문서와 시대의 목격자들을 통해서 본 독일정신분석학회)(1933-1951). Tübingen 1994.

Mannoni, Maud: Der Psychiater, sein Patient und Psychoanalyse(정신병 의사, 그의 환자와 정신분석). Olten 1973(불어판 1970).

Mijolla, Alain de: Die Spaltungen in der psychoanalytischen Bewegung Frankreichs(프랑스 정신분석 운동에서의 분열). In: Ludger M. Hermanns (Hg.): Spaltungen in der Geschichte der Psychoanalyse. Tübingen 1995, 168-191쪽.

Nitzschke, Bernd: »...im Interesse unserer psychoanalytischen Sache in Deutschland.« Die Ausgrenzung Wilhelm Reichs aus der 'internationalen Psychoanalytischen Vereinigung' — Marginalien zu einer Vereinsgeschichte oder Paradigma für den Prozeß der Institutionalisierung der Psychoanalyse unter (politisch) erschwerten Bedingungen?(《독일에서 우리의 정신분석적 업무의 관심에는…》 국제정신분석학회'로부터 빌헬름 라이히의 배척 — 정치적으로 어려운 조건에 있는 정신분석의 제도화 과정에 대한 통합사 또는 패러다임에 대한 주석). In: Wiesse 1992, 76-131쪽.

Nunberg, Hermann/Ernst Federn (Hg.): Protokolle der Wiener Psychoanalytischen Vereinigung(빈정신분석학회 회의록). Bd. 1-IV. Frankfurt a.M. 1976-1981.

Psychoanalytisches Seminar Zürich(정신분석 세미나 취리히)(Hg.): Between the devil and the deep blue sea. Psychoanalyse im Netz(진퇴유곡의 상황에서. 함정에 빠진 정신분석). Freiburg I.Br. 1987.

Rubins, Jack L.: Karen Horney — sanfte Rebellin der Psychoanalyse(카렌 호나이 — 정신분석의 잔잔한 반란). München 1980(영어판 1978).

Siegmund Freud-Gesellschaft(지그문트 프로이트 학회) (Hg.): Internationaler Psychoanalytischer Verlag 1919-1938(국제정신분석 출판사 1919-1938): Ausstellung im Siegmund

Freud-Museum 13.6-15.11.1995. Wien 1995.

Thomson, Nellie L.: Spaltuneg in der psychoanalytischen Bewegung Nordamerikas(북아메리카 정신분석 운동에서의 분열). In: Hermanns, Ludger M. (Hg.). Spaltungen in der Geschichte der Psychoanalyse. Tübingen 1995, 205-218쪽.

Wallerstein Robert R.: The IPA and the American Psychoanaltic Association(국제정신분석연합과 미국정신분석연합): a perspective on the Regional Association Agreement. In: International Journal of Psycho-Analysis 79 (1998), H. 3, 553-64쪽.

Wiesse, Jörg (Hg.): Chaos und Regel. Die Psychoanalyse in ihren Institutionen(혼돈과 규칙. 제도에서의 정신분석). Göttingen 1992, 76-131쪽.

약 어

APsaA: American Psychoanalytic Association(미국정신분석학회)

DGAP: Deutsche Gesellschaft für Analytische Psychologie(독일분석심리학회)

DGIP: Deutsch Gesellschaft für Individualpsychologie(독일개인심리학회)

DGFT: Deutsch Gesellschaft für Psychotherapie und Tiefenpsychologie(독일정신의학 및 심층심리학회)

DPG: Deutsche Psychoanalytische Gesellschaft(독일정신분석학회)

DPV: Deutsche Psychoanalytische Vereinigung(독일정신분석연합)

IFPS: International Federation of Psychoanalytic Societies(정신분석회의 국제연합)

IPA: International Psychoanalytic Association, Internationale Psychoanalytische Vereinigung(국제정신분석연합)

NPAP: National Psychological Association for Psychoanalysis(국가심리학연합)

ZDB: Zeitschriften-Batenbank der Berliner Staatsbibliothek(베를린 국립도서관의 잡지 데이터뱅크)

Andres Hamburger

2. 심리학

역사적 양상

프로이트 시대에 심리학 분야의 형태는 오늘날의 분류와 아주 달랐다. 심리학은 당시에 철학의 한 분과로서 철학으로부터 완전히 분리되지 않았다. 당시에는 실험적 방법을 가지고 주로 기억 및 학습연구를 수행하던 초보적인 경험심리학이 있었다.

프로이트의 《전집(Gesammelte Werke)》 마지막 권 인명색인(전집 18권, 977쪽 이하)에서 거론된 794명의 저자들 가운데 37명은 엄밀한 의미에서 심리학적이라고 말할 수 있는데, 그중에서도 16명은 최소한 내게는 이름이 알려진 인물들이다. 인용된 저자들은 1862년부터[슐라이어마허(Schleiermacher): "심리학", 전집 18권, 1020쪽] 1920년까지[윌리엄 맥두걸(William McDougall): "암시에 대한 노트(A note on Suggestion)," 같은 곳, 1009쪽]의 시간 간격을 가지고 있다. 대부분의 인용은 시간적으로 100년 이전에 나온 것들이다. 그 이유는 프로이트가 꿈 해석에 대한 저술을 위해 문헌을 수집할 때 (오늘날의 의미로는) 학문적으로 가장 앞서 갔기 때문이다. 어쨌든 몇몇 위대한 심리학자 가운데 빌헬름 분트(Wilhelm Wundt)는 29곳, 테오도르 페히너(Theodor Fechner)는

8곳에서 인용된다.

《전집》의 공식 목록에는 프로이트 사후(1952년)에 발간된 1895년의 심리학 구상을 위한 그의 초기 저술들은 거론되지 않는다. 이 초기 저술들을 상세히 연구해 보면 그것이 당시의 신경학 외에 학습 및 기억연구에 관한 경험적 작업, 특히 페히너가 1860년에 발표한 《정신물리학의 요소(Elemente der Psychophysik)》에 집중되어 있음을 알 수 있다. 이는 오늘날의 수용에 적지 않은 의미를 지니는데, 왜냐하면 바로 이 작업들이 최근의 신경심리학과 아주 밀접한 관계를 명확히 입증하고 있기 때문이다(Panksepp 1999; Spitzer 2000; Nersessian/Solms 1999).

프로이트 초기의 이 프로젝트가 약 15년 전까지 그의 과학적 자기오해 때문에 불신을 초래한 뒤, 그것은 당분간 이론적 발전의 최전선에 위치하지 않을 수 없었다. 그것은 특히 메타이론 부분에서 정신분석에도 부지중(不知中)에 또는 뜻하지 않게 매우 강한 영향을 미쳤다. 무엇보다 지각, 기억, 감흥과 특히 정보손실의 심리학과 연관되는 신경세포의 활동성 촉진 및 억제법칙이 이에 속한다(전집 2/3). 프로이트는 신경체계에 대한 아주 현대적인 관점을 예측하면서 투과성을 통하여 차별화되는 상이한 신경세포의 존재를 주장한다. 이는 소위 접촉장벽(Kontaktschranke)에서 발생하는 여러 가지 화학적 과정의 결과인바, 이것이 바로 시냅스(Synapse)의 전조라는 것이다. 자극을 투과시키지 못하거나 가까스로 투과시킨 신경세포들은 기억을 보유하게 되면서 모든 심적 과정에서 이른바 감각신경세포들(Psy-Neuronen)로 변한다. 생물학적으로 감각기관을 통해 주어진 자극 돌출부의 위쪽에서 —근원이 내생적이든 또는 외생적이든— 자극이 침투하거나 과도해지면, 신경세포는 그 자극을 방출함으로써 운동성을 갖는 신경세포가 되려는 과정을 진행시킨다. 이런 조정의 과정에서 감흥이 생겨나면서 다른 것을 지각할 수 있는 내적 변화가 일어난다["외침과 같은 감정 운동의 표출,

혈관신경감응(Gefäßinnervation)"이 일어난다. 증보판, 410쪽 이하]. 대리자들의 점령(Besetzung der Repräsentanzen), 정동의 전치라는 전체논리, 짧게 말해 역동적이고 경제적인 모델은 이처럼 학습을 위한 신경심리학, 페히너의 **정신물리학**에 대한 고려 없이는 생각할 수 없다.

오늘날 프로이트에게 결정적으로 영향을 미친 다른 저자들을 어떤 이유에서인지 그는 인용하고 있지 않다. 이 중 대표적인 인물로 프란츠 폰 브렌타노가 손꼽힌다. 브렌타노(1874)는 모든 영적인 현상이 의식 밖에 있는 대상을 향한다는 지향성(Intentionalität) 이론으로 무의식적 행위이론의 창시자가 되었다. 후일 나르치스 아흐(Narziss Ach; 1905)는 이 이론을 경험적으로 전환하려고 시도했다. 관련대상자를 향한 지향적 세계결합 가능성 또는 불가능성에 대한 전체적인 작업들은 브렌타노의 연구를 바탕으로 하고 있다. 이 작업들 역시 신경심리학적 연구에서 매우 고무적인 상관개념들로 이루어져 있는데, 여기서 타인의 영적인 것에 대한 이해의 문제는 거울신경세포(Spiegelneuron) 연구를 크게 발전시켰다.

이제까지 열거된 프로이트의 우선적인 관심사는 1926년에 발표된 《비전문인분석의 문제(Zur Frage der Laienanalyse)》의 한 단원에서 분명하게 나타난다. 그는 이 논문에서 정신의학의 증상론을 제외하면 의학 커리큘럼이 쓸모없다고 설명한다. 반면에 생물학과 성과학은 미래의 대학에서 역사학이나 종교학, 문예학과 마찬가지로 정신분석 연구에 중요하다는 것이다. 심리학은 어쨌든 다른 글에서 전제조건으로 간주된다. 전반적으로 프로이트는 오히려 일반 심리학에 더 관심이 많았다.

그에게 사유 및 활동영역을 열어 준 것은 응용과학 가운데 무엇보다 치료교육학(Heilpädagogik)이었다. 정신분석 자체와는 별도로 임상심리학이 발전하기 시작하면서 제2차 세계대전 이후에는 오히려 정신분석적 이념이 심리학으로 점점 더 많이 유입되기 시작했다.

통합의 시도

심리학과 정신분석이라는 두 체계를 상호 결합하려는 최초이자 마지막 시도는 1949년 돌러드(Dollard)와 밀러(Miller)에 의한 획기적인 계획에서 이루어졌다. 그들은 오늘날과 달리 당시에는 어느 정도 응집력 있는 것으로 설명되던 정신분석적 지식을 심리학과 동일한 것으로 간주되던 학습이론(Lerntheorie)의 언어로 새롭게 공식화하려고 했다. 여기서 그들은 무엇보다 공식에 있어서 프로이트의 학습모델과 유사한 온건 행동주의자 클라크 헐(Clark L. Hull)의 아주 포괄적인 형식주의를 바탕으로 하고 있었다. 이는 방어기제와 신경증적 갈등 형성에 대한 일종의 현실발생(Aktualgenese)의 문제에서 가장 성공적이었다. 그들에게는 임상적인 정신분석적 지식을 반박하려는 시도가 중요한 것은 아니었다. 그들은 기술(記述)의 차원을 바꿈으로써 대체로 말 없는 미세행동을 분석하고, 나아가 일상적 행위에서뿐만 아니라 치료에서의 전이 및 역전이 현상에 대한 아주 현대적인 관점에 접근했다(Krause 2003). 그러나 이 시도는 이론과 실제에서 계속 성과를 남기지 못했다.

법적인 기본조건들

순수 심리학적 치료의 실용화는 20년이 지난 뒤에야 비로소 관철될 수 있었다. 이론영역에서 보면 헐(Hull), 톨만(Tolman), 모러(Mowrer)의 수정된 행동주의는 한편으로는 분열되고, 다른 한편으로는 ―1950년경 미국의 정신의학과 2000년에 이르기까지 독일의 정신신체의학의 융성기를 보낸 뒤― 오늘날 연구자들의 설문에 따르면 종종 전현대적이고 비과학적으로 이해되기도 하는 정신분석과 마찬가지로 학문적 공동체에서 새로운 개척에 실패했다(Leuzinger-Bohleber 2005). 대학의 학과로서의 심리학은 이로부터 영향을 받지 않았다. 미국에서는 비전문인분석이 금지됨으로써 심리학을 교육하는 연구 분석가들만 존재했다. 이 가운데 한 사람은 바로 자신의 저작으로 놀라운 통합력을 발전시킨 데이비드 라파포트(David Rapaport; 1973)였다.

만일 매우 활발한 학술적 심리학자 단체들이 처음부터 직업적으로 제한을 받지 않았더라면, 정신분석은 단지 미국만이 아니라 다른 나라에서도 더 좋은 결과를 얻었을 것이라고 생각할 수 있다. 독일에서 대학의 학술적 심리학은 정신치료사 규정과 상관없이 정신 치료를 위해 응용된 정신분석을 지속적으로 떠맡아 왔다. 정신분석 단체들이 운영하는 평생교육 연구소에는 의사들이 거의 없다. 법적으로 지정된 허가 조건은 임상심리학에 중점을 둔 심리학에서 학문적으로 인정된 결정을 받는 것이다. 따라서 학술적 심리학은 질병치료 허가에 대한 독점권을 소유하고 있는 셈인데, 왜냐하면 허가 없는 치료행위는 처벌을 받을 수 있기 때문이다. 아동 및 청소년 치료사만은 교육심의를 거쳐 실습과정에 들어갈 수 있다.

대학에서의 정신분석 커리큘럼

정신분석적 지식은 학술적 심리학의 커리큘럼에서 계속 사라져 왔다. 1968년부터는 1955년에 도입된 시험과목인 "심층심리학과 심리지도요법(Tiefenpsychologie und Psychagogik)"이 점차 "임상심리학" 과목으로 바뀌었다. 이는 대부분의 경우에 정신분석의 대상이 사라졌다는 것을 의미하기도 했다. 새로 개설된 임상심리학 강좌들은 주로 행동치료나 대화치료를 연구하는 교수가 맡았다. 이는 그리 놀랄 일이 아닌데, 왜냐하면 교수자격을 가진 심리학적-정신분석적 연구자가 없었기 때문이었다.

문제는 그 이후로 오히려 더 나빠졌다는 점이다. 정신분석 단체들의 수

료생 평균 연령은 무려 40세에 달한다. 1960년대 후반까지 때로는 철학적이고 정신분석적으로 교육받은 심리학자들이 심층심리학의 소재를 가르쳤다. 이 단체들의 요구는 특히 학문적-이론적으로 아주 까다로웠다. 따라서 필수시험 과목인 철학의 동시적인 철폐를 통하여 정신분석적 대상뿐 아니라 방법론[체계적인 내성법(Introspektion)]과 추론(해석학적 행동방식)의 특정한 형식이 심리학과에서 사라져 버렸다. 이와 동시에 보다 넓은 영역에서 인문학과의 연계가 없어지게 되었다(Krause 1987).

정신분석은 현재 몇 가지를 제외하면 대학의 첫 연구 부분에서 많은 이론 가운데 하나로서 다루어진다. 일반적으로 현대 정신분석 내에서 더는 의미가 없거나 논란이 되고 있는 메타심리학의 개념들이 소개되고 있다. 새로운 발전 양상은 보고되는 바 없다.

정신분석의 조직과 교육

2003년 인터넷에는 독일어권 대학의 정신분석 조직 가운데 36개 연구소가 문을 열었다(http://www.rzuser.uni-heidelberg.de/~iy0/links/uni.htm). 여기서 6개 연구소는 엄밀한 의미에서 의과대학 소속이 아닌 심리학과의 교수직으로 지정되어 있었다. 다른 연구소들은 의과대학의 정신신체의학 및 정신치료를 위한 교수직 또는 아주 드물게 임상심리학을 위한 교수직으로 지정되어 있었다. 그러나 2005년 8월에는 36개 연구소 가운데 25개가 남아 있었지만, 심리학과의 교수직은 2개나 더 늘어 있었다. 정말 아픔을 견뎌야 하는 사람들은 정신의학과 강제로 합병된 정신신체의학 및 정신치료 또는 완전히 철폐된 의료심리학을 담당하던 아주 저명한 교수들이었다. 일반적인 신경심리학은 물론 정신분석적 이론과는 아무 문제가 없으며, 그 반대로 많은 영역에서 유사한 것으로 설명되고 있다(Kandel 1996; LeDoux

1999; Damasio 1997).

통합적 일반심리학의 과학적 이론은 정신분석의 실제에서 더는 인식될 수 없다. 해밀턴(Hamilton)은 대도시 런던과 로스앤젤레스에 거주하는 65명의 정신분석적 실행자들과의 구체적인 인터뷰에서 통계적인 방법, 즉 인자분석적으로(faktorenanalytisch) 5개의 상이한 그룹들을 찾아냈다. 그것은 바로 자기심리학자, 고전적 프로이트학파, 대상관계이론가, 클라인학파 그리고 최근에 대두된 결합적 이론가 그룹이다. 독일에서는 부분적으로 미국적 특징을 지닌 대상관계이론가들과 비교될 수 있는 상호작용적 정신분석가들과 같은 자체 발전이 일어나고 있다.

그 밖에도 특히 고인이 된 라캉을 중심으로 프랑스적인 특징을 지니게 된 해석학적 방향의 그룹이 존재한다. 그들은 독일뿐 아니라 다른 나라들에도 유사한 발전에 영향을 미쳤다. 최근 수년 동안 그룹 사이의 상호인식 및 인용이 크게 줄어들어서 상이한 그룹 간에 내적인 차이가 너무 크게 벌어지게 되었다. 이에 따라 메타이론 분야에서는 선호하는 학문적 이론과 공통성이 별로 없는 이질적 그룹이 오히려 주도적인 역할을 담당하기도 한다. 서로 다른 그룹들은 그들이 선호하는 학문적 파트너와 연계하여 작업하기도 한다. 해석학자, 문예학 및 인문학, 대상관계이론가, 감정심리학 및 사회심리학자, 결합분석가, 관계연구 및 다른 학문적 지식영역(최근 들어 기억연구와 신경심리학이 이에 속한다)에 중점을 두는 발달심리학 그룹은 모든 분야에 걸쳐 영향력을 행사해 왔다. 정신분석적 메타이론 구성요소의 가설을 검증하기 위한 직접적인 학문적 연구 프로그램은 좀처럼 보기 힘들다. 이 프로그램은 검증되기에는 정밀하지 못한 경우가 많았다. 처음에 그것은 관계연구와 상호작용연구에서 시도되었고, 최근에는 신경심리학에서 시도되었다. 일반적으로 메타이론에서 유래하는 정신분석적 가설의 검증은 학술적 심리학의 기존 지식체계에서 새로운 규정을 요구한다.

정신분석이라는 자체로 완성되고 일관성 있는 학문적 이론이 존재할지도 모른다는 믿음은 늘 자기오해였다. 정신분석은 치료의 시각에서 모든 주요 학문의 현존하는 지식을 통합하려고 시도하는 데 어느 정도 성공한 이론이었고 현재도 그러하다. 정신분석의 특별한 점은 바로 통합을 시도하려는 그 시각이다. 이 이론은 다른 학문적 이론과 마찬가지로 정말로 새로운 인식이 나타난다면 스스로 변화되어야 한다. 그것은 물론 제한적으로 발생한다. 앙드레 에이날(André Haynal; 1994)과 더불어 나는 —다른 위대하고 논리 정연해 보이는 이론체계처럼— 인간에 대한 자체의 이론으로서 정신분석도 작은 집단들 밖에서는 생존 가능성이 없을 것이라고 생각한다.

전체적으로 보아 정신분석은 적어도 유입된 것만큼이나 많은 지식을 인접 분야에 유포했다고 할 수 있을 것이다. 그렇기 때문에 많은 발달심리학적 문제제기가 정신분석가들에 의하여 이루어졌다. 지금 내게 떠오르는 사람들은 볼비(Bowlby), 스피츠(Spitz), 에인스워스(Ainsworth), 스턴(Stern) 등이다. 자이피게 크렌케(Seiffge-Krenke; 1994)가 이에 대해 조망하고 있다. 종종 외부에서 지식이 유입되면 부끄러워서 입을 다물었다. 해석학의 의미에 대한 이론적 토론은 전체로서의 이론에 유효한 것이 아니라 치료행위의 이해에 유효한 것이다(Haynal 1994).

현재의 정신분석 연구기관

정신분석 연구소에서 지식의 이식에 관한 한 독일어권 임상심리학에는 앞서 언급한 4명의 대변자가 존재한다. 정신분석의 대학부설 이동병원은 30개의 행동치료를 위한 병원 가운데 2개에 불과하다. 첨언하자면 대학교수 자격을 획득한 후진이 거의 없기 때문에 우리는 임상심리학에서 이 지식의 고갈을 염려하지 않을 수 없다. 이를 방지하려는 정신분석 연구자 연맹이 있다(http://www.uni.-koeln.de/phil-fak/psych/klin/ikpp/projekt). 그간 정신분석 단체들은 학술적 연구지원자를 후원하려는 그 어떤 노력도 인식시키지 않았다. 이와는 반대로 대학 연구자의 진로는 제도적으로 막혀 있다. 이와 같은 상황은 조만간 변화될 것이다. 현상광고를 통해 연구보조금이 지급되고 있고, 실습생을 위한 "서머스쿨"이 운영되고 있으며, 연구 프로젝트가 활성화되고 있다.

대학에서 학생들은 정신분석 강좌를 수강할 기회가 별로 없는 실정이다. 있다 해도 그것은 정신분석의 사변적 관념에 대한 보고에 불과하다(Krause 1987). 어쩌면 그들 중 대다수는 어떤 자기질병의 경우에도 아무런 정신분석적 처리도 시도하지 못할지 모른다(Leuzinger-Bohleber 2005).

영어권에는 정신분석에 우호적인 41개 연구소가 설립되었다. 이 중에 첨단연구소는 없지만 네 곳은 핵심적 기능을 가진 훌륭한 연구소로 알려져 있다(http://www.umdmj.edu/psyevnts/psa.Schools.html).

일찍이 정신의학의 전체 영역에 대하여 문체 및 언어를 구성하던 정신분석의 질병이론은 방대한 진단 매뉴얼의 개발로 인하여 의미를 상실했다(Wittchen/Saß 외 1989). 반면에 더 좁은 의미로 정신역동적이고 갈등을 근거로 하는 질병표상(Krankheitsvorstellung)의 분야는 정신의학적으로 심리적 일상진단에서 제외됨으로써 오히려 첨예화되고 정확해졌다(노동단체 OPD 1996). 행동치료 심리학에서는 정신분석적 지식의 몇 가지 진수를 발견할 수 있다. 무의식적 계획들, 예컨대 반복강요와 전이, 반항과 저항으로서의 부적응 도식이 이에 속한다(Grawe 1998). 미결로 남아 있는 것은 역전이를 포함하는 관계형성의 체계적 이론이다(Krause 1999). 물론 그것은 연구 중에 있다(Grawe 2004).

미래의 전망

발전의 역동성은 인지행동치료(kognitive Verhaltenstherapie)로 넘어갔다. 물론 인지행동치료는 본질적 영역을 넘어서서는 아직 어떤 발언도 하지 못한다. 예를 들어 한편으로는 단지 동일성의 과정과 그 정당성만이 인격발전의, 다른 한편으로는 치료의 구성요소로 거론되거나 양심의 형성과 증상발전의 기반으로 거론된다. 정신분석적 측면에서 볼 때 그것은 전통적으로 정신분석적 질병이론에서 일상이론의 형태로 다루어졌던 학습과정을 체계화하게 되는 것을 의미할 수밖에 없다. 여기서 여전히 수용해야 할 지식의 풍족함이 입증된다. 신경심리학 및 일반심리학적 소견, 예컨대 감정조사의 중요성에 대한 연구는 질병이론의 계속된 재검증 작업을 요구한다. 이 경우에도 정신분석은 많은 현대적 심리이론들보다 더 많은 파급력을 지니고 있다. 그라베, 도나티(Donati)와 베르나우어(Bernauer; 1994)는 정신분석적 치료가 학문적으로 기초는 튼튼하지만 영향력이 미진한 이유가 경직된 실제적 교육구조 때문이라고 확언한다.

경험적으로 입증된 심리치료 기법으로서의 정신분석이란 순수한 형태로는 존재하지 않는다. 물론 법적인 의료보험은 정신분석적 정신치료 외에도 심층심리학에 기초한 5개의 방법들을 구분하고 있다. 그라베 등(1994)의 작업을 통하여 창출된 상당한 충격에 따라 적어도 심층심리학에 기초한 기법들은 경험적 엘크테스트(der empirische Elchtest)에 성공했다. 현재 법적 구속력을 지닌 경험적 기준에 의거할 때 그 효력의 증거는 국제적 분류에 따른 질병 제10번의 12개 지시영역 가운데 5개 영역에서뿐만 아니라 11개 영역에도 나타난다(Leichsenring 2001, 2002; Branl 외 2004).

현재 심리학과 정신분석의 관계는 정신분석 연구소들이 대학과의 연관성 상실로 말미암아 순수 실습장소가 되어 버린 현재의 상황에서 잘 나타난다. 이는 결과적으로 다른 치료형태뿐 아니라 인접학문과의 충돌로 인하여 충분한 혼융과 신생의 결핍을 초래했다. 이런 상태는 지속적으로 유지될 수 없고 단호히 종결되어야 할 것이다. 이는 한편으로 교육연구소 내에서 연구풍토의 개선을 통하여 이루어질 수 있고, 다른 한편으로는 대학의 조직들에서 정신분석의 진수를 재획득함으로써 가능해질 수 있다.

대학에서 정신분석의 진수를 다시 찾는 일은 어려워 보인다. 위르겐 마르그라프(Jürgen Margraf; 1994)의 설문조사에 따르면 임상심리학 연구소들에서 27개가 넘는 상담소 가운데 3개 상담소만이 정신분석적 체제를 갖고 있어서 임상심리학의 후원 내지 보호 아래 정신분석적 실습이 빠른 시간 내에 이루어지는 것은 생각하기 어렵거나 불가능한 상태에 있다. 이에 따라 대학 내에서 신뢰를 얻게 된 평생교육 연구소들은 한 곳을 제외하고는 모두 행동치료를 지향한다.

빈곤한 주들에서는 어떤 식으로든 분명히 국가적 평생교육에 재정 부담을 고려할 수 없을 것이고, 엄격한 정원제한 학과인 심리학과가 어떤 이론도 외부로 유출해서는 안 되기 때문에 우리는 단기적으로 학문과의 결합을 포기하는 방향의 반쯤 국가적인 평생교육에 의존하고 있다.

정신분석의 "노하우" 및 지식의 계승과 신생은 현재 여러 사회학적 분석에서 입증된 바와 같이 학문적이고 이론적인 세미나, 예술대학 및 행정대학의 혼합으로 나타난다(Kernberg 1986). 아마도 모든 정신치료 추후교육은 어느 정도는 이런 종류의 내부편제를 보여 줄 수밖에 없을 것이다. 행동치료가들 역시 그들 스스로가 생각하는 것보다 훨씬 더 목적론적이다. 나 역시 실습참가자들에게 그들이 실습하면서 그들의 환자들과 더불어 어떤 목적을 추구할 것인지 선택하도록 해야 한다고 생각한다. 그렇다면 물론 그것이 수요자보호를 위하여 어떤 목적이고, 그 목적이 방법적으로 성공할 수 있는지 또한 명백해져야만 할 것이다.

참고문헌

Ach, Narziss Kaspar: Über die Willenstätigkeit und das Denken(의지행동성과 사고에 관하여): Eine experimentelle Untersuchung mit einem Anhang: Über das Hipp'sche Chronoskop. Göttingen 1905.

OPDArbeitsgruppe: Operationalisierte Psychodynamische Diagnostik(작동화된 정신역동적 진단학). Grundlagen und Manual. Bern 1996.

Brandl, Yvonne/Georg Bruns 외: Psychoanalytische Therapie(정신분석적 치료). Stellungnahme für den Wissenschaftlichen Beirat Psychotherapie. In: Forum der Psychoanalyse 20(2004), 13-125쪽.

Brentano, Franz: Psychologie vom empirischen Standpunkt(경험적 관점의 심리학) [1874]. Hamburg 1955.

Damasio, Antonino R.: Descartes Irrtum(데카르트의 오류). Fühlen, Denken und das menschliche Gehirn. München/Leipzig 1997.

Dollard, John/Neal Miller: Personality and Psychotherapy(개성과 정신치료): Analysis in terms of Learning, Thinking and Culture. New York 1950.

Fechner, Gustav Theodor: Elemente der Psychophysik(정신물리학의 요소). Leipzig 1860.

Grawe, Klaus: Psychotherapieforschung zu Beginn der neunziger Jahre(90년대 초의 정신치료 연구). In: Psychologische Rundschau 43 (1992), 132-161쪽.

_______: Neuropsychotherapie(신경정신치료). Göttingen 2004.

_______/Ruth Donati/Friederike Bernauer: Psychotherapie im Wandel(변화 중인 정신치료)—von der Konfession zur Profession. Göttingen/Bern 1994.

Gray, Paul: The Assault on Freud(프로이트에 대한 비난). In: Time, November 1993, 29, 37-47쪽.

Haynal, André: Psychoanalytische Erkenntnis(정신분석적인 인식). Stuttgart 1994.

Kächele, Horst/Rainer Richter: Germany and Austria(독일과 오스트리아). In: Stefan de Schill/Serge Lebovicl (Hg.): The Challenge of Psychoanalsis and Psychotherapy. London/Philadelphia 1999, 48-63쪽.

Kandel, Eric R.: Neurowissenschaften(신경과학). Heidelberg 1996.

Kernberg, Otto: Institutional Problems of Psychoanalytic Education(정신분석 교육의 제도적 문제). In: Journal of American psychoanalytic Association 34(1986), 799-834쪽.

_______: Der gegenwärtige Stand der Psychoanalyse(정신분석의 현재 상황). In: Psyche 48(1994), 483-508쪽.

Krause, Rainer: Psychologie und Psychoanalyse(심리학과 정신분석). In: Zeitschrift für Klinische Psychologie 16(1987), 2-10쪽.

_______: Allgemeine psychoanalytische Krankheitslehre —Band 1.(일반 정신분석적 병리 제1권): Grundlagen. Stuttgart 1997.

_______: Allgemeine psychoanalytische Krankheitslehre —Band 2.(일반 정신분석적 병리 제2권): Modelle. Stuttgart 1998.

_______: Rez. von Grawe(그라베 재인용), Klaus(1998): Psychologische Therapie(심리요법). Göttingen: Hogrefe. In: Der Psychotherapeut(1999), 198-200쪽.

_______: Störungen der Emotionalität(정서장애). In: Jürgen H. Otto/Hans A. Euler/Heinz Mandl(Hrsg.): Emotionspsychologie. Weinheim 2000, 545-555쪽.

Leichsenring, Falk: Comparative Effects of short-term Psychodynamic Psychotherapy and Cognitive Behavioral Therapy in Depression(우울증에서 단기간의 정신역동적 정신치료와 인지행동치료의 비교 효과). A Meta-analytic Approch. In: Clinical Psychology Review 21(2001), 401-419쪽.

_______: Zur Wirksamkeit psychodynamischer Therapie. Ein Überblick unter Berücksichtigung von Kriterien der Evidencebased Medicine(정신역동적 치료 효과에 대하여. 증거중심의학의 기준을 고려한 조망). In: Zeitschrift für Psychosomatische Medizin und Psychotherapie 48(2002), 139-162쪽.

LeDoux, Joseph: Psychoanalytic Theory: Clues from the Brain: Commentary(정신분석이론: 두뇌로부터의 단서들: 논평). In: Neuro-Psychoanalysis —An Interdisciplinary Journal for Psychoanalysis and the Neurosciences 44(1999), 44-49쪽.

Leuzinger-Bohleber, Marianne: Developing Psychoanalytic Practice and Trainning(정신분석적 실제와 훈련의 개발). Vortrag in Rio de Janeiro 2005.

Margraf, Jürgen: Mitteilungen der Fachgruppe Klinische Psychologie(임상심리학 분과의 보고). In: Zeitschrift für Klinische Psychologie 23(1994), 324-333쪽.

Murray, Henry A.: Psychology and the University(심리학과 대학). In: Edwin S. Shneidman (Hg.): Endeavers in Psychology. Selections from the Psychology of Henny A. Murray. Neuaufl. New York 1988, 337-351쪽.

Nersessian, Edwin/Mark Solms: Concluding Remarks(결론). In: Neuro-Psychoanalysis —An Interdisciplinary Journal for Psychoanalysis and the Neurosciences 1.1(1999), 91-96쪽.

Panksepp, Jaak: Emotions as Viewed by Psychoanalysis and Neuroscience: An Exercise in Consilience(정신분석과 신경과학에 의해 조망된 감정: 통섭에서의 학습). In: Neuro-Psychoanalysis —An Interdisciplinary Journal for Psychoanalysis and the Neurosciences 1.1(1999), 15-39쪽.

Rapaport, David: Die Struktur der psychoanalytischen Theorie. Versuch einer Systematik(정신분석적 이론의 구조. 체계에 대한 시도). Stuttgart 1973.

Seiffge-Krenke, Inge: Psychoanalytische Entwicklungspsychologie. Vortrag auf dem Kongreß der Deutschen Gesellschaft für Psychologie(정신분석적 발달심리학. 심리학에 대한 독일사회회합에서의 강연). Hamburg 1994.

Spitzer, Manfred: Geist im Netz. Modelle für Lernen, Denken und Handeln(그물조직 속의 정신. 학습, 사유와 행위에 대한 모델). Heidelberg/Berlin 2000.

Wallerstein, Robert S.: Psychoanalysis and Academic Psychiatry-Bridges(정신분석과 학술적 정신의학-가교). In: The Psychoanalytic Study of Child, 35(1980), 419-448쪽.

Wittchen, Hans-Ullrich/Henning Saß 외: Diagnostisches und Statistisches manual Psychischer Störungen(정신장애의 진단학적이고 통계학적인 매뉴얼). DSM-111-R. Weinheim 1989.

Reiner Krause

3. 문화학

이미 일찍이 프로이트는 무의식이 개인의 차원일 뿐만 아니라 집단적, 문화적이며 사회적인 과정들 또는 예술작품과 관련된다는 것을 인식했다. 무의식이 역사를 조종하는 힘의 일부라는 것이다. 프로이트는 1900년 직후에 정신분석의 효력범위를 원시시대로까지 연장했으며(《토템과 터부》, 1912/13), 인종정신분석, 정신분석적 문화이론, 정신역사학을 위한 토대와 사회과학에서 정신분석의 적용을 위한 토대를 세웠다.

수백 년 전부터 무의식에 대한 원형적인 정신분석 지식이 존재한다. 엘렌베르거(Henry F. Ellenberger)는 그의 고전적인 저서 《무의식의 발견(Die Entdeckung des Unbewußten)》에서 이에 관해 서술한 바 있다. 18세기 말부터 철학과 심리학, 인류학, 미학에서 무의식의 범주가 거론되기 시작한다. 그것은 역사적 필연이었는데, 왜냐하면 데카르트에서 칸트에 이르는 계몽의 철학이 바로 의식철학으로서 변화를 맞이하고 있었기 때문이다. 낭만주의 이래로 부인할 수 없는 것은 무의식이 자기 확신의 정신에 편입하기 위해 우리가 점령해야만 하는 미지의 대륙 같은 것이 아니라는 사실이었다. 무의식은 식민화될 수 없다. 이것은 프로이트의 경우에도 결코 완전히 관철되지 않았던 통찰이다. 그에게도 무의식은 의식화의 비판에 놓이지 않을 수 없는 대상이다. 그러나 동시에 프로이트는 어떻게 해도 무의식의 힘이 파괴될 수 없다는 것을 통찰한다. 자아나 문화의 성숙이 얼마만큼 무의식을 인정하는가에 달려 있다.

1784년에 최면 치료를 고안한 프란츠 안톤 메스머(Franz Anton Mesmer 1734-1817)와 드 퓌세귀르(A .M. J. de Puységur 1751-1825)는 무의식의 질적 상태를 예증하는 담론을 시작한다. 더욱이 낭만주의 문학(L. 티크, 노발리스, 장 파울, 아르님, E. T. A. 호프만 등)에서와 마찬가지로 낭만주의 철학과 과학(셸링, G. H. 슈베르트, C. A. F. 클루게, C. A. 에센마이어, D. G. 키저 등)에서 무의식의 범주적인 자율성과 그 메커니즘이 입증되었다.

엘렌베르거가 내세운 무의식의 심리학을 대변하는 네 명의 선구자(피에르 자네, 칼 융, 프로이트와 아들러)는 이런 배경 없이는 생각할 수 없다. 종종 그렇듯이 여기서도 학문적 담론은 앞서 구성된 패러다임의 지식문화에 근거한다. 하지만 오늘날까지도 무의식과 그에 대한 담론은 비이성적인 것을 촉발한다는 악평에 시달린다. 그러나 실상은 정반대이다. 무의식의 인정이 아니라 차단과 배척이 오히려 비합리적인 것을 만들어 낸다. 프로이트는 이런 인식을 문화분석적인 글들, 특히 《문화적 성도덕과 현대인의 신경증(Die kulturelle Sexualmora und die moderne Nervosität)》에서 피력했다. 무엇보다 제1차 세계대전에서 문명파괴의 인상은 그에게 지울 수 없는 것이었다[《전쟁과 죽음에 대한 시대적 고찰(Zeitgemäßes über Krieg und Tod)》, 1915]. 무의식은 그것이 문명적 형태로 이식되지 않으면 고도로 발전된 문화를 야만스럽게 만들 힘이다.

프로이트는 마지막까지도 무의식은 문화를 발전시킨 원시시대의 억압의 결과라고 주장했다(《토템과 터부》, 1908; 《환영의 미래》, 1927; 《문화 속의 불쾌감》, 1939; 《인간 모세와 유일신교》, 1939).

이에 대해 오이디푸스 콤플렉스는 고전적인 예이다. 프로이트의 경우에 소포클레스의 《오이디푸스 왕》 비극은 흡사 무의식적 욕망과 문화적 터부 사이의 영원한 갈등을 감추고 있는 가면처럼 되어 버린다. 이는 프로이트에게 빈에 사는 시민의 아들에게서 또는 한 종족문화에서와 마찬가지로 그리스 테베에서 일어나는 충동-갈등이다. 이것을 가지고 프로이트는 비역사적 보편화를 추진해 나갔다. 하지만 1900년경 빈 사회의 환자들이 지닌 무의식적 갈등을 신비로운 고대적 형식에서 재인식하는 일은 단순히 계획적인 상호관계의 접속만은 아니다. 그렇게 함으로써 고대의 모형이 동시대적 주체의 내면에서 멈춰 서고 시간의 흐름에서 벗어날 수 있다는 엄청난 대가를 요구하는 통찰이 성립된다. 프로이트는 개체 내에서 행동과 대상선택 및 자기이해에 지배적인 영향력을 미칠 수 있는 이 비연대기적 구조를 "내적인 외국(innere Ausland)"이라는 비유를 가지고 입증한다. 이로부터 자아의 일반법칙이 결정된다. 그것은 친밀성과 이질성, 무의식과 의식, 꿈과 깨어 있음, 욕구와 도덕적 통제의 질적 결렬, 그러나 특히 주체 자체 내에서 시간형식들의 질적인 결렬을 파악한다. 검열을 회피하는 강력한 충동조직은 반복의 법칙에 귀를 기울인다. 요컨대 그것은 시간상으로 멈춰 섰지만 그럼에도 활동하고 있는 마치 신비로워 보이는 모형과도 같은 것이다. 이와 동시에 의식적인 자아의 활동은 역사적 시간과 박자를 맞추면서 바로 이 모형과 더불어 변화된다. 레비스트로스의 후기 구조주의와 그의 후예들에게도 중심이 되는 구조와 역사의 이런 불안정한 관계는 적절하게 규정하자면 정신분석뿐만 아니라 문화체계이론에도 대단히 중요한 의미를 지닌다.

프로이트가 인종학, 이집트 고고학, 종교학에서 기초를 확립하려고 했으면서도 오이디푸스 콤플렉스를 유럽 밖이나 원시시대의 상황으로 확장하려는 많은 시도는 역사연구의 불확실성 때문에 입증되지 못했다. 프로이트가 친부살해에 기초한 문화생성의 이론을 도입했던 토테미즘은 이미 그의 시대에 인종학자들이 보편적 문화모형으로 동일시했지만 실은 과장된 패러다임이었다. 레비스트로스가 《토테미즘의 종말(Das Ende des Totemismus)》에서 재해석한 바로 이 잘못된 보편성 덕분에 프로이트는 오이디푸스 콤플렉스를 문화의 기본적 구조로 일반화할 수 있었다. 이와 유사하게 프로이트는 영민하지만 오이디푸스 콤플렉스의 무리한 적용과 그것에 내재한 죄의 역동성으로부터 이집트와 유대인들의 교차공간에서 유일신교의 기원을 얻어 냈다(《인간 모세와 유일신교》, 1939).

종종 진부한 표명에도 불구하고 프로이트의 문화사적 시도는 생산적이다. 그의 뒤를 이어 여러 사람이 이를 연구하고 있다. 19세기의 종교비판에서 —예컨대 포이어바흐나 마르크스에게서— 제기된 가설에 의하면 종교적이고 신화적인 권력은 지배의 안정화라는 이해관계에 따르는 집단적 투사(kollektive Projektion)로부터 발생했다. 이에 대해 프로이트는 종교의 중요한 차원을 보완하고 있는데, 종교의 존속능력은 무의식적 기능 덕분이라는 것이다. 최초의 상황은 투사, 내사, 동일화와 다른 방어기제들에 의하여 본래의 모습을 상실한다. 그러면 이 상황의 일반화된 표현이 바로 역사적 변화에 맞서 문화적 공동체를 결속하는 동시에 유지한다. 프로이트가 종교적 근원의 이야기 또는 인종의 관습을 영적 갈등이나 조정의 과정으로 분석한다면, 그의 직관은 문화사적 연구에 대해 올바른 방향을 제시하고 있다.

프로이트는 여기서 자신이 구체적 역사기술을 행한 것이 아니라 역사적 전거를 해석했음(interpretierte)을 명백히 밝혔다. 이것이 칼 융(1875-1961)과 다른 점이다. 프로이트와 결별한 뒤에 융은 원형들의 초시간적 문서실이 상징적 형태의 다양함에 기초한다고 주장했다. 원형들은 문화적 실제의 조종코드를 의미한다. 융이 개인과 문화적 통합의 갈등을 조정하는 초시간적 상징들을 해독했다고 한다면, 이에 반해 프로이트는 상징적 형태로 표현된 문화에 대한 기본적인 갈등을 재구성하려고 했다. 그러나 다른 한편으로 프로이트는 예컨대 오토 랑크와 같은 후계자와도 차별화된다. 랑크의 저서 《전설과 문학에서 근친상간 모티브(Das Inzest-Motiv in Sage und Dichtung)》(1912/1926)는 근친상간 모티브에 대하여 문화적으로나 역사적으로 무관심한 내용을 보여 주고 있기 때문이다. 이미 1910년대에 들어서면서 문화 분야에서 정신분석적 특징을 축적하고 있던 ―전후 관계로 볼 때― 많은 연구가 정신분석적 운동에 나타났으며 그 경향은 비역사적이었다. 이 때문에 프로이트는 더욱 경각심을 높였다. 그는 정신분석이 계획화될 수 있다는 것을 알았다. 이를 프로이트는 유일신론 자체를 끌어올 때 경험했다. 프로이트가 쓴 유대교의 근원에 관한 이야기는 부지중에 자기 민족과 그의 대결이 되어 버렸다(Yerushalmi 1991/1992).

프로이트는 인종학, 종교학, 문화 분석에 대하여 다시는 결코 도달할 수 없는 정신분석의 개방성을 보여 준다. 프로이트의 이런 영향은 정신분석이 나중에 개인과 가족이라는 개인의 가장 밀접한 영역으로 환원되었음에도 결코 사라진 것이 아니었다. 오늘날 예컨대 클라우스 하인리히(Klaus Heinrich)의 저서 《오이디푸스 연구. 종교학에서 억압의 개념(Arbeiten mit Ödipus. Begriff der Verdrängung in der Religionswissenschaft)》은 종교학이 오이디푸스 신드롬과 얼마나 깊숙이 연관될 수 있는지를 잘 보여 준다. 그런가 하면 프로이트의 오이디푸스 연구가 얼마나 창조적일 수 있는지를 질 들뢰즈(Gilles Deleuze)와 펠릭스 가타리(Félix Guattari)의 글에서 읽어 볼 수 있다. 그들의 공저인 《안티 오이디푸스(Anti-Ödipus)》(1972/1977)는 오이디푸스의 법칙에서 해방되고자 하는 젊은 세대에게 필독서가 되었다. 《안티 오이디푸스》는 클라우스 테베라이트(Claus Theweleit)의 저서《남성들의 환상(Männerphantasien)》(1977/78)의 배경을 이룬다. 이 책에서 테베라이트는 오이디푸스적인 숙명을 —어떤 시대에서든 남성적 폭력체제를 위한 무의식적 바탕이 되는— 오이디푸스적인 집단 황홀경에 대한 장기적 원인으로 설득력 있게 기술했다. 이에 반해 인종심리학은 조르주 데버루에게서 이론적이고 실제적인 완성에 도달했다[《행동과학에서 불안과 방법(Angst und Methode in den Verhaltenswissenschaft)》, 1967/1984; 《인종심리학》, 1972/1978]. 데버루는 신화연구의 비교 정신분석[《바우보. 신비로운 음문(Baubo. Die mythische Vulva)》, 1981]과 꿈 해석의 인종심리학적 변형[《그리스 비극에서 꿈(Träume in der griechschen Tragödie), 1976/1985]을 발전시켰다. 그의 꿈 해석은 프로이트의 《꿈의 해석》에 이르기까지 고대와 현대의 꿈 서적들의 위대한 전통을 이어 간다. 이와 더불어 정신분석이 미셸 레리스(Michel Leiris)나 레비스트로스에게 미친 영향도 거론될 수 있다. 그 밖에 인종정신분석은 파울 파린(Paul Parin)을 중심으로 이루어진 일련의 연구들이 무엇을 대변하는지 현장조사에서도 입증되었다[《백인들은 너무 생각을 많이 한다. 서아프리카 도곤에서의 정신분석적 조사(Die Weißen denken zu viel. Psychoanalytische Untersuchungen bei den Dogon in Westafrika)》, 1982; 너 자신처럼 너의 이웃을 두려워하라. 정신분석과 서아프리카 아그니를 표본으로 한 사회(Fürchte deinen Nächsten wie dich selbst. Psychoanalyse und Gesellschaft am Modell der Agni in Westafrika)》, 1971]. 마리오 에르드하임(Mario Erdheim)은 사회와 무의식의 공동작용에 대한 사회이론적 결과를 발전시켰다[《무의식의 사회적 생산물(Die gesellschaftliche Produktion von Unbewußtheit)》, 1982].

종교학에서 르네 지라르 또는 발터 부르케르트(Walter Burkert)[《죽이는 인간(Homo Necans)》, 1972]와 같은 사람들의 연구방향은 프로이트의 영향 없이는 생각할 수 없다. 상징적 형식들과 파토스의 양식[아비 바르부르크(Aby Warburg)], 종교의 제식과 상상력을 연구하는 문화학은 프로이트에 의해 시작된 전통을 포기할 수 없다. 하지만 이 학문들은 칼 융에게서도 자극을 받았는데, 이에 대해서는 어머니의 원형을 추적하는 에리히 노이만의 고전적인 연구서 《위대한 어머니(Die große Mutter)》(1965/85)가 모범적인 예에 속한다.

우리는 젠더연구가 정신분석에 의해 얼마나 의미심장하게 보완되는지를 헤르만 바우만(Hermann Baumann)의 《이중의 성(Das doppelte Geschlecht)》(1955/1980)에서 읽어 볼 수 있다. 라캉 계열에서 주디스 버틀러(Judith Butler)의 페미니즘에 관한 《육체의 중요성(Körper von Gewicht)》(1993/1995)이 나오기 오래전에 바우만은 이원적 성질서의 문화적 융합에 영향을 미쳤다. 문화학적 관점에서 젠더연구에 대해 프로이트의 성 정체성의 문화적·개인사적 '인위성'에 대한 통찰은 결정적인 출발점으로 남아 있다.

나아가 프로이트의 사회심리적인 작업들은 (물론 그가 비판적으로 평가했지만) 사회과학적 수용을 자극했다. 지크프리트 베른펠트(Siegfried Bernfeld 1893-1952)는 인습 탈피의 청소년연구와 교육학 분야에 영향을 미쳤고, 빌헬름 라이히(Wilhelm Reich 1897-1957)는 문화혁명적 해방, 즉 1920년대와 30년대, 70년대의 성정치 운동을 위한 출발점이 되었다. 초기 프랑크푸르트학파에 의해 실행된 경험적 연구들은 문화학에서 더욱 의미심장하다. 여기서 해석학적 정신분석과 사회이론 및 사회과학적 경험론의 결합이 이루어졌다. 그 결과로 주체와 사회의 비판이론이 실제화되었다. 경제·정치적 지배권, 계층과 이데올로기 형성의 상호작용 속에서 최초로 무의식적 동력의 차원도 고려되었다[《막스 호르크하이머/테오도르 아도르노: 계몽의 변증법》, 1947; 《사회연구지(Zeitschrift für Sozialforschung)》, 1932-41; 《에리히 프롬/호르크하이머 외: 권위와 가족에 대한 연구(Studien über Autorität und Familie)》, 1936].

이런 연구의 배경에는 프로이트의 성에 관한 학문적 작업 외에 《집단심리학과 자아분석》(1921)뿐만 아니라 《문화 속의 불쾌감》(1930)과 같은 문화이론적 저술도 있었다. 여기서 프로이트는 우선 집단적 비합리성의 반작용 형성을 충동거부를 요구하는 문화과정의 기능으로 설명했다. 노베르트 엘리아스(Nobert Elias)는 프로이트의 정신분석을 유럽문명의 발생과 흐름의 장황한 과정분석에 적용했다[《문명의 과정에 대하여(Über den Prozeß der Zivilisation)》, 1939]. 정신분석적 문화연구는 알프레트 로렌처(Alfred Lorenzer)를 중심으로 한 연구단체와 함께 계속되었으며 그 대표적인 저작은 《사회과학으로서의 정신분석(Psychoanalyse als Sozialwissenschaft)》(1971), 《문화분석(Kultur-Analysen)》(1986)이 이에 속한다. 로렌처는 오랫동안 정신분석, 미시적일 뿐만 아니라 거시적인 관점에서의 언어행동이론과 사회학의 중개를 위해 노력해 왔다. 위르겐 하버마스는 《인식과 관심(Erkenntnis und Interesse)》(1968)에서 프로이트적 모델의 소통이론적인 재구성을 통하여 이런 길을 개척해 나갔다.

자크 라캉(1901-1981)은 현재의 문화학에 대하여 프랑스는 물론이고 미국과 영국, 남미와 독일에서도 대단한 영향력을 보여 준다. 라캉의 기본구상은 무의식을 "언어처럼" 생각하는 것이다. 물론 라캉은 개념어의 절제된 사용 속에서 자아의 확고함을 통하여 데카르트적인 로고스 중심주의에 반박한다. 하지만 그는 언어의 분야에 남아 그것에 천착한다. 라캉은 프로이트가 무의식의 문법을 위해 확립한 규정들을 준수한다. 따라서 무의식은 부정과 물음의 형식, 종속, 시간적 양식화를 알지 못한다. 그 대신 무의식은 본질적으로 응축(은유), 전치(환유)를 통하여 규정된다. 동시에 무의식에는 언어의 본질적 특징이 결여되어 있으나, 반면에 무의식에만은 은유와 환유처럼 비유적인 형상이 계속 따라다닌다. 그 이유는 비유적 형상이 예를 들어 문학에서는 의식화된 언어행동일 수도 있기 때문이다. 무엇 때문에 언어와 예컨대 이미지의 논리가 무의식의 성격을 규정하지 못하는지는 해결되지 못한 것처럼 보인다. 이렇게 꿈은 언어의 문법보다는 오히려 이미지 논리를 더 따라다닌다.

라캉은 소쉬르에게 영향을 받은 개념을 가지고 주체의 비실체적이고 분산된 이해를 구성할 가능성을 찾는다. 주체는 언어와 상징적 질서에 침전된 법칙, 아버지의 남근에 집중된 법칙에 종속되어 있다. 이 법칙으로 인하여 결핍된 것을 얻으려는 무의식적 욕망은 해결되지 않고, 대상과 상상 자체의 도달불가능성은 고착된다. 주체화와 욕망을 구성하는 "존재의 결핍"이 바로 이것 때문이다. 이렇게 라캉은 프로이트 이론의 오이디푸스적인 성향, 가부장적이며 반페미니즘적인 성향들을 몇 가지로 유형화한다. 이런 면이 종종 비판을 받았다. 그러나 무엇 때문에 우리가 모든 동일성의 구성적 성격을 중시하고 또 이 동일성을 문화과정의 기능으로 나타나게 할 수 있는가 하는 그의 모델의 다른 측면은 영향력을 갖게 되었다. 그렇다면 발생의 기호론적 기계로서의 무의식은 오이디푸스 비극에서와는 달리 더는 운명이 아니라 역사적 주체들에게 상징적 질서의 확고한 틀에서 벗어날 수 있는 기회를 제공하기도 하는 상이한 의미들의 코드이다. 이는 물론 아버지의 법칙의 필연성을 고수하는 라캉의 다른 측면에서 언급된 것이지만, 무의식과 상징적 질서를 구성적인 것으로 이해하는 그의 이론의 핵심은 유용성을 지닌다. 이 연구는 특히 미국에서, 예를 들어 도나 해러웨이(Donna Haraway)의 《자연의 새로운 고안(Die Neuerfindung der Natur)》(1991/95)의 경우처럼 사이버문화와 연결된다. 사이버문화가 자기형성의 포스트 자연적이고 비유적인 모형창출, 문화적 의미와 의사소통 과정을 제공하는 것처럼 보이기 때문이다. 그럼에도 프로이트가 살아 있다면 아마 이런 포스트휴머니즘의 유희방식을 거부했을 것 같다.

보다 더 확고한 지형을 제시하는 것은 정신분석의 다른 두 적용분야이다. 그중 하나는 '우상숭배'와 '물신주의'라는 표제어로 대략 설명될 수 있다. 현대의 매스미디어뿐만 아니라 정치적 지배체제는 우상을 만들지 않고는 신뢰할 만한 집단의 충성을 창출하지 못하는 것처럼 보인다. 고양되고 투사된 존경과 숭배의 형상들과 사이비 종교의 결속은 동질적인 정체성의 규범을 만들어 낸다. 그것의 무시무시한 통합력은 단지 문화사적인 정신분석에 의해서만 충분히 이해가 될 뿐이다. 이와 유사하게 대량으로 자아를 에워싸는 사물들은 갑자기 욕망의 물신으로 변화된 채 전략적으로 사회의 결속수단으로 동원되는 무의식적 의존성(물신이 없으면 자아는 거점을 상실한다)을 창조한다. 여기서 정신분석적 문화학은 구체적인 연구 과제를 얻는다. 두 번째로 정신분석은 예술의 생산과 수용, 더 보편적으로 말해 쾌감과 불쾌감의 미적 과정을 해독하는 데 상당한 도움을 준다. 프로이트에 의하면 예술은 평소에 금지되어 있는 것을 해방하는 행위이다[《작가와 환상 행위(Der Dichter und das Phatasieren)》, 1908]. — 그러므로 모든 미적 대상은 문화의 정통성과 투쟁하는 욕망의 반응이다. 오늘날 매스미디어도 이에 속하는 상상의 세계가 계속해서 변화를 일으키며 풍부하게 하는 무의식의 문서실, 말하자면 무의식이 매개의 방식으로 외부화된(externalisiert) 형상이다. 이 형상은 예술대상, 영화, 소설, 춤으로 구체화되면서 정신분석적 문화학의 해독 대상이 된다. 오늘날 어마어마한 생산성으로 우리의 문화를 표현하고 우리의 사회를 결합하는 무의식적 환상 및 상상을 발생시키는 매체기계(mediale Maschine)는 그것이 현실에서 쇠퇴하기 전에는 프로이트에 의해 규정될 수 있다.

참고문헌

Baumann, Hermann: Das doppelte Geschlecht. Ethnologische Studien zur Bisexualität in Ritus und Mythos(이중의 성. 의식과 신화에서 인종학적인 양성애 연구) [1955]. Berlin 1980.

Burkert, Walter: Homo Necans. Interpretationen altgriechscher Opferriten und Mythen(죽이는 인간. 고대 그리스의 희생제와 신화의 해석). Berlin/New York 1972.

Butler, Jusith: Körper von Gewicht. Die diskursiven Grenzen des Geschlechts(육체의 중요성. 성 담론의 한계). Berlin 1995 (미국판 1993).

Devereux, Gorges: Ethnopsychoanalyse(인종정신분석). Frankfurt a.M. 1978(불어판 1972).

_______: Baubo — Die mythische Vulva(바우보 — 신비로운 음문). Frankfurt a.M. 1981(불어판 1983).

_______: Angst und Methode In den Verhatenswissenschaften(행동과학에서의 불안과 방법). Frankfurt a.M. 1984(불어판 1962).

_______: Traüme in der griechschen Tragödie(그리스 비극에서의 꿈). Eine ethnopsychoanalytische Untersuchung. Frankfurt a.M. 1985(불어판 1979).

Elias, Norbert: Über den Prozeß der Zivilisation(문명의 과정에 대하여). Soziogenetische und psychogenetische Untersuchungen [1939]. 2 Bde. Frankfurt a.M. 1997.

Ellenberger, Henry F.: Die Entdeckung des Unbewußten(무의식의 발견). Gechichte und Entwicklung der dynamischen Psychiatrie von den Anfängen bis zu Janet, Freud, Adler und Jung. Bern/Stuttgart/Wien 1973(영어판 1970).

Erdheim, Mario: Die gesellschaftliche Produktion von Unbewußten. Eine Einführung in den ethnopsychoanalytischen Prozeß(무의식의 사회적 생산물. 인종정신분석적 과정으로의 입문). Frankfurt a.M. 1982.

Fromm, Erich/Max Horkheimer 외: Studien über Autorität und Familie(권위와 가족에 관한 연구). Paris 1936.

Girard, René: Das Heilige und die Gewalt(성스러운 것과 폭력). Frankfurt a.M. 1994(불어판 1972).

Habermas Jürgen: Erkenntnis und Interesse(인식과 관심). Frankfurt a.M. 1968.

Haraway, Donna: Die Neuerfindung der Natur. Primaten, Cyborgs und Frauen(자연의 새로운 발명. 영장류, 사이보그와 여성). Frankfurt a.M. 1995 (미국판 1991).

Horkheimer, Max (Hg.): Zeitschrift für Sozialforschung(사회연구를 위한 잡지). Jg. 1-9(1932-1941), Neudtuck München 1980.

_______/Theodor W. Adorno: Dialektik der Aufklärung. Philosophische Fragmente(계몽의 변증법. 철학적 단편들). Amsterdam 1947.

Lacan, Jacques: Schriften 1-3(글 모음집 1-3). Olten 1973-1980(불어판 1966).

Lévi-Strauss, Claude: Das Ende des Totemismus(토테미즘의 종말). Frankfurt a.M. 1965(불

어판 1960).

Lorenzer, Alfred: Die Wahrheit der psychoanalytischen Erkenntnis. Ein historisch-materialistischer Entwurf(정신분석적 인식의 진실. 사적-유물론적 구상) [1976]. Frankfurt a.M. 1985.

_______ (Hg.): Kultur-Analysen(문화분석). Frankfurt a.M. 1986.

_______ /Helmut Dahmer/Klaus Horn/Karola Brede/Enno Schwanenberg: Psychoanalyse als Sozialwissenschaft(사회과학으로서의 정신분석). Frankfurt a.M. 1972.

Neumann Erich: Die große Mutter. Eine Phänomenologie der weiblichen Gestaltungen des Unbewußten(위대한 어머니. 무의식의 여성적 형상화의 현상학) [1956]. Olten/Freiburg I. Br. 1985.

Parin, Paul/Fritz Morgenthaler/Goldy Parin-Matthey; Die Weißen denken zu viel(백인들은 너무 많이 생각한다). Psychoanalytische Untersuchungen bei den Dogon in Westafrika [1963]. Frankfurt a.M. 1991.

_______: Fürchte deinen Nächsten wie dich selbst(너 자신처럼 너의 이웃을 두려워하라). Psychoanalyse und Gesellscaft am Modell der Agni in Westafrika [1971]. Frankfurt a.M. 1991.

Rank, Otto: Das Inzest-Motiv in Dichtung und Sage(문학과 설화에서의 근친상간 모티브) [1912]. Darmstadt 1974 [=Nachdruck der 2 Aufl. Leipzig/Wien 1926].

Theweleit, Klaus: Männerphantasien(남자들의 환상). 2 Bde. Frankfurt a.M. 1977/78.

Yerushalmi, Yosef Hayim: Freuds Moses. Endliches und unendliches Judentum(프로이트의 모세. 유한하고 무한한 유대교). Berlin 1922(영어판 1991).

Hartmut Böhme

4. 예술과 예술론

낭만주의, 상징주의와 데카당스의 여러 예술작품을 나중에 프로이트의 《꿈의 해석》에 따라 감상하면 그림이나 스케치, 동판화를 본 것처럼 느껴진다. 1880년에 완성된 막스 클링거(Max Klinger)의 연작 《장갑 한 짝(Ein Handschuh)》은 서술적으로 이야기된 꿈이자 분석된 꿈이다. 폭력을 가하는 연작의 개별적 이미지들이 없다면 우리는 그림으로 명시된 꿈 아래서 채색된 꿈의 왜곡 작업, 꿈 작업의 기제와 잠재된 꿈생각들(Traumgedanken)을 인식하고 이 영역들을 서로 분리시킬 수 있을 것이다. 1879년의 오딜롱 르동(Odilon Redon)의 《꿈속에서(Dans le rêve)》에 대해서도 같은 것이 통용된다. 어쩌면 우리는 나중에 이런 이미지들이 생겨나게 된 분위기 없이는 《꿈의 해석》도 생겨날 수 없었을 것이라고 말하게 될지 모른다. 그러나 프로이트의 이 시각적인 선구자들은 아주 단순하게 시각적으로만 효과를 미친다. 이런 면은 정신분석이라는 새로운 학문을 배워서 문학기법과 조형적 생산물의 기법에 접목하는 초현실주의자들과 더불어 변화한다. 소멸, 균열, 거부, 히스테리의 발작적 경련은 앙드레 브르통(André Breton)과 살바도르 달리(Salvador Dali)에게서 예술형상화의 형식원칙이 된다.

정신분석이 일상화되면서 더 이상 새롭지 않은 학문에 대해서는 예술적 감동이 급격히 다시 가라앉고 있다. 국가사회주의의 야만성 때문에 청년동맹이 결성될 수 없었던 것은 아닐 것이다. 이를 미국의 예술사가 잘 보여 준다. 1950년 이후 예술가들이 정신분석에 관심을 갖고 있다면, 그것은 더는 어떤 꿈상징에 대한 관심이나 이제는 지루해져 버린 억압된 성 영역의 —'래커를 칠한 발톱=발기된 페니스', '조각품의 흐릿한 눈동자=공허한 우울증의 상태'라는 도식의— 폭로에 대한 관심이 아니다. 오늘날 예술가가 정신분석적 요소를 자신의 작품에 접목시킨다면, 앨프리드 히치콕처럼 뭔가를 폭로하려기보다는 오히려 선의의 정신분석가를 미혹에 빠트리기 위함일 것이다. 문화사의 채석장에는 정신분석적 폭로의 시기에 생산된 수많은 상투적 제품들이 준비되어 있다. 이는 **차용예술**(appropriation art)처럼 선행자의 예술 형상을 자기화하는 예술이 무의식적인 의미들과는 무관하리라는 것을 뜻하는 것은 아니다. 그러나 이 의미들은 분명히 정신분석의 증거보관실에서 나온 상징과 형상으로 이루어진 것이 아니다.

예술로서의 정신분석

우리가 오늘날 정신분석과 예술이 맺고 있는 관계의 영향사에 접근하기 위해서는 정신분석과 예술이라는 표제어를 예술로서의 정신분석으로 이해하여야 한다. 왜냐하면 정신분석은 아마도 예술가들이 정신분석에 관한 저서를 읽었거나 정신분석에 천착했을 때 특별히 예술에 생산적인 효과를 미친 것이 아니기 때문이다. 물론 오늘날의 예술가들은 100년 전보다는 지금 정신분석을 더욱 예술로서 이해해 왔다. 그러나 정신분석이 미적 경험과의 갖가지 구조적 공통성을 나누는 경험의 주관적 차원을 대변한다는 것이 훨씬 더 결정적이다. 정신분석적 과정은 예술작품이 의미강박(내가 여기 만들고 있고, 보거나 듣고 있는 것이 대체 무슨 의미란 말인가 하는 강박)으로부터 스스로 자유로워지는 편안함 속에서만 생겨나듯이 마찬가지로 치유강박에서 스스로 자유로워지는 편안함 속에서만 이루어진다. 둘 다 경제적 실용성의 부담으로부터 모종의 해방을 필요로 한다. 둘 다 모종의 무시간성, 시간 연장, 이것이 무슨 목적에 부합되어야 하는가 하는 물음에 대한 대답의 거부를 필요로 한다. 예술은 정신분석적 과정과 마찬가지로 사회적으로 정의되고 참여자가 받아들이는 틀 내에서 기능을 발휘한다. 분석가와 의뢰인 두 당사자가 시간, 보수, 그때그때의 과제를 확정하는 것이 정신분석적 과정에 속하듯이 시장, 미술관, 이게 바로 예술이라는 규범의 결정에 관한 확고한 틀 속에서의 표현이 예술작품에 속한다. 그리고 특히 정신분석에서와 마찬가지로 예술에서는 현존하는 기지(旣知)의 어떤 것(나무에 대한 시각, 관계의 갈등)이 그때그때 내적인 법칙에 따라 새롭고 알지 못하는 어떤 것으로 변형된다.

"이미지란 무엇인가"처럼 어려운 물음에 대하여 미하엘 폴라니(Michael Polanyi)는 상당히 훌륭한 대답을 준비한 바 있다. 그에 따르면 이미지는 "그림의 원근법적 깊이뿐만 아니라 캔버스의 평면성을 포함하는데, 여기서 이 상반되는 성질은 상호 결합적인 질로서 파악된다. 그리고 실제로 바로 이 결합적인 질이 평범한 이미지에 특징적으로 나타난다"(Polanyi 1970/1994, 154쪽). 평면성과 깊이, 틀과 소재의 모순이 통합된 것으로서의 이미지에 대한 이 규정은 이미지에 의해 예술 일반으로, 그리고 거기서 정신분석으로 전이된다. 만일 우리가 그림 속의 포도를 실물처럼 보고 "정말" 먹고 싶어 한다면 그림은 망가질 것이며, 또한 우리가 무대에서 벌어지는 살인을 실제의 사건으로 보고 소파에서 뛰어나와 경찰을 부른다면 연극은 파장이 되고 말 것이다. 평면성과 깊이의 이와 같은 기본 갈등이 정신분석에서도 과정을 결정한다. 여기서 한 번의 면담은 50분간 진행되고,

비용은 70유로가 들어간다. 이 "평면적인" 틀 내에서 이제 성취를 위한 "깊은" 충동소망(Triebwunsch)이 작동하면서 사랑과 증오, 기대와 실망이 온갖 가능한 형태로 표현된다. 그런데 여자 환자가 분석가에게 정말 키스를 하고, 아니면 더 악화된 경우에 분석가가 환자와 섹스를 하게 되면, 틀을 넘어서서 무엇인가 와해되어 버린다.

짧게 말해 정신분석과 예술의 공통적 절단면은 언어, 음향, 형식과 의미가 그 어떤 것으로부터 다른 어떤 것으로 변형되는 상호 매개적인 공간 또는 상상적인 공간을 —언어, 음향, 형식과 의미의 공간을— 창조할 때 생겨난다. 이 구조적 공통성에 대한 직관적 경험이 "예술에서 히스테리"나 "예술에서 꿈" 또는 궁극적으로 "예술에서 오이디푸스 콤플렉스"와 같은 내용적인 동기보다 훨씬 더 중요하다. 세계적인 안무가 윌리엄 포사이스(William Forsythe)가 정신분석에 흥미를 느낀다면, 그 이유는 정신적 분출 운동의 요소들을 서로 분리하고 개별요소를 정지시키고, 시선을 최대한 그것에 집중시키는 정신분석의 잠재력 때문일 것이다. 그는 —우리의 인습적인 시선에 대해— 비틀어진 팔꿈치나 어깨 모양을 해 보이다가, 진단하듯이 앞 동작과 차별화하여 다음번 연속 동작에 들어간다. 이는 마치 우리가 공포증과 폭식증, 성도착증의 경우에, 예컨대 불안등가물의 현상형식을 그 운동과정에서 세밀하게 진단하여 집중적으로 찾아내는 것과 마찬가지이다.

예술을 위한 정신분석의 네 가지 접근방법

정신분석이 예술에 기여하는 방식과 관련하여 다음 네 가지 분야가 서로 차이를 보인다. 즉 예술가에 대한 정신병력학(Psychopathographie), 소위 역전이에 의한 구체적 예술작품에 대한 해석, 정신분석의 예술철학에의 기여, 예술적 창조성의 탐구가 그것이다. 개별적인 정신분석가들의 저서에서 이 네 가지 분야는 이미 프로이트의 경우처럼 물론 다양하게 중첩된다. 그럼에도 우리는 몇 가지 접근법을 구분할 수 있다.

예술가의 정신 상태를 탐구하는 정신병력학

이 방법은 프로이트의 레오나르도 연구(전집 8, 127-211쪽)에 그 근원을 두고 있다. 예컨대 예술가의 삶, 특히 어린 시절의 갈등이나 외상에서 연원하는 X라는 요소가 그의 예술창조에서 연원하는 Y라는 요소와 결합함으로써 Z라는 정신분석적 해석이 설득력을 갖게 된다. 프로이트의 레오나르도의 경우 X는 "두 어머니"와 "독수리의 환상(Geierphantasie)"이고, Y는 안나와 마리아(그림 속에서 아름답게 조화를 이루며 무릎을 서로 교차하고 있는 두 어머니)에 대한 동기선택과 동기형상화에 나타나는 이중적 특성이다. 그리고 끝으로 이에 대한 정신분석적 해석인 Z는 밝혀지지 않은 레오나르도 다빈치의 동성애에 대한 진술에서 나타난다. 이 관계의 양식은 창조적 계기에 있어서 혁명적이다. 또한 이 방법은 동시대와 후대에도 오랫동안 영향을 미쳤다.

이 에세이의 매력적인 이야기는 —그리고 그 안에서 패러다임으로 발전된 접근법은— 아직도 끝난 것이 아니다(Reiche 2001, 9쪽 이하 참조). 그러나 그 매력은 어느새 여러 면에서 숭배적인 도그마와 지루하고 장황한 성격으로 변했다. 즉 프로이트가 레오나르도의 동성애적 구강성교-환상(Fellatio-Phantasie)에 대한 해석의 근거였던 독수리는 오역으로 인한 솔개(Gabelweihe)였음이 밝혀진 것이다. 이 사실은 나중에 괴테 전기(X:Y=Z라는 이른바 관계의 양식 때문에 종종 과도한 면이 나타나지만 매우 흥미롭고 교훈적인 전기)를 통하여 알려진 아이슬러(K. R. Eissler)에게 새로운 계기를 주었다. 즉 그는 예술가에 대한 이런 유형의 정신병력학을 독자적으로 정신분석의 전횡으로 규정했다. 이 규정은 어느 정도는 부가적인 형상에 의해 설명된다. 요컨대 정신분석가로서 우리는 솔개가 무의식에서는 독수리라는 것을 알고 있는데, 왜냐하면 우리가 임상적 경험을 갖고 있기 때문이다. 그런데 1950년대에 마이어 샤피로(Meyer Shapiro)처럼 저명한 예술연구자들뿐 아니라, 예컨대 에른스트 크리스(Ernst Kris)처럼 노련한 미술사학자이기도 했던 정신분석가도 이 논쟁에 끼어들었다. 그들은 훌륭한 논증을 내세워 예술형식의 정신분석적 접근을 조심스럽게 대변했다. 아이슬러는 이에 대해 거세게 반박했다. "그러나 무의식에는, 더 정확히 말해 이드(das Es)와 억압된 것에는 미학의 흔적이 없으며 그것은 오히려 내용과 고대의 충격에 몰두한다"(Eissler 1961/1992, 66쪽). 1950년대에 나온 이 작은 실험의 포연(砲煙)은 지하에서 여전히 계속되는 전쟁의 전선을 개략적으로 그려 보기에 충분할지 모른다.

아도르노는 약 10년 뒤 그의 저서인 《미학이론(Ästhetische Theorie)》 서두에서 프로이트의 예술이론에 대하여 장황하게 비판했다. 예술의 생산과정에서 무의식적 자극이 작품에 내재한다는 것을 어떻게든 부인할 수 없지만 —이는 아도르노에게나 우리에게도 당연하지만— 아도르노는 예술적 주체의 가능한 모든 개인적 동기와는 별개로 작품과 그것의 자율성의 우위를 주장한다. **객체의 우위**에 대한 아도르노의 기본적인 사고는 —그는 "살아 있는 주체를 선행하는 작품 자체의 객관성"에 관해 언급하고 있다— 대다수 정신분석가들에게는 분명히 참을 수 없는 모욕일 것이다. 오늘날에도 여전히 예술과 예술가에 대한 수많은 작업은 결국 그 중심에서 내가 요약한 X:Y=Z라는 기본도식을 증명하고 있다고밖에는 달리 설명할 수 없다. 이 도식에 의하여 예술과 예술가는 서로 동일하게 취급되고, 객체와 주체도 퇴행적으로(regressiv) 서로 동일해진다. 그러나 이와 동시에 우리가 예술형식과 형식의 법칙을 "비동일적인 것", 우리에게 분명히 "예술"로서 우리의 마음을 매료시키는 것, 주체의 심리학에서는 해명되지 않는 것으로 파악할 때에야 비로소 흥미로운 일이 벌어지기 시작된다.

예술작품으로의 이른바 역전이에 대한 접근

이 방법 역시 프로이트의 연구, 즉 《미켈란젤로의 모세》(전집 10, 171-201쪽)에 근원을 두고 있다. 프로이트는 이 글에서 작가와 작품의 정신병리학적 관계 또는 가장 포괄적인 의미에서 정신발생학적 관계에 대해서는 도무지 흥미를 느끼지 않는다. 오히려 그는 조각품에 대한 자신의 지속적인 감정의 반응으로부터 관찰을 시작한 다음, 이를 작품과의 관계에서 이해시키고 해명하려고 시도한다. 조각품을 보면 모세는 화가 나서 율법 판을 바닥에 집어던지려는 참인데, 이에 대해 프로이트는 다음과 같이 적고 있다. "내가 다시 우상의 환영에 사로잡혔을 때, 나는 쏘아보는 그의 눈과 마주치고는 스스로가 마치 천민에 속하는 사람처럼 그의 시선을 피했다. 나는 아무런 확신도 갖지 못하고 기다리고 신뢰하는 마음도 없이 탄성을 지른다"(같은 곳, 175쪽). 바로 무의식적 모세 동일시는 이런 감정적 반응에 근거한다. — 이 점에 대해서는 오늘날 프로이트 전기 연구와 일치한다. 그러나 문학적 예술개념으로 사용된 프로이트의 정동적(affektiv) 또는 실제적(wirklich) 반응과 "천민(Gesindel)"이라는 수식어가 그 자체로는 역전이가 아니다.

역전이의 개념이 어떻게 다루어지는가에 따라 여러 저자와 학파들은 작품에 대한 관찰자/독자/청자의 전이를 거론하거나 더 자주 역전이를 거론한다. 역전이를 거론하는 사람들은 작품-관찰자 관계에 훨씬 무게를 두고는 작품이 우리와의 관계, 즉 우리가 역전이로 반응하는 전이의 관계를 받아들인다고 가정한다. 하지만 이런 관점은 이 방법의 공통적 약점을 은폐할 따름인 그럴싸한 가설이다. 전이의 개념이 모든 의미를 사라지게 하는 것은 아니라면, 그것은 객체의 행동성이나 특성에 대한 정동적 반응의 무의식적 뿌리를 기술하고 있다. 모든 정동적 반응이 전이는 아니다. 내가 이 뿌리를 의식화하자마자 엄밀히 말해 더는 전이가 문제시되지 않는데, 왜냐하면 전이가 의식화와 더불어 잠재적인 것으로 용해되기 때문이다. 같은 원리가 역전이에도 통용된다. "이 그림은 아름답다"고 내가 말하면 그것은 미적 판단이다. 그리고 이 용어를 무조건 사용하려고 할 때, 이 판단에는 무의식적 소질이 작용하고 있다. 그러나 그것은 결국 무의미한 부가적 진술인데, 왜냐하면 이 세상의 모든 판단은 무의식적 차원을 가지고 있기 때문이다. 다음의 진술도 마찬가지이다. "이 그림은 완전한 혼란과 고립 및 포기에 대한 불안감을 불러일으킨다." 여기서 '불러일으킨다'라는 일상적인 심리용어가 과장된 판단일지라도 이것 역시 일단은 미적 판단이다.

알프레트 로렌처는 문학 및 예술작품의 해석을 역전이에 대한 접근을 체계화하면서 이 방법을 "심층해석학적 문화분석"(1968)이라는 이름으로 정신분석적 담론에 도입했다. 특히 독일어권에서 정신분석의 도움을 받는 작가들의 경우 심층해석학이라는 명칭의 사용이 매우 인기 있다. 하지만 좀 더 자세히 관찰하면 이른바 전이/역전이라는 명칭은 이미 앞서 해석자의 머릿속에 있었던 해석의 폭을 확장하는 문학적 조율에만 도움이 된다. "나의 역전이"에 —환자, 예술작품 또는 다른 대상과 관계가 있는 것인지는 별개로 하고— 대한 심리치료사와 정신분석가들의 넘쳐나는 말은 사유의 책임을 나타내는 확실한 지표이다. 적용의 실제에서 심층해석학은 정신병리학의 전기론적 접근을 비판하는 정신분석의 방법을 통하여 동일한 체계적 오용을 거듭한다.

여기서 암시적으로만 거론된 이 포괄적이고 복합적인 문제를 사회학자 울리히 오에버만(Ulrich Oevermann)은 포섭논리 대 재구성논리(Subsumtionslogik versus Rekonstruktionslogik)라는 표제어를 내세워 연구하고, 자신이 개발한 객관적 해석학(objektive Hermeneutik)을 로렌처 학파의 대항이론으로 정립했다(Oevermann 1993). 그의 비판의 핵심은 "심층해석학이 예술작품을 이미 준비된 정신분석적 범주와 개념으로 포섭함으로써 예술작품을 그 자체의 논리에 따라 자기내용 속에서 무엇보다 언어적으로 재구성하지 못하고" 그것을 정신분석의 "논리"에 종속시켰다는 것이다. 오에버만은 문화적 형상에 대한 "연속적인 재구성(sequenzielle Rekonstruktion)"을 발전시켰다. ― 여기서 그가 예술작품, 대중문화의 이벤트, 또는 법률 텍스트를 중점적으로 다루는가는 중요한 문제가 아니다. 심층해석학이 19세기의 문헌학과 마찬가지로 "추체험적 해석학(Nachvollzugshermeneutik)"을 실행하고 있다는 그의 비판은 정당하다. 예를 들어 모차르트의 〈돈 조반니〉에 대한 키르케고르의 유명한 분석 가운데 중심적인 문장을 해석해 보자. 이 서곡에 대한 그의 기술은 다음과 같다. "…이렇게 귀는 저 잦아드는 바이올린 소리에서 완전한 격정을 예감한다. 그것은 저 불타오름 속에서의 불안이다. 그것은 마치 깊은 심연 속의 불안에서 탄생한 것처럼 보이는데, 이런 형상이 돈 주앙의 인생이다"(키르케고르 1960, 156쪽). 얼핏 보아도 이미 사람들은 돈 조반니의 불안이 여기서 키르케고르의 실존적 불안이론에 포섭되고 있음을 인식한다. ― 그리고 사람들은 우리가 이 이론으로 무장한 채 예술작품과 아울러 다시 키르케고르의 관점을 "추후수행" 해야만 한다고 인식한다. 현대의 정신분석적 저자라면 인용된 문장을 쉽게 다음과 같이 변형시킬지 모른다. "바이올린에서 울려 나오는 최초의 독립적인 멜로디의 굽이치는 소리는 청중의 내적 불안을 불러일으킨다." 그렇다면 이 저자는 자신이 신봉하는 정신분석적 불안 개념을 진부하게 계속 상투적으로 사용하는 것인지 모른다. 그렇다면 그는 조반니와 이 개념이 정확하게 어울리는 접점을 확보해야 할 것이다.

예술적 창조성에 대한 물음

프로이트 시대에는 아직 독일어로 토착화된 "창조성(Kreativität)"이란 낱말이 없었다. 프로이트는 "창조적(schöpferisch)"이나 "재능(Begabung)"에 관해 언급하면서 다음과 같은 견해를 피력했다. "분석은 예술적 재능의 계몽을 위해서는 아무 말도 하지 않으며, 예술가가 사용하는 수단, 예술적 기법의 발굴 역시 분석에 속하는 것이 아니다"(전집 14, 91쪽). 당시에 '창조성' 연구가 없었을지라도 이런 말은 겸허한 표현이었다. 그럴 것이 프로이트는 《레오나르도 다빈치의 어린 시절의 추억(Kindheitserinnerung des Leonardo davinci)》에서 레오나르도를 자극했던 원동력을 추적하면서 두 어머니를 일치시키려는 레오나르도의 무의식적 욕망에서 이 원동력을 찾았다고 생각했기 때문이다. 어쨌든 레오나르도에 관한 에세이의 커다란 매력은 예술적 재능의 뿌리를 해독하는 암시적인 약속에 있다.

프로이트는 이미 《꿈의 해석》에서 꿈의 생성을 예술작품의 성립과 계속해서 비교했다. 그가 "놀이하는 어린이는 누구나 자기 세계를 창조하면서 시인처럼 행동한다"(전집 8, 213쪽)는 가설을 내세우고 있다면, 그는 틀림없이 예술과 놀이의 비교 또한 필요했다고 볼 수 있다. 그러나 그는 예술과 꿈, 예술과 놀이, 예술가와 어린이라는 "자기 세계"의 공통적 구조특성을 주요 관심사로 내세운 것은 아니었다. 이런 특성을 과도기대상과 과도기현상(Übergangsobjekt und Übergangsphänomen)이라는 이론으로 처음 해명한 사람은 본래 도널드 위니콧이었다. 위니콧은 이를 실행하기 위하여 먼저 정통적인 정신분석이론에서 벗어나 정신분석이 "본질적인 것에 대한 시선", 다시 말해 "창조적 원동력에 대한 물음"을 "잃어버렸다"는 것을 증명해야 했다(Winnicott 1953/1973, 82쪽).

위니콧은 과도기대상을 유아가 특정 시기에 "객관적으로" 찾아낸 사물로부터 "주관적으로" 창조하여 특별한 의미를 부여한 물질적인 어떤 것이라고 말한다. 이후 과도기대상은 얼마 동안 주관적 세계에서 객관적 세계로의 가교 역할을 담당한다. 본원적으로 과도기대상은 부재하는 객체(엄마)를 대체할 필요성에서 생겨난 것이라고 할 수 있다. 그러나 우리는 그것을 지나치게 단순화하여 그 뿌리와 기능을 단지 부재 또는 현전하는 것의 대체로만 파악하는 것인지 모른다. 침대모서리, 수건, 헝겊인형은 촉각적이고 후각적인 특성 때문에 과도기대상으로 특히 적합할 것 같다. 하지만 이런 것들은 전적으로 거칠고 구석자리에 놓인 대상일 수도 있다. 과도기대상은 시간이 지나면 다시 포기된다. 위니콧은 과도기대상에 대하여 그것이 "비자아이면서도 결코 완전히 비자아가 아닌" 최초의 정규적인 객체라고 말한다. — 동시에 이 대상은 방해가 되기보다는 오히려 세계를 형성하는 역할을 한다. 이 "중간영역"에서 발생하는 것을 위니콧은 "일차적 창조성(primäre Kreativität)"이라고 명명한다. 무엇보다 중요한 사실은 이 영역이 내적 또는 외적 사실에 속하느냐는 관점에서 물음이 제기되지 않고 있다는 점이다. 내적인 사실과 외적인 사실이 —정신병에서처럼— 서로 뒤섞이거나 상호간의 경계가 무너지는 일 없이 새로운 사실을 창조할 수 있는 능력이 유지될 때만, 우리는 추후의 삶에서 예술가의 창조성을 거론할 수 있게 될 것이다. 이 절단면에 의하여 예술적 생산력의 커다란 위험도 동시에 설명된다.

위니콧은 물론 예술적 창조성과 일차적 창조성을 어떻게 구분할 것이냐는 물음에는 관심을 보이지 않는다. 그러나 그는 프로이트와는 아주 구별되는 방법과 방식으로, 또한 그와는 아주 다른 개념적 틀을 가지고 사물에 접근함으로써 갑자기 예술적 창조성을 위한 통로만이 아니라 다른 많은 통로를 열었다. 이 책에서는 내실 있는 수많은 연구 가운데 다만 필리스 그린에이커(Phyllis Greenacre; 1971)와 존 제드(John Gedo)의 연구만이 거론된다.

아름다운 그림을 그리는 누구나가 다 예술가는 아니다. 두 가지 조건을 충족할 때에야 비로소 그는 예술가이다. 그는 필히 그림을 그려야 하고, 발견한 예술체계 내에서 전문화의 강박을 —완전히 심리학과 상관없이 이해할 수 있도록— 멈추어야 한다. 창조성의 정신분석적 이론은 이 전체적 외부 분야를 고려해야만 하며, 그렇지 않으면 그것은 19세기의 천재숭배로 퇴보하게 될 것이다[클레멘츠(Clemenz)의 전망 2005 참조]. 우리는 이런 흔적을 정신분석적 문학에서 계속 만나게 된다. 우리가 과연 천재와 (보통의) 예술가를 분명하게 구분해야 할 것인지는 미해결로 놔두어도 좋을 것이다. 아무튼 천재개념을 고집하면서 레오나르도와 괴테를 천재로 설명하는 아이슬러는 이 최고의 형상에 대해 어떤 기준도 제시할 수 없었다. — 왜 카라바조나 티치안, 틴토레토는 아니란 말인가? 물론 아이슬러는 다음과 같이 주장한다. "그들은 인간적 우주 또는 그중 일부를 의미심장하고 그 이전의 어떤 재창조물과 비교될 수 없는 방식으로 재창조할 능력을 가진 사람들이었다"(Eissler 1963/1985, 1485쪽). 이와 함께 아이슬러는 암묵적으로 새로운 것의 생성을 기준으로 제시한다. 이 기준이 사실상 예술 일반의 규정에 대한 중심축을 형성한다. 그러나 이 새로운 것이 새로운 것으로 통용될 수 있기 위하여 얼마나 "의미심장"해야만 하는가 하는 물음은 물음 자체를 모순으로 이끈다.

이미 암시한 바와 같이 예술적 창조성의 규정에 대한 두 번째 축은 창조의 의무, 필연성이다. 과도기대상이라는 개념으로 되돌아가 예술가로 하여금 지속적으로 자아인 동시에 비자아인 대상을 새롭게 창조하도록 능력을 부여하는 동시에 그를 강요하는 것은 무엇인가 하고 물음을 제기할 수 있다. 새로운 것에 대한 이 물음과 관련하여 정신분석은 제대로 준비되어 있지 않다. 말하자면 정신분석은 이와는 반대로 "옛것", 다시 말해 전기적인 성향과 무의식적 반복의 강박에 익숙해 있다. 그것을 원치 않거나 심지어 이의를 제기하든, 정신분석적 시도들은 예술가가 새로운 것을 창조할

지라도 정신역동적인 상황(psychodynamische Konstellation)을 반복한다는 관념에 사로잡혀 있다. 하지만 여기서는 옛것이 작용하고 있다는 항상 동일한 증거에 따라 어떻게 이것을 통해 새로운 것이 생성되는가에 대한 물음은 사라져 버린다. 이 물음에 대한 대답은 형식을 연구하는 방향에서 찾아진다. 우리가 과도기대상 개념을 예술적 창조성이 시작되는 미지의 X에 대한 은유로 간주한다면, 예술가란 과도기대상의 변형(Umformung)이 자기 인생의 과제가 될 만큼 고도의 변형 잠재력을 보유하고 있다고 우리는 말할 수 있다. 이것으로 우리는 형식 문제를 논의할 단계에 도달했다.

형식의 정신분석으로의 도정

물론 프로이트에게도 형식 문제에 대한 산발적인 언급이 나타난다. 그가 예술가와 작품의 잠정적 관계를 파악하는 가장 간결할 것 같은 공식은 다음에서 잘 나타난다. "예술가란 … 물론 자신의 개인적 소망환상을 성취된 것으로 표현하지만, 그럼에도 소망환상은 소망의 불쾌한 곳을 약화시키고, 소망의 개인적 근원을 은폐함과 아울러 미적 규칙의 엄수를 통하여 다른 매혹적인 쾌감보너스(Lustprämie)를 제공하는 변형을 통해서야 비로소 예술작품이 된다"(전집 8, 417쪽). 단적으로 변형과 미적 규칙이라는 문제가 바로 여기서 거론되고 있다. 프로이트는 거듭해서 꿈과 예술작품을 서로 구분하는 동시에 서로 결합시키는 구조의 특성을 강조한다. "비사회적이고 나르시시즘적 꿈의 생산물"과는 달리 예술작품은 "다른 사람들의 관여를 고려했고, 이들 때문에 상술한 무의식적 소망자극을 촉진하고 만족시킬 수 있었다. 게다가 예술작품은 형식미라는 지각의 쾌감을 유혹보너스(Verlockungsprämie)로 이용했다"(전집 14, 90쪽). 꿈과 예술작품은 무엇보다 규칙을 향한 변형을 공통적으로 수행한다. 꿈작업, 그러니까 잠재적인 꿈

생각들을 외현적인 꿈으로 바꾸는 변형의 과정에 대해 프로이트는 이런 규칙들 가운데 몇 가지를 열거했다. 응축, 전치, 역관계의 연속작업을 통한 표현이 그것이다. 특히 현대예술에 대하여 이미지 연상이라는 유사한 변형의 규칙이 제시될 수 있다는 것은 놀라운 일이 아니다.

로버트 웰더(Robert Waelder; 1965/1973)는 매우 흥미로운 작업에서 예술작품과 우리가 아름다움이라고 부르는 것의 이해를 위한 접근통로이기도 한 세 통로를 이드-자아-초자아라는 프로이트 구조모형의 세 축에 대입시켰다. 물론 "이드-접근통로"에서는 프로이트가 인용된 공식으로 파악하고 있는 것, 다시 말해 소망충족의 문제가 다루어진다. 예술가는 개인적인 소망환상을 예술작품 속에서 성취된 것으로 표출한다. 이 공식의 타당성을 증명하기 위하여 소망환상 내에서 전기적으로 중요한 외상의 핵심이 드러나도록 우리는 소망환상의 개념을 물론 좀 더 면밀히 파악해 보아야 한다. 웰더의 경우 "초자아-접근통로"에서 중심적으로 다루어지는 것은 미적 즐거움의 형식들인 유머, 위트, 코믹 등이다. 여기서 특히 우리의 흥미를 끄는 "자아-접근통로"에서는 "해결할 수 없는" 과제들의 해결에 대한 만족, 말하자면 문제해결로 이끄는 수단의 경제에서의 "고상함" 또는 "완벽함"이 중심 문제로 등장한다. 여기서 우리는 정신분석의 가장 큰 한계에 부딪친다. 분명히 미적 판단의 영역과 문장, 음향, 형상, 배열과 같은 잘 형성된 구조물의 영역은 정신분석적 표준으로는 아주 부분적으로만 파악될 수 있을 뿐이다. 성인들에게 아름답게 판단된 음률을 듣고 한 살짜리 아기가 정말 쾌감을 느꼈을까 하는 것은 성적 특성이 없거나 중성적인 자아-에너지로는 설명될 수 없다. 도대체 한 살이라는 나이에 어떻게 성적인 특성이나 충동소망이 취미판단의 경지로까지 승화될 수 있겠는가? 로버트 웰더는 이런 점을 이미 1965년에 입증하면서 당시만 해도 매우 경직되어 있던 정신분석적 충동이론의 체계를 매우 조심스럽게 흔들어 놓았다.

핀카스 노이(Pinchas Noy)는 이 접근통로를 한층 더 발전시키면서 예술가는 "완벽한 형식"을 추구할 수밖에 없다는 것, 그리고 그렇게 하는 이유를 그로부터 도출했다. 완벽한 형식이란 예술가 자신의 완전한 주관적 동일시인바, 이는 그렇지 않으면 파편화와 파괴를 통하여 위협받을 수도 있는 자기통합의 내적 질서를 재창조해야 한다는 필연성의 산물이다. 작품의 창조과정에서 작품의 "외적" 질서에 의해 동시에 내적 질서가 재창조되어야 한다. 노이에 의하면 완벽한 형식의 특징은 "조화, 균형, 대립물들의 균제와 화합"(Noy 1984, 200쪽)을 통하여 결정된다. 이 말은 한편으로 매우 진부한 것처럼 들리지만, 다른 한편으로는 조화와 균형 등의 개념들이 현대와 최근 예술의 위대한 작품에 적용될 수 있도록 이를 더욱 깊이 있게 분석할 준비를 요구한다. 그러나 동시에 다음과 같은 미묘한 물음이 계속 미해결로 남아 있다. 즉 인습적인 관점에서 보면 "여전히" 조화롭지 못하고 불균형하며, 분열적이거나 심지어 추한 것으로 간주되었을지 모르는 새로운 형식을 예술가는 우리 관찰자들(또는 청자들과 독자들)에게 분명히 "쟁취한 것"으로, 결국 미적인 것으로 강력하게 제시할 수 있는가? 요컨대 어떻게 하면 작품이 우리의 저항을 극복하고, 우리를 말 그대로 강압하여 자신을 지극히 미적인 것으로 인정하게 할 수 있는가? 이것이 프로이트가 "유혹보너스"와 "쾌감보너스"라는 앞서 인용된 표제어로 제기하는 미묘한 물음이다. 바로 이 공식이 그에게 계속해서 적용될 만큼 대단히 중요하다.

네 가지 변형의 규칙들(Transformationsregeln)

예술과 마찬가지로 정신분석에서도 내적인 상과 표상, 정동이 방출되고 그 형태가 변화하면서 새롭게 조직된다. 이것이 일어나는 방법과 방식은 여러 정신분석학파와 저자들에 의해 서로 다르게 개념화된다. 이 변형의 양식과 집중화 그리고 이때 적용되는 용어는 무리 없이 공식으로 요약될 수 있다. 더 심층적인 이해를 위해 해당 학파의 전반적인 이론이 참조되어야 하겠지만, 여기서는 상세히 다룰 수 없다. 뒤에 나오는 도표에 이런 네 가지 공식들이 제시되어 있다. 프로이트와 위니콧에 대한 조항은 앞서 이미 설명되었으므로 그들의 "공식"은 도표에서 직접 유추할 수 있다. 멜라니 클라인 학파와 추후의 발전과정에 대한 조항은 그렇지 못하다. 여기서는 적어도 기본성향이 제시될 것이다.

클라인 학파의 이론에 따르면 파괴된 대상의 복구 운동(재생 운동), 재창조 운동은 —인간의 발전이든, 정신분석적 과정 또는 예술작품의 발전이든— 모든 성공적 발전의 무의식적 핵심을 형성한다. 그렇다면 이 운동의 재구성 작업은 바로 클라인 학파의 시각이 프로이트의 관점에 대한 자기이해에 따라 확장되는 곳에서 이루어진다(Segal 1996 참조). 이를 클라인 학파의 용어를 가지고 설명하면, 편집-분열증 자리(paranoid-schizode Position)에서 아이는 환상 속에서 질투와 분노로 사랑하는 동시에 증오하는 대상을 파괴한다. 우울증 자리(depressive Position)에서는 아이가 환상 속에서 파괴된 대상을 애도하고, 기존의 사실을 죄책감으로 체험하면서 대상과의 내적인 관계를 오히려 더 높은 단계로 재창조한다. 이와 같은 복구 운동은 이론의 자기창조의 형태로 재현된다. 정신분석적 인식대상은 프로이트 코드로 파괴되고 멜라닌 코드로 재창조된다. 하지만 의문시되고 있는 파괴와 재창조의 운동은 충분한 격식을 갖추었지만 이미 프로이트의 이론에 분명히 포함되어 있다. 바로 **오이디푸스 콤플렉스의 구조**가 이를 말해 준다.

파괴와 재창조 운동은 그 자체에서 볼 때 모든 예술묘사에서 다시 나타난다. 이러한 파괴는 작품을 텍스트로 재창조하는 일에 성공할 때만 정당화될 수 있다.

윌프레드 비온(1965/1997)은 이 기본 형태를 재차 자신의 이론적 언어로 발전시켰다. 물론 그는 어떤 뚜렷한 정신분석적 예술이론을 제시하지는 않았지만, 예술적 행동과 미적 지각 속에서 발생하는 것에 근접하는 변형-패러다임을 생각해 낸다. 따라서 이 패러다임은 당연히 예술을 위한 새로운 정신분석적 성과들 가운데 하나에 속한다.

비온은 심적인 삶이란 무엇보다 배고픔과 같은 고통스럽고 아픈 감정이 근원적으로 자기 밖의 "나쁜 대상"으로 지각됨으로써 시작된다고 말한다. 이론의 기본가설에 따르면 이 나쁜 대상은 배출될 때까지 아기에게 괴로움으로 작용한다. 그것은 조용히 진행되다가 아기에 의해 엄마에게 배출된다. 감정이입이 된 보통의 엄마는 비온이 "조야한 인자(unverdauliche Faktor)" 또는 "베타 요소(ß-Element)"라고 부르는 이 배출된 나쁜 대상을 계속 알파 요소로 변환시킨다. 알파 요소는 엄마가 아기에게 되돌려 주는 것으로, 예전에는 아마 좋은 의미에서의 원초적인 부분내사(Partialintrojektion)가 이에 해당되었을 것이다. 이런 목적을 위해 엄마는 비온이 "몽상(reverie)"이라고 칭하는, 꿈결 같은 상태에서 베타 요소 또는 조야한 인자를 받아들이는 "컨테이너(container)"를 준비한다. 그러므로 베타를 알파로 바꾸어 주는 변형은 이중적인 배출과정, 다시 말해 엄마가 젖을 분비한다는 것은 아기에게 가슴(좋은 대상)을 준다는 등식을 통하여 수행된다. 그러나 아기가 그것을 알지 못하고, 우선은 자신이 젖가슴을 적극적으로 빠는 과정에서 젖이 나온다고 확신한다. 아기는 고통스러운 긴장감(배고픔 등)을 "나쁜" 젖가슴 속으로 배출함으로써 변형 패러다임이 성립된다. 아기는 엄마가 근원적으로 조야한 인자를 가지고 시작하는 변화의 과정을 아주 천천히 내면화한다. 이를 통하여 아기는 부재와 긴장을 견디는 법을 단계적으로 학습한다.

이것이 예술과 무슨 관계가 있을까? 일단 우리는 비온-공식에 의하여 고상하면서도 동시에 시간과 공간의 "주관적" 성립이라는 일관성 있는 정신분석이론을 대면한다. 시공의 성립은 다음과 같은 의미이다. 나를 만족시키는 대상은 지금 없지만 언젠가는 도래할 것이다(시간). 지금은 그것이 나와는 다른 장소에 있지만 언젠가는 도래할 것이다. 이 변형과정은 동시에 인식의 과정인 것으로, 그것은 우리에게 쾌감을 수여한다. 비온의 이론에 따라 사유와 느낌은 동일한 모형(模型)에서 생겨난다.

예술적 대상의 창조에서 예술가는 —나중에 이 대상을 향유하는 관찰자와 마찬가지로— 동시에 두 위치를 점유한다. "받아들이기 어려운 인자"와 직면해 있는 아이의 위치와 베타 요소를 예술로 변화시키는 "컨테이너에 담는" 엄마의 위치가 그것이다. 특히 현대예술에서 인습적이고 편협한 관찰자는 "받아들이기 어려운" 파편들과 직면해 있는데, 앞서 언급한 바와 같이 관찰자는 자기만족적으로 대상에 몰두할 때 이 베타 파편들을 계속해서 이해와 즐거움의 어떤 형식으로 변형시킬 수 있다.

아래의 도형으로 제시된 공식들은 매번 예술에서 영향력 있는 변형규칙과 함께 작동한다.

저 자	공 식	패러다임	변형기준
프로이트	예술가는 충동소망을 성취된 것으로 표현한다. 미의 규칙 엄수는 동시에 유혹의 보너스로 작용한다.	승화	개인의 비사회적 충동은 사회적으로 규정된 즐거움으로 변형된다.
멜라니 클라인	파괴된 대상의 재생. 어린이의 경우 놀이와 꿈에서 (파괴적) 환상들은 상징적인 방식으로 표현된다.	우울증의 자리	편집-분열증 자리에서 우울증 기제로의 변형
위니캇	놀이. 충분히 좋은(현실적으로 부재하는) 엄마의 면전에서의 외로움.	과도기대상	나인 동시에 내가 아닌 대상

비온	참을 수 없는 것을 견디게 하는 가능성(컨테이너에 담기). 이것이 이해할 수 없는 것을 즐기도록 길을 열어 준다.	컨테이너와 컨테이너에 담기	받아들이기 어려운 베타 요소를 알파 요소로 변화시킴

유감스럽게도 구체적 예술작품을 다루며 더 나아가서는 어떤 공식에 따라 작품을 공식에 종속시키는 정신분석적 출판물들을 보게 된다. 그럴 때면 작품을 이해하는 것이 아니라 정신분석적 언어유희를 설명하고 저자의 세계상을 확고히 하려고 작품을 이용했거나 심지어는 남용했다는 공허한 기분이 든다.

미적 경험으로서의 정신분석

예술 연구에 몰두하는 정신분석의 많은 저자 가운데 아주 소수만이 **형식 문제**를 제기한다. 그리고 이 소수 중에서 대다수가 다시 작품이라는 "창조적 대상"이 아니라 "창조적 주체"로부터 출발한다. 연구가 작품에서 출발한다면, 그것은 종종 작품을 인간처럼 —환자와 같은 규칙으로— 다루기 위해서일 뿐이다. 그러나 작품이란 **다른** 어떤 것이다. 아도르노는 이 다른 것을 "객체의 우위(Vorrang des Objekts)"라고 말한 바 있다(Adorno 1970, 217, 477쪽 이하).

점차 정신분석적 담론에서 정신분석 역시 다른 어떤 것이라는 사고가 관철되고 있다. 이 다른 것은 잠재적 공간(potential space), 상호중개적 공간(intermediärer Raum) 또는 제3의 것(Das Dritte)과 같은 은유로 표현된다. 우리는 점점 더 우리의 인식관심을 더는 분석대상자 Y의 "바로 그" 신경증 X로 향하는 것이 아니라 분석가와 분석대상자 둘이서 함께할 때 생성되는 제3의 것으로 향한다. 이 제3의 것을 노골적으로 "분석과정"이라고 표현하지만, 이런 표현은 분명히 새로운 특성이 형성되는 것을 충분히 고려한 것은 아니다. 제3의 것은 일상적으로 대화하면서 "나의 분석 내에서" 항상 의역의 형태로 나타난다. — 어떤 사람이 다른 사람에게 분석 "내에서" 자신이 경험한 특성에 대해 뭔가를 전달하려고 할 때, 또는 "여기서"보다 더 단순하게 뭔가를 전달하려 할 때, 즉 분석대상자가 분석가에게 바로 "여기" 분석에서만 일어나는 뭔가가 있다고 말하려 할 때 그런 일이 발생한다. 토마스 오그던(Thomas Ogden)은 이렇게 갑자기 형성된 제3의 것을 "분석의 주체(subject of analysis)"라고도 명명한다(Ogden 1996, 884쪽). — 이는 독일어로 번역될 수 없는 은유인데, 왜냐하면 "Subject" 또는 "Sujet"는 영어나 프랑스어에서 주체와 대상을 동시에 의미하기 때문이다. 그리고 자세히 보면 중요한 것은 분석가와 분석대상자에 의하여 생성되면서도 임의로 조정되거나 변화될 수 없는, 둘로부터 독립적 형태를 받아들이는 주체-객체로서의 제3의 것이다.

이로부터 우리는 다음과 같이 확정적으로 말할 수 있다. 정신분석은 미적 경험과 예술형식(또는 이것과 동일한 아름다움)에 접근하기 위한 그 자체의 통로를 갖고 있다. 이 통로는 어떤 정신분석의 지식을 어떤 예술작품에 이런저런 식으로 적용하는 데 있는 것이 아니라 예술작품 자체 내에 있다. 어떤 흥미로운 예술작품의 성공 여부가, 예컨대 사과나무의 그림이 "사실에 부합되게" 원근법적으로 "똑바로" 재현되어 있는 데 달려 있지 않은 것처럼, 성공적인 분석의 여부도 성적인 장애 또는 성격장애가 "병리적" 상태에서 "현실에 적합한" 상태로 변화되었다는 점에 달려 있는 것은 아니다.

정신분석적 과정이 그 자체의 길을 발견할 때, 내용과 형식이 일치되는 경향을 보인다. 분석가와 분석대상자는 이 내용과 형식의 일치를 아주 근본적인 의미에서 아름답게 느낀다. 내용, 그것은 이 경우에 꿈과 갈등의 문제이며, 분석대상자가 찾아온 이유도 근본적으로는 바로 이것 때문이다. 형식, 그것은 이 내용이 정신분석적 치료의 틀 내에서 전이로 계속 이어지게 하는 방식과 방법이다. 거기서 내용은 서술과 해결 아니면 변형에 도달하고, 어쨌든 새로운 형태를 받아들인다.

이 일치는 사례서술에서는 좀처럼 중요한 문제로 부각되는 경우가 드물거나 전혀 없다. 한편으로 이는 비밀스러운 최고선(summum bonum)을 포기한 데 대한 수치심과 무능력 때문이며, 다른 한편으로는 이 아름다운 느낌이 공개적으로 서술되자마자 파괴될지도 모른다는 신경증적 불안이나 실제적인 불안 때문이다. 가장 큰 영향을 미치는 것은 아마도 무능력일 것이다. 왜냐하면 100년 뒤에 우리가 정신분석을 시작하게 될 때에야 우리가 여기서 행하고 있는 것을 이해할 수 있을 것이기 때문이다.

위기와 여유

여기서 일어나는 것을 이해하기 위한 두 표제어는 위기(Krise)와 여유(Muße)이다. 서로 묶여 있는 이 한 쌍은 미적 경험과 분석경험에서 똑같이 중심적 위치를 차지한다. 이 때문에 그것은 엄격하게 작품에서 출발하는 형식이 정신분석을 향하도록 새로운 통로를 열어 준다. 예술경험이나 작품이해는 여유의 상태에서만 가능하다는 것이 미적 경험의 구조적 특성, 즉 모든 시대와 모든 문화에 대해 동일하게 남아 있는 특성에 속한다(Oevermann 1991; 1993). 주체는 여유로운 정서에서만 자신이 빠져들어야만 하는 위기에 빠질 수 있고, 그럼으로써 독자적으로 작품의 새로운 것을 해명할 수 있다. 이에 상응하는 예술사적 기호의미는 충격과 감동이다. 그러니까 여유란 다음 두 가지를 뜻한다. 그것은 첫째로 결단 및 실행의 압박에서 자유로운 상태와 둘째로 규범 및 분류의 강박에서 자유로운 상태이다.

관찰자는 자신이 빠져드는 위기를 인습적인 결단의 위기처럼 즉시 제거해서는 안 되며("이 그림을 나는 별로 좋게 보지 않는다"), 그는 작품을 일상의 현실에서처럼 규범적 관점에서 관찰해서도 안 된다("이것은 매너리즘의 주요작품이다"). 그러니까 관찰자는 대상에 자족적으로 자신을 맡기는 상태로 들어간다. 이런 목적을 위하여 이상적으로 미술관 제도가 창설되었다. 여기서 주체는 여유라는 위기 없는 조건 하에서 위기를 모의실험한다. 완전한 대립관계 속에서 미적 경험의 이런 구조적 특성이 어떻게 정신분석적 경험 속에서 반복되는지는 곧 분명해질 것이다.

텍스트로서의 이미지와 그것의 무의식적 성격

우리가 꿈에 접근하는 직접적인 통로가 아니라 구조논리의 근거로 보아 언제나 이야기로 보고된 —우리 자신에게든 분석자에게든 상관없이— 꿈에로의 통로만을 가지고 있듯이, 우리는 채색된 이미지나 연주된 음악에 접근하는 직접적인 통로를 갖고 있지 못해서 언제나 언어화의 가교를 거쳐서 넘어가지 않을 수 없다. 내가 이 이미지는 아름답다고 말하자마자, 나는 이미 직접적인 미적 경험의 텍스트 형태로 보고서를 작성한 셈이다. 그렇다면 이미지는 이미 텍스트가 되어 버린 것이다. 여기서 작품과 관찰자 사이와 마찬가지로 근본적으로 예술가와 완성된 작품 사이에 건널 수 없는 심연이 존재한다. 예술가는 "감동을 받은" 관찰자와 마찬가지로 자신의 작품과 분리되어 있다. 작품과의 이와 같은 분리의 다른 편에 예술가와 관찰자가 서로 연관되어 있으며, 우리는 바로 이 분리를 가능한 한 작품의 상세한 언어적 재구성을 통하여 이용할 수 있다. 바로 여기에 정신분석의 기회가 주어진다. 즉 정신분석적 접점이 무리 없이 이루어지도록, 그리고 무리 없이 이루어질 때까지 작품을 계속 해명해 나가야 한다.

미적 경험	정신분석적 과정
여유	조절과 절제의 규칙은 특별하고 여유와 비슷한 정서를 만들어 준다.
대상에 자족적으로 자신을 맡김	분석가의 측면: 동시에 떠오르는 관심과 해석 사이에서의 흔들림(관여).
실행의 압박과 결단의 강요로부터 해방	환자의 측면: 자유연상("머릿속에 떠오르는 모든 것을 말하기")
여유라는 위기 없는 조건 하에서 위기를 모의실험 하기	행동압박에서의 해방: 인습적 치료 상황과는 달리 어떤 행동이나 "조언하는 일"도 없어야 한다. 자발적으로 일어나는 역전이는("모의실험 결과") 살아온 삶의 위기를 다시 부추긴다. 위기의 생산과 해결이 동시에 일어난다.
예술가와 관찰자의 불일치가 전제조건이다.	(사적인 관심사 및 욕구가 흐려져 있는) 분석가와 (관심사와 욕구가 집중된) 환자의 구조적 불일치.

그러므로 우리는 예술작품에 대한 기술 또는 보고서를 작성해야 한다. — 그리고 우리는 프로이트의 기술적 규칙에 따라 "표면으로부터 깊이로" 파고들어 감으로써 그렇게 할 수 있다. 우리는 늘 이미지 자체가 아니라 이미지에 대한 우리의 보고서만을 철학적으로 심도 있게 분석해야 한다. 이는 예술작품을 동일성(das Identische)인 동시에 비동일성(das Nichtidentische)으로 보는 아도르노의 예술규정에도 나타나 있다. 이미지란 어느 이미지든 어떤 것에 대한 이미지이다. 이 이미지를 통하여 결정된 어떤 것은 이미지 자체와는 다른 어떤 것이다. 모든 이미지는 이미지 자체가 아닌 대상을 나타나게 한다. 그렇기 때문에 "대상적인(gegenständlich)"과 "추상적인(abstrakt)"의 구분은 오해의 여지가 많고 무의미하다. 추상적인 이미지란 없다. 우리가 이른바 추상적인 이미지를 기술하려고 시도한다면, 우리는 바

로 그것을 강압적인 것으로 경험한다. 우리가 언제나 기술하면서 불완전한 것처럼 기술되는 것, 그것이 대상이다. 우리가 시종일관 기술해 나간다면, 우리는 분명히 작품이 —언제나 새롭게 해명되어야 하는— 표면들로만 이루어져 있다는 것을 확증하게 된다. 예술작품에 무의식적 전달과 같은 어떤 것, 무의식적 내용이나 그와 유사한 것이 있다면, 그것은 작품의 어떤 심층에 있는 것이 아니라 표면에 있다. 이 요구의 철저함 때문에 심층해석학적 문화 분석의 출발점이 되는 작품으로의 역전이가 깨져 버린다. 역전이는 작품에 대한 기술이 성공한다면 역할을 마치고 해체되어야 한다. 이렇게 한다면 우리는 "객체의 우위"에 대한 아도르노의 요구도 이행하게 된다.

아름다움이란 무엇인가?

우리가 (균형, 쌍안의 시각, 척추와 어깨뼈의 좌표축, 색채 스펙트럼 등) 생리학을 통하여 미리 정해진 프로이트의 "아름다움의 규칙"에 대한 전체 스펙트럼을 주어진 것으로 전제한다면, 이 전제의 바탕에는 앞으로 정신분석이 예술에 기여하게 될 오랫동안 고갈되지 않은 영역이 존재한다. 감동, 생각과 아름다움에 대한 많은 공통적 절단면에 대한 설명이 그것이다.

프로이트는 마지막으로 이를 시작하기 위하여 여기서 좀 지나치게 탐닉을 거부하는 관점을 받아들였다. 그는 이렇게 말했다. "나는 음악을 거의 즐길 수 없다. 합리적이거나 어쩌면 분석적인 성향이 나의 내부에서 내가 감동에 빠져드는 것을 가로막는다. 그리고 내가 왜 그런지, 무엇이 나를 사로잡는지 도무지 알지 못할 지경에 빠지는 것을 방해한다"(전집 10, 172쪽). 물론 프로이트는 미켈란젤로의 모세 조각상에 감동을 받았던 곳에서도 무엇이 그를 그렇게 사로잡는지 알지 못했다. 우리는 늘 우리가 파악하지 못했고, 파악할 수 없는 부분에 감동을 받는다. 이런 의미에서 아도르노는 예술작품의 "수수께끼적 성격"에 관해 언급했다. 프로이트가 이런 측면을 이해했듯이 음악에서 정신분석적 예술이해의 한계를 분명히 한 것은 우연이 아니라고 할 수 있다. 여기서 더 규정할 수 없지만 음악은 모든 예술의 모체이다. 우리는 그림에 관해 결코 말할 수 없을 것 같은 것을 멜로디에 관해서는 어렵지 않게 말한다. 다시 말해 우리는 멜로디에 관해 이해한다고 느낀다. 그러므로 우리는 음악에서만은 이것, 즉 주체-객체-관계를 역행한다. 이런 단순한 이유로 음악에 대해서도 의미에 대한 어리석은 물음은 침묵을 지킨다. 어느 누구도 베토벤이나 존 콜트레인, 롤링 스톤즈의 이런 저런 곡을 놓고 어떻게 이해해야 하는지, 그리고 음악작품 속에 이런저런 형상이 도대체 무슨 의미인지를 묻지 않는다.

이해된다는 느낌은 —그것이 우리를 감동시키는데— 우리가 예전에 보는 것보다는 듣는 행위, 즉 어머니의 몸속에서 어쨌든 어머니의 동작과 어조를 듣는 것과 같은 감각으로 듣는 행위에 기인하는 것인지도 모른다. 왜냐하면 이해되는 것뿐만 아니라 이해되지 않는 것의 기본적인 형태가 어머니의 동작과 말소리에 의해서 형성되기 때문이다.

우리가 음악을 듣고 감동을 받을 때, 헤겔이 그리스 고대의 "고전적 아름다움"에 대해 비슷한 태도를 취했듯이 우리는 직관적으로 행동한다. 헤겔에 따르면 고전적 아름다움이란 "그 어떤 것의 의미가 아니라 **스스로를 예시**하는 동시에 **스스로를 해명**하는 것"(1986, 13쪽)이다. "적절한 감각적 현전을 위하여 자체 내에서 내실로 충만한 것을 드러내 보이는 것"이 예술의 과제인 것처럼, "이 내실로 충만한 것과 그것의 아름다운 현상방식으로 나타나는 것을 사유하여 파악하는 것"(1986, 242쪽)이 바로 예술철학의 과제이자, 첨언한다면 바로 정신분석의 과제이기도 하다. 루만(Luhmann)처럼 아름다움의 개념을 단지 미(美)-추(醜)라는 반립관계가 역사적으로 진부해졌다(1995, 309쪽 이하)는 이유만으로 금기시하는 것은 무의미하다. 이런 사람에게 누군가가 문을 알려 주면, 그는 믿지 못하고 다시 뒷문으로 들어올 것이다.

우리가 아름다움이라고 부르는 것은 때때로 확정적이다. 결정적인 요인은 이해되지 않는 어떤 것에서 이해로, 위협적인 어떤 것에서 잘 아는 것으로, 이질적인 것에서 재인식된 것으로, 참을 수 없는 것에서 참을 수 있는 것으로, 파괴에서 화해로, 혐오에서 즐거움으로의 완전한 변형에 대한 만족감에 있다. 앞에서 요약한 네 가지 공식들은 본질적으로 이런 변형기준으로 이루어져 있다. ─ 그리고 그것은 이 기준에 의해 아름다움이란 무엇인가 하는 물음에 접근하려고 한다.

구체주의의 키치는 ─음악으로 남기 위한─ 참을 수 없는 소음에 대하여 내실이 충만한 고요함이나 조화로운 형식, 후기화성학의 12음계법이나 미적인 것으로서의 다른 어떤 일시적인 존재를 대립시킨 결과라고 할 수 있다. 우리가 늘 새롭게 견디도록 **만드는 것**, 또는 그럼에도 바로 그렇기 때문에 우리가 즐기는 법을 배웠던 것은 아름답다. 이런 즐거움 속에서 고양된 지각 및 사유과정은 내면화를 거쳐 앞서 기술한 바와 같이 우리가 난해한 것을 즐길 수 있도록 한다.

아름다운 것은 마음에 드는 것, 저속한 것, 모방, 임의적인 것, 인습적인 것, 숭고한 것 등 수많은 반대 요소들로 이루어진다. 대상에 대한 아름다움이란 이제 다음과 같이 규정될 수 있다. 즉 이 반대 요소들의 무한한 연속에서의 모든 위치는 나름대로 "적절한 감각적 현전을 위하여 자체 내에서 내실로 충만한 것을 드러내 보이고"(헤겔) 또한 새롭게 형상을 갖춤으로써 아름다움이 새롭게 생겨날 수 있다. 아름다움은 지속적으로 자기 해방적인 규정이다. 누군가 아름다움을 제시하자마자 아름다움은 이미 다시 사라져 버리고, 어떤 정의(定義)를 통해서가 아니라 오직 아름다움을 향한 욕구를 통해서만 채워질 수 있는 균열, 공허함이 발생한다. 이것이 라캉이 우리에게 암시적으로 알려 주는 영역이다. 그렇다면 이를 통해 어쩌면 예술의 정신분석에 대한 제5의 변형공식이 제시될 수도 있을 것이다.

참고문헌

Adorno, Theodor W.: Ästhetische Theorie(미학이론). Gesammelte Schriften Bd. 7. Frankfurt a.M. 1970.

Bion, Wilfred R.: Transformation(변형). Frankfurt a.M. 1997(영어판 1965).

Clemenz, Manfred: Psychoanalyse und künstlerische Kreativität(정신분석과 예술적 창조성). In: Psyche 59(2005), 444-464.

Eissler, K.R.: Goethe. Eine Psychoanalytische Studie(괴테. 정신분석적 연구). 1775-1786. Frankfurt a.M. 1985(영어판 1963).

_______: Leonardo da Vinci. Psychoanalytische Notizen zu einem Rätsel(레오나르드 다빈치. 수수께끼를 위한 정신분석 노트). Frankfurt a.M. 1992(영어판 1961).

Gedo, John E.: The Artist and the Emotional World(예술가와 정서적 세계). Creativity and Personality. New York 1996.

Greenacre, Phyllis: Emotional Growth. Psychoanalytic Studies of the Gifted and a Great Variety of other Individuals(정서의 성장. 타고난 재능과 아주 다양한 다른 개인들의 정신분석적 연구). 2 Bde. New York 1971.

Hegel, G.W.F.: Vorlesungen über die Ästhetik II(미학 2 강의). Werke 14. Frankfurt a.M. 1986.

Kierkegaard, Sören: Entweder-Oder(이것이냐 저것이냐). Köln/Olten 1960.

Lorenzer, Alfred: Tiefenhermeneutische Kulturanalyse(심층해석학의 문화분석). In: Hans-Dieter König 외 (Hg.): Kultur-Analysen. Frankfurt a.M. 1986, 11-98.

Luhmann, Niklas: Die Kunst der Gesellschaft(사회의 예술). Frankfurt a.M. 1995.

Noy, Pinchas: Die formale Gestaltung in der Kunst(예술에서 형식의 형상화): Ein ich psychologischer Ansatz kreativen Gestaltens. In: H. Kraft (Hg.): Psychoanalyse, Kreativität und Kunst heute. Köln 1984, 180-205.

Oevermann, Ulrich: Genetischer Strukturalismus und das sozialwissenschaftliche Problem der Erklärung der Entstehung des Neuen(발생적 구조주의와 새로운 것의 생성에 관한 설명의 사회과학적 문제). In: Stefan Müller-Doohm (Hg.): Jenseits der Utopie. Frankfurt a.M. 1991, 267-336.

_______: Die objektive Hermeneutik als unverzichtbare methodologische Grundlage für die Analyse von Subjektivität. Zugleich eine Kritik der Tiefenhermeneutik(주관성 분석에 대한 포기할 수 없는 방법적 토대로서의 객관적 해석학. 동시에 심층해석학의 비판). In: Thomas Jung/Stefan Müller-Doohm (Hg.): 'Wirklichkeit' im Deutungsprozeß. Frankfurt a.M. 1993, 106-189.

Ogden, Thomas: Reconsidering three aspects of the psychoanalytical technique(정신분석 기법의 세 양상을 재고함). In: Int. Journal of Psychoanalysis 77(1996), 883-900.

Polanyl, Michael: Was ist ein Bild?(이미지란 무엇인가?) [1970]. In: Gottfried Boehm (Hg.): Was ist ein Bild? München 1994, 148-162.

Reiche Reimut: Mutterseelenallein. Kunst, Form und Psychoanalyse(천애고독. 형식과 정신분석). Frankfurt a.M. 2001.

Segal, Hanna: Traum, Phantasie und Kunst(꿈, 환상과 예술). Stuttgart 1996(영어판 1991).

Waelder, Robert: Psychoanalytische Wege zur Kunst(예술로의 정신분석적 도정). In: Helene Deutsch/Phyllis Greenacre/Robert Waelder: Die Siegmund Freud Vorlesungen. Frankfurt a.M. 1973(영어판 1965), 161-238.

Winnicott, D.W.: Übergangsobjekt und Übergangsphänomene(과도기대상과 과도기현상). In: Ders: Vom Spiel zur Kreativität. Stuttgart 1973, 10-36(영어판 1971).

Reimut Reiche

5. 문학

유럽과 미국에서의 정신분석

문학 분야에서 현대의 남녀 작가들은 그들이 살았던 시절, 그러니까 처음에는 빈 시절의 1900년경 이후, 나중에는 다른 모든 독일어권 지역에서 보내던 1910년대, 끝으로 전 유럽 지역과 미국에서 보냈던 1920년대 이후로 정신분석에 매료되고 열광하는 태도를 보여 왔다.

영국에서 정신분석의 수용은 런던의 "블룸즈버리그룹(Bloomsbury Group)"의 구성원들에 의해 결정적으로 시작되고 수행되었다. 여기에 속하는 인물은 프로이트 번역자인 제임스 스트레이치 외에 버지니아 울프와 정신분석에 영감을 받은 《뉴 바이오그래피(New Biography)》의 창설자인 리튼 스트레이치(Lytton Strachey)였다(Munsch 2004 참조). 어니스트 존스가 런던의 정신분석학회를 창설했던 1913년에 이미 정신분석은 '블룸즈버리'에서뿐만 아니라 문학계에서도 영구적인 대화주제가 되었다. 로렌스(D.H. Lawrence)의 《아들과 연인(Sons and Lovers)》은 영국에서 정신분석의 영향에 따라 쓰인 최초의 소설이라고 할 수 있다. 로렌스는 그의 연인 프리다 폰 리히트호펜을 통하여 1900년 이후 영향력 있던 오스트리아의 정신분석가이자 문화혁명가였던 오토 그로스(Otto Gross)의 해설서에서 정신분석을 알게 되었다.

문학적 지식인들은 프랑스에서도 1914년 1월에 그로스와의 관계에서 정신분석을 인지했다. 당시에 기욤 아폴리네르(Guillaume Apollimaire)는 잡지 《메르퀴르 드 프랑스(Mercure de France)》(1914년 1월 16일)에서 정신분석가의 불법 체포와 정신병원으로의 유형에 반대하는 독일 표현주의자들의 캠페인에 참석한 바 있었다. 아폴리네르의 찬양자였던 앙드레 브르통(André Breton)은 필립 수포(Philippe Soupault)와 함께 잡지 《자장(磁場)》(1920)에서 프로이트에 의해 고무되어 미학적으로 정신분석적 지식의 문학적 적용 중 가장 근본적인 형식의 하나로서 곧 프랑스 초현실주의의 프로그램이 되었던 "자동기술방식"을 실험했다. 브르통이 오스트리아 빈의 프로이트를 방문했던 1920년대 초에, 프로이트는 《라 누벨 르뷔 프랑세즈(La Nouvelle Revue Française)》의 공동 편집자였던 앙드레 지드로부터 그의 저술을 프랑스어 번역으로 출간할 것을 요청받았다.

이탈리아에서 문학적 정신분석의 수용은 뒤늦게 천천히 시작되었다. 다다이즘과 초현실주의 운동과 달리 이탈리아의 미래주의는 여전히 정신분석에 관심을 보이지 않았다. 이탈리아에서 주제와 형식에서 정신분석을 받아들인 최초의 소설인 이탈로 스베보(Italo Svevo)의 《제노의 의식(La coscienza di Zeno)》(1923)은 제임스 조이스의 도움으로 이탈리아보다는 프랑스에서 훨씬 더 많은 인정을 받았다. 스베보는 1910년 이전에 이미 이탈리아의 정신분석 연구자 에도아르도 바이스(Edoardo Weiss)를 통하여 프로이트의 글들을 접했다. 그는 의사였던 게오르크 그로덱(Georg Groddeck)의 정신분석적 소설인 《영혼의 탐구자(Der Seelensucher)》(1921)를 알고 있었고, 프로이트의 추종자 빌헬름 스테켈(Wilhelm Stekel)과도 친교를 맺고 있었다.

미국에서는 아브라함 브릴(Abraham A. Brill)이 프로이트의 번역자이자 1908년에는 미국의 정신분석연합 창설자로서 정신분석 운동의 발기인이 되었다. 1909년에는 프로이트가 매사추세츠의 우스터에서 정신분석에 관해 네 차례 강의했다. 1920년에 정신분석은 미국에서 그 어떤 곳보다 정신의학적 사고에 크게 영향을 미쳤고, 1920년대 이후로는 특히 문학을 위시한 엘리트문화와 대중문화 전 영역에 영향을 미쳤다. 예컨대 유진 오닐의 연극 《기묘한 막간극(Strange Interlude)》(1928) 또는 필립 배리의 연극, 루드빅 루이손(Ludwig Lewisohn)의 중요한 작품 《내 섬(The Island Within)》(1928), 콘래드 에이컨(Conrad Aiken)의 《대원(Great Circle)》(1933)과 《왕의 관(King Coffin)》(1935)이나 스콧 피츠제럴드의 《밤은 부드러워(Tender Is the Night)》(1934), 그 밖에 손턴 와일더(Thornton Wilder), 클리포드 오뎃(Clifford Odet), 릴리언 헬맨스(Lillian Hellmans), 폴 그린, 테네시 윌리엄스, 아서 밀러 등의 문학은 정신분석 없이는 거의 이해될 수 없다.

독일문학에서의 정신분석

독일어권에서 빈 모더니즘 문학의 계획자였던 헤르만 바(Hermann Bahr)는 1904년 《비극적인 것에 관한 대화(Dialog vom Tragischen)》에서 브로이어와 프로이트의 《히스테리 연구》(1895)에 대한 명시적인 재해석에 근거하여 아리스토텔레스의 카타르시스 이론을 정신분석적 이해로 변형시켰다. 후고 폰 호프만스탈[8]의 비극적 실제는 마찬가지로 대략 같은 시기에 정신분석적 지식의 당시 상황에 동참하고 있었다. 그는 자신의 비극 《엘렉트라》의 여주인공을 히스테리 환자로 계획하는 동시에 브로이어의 환자였던 '안나 오(Anna O.)'의 병력(病歷)에 근거하여 형상화했다. 1906년에 초연된 비극 《오이디푸스와 스핑크스》는 이 시기에까지는 거의 사용되지 않은 《꿈

8) 역주: 본서 I권의 '빈 모더니즘' 장(章) 참조.

의 해석》의 요소들을 응용했다. 최초로 정신분석의 지식을 수용한 오이디푸스가 무대에 오른 것이다. 호프만스탈은 프로이트처럼 고대문학의 비극적 인물을 좌우하는 외적인 운명의 힘을 충동운명으로 바꾸어 해석했으며, 신화의 세계를 정신적 사건의 투사로 파악했다.

1920년대의 독일에서 정신분석은 현대 작가들 가운데 가장 포괄적이고 강력한 수용의 기회를 맞이했다. 토마스 만은 1929년 그의 최초의 프로이트에 대한 아주 훌륭한 연설문인 《현대의 정신사에서 프로이트의 위치(Die Stellung Freuds in der modernen Geisteswissenschaft)》를 통해 정신분석에서 "정신과 학문의 가능한 모든 분야가 감동을 받았던 세계 운동"의 의미를 입증했다(Mann, 1991, 48쪽). 그는 정신분석이 해방된 지적 인간이 살아갈 거주지의 미래 기초를 닦는 데 기여한 가장 중요한 초석들[9] 가운데 하나라고 요약했다(Mann 1991, 54쪽). 프로이트와 정신분석에 대한 이런 문학적 찬사는 이 시기의 남녀 작가들에게서 한꺼번에 터져 나온다. 1930년 프랑크푸르트에서 누가 괴테 상을 받아야 하는가를 두고 막후에 격렬한 토론이 벌어졌을 때, 프로이트가 상을 받게 된 것은 무엇보다 문학적 현대를 대변하는 의사 출신의 작가 알프레트 되블린[10] 덕분이었다. 더욱이 노벨상 제2차 심사위원 회의에서 프로이트의 노벨상 수여 신청서가 낭독되었다는 사실은 대단히 중요한 의미가 있었다. 30명의 작가가 신청서에 서명했다. 이 인상적인 목록에는 루 살로메, 알프레트 되블린, 이반 골, 발터 하젠클레버, 헤르만 헤세, 게오르크 카이저, 토마스 만, 발터 메링, 로맹 롤랑, 에른스트 톨

9) 역주: 토마스 만은 이 에세이에서 플라톤의 이데아, 칸트의 물자체, 쇼펜하우어의 의지, 프로이트의 무의식 개념을 비교하면서 상호 유사성을 도출해 냈다.

10) 역주: 《베를린 알렉산더 광장》의 주도적 문체수단인 내적 독백과 의식의 흐름 기법은 전적으로 프로이트의 정신분석과 밀접하게 결부된다. 이 점이 또한 제임스 조이스의 표현기법과 가장 큰 차이가 아닐까 싶다.

러, 에른스트 바이스, 프란츠 베르펠, 버지니아 울프, 파울 체히, 아르놀트 츠바이크 등 쟁쟁한 이름이 실려 있었다.

현대의 많은 작가가 학문적 수련을 통하여 적절히 정신분석을 받아들일 준비를 했다. 예를 들면 로베르트 무질, 알프레트 되블린, 리하르트 후엘젠베크(Richard Huelsenbeck), 특히 아르투르 슈니츨러가 그러했다. 슈니츨러는 1890년대 초 프로이트가 번역하고 해설한 장 마르탱 샤르코와 이폴리트 베른하임(Hippolyte Bernheim)의 저술에 대한 평론을 가지고 이미 정신분석의 발생과정에 참여했다. 그는 《꿈의 해석》이 출간되자 몇 달 동안 그것을 읽었다.

몇몇 작가는 환자로서 정신분석을 알게 되었다. 1911년과 1912년 겨울에 정신분석 치료요법을 고려했으나 신경증으로 창조성을 잃을 수도 있다는 두려움 때문에 그것을 단념한 라이너 마리아 릴케의 예는 결코 일반적인 것이 아니다. 호프만스탈은 가끔 빌헬름 플리스에게서 치료를 받았고, 에리히 뮈잠(Erich Mühsam)은 1907년에 오토 그로스(Otto Gross)에게 치료를 받았다. 무엇보다 프란츠 카프카와 프란츠 베르펠은 나중에 기억상실에 빠진 문화혁명가 오토 그로스와 심도 있게 토론했다. 헤르만 헤세는 1916년 칼 융의 제자에게, 1920년 이후에는 칼 융에게 치료를 받았다. 리하르트 후엘젠베크, 아르놀트 츠바이크, 헤르만 브로흐와 심지어 프로이트의 가장 신랄한 비판자 중 한 사람인 (그러면서도 정신분석에 정통했던) 로베르트 무질조차도 정신분석적 치료를 받았다. 그들 가운데 대다수가 심각한 작업장애에 시달렸고, 헤세와 브로흐 등 몇몇은 분석을 새로운 창조성을 찾기 위한 해방으로 기술했다. 헤세는 그의 문학적 생산성의 새로운 국면을 가져온 소설 《데미안》을 랑(J. B. Lang)에게 받은 심리치료가 효력을 분명하게 보이던 시기에 집필했다.

정신분석이 20세기 전체의 문학에서 남겨 놓은 흔적은 1920년대 이후 여러 측면에서 거의 헤아릴 수 없을 정도이다. 슈테판 츠바이크처럼 문학적으로는 오히려 인습적인 작가들이 (특히 앙드레 브르통과 같은) 프랑스 초현실주의의 아방가르드의 대표자나 제2차 세계대전 이후의 언어 실험적 문학의 대표자처럼 정신분석에 관심을 기울였다. 아르노 슈미트(Arno Schmidt)는 제임스 조이스와 프로이트의 연상이론에 몰두하면서 무의식의 영향을 언어화하고 통제된 의식언어 아래 존재하는 의미의 층을 해명하려고 노력했다. 프로이트가 언어의 실수행위(Fehlleistungen; 실언)에 대해 의미해명의 힘을 부여했던 것을 슈미트는 체계적인 "잘못쓰기기법(Verschreibkunst)"으로 받아들였다. ― 잘못쓰기기법 개념은 그의 작품 《금테를 두른 저녁(Abend mit Goldrand)》(1975)의 부제이다.

정신분석에서 자크 라캉에 의한 전환, 즉 무의식적인 것은 언어처럼 구조화되어 있다는 명언과 함께 결정적으로 이루어진 언어학적 전환은 무의식적인 것을 언어화하는 동시에 "상징적 질서"(라캉)의 이성 중심적인 힘, 언어적으로 매개된 사회적 관계의 가부장적 구조를 전복하려는 언어실험적인 시도들을 받아들였다. 이런 의미에서 프랑스의 문학이론가이자 정신분석가인 줄리아 크리스테바(Julia Kristeva)가 계획적으로 언어의 율동적인 질이나 물리적이고 재료적인 특성, 언어 연관적인 다의성, 그 모순과 의미 거부적인 성격을 통용화하는 동시에 감각적 과잉을 통하여 언어질서의 논리를 확장하고자 하는 시적 언어혁명으로 기술했던 것은 독일어권에서 프리데리케 마이뢰커(Friedreike Mayröcker)의 문학적 실제에서 또는 긴카 슈타인박스(Ginka Steinwachs)의 연극 및 방송극과 퍼포먼스에서 호응을 얻어 반영되었다. 이 여성작가가 《g-l-ü-c-k》(1991)에서 그녀의 인물들 가운데 하나를 "분석"이라고 부르고 있다면, 그녀는 쿠르트 슈비터(Kurt Schwitter)의 아방가르드 시 〈안나 블루메(Anna Blume)〉와 나란히 정신분석과의 관련성을 입증하고 있다.

20세기의 문학사는 정신분석의 수용사 없이는 적절하게 파악될 수 없으며, 반대로 정신분석 역시 문학과의 만남 없이는 파악될 수 없다. 슈니츨러, 호프만스탈, 크라우스, 프란치스카 추 레벤트로프(Franziska zu Reventlow), 루 안드레아스 살로메, 토마스 만, 게르하르트 하우프트만, 헤세, 카프카나 무질, 되블린, 투홀스키, 브레히트, 이들 모두는 정신분석에 감명을 받았으면서도 그것에 다소 비판적 거리를 두었다. 정신분석은 이 대다수 작가들에게 바로 실존적 의미였다. 정신분석과 문학적 현대는 상호 의존적으로 세분된 사회에서 점점 더 모순적이고 통합되기 힘든 요구와 직면하여 현대적 주체의 중요한 동일성문제에 반응해 왔다. 정신분석과 문학은 서로가 협동하는 동시에 경쟁해 왔다.

문학적 정신분석 수용에서의 모순적 관계

정신분석의 문학적 수용은 1970년대 이래로 문예학과 부분적으로는 정신분석 연구에서도 중요하고 지속적으로 관심을 갖게 된 대상이 되었다. 그렇지만 오늘날까지 어떤 포괄적이고 체계적인 서술이나 주제를 집대성한 문서는 없으며, 분산적이고 서로 다른 많은 개별연구만이 존재하는 실정이다. 바람직한 연구가 어려웠고 지금도 그런 이유는 문학과 정신분석 사이의 연관조직에 참여한 사람들의 자기 진술이 종종 불확실하고 모순적이며, 이중적이거나 심지어는 잘못되었기 때문이다. 문학과 정신분석 사이의 이따금 매우 극적인 관계는 상호 간의 모든 가치평가에도 불구하고 강한 라이벌 의식을 통해 특징적으로 표출된다. 호프만스탈은 1908년 어느 편지에서 다음과 같이 썼다. "나는 프로이트의 저작들을 모두 알고 있는데, 내가 보기에 그는 … 고루하고 촌스러운 오만으로 가득 찬 평범하기 짝이 없는 사람이다"(Hofmannsthal-Blätter 7[1971], 74쪽). 정신분석에 대한 칼

크라우스의 논쟁적인 언급, 특히 그의 농담은 잘 알려져 있다. "정신분석은 정신병 치료를 자처하는 정신병이다"(Die Fackel, Nr. 376/277, 1913년 5월 30일, 21쪽).

이와 같은 표명에 다른 많은 비난이 쉽게 추가될 수 있겠지만, 그럼에도 심지어 크라우스와 호프만스탈에게서도 프로이트에게 경의를 표하는 표명이 나타난다. 나아가 정신분석과의 만남이 해당 사항의 연구를 통하여 비교적 포괄적으로 기술되어 있는 토마스 만 같은 작가의 경우까지도 많은 불확실한 물음들이 남아 있다. 그가 다양한 정신분석적 해석을 끌어들인 소설 《베니스에서의 죽음》(1912)을 이미 집필하기 전에 또는 집필할 무렵에 프로이트를 읽었는지는 무질의 《퇴를레스(Törleß)》(1906)의 경우와 유사하게 논란의 여지가 있다. 토마스 만의 경우 프로이트에 대한 첫 언급은 1916년의 메모에 나타난다. 하지만 1915년 여름에 완성된 것으로 보이는 《마법의 산》 가운데 〈분석-장(Analyse-Kapitel)〉에는 그가 프로이트의 《성이론에 대한 세 편의 논문》(1905)을 읽은 흔적이 역력하게 나타난다. 토마스 만은 이 논문의 존재를 출간되자마자 알았을 개연성이 높다. 《베니스에서의 죽음》과 빌헬름 옌센(Wilhelm Jensen)의 소설 《그라디바(Gradiva)》의 놀랄 만한 유사성은 토마스 만이 이 소설뿐만 아니라 1907년에 발표된 프로이트의 《그라디바》에 대한 연구도 알고 있었음을 분명하게 해 준다. 설령 그렇지 않다고 해도, 이는 1910년 무렵에 정신분석적인 문제제기와 사고가 퍼져 있었고, 그것과의 직접적인 접촉 없이도 영향을 받을 수 있었을 것이라는 토마스 만의 추후의 언급과 일치한다. 그는 나아가 당시 사람들이 쇼펜하우어와 니체를 얼마나 프로이트적인 사고유형으로 이해하는 데 익숙했는지를 언급한 바 있다.

정신분석에 대한 알프레트 되블린의 진술은 지극히 모순적이다(Anz 1997b 참조; 다음에 나오는 인용들은 여기서 나온 것이다). 되블린은 자신의 자연과학적-정신의학적 교육과 의사로서의 실제 경험을 바탕으로 지나치게 사변적인 것처럼 보이는 정신분석의 요소들에 대한 불쾌감을 거듭 강조했다. 그러면서도 대략 1919년 이후로는 프로이트의 저작들을 탐독하였고, 1920년대 초에는 정신분석에 대한 여러 편의 기고문에서 계속 프로이트를 거론하며 그의 이론에 동조했다. 1926년 되블린은 프로이트의 탄생 70주년 기념연설에서 그를 찬양하는 동시에, 문학에 대한 정신분석의 모든 우월성의 요구를 거부했다. 혹자는 "프로이트의 심층심리학이 결국 심층문학이 될 것이라고 말한 바 있는데, 이는 전혀 터무니없는 소리다. 분명히 도스토옙스키는 프로이트 이전에 살았고, 입센과 스트린드베리는 프로이트 이전에 글을 썼다. 그리고 우리는 정말 프로이트가 그들을 통해 배웠고 그들을 통해 입증했다는 것을 알고 있다." 되블린에게 프로이트는 개인적으로 "놀라운 어떤 것도 가져오지 못했다." 그렇지만 1년 뒤에 그는 자신의 소설 《베를린 알렉산더 광장》이 제임스 조이스에 의존하고 있다는 추정을 물리치기 위하여 정신분석적 경험들을 여러 차례 끌어들였다. 그는 "연상기법(Assoziationstechnik), 즉 생동적 대상인 정신분석에 관하여" 조이스보다 더 자세히 알고 있다고 주장했다.

되블린이 의사로 일하면서 자신을 실제적인 정신분석가로 생각하고 또한 그렇게 불렀을 것이라는 추측에 대해 몇 가지 전거(典據)가 존재한다. 되블린은 1921년 말 그의 《자서전적인 스케치(Autobiographische Skizze)》에서 이에 관해 설명한다. "나의 영적인 발전에 관해 나는 전혀 할 말이 없다. 나 자신이 정신분석을 행하는 사람이기에, 나는 자기 표명이라는 것이 얼마나 거짓인가를 알고 있다." 나중에 그는 어느 편지에서 "정신분석적 행위"에 관해 언급한다. 프로이트라는 인물에 대한 되블린의 가장 격렬한 공격 중 하나는 프로이트가 사망하기 약 반년 전인 1939년 2월 파리의 망명 잡지 〈미래〉에 게재된 기고문에서 발견된다. 평소에는 되블린이 몇몇 추종자들의 정신분석적 독단론에 대한 비판에서 오히려 배제했던 프로이트에 관하여 다음과 같은 비판이 가해진다. "프로이트에 대한 논박, 특히 재치 있고 풍자적인 논박은 환영받아야 한다. 그는 자신의 학설을 취급함에 있어서 무지막지한 독단뿐만 아니라 광적인 엄격성과 냉혹함에 가득 차 있어서 우리는 그에 대한 공격에 처음부터 소리를 지르며 갈채를 보내지 않을 수 없다. 우리는 단지 정치적으로만 독재자들을 참을 수 없는 것이 아니다." 그럼에도 되블린은 그의 학문적 스승이라 할 정신과 의사 알프레트 호헤(Alfred Hoche) 학파의 끊임없는 논쟁에 대한 기고문에서 정신분석을 옹호한다. 더욱이 그는 여기서 프로이트의 견해를 칼 융의 심층심리학보다 훨씬 더 높게 평가한다. 분석적 회상기법의 도움을 받은 그의 후기소설 《햄릿 또는 긴 밤이 끝나다(Hamlet oder Die lange Nacht nimmt ein Ende)》(1956)에 대하여 되블린은 "그것은 일종의 정신분석적 소설이 되었다"고 자평했다.

정신분석이나 개별적으로 정신분석적 지식의 문학적 변형에 대한 현대 작가들의 표명을 아무리 적절하게 표현하고 싶을지라도, 이에 대한 평가에서는 어쨌든 모순적이거나 양가적이고 차별화된 채 엄청난 불일치가 두드러진다. 놀랄 만한 문학적 예를 다시 토마스 만이 제공한다. 그가 헤르만 헤세의 《데미안》(1919)을 읽었을 때 감탄하며 1919년 5월 29일자 일기에 이렇게 적고 있다. "이 작품에는 정신분석적 요소가 《마법의 산》에서보다 단연코 더 정신적이고 의미 있게 사용된다"(Mann, 1991, 19쪽). 여기서 토마스 만은 자신의 소설을 상당히 평가절하한다. 이 소설은 한편으로 일반적인 성적 상징에 있어서 그리고 꿈 또는 실소의 묘사뿐만 아니라 문명화된 자기절제와 무정부적 열정 사이의 내적 갈등을 표현하는 문학적 정신병리학에 있어서 정신분석에 대한 일종의 오마주인 것이다. 심지어 〈눈의 장(Schnee-Kapitel)〉에서 곤경 속에서 유일한 것으로 대두된 저 핵심적 문장조차도 프로이트의 표현을 글자 그대로 받아들인다(Pfeffer 1997, 203-219쪽 참조). 즉 프로이트는 "만일 현실에서, 그리고 우리의 사고 속에서 죽음에 자리를 내주는 것이 더 좋은 일이 아니라면, 그것은 그럴 가치가 있다"고 그의 두 번째 전쟁에세이의 끝에서 쓴 바 있었다(전집 10, 354쪽). 토마스 만은 이 문장을 "인간은 선과 사랑을 위해 죽음에 자기 사고의 지배권을 내주어서는 안 된다"(Mann 2002, 748쪽)고 변형시켰다. 다른 한편으로 이 소설에 등장하는 크로코프스키 박사는 바로 그의 형상 때문에 정신분석의 냉혹한 대변자로 묘사되었다. 정신분석은 의심스럽고 광적인 유대인 괴짜의 사이비 종교적 치료술로서 불신을 사고 소설이 흘러가는 과정에서도 심령술적 행위의 모호한 성격으로 치부되었다. 완곡한 표현이기는 하지만 토마스 만 자신도 이런 모순을 발견하고 이에 관해 기술한 바 있다. 즉 토마스 만은 1925년에 정신과 의사로 등장하는 크로코프스키 박사가 "조금은 우스꽝스럽다"고 설명하면서 다음과 같이 부언한다. "그러나 그의 우스꽝스러움은 어쩌면 작가가 자신의 정신분석 작품 내에서 만들어 내는 보다 깊은 용인에 대한 보상에 불과할 뿐인지 모른다"(Mann 1991, 23쪽). 소설에서 작가는 세템브리니라는 [역자: 계몽주의적 사고를 전면에 내세우는] 인물이 자기 평가의 모순을 더욱 날카롭게 강조하도록 한다. "선생은 정신분석을 나쁘게 평가하는 것인가요?"라는 물음에 대해 세템브리니는 "아주 나쁘기도 하고 아주 좋기도 하여 양면성이 있다고 생각합니다"라고 대답한다. 정신분석이 "계몽과 문명의 도구로서 우매한 확신을 뒤흔들거나 권위를 뒤엎고 노예가 자유를 획득하도록 해 줄 때는" 좋다는 것이다. 반면에 "행동을 방해하고 생명을 잉태할 능력이 없어 생명의 근원을 손상하는 한에는"(Mann 2002, 338쪽) 나쁘다는 것이다.

정신분석이 아주 좋기도 하고 아주 나쁘기도 하다는 평가는 로베르트 무질에게도 마찬가지였다. 그는 현대문학과 정신분석 사이의 극적 긴장을 가장 깊이 느꼈던 작가들에 속했다. 이 두 분야는 당시에 서로 너무 밀착해 있어서 친밀하다가도 계속해서 경쟁관계로 돌변하곤 했다. "어둡게 위협하면서 유혹하는 이웃의 힘"이 시인과 정신분석의 관계라고 무질은 생각했다. 하지만 무질은 얼마나 "시인이 정신분석에 관한 이해가 부족하고 또 정신분석은 학문적 독창성과 저널리즘의 혼합으로 이루어지는지"(Musil 1978, 1404쪽)라고 덧붙여 말했다. 처음부터 정신분석의 고유한 특징이었던 문학적 요소들은 그를 불안하게 하는 동시에 매료시켰다. 그리하여 "문학과 같은 정신분석적 작업이" 존재하는바, "놀랍게 감동적인 … 것은 병적인 영혼의 움직임"(Musil 1978, 1347쪽)이라고 그는 기록했다. 되블린은 프로이트의 탄생 70주년 기념사에서 이와 유사한 감탄을 표명하며 정신분석가의 저서 《히스테리 연구》의 유명한 언급을 인용했다. "내가 늘 정신요법 의사는 아니며, 다른 신경병리학자처럼 지역진단과 전기진단 분과에서 교육을 받았다. 그리고 내가 증명하는 병력이 소설처럼 읽힐 수 있다는 것, 또한 거기에는 말하자면 과학적 성격의 인상이 없다는 것이 정말 나 자신을 감동시킨다"(전집 1, 227쪽). 그럼에도 되블린과 비슷하게 로베르트 무질에게 프로이트와 융, 아들러 같은 "사이비 시인"에 대한 공격을 불러일으킨 것은 바로 문학과 정신분석의 유사성이었다.

정신분석과 문학 사이의 관계위상

정신분석과 문학적 현대는 1900년 무렵과 그 이후에 문학이 과학의 발전을 문학적 수단으로 고려해야 한다는 자연주의 세대의 요구를 영적 과정의 인식과 표현으로 전이시킨 문화사 및 담론사적 상황에서 만났다. 반면에 과학의 영향력 있는 부문들, 특히 정신분석은 19세기의 자연과학에 의해 진부한 것으로 설명되던 예술과 문학의 인식 가치에 친근하게 다가갔다.

문학적으로 현대적인 담론의 과학화는 적어도 정신분석에 관한 한 1900년 무렵에는 과학의 문학화와 부합되었다. 한편으로 프로이트는 그의 이론을 계속 문학적 텍스트를 가지고 설명하고 증명했다. 그것은 부분적으로 그의 용어로 사용되었다. "오이디푸스 콤플렉스"라는 용어는 이에 대한 가장 훌륭한 예일 뿐이다. 1903년에 출간된 빌헬름 옌젠의 소설 《그라디바》에 대한 연구에서 프로이트는 시인을 과학적 심리학의 "가치 있는 동지"라고 불렀다. 다른 한편으로 정신분석은 생명 및 병의 역사 자체에 대한 서술적 표현을 통하여 문학에 접근했다. 병의 역사는 (역시 가상적 성격이지만) 정신병리철학의(psychopathophil) 문학적 현대에 대해 구성적이다. 프로이트의 고전적 문학 이해와 병력과의 만남은 엄청난 회의를 전제로 한다. 그는 1906년에 저술된 논문의 제목인 《무대 위의 정신병적 인물들(psychopathische Personen auf der Bühne)》을 무대에서뿐만 아니라 문학적 텍스트 전반에서도 거부했다. 그리고 이와 같은 혐오감은 작가의 병적 성향에 대한 분노와 함께 일어났다. 예를 들어 (그는 테오도르 라이크에게 쓴 편지가 말해 주듯이) 도스토옙스키를 "그 모든 감동에도 불구하고" 좋아하지 않았다. "그 이유는 나의 인내심이 병리적 본성으로 분석 시에 고갈되기 때문이"라고 프로이트는 언급했다(Jones 1984에서 인용, Bd.3, 494쪽).

현대의 "타락하고" "병적인" 예술작품과 예술가에 대한 투쟁에 프로이트는 물론 전혀 관여하지 않았다. 이 투쟁은 1900년 이후 사회적 다윈주의와 정신병학, 사회주의, 독일민족주의와 향토예술 및 신고전주의의 출처와 관련된 논쟁으로 비화된 바 있었다. 프로이트는 개인적으로 현대의 많은 작가들을 알고 있었고, 그들이 저술한 것(특히 슈니츨러와 토마스 만, 아르놀트 츠바이크의 산문)을 높게 평가했으며, 그들과 많은 서신을 주고받았다. 슈테판 츠바이크가 프로이트의 묘지에서 연설하는 것은 문학과 정신분석 관계의 개인적 차원에 대해 프로이트가 루 살로메의 죽음을 애도하는 것과 유사하게 징후적인 의미를 지닌다. 그럼에도 문학적 현대는 프로이트가 문학에 가까웠던 것보다 그에게 더 가까웠다. 그는 표현주의와 다다이즘을 무시했다. 프로이트는 나중에 초현실주의자들이 그에게 보낸 경탄을 글로 기록하면서도, 정작 자신은 그들에게 거의 관심을 표하려 하지 않았다.

1922년 5월 14일 프로이트가 아르투르 슈니츨러의 탄생 60주년을 축하하던 지극히 친절한 편지조차도 그가 현대문학 및 작가들과 맺고 있는 긴장관계를 특징적으로 보여 준다. 그는 편지에서 우월성 논쟁을 일으키지 않으려고 관대하게 표현한다. 하지만 다음 구절은 슈니츨러를 잘못 이해하고 있다. "나는 당신이 내가 다른 사람들에게서 힘들게 발견해 낸 그 모든 것을 직관적으로 —하지만 근본적으로 섬세한 자기인지의 결과로— 알고 있다는 인상을 받았습니다"(Freud 1955, 97쪽). 슈니츨러가 그의 심리학적 지식을 결코 직관과 자기관찰을 통해서만 얻은 것이 아니라는 사실을 프로이트는 전혀 알지 못했다. 의사였던 슈니츨러는 프로이트와 동일한 빈의 의학기관을 거쳐 신경질환, 특히 히스테리와 신경쇠약증 분야의 전문가가 되어 이에 대한 저서도 발행했던 것이다. 반면에 프로이트는 다른 사람들과의 힘겨운 만남에서뿐만이 아니라 자신의 위기를 통하여 고무된 철저한 자기관찰의 결과로 정신분석적 지식을 획득했다.

문학과 정신분석 사이에서 개인적으로 동기화된 이런 긴장과 관계없이 상반된 자기주장과 자기 영역의 한계가 문제시되어 온 것도 사실이다. 정신병리학적 소재에 대한 문학적 현대의 관심을 프로이트는 마치 내부 일에 대한 간섭인 양 못마땅해 했다. 반대로 현대의 작가들은 정신분석가들이 예술과 예술가의 개성에 대한 관심 속에서 애초부터 작가와 작품에 대해 권위적인 우월성 요구를 내세우면서 의식적으로 작가에게 유약한 엉터리 신경증 환자의 역할을 전가했을 때 과민반응을 보였다. 정신분석에서 얻게 된 생산적 자극의 반대편에는 정신분석적 예술해석에서 생겨나는 위협이 도사리고 있었다. 왜냐하면 어떤 작가든 그것을 통하여 정말 본의가 아니게, 심지어 공개적으로까지 자신의 작품과 더불어 병적인 상황과 연구대상이 되어 버릴 수 있기 때문이다. 호프만스탈의 편지 내용은 흥미롭다. "내일 프로이트 추종자가 내 전체 작품들을 모조리 유아적이고 에로스적인 환각으로 인식한다면, 나는 무능력하게 … 애매하기 짝이 없는 해석과 맞서 싸우지 않을 수 없다"(Urban 1978, 120쪽에서 인용). 카를 크라우스는 다음과 같이 말했다. "우리의 천재성을 병리학으로 설명하는 신경과 의사들의 두개골을 우리는 전집을 집어 들고 두들겨 패야 한다"(Die Fackel 256호 1809년 6월 5일 자).

프로이트는 슈니츨러에게 그의 작품 《도플갱어의 불안(Doppelgänger-scheu)》을 인정하면서 무엇이 정신분석과 문학을 연결하는지 인용된 편지에서 적절하게 설명했다. "상술한 전제들, 관심과 결과", "무의식적인 것의 진리와 인간의 충동본능에 대한 감동", 그리고 "문화적-인습적 확실성의 해체"(Freud 1955, 97쪽)가 그러하다는 것이다. 이런 공통성의 기반 위에서 정신분석적 지식은 인물구성, 주제와 동기뿐만 아니라 행위모델과 형식, 상징성, 문학텍스트의 언어로 변형되었다.

정신분석의 문학적 적용에 대한 지표와 방식

문학과 정신분석, 정신분석적 지식을 의식적으로 문학텍스트로 변형시키는 작업의 단순한 유사성 또는 일치 사이의 차이를 구분하는 것은 종종 쉽지 않다. 하지만 대략 동시에 나온 정신분석텍스트와 문학텍스트에 대해 역사적으로 비교될 수 있는 진술은 작가가 갖고 있었고 그의 텍스트에 도입된 정신분석적 지식, 그리고 문학텍스트가 독자에게 적절히 이해되기 위해 전제로 하거나 관계를 맺고 있는 정신분석적 지식에 대한 진술과는 다른 상황을 보여 준다. 작가가 정신분석적 지식을 갖고 있었는지, 또 그것에서 무엇을 그의 문학텍스트에 옮겨 넣었는지에 대한 물음과는 별개로 정신분석적 담론과 문학적 담론 사이의 유사성과 차이를 묻는 것은 아주 정당하고 의미심장한 일이다. 이런 물음은 공통적이고 시대에 특징적인 관심, 지각, 사고방식이나 담론질서에 도움을 줄 수 있다. 이에 대한 대답에는 상호 영향관계의 어떤 문헌적인 또는 자서전적인 증명이 불필요하다. 그러나 정신분석텍스트와 문학텍스트 사이의 유사성은 이런 텍스트를 저술한 저자들이 이질적 담론질서의 해석에서 말하자면 의인화된 접점(personifizierte Schnittstelle)이라는 사실을 알려 주는 지표가 될 수도 있다. 이에 대한 대답에는 문학텍스트에서 무엇이 정신분석적 지식의 가공을 위한 지표로서 통용될 수 있는가에 대한 성찰이 무엇보다 필요하다.

여기서 신뢰할 수 있는 지표와 신뢰할 수 없는 지표 사이의 차이를 구분할 수 있는데, 신뢰할 수 있는 지표는 다음과 같다.

- (인용부호를 통하여) 표시가 있는 형태로든, 아니면 (글자로 되어 있으나 인용부호가 없는 인용, 완곡 내지 의역, 풍자를 통하여) 표시가 없는 형태로든 문학텍스트가 정신분석텍스트와 관계가 있을 때.
- 문학텍스트가 관련성이 있는 정신분석 용어를 사용할 때.
- 문학텍스트가 정신분석적 지식의 전문가로 인정될 수 있는 문학적 인물을 도입할 때.

반면에 신뢰할 수 없는 지표는 정신분석적 담론의 전형적 구성요소와 고도의 일치를 보여 주면서, 예컨대 다음과 비슷한 관심에 집중하는 문학텍스트의 구성요소이다.

—: 오이디푸스적인 인물배열.

—: 무의식적인 것, 그리고 의식능력이 없는 심적 과정의 표명[밤꿈과 낮꿈, 개인적 망상 내지 집단적 환상형상, 실수행위 또는 증상형성(Symptombildungen)].

—: 터부가 들어 있는 내용의 상징적 암호화.

—: 병리적 갈등의 전형과 정황(불안신경증, 히스테리 등).

—: 성적인 행동과 욕구.

—: 남성성(Männlichkeit)과 여성성(Weiblichkeit)의 구성.

—: 문학적 및 예술적 창조성의 정신적 조건들.

—: 개별화(Individuation)와 동일성 형성의 모형.

이런 지표들은 개별적 문학텍스트에 있을 수 있거나 작가나 작가그룹, 작가의 세대, 시대의 더 큰 텍스트 자료에 의미심장한 규칙성으로 반복될 수 있다. 신뢰할 만한 텍스트 내적인 또는 텍스트 외적인 지표가 (전기적이고 자서전적인 증거의 형태로) 추가되지 않는 한, 그것은 정신분석적 지식의 가공을 위한 결정적 근거를 제공하지 못한다.

정신분석적 지식의 문학적 적용에 관해 언급하게 하는 지표에 대한 문예학적 성찰은 어떤 문학적 기법으로 이 지식이 시적인 텍스트로 변형되는가 하는 시학적 물음을 해명하기 위한 전제이다. 이 물음은 텍스트 내에 정신분석적 지식이 가공되어 있다고 어느 정도 서슴없이 말할 수 있는 그런 텍스트와의 관계에서만 의미심장할 수 있다.

정신분석적 지식은 인물구상이나 주제 및 동기, 텍스트요소의 의미론적 반대관계 내지 균형관계뿐만 아니라 줄거리의 배열, 서술형식과 문학텍스트의 언어로 전이될 수 있다. 정신분석적 지식의 문학적 가공에서 자주 그리고 변화무쌍하게 사용되는 간단한 기법은 그 지식을 의인화하는 것, 그러니까 지식의 대변자(특히 의사, 정신치료사, 정신분석가)를 문학적 인물로 등장시켜 말하게 하는 것이다.

되블린의 소설 《베를린 알렉산더 광장》(1929)에서 프란츠 비버코프의 고통은 정신분석을 전공한 몇 명의 젊은 의사들에게 분명히 "분석이 이미 해명했을 장애와 속박의 병적 상태"로 나타난다(Döblin 1996, 425쪽). 프로이트의 이단적인 제자 오토 그로스(Otto Gross)는, 특히 결정적으로 수많은 서술텍스트와 문학적 회상에 등장한다. 예컨대 막스 브로트의 《대모험(Das große Wagnis)》(1918)에서는 아스코나스 박사, 프란츠 베르펠의 《바바라 또는 신앙심(Barbara oder Die Frömmigkeit)》(1929)에서는 게프하르트 박사, 요하네스 베허의 《작별》(1945)에서는 호흐 박사, 레온하르트 프랑크의 《왼쪽은 심장이 있는 곳(Links wo das Herz ist)》(1952)에서는 크로이츠 박사, 카를 오텐의 《뿌리(Wurzeln)》(1963)에서는 오트마 박사로 등장한다. 그런가 하면 프란츠 융은 슬그머니 그의 소설 《소피(Sophie)》(1916)의 중심에 그를 등장시킨다.

오토 그로스는 동시대의 문학인들에게 공개적으로 자신의 아버지와의 갈등 문제를 해결해 보임으로써 정신분석과 문학이 동시적이고 상호 교대적인 관심 속에서 계속 묘사해 왔던 인물배열에 대한 구체적인 예를 제시했다. 오히려 부자갈등의 문학적 형상화가 정신분석적 지식을 변형한 것에 대한 신뢰할 만한 지표는 좀처럼 드물다. 예컨대 정신분석가 한스 작스가 1917년에 발터 하젠클레버의 드라마 《아들》(1914)에서 오이디푸스적인 인물배열을 감지했다. 이때 그가 이 표현주의 작가가 완전히 의식적으로 정신분석적 지식을 가지고 또는 오히려 직관적이거나 심지어는 전혀 무의식적으로 구상한 무엇인가를 발견했는지는 다른 비교할 만한 경우(대략 무질의 《퇴를레스》나 카프카의 《판결》)에서처럼 해명될 수 있다. 1912년에 저술된 카프카의 《판결》 경우 비교적 모호하지만 작가가 자기진술에 따라 작품을 집필할 때 "프로이트에 대한 생각"(1912년 9월 23일 자 일기에 기재된 내용)을 했다는 점에서 어쨌든 텍스트 외적인 지표가 있는 셈이다. 그가 실제로 프로이트나 동시에 그 무엇인가를 자세히 생각했는지 문예학자들은 알 길이 없다. 그러나 그들은 카프카의 일기에 적힌 메모를 통하여 작가가 오이디푸스의 갈등에 대한 지식을 문학적 텍스트에 도입했다는 가설을 세울 수 있으며, 이 가설로부터 출발하여 그가 어떻게 그런 지식을 작품화했는지 연구할 수 있는 것이다. 오이디푸스 관계의 문학적 형상화에서 정신분석 수용의 특징이 항상 프란츠 베르펠의 소설 《살인자가 아니라 살해된 자에게 죄가 있다(Nicht der Mörder, der Ermordete ist schuldig)》(1920)처럼 뚜렷하게 나타나는 것은 아니다. 이 작품을 보면 문학적 인물의 입에서 오토 그로스의 이론이 명백히 거론되고 있으며, 주인공도 결국 자신의 인생사와 밀접하게 결부된 친부살해의 경우를 오이디푸스와 분명히 관계가 있는 것으로 설명한다. 나아가 베르펠의 소설은 정신분석에 고취된 범죄적 행동의 묘사와 설명에 대해 전형적일 뿐만 아니라 이를 통해 그만큼 인물의 행동을 더 효과적으로 표현하는 무의식적 유아외상이라는 인기 있는 문학적 동기에 대해서도 전형적이다. 이미 베르펠 이전에 레온하르트 프랑크가 정신의학 및 사법을 비판하는 소설 《동기》(1916)에서 이에 상응하는 정신분석적 지식의 요소를 분명히 사용했다. 이 작품에서 학교선생을 살해한 혐의로 피소된 주인공은 재판장에서 자신의 행위가 잊어버린 유아기 체험 때문이라고 설명한다. "심리학 교수"는 사형선고 이후에 이런 논증을 보충하여 설명한다. "잊어버린 유아기 체험에 대한 이론은 몇 년 전에서야 비로소 유행하기 시작한 새로운 경향의 이론입니다. 가장 현대적인 영혼의 분석입니다"(Frank 1988, 88쪽). 여기서 정신분석적 지식은 다른 많은 텍스트와 유사한 방식으로 문학적 형상화 과정을 거친다. 즉 텍스트는 등장인물의 설명이 필요한 행동을 장면으로 처리하면서 정신분석적 설명모델에 의존하여 그것을 명시적으로 동기화한다. 혹시 이것이 명시적으로 이루어지지 않는다면, 텍스트가 독자에게 이런 설명모델의 지식을 전제로 할 수도 있다.

정신분석적 지식을 문학적으로 변형하는 또 다른 기법은 정신분석적 담론을 구성하는 의미의 대립을 문학텍스트에 전용하거나, 이미 문학적 담론에서 퍼진 대립 형상을 의미의 대립에 동화시키는 방식으로 나타난다. 도덕성과 성욕, 정신과 육체의 대립은 의식과 무의식뿐 아니라 이와 결부되어 정신분석의 의미론적 주도변별(Leitdifferenz)에 속한다. 프로이트의 글들 자체가 이 대립을 계속 투쟁의 은유로 설명하면서 이를 통해 문학화의 기초를 닦았다.

정신분석적 지식의 변형에서 까다로운 기법은 정신분석적으로 기술된 꿈작업과 자유연상기제의 문학적 모의실험이다. 에른스트 바이스는 마르크스적 형식주의 판결에 반해 《율리시스》의 내적 독백(innerer Monolog)을 옹호한 브레히트와 유사하게 이 기법에 주목하면서 《제노 코시니(Zeno Cosini)》라는 제목으로 1929년에 독일어로 번역된 이탈로 스베보의 소설에 관해 다음과 같이 평했다. "자신의 자아에 대해 어느 정도 깊이 몰두하는 모든 행위는 몇 년 전부터 정신분석이라는 집합개념으로 요약되고 있다. 스베보는 이 방법의 커다란 문학적 가치를 인식한 사람들 가운데 한 사람이었고, 조이스는 스베보 덕분에 이에 대한 첫 암시를 받은 것으로 추정할 수 있다"(Weiß-Blätter, 제2편, 3호, 5쪽). 《꿈의 해석》 출간 몇 달 뒤 이 저서를 읽고 곧 다독한 뒤에 소설 《구스틀 소위》를 쓴 슈니츨러는 자유연상의 정신분석적 연출에 대한 지식 덕분에 이전의 문학적 시도에 비해 완벽해진 내적 독백의 기법을 선보일 수 있었다.

문학과 정신분석 사이의 기능 차이

내적 독백과 자유연상은 부분적으로 유사한 기능, 즉 통제된 의식을 마음대로 혼잣말하는 것보다 더 강하게 왜곡하는 심적 과정에 대해 해명하는 기능을 가지고 있다. 그럼에도 자유연상은 정신분석의 이론과 실제에서도 문학적 담론에서의 내적 독백과는 다른 기능을 가지고 있다. 문학텍스트의 목적은 내적 독백의 역할을 맡는 인물을 치료하는 것이 아니라고 할 수 있다. 문학이 어떤 의도와 기능을 가지고 정신분석적 지식을 가공하는가에 따라 지식 가공의 방식도 달라진다.

정신분석과 문학의 관계에 대한 연구는 유사성 외에도 양자 사이의 차이점을 고찰해야만 한다. 이미 무질은 "문학이 과학과는 다른 어떤 것인 것처럼 심리학과도 다른 어떤 것이다"라고 적었다. "차이 자체란 간단하다. 문학은 지식과 인식을 매개하지 않는다. 그러나 문학, 그것은 지식과 인식을 이용한다"(Musil 1978, 967쪽).

정신병에 대해 문학적으로 서술하는 이야기가 과학적으로 확보된 개연성을 얻으려는 노력 속에서 정통하게 동시대의 정신의학이나 정신분석의 지식을 자체 내에 수용했다 할지라도, 그 이야기는 정신병리학적 진단과 사례묘사(Fallbeschreibung)와는 다른 의도를 따르고 있으며 수용자의 감성화를 겨냥하면서 지식을 문화 및 언어비판적인 관점으로 통합하거나 지식을 가지고 윤리적이고 미학적인 구상들을 매개한다.

1920년대에 정신분석적 지식은 문학텍스트와 그것의 생기론적인 (특히 프리드리히 니체의) 맥락에서 주도적으로 삶의 가치를 매개하는 기능전달자가 되고 있다(Titzmann 1999, 216쪽 이하 참조).

투쟁에 대한 정신분석적이고 문학적인 묘사

문학과 정신분석의 기본적인 차이에도 불구하고 양자의 공통적 관심사는 간과할 수 없다. 그것은 계몽주의 이래로 강력하게 요구된 주체의 자율성이라는 문제의 복합성에 집중되어 있다. 프로이트의 주장에 따르면 인간의 "과대망상증(Größensucht)"은 코페르니쿠스와 다윈을 통해서보다 정신분석을 통하여 훨씬 더 큰 모욕[11]을 당했다는 것이다. 인류가 천문학으로부터 자신이 살고 있는 장소가 우주의 중심이 아니라는 것을 경험할 수밖에 없었고, 생물학으로부터는 인류가 동물계에서 진화한 것이라는 사실이 증명된 이후로, 이제 심리학은 "자아가 자기 집의 주인이 아니"(전집 11, 295쪽)라는 것을 보여 주었다는 것이다. 자기 자신을 의식적으로 통제하는 자율적 주체는 더는 빌헬름 그리징어(Wilhelm Griesinger)의 자연과학적 정신의학이나 사실주의의 문학적 심리학에서처럼 정상이 아니라 환영이거나 기껏해야 자기반성적 노력의 결코 도달할 수 없는 목적에 불과하다. 자유연상과 내적 독백에서, 꿈과 망상이나 병리적 증상에서 주체는 유약한 존재로 나타나며, 무의식의 실제는 무시무시하게 또는 즐겁게 해방된 모습으로 현현한다. 정신분석 및 정신병학, 문학적 현대가 자율성과 더불어 응집력을 상실하고 두셋 이상의 부분으로 분열된 주체에 대한 묘사를 상당히 많이 제공한다. [정신병학과 관련하여 오이겐 보일러(Eugen Beuler)는 1911년 "조현병(Schizopherenie)" 개념을, 칼 야스퍼스는 1913년 "탈인격화(Depersoalisation)" 개념을 소개했다.] 그리고 분열된 자아의 부분이 종종 서로 대립적으로 행동하는 한, 여기서 투쟁이 묘사된다. 인간의 정신이 바로 이 투쟁의 싸움터인 것이다.

성욕과 도덕, 무의식과 의식, 육체와 정신의 적대적 대립은 문학과 정신분석에서 동시적으로 계속 투쟁의 은유로 극화된다. "투쟁" 역시 "억압", "저항", "방어"와 함께 정신분석 어휘의 확고한 목록에 속한다. 1911년에

11) 역주: 프로이트는 '자아는 자기 집의 주인이 아니다'라고 말하면서 이런 상황을 인류사에서 코페르니쿠스의 지동설과 다윈의 진화론에 이어 자기애의 세 번째 모욕(die dritte Kränkung der Eigenliebe)이라고 지칭한다. 본서 I권 136쪽 참조.

프로이트를 개인적으로 사귀며 곧 그의 밀접한 서클의 일원이 되었던 루 안드레아스 살로메는 1915년, 그러니까 우연히도 전쟁 중에 그녀의 수많은 정신분석에 대한 기고문 중 하나에서 "충동들 상호 간의 전쟁과 불화"에 대해 썼다(Imago 4, 1915/16, 257쪽).

1900년 무렵과 그 이후 정신분석과 문학의 텍스트들은 자기 내부에서 이질적 힘으로부터 위협을 받고 자율성을 얻기 위해 투쟁하는 주체의 동일한 이야기를 계속해서 서로 달리 변형시켜 설명하고 있다. 오토 그라스가 계획했던 "권력의지의 극복을 위한 잡지(Blätter zur Bekämpfung des Machtwillens)"는 프란츠 카프카와 그로스가 연관된 것으로 생각했던 저 잡지의 특징을 잘 나타내고 있었다. 그런데 이렇게 해서 극복해야 할 것은 무엇보다 자신의 자아 내부에 있는 권력의지였다.

그로스는 자신의 용어를 사용하여 부자갈등을 그 "내부로 자리를 옮긴 자신과 이질적인 것과의 투쟁"(Gross 1980, 28쪽), 개인들 사이에서 벌어지는, 특히 성적 욕구와 자기 내부로 침투해 들어온 아버지의 권위 사이에서 벌어지는 투쟁으로 기술했다. 아버지와 아버지의 권위에 맞서는 카프카 주인공들의 힘의 투쟁의 묘사에서 가부장적 권력은 내면화되는 과정에서 비로소 그것의 완벽하고 기세등등한 효과를 전개한다. 《판결》의 주인공 게오르크 벤데만은 아버지의 죽음의 판결을 실행한다. 요제프 카와 그레고르 잠자는 그들의 투쟁에서 패배하는데, 그들은 이 사실을 스스로 인정한 뒤에야 죽음을 맞이한다.

투쟁의 극적인 은유법은 친구와 적이라는 이분법적 도식으로 이루어진다. 특정한 가치체계는 이 은유법에 내재된 의미론적 대립에 의하여 구성된다. 그러나 이와 같은 가치체계가 동일한 대립에 의하여 역전될 수도 있다. 예술과 과학에서 분리된 담론질서에 간여하는 투쟁의 은유법은 근대에는 합의 및 나아가 불일치 형성의 매개수단이 되고 있다. 그것은 묘사된 투쟁적 사건의 평가에서 완전히 상이한 위치들을 허락한다. 이와 동시에 문학적 근대는 정신분석과 마찬가지로 —결코 단일한 패러다임을 통해서가 아니라— 상이한 위치, 개별 작가들의 경우 이따금 급변하거나 상호 전도된 위치의 부차적이고 투쟁적인 대립을 통해서 특징을 드러낸다. 성 충동적이고 무의식적인 에너지를 해방시키기 위한 도덕비판 및 합리성 비판의 호소는 자율적, 남성적 주체의 강화를 위한 계몽적 프로그램과 경합을 벌이며, 자기성찰의 통합력을 통하여 평화롭게 대립을 해소하려는 고전적-이상주의적 요구와도 경합을 벌인다. 문학적 현대와 정신분석 사이의 많은 갈등관계는 상당 부분 이런 문제적 소재들의 기술에서 양자가 차지하고 있는 상반된 위치에 기인한다.

참고문헌

Anz, Thomas: Psychoanalyse in der literarischen Moderne. Ein Forschungsbericht und Projektentwurf(문학적 현대에서 정신분석. 연구보고와 계획). In: Karl Richter/Jörg Schönert/Michael Titzmann (Hg.): Die Literatur und die Wissenschaften. Stuttgart 1997, 377-413쪽.

_______: Alfred Döblin und die Psychoanalyse. Kritische Anmerkungen zur Forschung(알프레트 되블린과 정신분석. 연구에 대한 비판적 주해). In: Gabriele Sander (Hg.): Internationales Alfred-Döblin-Kolloquium, Leiden 1995. Bern u.a. 1997, 9-30쪽.

_______ (Hg.): Psychoanalyse im der modernen Literatur. Kooperation und Konkurrenzen(현대문학에서 정신분석. 협동과 경쟁). Würzburg 1999.

Borchers, Hans: Freud und die amerikanische Literatur(1920-1940). Studien zur Rezeption der Psychoanalyse in den literarischen Zeitschriften und den Werken von Conrad Aiken, Ludwig Lewisohn und Floyd Dell [프로이트와 미국문학(1920-1940). 문학잡지와 콘래드 에이켄, 루드빅 로이손과 플로이드 델 작품에서 정신분석 수용에 대한 연구]. München 1987.

Corino, Karl: Ödipus oder Orest? Robert Musil und die Psychoanalyse(오이디푸스냐 또는 오

레스트냐? 무질과 정신분석). In: Uwe Bauer/Dietmar Goltschnigg (Hg.): Vom »Törleß« zum »Mann ohne Eigenschaften«. München/Salzburg 1973, 123-235쪽.

Cremerius, Johannes: Freud und die Dichter(프로이트와 작가들). Freiburg I.Br. 1995.

Dierks, Manfred: Thomas Mann und die Tiefenpsychologie(토마스 만과 심층심리학). In: Helmut Koopmann (Hg.): Thomas-Mann-Handbuch. Stuttgart 1989, 284-300쪽.

_______: Der Wahn und die Traüme in Der Tod in Venedig(《베니스에서의 죽음》에서 망상과 꿈). Thomas Manns folgenreiche Freudlektüre im Jahre 1911. In: Psyche 44(1990), 240-268쪽.

Döblin, Alfred: Berlin Alexanderplatz. Die Geschichte vom Franz Biberkopf(《베를린 알렉산더광장》. 프란츠 비버코프의 이야기) [1929]. Hg. von Werner Stauffacher. Zürich [u.a.] 1996.

Frank, Leonhard: Die Ursache(원인). München/Zürich 1988.

Freud, Sigmund: Briefe an Arthur Schnitzler(슈니츨러에게 보내는 편지). Hg. v. Henry Schnitzler. In: Die Neue Rundschau 66(1955), 95-106쪽.

Gross, Otto: Von geschichtlicher Not zur sozialen Katastrophe. Mit einem Textanhang von Franz Jung(역사적 곤경으로부터 사회적 파국으로. 프란츠 융의 텍스트부록을 가지고). Hg. von Kurt Kreiler. Frankfurt a.M. 1980.

Jones, Ernest: Sigmund Freud. Leben und Werk(지그문트 프로이트. 삶과 저서). München 1984.

Kyora, Sabine: Psychoanalyse und Prosa im 20(20세기의 정신분석과 산문). Jh. Stuttgart 1992.

Mann, Thomas: Freud und Psychoanalyse. Reden, Briefe, Notizen, Betrachtungen(프로이트와 정신분석. 연설, 편지, 노트, 관찰). Hg. von Bernd Urban. Frankfurt a.M. 1991.

_______: Der Zauberberg(《마법의 산》) [1924]. Hg. und textkrit. durchges. von Michael Neumann. Frankfurt a.M. 2002.

Munsch, Matthias: Psychoanalyse in der englischen Moderne. Die Bedeutung Sigmund Freuds für die Bloomsbury Group und Lytton Stracheys biographisches Schreiben(영국의 현대에서의 정신분석. 블룸즈 버리 그룹과 리튼 스트레이치의 전기적 글에 대한 프로이트의 의미). Marburg 2004.

Musil, Robert: Gesammelte Werke II(《전집 II》). Prosa und Stücke, Kleine Prosa, Aphorismen, Autobiographisches, Essays und Reden. Reinbeck 1978.

Pfeiffer, Joacheim: Tod und Erzählen. Wege der literarischen Moderne um 1900(죽음과 서술. 1900년 무렵의 문학적 현대의 도정). Tübingen 1997.

Pfohimann, Oliver: ›Eine finster drohende und lockende Nachbarmacht‹? Untersuchungen zu psychoanalytischen Literaturdeutungen am Beispiel von Robert Musil(《무섭게 위협하고 유혹하는 이웃의 힘?》 로베르트 무질의 예를 근거로 하는 정신분석적 문학해석을 위한 연구). München 2003.

Thomé, Horst: Autonomes Ich und ›Inneres Ausland‹(자율적 자아와 《내면의 외국》). Studien über Realismus, Tiefenpsychologie und Psychiatrie in deutschen Erzähltexten(1848-1914). Tübingen 1993.

Titzmann, michael: Psychoanalytisches Wissen und literarische Darstellungsformen des Unbewußten in der Frühen Moderne(초기 현대에서 정신분석적 지식과 문학적 표현형식). In: Anz 1999, 183-217쪽.

Urban, Bernd (Hg.): Hofmannstahl, Freud und die Psychoanalyse(호프만스탈, 프로이트와 정신분석). Quellenkundliche Untersuchungen. Frankfurt a.M. 1978.

Worbs, Michael: Nervenkunst. Literatur und Psychoanalyse im Wien der Jahrhundertwende(신경예술. 세기말 빈에서의 문학과 정신분석). Frankfurt a.M. 1988.

Thomas Anz

6. 문예학

그의 시대의 정신과학의 맥락에서 본 프로이트

프로이트의 연구업적이 지닌 위대한 문화이론적 의미는 일찍이 명백했으며, 문예학에 대한 의미도 마찬가지였다. 무의식의 체계적인 연구로 가능해진 인간을 향한 새로운 통로는 분명히 문화현상으로의 새로운 통로도 열어 주었다. 특히 인간의 정신과 밀접하게 연관된 문학과 예술 분야에서 창조를 위한 통로를 열어 주었다(Reh, 1986, 19쪽 이하). 프로이트는 처음부터 시문학(Dichtung)[12]과 정신분석의 유사성을 의식했으며, 그것을 계속 주제화한다. 우리는 이를 통해 시인들에게서 "인간의 영적 삶에 대한 가장 심오한 전문가를" 발견하게 되는데, 프로이트는 그들이 "대단히 가치 있는 동맹자들"(전집 7, 34쪽)이라고 말한 바 있다. "그들의 증언은 높게 평가되어야

12) 역주: 시문학은 문학(Literatur)보다는 좁은 의미이며, 지나치게 현실적이거나 통속적인 문학은 여기서 배제된다. 독일에서 시문학(Dichtung)과 상응하는 시인(Dichter)이란 말은 대작가 괴테나 실러, 토마스 만 등에게 사용되지만 '시인'을 작가로 번역하는 것이 더 자연스러울 수도 있다. 물론 시(Lyrik) 장르가 소설 등의 산문보다 우월한 장르로 간주되던 전통과도 관련이 있다.

한다. 왜냐하면 그들은 우리의 학교지식이 꿈도 꾸지 못하는 하늘과 땅 사이의 수많은 것들을 항상 알고 있기 때문이다. 영혼학(Seelenkunde)에 있어서 그들은 우리와 같은 일상적 인간을 훨씬 앞서 있는데, 그럴 것이 그들은 수많은 것들을 우리가 아직도 과학에 대해 해명하지 못했던 원천으로부터 퍼내기 때문이다"(전집 7, 33쪽).

프로이트가 작가들의 장점으로 말하고 있는 "영혼학"에 대한 이런 지대한 관심은 1900년경에 지배적인 정신과학의 흐름에서도 나타나는데, 빌헬름 딜타이(1833-1911)가 이 분야에서 가장 탁월한 대변자였다. 프로이트의 시문학이론(Dichtungstheorie)의 구성요소였던 꿈과 놀이와 문학의 친밀성에 대한 파악은 딜타이에게도 본질적인 관점이었다. 딜타이는 다음과 같이 기술한다. 시인이란 "현실로부터 이 아름다운 가상의 왕국을 떼어 낸다. 시문학의 꿈 영역은 이렇게 형성되는데, 이 꿈 영역 속에서 상들은 감동의 순간에 온전한 실재를 소유한다. 여기서 일어나는 환상의 종류는 우리가 놀이하는 어린이에게서 감지하는 것과 비교할 수 있다. 예술은 놀이인 것이다. 시인과 놀이하는 어린이는 다음 두 가지를 진실이라고 생각한다. 즉 어린이는 인형과 동물의 생명을 믿고, 시인은 그의 형상들의 현실을 믿는다(Dilthey 1924 6, 98쪽). 프로이트도 그의 첫 시문학이론에 관한 논문인 《시인과 환상행위(Der Dichter und das Phantasieren)》(1908)에서 딜타이와 유사한 생각을 제시한다.

이처럼 심리학적 문제제기에 대한 개방적 태도에도 불구하고 정신과학, 특히 독문학은 처음에 프로이트의 이론에 거부적인 자세로 반응했다. 이에 대한 이유는 정신과학과 정신분석의 발전에 특징적인 기이한 시간 차이에서 찾을 수 있다. 프로이트가 그의 이론적 건물의 기초를 세우는 바로 그 시점에 문예학은 실증주의의 자연과학적 요구에서 해방되어 "설명"(자연과학)과 "이해"(정신과학)를 분리하는 딜타이의 자연과학과 정신과학의 구분을 받아들인다. 딜타이는 정신과학과 자연과학 사이에 양립할 수 없는 본질적인 차이가 있다고 확신한다. — 그의 논증은 19세기에 전제와 방법적 과정에 있어서 자연과학의 객관성을 요구하는 방법에 적응하고 엄격한 과학으로 자리 잡으려는 문예학의 힘겨운 시도에 제동을 건다.

문예학에서 무엇보다 —자연과학적 방법론에 엄격하게 의존하여— 연구를 인과관계로 제한할 것을 요구한 학자는 빌헬름 셰러(Wilhelm Scherer 1841-1886)였다. 이 때문에 그의 학파에서 중요한 것은 실증적 전기주의(Biographismus)와 출처연구였다. 셰러는 문학작품에 대한 총체적 지식이 원인분석을 통해, 다시 말해 시인이 전기적으로 체험한 것, 생물학적으로 체험한 것 그리고 의식적 작업 속에서 습득한 것의 분석을 통하여 가능하다는 관점을 견지했다(Matt 2001, 40쪽 참조). 전기주의에 대한 초기 정신분석의 커다란 관심은 바로 전기적 유전인자 연구를 통해 자연과학으로의 접근통로를 발견한 실증주의의 패러다임에서 확고해졌는지도 모른다. 하지만 프로이트가 정신분석의 기반을 닦았을 때, 실증주의는 완전히 힘을 잃었다. 이에 따라 이해라는 행위의 극복할 수 없는 주관성에서 출발하여 정신과학의 독립성을 요구한 딜타이의 이해의 해석학이 확립되었다.

문예학이 처음에 프로이트를 거부한 결정적인 이유는 분명히 실증주의적 과학개념을 선호하던 그의 결정에서 찾을 수 있다. 프로이트는 그가 처음에 처해 있었던 과학이론의 딜레마를 해결할 수 없었다. 계속해서 그의 사고는 객관적 과학주의와 비판적 해석학의 시도 사이에서 흔들린다(Habermas 1968, 262쪽 이하). 이 딜레마는 그의 정신분석적 문학관찰이 최초의 국면에서 접어들게 된 다음의 두 방향에 기인한다. 첫째로, 작가와 작품의 분리될 수 없는 통합에서 출발하는 전기주의가 여전히 전적으로 빌헬름 셰러의 실증주의적 전통에 근거하기 때문이다. 작품 이해에 대한 중요한 실마리는 (무의식적 구성요소를 포함하여) 자서전에 대한 세분된 통찰에서 얻어진다. 둘째로, 정신분석적 문학관찰의 방향이 외현적인 꿈에 감추어진 (잠재된) 꿈 내용의 재구성을 통하여 의미의 이해를 겨냥하는 해석학적 접근을 시도함으로써 텍스트 해석에 대한 정신분석적 지침으로 작용할 수 있는 꿈 해석의 해석학적 모델을 따르기 때문이다.

정신분석적 텍스트 해석의 초기역사에 대하여

이미 언급한 바와 같이 정신분석적 문학관찰의 초기단계는 문예학자들의 거부적인 태도를 통하여 특징화될 수 있다. 물론 예를 들어 프리드리히 폰 데어 라이엔(Friedrich von der Leyen)이 《꿈의 해석》을 적극적으로 수용한 것처럼 예외는 존재한다. 그는 1901년 《꿈과 동화》라는 연구에서 프로이트의 꿈 해석의 모델을 끌어들이는 동시에 오이디푸스 콤플렉스 이론을 중요한 근거로 내세웠다(Schrey 1975, 85쪽). 그렇지만 전체적으로 부정적인 경향이 지배적이다. — 이는 언급한 과학 이론적 이유 외에도 당시 독일어권 대학들에 스며들어 있었던 잠재된 반유대주의와 관계가 있었다. 이미 프로이트 자신도 19세기 후반에 경험한 반유대주의에 관해 기술하고 있다. "내가 1873년에 들어갔던 대학은 먼저 나에게 몇 가지 뼈아픈 실망감을 안겨 주었다. 나는 무엇보다 내가 유대인이었기 때문에 열등감을 느끼며 민족적인 소외를 느끼게 될 것이라는 예감을 갖게 되었다"(전집 14, 34쪽). 그는 유대인에 대한 비방을 방어해야 했으며, 유대인이라는 신분 때문에 대학교수로 인정받지 못하는 어려움에 부딪쳤다(Schrey 1975, 112쪽; 전집 2/3, 144쪽 참조). 히틀러가 권력을 장악하기 오래 전에 독어독문학이 각인했었던 반쯤은 잠재적이고 반쯤은 공공연한 반유대주의는 독어독문학의 역사에서 가장 어두운 흔적에 속한다. 클라우스 치글러(Klaus Ziegler)는 《제3제국에서 독일어와 문예학》이라는 연구에서 증언한다. "심지어 바이마르 공화국 동안에도 유대인은 대체로 우리 학과에서 정교수로 올라갈 기회가 거의 없었다. 그런데 그는 재질과 실적에서 보면 프리츠 슈트리히나 마르틴 좀머펠트만큼이나 우수하다고 해도 좋을 것 같다"(Ziegler 1965, 144쪽).

본질적으로 우선 문학과 예술에 관심이 있는 정신분석가들, 무엇보다 수요회가 존재한다. ― 물론 그들은 예술적 생산물을 종종 정신분석이론의 예증이나 전거로서만 이용한다. 이런 증명의 욕구는 프로이트와 그의 학파의 몇몇 논문들에 나타난다. 하지만 프로이트에게 문학은 결코 예증을 위한 기능이라기보다는 오히려 정신분석의 구성조건에 속하며, 계속해서 인식을 도출하는 발견적 측면에서 사용된다(Marx/Wild 1984, 167쪽). 프로이트는 문학에서 정신분석적 인식의 모형을 발견한다. 이미 소포클레스의 드라마에서 도출된 "오이디푸스 콤플렉스" 기본법칙의 개념적 성격이 이를 말해 준다.

프로이트는 이미 《꿈의 해석》에서 문학심리학적 텍스트해석을 제시하면서 셰익스피어의 《햄릿》을 해명하기 위하여 오이디푸스 개념을 끌어들인다. 프로이트는 아버지의 살인자를 죽이는 데 망설이는 햄릿의 특이한 태도를 아버지에 대한 무의식적 죽음의 소망으로 설명한다. 여기서 이 소망은 다시 어머니와의 성 충동적 관계와 결부된다(전집 2/3, 271-272쪽). 프로이트의 해석은 텍스트의 수많은 세부사항에 근거하고 있으며, 드라마에 감추어진 함의에 대하여 영향미학적인 숙고와 암시를 제공한다. ― 그의 초기의 해석에서 작가심리학이 전혀 역할을 하지 못하는 것은 특기할 만하다. 유감스럽게도 이후로는 프로이트의 전기적인 관심이 우세해지면서 형식 및 내용분석 대신에 작가심리학에 대한 (예컨대 도스토옙스키, 괴테, 레오나르도 다빈치에 대한) 논문들이 많아진다. 프로이트의 과학적-실증주의적 방향이 여기서 확고해지는 것처럼 보인다.

이는 부분적으로 1907년부터 (어쨌든 1937년까지) 한스 작스와 오토 랑크에 의해 발행된 잡지 《이마고》에 게재된 기고문들에 대해서도 통용된다. 정신분석을 정신과학에 적용하기 위한 잡지였던 《이마고》는 이른바 기업범람시대(Gründungszeit)부터 정신분석의 정신과학적 관심을 증명한다. 창간호 서문에는 다음과 같이 이 잡지의 계획적인 의도가 제시되어 있다.

> "종교와 풍습, 언어와 법과 같은 모든 정신적 형상과 문화형상의 기원에는 무의식적인 것이 함께 작용했으므로 이를 완벽하게 조사하는 일은 무의식적인 것의 활동에 대한 지식 없이는 불가능하다. … 무의식적인 것의 심층으로부터 항상 새롭게 솟아 나오는 환상들에 대하여 적합한 포괄적 가치영역을 부여하고, 이런 환상들을 그것의 층과 의미의 변전을 통하여 본래의 뿌리까지 파고들어 갈 수 있는 실제적 영혼학은 바로 그렇기 때문에 모든 정신과학의 발전을 촉진하고 정신과학에서 생겨나는 새로운 문제와 새로운 해결책을 제시해야만 한다"(Fischer 1980, 9쪽 재인용).

이 문헌은 정신분석의 문화이론적 토대와 보편적인 문화학적 요구를 대변하고 있다.

잡지 《이마고》에 실린 논문들은 초기단계에서 특히 예술가의 병력학(病歷學, Pathographie), 예술가와 신경증환자에 대한 물음에 집중하고 있다. 체사레 롬브로소(Cesare Lombroso)의 타락명제와 더불어 절정을 이룬 19세기 정신의학적 병력학과의 관계가 분명하게 나타난다. 이탈리아의 의사 롬브로소는 그의 저작 《천재와 광기(Genie und Irrsinn)》(1864)에서 천재성은 타락의 발현이고 천재로의 발전은 종종 정신병의 형태에서 시작된다는 명제를 내세웠다(Fischer 1980, 10쪽). 문학텍스트는 여기서 병의 생산물이 되고 있고, 창조성은 인격의 파괴와 밀접한 관계가 있는 것으로 파악된다. 어쨌든 그의 명제는 예술이 언제나 고통을 통해서 얻어진다는 가설에서 출발한다.

수요회에는 (C. F. 마이어 또는 하인리히 폰 클라이스트를 고려하여) 병력학적 분석을 제시하면서 부분적으로 다른 회원들의 심각한 모순을 지적한 무엇보다 이지도르 자드거(Isidor Sadger)라는 의사가 있었다. 다른 회원들처럼 프로이트도 자드거의 명제들에 대해 비판했다. 프로이트는 그가 정신분석의 명성에 해를 끼칠 수도 있다고 공개적으로 우려를 표명했다. 이는 "소파에 누운 시인"에 대한 상투적인 수법이 오늘날까지도 문학심리학에 집착을 고수하고 있다는 주장이 과연 입증될 수 있을까 하는 점에 대한 우려였다. 프로이트는 시인의 개성을 기술할 때 작품에서 출발할 것을 강력히 권했다. 빈정신분석학회의 "정신과학자들"(막스 그라프, 오토 랑크, 한스 작스 등)이 예술가를 너무 성급하게 병리적으로 파악하는 것에 이의를 제기하면서 예술가의 개성에 대한 정신분석적 연구가 19세기의 병력학과 명백히 구분되어야 한다고 요구한 것은 확실히 우연이 아니다.

프로이트 역시 과거 유형의 병력학 전통과는 계속해서 명백한 선긋기를 시도한다. 예컨대 그가 레오나르도 연구의 말미에서 다음과 같이 말하고 있다면, 그는 심지어 인과율의 전제조차도 무효화하고 있는 것이다.

> "그러나 역사적 자료를 아무리 많이 취급하고 정신의 기제를 아무리 확실하게 다룰지라도 개체는 단지 그럴 수밖에 또한 다르게 될 수 없었다는 필연성에 대한 통찰을 두 가지 의미심장한 측면에서 아마 포기할 수는 없을 것이다. … 우리는 여기서 정신분석적으로 더 이상 해결할 수 없는 어느 정도의 자유를 인정하지 않으면 안 된다. 마찬가지로 우리는 이 억압추진(Verdrängungsschub)의 출발점을 유일하게 가능한 출구로 주장하려고 해서는 안 될 것이다. 지식욕으로의 승화를 통하여 억압으로부터 리비도의 주도적인 몫을 빼앗는 것은 아마도 다른 사람에게는 성공하지 못할 것이다."

그러고 나서 프로이트는 단호한 행보를 계속해 나가면서 "예술적 행위의 본질 역시 우리에게 정신분석적으로 접근하기 어려울 것"(전집 8, 208-209쪽)이라는 점을 인정한다.

예술가들을 "타락한" 존재로 모독한 파시즘적 태도의 배경에 대하여 프로이트의 유보는 의미심장하다. 그는 병력학적 분석을 실행하는 대신 예술적 창조성의 과정을 밝히는 일에 주력한다. 이는 수요회의 회의록에서 잘 나타난다. 프로이트에 따르면 병력학은 "새로운 어떤 것을 보여 줄 수 없다. 반면에 정신분석은 창조과정을 알려 준다. 정신분석은 병력학보다 우월한 자리를 차지할 만하다"(Nunberg/Federn 1962/1976, 250쪽). 자드거의 병력학 이론을 두고 벌어진 격렬한 논쟁은 장본인에게 적지 않은 영향을 미친 것처럼 보이는데, 그는 1912년에 《이마고》지에 《심리학적 묘사법[13]을 위한 병력학(Von der Pathographie zur Psychographie)》이라는 논문을 공개했기 때문이다(Fischer 1980에 게재, 64-85쪽).

전반적으로 수요회의 토론은 장기적인 영향을 목표로 했던 것처럼 보인다. 에른스트 크리스(Ernst Kris)와 에두문트 베르글러(Edmund Bergler)와 같은 저자는 1933년과 1934년 《이마고》지에 예술가(메서슈미트와 그라베)에 대한 심리학적 묘사법을 발표했다. 이 방법은 프로이트의 레오나르도-연구의 범례를 따르면서도 프로이트를 넘어 예술적 행위의 본질을 추적한다(Fischer 1980, 16쪽).

정신분석 단체에서 역할을 하고 있는 두 번째 복합적 주제는 예술성과 신경증의 관계에 대한 물음이다. 유감스럽게 이 경우에도 빌헬름 슈테켈(Wilhelm Stekel)의 저작인 《시문학과 신경증(Dichtung und Neurose)》(1909)에서와 같은 조야한 단순화가 나타난다. 그는 이 글에서 모든 시인은 신경증

13) 역주: 사이코그래피라는 용어로 자주 사용됨.

환자라는 명제를 망설임 없이 제기한다. 슈테켈이 발전적인 사고에서 출발하여 노이로제를 예술적 행동의 질과는 관계없는 영적 균형의 결합으로 이해하고 있을지라도, 여기서 문예학자들이 정신분석에 대해 오랫동안 가지고 있던 많은 적대감의 근원을 찾아볼 수 있다. 이와 동시에 가령 오토 랑크의 《예술가》(1907)와 같은 작업처럼 이미 처음부터 타당성을 얻었던 차별화된 연구 방향들도 공개되지 않았다. 랑크는 프로이트의 《시인과 환상행위》 이전에 발표된 초기의 이 중요한 연구에서 꿈 작업과 예술적 작업과의 유사성을 주장하면서 예술가는 꿈꾸는 사람과 비교하여 보다 지속적으로 충동방출(Triebabfuhr)을 통제하고 더욱 까다로운 형태의 승화에 도달할 수 있다고 분석한다. 예술가는 신경증 환자와는 상반되게 퇴행에서 사실성으로 되돌아오며, 그의 소망충족이 사회적으로 소통할 수 있는 생산물의 창조에 따라 활발하게 형성된다는 것이다.

프로이트가 얼마나 예술적 창조를 병리학적 시도에서 제외하려고 했는지는 탈 병리학적 시도를 한 걸음 넘어선 그의 레오나르도 작업에서 잘 보여 준다. 그는 건강과 병, 정상성과 신경증 일반의 이분법을 문제시한다.

> "우리는 레오나르도를 부적절한 말로 들리는 신경증 환자 또는 '정신병 환자'에 포함한 적이 결코 없었다는 것을 특별히 강조한다. 우리가 감히 병리학에서 얻어진 관점을 그에게 적용하는 것에 대해 한탄하는 사람은 오늘날 우리가 정당하게 포기한 선입견을 고집한다. 우리는 더 이상 건강과 병, 정상과 신경증이 날카롭게 분리되고 신경증적 성향이 일반적인 열등감의 증거로 판단되어야 한다고 생각하지 않는다"(전집 8, 203쪽).

이는 병력학의 낡은 형식에 대한 거부이다. 프로이트는 꿈, 백일몽, 환상, 실수행위, 신경증, 위트와 예술작품이 동일한 기본기제에 근거할 뿐 아니라 충동소망과 사실성 사이의 갈등을 매번 상이한 방식으로 해결하고 좌절된 소망을 우회적으로 관철하는 타협형성에 의존한다는 것을 증명함으로써 병리학을 병리학적인 것과 구분하고 있다. 프로이트는 여기서 창조의 계획에서 고려되지 않은 행복의 요구에 대해(전집 14, 434쪽) 예술을 지속적 보증인으로 간주할 수 있는 수행능력을 증명하는 것처럼 보인다.

이것은 문학적 창조과정을 백일몽의 진행으로 이해하고 그것을 어린이의 놀이에 대한 행복한 기억으로부터 설명하고 있는 프로이트의 논문 《시인과 환상행위》의 기본사고이기도 하다. (여기서 어린이의 놀이를 대체하는 것이 예술작품의 생산이다.) 프로이트의 논문은 그가 여기서 최초로 예술작품의 유토피아적이고 현실비판적인 성격을 제시하는 동시에 문학텍스트의 형식에 대한 영향미학적 설명을 제공하기 때문에 그만큼 중요하다. 프로이트에 따르면 문학은 형식의 "미적 쾌감의 획득"이나 "유혹의 보너스(Verlockunsprämie)"를 넘어서서 "더 깊고 풍부한 정신의 원천에서 유래한 더 큰 쾌감의 산출"을 가능하게 하기 때문에 금지된 소망 또한 수용할 수 있게 한다(전집 7, 223쪽).

이런 프로이트의 사고는 그가 1905년에 저술하여 문예학에 대해서도 특별한 타당성을 얻었던 《위트와 무의식의 관계(Der Witz und seine Beziehung zum Unbewußten)》(2장 5.2 참조)라는 연구와 유사한 면을 보인다. 이 연구에서 그는 어떻게 환상이 우회적으로 현실의 금기와 강박을 떨쳐 낼 수 있는지를 설명한다. 무엇보다 그의 위트 분석 전면에는 위트의 성격규정에 본질적으로 참여하는 형식이 위치한다. 위트는 권위에 대항할 수 있고, "뿌리 깊은 장애와 억압의 제거"를 가능하게 한다(전집 6, 151쪽).

프로이트의 마지막으로 거명된 이 두 작업은 정신분석적 문학해석의 후속연구에서 중요한 출발점이 되었다. — 물론 이런 연구들이 나오기까지는 오랜 시간이 걸렸다. 우선 국가사회주의의 제약을 받았던 긴 중간시기가 도래했다. 1960년대에 와서야 비로소 문학심리학은 거의 모든 문학심리학적 연구를 ―어쨌든 독일에서는― 마비시켰던 충격에서 회복되었다.

1960년까지의 중간시기

정신분석을 향한 거부적인 태도는 특히 독일에서 감지되며, 그 태도가 오랫동안 지속해서 독어독문학의 위치 또한 ―제3제국의 시기를 넘어서― 결정했다. 기젤라 슈레이(Gisela Schrey)는 1975년에 그 이유를 낱낱이 열거한 바 있다. 여기서는 앞서 거론한 요소들 외에도, 특히 유물론이라는 비난과 아울러 의미관계에서 나오는 이해 및 전체성의 정신과학적(해석학적) 요구와 역행하는 것처럼 보였던 이른바 "분해하는" 정신분석에 대한 회의가 중심을 이룬다. 문예학 역시 전적으로 내용을 지향하면서 형식분석을 소홀히 하는 인물심리학(Figurenpsychologie)에 대해 유보적으로 반응했다. 이와 같은 내용지향은 초기의 정신분석적 텍스트해석이 텍스트의 문학적 가치에 신경을 쓰지 않았기 때문인지 모른다. ― 통속적 텍스트(Trivialtext)에는 때때로 정신현상이 이른바 고급문학(Höhenkammliteratur)에서보다 심지어 더 잘 나타날 수도 있었다. 이런 면은 빌헬름 옌젠의 《그라디바》(2장 10.1 참조)에 대한 프로이트의 연구에서 입증되었다. 프로이트는 문학적으로는 오히려 통속적인 소설텍스트와 정신분석적 방법 사이에서 놀라운 유사성을 발견했다. 예컨대 꿈의 거대한 의미, 억압을 의식화함으로써 생겨나는 치료효과, 교화와 (광기) 치유의 일치가 그것이다.

프로이트의 세밀한 내용분석은 미학적 형식과 문학적 가치의 문제에 관여하지 않고 정신분석적 통찰을 선취했던 시인의 직관을 예견함 없이 즐긴다. 여기서 프로이트의 관심은 문예학의 관심과는 동떨어질 수밖에 없는 것처럼 보인다. 하지만 다른 한편으로 프로이트는 시인의 환상행동에 대해 상세히 설명함으로써 형식의 문제에도 [예컨대 그것의 선(先) 쾌감기능(Vorlust-Funktion)에도] 관여한다. 문예학이 우선은 이런 전제조건들을 받아들이지 않았다. 프로이트의 시문학과 백일몽의 유사관계 작업을 속행한 것은 이번에도 정신분석가였다. 한스 작스는 1924년에 공통적인 백일몽에 관한 특기할 만한 논문을 발표했다. 그는 이 논문에서 예술작품의 사회적 영향미학의 차원을 강조했다. 시문학적인 작업이 형식화를 통하여 비사회적 행동성을 소통할 수 있도록 하는 동시에 금기시된 내용을 사회적으로 매개할 수 있다는 것이다.

문예학 분야에서 정신분석과의 접촉을 금기시했던 저자들은 단지 몇몇에 불과했다. 이에 속하는 사람으로는 무엇보다 스위스의 문학사 연구자였던 발터 무슈크(Walter Muschg)를 들 수 있다. 하지만 그는 1930년 교수 취임 강연에서 문예학은 결국 정신분석을 깊이 연구해야만 한다고 주장했다. 강연의 내용은 《문예학과 정신분석》이라는 제목으로 출간되었다(1930; Urban 1973, 156-177쪽에도). 무슈크는 이미 작가들이 일찍이 정신분석에 몰두함으로써 그들의 글쓰기에 자극을 받았을 수도 있다고 전제한다. 그는 토마스 만, 헤르만 헤세, 카프카와 되블린, 특히 "프로이트의 이름이 전체 문학 그룹의 모토가 되어 버린"(같은 곳, 160쪽) 프랑스의 작가들을 거론한다. 무슈크는 자드거의 병력학에 대해서는 비판적으로 언급하고 있지만, 프로이트의 의도에 대해서는 확고하게 정당성을 부여하면서 백일몽의 명제를 어린이 놀이의 대체물과 시문학 작업의 이전 단계로 언급한다(같은 곳, 166쪽 이하). 그는 문학텍스트를 무의식적 과정의 언어표명, "영적 사실과 외부를 향한 과정의 투사", "늘 동일하고 결핍적인 창작하는 자아의 매혹적으로 아름다운 분장"(같은 곳, 168쪽)으로 이해한다.

문예학자들은 1960년대까지 지극히 신중한 태도를 보인다. 정신분석적 문학해석에 헌신한 사람들은 특히 독어독문학 비전공자자들이었다. 릴케에 대한 논문(1953)을 발표한 의사이자 정신분석가인 지메나우어(Simenauer), 카프카 논문(1954)을 발표한 정신과 의사 라트너(Rattner)는 아주 철저하게 정신병리학적 작가 전기를 연구했다. 끝으로 자신의 수많은 분석에서 계속 작가의 충동갈등을 다루면서도 작품을 독립적으로 충실하게 파악하고, 전적으로 프로이트의 의미에서 작품구조와 자서전을 매개하려는 페터 데트메링(Peter Dettmering; 예를 들어 1976, 1978)도 중요한 인물로 거론된다.

문학심리학의 역사는 그것이 1960년대에야 비로소 —하지만 이후에는 비약적으로— 발전한 프랑스에서도 유사하게 전개된다. 이곳에서도 정신분석이 문예학자들보다는 작가들 사이에서 먼저 본질적으로 커다란 반향을 얻는다. 정신분석은 문학적 아방가르드, 특히 자유연상 또는 자동기술(écriture automatique)의 방법으로 무의식에서 언어로의 직접적인 접근을 가능하게 하려는 앙드레 브르통을 중심으로 하는 초현실주의에 영감을 준다. 아폴리네르는 프로이트를 언급한(1914) 최초의 작가였다. 알베르 티보데(Albert Thibaudet)는 그의 논문 《정신분석과 비평(Psychanalyse et critique)》(1921)이 많은 오해의 여지를 포함하고는 있지만 프랑스 문학심리학의 실제 창시자로 간주된다(Schönau/Pfeiffer 2003, 142쪽). 그러나 프랑스에서 초기 문학심리학의 주저는 방대한 3권의 책에서 에드거 앨런 포의 정신분석적 전기(Psychobiographie)를 시도한 프로이트의 여제자 마리 보나파르트에게서 나온다. 그녀는 이 책에서 영민한 프로이트 전문가로서 포의 텍스트에 중요성을 부여했다.(2권과 3권은 주로 작품분석으로 이루어져 있다.) 비록 그녀의 저서는 오늘날의 독자에게 사변적이고 조야한 것처럼 보일지도 모르지만 작가의 병력학을 추적하는 것만이 아니다. 어쨌든 프로이트는 작품과 전기의 종합에 동의하면서 다음과 같은 짧은 서문을 작성했다.

"그녀의 해석 작업 덕분에 우리는 이제 그의 [앨런 포의] 작품이 지닌 성격 중에 얼마나 많은 것이 남자의 특성에 의해 이루어졌는지를 이해하고 있지만, 우리는 이 특성 자체가 그의 청소년기의 강렬한 감정연관과 고통스러운 체험의 침전물이었다는 것 역시 경험하고 있다. 이런 연구가 시인의 천재성을 설명해서는 안 되겠지만, 이 연구는 어떤 동기가 천재성을 일깨웠는지, 그리고 어떤 소재가 그것에 운명적으로 부여되었는지를 보여 주고 있다"(Bonaparte 1981, 1권, 서문).

프로이트는 여기서도 문학적 생산성이 인과론적 설명을 회피하고 있다는 것을 강조한다. — 정신의학자의 병리학적 설명과는 차별화되는 새로운 시도가 예술가의 창조성을 해명하고자 하는 열망과 결부되어 있다.

정신분석과 정신분석적 문예학은 프랑스에서보다 미국에서 더 확고한 피난처를 찾았다. 그것은 제3제국으로 인한 중단의 시기 동안에도 학문의 연속성을 보장해 주었다. 정신분석은 미국에서 열광적으로 수용되었다. 그 이유는 특히 청교도주의가 초래한 위선적이고 권위적인 도덕으로부터 정신분석이 자유로웠기 때문이다. 정신분석이 문학과 예술에 얼마나 일찍 적용되었는지는 깜짝 놀랄 만하다. 1912년 페더릭 프레스콧(Federick C. Prescott)은 문학이 백일몽의 속행이라는 프로이트의 이론을 받아들여 발전시킨 《시와 꿈(Poetry and Dreams)》이라는 연구를 출간했다. 하버드 대학교의 학생이었던 알베르트 챈들러(Albert R. Chandler)는 이미 1913년에 《프로이트의 마음에 따라 분석한 소포클레스에서 비극적 효과(Tragic Effects in Sophocles Analyzed According to the Freudian Mind)》라는 제목으로 발표한 수용미학연구로 상을 받았다. 마크 트웨인(Brooks 1920), 앨런 포(Krutch 1926)에 대한 병력학적 연구 또한 중단되지 않았다. 이 연구는 이따금 위험스럽게 신경증적 또는 병적 예술가의 이론에 접근했다.

문학심리학이 독일에서 아직도 완전히 저조한 상태에 놓인 채 국가사회주의의 추후영향뿐 아니라 작품내재적 방법론에 의한 배척에 따라 어려움을 감수해야만 하던 시기에 미국에서는 오늘날까지 연구에 영향을 미치는 혁신적인 논문들이 저술되었다. 1952년에는 미국의 자아심리학적 미학, 그러니까 무의식의 충동역학보다는 오히려 자아의 적응 및 방어행위에 더 관심을 보이는 정신분석적 방향의 대표자인 에른스트 크리스(Ernst Kris)의 《예술에서 정신분석적 탐구(Psychoanalytic Explorations in Art)》라는 연구가 발표되었다. 병리학적 작업들과는 달리 이 논문에서는 창조적 표현이란 어떤 인간의 병적 허약함이 아니라 자아 강도(Ich-Stärke)의 표명이라는 낙관적 확신이 지배적이다. 크리스가 예술적 창조과정에서 입증하는 퇴행 역시 "자아의 행동영역" 속에 있다. 따라서 현실로의 귀환이 항상 가능하다는 점을 통하여 병리학적 퇴행의 형식과는 구별된다. 또한 이 책은 프로이트의 위트이론에서 출발하는 캐리커처에 대한 정신분석적 연구를 포함하고 있다.

미국의 문학심리학 연구 가운데 표준적인 저서인 사이먼 레서(Simon O. Lesser)의 《허구와 무의식(Fiction and the Unconscious)》이 1957년에 출간되었다. 이 저서는 내적 갈등의 극복, 현실원리와 쾌락원리의 화해, 죄의식의 경감이 본질인 문학의 기능을 밝히고 있다. 이 안에 들어 있는 주목할 가치가 있는 한 장(章)은 나중에 《형식의 기능(Funktion der Form)》이라는 제목으로 발표되었다(in Beutin 1972, 277-299쪽). — 미적 형식과 그 기능을 탐구하는 프로이트의 시도가 여기서 오랜 뒤에 다시 파악되었다. 형식은 독자에게 초자아의 요구를 만족시키며 환상과 충동자극을 지배하고 통제하는 역할을 한다는 것이다.

"우리는 이미 시문학을 포함한 예술이 꿈, 신경증의 증상 및 위트와 마찬가지로 다소 왜곡된 방식으로 우리의 충동뿐만 아니라 이에 대한 방어를 표현하는 타협형성이라는 점을 지적한 바 있다. 우리의 소망표상이 전적으로 그런 것은 아닐지라도 대부분 내용을 통하여 만족되는 반면에, 소망표상에 대한 우리의 방어조치는 형식을 통하여 만족되는 것으로 보인다. 초자아를 만족시키려는 노력으로서의 형식에 대한 개념규정은 형식의 많은 특성들과 심지어 전문적 표현까지도 규명한다. 미학에서 그 특성들은 전문적 표현으로 기술되고 있다"(in Beutin 1972, 284-285쪽).

미국의 정신분석에 대한 호의적인 분위기 속에서 (생산 및 수용미학의 연구 외에도) 그간 소홀히 다뤄지던 작품구조에 열중하는 수많은 연구가 활성화되었다. 프로이트의 꿈이론과 결부되어 텍스트에서 응축(Verdichtung)과 전치(Verschiebung) 및 상징화(Verbildlichung)가 제시되었고, 상징의 구조들이 분석되었다. 이런 흐름은 카프카 작품의 "정신분석적 관통"이 "참다운 디오니소스 축제(wahre Orgie)"를 찬미하던 카프카 연구에서 가장 좋은 예로 나타난다(Politzer 1973, 220쪽). 카프카의 형벌환상에 대한 헬무트 카이저의 해석이 그 출발점으로, 그의 해석은 1931년 잡지 《이마고》에 발표되었다. 그 뒤로도 찰스 네이더(Charles Neider)의 《얼어붙은 바다(The Frozen Sea)》(1948)를 거쳐 정신분석을 조심스럽게 도입한 하인츠 폴리처(Heinz Politzer)와 소켈(H. Sokel)의 상이한 연구들이 나온다. 폴리처의 《비유와 역설(Parable and Paradox)》(1962/65)이 카프카의 문체 연구에 결정적으로 기여했다면, 소켈의 카프카 연구논문인 《비극과 아이러니. 그의 예술의 구조에 대하여(Tragik und Ironie. Zur Struktur seiner Kunst)》도 그의 구조분석의 의도를 명확히 제시한다. 이런 해석들 가운데 몇몇 해석은 일반적으로 정신분석적 텍스트 해석과 특히 카프카 해석에서 닥치는 위험, 즉 상징을 해석하고 해명하거나 정신분석의 개념어로 바꿀 때 생겨나는 위험에 의해 결정된다. 정신분석적 텍스트해석은 이런 경우 (무엇보다 성 상징과 관련하여) 확고한 상징규범 또는 암호해독의 방법을 즐겨 사용한다. 그러나 프로이트 본인은 정작 이와 같은 방법을 비과학적인 것으로 배척했다(전집 2/3, 101쪽 이하). 프로이트는 연상적 방법에서 이탈한 상징번역의 사용에 대해 이렇게 경고했다. "상징지식에 의존하는 해석은 연상적 해석을 대치하거나 그것과 필적할 수 있는 기법이 아니다"(전집 11, 152쪽).

1968년 이후의 시기

학생운동의 시기는 일방적으로 작품내재성(Werkimmanenz)의 패러다임을 지향하던 독어독문학계에 방법론 논쟁의 운동을 일으켰다. 작품내재적 방법은 제2차 세계대전 이후에 미학적 구조와 형식의 내부공간으로의 후퇴뿐 아니라 국가사회주의 정책의 황폐화된 영향 및 후폭풍으로부터의 도피를 의미하고 있었다. 1968년 이후로 방법의 다양성과 학과의 사회이론적 실행의 새로운 분류에 따라서 정신분석 역시 정신과학에서 새로운 주목을 받았고, 이제는 사회과학으로 이해되었다. 비판이론(아도르노, 호르크하이머, 하버마스)에 대한 새로운 해석은 이제까지 축적된 프로이트적 사고에 이론논쟁의 단초를 제공했다. 왜냐하면 정신분석이 헤겔의 변증법과 마르크스 사회이론과 더불어 비판이론의 중추에 속했기 때문이다.

1968년에는 프로이트 탐구가 학문의 이론적 논의를 지속적으로 결정했던 하버마스의 저서 《인식과 관심》이 출간되었다. 《미학이론》(Adorno 1973; 이에 앞서 1971)에서 아도르노의 프로이트 비판 역시 문학심리학적 논의의 출발점이 되면서 방법의 성찰을 촉진했다. 아도르노는 정신분석적 예술관찰이 작가와 작품을 일방적으로 연관시킴으로써 작품에 내재하는 저항(Widerstand)을 오해하고 있다고 비판했다. 정신분석은 예술을 타협형성으로, 현실에의 순응행위로 이해하고 있으며, 이 때문에 정신분석이 예술의 현실비판의 요구를 간과한다는 것이다. "이런 음악적 감각부재(Amusie)에 공동책임이 있는 것은 정신분석이 현실원칙으로 행하는 우상숭배이다. … 현실에의 순응이 최고선(summum bonum)이 되고 있다"(Adorno 1970/1973, 21쪽). 아도르노의 이런 비판은 차후의 문학심리학적 이론과 해석이 해결해야만 하는 날카로운 가시였다. 1970년대는 이를 위해 충분히 기회를 제공했다. 이때가 바로 정신분석적 문예학이 사회역사적이고 문학사회적인 연구와 함께 비상한 도약을 기록해야만 하는 시기였다.

기본 패러다임: 꿈의 유사성

잊혀진 프로이트의 시도를 다시 기억하면서 계속 발전된 이 논쟁을 문학적 논쟁으로 통합하고자 한 것은 이번에도 교수취임 연설이었다. 칼 피에츠커(Carl Pietzcker)는 그의 취임연설문을 1974년에 《꿈과 문학적 예술작품의 관계에 대하여(Zum Verhältnis von Traum und literarischem Kunstwerk)》라는 제목의 책으로 출간했다. 프로이트는 《시인과 환상행위》에서 꿈과 시문학은 동일한 기제(응축, 전치, 상징화)를 쫓아가는데, 이 때문에 문학의 모델이 꿈의 모델을 지향한다는 전제를 내세운 바 있었다. 그런데 피에츠커는 유사성 외에 특히 꿈과 예술작품의 차이를 강조한다. ― 문예학이 예술작품의 특수성을 파악하고 문학작품에 대한 이론을 발전시키려 한다면, 문예학에 기본적일 수밖에 없는 확고한 경계선이 있어야 한다는 점을 강조한다. 프로이트 자신은 그 차이점을 회고하면서 다음과 같이 말했다. 예술작품은 "전적으로 꿈처럼 무의식적 소망의 환상충족인 것으로, 예술작품 역시 꿈과 타협의 성격을 공유한다. 왜냐하면 예술작품도 억압의 힘과 공공연한 갈등을 피할 수밖에 없기 때문이다. 그러나 비사회적이고 나르시시즘적인 꿈의 생산물과는 달리 예술작품은 다른 사람들의 관심을 고려했으며, 이것 때문에 상술한 무의식적 소망자극을 활성화하고 충족시킬 수 있었다"(전집 14, 90쪽). 그러므로 꿈의 유사성은 무의식적 소망의 환상충족과 관련된다. — 여기서 창작하는 개인은 꿈꾸는 사람과 마찬가지로 집요하게 쾌락 획득을 추구하고, 문학적 환상은 "충족되지 못한 현실의 교정"(전집 7, 216쪽)이지 결코 현실에의 순응만은 아니다. 하지만 예술작품은 꿈처럼 나르시시즘적인 것이 아니라 의사소통과 사회적 참여를 겨냥한다. (다양한 문학적-언어적 요소와 문화의 특수한 요소에 관여하는) 예술작업은 전달가능성 외에도 독자의 무의식적 소망을 충족시키고 독자의 내적 검열을 피하는 것을 목표로 한다. 이를 위해 "선쾌감(Vorlust)" 또는 "유혹의 보너스(Verlockungsprämie)"로서의 형식이 예술작품에 헌신한다(전집 7, 223쪽).

문학적 형식에 대한 프로이트의 기능규정과 정의라는 부분에 피에츠커의 비판이 가해진다. 피에츠커는 이런 것이 미적인 것의 질을 규정하기에는 불충분할 뿐이라고 말한다. 프로이트의 이론대로 파악하자면 내용은 소망충족에 헌신하고, 형식은 단지 선쾌감의 공급자일 따름이며, "임의로 금기시된 것 위에 얹어 놓은 당의(糖衣, Zuckerguß über beliebig Verbotenem)"(Pietzcker 1974, 60쪽)에 불과하다. 그 밖에도 꿈(또는 백일몽)과 문학텍스트에서 응축, 전치, 상징화 과정은 동일한 것만은 아니다. (외적 현실이 문학작품을 훨씬 더 강렬하게 상호관계 속에서 구성하고 있기 때문이다.) 현실은 꿈보다 예술작품 속에서 더 강렬하게 부각되고, 예술작품은 이해와 의사소통의 요구에 의존한다. 피에츠커에 의하면 예술작품은 변증법적 해결을 강요하는 개인의 소망과 외적 현실 사이의 모순에 의해 특징화된다는 것이다. "이렇게 예술작품은 외부 현실에 대해 비판적으로 맞서며, 예견된 만족 수준의 욕구를 논쟁적으로 요구한다. 그러나 동시에 예술작품은 이 비판적이고 유토피아적인 계기에도 불구하고 긍정적이며, 예술작품이 당면한 현실에도 불구하고 그리고 현실 속에서도 만족을 보증하는 한 개인을 저 현실과 화해시킨다"(같은 곳, 62-63쪽).

피에츠커는 예술작업, 다시 말해 외부 현실의 많은 계기와 연관된 과정의 재구성을 정신분석적 문학관찰의 본질적 과제로 규정한다. 그는 프로이트의 개인심리학적이고 비역사적 접근에 반해 사회심리학적이고 역사적인 모델을 제기하면서 역사의 분석이 해석의 구성적 요소여야만 한다고 주장한다. 욕구와 현실이 역사적으로 이해된다면, 그것의 매개과정인 예술작업 또한 사회역사적 사고의 관계에서 분석될 수 있다는 것이다. 예술작업은 소통가능성에 대한 압박 때문에 변화하면서 꿈 작업과는 다른 성격을 강화하게 된다. 예를 들어 전치를 이해할 수 없는 것으로까지 만들어서는 안 된다. 현실과의 관계는 텍스트가 사회적 현실에 전면적으로 대항하고 텍스트의 몰이해가 바로 "정상적인 것"의 이해에 대립적으로 작용할 때 언제나 암묵적으로 고려될 수 있다. 작품은 욕구와 현실의 계속된 갈등과 양자의 매개 속에서 구성된다. "무의식적 욕구가 외부 현실을 향해 계속 제한될 때마다 자아실행(Ichleistung)과 더불어 현실의식이 고조된다. 그렇다면 문학적 형식이란 이런 연속의 마지막 제한으로서 작품의 지고한 자아실행이다. 그것은 작품 내부로 들어온 결정된 외부 현실에 대한 갈등과 매개의 마지막 제한이다. 그것은 역사적으로 특수한 갈등과 매개의 역사적으로 특수한 제한이며, 고로 임의로 금기시된 것 위에 얹어 놓은 임의로 달콤하게 만든 피복(versüßende Verhüllung)이 아니다"(같은 곳, 63쪽). 그렇다면 텍스트가 내부 현실이나 외부 현실에 반응하는 한 텍스트가 충동과 역사적 현실 사이의 갈등을 어떻게 형상화하는지, 텍스트가 화자로 하여금 어떤 역할을 하게 하는지, 그리고 텍스트가 무엇을 공공연히 묘사하고 또 은폐하는지가 해석에서 나타날 것이다.

여기서 피에츠커가 시도하려는 것은 바로 정신분석이라는 기준점을 가지고 프로이트적인 개념들의 비역사성을 극복하고, 그 개념들을 역사적 변화가 가능한 것으로 이해하는 문학작품의 이론적 전개이다. 이와 동시에 그는 (늘 전통과 담론에 파묻혀 있는) 예술작업의 의식적 참여를 기대하면서 예술작품의 미학적 측면을 해명하고 있다.

피에츠커는 이런 관심을 그의 계속된 저술들, 특히 《문학적 예술작품의 정신분석 입문(Einführung in die Psychoanalyse des literarischen Kunstwerks)》(1983)에서도 진행해 나간다. 늦었어도 여기서는 정신분석이 문예학에 근접하면서 체계적 구조로 통합된다. 그는 생산 및 수용미학적인 것만이 아니라 결정적으로 문학이론적인 것에 대하여 문제를 제기한다. 어떻게 시문학적 환상이 개별적 인물과 인물의 배열에서 형상화되고 전개되는지뿐만 아니라, 어떻게 작품의 예술적 성격이 정신분석적으로 해명될 수 있는지의 물음이 중점적으로 다루어진다. 피에츠커는 정신분석이 문학작품의 과학적 처리에 구성적이라는 것, 정신분석이 없이는 문학작품의 사회적이고 역사적인 확실성이 적절하게 파악될 수 없다는 것을 보여 주고자 한다.

프로이트의 예술 및 문화이론적 저작들은 (그의 임상적인 저작들보다 훨씬 더) 철저히 역사의식으로 형성되어 있다. — 페터 폰 마트(Peter von Matt)는 이런 점을 《문예학과 정신분석(Literaturwissenschaft und Psychoanalyse)》(1972/2001)이라는 입문서에서 지적한다. 프로이트는 《꿈의 해석》에서 역사의 과정 속에서 변화하면서 시적 환상에 대하여 매번 다르게 매개되어 있는 소포클레스의 《오이디푸스》와 셰익스피어 《햄릿》의 오이디푸스 구조를 연구한 바 있다. "《오이디푸스》에서는 어린아이의 기본적인 소망환상이 꿈속에서처럼 나타나고 현실화된다. 《햄릿》에서 소망환상은 억압된 채 남아 있는데, 우리는 단지 소망환상에서 시작되는 장애의 영향을 통해서만 —신경증의 증상과 유사한 —그 실재를 경험한다"(전집 2/3, 271쪽). 이와 같은 통찰로부터 프로이트는 문화이론적 추론을 이끌어 낸다. 그는 거기서 역사적으로 변화하고 계속해서 증대하는 문화과정에 기본적인 억압을 인식한다. "상술한 소재의 변화된 처리에서 서로 떨어져 있는 두 문화시기의 영적 삶에서의 완전한 차이, 인류의 정서생활에서 나타나는 억압의 세속적 발전이 드러난다"(같은 곳, 271쪽). 프로이트는 집단에 대해서나 역사적 시기에 대해서도 초자아 형성이 존재하며, 기본적 정신구조가 시기의 흐름에 따라 변형되고 다르게 나타난다는 전제를 내세운다. 하지만 그는 자신의 이론전개에서 초자아 형성이 결정화(結晶化)되어 있는 오이디푸스 콤플렉스의 구조를 스스로 문제시하고 역사적 조건으로 보려는 데까지는 나아가지 않는다.

심리극적 기체(基體)

1972년에 이미 출간된 앞서 언급한 《문예학과 정신분석》(2001)에서 페터 폰 마트는 (나중에 다른 저자들들 통해 반복해서 연구되어 문학 분석에 결실을 가져왔던) 발견적 정리(heuristisches Theorem)를 전개한다. 마찬가지로 이 또한 문학작품의 꿈 유추로부터 출발한다. 폰 마트는 여기서 잠재적 꿈생각들 또는 환상구조를 언급하는 대신에 "심리극적 기체(das psychodramatische Substrat)"라는 개념을 사용한다. 이를 통해 작가의 정신구조를 다룬다는 오해를 피하고 있다. 폰 마트는 "심리극적 기체"를 작품의 "추상적 정역학(abstrakte Statik)"으로 기능을 수행하면서 작품을 자체 내에서 밖으로 끌어내고, 해석 작업에서는 텍스트의 감추어진 하부구조로서 추론될 수 있는 초개인적 구조라고 이해한다(같은 곳, 77쪽). — 그것은 작품의 "미적 발산"에 결정적으로 관여하는 일종의 에너지 장(場)과 같다(같은 곳, 67쪽). 페터 폰 마트는 실러의 《빌헬름 텔》을 예로 들어 그의 기본개념을 설명한다. 그는 우선 이 드라마의 모순적인 토대, 즉 텔의 개별행위(게슬러 총독 살해)와 국가설립의 집단화[뤼틀리 서약(Rütlischwur)] 사이의 관계없음이라는 설정으로부터 논의를 전개한다. 이 관계없음은 실러가 역사적 전거를 거슬러 빌헬름 텔의 뤼틀리 서약에 불참한 것을 형상화했을 때 그만큼 더 큰 중요성을 갖게 된다.

폰 마트는 이 공백 자리의 해석에서 "원시부족"이 강력한 권력자인 아버지를 참살한 뒤 죄의식으로 고통을 받는 프로이트의 저서 《토템과 터부》(1912/13)의 문화이론을 근거로 내세운다. — 여기서 결정적인 것은 역사적 사실이 아니라 기본적인 (집단적) 환상이다. 그는 실러의 드라마에서 "원시부족 형제들"의 죄의식이 첫 단계에 텔과 이어서 친족 살해자인 파리치다(Paricida)라는 인물로 전환하는 데 성공적이었다고 평가한다. 우선 형제들은 텔의 게슬러 총독 살해에 관해 전혀 알지 못해도 상관없다. 이 때문에 텔은 뤼틀리 평원에서의 형제맹약 의식에 단호히 거리를 두고 있으며, 마침내 그는 만인의 해방자로 간주된다(Von Matt 1972/2001, 71쪽).

"텔 작품의 심리극적 기체는 결국 필연적으로 자유로워지거나 분출되는 이 죄의식이 어떤 식으로든 수용되거나 아니면 우선 효율적으로 다른 방향으로 전환되어야 한다는 것을 의미한다. 작품은 이제 일반적인 회한이 아니라 언젠가는 승리를 구가하는 것으로 종결될 수밖에 없다. 하지만 부족의 형제들이 공동으로 게슬러를 살해한다면 모범적인 틀에 따라 이런 회한은 불가피하다. 따라서 그것을 해야만 하는 것은 개인이다. 그는 다른 모든 사람들을 대표하여 아버지의 형상을 살해해야 하지만, 다른 사람들은 그 일을 전혀 알지 못해도 상관없다. 그리고 텔이 바로 그런 상황에 처한 인물이다. 이 때문에 그는 뤼틀리 평원에서의 형제맹약 의식에 단호히 거리를 두고 있지만, 그럼에도 마침내 그는 만인의 해방자로 간주된다"(같은 곳).

그러므로 드라마 텍스트에는 (작가의 죄의식이 아니라) 집단적 죄의식의 극복을 보여 주는 하나의 표본이 인식될 수 있다. 페터 폰 마트의 해석은 그때까지 주목되지 않았던 텍스트의 공백 자리를 채울 수 있었다. — 이를 통해 드라마의 다른 해석들이 타당성을 갖게 되었는지도 모른다. 한 번 더 분명해진 사실은 프로이트의 시문학적 작업인 《시인과 환상행위》(1908)가 오랫동안 영향력을 보유하게 되면서 1970대에는 문예학적 이론들에 불을 지필 수 있었다는 점이다.

정신분석적 비평의 방법: 샤를 모롱(Charles Mauron)

작품의 환상구조, 심리극적 기체, 이 두 개념은 문학텍스트에는 —이로부터 "명시적인" 작품이 발생하는— 무의식적 숨은 의미처럼 기능을 수행하는 구조와 복합적 동기, 이미지 영역이 존재한다는 정신분석적 통찰을 근거로 한다. 언어로 나타나지 않은 숨은 의미의 작품구조를 탐구하는 것은 문예학자의 해석 비결에 맡겨져 있다. 프랑스의 문예학자 샤를 모롱(1899-1966)은 1950년대 초부터 이런 해석의 자의적 위험을 극복하는 엄밀한 과학의 경험적 접근방법을 발전시켰다. 모롱은 그의 "정신분석적 비평"을 가지고 언어적 표명에서의 무의식의 진술을 연구하고 그 원천, 즉 작가의 개인적 신화를 캐내려는 방법을 고안한다. 이 개인적 신화는 과학적 규범에 따라 "강박적 은유들(obsessionelle Metaphern)"을 통하여 형성되는 연상의 망으로부터 해명된다. 모롱의 연구는 모든 작품에서는 텍스트의 중첩(Überlagerung; superposition)을 통하여 재차 개인적 신화의 구성을 허락하는 연상의 망이 인식될 수 있다는 전제에서 출발한다. 개인적 신화에 의해 작가의 무의식적 개성이 밝혀진다는 것이다. 모롱은 모든 텍스트분석과 재구성을 마친 다음에야 비로소 작가 전기와의 비교를 허락한다. — 이 방법에 결정적인 것은 개인적 전기만이 작품구조로부터 도출된다는 점이다.

모롱은 텍스트의 "중첩"이란 말로 이해하는 것을 온통 애인의 머리칼의 이미지가 중심이 되는 말라르메 소네트의 예에서 보여 준다(Mauron

1962, 37쪽 이하; Lentzen 1975, 88쪽). 모롱이 죽음(mort), 싸움(combat), 승리(triomphe), 장엄함(grandeur), 웃음(rire)의 연관체로 규정하는 개념 망, "연상의 망"이 텍스트의 비교에서 결정화(結晶化)된다. 이것이 바로 텍스트에 동기구조로서 바탕에 깔린 "강박적 은유들"이다. 다른 모든 시들 역시 이 강박적 구조로부터 일반화된다는 가설은 ―일종의 총보처럼 읽힐 수 있는― 계속된 "중첩"을 통하여 증명해야만 한다. 연상의 망이 지속적인 것으로 입증되면서 동시에 작가의 무의식적 구조의 표현으로 이해될 수 있는 강박의 표현이라고 모롱은 파악한다. 그러나 강박적 은유는 실제 사건이나 경험에 의존하는 것이 아니다. 그것은 의식적 환상의 배후를 제시하는 무의식적 이미지와 일치한다. (꿈 형상의 반복과 비교될 수 있는) 이미지의 불변은 작품의 변화 가능한 동기들에서 무한히 변형되는 드라마의 근본 상황(예컨대 갈등적인 원초적 장면)을 추론하게 만든다.

모롱의 방법에서 특기할 만한 것은 엔지니어라는 모롱의 첫 직업적 경력과 관계된 것으로 보이는 엄격한 과학적 요구이다. 하지만 그의 방법은 실증주의와 그것의 전기적 접근, 인과관계에 몰두하는 방식을 지향한다기보다는 오히려 작품구조를 출발점으로 삼고 있어서 나중에 프랑스에서 관철되는 구조주의적 방법과 유사하다.

모롱의 방법에서 더욱 뚜렷하게 나타나는 양상은 생산미학과 수용미학에서 해석상의 문제제기가 서로 자주 교차한다는 점이다. 그의 방법은 과학적 규칙에 따라 결과가 나타나는 작품읽기에서 시작하여 작품구조("강박적 은유")로 연결되며, 그로부터 창조적 과정과 최종적 인증심급(Beglaubigungsinstanz)으로 도입되는 전기의 문제에 도달한다.

이렇게 모롱의 시도는 독창적이지만, 그럼에도 경험적 검증가능성의 과학적 요구가 근본적으로 적용될 수 없다는 항변 또한 정당하다(Lentzen 1975, 99-100쪽). 연상의 망을 구축하는 일은 늘 주관적 태도에 달려 있어서 독자마다 다른 결과에 도달하고 다른 개인적 신화를 구성하게 된다. 이것 역시 모롱의 정신분석적 비평 방법이 후계자를 찾지 못한 이유일지도 모른다.

노먼 홀랜드(Norman N. Holland)의 수용이론

미국의 문예학자 노먼 홀랜드는 다른 방식의 "개인적 신화"인 독자의 신화를 재구성하려고 시도한다. 홀랜드는 다른 많은 연구 외에도 최초로 동일한 텍스트에 대한 상이한 독자의 상이한 반응을 조사하는 경험적 수용이론을 창안했다. "개인적 신화"의 개념을 독자에게 전이하려는 노력이 홀랜드의 저서 《개인들 속의 시(Poems in Persons)》(1973)에서 명확하게 나타난다. "우리는 작가와 그가 자신의 개인적 신화의 단편을 규정하는 방법에 대하여 더 많이 알 수 있다. 따라서 우리는 똑같은 표징에 의하여 독자의 개인적 신화에 대하여 더 많이 알 수 있고, 독자의 텍스트와의 관계로부터 그가 어떻게 작가의 독창성에 반응하는가를 발견할 수 있다"(같은 곳, 60쪽). 모롱의 정신분석적 비평이 어느 정도까지 배경이 되었는지는 불명료하다. 하지만 내용적인 근접은 간과할 수 없다. 두 경우에 무의식의 표본, 즉 유아기로 되돌아가는 방어 및 적응행동을 통하여 각인되는 개인구조가 연구의 중심 과제가 되고 있다.

홀랜드는 개인적 신화 외에도 동일성 주제(identity theme)라는 개념을 사용한다. (동일성은 여기서 고정된 크기가 아니라 자기해명 및 타자해명의 전략을 의미한다.) 다시 말해 모든 독자는 누구나 독서를 할 때 작품을 자신의 무의식적 구조, 동일성 개념에 적응시킴으로써 새롭게 그것을 창조한다는 것이다. 홀랜드가 제시하는 경험적 시도의 기본배치는 약 10주일에 걸쳐 여러 사람이 1주일에 한 번 서사적, 서정적, 극적 텍스트를 읽으면서 대화 내용을 기록하는 지도자와 함께 읽은 것에 대해 이야기를 나누는 것으로 되어 있다. 그들은 문학적 분석을 제시하는 것이 아니라 텍스트가 그들의 내면에서 일으키는 연상과 감정을 표현한다. 1인당 약 500쪽 분량의 수많은 인터뷰 자료가 개인분석의 일차적 전거로 이용된다. 홀랜드는 모든 독자가 텍스트와의 만남에서 자신의 적응 및 방어기제를 재구성하면서 자신의 동일성 주제에 문학작품을 일치시키고, 그럼으로써 작품의 환상구조와 방어구조 역시 독자의 환상구조와 방어구조가 되는 것을 보여 줄 수 있다고 생각한다. "'환상과 방어는 어디에 있는가, 작품에 또는 독자에게 있는가?' 하는 물음은 어떤 의미를 갖는 것도 중지한다"(같은 곳, 98쪽). 홀랜드의 업적은 개인의 수용방식이 서로 얼마나 다르고, 또한 그것이 얼마나 독자의 개인적 신화와 관계가 있는가를 —텍스트의 의미가 일그러지려고 할 때까지, 그리하여 그 의미가 동일성 주제와 일치할 때까지— 증명한 데 있다. 이렇게 홀랜드는 어떤 초개인적 연관성을 더는 요구하지 않는 독자반응의 철저히 개인화된 관점에 도달한다.

그럼에도 주목해야 하는 점은 홀랜드에게 일상적이고 선과학적인 독서의 실제가 중요한 것이지 (동일성 개념이 아무리 문예학적 수용에 영향을 미칠지라도) 문예학의 연구업무가 중요한 것은 아니라는 사실이다. 문예학은 독서행위 내로 주관성이 구성적으로 개입된다는 사실을 알고 있지만, 해석을 전거와 원전의 특징, 구조에 대한 증빙을 통해 초개인적으로 입증하는 데 성공해야만 한다는 사실 또한 알고 있다.

문학적 의사소통 모델로서의 역전이

1970년대 문예학에서는 텍스트에서 독자 방향으로의 패러다임 변환이 이루어졌는데, 그것은 [야우스(Jauß)와 이저(Iser) 등의] 새로운 수용미학의 계획 속에서 표출되었다. 이런 패러다임 변환은 정신분석적 문예학에서도 특징적으로 이루어졌다. (홀랜드의 경험적 수용연구와 같은) 이전의 시도 외에 의사소통의 구조 속에서 텍스트를 연구하고 독자의 행동에서 —치료 상황과 유사한— 역전이의 측면을 부각한 새로운 패러다임들이 개진되었다.

해석자가 셰익스피어의 《햄릿》에서 친부살해의 소망을 (그리고 소망의 장애를) 심리극적 기체로서 탐구하고 있다면, 동시에 그는 자신의 불안, 죄의식, 살해의 소망을 재생시키는 텍스트의 (무의식적) 전이제공(Übertragungsangebot)을 발견하게 된다. 작품에서 "작품-환상"(폰 마트)에 의해 계획되고 독자 수용을 조정하기 위한 텍스트의 영향전략은 —정신분석적 상황의 특성을 기술하는 개념과 유사하게— 전이제공으로도 이해될 수 있다. 분석대상자는 과거의 대상관계에서 유래하는 경험과 기분, 감정을 분석자와의 장면으로 "전이하고" 이와 동시에 실제적 의사소통의 상황에 대해 부적절하게 반응한다. 이런 과정은 모든 대인관계에서 어느 정도는 무의식적으로 일어난다. 말하자면 우리는 과거라는 악령에 사로잡혀 있으며, 우리의 현재 관계는 과거의 경험 때문에 오염되어 있는 것이다.

1980년대에 들어와 정신분석적 문예학에서 텍스트를 전이제공으로 파악하는 이론들이 강력한 추세로 나타난다. 텍스트의 전이제공에 대해 독자는 역전이로 (요컨대 투사와 동일시 등으로) 텍스트에 반응한다. 정신분석적 상황에서 전이 및 역전이 과정의 분석은 무의식적 정신의 자료를 의식에 접근시키는 인식의 발전을 의미한다. (이는 분석대상자뿐만 아니라 분석자에게도 통용된다.) 이와 유사하게 독자는 자신의 "역전이"를 텍스트의 "전이제공"에 대한 특수한 반응으로 이해할 때 인식을 얻게 된다. — 그러면 독자는 비판적 (또는 자기비판적) 독서법을 향한 과정을 기술하게 된다. 헤르마(Herma)와 세바스티안 괴페르트(Sebastian Goeppert)는 문학해석에서 발생할 수 있는 전형적인 역전이의 문제를 다음과 같이 설명했다.

"1. 어느 작품의 복합적 내용은 역사적, 의사소통적, 상황적 맥락의 더 상세한 제시 없이도 (예컨대 오이디푸스 콤플렉스와 같은) 단순한 기본모형으로 환원된다. 그러면 문학텍스트는 주로 메타심리학의 중심적 가설을 증명하고, 나아가 그것을 넘어 정신분석적 치료의 상황 밖에서 정신분석적 해석의 타당성 요구를 정당화하는 데 기여한다.

2. 문학텍스트는 임의적인 부가설명이라는 뜻에서 정신분석적 의미로 해석된다. 그러나 이 의미는 텍스트의 조건보다는 정신분석적 가설 형성의 실제상황을 지향한다"(Goeppert 1981, 75-76쪽).

그러므로 자신의 역전이 반응을 의식화함으로써 텍스트에 대한 보다 상세하거나 거짓된 반응을 피하는 것이 아니라면 통제하는 것은 적어도 과학적인 독자에게는 매우 중요할 수 있다. 역전이에 대한 성찰 없이 머물러 있는 해석은 그것이 정신분석을 지향하든 아니든 대상에 대한 왜곡된 이미지에 쉽게 도달한다(Pietzcker 1992, 33쪽). 역전이분석이란 해석자가 어느 정도는 자기 자신을 분석한다는 것, 텍스트에 대한 자신의 매혹, 동요나 방어를 의식화한다는 것을 의미한다. 이는 역전이를 인식에 방해되는 것으로 배제하거나 임상적으로 "순수한" 텍스트해석을 제시하기 위한 것이 아니라, 역전이를 인식의 도구로 이용하기 위한 것이다(같은 곳, 35쪽). 주관적인 반응은 텍스트와 독자라는 의사소통 상황으로부터 영향의 잠재력을 끌어내기 위하여 허락된다.

"그러므로 연구의 대상은 일단 제한되고 독립적으로 존립하는 객체로서의 텍스트가 아니다. 연구의 대상은 주로 텍스트와 … 수용자 사이의 관계이다. 해석자란 수용자의 성찰적 대변자로 이해된다. 그는 이런 관계로부터 텍스트를 탐구함으로써 텍스트에 나오는 인물과 장면, 행위와 언어가 수용과정의 영향잠재력, 다시 말해 서술이나 서정적 표현의 전략, 또는 무대 연기의 전략으로 드러날 수 있게 된다"(같은 곳, 36쪽).

노먼 H. 홀랜드가 상이한 독자들에게서 수용과정을 연구한다면 역전이 분석은 한편으로는 거짓된 전이로부터 독서과정을 방지하면서, 다른 한편으로는 주관적 반응의 분석에서 텍스트의 영향전략을 해명하고, 나아가 텍스트를 고립시키는 것이 아니라 의사소통 상황의 요소로서 파악하는 독서법에서의 자기탐구를 목적으로 한다. 이는 해석자가 텍스트로부터 일어난 반응을 받아들이는 동시에 그 반응을 분석적으로 관찰할 때는 거리를 지키는 것을 전제로 한다. 정신분석의 전이 및 역전이 개념에서 출발하여 이해의 선판단구조(Vorurteilsstruktur)에 대한 가다머(H. G. Gadamer)의 해석학 이론을 선이해와 이해의 무의식적 관여로 확대하는 해석모델은 이렇게 개발되었다. 피에츠커에게 이제 꿈의 해석 대신에 역전이분석이 정신분석적 텍스트 해석의 패러다임이자 경험과 관련된 문학수업의 새로운 모델이 되고 있다(같은 곳, 66쪽).

상호작용 형식으로서의 문학(알프레트 로렌처)

1970년대 이후로 정신분석적 문예학에 새로운 자극을 주었던 알프레트 로렌처(1922-2002)의 연구는 정신분석과 문학에서 삶의 실제적 관계를 전제로 한다. 그는 중병 때문에 계속 작업을 할 수 없었고, 그렇지 않았더라면 더욱 큰 업적을 냈을 생산적인 시도 역시 지속될 수 없었다. 그는 주체의 비판적 이론의 틀 내에서 정신분석을 비판적 방법으로 이해한다. 이 방법은 조화롭지 못한 상황의 배후로 들어가 인정되고 의식화된 삶의 계획과 억압적으로 금지된 삶의 계획 사이의 모순을 밝혀내기 위하여 문제적 삶의 실제에서 출발한다(Lorenzer 1978, 73쪽). 그는 정신분석의 실제를 문학적 구상과의 유사관계로 제시한다. 언급한 바와 같이 이 두 관계에서 중요한 것은 금지된 삶의 계획과 인정된 (의식 속에서 허락된) 삶의 계획 사이에서 나타나는 불화이다. — 나아가 억압된 삶의 실제를 의식화하는 노력이다. 로렌처에게 정신분석적 방법에서 결정적인 것은 분석대상자와 분석자 사이의 상호작용이다. 정신분석은 관찰의 학문(Beobachtungswissenschaft)이 아니라 말하자면 관계의 학문(Beziehungswissenschaft)이라고 그는 주장한다. "명확한 대상자로서 환자가 연구되는 것이 아니라, 환자와 분석자 사이의 관계가 연구된다"(같은 곳, 74쪽). 이 과정에서 관련공식(상호작용 형식)을 알고자 하는 의도가 전제로 깔려 있다.

로렌처는 분석과 문학적 의사소통의 상호작용 형식들 사이의 유사성을 강조한다. 독자나 문예학자는 텍스트에 맞선 채 그것에 거리를 두고 연구하는 것이 아니라, 텍스트의 형상들과 함께 상호작용 속으로 (하나의 장면 속으로) 들어간다. 이런 "장면적 이해"의 목적은 해방적인 것이다. 정신분석적 문학해석에서는 정신분석의 과정뿐 아니라 "무의식적으로 직접적인" 삶의 새로운 실제적 계획들이 인정되고 상징적인 상호작용 형식의 전체체계로 접목되어야 한다. 그러므로 로렌처의 주요 관심사는 잠재적 의미연관을 해명하거나 무의식적 텍스트 구조를 의식화하는 것이 아니라, 텍스트와 해석자 사이의 관계 역학과 삶에서 무의식적 지각 및 경험가능성의 실제적 확장이다. 그의 시도는 여러 모로 문학해석에 풍부한 결실을 가져왔다. 가령 위르겐 벨그라트는 "장면 이해의 차원"(Belgrad 1987)이라는 부제로 로렌처를 위해 기념논문을 헌정했다. 아힘 뷔르커(Achim Würker)는 "정신분석적 문학해석의 신생"에 기여해야 한다는 요구에 따라 호프만과 막스 프리시의 "무의식적 삶의 기획"(Würker 1991, 1993; 부제는 호프만-연구임)을 연구했다. 그러나 유감스럽게도 후기 로렌처의 문화 분석에 대한 관심은 비판적 정신분석의 사회연구에 대한 관심이 쇠퇴한 만큼이나 비슷하게 축소되었다.

형식의 힘

문학형식과 구조의 탐구는 오랫동안이나 정신분석연구의 미미한 과제로 남아 있었고, 그것이 계속해서 문예학으로 하여금 거부하는 태도를 보이도록 정당화했다. 프로이트는 문학형식의 기능에 대해 숙고했다. 그에게 문학형식의 본질은 금지된 소망의 불쾌함을 진정시키고, 독자에게 "상쾌감"을 주도록 도움으로써 편안한 소망충족의 상태를 이끌어 내는 데 있다. 피에츠커(1978)는 정신분석적 문학개념의 관점에서 프로이트가 기술한 기능을 확장하려고 노력했다. 하지만 전체적으로 문학형식에 대한 정신분석적 탐구는 보잘것없었고, 오랫동안 문학심리학적 연구의 균열을 표출해 왔다. 1989년에야 비로소 "문학과 정신분석"에 대한 프라이부르크 연구단체의 학술회의가 개최되었다. 회의는 전적으로 이 주제에 전념함으로써 《프라이부르크의 문학심리학적 대화(Freiburger literaturpsychologischen Gespräche)》 제9권에서 그 결과를 발표했다.

이 책은 연구 상황을 세밀하게 기술하고 오늘날까지 이런 종류로는 유일한 것으로 남아 있는 피에츠커의 연구보고로 시작된다. 그것은 형식의 "상쾌감 기능"에 대한 프로이트의 명제를 수용하고 발전시킨 수많은 논문이 있다는 것을 보여 준다. 이와 동시에 —놀이와 유사하게— 만족감을 주면서도 다양하게 소모를 감축하는 데 기여하는 형식의 유희적 계기가 제시된다. 이는 즐거움으로 가득 찬 유아기적 언어행동으로의 퇴행으로서뿐만 아니라, 동일한 것을 재인식할 때 쾌감으로 바뀌는 "주의력 감축(Aufmerksamkeitsersparnis)"으로서 이해될 수 있는 시적 운율과도 같은 현상이다(Pietzcker 1990, 13쪽). 이런 충동심리학적-경제적 관찰방식과는 달리 레서(Lesser; 1957) 또는 에렌 츠바이크(Ehren Zweig; 1953)와 같은 저자들은 금지된 충동을 제어하는 역할을 담당하면서 불안과 죄의식을 경감하고, 통제와 질서, 확실성을 보증하는 형식의 초자아 기능을 강조한다. — 그런데 형식은 이런 전조에 따라 재차 자아집중을 완화하고, 무의식적 소망을 포기하게 할 수도 있다.

미국의 자아심리학자들은 문학형식에 갖가지 자아기능을 부여하는 억양(Akzent)의 변화를 연구했다. 여기서는 자아의 측면에 즐거움과 만족을 창출해 주는 형식의 자아기능적 방어기제가 특히 부각되었다. 그러나 이런 자아심리학적 시도의 형식이 오늘날 회의적으로 파악된다는 것은 간과할 수 없다. 그 이유는 형식이 자아 통제와 현실에의 순응 기능을 지나치게 강조하기 때문이다. 이와는 달리 문학이란 이런 시도에서 종종 정당화되기 어려운 무정부적이고 전복적인 에너지를 전개해 나간다.

한스 작스와 멜라니 클라인의 뒤를 잇는 자기심리학자들은 형식의 나르시시즘적인 기능을 강조한다. 작가란 작품의 아름다움 속에서 자기 자신을 사랑하며, 그가 다른 사람들에게 감동을 주는 매개물 속에서 자신의 전능함을 즐긴다는 것이다. 클라인의 제자인 페어베언(Fairbairn)은 한 걸음 더 나아가 1989년 프라이부르크 학술회의에서 격렬한 논쟁을 유발한 명제를 내세운다. 그는 예술형식을 "우울증 및 편집증 자리(depressiv-paranoide Position)"에서 파괴된 대상을 복구하고 죄의식과 객체의 상실을 예방하는 주체의 시도로 이해한다. "모든 형식의 기준들은 —통일성, 완벽함, 조화, 완성 등은— 객체의 통합과 불멸성의 보장을 위한 수단들이다"(Bush 1984, 168쪽). 그러므로 문학형식은 회복 기능을 갖고 있다. 미적으로 형성된 작품은 소망에 대해 이상적인 대상을 제시함으로써 미적 생산물에서는 깨어진 소망이 보호를 받는다. 멜라니 클라인을 지향하는 이런 명제들이 공격적이고 파괴적인 자극이 지배적인 유아기의 "편집증 자리"라는 입증될 수 없는 실존에서 출발한다면, 이는 지극히 사변적인 것처럼 보인다. 이 이론에 따르면 구강성교 및 사디즘의 탐욕스런 충동은 이미 아주 어린 단계부터 동시에 나타나면서 "선"과 "악"으로의 대상 분열을 초래하는 양가성을 띠게 된다. 이런 단계에서 자아는 매우 분열적이고 불안을 참을 수 있는 제한된 능력만을 소유한다. 추후의 단계에서 다시 해로워질 수 있는 유아기의 "편집증 자리"의 실존은 말하자면 정신분석 전문가들 사이에서 거센 논란의 대상이 된다. 이 때문에 거기서 도출된 형식이론 또한 문제가 된다.

형식기능이란 자기의 분열적인 부분들을 통합적인 단일성으로 정리하고, 자기와 객체 및 현실 사이의 관계를 확고히 하는 것이라고 파악하는 핀카스 노이(Pinchas Noy; 1979) 역시 자기심리학적 접근을 추구한다. 이는 모순적 감정들을 표현하고 상호 매개하는 "변증법적 형식"에서 이루어진다. 형식은 이런 통합의 가장 상이한 발전단계를 —초기의 구조에서 성숙한 자기의 가장 복잡한 구조에 이르기까지— 자체 내에 수용하면서 자기의 조화와 균형, 통합을 창출하려는 목적을 지닌다(Pietzcker 1990, 23쪽).

길버트 로즈(Gilbert J. Rose)는 그의 저서 《형식의 힘(The Power of Form)》(1980)에서 미적 형식을 위한 가장 방대한 정신분석적 연구를 내놓았다. 그것은 형식의 문제에 완전히 전념하는 최초의, 이제까지는 없었던 유일한 단일 연구논문이다. 로즈는 예술적 형상화에서 일차적 과정인 해체(Auflösung)와 이차적 과정인 회복(Restitution) 사이에 나타나는 창조적 교대작용, 다시 말해 자기와 대상을 구획하는 경계의 완화와 —"외부의" 형식을 통하여 새로운 자기로 표현되는— 새로운 자기회복 사이에 나타나는 창조적 교대작용을 통찰한다. 예술가의 발전에 중요했던 자기구성의 모든 계기는 육체적 경험 너머로 희미해지는 일차적 과정의 경계로부터 "과도기대상(Übergangsobjekt)"의 교육에 이르기까지 형식과정과 연관될 수 있다. 위니콧이 제시한 과도기대상 개념은 로즈의 이론에서 중심적 위치를 차지한다. 작품의 형식적 구조화에 있어서 자기와 세계 사이의 경계는 변화되고 —구조화의 정도에 따라서는— 훨씬 더 외부사실이나 자기에게 귀속되는 것으로 느껴질 수 있다. 위니콧에 의하면 과도기대상이란 자기뿐만 아니라 외부사실에도 속하며, 주체와 대상의 분화과정에서 중요한 발전단계를 특징짓는다.

언급한 이론들 대다수가 생산 및 수용미학의 방향성을 갖는다면, 프리츠 게징(Fritz Gesing; 1990)은 작가-작품-독자라는 삼자관계의 상이한 측면과 관련된 일종의 종합을 시도한다. 그가 보기에 형식은 무엇보다 의사소통의 기능을 갖고 있다. 형식은 내용이 매개될 수 있는 특정한 의사소통구조를 구축한다. 이에 대해 게징은 페터 폰 마트가 제시한 "작품-환상"의 개념을 사용한다. (이는 창작 시에 환상에 의해 허구적 독자층을 예측하는 작품의 구성요소를 뜻한다.) 작품은 무의식적 차원과 마찬가지로 의식적 차원에서도 독자에게 호소하고 전이와 역전이를 일으키는데, 이때 문학형식의 요소들이 중요한 역할을 담당한다. 한마디로 문학형식의 요소들이 의사소통행위를 매개하고 조정한다(같은 곳, 45쪽). 게징이 그의 논문 끝부분에서 작품의 형식-요소를 면밀하게 검토하고는 있지만 그는 피에츠커가 문학심리학의 절실한 과제로 설명하고 있는 것, 즉 쾌락원리와 현실원리의 발전적 매개과정으로 표현될 수 있는 형식과 내용 관계에 대한 탐구에는 단지 실험적으로만 성공하고 있다. 피에츠커는 형식은 여기서 자아와 무의식, 초자아의 교대작용을 구획하는 경계로서 입증되는바, 문학의 역사적·사회적 성격은 이 경계에서 가장 명백하게 인식될 수 있다고 주장한다(Pietzcker 1990, 28쪽).

프로이트에 대한 라캉의 새로운 강독과 문예학에 대한 그 의미

프로이트의 정신분석에 대한 가장 성과 있는 새로운 해석과 발전은 프랑스의 의사이자 정신분석가인 자크 라캉(Jacques Lacan 1901-1981) 덕분이다. 그는 정신분석적 문예학에도 결정적인 영향을 미쳤다. 라캉은 국내외의 정신분석 모임들과 결별한 뒤에 파리에 프로이트 학교(Ecole Freudienne de Paris)를 창설했으며 사망 직전인 1980년에 해체했다. 그의 이론들 가운데 가장 중요한 것들은 1966년에 에크리(Ecrits)라는 이름으로 발표되었다. [독일어 번역서 《글모음집(Schrifte)》은 1973년 이후 3번에 걸쳐 출간되었고, 1991년에 다시 출간되었다.] 라캉의 작업은 구조주의와 후기구조주의의 이론적 근거에 따라 프로이트에 대한 새로운 강독을 제시한다.

라캉의 두 가지 사고는 계속해서 정신분석적 문학해석에 특히 의미심장하게 되었다. 어린아이의 거울단계에서 인간적 자기발견의 상상적 성격에 관한 이론이 그중 하나이다(《자아기능의 형성자로서의 거울단계》, 1991; 불어판 1936/49). 이에 따르면 유아는 거울 속에서 자신의 모습을 완전하고 온전한 형태로 볼 때 이른바 거울단계(Spiegelstadium)에서 최초로 자아를 형성하기 시작하는데, 이때 어머니의 경탄의 눈빛이 (이것이 결정적이다) 이 전체성의 지각을 확증해 준다. 이 지각에 의하여 주체는 통일성과 완전성을 믿지만, 통일성과 완전성이란 단지 상상 속에서만 존재할 따름이다. 라캉은 이 때문에 "망상적 동일성(Wahnhafte Identität)"에 관해서도 거론한다(같은 곳, 67쪽). 라캉의 이론은 주체에 대한 기존 사고를 철저히 변화시켰다. 왜냐하면 주체의 치유는 그의 관점에 따라 과대망상과 전능환상(Allmachtsphantasie)에 의해 특징화되면서 지속적으로 붕괴의 위협을 받게 되었기 때문이다. 라캉은 이와 동시에 "나는 생각한다, 고로 존재한다"라는 데카르트 표어의 자기반성적 주체를 단호히 거부한다. 거울단계는 라캉에게 궁극적으로 사실적 과정이 아니라 어떤 구체적인 거울도 필요 없는 허구적 자기고안의 은유인 것이다. 그것은 다름 아닌 자기인식을 배제하는 표상을 가리킨다(Wright 1985, 36-37쪽). 이 개념은 자아가 상상적인 투사(imaginäre Projektion), 다른 전체적 객체와의 동일시로부터 형성되는 과정 자체를 수정하고 있다.

보다 안정된 주체의 형성은 언어와 연관되면서 비로소 이루어진다. — 하지만 이 경우에도 안정성은 기만적인데, 언어는 인간의 욕망구조와 일치하는 기호의 무한한 지시체계로 이루어지기 때문이다. 이로부터 라캉은 무의식은 언어처럼 구조화되어 있고, 나아가 심지어 무의식은 언어의 생산물이라는 그의 두 번째 기본적 정리를 도출해 낸다. 이런 관점은 구조주의 이론을 뛰어넘는 그의 기호이론과 관련되어 있다. 소쉬르에 의하면 언어기호 속에서 소리(시니피앙)와 개념(시니피에)이라는 두 가지 무질서한 연속의 결합과 구조화가 일어난다는 것이다. 소쉬르에게 시니피앙(기표)과 시니피에(기의)는 하나의 통합, 즉 우리의 (무질서한) 지각인 기호를 형성한다. 하지만 라캉은 시니피앙과 시니피에의 확고한 결합이 존재하지 않는다는 견해를 내세운다. 그는 시니피앙이 앞서 주어진 시니피에를 따른다는 언어학적 명제에 이의를 제기하고, 반대로 "시니피에, 그것은 시니피앙의 효과이다"(Schriften 2, 22쪽)라고 주장한다. 바로 여기에 라캉의 "영향사적인 천재적 발상"(Bossinade 2000, 32쪽)이 나타난다. — 시니피앙과 시니피에의 관계가 전도되면서 시니피앙에 우선적인 위치가 부여된다.

이 언어학적 패러다임 변환의 정신분석적 배경은 억압 및 전치(Verschiebung)의 과정이다. 다시 말해 어머니에 대한 근원적 사랑은 오이디푸스의 법칙("아버지의 법칙")을 통하여 금지되고 억압된다. 아버지는 어머니와 어린아이 사이의 공생적 관계를 거부하고 어머니라는 대상과의 분리를 명령하는 제3자이다. 이때부터 어머니라는 욕망(Begehren)의 대상은 상실되는 것으로 간주되고, 다른 대상으로 대체되어야 한다. 라캉이 "상징적 거세"라고도 설명하는 아버지의 금지, 근친상간 금지는 무한한 대체와 충족될 수 없는 욕망의 과정을 작동시킨다. 라캉은 심적 과정과 언어적-언어학적 과정 사이의 유사성을 반복해서 거론한다. 시니피에의 위치 박탈은 주체를 시니피앙에 종속시키는 것 또는 "주체를 시니피앙이 지배하는 것"(Schriften 1, 60쪽)과 일치한다. 전치의 환유적인 과정(der metonymische

Prozeß)은 끊임없이 다른 시니피앙을 지시하는 동시에 안정된 의미의 불가능성을 지시한다. 무의식은 언어구조와 비견될 수 있다. 왜냐하면 욕망(무의식의 내용)이 무한하고 종결될 수 없는 시니피앙의 구조를 갖고 있기 때문이다.

그러나 무한한 지시체계는 라캉에게 의미의 무정부 상태를 뜻하는 것이 아니다. "왜냐하면 소쉬르에게서 고안된 시니피에의 특권은 라캉에게서는 유일한 시니피앙의 우월로 바뀌기 때문이다"(Bossinade 2000, 32쪽). 요컨대 그것은 남자 성기의 상징적 대표인 남근(Phallus)의 우월로 바뀐다. 라캉에 의하면 여성의 남근부재는 남근을 단지 결여의 시니피앙, 어떤 종류의 시니피에도 더는 일치하지 않는 특권적 시니피앙이 되도록 예정하고 있다(같은 곳, 58쪽). 라캉 역시 여성의 남근부재를 "거세"로 특징화하는 문제적 설명에서 프로이트의 개념 기준을 추종한다. 이와 관련하여 분명한 것은 1970년대 이후에 전개된 페미니즘의 이론형성과 담론비평이 분명히 라캉의 시도를 모순으로 느꼈다는 사실이다. 한편으로 라캉이 프로이트의 "성 생물학주의"를 언어의 상징이론으로 대체했다는 것은 긍정적으로 평가했다. 하지만 다른 한편으로 여성을 —프로이트의 거세개념과 연관하여— 남근부재의 위치로 고정화한 것은 수긍할 수 없다고 느꼈다. 정신분석적 문예학은 언어 및 상징차원으로의 이런 전치로부터 큰 소득을 얻었다. 이와 동시에 라캉을 통한 패러다임의 변환은 정신분석적 성이론의 출발점이 되었다.

라캉 본인은 그의 이론을 에드거 앨런 포의 《도난당한 편지(Der entwendete Brief)》라는 문학텍스트에 적용했다. 여기서 그는 욕망의 무한성, 시니피앙의 역할과 양자의 관계를 밝혔다. 포의 텍스트에서 중요한 것은 어느 장관에게 도난당하지만 재차 도둑에게 탈취당하는 프랑스 왕비에게 발송된 말썽이 많은 편지이다. 라캉에게 편지(la lettre!)는 특권적 시니피앙의 위치를 점유하는데, 시니피앙은 언어의 자리로서 타자의 자리를 향하는 욕망의 통로와 방향전환을 기술한다. 공생 소망을 포기하고 타자를 향하는 동시에 욕망(상징적 보상형성)의 무한한 순환으로 들어갈 수 있도록 하는 것이 바로 언어의 상징적 질서로의 진입이다. 라캉의 앨런 포 연구와 관련하여 정신분석적 문예학의 발전을 촉진한 격렬하고도 아주 결실 있는 논쟁이 전개되었다(Felman 1987, Haselstein 1991).

라캉의 이론들은 처음에 프랑스와 미국에서, 잠시 수용이 지체된 후에는 독일어권에서도 문예학에 결정적으로 자극을 주게 되었다. 라캉을 근거로 하여 발전시킨 최초의 작업 가운데 하나는 헬가 갈라스(Helga Gallas)의 《'미하엘 콜하스'의 텍스트욕망》이라는 클라이스트에 대한 연구였다. 이 연구에서 클라이스트의 소설은 "텍스트욕망"으로서 해명된다. 해석의 핵심부에서 말은 남근 대체물로 나타난다. — 그러니까 완전성이 결여된 것의 보상, 자아의 상상적 전체의 시니피앙으로 형상되는 것의 보상으로 나타난다. 그것의 박탈은 자아의 상상적 통일성을 위협하는 것으로 이해될 수 있다. 결코 존재하지 않았던 어떤 것(어머니의 남근)을 추구하는 욕망은 텍스트에서 교대적인 보상형성을 만들어 낸다. 결국 주인공 콜하스와 선제후에게 결여된 전체성의 대체물인 쪽지가 붙어 있는 상자가 나타난다. 이후 수많은 다른 해석자들, 특히 라이트(Wright; 1987/88), 하게슈테트(1988), 호프만(1996)이 라캉의 연구를 따르거나 그를 이론적으로 반영했다.

해체주의적 시도, 젠더연구와 문예학

라캉의 이론은 일단 여성에게 적대적인 것으로 나타난다. 여성은 그에게 남근부재라는 특징을 통하여 부각되는 결핍의 원천이다. 그렇지만 라캉은 언어의 상징성에서의 "남근"(특권적 시니피앙으로서의 남근) 개념의 정착과 그것의 상징적 의미를 (통합, 완전성을) 통하여 유기체 분야와 생물학적 성 분야에서 탈피할 수 있었다. 남근은 신체적 기관이 아니라 상징이다. 남근은 우리가 욕망의 만족을 위해서는 언제나 타자에 의존하지만, 타자는 ―시니피앙의 무한한 전치처럼― 항상 회피한다는 사실을 본질로 하는 근본적인 결핍을 가리킨다. 그렇다면 남근은 타자에 대한 성의 우월성을 의미하는 것도 아니다.

라캉의 이론은 성을 언어기능으로 돌림으로써 바로 문예학적 젠더연구 분야에서 생산적이었고, 성과 주체의 본질주의적 표상(essentialistische Vorstellung)을 배척한 해체주의의 시도에 접근할 수 있었다(Müller 1995, 302쪽).

페미니즘 문예학은 처음에 여성상 연구, 예를 들어 "상상의 여성성"(Bovenschen 1979)과 "감추어진 여성"(Stephan/Weigel 1983), 잊어버린 전통노선과 여성작가들에 대한 발굴, 나아가 문학적 규범의 교정에 관심을 기울였다. 이는 늘 지배적인 남성구도, 남성의 일방적인 관점을 텍스트에 명백히 하고 극복하려는 목적을 지니고 있었다. 이 연구방향의 타당성이 위기를 맞게 된 것은 1970년대에 무엇보다 프랑스의 여성 문예학자들이 후기 구조주의적 접근방식으로 (특히 라캉에 의존하여) 보완하려고 했던 이론적 결핍과 관계가 있었다.

엘렌 시수(Hélène Cixous), 뤼스 이리가레이(Luce Irigaray), 줄리아 크리스테바(Julia Kristeva)와 모니크 위티그(Monique Wittig)는 여성의 의미를 언어의 [여성적 글쓰기(écriture féminine)의] 영역에 정착시키고, 여성을 몸과의 관계에서 파악하려고 노력했다. 어쨌든 여성성은 ―그 모든 차이에도 불구하고― 언어의 구조 밖에서는 결코 고려되지 않고 있으며, 모든 여성작가에게 확고한 목표는 서구 이성중심주의의 해체와 선소여적인 (남성적으로 결정된) 의미관계로부터의 해방이다. 이 때문에 여성적 글쓰기는 헤테로섹스의 은유화와 여성육체의 물신화에 항변할 수밖에 없으며 ―예컨대 언어를 어머니의 목소리 및 육체와 결부시킴으로써― 언어의 가부장적 순응과 상징적 질서의 전복을 실행해 나가야 한다.

엘렌 시수(1937년생)에게 여성적 글쓰기란 여성의 작가성과 결부된 것이 아니다. 그것은 오히려 여성의 중심이탈적 위치와 오랫동안 여성을 배제해 온 상징적 질서의 주변에 대한 글쓰기이다. 이런 의미에서 언어구조 내부까지 지배적인 가부장적 담론을 탈피하는 한 남성 작가들도 여성적으로 글쓰기를 할 수 있다.

특히 이리가레이(1932년생)는 언어질서에서 자리가 없는 여성의 무주거성(Ortlosigkeit)을 강조하면서 기존 질서에 대하여 유동적이고 유희적이며, 종결될 수 없는 것, 즉 비통합의 여성경제학을 대립적 개념으로 제시한다. 그녀는 언어를 육체와 성에 연관시킴으로써 이분법적 사고를 물리치려고 한다. 그녀는 여성이 (남근의) 결핍으로 정의된다는 라캉의 관점에 반대하여 자기와 타자 관계의 상반된 이해, 즉 잔액과 지출의 경제를 내세운다(Art. "여성적 글쓰기" in Nünning 2004, 132쪽).

페미니즘 문예학에 가장 큰 영향을 미친 사람은 아마도 프랑스의 문예학자이자 활동적인 정신분석가로서 자신의 수많은 연구에서 정신분석과 언어학, 문화이론의 문제를 결합한 줄리아 크리스테바(1941년생)였을 것이다. 그녀가 롤랑바르트와 자크 라캉에게 배웠다는 사실은 이후 그녀의 연구관심인 문예학적이고 정신분석적인 글들의 후기 구조주의 방향을 뚜렷하게 해 준다. 《시적 언어의 혁명(Die Revolution der poetischen Sprache)》(1974/1978)이라는 그녀의 초기 저작은 여전히 페미니즘 문예학의 가장 의미 있는 작품으로 통용된다. 크리스테바는 이 저서에서 라캉의 상상계와 상징계의 범주 못지않게 "기호적인" 개념을 중시함으로써 라캉의 이론을 보완하고 수정한다. 상징적인 것이 지배적인 언어질서와 아버지의 법칙과 연관된다면, 기호적인 것은 아버지가 개입되기 이전 시기의 어머니-태아 관계로 배속된다. (여기서 어머니와 아버지는 생물학적 실재가 아니라 기호론적 위치로 파악된다는 것이 중요하다.) 이 때문에 기호적인 것은 구조법칙과 언어의 결정요인을 피할 수 있으며, 따라서 상징적 질서의 불안정화와 전복에 기여할 수 있게 된다. 크리스테바는 특히 고전적 현대의 아방가르드 텍스트[로트레아몽(Lautréamont)과 말라르메(Malarmé)]에서 기호적인 것을 재발견한다. 그녀는 이 텍스트를 근거로 시적 언어의 "혁명"이라는 기능방식을 해명한다. 다시 말해 의미론적인 것과 그 규정을 무기력하게 만드는 음향과 리듬, 수사학적인 것의 우월성을 밝히고 있다.

여성적 글쓰기의 특징을 열거하자면, 생물학적 의미에서의 '여성적' 글쓰기의 특징이 아니라 문학적 현대의 많은 텍스트들이 보여 주는 특징이 중시된다. 즉 장르경계의 해체, 비완결성, 비직선적 서술, 대화중심, 통합관계 및 문법적 성격의 파괴, 리듬과 호모포니와 같은 언어의 물질성 강조가 두드러진다(Kroll 2002, 132쪽).

성의 본질주의적 이해를 문제시하는 해체주의적 과정은 일찍이 계몽주의의 유산을 비판적으로 반영하는 문학적 현대의 일부이다. 젠더연구의 후기 구조주의적 시도들은 이런 문학적 현상에 대한 감수성을 강화해 왔거나 감수성 전반에 대한 의식을 고양해 왔다. 해체주의적 독서는 자율적 주체개념과 '여성'과 '남성'에 대한 확정적 관념을 무력화시키고(Vinken 1992) '성'이라는 범주의 문화구성의 성격을 의식화했다(Butler 1990/1991).

이미 프로이트는 '자아가 자기 집의 주인이 아니다'라는 것을 확증한 바 있었다. 해체주의는 기호이론의 지평에서 이런 통찰을 철저히 발전시켰고, 형이상학적 실체개념으로 주체와 성의 개념적 통합에 문제를 제기했다. 주디스 버틀러는 해체주의적 사고를 급진적으로 실행해 나간다. 그녀는 성의 이원성을 자연적인 것으로 자칭하면서도 근본적으로는 담론과 권력의 그물 속에서 생겨나는 철저히 사회-문화적인 구성물로 이해한다. 이성적 사랑으로 결정화된 성의 이원성은 이렇게 강박체계와 코미디로, 그 자체의 패러디와 모방으로, 요컨대 "퍼포먼스"(Kroll 2002, 45쪽)로 나타난다. 텍스트에 대한 해체주의적 독서법은 성 구성의 퍼포먼스성격(Performativität)을 눈앞에 보여 줄 수 있으며, 동시에 그것의 전복적 불안정화를 촉진할 수 있다.

문예학에서 비판적 수용이 처음인 이런 시도와 더불어 프로이트의 정신분석 모델에서 가장 결정적인 수정사항 가운데 하나가 나타난다. 프로이트 자신도 여성성에 대한 불충분한 지식을 의식하면서 "어두운 대륙"(전집 14, 241쪽)과 "여성성의 수수께끼"(전집 15, 120쪽)에 관해 언급한 바 있다. 프로이트에게 중심적 기준점은 남성의 성이었으며, 그는 거기서 여성의 성을 도출했다. 언급한 페미니즘 작가들의 시도는 언어의 상징적 기능뿐만 아니라 언어를 통해 매개되는 성의 문화적 구성을 생각해 냈다. 페미니즘 문예학은 특정한 텍스트에서 이성 중심주의와 담론의 가부장적 지배력, 자율적 주체개념과 '여성', '남성'이라는 확정적 관념을 막아 주는 보루 역할을 하는 전복적 잠재력을 인식했던 것이다.

최근에 정신분석적 문예학은 사회비판적이고 혁신적인 잠재력을 부여하는 수많은 다른 시도 및 문제제기와 ―앞서 인증된 예들이 이를 보여 주듯이― 공공연하게 관계를 맺고 있다. 정신분석적 문예학은 '이질성'이나 '종족', '소속계층'과 같은 더 새로운 범주들과의 연계를 통하여, 예컨대 인종주의, 민족중심주의, 포스트식민주의의 정신분석적 현상(Bhabha 2000)과 이것에 내재된 권력을 철저히 규명할 수 있다. 이런 문제제기와 관계 속에서 정신분석적 문학해석은 앞으로도 하나의 위치를 차지하게 될 것이다. 이를 통해 정신분석적 문학해석은 개인심리학적 공리나 순수한 기호이론으로의 환원에서 벗어나 오히려 문화이론적이고 인류학적인 새로운 문제를 해명해 나갈 것이며, 동시에 프로이트가 애초에 정신분석에 부여하려고 생각했던 문화이론의 자리로 어느 정도는 되돌아갈 것이다.

Adorno, Theodor: Ästhetische Theorie(미학이론) [1970]. Frankfurt a.M. 1973.

Belgrad, Jürgen (Hg.): Zur Idee einer psychoanalytischen Sozialforschung. Dimensionen szenischen Verstehens(정신분석적 사회연구의 이념에 대하여. 장면 이해의 차원). Alfred Lorenzer zum 65. Geburtstag. Frankfurt a.M. 1987.

Beutin, Wolfgang (Hg.): Literatur und Psychoanalyse. Ansätze zu einer psychoanalytischen Textinterpretation(문학과 정신분석. 정신분석적 텍스트 해석을 위한 시도). München 1972.

Bhabha, Homl K.: Die Verortung der Kulturen(문화의 장소화). Tübingen 2000.

Bonaparte, Marie: Edgar Allan Poe. Eine psychoanalytische Studie(에드거 앨런 포. 정신분석 연구) [1943] 3Bde. Frankfurt a.M 1981(불어판 1933).

Bossinade, Johanna: Poststrukturalistische Literaturtheorie(후기구조주의 문학이론). Stuttgart/Weimar 2000.

Bovenschen, Silvia: Die imaginierte Weiblichkeit(상상의 여성성). Exemplarische Untersuchungen zu kulturgeschichtlichen und literarischen Präsentationsformen des Weiblichen. Frankfurt a.M. 1979.

Brooks, Van Wyck: The Ordeal of Mark Twain(마크 트웨인의 시련) [1920]. New York 1977.

Bush, Marshall: Das Formproblem in der psychoanalytischen Kunsttheorie(정신분석적 문화이론에서 형식문제). In: Hartmut Kraft (Hg.): psychoanalyse, Kunst und Kreativität heute. Die Entwicklung der analytischen Kunstpsychologie seit Freud. Köln 1984, 146-179쪽(영어판 1967).

Butler, Judith: Das Unbehagen der Geschlechter(성의 불쾌함). Frankfurt a.M. 1991(영어판 1990).

Dettmering, Peter: Dichtung und Psychoanalyse(시문학과 정신분석). 2Bde. Eschborn 1976, 1978.

Dilthey, Wilhelm: Dichterrische Einbildungskraft und Wahnsinn(시적 상상력과 망상). In: Ders.: Gesammete Schriften VI. Leipzig/Berlin 1924, 90-102쪽.

Ehrenzweig, Anton: The Psychoanalysis of Artistic Vision and Hearing(예술적 환상과 청각의 정신분석). An Introduction to a Theory of Unconscious Perception. London 1953.

Fairbairn, W. Ronald D.: Ultimate Basis on Aesthetic Experience(미학적 경험에 대한 근본

적 기초). In: British Journal of Psychology 29(1938/39) 167-181쪽.

Felman, Shoshana: The Case of Poe. Applications / Implications of Psychoanalysis(포의 경우. 정신분석의 응용/결과). In: Dies.: Jacques Lacan and the Adventure of Insight. Psychoanalysis in Contemporary Culture. Cambridge / Massachusetts / London 1987, 27-51쪽.

Fischer, Jens Malte (Hg.): Psychoanalytische Literaturinterpretation. Aufsätze aus ›Imago. Zeitschrift für Anwendung der Psychoanalyse auf die Geisteswissenschaften‹(정신분석적 문학해석. 《정신분석의 정신과학에 대한 적용을 다루는 잡지 이마고》에 나오는 논문들)(1912-1937). Tübingen 1980.

Flaake, Karin: Psychoanalyse(정신분석). In: Christina von Braun/Inge Stephan (Hg.): Gender Studien/Eine Einfürung. Stuttgart/Weimar 2000, 169-179쪽.

Gallas, Helga: Das Textbegehren des ›Michael Kohlhaas‹. Die Sprache des Unbewußten und der Sinn der Literatur(《미하엘 콜하스》의 텍스트 욕망. 무의식의 언어와 문학의 의미). Reinbeck 1981.

Gesing, Fritz: Annährung an eine psychoanalytische Theorie der literarischen Form(문학적 형식의 정신분석이론에의 접근). In: Freiburger literaturpsychologische Gespräche 9(1990), 64-91쪽.

Goeppert, Herma / Sebastian Goeppert: Zum Verständnis von Sprache und Übertragung in Becketts Endspiel(베케트의 《놀이의 끝》에서 언어와 전이의 이해). In: Bernd Urban/ Winfried Kudzus (Hg.): Psychoanalytische und psychopathologische Literaturinterpretation. Darmstadt 1981, 72-86쪽.

Habermas, Jürgen: Erkenntnis und Interesse(인식과 관심). Frankfurt a.M. 1968.

Hagestdt, Jens: Die Entzifferung des Unbewußten. Zur Hermeneutik psychoanalytischer Textinterpretation(무의식의 해독. 정신분석적 텍스트해석의 해석학에 대하여). Frankfurt a.M. 1988.

Haselstein, Ulla: Entziffernde Hermeneutik. Zum Begriff der Lektüre in der psychoanalytischen Theorie des Unbewußten(해독의 해석학. 무의식의 정신분석적 이론 독서법 개념에 대하여). München 1991.

Hofmann, Roger: Beschreibung des Anwesenden(현존하는 것의 기술). Lektüren nach Lacan. Frankfurt a.M. 1996.

Holland, Norman N.: Poems in Persons. An Introduction to the psychoanalysis of Literature(사람 속의 시. 문학의 정신분석 입문). New York 1973.

Kaiser, Hellmuth: Franz Kafkas Inferno. Eine Psychologische Deutung seiner Strafphantasie(프란츠 카프카의 지옥. 그의 형벌환상의 심리학적 해석) [1931]. In: Politzer 1973, 69-142쪽.

Kristeva, Julia: Die Revolution der poetischen Sprache(시적 언어의 혁명). Frankfurt a.M. 1978(불어판 1974).

Kroll, Renate (Hg.: Metzler Lexikon Gender Studies Geschlechterforschung(메츨러 젠더연구 사전). Ansätze-Personen-Grundbegriffe. Stuttgart/Weimar 2002.

Krutch, Joseph Wood: Edgar Allan Poe. A Study in Genius(에드거 앨런 포. 천재연구). New York 1926.

Lacan, Jacques: Schriften Bd.1 u. 2, ausgew. und hg. von Norbert Haas(글모음 1권과 2권. 노베르트 하스의 편집 및 선집) [1973/85]. Weinheim/Berlin 1991.

_______: Das Spiegelstadium als Bildner der Ichfunktion wie sie uns in der psychoanalytischen Erfahrung erscheint(정신분석의 경험에서 우리에게 나타나는 자아기능의 형성자로서의 거울단계). In: Ders.: Schriften Bd. 1, 61-70쪽(불어판 1936/49).

Lentzen, Manfred: Chales Mauron(샤를 모롱). In: Französischen Literaturkritik der Gegenwart in Einzeldarstellungen. Hg. von Wolf Dietrich Lange. Stuttgart 1975, 86-102쪽.

Lesser, Simon O.: Fiction and the Unconscious(허구와 무의식). Boston 1957.

_______: Die Funktionen der Form(형식의 기능). In: Beutin 1972, 277-299쪽.

Lorenzer, Alfred: Der Gegenstand psychoanalytischer Textinterpretation(정신분석적 텍스트 해석의 대상). In: Sebastian Goeppert (Hg.): Perspektiven psychoanalytischer Literaturkritik. Freiburg I. Br. 1978, 71-81쪽.

Marx, Reiner/Reiner Wild: Psychoanalyse und Literaturwissenschaft(정신분석과 문예학). In: Zeitschrift für Literaturwissenschaft und Linquistik 14(1984), H. 53/54, 166-193쪽.

Matt, Peter von: Die Opus-Phantasie. Das phantasierte Werk als Metaphantasie im kreativen Prozeß(작품-환상. 창조적 과정에서 환상이 메타환상으로 변형된 작품). In: Psyche 33(1979), 193-222쪽.

_______: Literaturwissenschaft und Psychoanalyse(문예학과 정신분석) [1972]. Stuttgart 2001.

Mauron, Charles: Des métaphores obsédantes au mythe personnel. Introduction á la psy-

chocritique(개인적인 신화에서 강박적 은유. 정신분석비평 입문). Paris 1962.
Müller, Marlene: Psychoanalyse und Gender(정신분석과 젠더). In: Jürgen Fohrmann (Hg.): Literaturwissenschaft. München 1995, 297-310쪽.
Muschg, Walter: Psychoanalyse und Literaturwissenschaft. Antrittsvorlesung, gehalten an der Uni(정신분석과 문예학. 취리히 대학에서 행해진 교수취임강의). Zürich. Berlin 1930.
Neider, Charles: The Frozen Sea. A Study of Franz Kafka(얼어붙은 바다. 프란츠 카프카 연구). New York 1948.
Nunberg, Hermann/Ernst Federn (Hg.): Protokolle der Wiener psychoanalytischen Vereinigung(빈정신분석학회의 회의록) Bd. 1 1906-1908 [1962]. Frankfurt a.M. 1976.
Nünning, Ansgar (Hg.): Metzler Lexikon Literatur-und Kulturtheorie(메츨러 문학 및 문화이론 사전). Ansätze-Personen-Grundbegriffe [1998]. Stuttgart/Weimar 2004.
Noy, Pinchas: An Ego-psychological Approach to Creativity(창조성으로의 자아-심리학적 접근). In: Psychoanalytic Quarterly 48(1979), 229-256쪽.
Pietzker, Carl: Zum Verhältnis von Traum und literarischem Kunstwerk(꿈과 문학적 예술작품의 관계에 대하여). In: Johannes Cremerius (Hg.): psychoanalytische Textinterpretation. Hamburg 1974, 57-69쪽.
_______: Zur Ppsychoanalyse der literarischen Form(문학형식의 정신분석에 대하여). In: Sebastian Goppert (Hg.): Perspektiven psychoanalytischer Literaturkritik. Freiburg I. Br. 1978, 124-157쪽.
_______: Einführung in die Psychoanalyse des literaischen Kunstwerks am Beispiel von Jean Pauls >Rede des toten Christus<(장 파울의 《죽은 예수의 말》을 예로 본 문학적 예술작품의 정신분석 입문). Würzburg 1983.
_______: Überblick über die psychoanalytische Forschung zur literarischen Form(문학형식에 대한 정신분석적 연구 개관). In: Freiburger literaturpsychologische Gespräche 9(1990), 9-32쪽.
_______: Lesend interpretieren. Zur psychoanalytischen Deutung literischer Texte(읽으면서 해석하기. 문학텍스트의 정신분석적 해석에 대하여). Würzburg 1992.
Politzer, Heinz: Kafka. Der Künstler(카프카. 예술가). Frankfurt a.M. 1965(american. Parable and Paradox, 1962).
_______: (Hg.): Franz Kafka(프란츠 카프카). Darmstadt 1973.

Prescott, Friedrich C.: Poetry and Dreams(시와 꿈). Boston 1912.

Rattner, Josef: Kafka und das Vater-Problem. Ein Beitrag zum tiefenpsychologischen Problem der Kinder-Erziehung. Interpretation von Kafkas Brief an den Vater(카프카와 아버지-문제. 어린이-교육의 심층심리학적 문제에 대한 기고문. 아버지에게 보내는 카프카 서한 해석). München 1964.

Reh, Albert: Literatur und Psychologie(문학과 심리학). Bern u.a. 1986.

Rose, Gilbert J.: The Power of Form. A Psychoanalytic Approach to Aesthetic Form(형식의 힘. 미학적 형식으로의 정신분석적 접근). New York 1980/1986.

Schönau, Walter/Joachim Pfeiffer: Einführung in die psychoanalytische Literaturwissenschaft(정신분석적 문예학 입문). Stuttgart/Weimar 2003.

Schrey, Gisela: Literaturästhetik des Psychoanalyse und ihre Rezeption in der deutschen Germanistik von 1933(정신분석의 문학미학과 1933년도 독일 독어독문학에서의 수용). Frankfurt a.M. 1975.

Simenauer, Erich: Rainer Maria Rilke. Legende und Mythos(라이너 마리아 릴케. 전설과 신화). Frankfurt a.M. 1953.

Sokel. Walter H.: Franz Kafka —Tragik und Ironie(프란츠 카프카 —비극과 아이러니). Zur Struktur seiner Kunst. München 1964.

Starobinski, Jean: Psychoanalyse und Literatur(정신분석과 문학). Frankfurt a.M. 1973(불어판 1970).

Stephan, Inge/Sigrid Weigel (Hg.): Die verborgene Frau. 6 Beiträge zu einer feministischen Literaturwissenschaft(감추어진 여성. 페미니즘적 문예학에 대한 여섯 편의 기고문). Berlin 1983.

Urban, Bernd (Hg.): Psychoanalyse und Literaturwissenschaft. Texte zur Geschichte ihrer Beziehungen(정신분석과 문예학. 그 관계의 역사에 대한 텍스트). Tübingen 1973.

Vinken, Barbara (Hg.): Dekonstruktive Feminismus. Literaturwissenschaft in Amerika(해체적 페미니즘. 미국에서의 문예학). Frankfurt a.M. 1922.

Wright, Elisabeth: Klassische und strukturalistische Ansätze der psychoanalytischen Literaturfoeschung(정신분석적 문학연구의 고전적이고 구조적인 시도). In: Jochen Hörisch/Christoph Tholen (Hg.): Eingebildete Texte. Affairen zwischen Psychoanalyse und Literaturwissenschaft. München 1985, 26-48쪽.

_______: Another Look at Lacan and Literary Criticism(라캉과 문학비평에 대한 다른 시각). In: New Literary History 19(1987/88), 617-627쪽.

Würker, Achim: Technik als Abwehr. Die unbewußten Lebensentwürfe in Max Frisches ›Homo Faber‹(방어로서의 기술. 막스 프리시의 《호머 파버》에서 무의식적 삶의 설계). Frankfurt a.M. 1991.

_______: Das Verhängnis der Wünsche. Unbewußte Lebensentwürfe in Erzählungen E.T.A. Hoffmanns(소망의 운명. E.T.A. 호프만의 소설에서 무의식적 삶의 설계); mit Überlegungen zu einer Erneuerung der psychoanalytischen Literaturinterpretation. Frankfurt a.M. 1993.

Ziegler, Klaus: Deutsche Sprach-und Literaturwissenschaft im Dritten Reich(제3제국에서 독일 언어학 및 문예학). In: Andreas Flintner (Hg.): Deutsches Geistesleben und Nationalsozialismus. Tübingen 1965, 144-159쪽.

Joachim Pfeiffer

7. 철학

프랑스의 현상학과 프로이트의 정신분석

시작: 폴리처, 민코프스키, 라캉

프랑스에서 프로이트에 대한 초기의 철학적 수용은 후설과 하이데거의 현상학 수용과 밀접하게 연관되어 있다. 이는 놀라운 일인지도 모른다. 왜냐하면 후설이나 하이데거 누구도 정신분석에 대한 탐구를 추구하지 않았기 때문이다. 프랑스에서는 칼 야스퍼스, 막스 셸러, 그 다음에 후설 및 하이데거의 수용자인 루트비히 빈스방거(Ludwig Binswanger)가 중개자의 역할을 담당했다. 이들은 정신병리학의 문제 제기에 관심이 있던 모든 사람에게 현상에 충실한 접근 방법을 제공했다. 1912년에 첫 출간되었고, 1922년에 보완 확대되었으며 방법적으로는 현상학적 환원이라는 후설의 방식에 전적으로 의존한 셸러의 저서 《공감의 본질과 형식(Wesen und Formen der Sympathie)》은 프로이트의 정신분석을 진지하게 받아들일 수 있는 시도(Scheler 1973, 34-35, 195쪽)로 인정하면서도, 그것이 너무 일반적이고 무반성적으로 도입된 개념성 때문에 문제가 있는 것으로 평가했다. 이

비판은 특히 프로이트의 리비도 개념에 집중된다(같은 곳, 198쪽 이하). 셸러는 프로이트의 학문적 성과가 결국 사랑의 다양한 현상을 충동과 성욕으로 환원시키려는 경향을 지닌 "자연주의 이론"의 유희방식이라고 비판했다. 셸러의 책은 1928년부터 프랑스어 번역판으로 나와 (그의 다른 저서들과 마찬가지로) 민코프스키, 라캉, 사르트르와 메를로퐁티에 의해 수용되고 있다. 동일한 상황이 칼 야스퍼스와 특히 1928년에 프랑스어로 번역된 그의 《일반 정신병리학(Allgemeine Psychopathologie)》(1913)에도 통용된다.

프랑스어로 정신분석에 대한 최초의 상세한 철학적 견해를 대변하는 연구자는 파리에 거주하던 헝가리 태생의 게오르게스 폴리처(Georges Politzer)이다. 그는 1929년에 강한 어조로 학술적 심리학(akademische Psychologie)을 비판하면서(Politzer 1929/1974), 학술적 심리학이 심적인 현상들을 추상적 실재에 포함시키고 신화적 내면세계를 통하여 물리적 본질을 강화한다고 비난한다(Waldenfals 1983/1987, 398-399쪽). 그는 자신이 요구하는 "구체적 심리학(konkrete Psychologie)"을 위하여, 특히 프로이트의 정신분석에 의존하고 있지만 프로이트 수용의 현상학적 전통, 무엇보다 사르트르와 메를로퐁티에게서 특징화될 수 있는 정신분석에 대한 "양가적인 태도"로는 더 이상 성과를 얻지 못한다(같은 곳, 399, 464쪽).

1885년 페테르부르크에서 태어난 유대 혈통의 폴란드인 민코프스키는 1933년에 발표한 그의 주요 저서 《살아온 시간(Die gelebte Zeit)》을 통하여 철학적 방향에서의 지속적인 프로이트 수용에 직접 자극을 준다. 이는 물론 그가 뮌헨에서 철학 공부를 하는 동안 알게 된 독일 현상학적 전통과의 관계 속에서 이루어진다. 근본적으로 이 책은 공간 및 시간의식의 정신병리학에 관한 연구서이며, 그 출발점은 현상학보다는 **개인적 비약**(élan personnel)이라는 베르그송 철학의 특징을 더 강하게 지니고 있다. 다시 말해 이 책은 정신분석에 정당한 '윤리적' 관심을 부여함으로써, 정신분석이 "너 자신을 알라"는 고대 철학의 전통 속에서 파악된다. 예컨대 정신분석에 대한 반감은 무의식 개념 때문이 아니라 민코프스키가 "합리화(Rationalisierung)"로 지칭하는 —외부에서 이루어지는— 해석 결과 때문이다. 그는 베르그송이 동기를 부여한 무의식의 자기표명을 "삶의 고갈되지 않는 근원"으로 설명하면서 합리화와는 대립적인 관계로 파악한다(Minkowski 1993/1971, 62-63쪽). 이에 따라 사르트르나 메를로퐁티 등도 나중에 정신분석을 비판할 때 기본적으로 사용하는 해석의 틀이 제시된다. 정신분석이 거부되는 이유는 그것이 소위 피상적인 수법으로, 말하자면 대상화하고 사물화하는 작위적인 수법으로 주체에게 그의 모든 행동의 의미, 실수행위 및 꿈과 증상의 의미를 이해시키고자 함으로써 주체가 자기 자신에게 다가가는 것을 가로막기 때문이다.

자크 라캉은 1935년 어느 평론에서 민코프스키의 저서의 가치를 상세히 평가하면서도 [라캉은 민코프스키가 공동으로 창설한 정신의학의 진화(Évolution psychiatrique)라는 단체의 회원이었다] 그가 프로이트의 발생이론을 소홀히 다룬 점을 지적한 바 있다(Lacan 1935/1936). 하지만 라캉의 비판적 핵심은 아주 다른 방향에서 이루어졌다. 즉 그가 하이데거의 사상, 특히 《존재와 시간》을 등한시했다는 것이었다. 이 시점에 라캉은 이미 프로이트 이론의 수용 사실을 1932년에 발표된 의학논문 《인성과 관련된 편집증적 정신병에 대하여(Über die paranoische Psychose in ihren Beziehungen zur Persönlichkeit)》(1975/2003)에서 문서화했다. 라캉은 여기서 그때그때 병의 이해와 동시대적 병리학의 병인론적 원칙에 침해받지 않는 (건강할 뿐만 아니라 병적인) 인성에 대한 독립적 이론을 도출한다. 이런 가운데 그의 이론은 에메(Aimée)의 사례에서 분명하게 입증된다. 즉 작가로서 소질이 있다고 느끼지만 좌절하고 결국 칼로 인기 여배우를 공격하여 정신의학의 대상이 되는 싱글맘 여성 에메를 위한 분석과정의 정신의학적 판단에서 입증된다. 라캉은 에메에게 스스로가 명명한 '자기형벌적 편집증(Selbstbestrafungsparanoia)'이라는 진단을 내리는데, 이런 맥락에서 그는 정신분석에 지극히 큰 자극을 받았음을 보여 준다. 논의된 글의 범위는 프로이트의 중심적인 저서들(특히 메타심리학과 두 번째 전제의 정초를 위한 작업들)로부터 가장 중요한 프로이트 제자들(아브라함, 페니첼, 페렌치, 랑크, 짐멜)의 저서들을 거쳐 범죄행동의 정신분석을 위한 관련 연구에 이르도록 포괄적이다. 설령 라캉이 정신의학과 정신분석의 통합적 접근방식을 위해 노력하면서 일방적인 가치평가나 선호를 피했을지라도[프로이트 외에도 블로일러와 클레랑보(Clérambault), 크레치머(Kretschmer)와 크레펠린(Kraepelin)이 부각된다], 에메 사례의 분석은 전반적으로 정신분석의 토대에서 이루어진다는 것을 오인해서는 안 된다. 라캉의 논문이 정신의학 내부에서보다는 문학적으로, 특히 초현실주의적 환경(예컨대 달리의 미술)에서 더 강렬하게 인지되었다는 것은 라캉의 의도가 아니었으나 충분히 이해될 수 있는 일이다(Roudinesco 1993/1996).

프로이트의 "무의식"에 대한 사르트르의 방어

라캉 본인은 1936년에야 비로소, 어쩌면 심지어 1945년에야 비로소 정신분석학회의 정식 회원에 소속되기를 요구했다. 제2차 세계대전 기간에 그는 모든 공적인 의사표명과 출판을 회피했다. 1943년, 그러니까 당시 독일의 점령기에 처음으로 방대한 저서 《존재와 무》를 출간한 장 폴 사르트르와는 달랐다. 베를린에서 4년간(1933-1937) 체류하면서 정신적 자극을 받은 사르트르는 우선 1930년대 동안에는 후설의 저서에서 많은 결실을 얻었고, 나아가 하이데거와 셸러, 야스퍼스를 연구했다. 사르트르는 다음과 같이 회고했다. "후설은 나를 감동시켰으며, 나는 모든 것을 그의 철학의 관점을 통하여 바라보았다. … 나는 후설학파에 속했고, 오랫동안 그렇게 머물러 있어야 했다"(Sartre 1983/1984b, 267쪽). 1939년 《감정이론의 개요

(Skizze einer Theorie der Emotionen)》에서 최초로 읽어 볼 수 있는 프로이트 정신분석에 대한 그의 항변들은 전적으로 셸러와 야스퍼스가 제시한 이론적 근거를 따랐다. 사르트르에 의하면 정신분석은 모든 "의식상태"를 다른 어떤 것의 대체, 즉 검열에 의해 억압된 욕망의 대체로 해석한다는 것이다. 아울러 이 의식의 "의미(Bedeutung)"는 의식 자체가 전혀 알지 못하는 어떤 것 속에 들어 있는데, 사르트르는 이 어떤 것에서뿐만 아니라 심적 현상을 설명하기 위한 "인과관계"와 "이해관계"에서도 "명백한 모순"을 발견한다. 사르트르는 그의 비판을 위한 유일한 구체적 근거를 프로이트에게서 찾는 것이 아니라 그의 제자인 빌헬름 슈테켈의 저서 《여성의 성 불감증(Die Geschlechtskälte der Frau)》(Stekel 1921)에서 찾는다. (물론 프랑스어 번역본으로 된 이 책은 베스트셀러였으며, 1945년까지 22판을 출간했다.) 하지만 사르트르는 실상 **깜찍한 신동**(enfant terrible)인 슈테켈이 정신분석 이론을 거의 대변하지 못한다는 사실을 알지 못하거나 소홀히 했다.

사르트르의 반 정신분석적 논증들은 《존재와 무》에서와 같은 방식이지만 그만큼 더 통렬하고, 이제는 그 논증들이 사르트르가 명시적으로 "실존적 정신분석(existentielle Psychoanalyse)"이라는 대안적 계획을 세울 만큼 새로운 가치를 갖게 된다(Sartre 1943/1991, 956쪽 이하). "경험적 정신분석[=프로이트의 정신분석]은 바로 원칙적으로 주체의 직관을 멀리하는 무의식적 심령주의(psychismus)의 요구에서 출발한다. 실존적 정신분석은 무의식의 요구를 거부한다. 심적 사실은 정신분석을 위해서도 의식에 관여한다"(같은 곳, 978, 983쪽 참조). 무의식과 동시에 분석자의 지위와 기능이 배척된다. 사르트르는 "관세, 여권 및 외환검사 등이 있는 국경선처럼 작용하는 검열"에 의한 인위적 분리에 항변한다(124쪽). 이렇게 볼 때 그는 객관화의 간섭을 의미하는 인위적 분리, 의식에 맡겨지는 것이 아니라 심적 사실로서(예컨대 오이디푸스 콤플렉스처럼) "다소는 개연적인 외부 가설"(125쪽)에 의존하는 인위적 분리에 반대한다. 사르트르 자신은 "나의 무의식적 충동과 나의 의식적 삶 사이의 **중개자**로 나타나는 정신분석가의 협력"에 의존해 있다고 생각하지 않는다. 그는 "외부로부터 추상적 도식과 학습된 규칙을 자신의 사례에 적용할 때" 모든 종류의 "직관에 대한 불신"이 전제되는 한, 심지어 자기분석 계획까지도 고려하여 정신분석을 거부한다(126쪽). 정신분석은 —"속이는 자와 속임 당하는 자"(124쪽) 사이에서— 분열을 초래한다. 정신분석은 "사기꾼 없는 사기"(126쪽) 때문에 그런 결과를 야기한다. 반면에 "실존적 정신분석"의 목적은 "속이는 자와 속임 당하는 자의 이원성을 회복시키는 것"이다.

"실존적 정신분석"은 야스퍼스와 하이데거로부터 지속적인 품격의 상승을 경험한다. 사르트르는 야스퍼스가 —인과율과 관련된— 자연과학적 "설명"과는 명확하게 구분하는(Jaspers 1923) "이해"에 대해 독자적으로 이의를 제기한다(Sartre 960쪽). 그는 "경험적 정신분석"과 심리학 일반이 "그들의 끊임없는 원인 추적"(962쪽)의 속성 때문에 이해에 도달할 능력이 없다고 파악한다. "경험적 정신분석은 인간이 인성으로부터 갖고 있는 선존재론(先存在論)의 기본적 이해"(975쪽)에 계속 고착되어 있다. 이에 반해 "실존적 정신분석"은 "현상학적 존재론"(《존재와 무》의 부제임)의 수단으로 "인성의 인간적 진리"(974쪽)에 도달하는 것을 목적으로 한다. "하지만 존재론이 정신분석에 가르침을 줄 수 있는 것은 무엇보다 사물이 지닌 의미의 참된 근원과 그 의미가 인간적 실재와 맺고 있는 참된 관계이다"(1031쪽). 이 진리는 인간의 자유인데, "실존적 정신분석"은 그 앞으로 되돌아갈 준비가 되어 있지 않다. "반면에 경험적 정신분석은 개인의 일차적 감정 상태란 그의 역사 앞에 놓인 처녀 밀랍(jungfräuliches Wachs)과 같다"고 주장한다(976쪽). "경험적 정신분석은 그 명칭부터 이미 모든 관련의미들의 다의성을 가리키는 콤플렉스를 규정하려고 노력한다. 실존적 정신분석은 근원적인 선택을 규정하려고 노력한다"(977쪽).

"어느 것도 의식의 원인이 아니며" 오히려 의식이 "그 자신의 존재방식의 원인이다"라는 현상학적 동기에 입각한 방법적 기본전제에 따라 "무의식 또는 생리학의 어두운 지대에서" 나오는 의식의 모든 발생 가능성이 철저히 거부된다(26, 313쪽 참조). 의식 자체는 오히려 "무"가 되어 버린다. 모든 의식이 "무엇인가에 대한 의식"이라는 현상학적 방법의 전제(19쪽)가 사르트르에 의하여 무의식적 지식의 수용이 존립할 수 없는 "비독단적 의식"과 궁극적으로 "반성 이전의 코기토(präreflexiver Cogito)"라는 명제로 상승한다(22-23쪽). 이에 상응하여 사르트르는 "지각의식(Wahrnehmumgs-bewußtsein)"과 "지각(Wahrnehmumg)" 사이의 차이에 대해서도 말하고 있는데, 그는 두 가지가 동일하다고 추론한다(27쪽).

하지만 프로이트적인 무의식의 본질적 재건과 극복은 "자기기만(mauvaise foi, Unaufrichtigkeit)" 때문에 유보된다. 사르트르는 이 개념을 가지고 정신분석적 치료 일반의 절차까지도 비로소 가능하게 하는 자기객관화의 기본과정을 기술한다. 사르트르는 이에 대한 근거로 우리가 회피하는 우리의 불안(Angst)을 예로 들면서 다음과 같이 말한다. "우리는 우리 자신을 마치 타자나 사물처럼 밖으로부터 포착하려고 시도하면서 그렇게 불안으로부터 도피한다"(114쪽). 하이데거의 주요 개념인 비본래성(Uneigentlichkeit)/본래성(Eigentlichkeit)을 연상시키는 논증에서 사르트르는 내가 불안으로부터 달아나면서 이에 관해 아무것도 알고자 하지 않을 때, 나는 늘 불안한 존재라는 것이다. "…불안으로부터 도피하기 위하여 내가 나의 불안으로 있다고 한다면, 이는 나의 있는 그대로의 것과 대면하여 나를 분산시킬 수 있다는 것, 나는 '불안으로 있지 않다'는 형태로 불안일 수 있다는 것, 나는 불안 속에서 무화하는 능력(nichtendes Vermögen)을 사용할 수 있다는 것을 전제조건으로 한다. 이 무화하는 능력은 내가 불안을 피하는 한 불안을 무화하며, 내가 불안을 피하기 위하여 불안으로 있는 한 이 무화하는 능력은 스스로를 무화한다. 이것이 이른바 불성실(Unaufrichtigkeit)[자기기만(mauvaise foi)]이라고 불리는 것이다. 그러므로 불안을 의식에서 내몰거나 불안을 무의식의 심적 현상으로 구성하는 것은 중요한 일이 아니다. 오히려 나는 아주 단순히 불성실하게 나 자신으로 있는 불안을 포착할 수 있다. 그리고 나와 대면해 있는 무를 채워야만 하는 이 불성실은 그것을 통해 지양되는 무를 내포하고 있다(115-116쪽). 엘리자베스 루디네스코에게 사르트르는 "프랑스에서 최초로 프로이트 무의식의 실제적인 현상학적 해석을 제시하는 이론가"이다(Roudinesco 1990, 591쪽).

물론 이것이 프로이트의 저작과 사르트르의 "현상학적 존재론"과의 유일한 접점은 아니다. 불안과 수치심의 분석은 "마조히즘"과 "사디즘" 경향의 재구성과 마찬가지로 순수 정신분석적 영역에 속한다. 여기서 프로이트 학파의 입장과 더 내밀한 논의가 이루어지지 않는다는 것은 결국 사르트르가 자료적 지식에 부족한 점이 있었기 때문일지도 모른다. 어쨌든 인용되는 정신분석가의 유일한 저서는 이번에도 슈테켈의 《여성의 성 불감증》이다(같은 곳, 131-132쪽). 결과적으로 사르트르가 성적인 물음을 구체화하고 여성의 성에 대해 숙고할 때 —이빨 달린 여성의 질(vagina dentata)에 대한 불안을 성급하게 입증하지 않도록 자신을 억제해야 함에도— 무리한 연상 작용에 의존함으로써 지적으로도 구멍(Loch)이라는 이름의 심연으로 빠져드는 것은 이상한 일이 아니다(같은 곳, 1047쪽 이하; Sartre 1983/1984, 219쪽 이하 참조). 하지만 사르트르가 "실존적 정신분석"에 대한 자신의 계획을 다음과 같이 말할 때, 우리는 그것을 교묘한 말장난으로만 받아들여서는 안 될 것이다. "이 정신분석은 아직도 본연의 프로이트를 찾지 못했다. 어쨌든 특히 성공적인 몇몇 전기들이 이렇게 되리라는 예감을 주고 있다"(같은 곳, 986쪽). 그리고 곧이어 사르트르의 플로베르 계획이 발표된다.

다른 한편으로 사르트르의 특정한 표명들이 정신분석에 지극히 고무적이었다는 사실을 간과해서는 안 된다. 이는 무엇보다 시선(Blick) 분석에 통용된다. 사르트르가 "타자에 의해 보이는 것(Vom-Andern-gesehenwerden)"을 "타자를 보는 것(Den-Andern-sehen)"의 진리로서, 그러니까 "타자에 의해 보일 가능성으로" 설명하고 있다면(같은 곳, 464쪽), 여기에는 사소하게 파악되던 초자아 모델과의 유사성뿐 아니라 바라보는(schauend) 구체적인 타자 시선의 교대 가능성이 눈에 띄게 부각된다. 이렇게 시선(Blick)의 현상은 발걸음 소리, 나뭇가지의 삐거덕거리는 소리, 심지어 어느 집의 창문에서도 나타난다. 이 시선을 상상하는 자가 바로 나라는 사실이 현상(Phänomen)에 손상을 입히지는 않는다(465-466쪽). 사르트르의 분석은 열쇠구멍을 통한 시선과 이런 상황의 —실제적인 또는 상상의— 단계화에서 일어나는 수치심의 감정에서 절정에 도달한다(467쪽 이하). 라캉은 사르트르의 분석을 근거로 정신분석적 의미에서 대상으로서의 **시선**을 재구성하면서 기술(記述)의 치밀함을 높게 평가하는 한편, 주체와 욕망의 무관함을 분석의 결핍으로 지적했다(Lacan 1973/1978, 89쪽 이하; Gondek 1998; Cremonini 2003).

사르트르의 두 번째 대작인 《변증법적 이성비판(Kritik der dialektischen Vernunft)》, 더 상세히 말해 그 가운데 "방법의 장"으로서 먼저 발표된 《마르크스주의와 실존주의》는 모종의 사고의 변화를 보여 주고 있다. 그럴 것이 사르트르는 프로이트-마르크스주의의 틀 속에서 이제는 정신분석에 대해 긍정적인 기능을 인정하고 있기 때문이다. "오로지 정신분석만이 오늘날 어린아이가 어른들에 의해 부과된 사회적 역할을 완전히 어둠속에서 더듬거리며 시도하려는 최초의 상세한 연구를 가능하게 한다. 정신분석만이 우리에게 아이가 이 역할 때문에 얼마나 숨이 막히는지, 아이가 얼마나 그것에서 벗어나려고 노력하거나 그것에 얼마나 완전히 적응하는지를 보여 줄 수 있다." 그러나 마르크스주의와의 결합 요구는 정신분석의 폭을 즉

시 제한한다. "종종 로베스피에르를 정신분석적으로 연구하고자 할 때는 적어도 그의 행동 모순이 그가 처한 상황의 객관적 모순 때문이었다는 것을 이해해야 하지 않겠는가?"(Sartre 1960/1964, 51쪽). 마침내 사르트르는 변증법적 모순의 원칙을 무의식, 자아, 초자아의 전제에 포함시키려고 한다(Sartre 1960/1967, 18쪽). 그렇지만 실제로 이 시도는 성과를 보지 못한다. 사르트르는 여기서도 지식에 해박한 면모를 보여 주지는 못한다.

다른 계획의 경우에 사르트르는 자료적인 지식 상태를 충분히 검토하여 그것을 실행했다. 예컨대 사르트르는 1958년에 존 휴스턴(John Huston) 감독으로부터 프로이트 인생에서 초기의 탐구자 시절을 다루는 영화 시나리오 제작을 의뢰받은 적이 있었다. 결과적으로 사르트르가 건넨 시나리오는 상영시간이 거의 족히 7시간에 달할 만큼 길었고, 이로 인해 휴스턴 감독과 사르트르는 불화를 일으킨다. 영화는 사르트르가 최초로 트리트먼트를 맡아 각색한 버전을 토대로 촬영되는데, 결국 실패작이 되고 만다. 사르트르는 영화 말미의 제작진 소개에 자신의 이름이 들어가는 것을 거부한다(Pontalis 1984/1993; Koch 1990, Roudinesco 1990, 597-610쪽). 사르트르는 어니스트 존스의 프로이트 전기 제1권과 1950년에 출간된 프로이트-플리스 서신교환을 시나리오에 이용했다. 그가 소재를 다루던 극작법은 물론 정통 학자들이 보여 주는 재래적인 방식에 의존하고 있었지만, 진리를 위한 투쟁에서는 편협하면서도 악의적인 저항에 맞서 자신의 의도를 관철할 수 있었다. 퐁탈리스(Pontalis)는 프로이트에 관한 시나리오 제작의 매력이 시나리오 자체보다는 오히려 그것이 사르트르에 관해 뭔가 알려 줄 수 있다는 점에 있다고 보았다. "나는 사르트르가 이 시나리오를 가지고 프로이트에 대한 독창적이고 개인적인 '해석'을 내놓을 것이라고 생각하지 않는다. 그보다는 오히려 프로이트가 사르트르를 해석했다는 생각이 들 지경이다"(Pontalis 1984/1993, 25쪽). 퐁탈리스는 이에 대한 근거로 사르트르가 모험을 끝낸 뒤 영화 시나리오를 가지고 자신의 자서전을 시작하면서 갑자기 "자기분석"에 들어간다는 점, 그리고 그가 이 목적을 위하여 자기 자신의 꿈을 기록하기 시작한다는 점을 제시한다(같은 곳, 26쪽). 루디네스코는 심지어 사르트르의 《프로이트. 시나리오》에서 프로이트적인 아버지 갈등의 은밀한 사용과 다른 사람들처럼 초자아에 피신하지 않겠다는 그의 주장 사이의 연관성을 다음과 같이 찾아낸다(Roudinesco 1990, 607-608쪽). "좋은 아버지들이란 없고, 이것이 법칙이다. 이에 대한 죄를 인간들에게가 아니라 나쁜 아버지의 신분으로 돌려야 한다. … 만일 나의 아버지가 계속 살았더라면, 아버지는 자신의 아주 큰 키로 내 위에 우뚝 솟으며 나를 짓눌렀을 것이다. 다행히도 아버지는 아주 일찍 죽었다. … 그것이 행복이었을까 아니면 불행이었을까? 나는 그것을 알지 못한다. 그러나 나는 어느 의미 있는 정신분석가의 해석에 기꺼이 동의한다. 내게는 **초자아**가 없다"(Sartre 1965/1984a, 18쪽). 사르트르가 말하는 이 의미 있는 정신분석가가 라캉인지는 불확실하다. 반면에 라캉 본인은 오이디푸스 및 거세콤플렉스와 상징적인 (삶과 죽음에 무관한) 아버지 심급으로서의 **아버지 이름**이라는 착상의 구조주의적 해석을 통하여 드라마에서 발생하는 이런 구체적인 핑계의 여지를 차단해 버렸다.

플로베르에 대한 미완이지만 기념비적인 연구서 《백치 가족》은 프랑스에서 발전된 정신분석비평의 방법과 유사한 점이 많기는 하지만, 실존적 정신분석의 계획적 실행으로 간주될 수 있다(Mauron 1963). 이 연구서에서도 정신분석적 개념의 적용이 어느 정도까지 프로이트 사고의 잔재를 허락하는지 —아니면 복원시키는지— 또는 실존적 정신분석 계획이 어떤 규모로 이 개념을 완결적이고 독립적인 새로운 사고관계로 통합하고, 그럼으로써 아주 새로운 의미를 받아들이며 그것을 새로운 사고관계 내부에서 해명할 수 있었는지를 입증하기 위해서는 보다 더 상세한 분석이 필요할 것이다. 이 연구서에서 만프레트 프랑크는 사르트르의 "본질적인 대화 상대자"가 라캉이라고 추정한 바 있다(Frank 1980, 93쪽). 하지만 이 주장을 뒤집는 것은 라캉의 이름이 단 한 번 거명되었다는 사실(Sartre, Bd. 1 1971/1977, 24쪽)보다는 오히려 그의 중심개념인 "시니피앙"과 "시니피에", "시니피카시옹(의미화 작용)"이 거의 패러디로까지 우스꽝스럽게 해석된다는 사실이다(같은 곳, 59쪽).

사르트르 사후에 출간된 《도덕철학의 계획》은 실질적으로 어떤 새로운 통찰도 보여 주지 않는다(Sartre 1983/2005, 347-348쪽 참조). 그런데 우리는 평론지 《현대(Les Temps Modernes)》(1969/2001)에 게재된 1969년의 기고문 《녹음기를 갖고 있는 바보(Narr mit dem Tonbandgerät)》의 발표를 서슴없이 "사르트르의 정신분석과의 대결"에서 공격의 수위가 낮은 "저점"으로 볼 수 있다(Cremonini 2003, 190쪽). 마찬가지로 우리는 그가 정신분석을 조롱하려 한 것은 아니라는 주장에 대해 스스로 부인한 사실을 "자기기만"의 좋은 예증으로 간주할 수 있을 것이다.

메를로퐁티: 몸에서 살로

1940년대의 메를로퐁티의 경우 사르트르와 마찬가지로 정신분석과의 관계에서 동일한 상황이 입증된다. — 이는 이상하게 생각할 필요가 없는데, 메를로퐁티도 사르트르처럼 후설, 하이데거, 야스퍼스, 셸러뿐만 아니라 게슈탈트이론(Gestalttheorie)의 초기 저자들인 골트슈타인, 코프카, 베르트하이머와 함께 지적으로 성장했기 때문이다. 정신분석적 글들의 자료적 지식은 허술한 편이다. 방어의 토대가 거의 확고하지 않고 거친 편이다. 1942년에 출간된 메를로퐁티의 저서 《행동의 구조(Die Struktur des Verhaltens)》에서 프로이트는 단 한 번도 인용되지 않는다. 그럼에도 그의 "인과론적 사고의 남용"(1942/1976, 202쪽), 즉 문제적인 "활발한 은유"의 사용과 지나치게 보편화된 리비도 개념(같은 곳, 205쪽)은 비판의 대상이다. 일반적으로 메를로퐁티는 프로이트에게서 정상적인 것과 동시에 "프로이트 기제들"의 초월에 대한 근거를 측정하면서 다음과 같이 평가한다. "프로이트의 저서는 인간 실존의 표현이 아니라 비정상의 목록이며, 그만큼 비정상이 자주 등장한다"(같은 곳, 205쪽). 일반적으로 초월성(Transzendenz)은 프로이트의 (요약적으로 파악된) 퇴행(Regression)의 구상과는 대립적 관계가 되고 있다(Gondek 2000, 183쪽). 그 밖에 메를로퐁티는 자신의 입장을 폴리처와 골트슈타인의 비판에 동조하는 정도로만 제한한다. 1945년의 《지각의 형상학》은 첫 저서와 비교하여 명백히 다른 관점을 보여 준다. 왜냐하면 이제 몸은 더 이상 심리학적인 외부관찰로부터가 아니라 내적 경험으로부터 파악되기 때문이다. 이런 와중에 이것으로 "더 집중적인 프로이트-분석이 감지될 수" 있다는 주장(Stoller 1999, 55쪽)은 거의 입증될 수 없는 것처럼 보인다. 프로이트가 퐁티의 원전에서 최초로 —상이한 두 저작에서 세 번— 인용되고 있다는 것(Merlesu-Ponty 1945/1966, 189, 194쪽)도 유효한 것인지 알기 어렵다. 왜냐하면 이것은 프로이트의 중층결정(Überdeterminierung) 개념에 대한 인지할 만한 동의와 프로이트의 자료연구에 대한 옛 "기제(Mechanismus)" 판단을 철회하는 내용 외에는 아무것도 보여 주는 것이 없기 때문이다. 그리고 프로이트와 현상학적 방법의 유사성에 대한 인정은 "본의와는 달리"라는 부사를 통하여 전면 부인된다(같은 곳, 189쪽). 표면적으로 이런 맥락에서는 프로이트의 제자일 수밖에 없는 슈테켈도 논쟁의 대상이 된다.(메를로퐁티는 그를 "변절한"이라는 말로 묘사한다.) 하필 《여성의 성 불감증》이라는 슈테켈의 책은 정신분석에서 "심리학의 생물화"가 중요한 것이 아니라 "성이 다시 인간의 전체성으로 통합되는 변증법적 운동"의 제시가 중요하다는 데 대한 예증으로 받아들여진다(같은 곳, 189쪽). 논쟁적으로 표현하여 정신분석에 대한 퐁티의 태도에서 가장 현저한 변화가 일어난다. 그 이유는 앞서 언급한 비판자들이 폴리처와 골트슈타인에서 이제는 사르트르와 루트비히 빈스방거로 바뀌었기 때문이라고 말할 수 있을 것이다(Gondek 2000, 185쪽 이하).

사후에 사본과 문서의 형태로 정리된 강의들은 다른 양상을 보여 준다. 메를로퐁티가 1949년에서 1952년까지 소르본 대학교 아동심리학 및 교육학과 교수로서 강의한 내용에는 오이디푸스 콤플렉스의 발달과 전성기기(前性器期)의 단계, 프로이트의 충동이론과 제2의 위상론(zweite Topik)이 경쟁적으로 서술된다. 그 밖에도 안나 프로이트와 멜라니 클라인이 그때그때 실행한 유아정신분석에 관한 시도들, 라캉의 거울단계 이론과 가족에 대한 1938년도의 백과사전식 논문(Lacan 1938/1980), 나아가 프로이트를 추종하는 제2, 제3 세대의 저명한 대표적 연구자들(Erikson, Glover, Lagache, O. Mannoni 등)이 언급된다. 강의는 어떤 논쟁과도 상관없이 진행되며, 정신분석적 가설과의 이론적 비교가 구체적으로 다루어진다. 가령 라캉의 거울단계는 거울을 마주 대하는 유아행동에 대한 앙리 발롱(Henri Wallon)의 정신분석적 성찰과 비교되는데, 퐁티는 라캉적인 이해의 부가적 결과를 매우 꼼꼼하게 도출해 낸다(Merleau-Ponty 1995/2000a, 324-325쪽). 그는 "좁은 의미에서의 정신분석"과 "넓은 의미에서의 정신분석"의 차이를 구분한다. 그는 유아의 성(물론 성인의 성까지도 설명하는) 이론과 무의식의 가설에 대한 프로이트의 저작을 첫 번째 범주에 포함시킨다. 반면에 폴리처와 (융의 원형이론에 더 많은 영향을 받은) 바슐라르의 연구, 사르트르의 실존적 정신분석, 끝으로 (사실상 인종학/사회학에 대한 개관을 내용으로 하는) 라캉의 《가족》에 대한 논문을 두 번째 범주에 포함시킨다(Merleau-Ponty 1995/2000a, 108쪽).

소르본 대학 강의의 아주 기대가 될 만한 시도는 1950년대에 나온 메를로퐁티의 관련 논문들에서 제한적으로만 다루어진다. 1951년도의 강연문 《인간과 사물의 저항성(Der Mensch und die Widersetzlichkeit der Dinge)》은 프로이트를 20세기 초의 결정적인 작가들(지드, 발레리, 프루스트, 후설과 하이데거) 중 말단에 편입시키고 있으며, 물론 그의 가치는 축소되거나 부정된다. 예를 들어 "충동"에는 프로이트에게서 특징화되는 그 모든 것이 배제되어 있으며, 결국 충동이란 아이와 부모의 관계를 유지시키는 "정신적 연결고리"로 제시된다. "하지만 프로이트 이론의 본질은 이런 의미에서 인간에게 성충동이 없다는 증거에 있다"(Merleau-Ponty 1960, 1961/1984, 118쪽). 이미 프로이트에게도 "원시적인 것"으로 묘사된 무의식의 "변화막측한 개념"도 유사하게 파악된다. 메를로퐁티는 사르트르의 《존재와 무》를 연상시키는 논증에 따라 이 개념을 "**모호한 지각**(perception ambiguë)"이라는 말로 대체할 것을 권고한다(같은 곳, 120-121쪽). 메를로퐁티는 정신분석과 관련하여 이 번역(필요성)의 규칙과 모호한 후견인 관계에 대한 원칙을 1960년 안젤로 에나르(Angelo Hesnard)의 《프로이트의 작품(L'Œuvre de Freud)》에 대한 서문에서 다음과 같이 설명하고 있다. "정신분석을 과학적 또는 객관적 이데올로기에서 분리하는 것, 프로이트의 무의식을 고대적이거나 원시적인 것으로 보고 억압을 우리가 통합하지 못했던 경험영역으로 파악하는 것" 등이 중요하다. 요컨대 "현상학은 여기서 완전히 현상학 자체가 될 수 있도록 필요한 범주와 표현수단을 정신분석에 맡겨야 한다"(Merleau-Ponty 1960/2000b, 325쪽). 어쩌면 "프로이트를 고전적 작가처럼 읽는 법을 배우는 것"이 하나의 대안일지도 모른다. 만일 그렇다면 무의식을 —"물론 이 낱말이 수수께끼라는 것을 우리가 알고 있다는 조건" 하에서— "계속 무의식으로 부르는 것"이 적절할 수도 있다는 것이다(같은 곳, 330쪽). 메를로퐁티가 특히 가장 현상학적으로 보이던 구절들을 선호하는 가운데 선택적으로 프로이트를 지각했다는 퐁탈리스의 주장은 정당하다. 예를 들면 퐁티는 《꿈의 해석》의 매우 일반적인 의미개념을 가지거나 고대적인 은유로 가득 찬 빌헬름 엔젠의 《그라디바》 해설 텍스트(전집 7, 29-125쪽)에서 프로이트를 선택적으로 받아들였지만, 프로이트의 무의식이 자체적인 체계, 그것도 무의식적 사유의 체계로서는 그에게 계속 껄끄러운 것으로 남아 있었다는 퐁탈리스의 주장이 그러하다(Pontalis 1965/1974, 72쪽 이하). 퐁탈리스가 근거로 삼고 있는 2003년에 발표된 수동성(passivité)에 대한 강의 노트는 이를 확실히 입증한다(Merleau-Ponty 2003, 202-203, 220-221쪽).

우리는 메를로퐁티 사후에 출간된 글들에서 프로이트의 정신분석에 진일보한 흔적을 발견한다. 《보이는 것과 보이지 않는 것》이라는 제목으로 출간된 미완의 원고와 작업노트는 현상학자들에게 퐁티 자신이 "내적인 것의 존재론"(Merleau-Ponty 1964/1986, 299쪽) 또는 "존재내론(Intra-Ontologie)"(같은 곳, 288쪽)으로 묘사하고 있는 시도의 정교함을 보여 준다. 여기서 중심적인 문제는 더 이상 몸을 결정하는 질(質)에의 적극적 지각경험이 아니라 이에 앞서 만지는 것과 만져지는 것, 보는 것과 보이는 것 등을 상호 조절하는 기본구조 관계들의 존재론적 재구성이다. 따라서 메를로퐁티에게 "몸의 상호관계", 다시 말해 보는 것과 보이는 것, 만지는 것과 만져지는 것 사이의 간여적인 관계를 위한 "소재"나 "요소"를 이끌어 내는 "세계의 살(Fleisch der Welt)" 해명이 중요한 과제이다. 그는 이런 간여적인 관계를 접합, 뒤얽힘, 움푹 파내기, 감아말기, 원문을 인용하자면 "감싸 넣기(Einfaltung)", "함입(Einstülpung)" 그리고 "가역성(Reversibilität)"으로 기술한다(187쪽 이하, 201쪽 이하, 330쪽 이하). 예를 들어 그는 보는 것을 보이는 것의 팽출(膨出, Ausstülpung), 즉 보이는 것에서 생겨나는 자기관계성으로 기술한다. 결국 인간의 몸 자체는 오로지 이 "세계의 살"로부터만 생각될 수 있다.

메를로퐁티는 이 "살의 철학"에 대하여 프로이트의 정신분석을 선구적인 것으로 선언한다(같은 곳, 335, 338쪽). "프로이트의 철학은 그러므로 몸의 철학이 아니라 ―이드, 무의식과 같은― 살의 철학이며, 상관개념인 자아는 살로부터 파악될 수 있다…"(같은 곳, 338-339쪽). 멜라니 클라인이 언급한 바와 같이 상당 부분 환상적으로 형성된 유아와 어머니 몸에 대한 관계 또는 가스통 바슐라르가 자신의 사고를 구체화한 4원소와의 관계가 어느 정도로 피력되어 있는지 늘 분명한 것은 아니다(Bachelard 1938/1959; 1957/1975; 1960). 예컨대 이는 늑대인간의 분석과 슈메털링에서 비르네와 그루샤에 이르는 사람들의 "연상" 분석 내지 S. P.라는 이니셜을 가진 환자 에스페(Espe)[또는 베스페(Wespe)]의 연상 분석과의 관계에도 해당된다(전집 12, 27-157쪽). 퐁티에 따르면 이 관계는 "실제로 시간과 세계가 품어 내는 방사이다"(Merleau-Ponty 1964/1986, 303쪽). 그리고 프로이트의 분석이 지닌 "믿을 수 없는 성격"은 그것이 기만적으로 "사유하는 사람에게서 실제화될 만큼" 우리의 마음을 뒤흔든다. 하지만 "모든 것은 인습적이지 않은 사유 속에서 이루어진다"(같은 곳, 304쪽).

우리는 때 이른 죽음으로 중단된 "존재론적 정신분석(ontologische Psychoanalyse)"(338쪽)의 시도가 메를로퐁티를 프로이트의 정신분석과의 관계에서 도대체 어떤 방향으로 이끌어 갔는지 확정적으로 판단할 수 없다. 메를로퐁티는 라캉과의 친분에도 불구하고 언어와 마음의 관계를 구조적으로 재규정하려는 노력을 거부했다(Lévi-Strauss/Eribon 1988/1989, 112-113쪽). 그럼에도 라캉은 1964년의 세미나에서 《보이는 것과 보이지 않는 것》의 출간을 상세히 평가하면서 보고 보이는 것과 시선에 대한 자신의 관점을 이 업적 위에서 개진해 나간다(1973/1978, 77쪽; Baas 1998).

폴 리쾨르: 주체의 고고학과 의식의 목적론

폴 리쾨르는 프로이트 이론의 전반적 해석에 관여하는 프랑스 현상학자 중 최초의 인물이다. 이미 1950년에 그는 세 권으로 계획된 《의지의 철학(Philosophie des Willens)》 가운데 제1권인 《의지적인 것과 비의지적인 것(Le Volontaire et l'Involontaire)》에서 정신분석에 대한 연구를 시도했다. 하지만 이

때까지만 해도 거부감이 강하게 드러나 있었다. 왜냐하면 정신분석은 "기제적(mechanistisch)" 관점과 그로부터 귀결되는 무의식의 "실재성(Realität)" 때문에 리쾨르가 추구하는 자유철학으로서의 의지철학에서 중요한 역할을 수행할 수 없기 때문이다. 리쾨르에 따르면 정신분석은 더 높은 문화적 가치를 향해 어떤 환원적 접근도 할 수 없을 뿐 아니라 치료 효과 외에는 "어둠의 세계로의 하강을 선호하기" 때문에 문화적 굴욕에 빠져든다는 것이다(Ricœur 1950, 352쪽 이하; Waldenfels 1983/1987, 285-286쪽; Welsen 1986, 20쪽 이하).

무의식의 실재성과 의식의 이상성 사이의 대립에서 구체화된 거부적 태도가 —이제 리쾨르가 일방적인 관계를 포기하고 프로이트의 작품 내에서 양극성을 파악하면서 불충분하게 이루어진 의식 내지 정신(Geist)의 계기를 더 강화하는 일에 주력하는 것을 제외한다면— 추후의 프로이트 연구 상황에서도 특징적으로 부각된다고 볼 수 있다. 이것이 리쾨르가 1965년 《해석. 프로이트에 대한 시도(Die Interpretationen. Ein Versuch über Freud)》라는 제목으로 제시하는 방대한 프로이트 해석의 출발 상황이다. 이 저서는 다음과 같이 3권으로 이루어져 있다. "프로이트의 상황(Situation)"의 문제성 또는 해설(제1권), 대단히 풍부한 자료 및 지식으로 가득 찬 프로이트 작품의 중심적 문헌과 이차문헌 연구를 포함하고 있는 "분석" 또는 "프로이트 독해"(제2권), 저자가 "철학적 프로이트-해석"으로 이해하고 있는 "변증법"에 관한 내용(제3권)이 그것이다. 리쾨르는 프로이트의 상황을 "담론의 재신비화"를 강조하는, 이를테면 "종교의 현상학"과 "담론의 탈신비화"로서의 정신분석이 대립되어 있는 "해석들의 갈등"을 통하여 특징화되어 있는 것으로 파악한다(Ricœur 1965/1974). 무엇보다 쟁점은 은폐되고 전혀 신성하지 않은 의미의 왜곡으로서 읽혀질 수 있거나 깊은 인간적 의미의 현시로서 해석될 수 있는 상징에 대한 이해이다. 프로이트는 이렇게 "의심의 학파" 또는 의구심의 학파를 대변하는 자로서 마르크스, 니체와 함께 동일선상에 놓인다(같은 곳, 46쪽).

그러나 리쾨르는 프로이트를 결코 해석학적 관점에서만 이해하는 것이 아니다. 오히려 그는 자신의 현상학적-해석학적 토대를 전혀 소홀히 하지 않으면서 프로이트의 문제성에 한층 더 깊숙이 파고들 수 있는 교묘한 구성을 만들어 낸다. 그는 프로이트의 담론을 "혼합적인, 요컨대 이의적(二義的)인 담론"으로 재구성하고 있는데(79쪽), 그것은 상징개념의 갈등에서뿐 아니라 "명백한 딜레마"로 나타나는 긴장 관계에서 파악된다. "정신분석은 간헐적으로 우리에게 힘의 갈등을 통한 심적 현상의 해명으로, 결국은 에너지론으로 나타나게 될 것이며, 또한 잠재적 의미를 통한 명백한 의미의 해석으로, 결국 해석학으로 나타나게 될 것이다"(76쪽). 여기서 리쾨르는 적절한 운동형식을 찾아내는 것이 중요한 일이라고 생각한다. "과제는 … 두 가지 담론 질서의 심연을 뛰어넘는 것이며, 또한 어디에서 에너지론이 해석학을 통과하여 지나가고, 어디에서 해석학이 에너지론을 발견하는가를 이해할 수 있는 지점에 도달하는 것이다"(79쪽). 이렇게 프로이트가 분석하고 해석하는, 예컨대 꿈은 "의미와 힘" 사이에 위치한다. — 첫째로 꿈을 이끌어 가는 것은 꿈의 서술적 성격이며, 둘째로 꿈을 겨냥하는 것은 리쾨르가 스피노자의 성향(conatus)과 라이프니츠의 충동(appetitus), 니체의 힘에의 의지와 더불어 하나의 선상에 놓고 있는 꿈과 "소망" 내지 "욕망"과의 관계이다(104쪽).

리쾨르가 프로이트에게서 인식하는 주요 약점은 (특히) 제1위상론의 추상성이다. 리쾨르는 프로이트에게 나타나는 "유아론적" 토대 내지 간주관성이론의 결핍을 근거로 내세운다(75쪽). 이는 리쾨르가 단지 두 의식 사이의 과정으로만 생각했던 무엇보다 정신분석적 실제의 이론적 구상에 해당된다. 그리고 이렇게 해서 헤겔의 정신현상학이 프로이트 이론의 의미심장한 보완의 요소를 구성한다. 리쾨르에 따르면 프로이트는 기껏해야 "주체의 고고학"의 방법을 성취했지만 "의식의 목적론"의 방법은 소홀히 했다는 것이다. 리쾨르는 동일시와 승화의 이론에서 특정한 양가성과 빈자리(Leerstelle)를 근거로 이런 면을 상당히 실감 나게 보여 준다. 프로이트의 동일시(Identifizierung)의 세 형식에 대한 기술은 포괄적으로 보면 무엇처럼 되려는 소망과 무엇을 가지려는 소망 사이의 차이에 의존하고 있지만, 무엇처럼 되려는 소망은 무엇을 가지려는 소망에 기인하는 것으로 추정된다(490쪽 이하). 프로이트의 승화 이론의 문제점은 승화가 그것이 이루어지게 되는 충동력의 원천을 설명할 수는 있지만 승화과정의 방향과 윤리적 특질에 대해서는 전혀 말할 수 없다는 데 있다(495쪽 이하). 리쾨르는 프로이트에 의해 초래된 이 특수한 난제들을 독해하면서 이를 바탕으로 프로이트에게서 어떻게 "무의식의 주제적인 고고학과 '의식화'의 비주제화된 목적론이 연관되는지"(472쪽)를 제시하려는 관심을 드러낸다.

물론 우리는 헤겔의 《정신현상학》이 정신분석 실제의 "목적론적 변증법"(477쪽)으로서 리쾨르가 정신분석에 결여된 것으로 주장하는 저 과정을 실행할 수 있는지 의문을 제기할 수 있다. 여기서 리쾨르는 분명히 능력의 한계에 부딪친다. 그럼에도 우리는 그의 "프로이트에 대한 시도"를 결코 단순하게 처리할 수는 없다. 놀랍게도 그가 주로 내세우는 철학자들은 —헤겔 외에 특히 스피노자는— 최소한 라캉의 경우 1950년대와 60년대 초의 그의 저작들에서 유사한 관계로 등장한다. 그 차이는 어쩌면 "의식의 변증법"과 "욕망의 변증법"이라는 개념의 명칭으로 추정될 수 있는 것보다 더 작을지도 모르며, 그렇다면 어쨌든 더 상세히 검토해 볼 가치가 있을 것이다.

리쾨르는 "해석의 갈등"이라는 문제에 계속 천착하는 가운데 이를 더 자주 상술 및 확장, 변론하면서 프로이트 해석에 열중했다(Ricæur 1969a/1973). 그의 추후의 서술이론이나 역사와 회상에 대한 그의 만년의 저서에서 프로이트 내지 정신분석은 더 이상 거의 역할을 하지 못한다.

최근의 프랑스 현상학에 대한 개관

프랑스 현상학에서 지극히 중요한 유대인 사상가 에마뉘엘 레비나스(Emmanuel Lévinas)는 정작 프로이트의 정신분석과는 암시적인 언급을 넘어서는 어떤 관계도 갖지 않았다. 그럼에도 그의 (형이상학적) 욕망의 구상과 —자아 자신이 자아로서 주도적이 되기 전에 자아와 늘 윤리적 관계를 맺는 타인로서의— 타자 윤리의 구상은 프로이트 내지 라캉과 모종의 친밀성을 인지할 만한 해석들을 이끌어 냈다. 무엇보다 그의 두 번째 주저인 《존재의 저편(Jenseits des Seins)》에서 레비나스는 억압, 외상, 정신병과 같이 정신병리학적으로 확보된 용어를 통하여 이런 숙고를 진행해 나갔다(Lévinas 1961/1987, 1974/1992; Weber 1990; Schneider 1991; Gondek 1992; Assoun 1993). 수많은 저서들 속에서 현상학을 삶의 "자기운동"과 "자기감성" 위에 정초하려고 노력하는 미셸 앙리(Michel Henry)는 《정신분석의 계보(Généalogie de psychanalyse)》에서 정신분석의 기본개념들을 적절히 재구성하려고 한다(Henry 1985).

메를로퐁티와 친밀한 관계인 알퐁스 드 발른스(Alphonse de Waelhens)는 무의식에 대한 프로이트의 견해에 아주 유보적인 태도 등에도 불구하고 현존재 분석 외에 라캉을 비롯한 정신분석의 시도가 상세히 논의되는 《정신병(Die Psychose)》(1972)이라는 저서를 집필했다. 비교적 젊은 저자 중에는 다양한 연구에서 후설의 현상학으로부터 프로이트 및 라캉의 정신분석에 접근하는 루돌프 베르네(Bernet, 1998, 2001)뿐 아니라 마르크 리시르(Marc Richir)가 거론될 수 있다. 리시르의 저서 《현상학과 상징적인 기관(Phénoménologie et institution symbolique)》(1988)은 프로이트의 반복강박과 죽음의 충동 및 이들의 라캉적인 변형에 명시적으로 자극을 받고 있다. 리시르의 다른 저서 《현상학 스케치(Phénoménologie en esquisses)》(2000)는 프로이트적 1차 과정의 현상학적 재구성을 제시하고 있다. 그런가 하면 《환상, 상상, 정동성(Phantasia, imagination, affectivité)》(2004)이라는 그의 최근 저서에서 정신병리학의 기본문제에 대한 연구가 프로이트와 빈스방거의 도움으로 후설이 완성한 상상력과 환상의 개념으로부터 진행되고 있다.

참고문헌

Assoun, Paul-Laurent: Le sujet et l'autre chez Lévinas et Lacan(레비나스와 라캉에서 주체와 타자). In: Rue Decartes 7(1993), 123-145쪽.

Baas, Bernard: De la Chose à l'objet(사물에서 대상까지). Brüssel 1998.

Bachelard, Gaston: Psychoanalyse des Feuers(불의 정신분석). Stuttgart 1959(불어판 1938).

_______: Poetik des Raumes(공간의 시학). Frankfurt a.M. 1975(불어판 1957).

_______: La poètique de la rêverie(몽상의 시학). Paris 1960.

Bedorf, Thomas: Dimensionen des Dritten(3차원). München 2003.

Bernet, Rudolf: Trieb und Transzendenz. Zur Theorie des Sublimierung(충동과 초월. 승화이론). In: Bernhard Waldenfels/Iris Därmen (Hg.): Der Anspruch des Anderen. Perspektiven phänomenologischer Ethik. München 1998, 197-217쪽.

_______: Das traumatisierte Subjekt(외상손상을 받은 주체). In: Matthias Fischer/Hans-Dieter Gondek/Burkhard Liebsch (Hg.): Vernunft im Zeichen des Fremden. Zur Philosophie von Bernhard Waldenfels(이질성의 특징을 지닌 이성. 베른하르트 발덴펠스의 철학에 대하여). Frankfurt a.M. 2001, 225-252쪽.

Cabestan, Philippe: Sartre und Lévinas: Die Frage des Subjekts(사르트르와 레비나스: 주체의 문제). In: Thomas Bedorf/Andreas Cremonini (Hg.): Verfehlte Begegnung. Lévinas und Sartre als philosophische Zeitgenossen. München 2005, 123-137쪽.

Cremonini, Andres: Die durchquerung des Cogito. Lacan contra Sartre(코기토의 횡단. 라캉 대 사르트르). München 2003.

Frank, Manfred: Das Individuum in der Rolle des Idioten. Die hermeneutische Konzeption des Flaubert(백치의 역할에서 개체. 플로베르의 해석학적 구상). In: Traugott König

(Hg.): Sartres Flaubertlesen. Essay zu Der Idiot der Familie(사르트르의 플로베르 읽기. 《백치 가족》에 대한 에세이). Reinbeck 1980, 84-108쪽.

Gondek, Hans-Dieter: Cogito und Séparation(코기토와 분리) —Lacan/Lévinas. In: Tragmente 38/39(1992), 43-76쪽.

_______: Der Blick —zwischen Sartre und Lacan(시각 —사르트르와 라캉 사이). In: RISS 1(1998), 175-196쪽.

_______: Der Leib, das Unbewußte und das Fleisch. Merleau-Ponty und die Psychoanalyse(몸, 무의식적인 것과 육체. 메를로퐁티와 정신분석). In: Regula Giuliani (Hg.): Merleau-Ponty und die Kulturwissenschaft. München 2000, 178-198쪽.

Harasym, Sarah (Hg.): Lévinas and Lacan. The Missed Encounter(레비나스와 라캉. 빗나간 만남). Albany 1998.

Henry, Michel: Généalogie de la Psychoanayse. Le commencement perdu(정신분석의 계보. 잃어버린 시작). Paris 1985.

_______: Ricæur et Freud: entre psychoanayse et phénoménologie(리쾨르와 프로이트: 정신분석과 현상학 사이에서). In: Jean Greisch/Richard Kearnay (Hg.): Paul Ricæur. Les Métamorphoses de la raison herméneutique. Paris 1991, 127-143쪽.

Hodard, Phillippe: Sartre. Entre Marx u. Freud(사르트르. 마르크스와 프로이트 사이에서). Paris 1979.

Jaspers, Karl: Allgemeine Psychopathologie(일반 정신병리학). Berlin 1913.

Juranville, Alain: La philosophie comme savoir de l'existence(존재의 지식으로서의 철학). 3Bde. Paris 2000.

_______: Der Andere und das Wissen(타자와 지식). In: Thomas Bedorf/Andreas Cremonini (Hg.): Verfehlte Begegnung. Lévinas und Sartre als philosophische Zeitgenossen. München 2005, 139-163쪽.

Koch, Gerturd: Sartre projette Freud sur l'écran(사르트르는 화면에 프로이트를 투사하다). In: Les Temps modernes 4(1990), 569-588쪽.

Lacan, Jacques: Über die paranoische Psychose in ihren Beziehungen zur Persönlichkeit(인성과 관련된 편집증적 정신병에 관하여). Wien 2003(불어판 [1932] 1975).

_______: Rezension von E. Minkowskis Le temps vécu. Études Phénomenologiques(유진 민코프스키의 체험된 시간에 대한 평론. 현상학적 연구). In: Recherches philosophiques

5(1935/36), 424-431쪽.

_______: Die Familie(가족). In: Schriften 3. Olten/Freiburg I.Br. 1980, 39-100(불어판 1938).

_______: Die vier Grunbegriffe der Psychoanalyse(정신분석의 네 가지 기본개념). Olten/Freiburg I.Br. 1978(불어판 1973).

_______: Lévinas, Emmanuel: Totalität und Unendlichkeit(총체성과 무한성). Freiburg/München 1987(불어판 1961).

_______: Jenseits des Seins oder anders als Sein geschieht(존재의 저편에서 또는 존재와 다르게 일어나다). Freiburg/München 1992(불어판 1974).

_______: Lévi-Strauss, Claude/Didier Eribon: Das Nahe und das Ferne(가까운 것과 먼 것). Frankfurt a.M. 1989(불어판 1988).

Mauron, Charles: Des métaphores obsédantes au mythe personnel(개인적인 신화에서 강박적 은유들. 심리비평입문). Intriduction á la psychocritique. Paris 1963.

Merleau-Ponty, Maurice: Die Struktur des Verhaltens(행동의 구조). Berlin/New York(불어판 1942).

_______: Phänomenologie der Wahrnehmung(지각의 현상학). Berlin/New York(불어판 1945).

_______: Vorwort(서문)[Angelo Hensnard: L'Œuvre de Freud et son importance pour le monde moderne(현대를 위한 프로이트의 작품과 그 중요성)]. In: Regula Giuliani (Hg.): Merleau-Ponty und die Kulturwissenschaften. München 2000b, 325-331쪽(불어판 1960).

_______: Das Auge und der Geist(눈과 정신). Hamburg 1984(불어판 1960, 1961).

_______: das Sichtbare und das Unsichtbare(보이는 것과 보이지 않는 것). München 1986(불어판 1964).

_______: Keime der Vernunft(이성의 맹아). Vorlesungen an der Sorbonne 1949-1952. München 1994(불어판 1988).

_______: Die Natur. Vorlesungen am collège de France(본성. 콜레주 드 프랑스에서의 강의들) 1956-1960. München 2000a(불어판 1995).

_______: L'institution. La Passivité. Notes de cours au collège de France(제도. 수동성. 콜레주 드 프랑스에서의 강의 기록)(1954-1955). Paris 2003.

Minkowski, Eugène: Die gelebte Zeit(살아온 시간). 2 Bde. Salzburg 1971(불어판 1933).

Politzer, Georges: Kritik der Grundlagen der Psychologie(심리학의 토대 비판). Frankfurt a.M. 1978(불어판).

_______: Kritik der Klassischen Psychologie(고전적 심리학 비판). Köln 1974(불어판 1929),

Pontalis, J.-B.: Vorwort(서문). In: Jean-Paul Sartre: Freud. Drehbuch. Reinbek 1993, 9-30(불어판 1984).

_______: Aus dem Blick verlieren(시야에서 사라짐). Im Horizont der Psychoanalyse. München 1991(불어판 1988).

_______: Das Problem des Unbewußten bei Merleau-Ponty(메를로퐁티에서 무의식의 문제). In: Ders.: Nach Freud [1968]. Frankfurt a.M. 1974, 66-84(불어판 1965).

Richir, Marc: Phénoménologie et instutution symbolique(현상학과 상징적 제도). Grenoble 1988.

_______: Phänomenologisches und symbolisches Bewußtsein und Unbewußtes(현상학적이고 상징적인 의식과 무의식적인 것): Der Primärvorgang im Traum. In: Ders.: Das Abenteuer der Sinnbildung. Ansätze zur Phänomenalität der Sprache. Wien 2000, 111-155(불어판 2000).

_______: Phantasia, imagination, affectivité(환상, 상상, 정동성). Greboble 2004.

Ricæur, Paul: Le volontaire et l'involontaire(자발성과 비자발성). Paris 1950.

_______: Die Interpretation. Ein Versuch über Freud(해석. 프로이트에 대한 시도) [1969]. Frankfurt a.M. 1974(불어판 1965).

_______: Hermeneutik und Strukturalismus(해석학과 구조주의). München 1973(불어판 1969a).

_______: Hermeneutik und Psychoanalyse(해석학과 정신분석). München 1974(불어판 1969b).

_______: Zeit und Erzählung(시간과 서술). 3 Bde. München 1988-91(불어판 1983-85).

_______: Gedächtnis Geschichte Vergessen(기억 역사 망각). München 2004(불어판 2000).

Roudinesco, Elisabeth: Sartre lecteur de Freud(프로이트의 독자 사르트르). In: Les Temts modernes 4(1990), 589-613쪽.

_______: Jacques Lacan. Bericht über ein Leben(자크 라캉. 삶에 대한 보고). Geschichte eines Denksystems. Köln 1996(불어판 1993).

Sartre, Jean-Paul: Die Transzendenz des Ego. Philosophisches Essays(자아의 초월. 철학적 에세이) 1931-1939. Reinbek 1982a.

_______: Das Imaginäre. Phänomenologische Psychologie der Einbildungskraft(상상적인 것. 상상력의 현상학적 심리학). Reinbek 1971(불어판 1940).

_______: Das Sein und das Nichts. Versuch einer Phänomenologischen Ontologie(존재와 무. 현상학적 존재론의 시도). Reinbek 1991(불어판 1943).

_______: Saint Genet, Komödiant und Märtyrer(성자 주네, 배우이자 순교자). Reinbek 1982b(불어판 1952).

_______: Marxismus und Extentialismus(마르크스주의와 실존주의). Versuch einer Methodik. Reinbek 1964(불어판 1960).

_______: Kritik der dialektischen Vernunft. 1. Band(변증법적 이성 비판 제1권): Theorie der gesellschaftlichen Praxis. Reinbek 1967(불어판 1960).

_______: Die Wörter(말) [1968]. Reinbek 1984a(불어판 1965).

_______: Der Idiot der Familie(백치 가족). 5 Bde. Reinbek 1977-1980(Paris 1971-1972).

_______: Tagebücher(일기). November 1939 - März 1940. Reinbek 1984b(불어판 1983).

_______: Entwürfe für eine Moralphilosophie(도덕철학의 계획). Reinbek 2005(불어판 1983).

_______: Freud. Das Drehbuch(프로이트. 시나리오). Reinbek 1993(불어판 1984).

_______: Der Narr mit dem Tonbandgerät oder Die psychoanalysierte Psychoanalyse(녹음테이프를 가지고 있는 바보 또는 정신분석화된 정신분석). In: Peter Knopp/Vincent von Worblewsky (Hg.): Jean Paul Sartre. Contents 2000. Berlin/Wien 2001, 131-147쪽(불어판 1969).

Scherler, Max: Wesen und Formen der Sympathie(공감의 본질과 형식들) [1912/1922]. In: Gesammelte Werke. Bd. 7. Bern 1973, 7-258쪽.

Schneider, Monique: La proximité chez Lévinas et la Nebenmensch freudien(레비나스와 프로이트의 옆사람에서 근접성). In: L'Herne 60: Emmanuel Lévinas. Paris 1991, 431-443쪽.

Stekel, Wilhelm: Die Geschlechtskälte der Frau(여성의 성 불감증). Berlin 1921.

Stoller, Silvia: Merleau-Pontys Psychoanalyse-Rezeption(메를로퐁티의 정신분석 수용). In: Phänomenologische Forschungen 1999, 43-76쪽.

Verweyst, Markus: Das Begehren der Anerkennung. Subjekttheoretische Positionen bei Heidegger, Sartre, Freud und Lacan(인정의 욕망. 하이데거, 사르트르, 프로이트와 라캉에게서 주체이론적 입장). Frankfurt a.M. 2000.

Waelhens, Alphonse de: La Psychose. Essai d'interprétation analytique et existentialle(정신병. 존재적-분석적 해석의 시도). Louvain/Paris 1972.

Waldenfels, Bernhard: Phänomenologie in Frankreich(프랑스에서의 현상학) [1983]. Frankfurt a.M. 1987.

Waltz, Matthias: Ordnung der Namen(이름들의 질서). Frankfurt a.M. 1993.

Weber, Elisabeth: Verfolgung und Trauma(박해와 외상). Wien 1990.

Welsen, Peter: Philosophie und Psychoanalyse. Zum Begriff der Hermeneutik in der Freud-Deutung Paul Ricæurs(철학과 정신분석. 리쾨르의 프로이트 해석에서 해석학의 개념에 대하여). Tübingen 1986.

Hans-Dieter Gondek

자크 라캉의 "프로이트로 돌아가자"

프랑스에서 프로이트에 대한 철학적 연구의 맥락에서 자크 라캉이라는 인물과 그의 저서를 논의하는 것은 문제가 있다. 이론과 실제에서 계속 프로이트 신봉자임을 자처하던 정신과의사이자 정신분석가로서 자신을 해명하던 그의 자기이해가 결코 정당화되는 것은 아니기 때문이다. 다른 한편으로 라캉이 강력하고도 목적지향적으로 프로이트의 정신분석을 재규정함으로써 정신분석이 1950년대부터 1980년대까지 철학적·정신과학적 이론논쟁에 보완적이고 생산적이었다는 점은 논란의 여지가 없다. 따라서 라캉의 이론 역시 적어도 정신과학의 초기단계에 수용되었다(Gondek/Schmid/Widmer 1996). 특히 라캉은 여기서 논의된 거의 모든 다른 사상가들과 논쟁을 벌였고 야콥슨, 레비스트로스, 메를로퐁티와 같은 사람들과 친교를 맺었다.

프로이트 정신분석을 재규정하려는 라캉의 시도에 대하여 요약하자면 물론 외적인 매개변수를 따라가는 다음 세 단계로 구분될 수 있다. (정신분석이 동화되는 1930년대의 초기단계는 여기서 배제된다.) 즉 정신분석을 구조주의 이론으로서 새롭게 정초하는 단계(1945-1963), 성적 발달과 주관화의 이론적 단계(1964-1973), 후기의 형식화를 시도하는 단계(1974-1979)가 그것이다.

1945-1953년

라캉이 프로이트의 저서를 철저히 연구하고 재규정하는 첫 단계는 1953년에 체계적으로 시작된다. 이즈음 라캉은 파리정신분석학회(Société psychanalytique de Paris; SPP)를 탈퇴하고 새로 창설된 프랑스정신분석학회(Société française de Psychanalyse; SFP)의 대표자로서 1951년부터 이제까지 개인적으로 행한 세미나를 공개세미나로 전환하고, 아울러 지침이 되는 두 강연을 통하여 정신분석을 신생하는 지도자로서의 자신의 위치를 공고히 한다. 이렇게 제도적으로나 이론적인 휴지기간에 앞서 두 가지 발표문이 나온다. 이 문서의 영향은 이후에 나오는 저서를 관통하는 동시에 그 영향 자체가 계속해서 새로운 보완과 수정을 경험한다.

1945년 독일 점령에서 해방되자마자 《카이에 다르》지에 발표된 라캉의 《논리적 시간과 예측된 확실성의 단언(Die logische Zeit und die Assertion der antizipierten Gewißheit)》(1966/1980a, 1938년 이후 최초의 공개적인 발언)은 그 자체로 볼 때 오히려 지적 수수께끼 놀이의 즐거움이 들어 있는 고상한 문화적 산책을 서술하고 있는 것처럼 보인다. 교도소 소장은 세 명의 죄수에게 그들 각자에게는 보이지 않게 등에 부착될 쪽지가 어떤 색깔인지를 —개연적 사고에 따라서가 아니라!— 논리적으로 합당하게 설명한다면 자유를 주겠노라고 약속한다. 이어서 죄수의 등에 붙일 세 개의 하얀 쪽지와 두 개의 검은 쪽지가 제시된다. 결과적으로 세 명의 죄수 모두가 동시에 소장의 면전에 나타나 그들이 하얀 쪽지를 등에 부착하고 있음을 논리적으로 설명할 수 있게 된다. 이는 충분히 복잡하고도 희귀한 상황이다. 이 경우에 예외적으로 자신은 틀림없이 흰색이라는 것을 즉석에서 분명히 알 수 있는 한 사람이 존재한다. 왜냐하면 그는 검은 쪽지를 등에 부착한 두 사람을 보고 있기 때문이다. 또는 하얀 쪽지를 등에 부착한 사람은 자신이 보고 있는 제3자가 검정색일지라도 당장에 떠나지 않고 멈춰서 있어서 자신이 흰색일 수밖에 없다고 인식하기 때문이다. 엄밀한 의미에서 주어진 설명은 분명히 '논리적'이 아니다. 이와 같은 설명은 세 주체의 자기 확신 과정에서 틀림없이 두 번의 멈춤과 관련되어 있다. 또는 라캉의 말대로 눈 깜짝할 순간에 경험될 수 없는 것은 파악할 시간이 필요하며, 결론적으로 그것의 확증을 위하여 결정의 계기가 필요하다. 어떤 논리, 어떤 확실성의 형성도 시간 없이는 이루어질 수 없다. 이는 논리에 대한 이해의 혁명적 사고를 의미하지만, 다른 한편으로 정신분석적 과정에서 라캉이 겪는 시간과 관련된 업무, 예컨대 전이 내에서 강조 및 의미화를 목적으로 하는 "절분법(Skansion)"이라 불리는 면담의 중단과 같은 특정한 실제 업무를 조망한다. 라캉은 면담시간에 대한 이단적이고 고집스런 태도 때문에 계속 어려움에 처했으며, 1963년에는 결국 국제정신분석학회에서 파문되기에 이른다(Roudinesco 1986, 288-377쪽).

세 명의 죄수에 대한 "논변(Sophisma)"은 시대사적으로 프랑스가 독일의 점령에서 해방된 사실과의 관련 속에서 해석되었다. 그러나 그것은 정신분석적 과정뿐만 아니라 사르트르의 개인적 자유의 신비화에 대한 항변으로도 해석되었다(Roudinesco 1993/1996, 271-274쪽). 더 광범위한 해석들은 이 정리(定理)가 나중에 전개된 주관화와 성 발달의 분석까지도 영향을 미쳤음을 밝혀냈다(Porge 1989; Gondek 1997; Langlitz 2005, 62-70쪽; Bergande 2006).

여기서 우리는 라캉의 놀이이론에 대한 관심도 찾아볼 수 있는데, 그는 자신에게 고무적인 영향을 미치는 레비스트로스와 이런 관심을 공유한다.

1953년 이전 시기에 나온 두 번째로 중요한 강연문은 그 전사(前史)가 1930년대까지 거슬러 올라가는 1949년에 행해진 《자아기능의 형성자로서의 거울단계(Das Spiegelstadium als Bildner der Ichfunktion)》이다. 아이는 6개월에서 18개월 사이에 자신의 거울에 비친 이미지에 대한 반응으로 갑작스러운 신체적, 정신적 변화를 보여 준다. 아이는 이 이미지를 환호하는 몸짓으로 즐거워하며 받아들인다. 라캉은 앙리 발롱(Henri Wallon; 1934)을 통하여 이 과정에 대한 관찰과 자체로 고려할 가치가 있는 정신분석적 해석을 수용한다. 하지만 전체 과정을 거울이미지로부터 나오는 자아 이상의 정립으로 파악함으로써 그것에 다른 가치를 부여한다. 어린아이에게 이상적인 것으로 마주쳐 있는 것은 전체적이고 완벽한 형태의 이미지이지만, 그 스스로는 형태를 자신의 운동적인 통제에 의해서나 본능적인 분열 상태에서 "내수용적으로(interozeptiv)" 입증할 수 없다. 거울단계는 벌어진 틈의 완전한 봉합에 결코 이르지 못하는 "점근적(asymptotisch)" 접근의 출발점이다. 자아형성에서 상상적인 것의 우위는 인간에게 전형적인 "조산(Vorzeitigkeit der Geburt)"의 불안을 완화시키지만, 자아 특유의 "오인"을 강화한다.

1953년 이후. 라캉과 철학

그러나 라캉이 프로이트의 정신분석을 특정하게 변형하기 시작한 것은 1953년부터이다. 1953년 7월 8일 프랑스정신분석학회 창설 전에 라캉은 《상징적인 것, 상상적인 것과 실재적인 것[14](das Symbolische, das Imaginäre

14) 역주: 흔히 상징계, 상상계와 실재계로 번역된다. 본서에서도 편의상 상징계 등의 용어를 주로 사용할 것이다.

und das Reale)》(2005b)에 대해 언급한다. 정신분석은 피분석자에게서 공상을 —망상에서 생겨난 상상의 산물을— 몰아내고 그를 실재에 적합한 관계로 돌려보냄으로써 "환자"를 "치유하는" 것이 아니다. 라캉에게 이와 같은 정신분석적 간섭 행위는 "인간공학(human engineering)"으로 이해된다. 여기서 근본오류는 도구적 언어의 남용에 있다. — 이는 일반론이지만 무엇보다 실제적인 정신분석의 매개로 사용되는 언어의 기능 때문이다. 라캉은 언어가 상징적인 것으로 향하는 주요 통로일 수밖에 없다고 생각한다. 언어는 진리, 요컨대 상호 교대적인 인정과 간주관적 질서를 강조하는 보상 없는 실재의 상상적 집착과 고통스러운 반복을 극복할 수 있는 길을 열어 나간다.

분석의 목적은 외적인 규범으로 측정되는 정신적 건강의 회복이나 그에 상응하는 쾌감의 획득이 아니라 주체의 진리의 공동적 성취이다. — 물론 그것은 현재 상태보다 건강에 해로울 수도 있다. 외적으로 설정된 목적을 추구하기 위한 정신분석의 도구화란 존재하지 않는다. 그럴 것이 자신의 부부관계를 회복하려고 정신분석을 시작하는 사람은 종국적으로 이 부부관계를 깨트리는 진리가 그에게 입증될 것이라는 사실을 감수해야 할 것이기 때문이다. 오히려 이런 소망은 어쩌면 이미 배후에 완전히 다른 욕망이 감추어져 있을지도 모르는 증상이다. 라캉은 1953년 9월 27일 《정신분석에서 말하기와 언어의 기능 및 영역(Funktion und Feld des Sprechens und der Sprache in der Psychoanalyse)》에 대한 유명한 로마 강연에서 "파악할 시간"과 "결정의 계기"가 어떻게 정신분석적 과정을 잃어버린 역사성의 재획득으로 구조화하는지를 보여 준다.

1953년에 행한 두 강연에서 라캉은 그의 전체적인 작업과 차후에 제자들의 연구가 중점을 두어야 할 두 가지 기본요구사항을 제시한다. 그것은 첫째로 프로이트 텍스트로 돌아가자는 것이고, 둘째는 정신분석을 당시에 앞서가는 학문과 연계시키는 것이다. 첫 번째 요구의 계기는 정신분석의 천박화와 이론 없는 실용화 경향에 대한 반발과 정신분석이 의학으로 편입되면서 대안적 치료형식에 대한 경계가 약화되는 것을 막으려는 데 있다. 이것이 정통성의 맹목적 복원이 아니라는 점을 두 번째 요구가 대변한다. 즉 정신분석을 시대적으로 성공적인 학문들과 연계시키는 어떤 표준 위에서 재규정해야 한다는 것이다.

최초의 접목은 언어학과 연계되어 이루어진다. 그것도 레비스트로스가 《구조주의적 인류학(Strukturale Anthropologie)》에 대한 계획 속에서 그리고 근친상간금지를 친족 내에서 중단된 문화진흥적인 법으로 재규정하는 가운데, 소쉬르의 언어학과 그의 기본개념을 기초로 하던 방식과 아주 유사하게 이루어진다(Lévi-Strauss 1959/1967; 1947/1981). 라캉의 시도는 일단 정신분석 분야에 상응하는 비교연구의 구상으로 파악될 수 있다(Zafiropoulis 2003a). 이를테면 인공두뇌학, 추측통계학, 확률 및 놀이이론에 대한 관심이 이에 속한다. 특히 1950년대 초에 라캉은 통계학에서 사용되는 이른바 마르코프 연쇄(Markow-Ketten)를 가지고 무의식적인 결정의 효과를 설명하려고 노력한다(Lacan 1966/1973c, 44쪽 이하; Charraud 1997; Schmidgen 1997). 라캉은 소쉬르에게서 랑그/파롤, 시니피앙(기표)/시니피에(기의), 공시적/통시적과 같은 중심적 개념의 쌍(Saussure 1916)을 차용하지만, 무의식 이론을 겨냥하여 여기에 철저히 다른 의미를 부여한다. 소쉬르의 경우 시니피앙과 시니피에가 그것의 통합으로 이해되는 기호의 기본개념에 근거한 분석적-방법적 추상성을 표현한다면, 라캉은 무의식적 의미작용의 적극성에 대한 요소통합으로서 자체에 적합한 시니피에를 갖지 않는 시니피앙의 자율성을 주장한다(Gondek 2001, 151쪽 이하; Khurana 2003). 그는 "무의식의 수사학"이라는 구상에 따라서 《꿈의 해석》에서 역학적인 용어(꿈작업의 "공장장"으로서의 "응축"과 "전치"라는 용어)를 "은유(Metapher)"와 "환유(Metonymie)"라는 비유어로 대체한다(Lacan 1966/1975a, 34쪽 이하, Gondek 2000c, 205쪽 이하).

라캉의 시도는 레비스트로스의 《구조주의적 인류학》과 비교가 되면서도 결정적인 차이점을 지닌다. 레비스트로스와는 달리 라캉은 철학적으로 무장된 강력한 주체개념을 고수한다. 이런 점이 구조주의와의 잠정적인 유사성에도 불구하고 그를 엄밀한 의미에서 구조주의자로 볼 수 없게 하는 이유이기도 하다(Dosse Bd. 1, 1991/1996, 145쪽 참조). 레비스트로스와는 달리(Lévi-Strauss 1973/1975 참조; Delruelle 1989) 라캉은 철학적 전통의 주요 원전 및 핵심적 문제들을 면밀히 조사하고 이를 프로이트 정신분석의 재규정에 효과적으로 사용했다. 물론 이런 태도는 철학에 대한 체계적 연구의 가치를 나타내는 것도 아니고 라캉도 그 자체로 이에 동의하지 않지만(Juranville 1984/1990), 그것이 순전한 절충주의라든가 심지어는 "표절행위"로까지 치부되어서는 안 된다(Borch-Jabobsen 1990/1999, 12쪽).

철학과의 관계는 플라톤에서 하이데거와 그 이상으로까지 확대된다. 플라톤의 《메논》은 라캉으로 하여금 무의식적 지식의 "재상기(Wiedererinnerung)" 문제를 설명하는 데 도움을 준다(Lacan 1977/1980c, 22쪽 이하). 그는 플라톤의 《향연》에서 소크라테스의 예를 근거로 전이에 있어서 분석가의 상황을 도출해 낸다(Lacan 1991a). 그가 아리스토텔레스에게서 차용한 것은 "네 가지 원인들"(Lacan 1966/1975d), 우연과 필연의 관계에 대한 정신분석적 이해를 위한 아우토마톤(automaton)과 튀케(tyche; Lacan 1973/1978, 59쪽 이하), 그리고 후기 저서의 "논리의 사각형"(Lacan 1965-66; 1966-67)이다. 데카르트에게는 아주 특별한 의미가 주어지는데, 라캉이 데카르트적 주체를 —회의와 확실성과 궁극적으로는 학문의 주체를— 정신분석의 무의식적 주체와 동일시하기 때문이다(Lacan 1973/1978, 41쪽 이하, 49쪽, Gondek 1992). 스피노자는 젊은 시절부터 줄곧 라캉의 관심을 받는 철학자이다(Lacan 1975a/2002; 1973/1978, 289-290쪽).

칸트 윤리학에 대한 탐구는 칸트와 사드의 효과적인 비교 외에도 라캉에게 특히 많은 결실을 가져다주는데(Lacan 1966/1975b), 왜냐하면 그것이 욕망의 법칙과 정신분석의 윤리 개념으로 귀결되기 때문이다(Lacan 1986/1996; Baas 1992). 그런가 하면 라캉은 헤겔과 1950년대 내내 관련을 맺는다. 그 중심에는 《정신현상학》의 자기의식 장(章)에 나오는 주인과 노예의 변증법이 자리를 잡는다. 라캉은 무엇보다 알렉산드르 코제브(Alexandre Kojève)의 영향력이 강한 해석에 대한 주인-노예 변증법을 수용한다. 키르케고르는 라캉의 초기 헤겔주의 극복에 커다란 역할을 했을 뿐만 아니라 반복의 사고(Lacan 1973/1978), 불안 이론의 성립(Lacan 2004), 유대적인 기독교 전통의 설명(Lacan 2005d, 90쪽 이하)에 본질적인 영향을 미친다(Adam 2005). 하이데거는 시간성 개념, 미래와 역사성의 우위 때문에 라캉의 관심 대상이 된다(Juranville 1984/1990). 심지어 라캉은 하이데거의 강연문 《로고스》를 자신의 번역으로 내놓기까지 하였다(Gondek 1997b). 한편 사르트르, 메를로퐁티와 라캉은 명백히 차이를 보인다. 그러나 메를로퐁티는 그의 "존재내론(Intra-Ontologie)"의 후기계획을 통하여, 그리고 보는 것과 보이는 것의 사유에서 고전적 주-객 및 능동-수동의 도식화를 뒤엎음으로써 라캉의 객체이론에 근본적인 자극을 주었다고도 할 수 있다(Lacan 1961/1980b; 1973/1978). 계속적인 표어 제공자로서는 아우구스티누스, 토마스 아퀴나스, 안겔루스 질레지우스와 파스칼 등을 거론할 수 있다. 또한 후기 저서에서는 특히 프레게, 러셀, 비트겐슈타인과 크리프케(Kripke)가 중요한 인물이 된다. 그 밖에도 라캉은 여러 면에서 고대 및 고전문학뿐만 아니라 현대문학과도 관계를 맺었다. — 그는 호머와 오비디우스에서 몰리에르와 라신을 거쳐 제임스 조이스와 마르그리트 뒤라스에 이르기까지 많은 작가들에게 관심을 보였다.

1950년대는 본질적으로 상징계와 상상계의 관계 정립을 통하여 규정된다. 라캉은 거울단계의 구상을 상징계와 상상계의 통합이 이루어지는 복합적 모델로 확대한다. 이와 동시에 자아 이상인 거울이미지[소타자(小他者), a]와의 대면뿐 아니라 대타자(A)를 통한 상징적 인정 또한 주체의 위치와 연관된다. 예컨대 어린아이는 주변의 어른에게서 거울이미지에 환호하는 자신의 태도에 확인을 구하려고 하는데, 의인화하자면 대타자는 이런 어린아이의 시선에 응답하는 부모로 간주될 수 있다. 나아가 대타자는 주체의 모든 자극과 연관되어 있는 타자성의 차원에 대한 상징일 수 있다. 왜냐하면 주체의 모든 자극은 궁극적으로 언어전달의 차원을 통과해야만 하기 때문이다. 이와 동시에 허위 자체가 여전히 진실이라고 주장하는 한, 대타자는 진실의 차원을 "구체화"한다. 라캉의 저서에서는 먼저 언어의 선소여성을 "기표의 배터리"로 표현하는 타자의 인격적 양상에서 추상적-언어적 양상으로의 전치가 일어난다. 여기에 내재된 이 타자의 이상화 경향(제3의 심급, 협정 또는 맹약, 포괄적 질서의 심급)은 타자의 상황 자체가 허구에 의해 유지되고 결국 근거 없는 것으로 입증됨으로써 늦어도 1950년대 말에는 수정된다.

생탄 병원에서의 세미나(1953-1963)

처음 두 차례의 세미나에서 자아이론은 더 상세하게 다듬어진다(Lacan 1975b/1978; 1977/1980c). 1955-1956년의 세미나 3(Lacan 1981/1997)은 정신병에 헌정된다. 여기서 라캉은 1951년에 쥐인간(Rattenmann) 분석으로 시작하여 1952년에 늑대인간(Wolfsmann) 분석으로 진행된 프로이트의 방대한 사례연구에 착수한다. 세미나는 다니엘 파울 슈레버(Daniel Paul Schreber)의 《주목할 만한 신경병 사례(Denkwürdigkeiten eines Nervenkranken)》와 이것에 몰두하는 프로이트의 편집증이론 연구를 중점적으로 다루고 있다. 상징계에 대한 세미나의 가치는 아주 현저하다. 상징계에 대하여 기표와 기의의 특정한 —라캉이 독립적이고 자율적인 연쇄 고리로 규정했던— 결합이 특수한 장소에서 요구되는데, 그는 양자가 봉합되는 장소를 (실내장식공의 언어에서 빌려) "누빔점(Steppunkt, point de capiton)"이라고 부른다. 이 장소들 가운데 하나가 아버지의 기능과 관련된다. 이런 결합이 없다면 약속이나 맹세의 의식에서와 같은, 그러나 제도적으로 세례나 결혼의 의식에서와 같은 타자의 심급과 이에 따른 확정적인 말은 불안정하다. 중심적 기표의 배척(Verwerfung)[15]으로 인해 생겨나는 이런 것의 결핍이 정신병의 특징이다.

라캉은 "아버지 이름"에 관한 정리(定理)를 가지고 실재적·상상적·상징적이라는 세 존재영역에 따른 아버지 위치 및 형상을 계속 세밀하게 차별화하기 시작한다. 이 세 영역을 통하여 무엇보다 프로이트의 오이디푸스 및 거세콤플렉스가 새롭게 수정된다(Lacan 1988). 물론 세미나 4에서 《꼬마 한스(der kleine Hans)》(전집 7, 241-377쪽)에 대한 프로이트의 논문에 의거하여 수행된 대상과 대상관계에 대한 정신분석적 이론의 수정은 이에 앞서 이루어진다. 정신분석적 "대상"이란 근본적으로 세 존재차원에 따라 차별적으로 규정할 필요가 있는 "결여 대상"이다. 라캉에게 거세는 두 가지 억제 양식인 "박탈(Privation)", "좌절(Frustration)"[프로이트 용어인 "거절(Versagung)"의 번역]과 함께 파악된다. 거세는 그 자체로 **상징적이며** "상징적 죄"를 초래한다. 여기서 거세의 대상인 위협 받는 남근(Phallus)은 **상상적이고**, 거세의 작동인은 실재적인 아버지이다. 상상적인 결손에서 표출되는 상상적인 좌절은 실재적인 젖가슴을 대상으로 가지고 있고, 좌절의 작동인은 **상징적인** 어머니이다. "실재적인 구멍" 속에서 나타나는 **실재적인** 박탈은 **상징적인** 남근

15) 역주: 흔히 폐제(forclusion)로 번역되지만, 여기서는 독일어 어원에 가깝고 말뜻도 쉬운 배척으로 번역하였음.

에 통용되고, 박탈의 작동인은 **상상적인** 아버지이다(Lacan 1994/2003, 40-41, 67, 317쪽). 이는 프로이트의 음경선망(Penisneid)에 대한 이론적 토대를 라캉이 재규정한 것이다. 라캉은 꼬마 한스의 공포증에 대한 책임을 어머니에게 돌리는데, 어머니는 어린아이의 성적 수취의 대상이기 때문이다.

《무의식의 형성물》에 대한 세미나 5(1998)는 프로이트의 위트이론을 기표이론과 무의식의 수사학(은유/환유)의 수단으로 재구성하고 있다. 나아가 이 세미나에는 프로이트의 오이디푸스 및 거세콤플렉스를 수정하는 가장 포괄적인 서술, 라캉의 개념에서 증상이론과 중요한 분화, 이에 따른 욕망(Begehren) 대 향유(Genießen), 욕망 대 요구에 관한 글이 들어 있다. 라캉은 특정한 형식화의 첫 출발, 즉 네 단계로 수행된 "욕망의 그래프"의 구성을 시작한다. 욕망의 그래프는 상상계와 상징계의 차원을 포괄적인 구조 내에서 분류차원으로 표현할 뿐만 아니라 환상(Phantasma)과 같은 복합적 조직에 이론적-형식적 자리를 지정한다. 어쨌든 라캉은 이 "그래프"가 강박신경증과 히스테리의 차이에서 분석적 도구로서도 입증된다는 것을 보여준다(Lacan 1998, 469-470쪽; 1966/1975c, 179쪽 이하).

《욕망과 욕망의 해석》에 대한 세미나 6(1958-59)에서 두 개념은 반명제적 관계에 있는 것이 아니다. 왜냐하면 욕망의 긍정성이 바로 욕망의 해석이기 때문이다. 그리고 라캉이 이미 프로이트에 의해 해석된 꿈의 재해석을 통하여 보여 주고 있듯이, 욕망은 욕망의 해석을 욕망에 대한 방어로서도 증명할 수 있기 때문이다(전집 8, 238쪽). 욕망의 존재론적 "실체(Substanz)"란 없다. 이는 "욕망의 비극"으로 읽히는 셰익스피어의 《햄릿》에서 설명된다. 비극의 절망적 상황은 스스로 해결할 수 없어서 망령으로 이리저리 헤매는 햄릿의 죽은 아버지가 더는 타자로서 그리고 동시에 진리의 보증인으로 기능할 수 없다는 사실에 근거한다. 망자가 햄릿에게 '자기 죄의 핏줄' 한가운데 있는 자신의 살인자를 죽이라는 명령이야말로 햄릿에게는 독을 바른 칼에 찔려야 한다는 것을 의미한다. 햄릿은 그의 상상적인 타자이자 오필리아의 상중에 결투를 벌이는 레어티스(그가 죽게 하는 대상)와 동일시될 수 있을 때에야 비로소 이 임무를 마치게 된다. — 이것이 끝내는 서로가 서로를 죽이는 비극적 결말을 초래한다. 그런데 세미나 6은 —주체가 자신의 일부를 스스로 "떼어 냄"으로써— 허구적 발생에서 형성되는 모든 대상의 원형인 대상 a의 완성에 있어 획기적인 전환점이다. 여기서 대상 a는 장차 주체의 욕망에 대한 "원인"으로 기능한다. (라캉은 대상 a를 젖가슴, 배변, 시선, 목소리라는 네 요소로 구분하고 있다.)

《정신분석의 윤리》에 대한 세미나 7(1986/1996)에서는 프로이트의 이론에 관해 이제까지 새로 규정된 결과가 실제적-윤리적 관점에서 도출된다. 라캉은 서구의 세 가지 윤리적 구상인 아리스토텔레스의 덕 윤리, 칸트의 의무 윤리, "최대 다수의 최대 이익"을 지향하는 공리주의에 대해 분석한다. 이들의 공통점은 윤리적 구상이 이상적 사고에 근거해 있다는 사실이다. 이와는 달리 라캉은 **실재적인 것의 윤리**(Etik des Realen), 더 자세히 말해 **욕망의 윤리**(Ethik des Begehrens)를 내세운다. 이에 따라 욕망은 윤리적인 것과 대립되지 않는 윤리적 질료로 승격된다. 라캉에게 욕망은 정신분석의 지고한 윤리적 명령으로서 어떤 것에도 뒤지지 않는다. 세미나에서 새로 도입된 중심개념들 가운데 하나가 실재계와 관련된 "사물(das Ding)"이다. 사물은 절대적 지시체로서 모든 기표의 형성물뿐 아니라 쾌락원리에 앞서 있는 어떤 것이다. 사물은 타자뿐 아니라 그 자체의 가장 내밀한 것으로의 통로조차 차단하는 환원될 수 없는 이질성의 순간을 표현한다. 라캉은 이를 넘어 사물에 대한 하이데거의 관점을 지상과 천상, 신적인 것들과 사멸하는 것들이 서로 연관관계를 이루는 "사방형(Geviert)"으로 통합하고자 노력한다(Heidegger 1954a, 170쪽). 한 상세한 해석에서 라캉은 무조건적이고 "순수한" 욕망의 실재화로서 소포클레스의 《안티고네》를 제시한다.

《전이(Übertragung)》에 대한 세미나 8(1991a)은 역전이에 대한 동시대적 논쟁들로부터 다른 결과를 이끌어 낸다. 이 세미나에서 중점적으로 다루어지는 것은 분석대상자에게서 시작되는 전이에 보충적인 분석자의 감흥이 아니라, 전이 상황에 일어나는 분석자의 원칙적인 함의, 분석자의 욕망(물론 그의 개인적 욕망이 아니라 분석자로서 그의 기능에 상응하는 욕망)이다. 라캉은 전이의 문제성을 정신분석적 담론이 아니라 플라톤의 《향연》을 근거로 하여 전개해 나간다. 향연에 참가한 사람들은 에로스에 대하여 찬사를 하도록 요구받지만, 소크라테스만은 유일하게 사랑의 신을 이상화하지 않는다. 그런데 술에 취한 알키비아데스가 나타나 욕망의 발신자로서 소크라테스에게 찬사를 보낼 때 실제로 욕망의 문제가 첨예화된다. 소크라테스는 오히려 욕망의 수신자가 아가톤이라는 것을 인식할 능력을 소유하고 있다. 왜냐하면 소크라테스는 이런 욕망의 놀이에 개입하지 않음으로써 표면적으로 분석적 위치를 떠맡을 수 있기 때문이다. 세미나 8의 종결부에서는 폴 클로델(Paul Claudel)의 3부작을 가지고 아버지의 문제가 새롭게 고찰된다.

《동일시(Identifizierung)》에 대한 세미나 9(1961-62)는 처음에는 총체성(Totalität)으로서 다음에는 가산성(Abzählbarkeit)으로서 이해되는 여러 가지 상태에서 출발하여 동일성 물음을 위한 하나(Eins)의 주체이론뿐 아니라 기표이론을 더욱 강력하게 도출해 낸다. 기표의 상태는 다른 모든 기표들과의 절대적 차이를 통하여 결정화된다. 동시에 기표는 종국적으로 순수한 형식적 요소로 파악된다. 소쉬르의 경우 기표의 이해에 대한 차이가 더 크지 않은 것처럼 보인다. 이 세미나에서 라캉은 본질적 주체관계들을 표현하기 위하여 처음으로 위상학적 구성[뫼비우스의 띠(Möbiusband), 토러스(Torus), 크로스캡(crosscap)]을 이용하여 논리를 전개한다.

《불안》에 대한 세미나 10(2004)에서 라캉은 예컨대 정동과 정서라는 까다로운 영역에 뛰어들지 않고 어떤 정동보다 중요한 불안이라는 특별한 정동에 대해 이제껏 철학적으로 데카르트의 코기토에 인정되는 기능을 부여한다. 불안은 이제 "기만적인 것이" 아닌 한 확실성의 심급이 되고 있다(Gondek 1990; 1992). 불안이 생겨나면 불안은 주체에게 주체의 존재와 거세, 즉 그 무엇보다 탁월한 대상 a와의 대면이 문제라는 것을 신호로 알리게 된다. 라캉은 계속해서 프로이트의 정신분석 중에서 대상 a를 자신의 독창적 발견으로 내세운다. 이와 상응하여 세미나 10은 그 자체로 남근과 관련되는 네 가지 대상의 구조에 대해 가장 포괄적인 진술을 제시한다.

1963년에 한 사건이 일어난다. 라캉은 IPA(국제정신분석학회)의 교육분석가 명단에서 제외되었다는 것을 제1차 회의가 열리기 전날 밤에 알았고, 회의를 마친 뒤《아버지의 이름(Die Namen des Vaters)》에 대한 세미나를 중단한다(Lacan 2005d, 65-104쪽). 이와 함께 1953년부터 세미나를 해 왔던 생탄 병원에서의 활동은 종결된다. 라캉은 1964년 1월 새로운 활동장소인 고등사범학교(École normale supérieure)에서 《정신분석의 네 가지 기본개념(Die vier Grundbegriffe der Psychoanalyse)》이라는 제목으로 아주 새로운 세미나를 시작한다. 네 가지 기본개념은 무의식, 반복, 전이와 충동이다. 라캉은 무의식의 개시에 대하여 정신분석가의 구성적 책임감을 보다 분명하게 강조하면서 "무의식은 … 윤리적으로 구성되어 있다"(Lacan 1973/1978, 39-40쪽)고 말한다. 그는 퐁티나 사르트르와 토론을 거치는 가운데 시선(Blick)을 대상 a로 부각시키고, 명백히 비생물학적인 충동이론을 —요컨대 윤곽은 있지만 결코 도달되지 않는 대상 a의 주변을 맴도는— 원운동으로 제시한다.

결실을 맺는 시기의 세미나와 대학에서의 라캉(1964-1979)

라캉은 6년 동안 고등사범학교에서 강사로서 세미나를 진행할 수 있게 된다. 그러나 1969년에 세미나 장소가 박탈되어 다른 곳으로 옮겨 간다.

이 시기에 라캉은 프랑스 국경을 넘어서 국제적으로 유명해지지만, 그의 세미나는 너무 많은 사람이 몰려와 실행의 한계에 봉착한다. 1966년에는 900쪽의 분량이면서 소위 '구조주의 기적의 해'라는 가장 영향력이 높은 시기에 알맞게 출판되었기에 베스트셀러가 되는 《에크리(Écrits)》라는 제목으로 라캉의 글 모음집이 출간된다. 이 시기의 세미나들은 무엇보다 라캉이 수학적 위상학에서 기대하는 발전적인 형식화 노력에 의해 결정화된다. "뫼비우스의 띠" 또는 "클라인병"은 특히 무의식과 대상, 타자, 증상 등과의 관계에서 주체의 성격화에 대한 아주 효과적인 모델들이다.

1966-67년 세미나 14에서 라캉은 《환상의 논리(Logik des Phantasmas)》에 대한 규정을 계속 착수해 나가는데, 여기서는 데카르트적 코기토의 새로운 해석이 중심을 이룬다. 라캉은 최초로 마르크스를 직접 차용한다. 그는 사용가치와 교환가치, 잉여가치의 구분을 잉여쾌락(Mehrlust) 또는 잉여향락[Mehrgenießen(plus-de-jouir)]으로 확장함으로써 새롭게 쾌락과 향락 사이의 관계를 규정하는 데 사용한다.

《정신분석의 이면(Die Kehrseite der Psychoanalyse)》에 관한 1969년의 세미나 17에서 라캉은 이 잉여향락을 네 가지 담론 구성의 네 요소로 파악하면서 네 가지 담론을 지식과 진리 생산의 기본 유형으로 간주한 바 있다. 이 가운데 "주인의 담론"은 이른바 주인기표의 권위적 설정의 담론이며, 지식의 보수적 관리는 "대학의 담론"에 속한다. "히스테리의 담론"은 대학 지식의 도발이지만 결국 주인을 지지하며, "분석의 담론"은 지식의 진리를 증명하려는 그리고 증명할 수 있는 담론이다. 물론 이 모델은 이런 네 가지 담론의 모델을 사회적이고 이념적인 관계의 분석에 적용하려는 시도에 대해 너무 특이하고 보편적이지 못한 것으로 입증되었다.

이런 가운데 라캉은 여러 정치적 운동의 목적들, 그의 급진적 국면에서 특히 마오이즘에 얽매이지는 않았다. 그는 어느 연설에서 자신에게 도발적인 태도를 보이려던 뱅센의 저항적인 대학생들에게 그들이 "혁명으로 얻고자 노력하는" 것은 "주인(maître)", 독일어로 "헤어(Herr)" 또는 "마이스터(Meister)"이며 앞으로 그들은 그것을 얻게 될 것이라고 말했다(Lacan 1991b, 239-240쪽). 정신분석과 그것에 내재된 소위 남근중심주의에 대한 비판에 대해 그는 성별관계(Geschlechtsverhältnis)의 도전적인 새로운 규정으로 맞섰다. 즉 "성별관계란 존재하지 않으며"(Lacan 1975c/1986, 39쪽), "여성은 실존하지 않는다"(같은 곳, 79-80쪽)라는 핵심적 문장으로 대답했다. 이는 여성의 비하나 배제를 의미하는 것이 아니라 우선 보완관계로의 모든 편입에서 빠져나오는 것을 의미했다. 이런 의미에서 여성은 남성의 보완이나 대립존재가 아니다. 왜냐하면 두 성을 포괄하는 관계와 두 성에 일치하는 공통적 기준이 없기 때문이다. 라캉은 "성 발달의 공식"을 가지고 남녀 위치의 상이하고 비교할 수 없는 특징을 거세, 대상 a와 향락의 관계에서 논리적으로 정형화하려고 노력한다. 이때 여성은 "전혀 아닌 것으로", 말하자면 남근의 기능과 거세법칙의 보편성에 전혀 종속되지 않는 것으로 입증된다. 이로 인해 여성은 비남근적 향락(ein nicht-phallisches Genießen)에 접근할 수 있다.

라캉이론의 후기 국면에서 중요한 것은 보로메오 백작 가문의 문장(紋章)에서 연원하는 보로메오 매듭(Borromäischer Knoten)의 표지이다. 이 문장은 서로 뒤얽혀 있는 세 개의 둥근 고리에서 어느 하나가 제거되어야 다른 두 개의 고리도 빠져나가게 되어 있다. 보로메오 매듭은 실재계, 상상계, 상징계라는 세 가지 존재차원의 통합, 그것의 "일관성"을 나타내는 상징이다. 잘못된 매듭이나 사슬은 보완적 고리 또는 보완적 마디를 통하여 새로운 일관성을 얻을 수 있다. 라캉에 따르면 이 기능을 수행하는 것이 "증상(Symptom)"이나 "생톰(Sinthome)"[16]이다. 라캉은 옛 버전에 따라 그리고 "성자" 또는 "성 토마스"에 대한 조이스의 풍자를 가지고 생톰라는 용어를 사용한다.

1969년부터 라캉은 강사의 직책으로 소르본 법학부 강의실에서 세미나를 할 수 있게 된다. 교육 세미나의 성격은 이미 오래전에 사라져 버렸다. 라캉은 존재차원의 일관성 문제에 대한 형식적 해결책으로 그에게 도움이 되는 전문 위상수학자들을 찾으려는 노력에 몰두한다.

1953년부터 1979년에 이르기까지 라캉의 1, 2, 3, 4, 5, 6, 7, 8, 10, 11, 16, 17, 20, 23 세미나가 출간되었다(세미나 1, 2, 3, 4, 7, 11, 20은 독일어로 번역되었다). 1966년에 출간된 《에크리》 가운데 세 권으로 된 부분적 번역본이 독일에도 나와 있다. 2001년에는 《제2의 에크리(Autres écrits)》라는 제목으로 1966년 이후의 라캉 모음집이 출간되었으나, 독일어 번역본은 나오지 않은 상태이다.

라캉 이후의 급진화 추세

1960년대와 1970년대는 재활성화된 프로이트-마르크스주의의 전성기였으며, 라캉 주변에서 몇몇 주도적인 운동이 일어났다. 마르크스주의 철학자 루이 알튀세르는 1964년에 《프로이트와 라캉》에 관한 글을 발표했다. 여기서 그는 마르크스에게서 증명된 "인식론적 단절"의 개념을 정신분석에 적용했다. 알튀세르는 이런 식으로 마르크스에게서 이데올로기적 초기단계와 순수 과학의 성숙기를 구분함으로써 《자본론》과 같은 주저들에 대한 요구가 가령 1844년의 《경제학-철학수고》로부터 파생되었다고 보는 여지를 없애려고 노력한다. 《프로이트와 라캉》에 대한 그의 글에서 라캉은 정신분석의 과학화를 대변하는 데 반해, 프로이트는 이데올로기적 전사(前史)를 대변한다. 알튀세르에 의하면 이런 가운데 라캉의 "프로이트로

16) 역주: 라캉 특유의 신조어로, 징후 정도로 번역될 수 있음.

의 회귀"는 타협된 청춘기로 과학의 회귀가 아니라 프로이트를 더 성숙한 수준으로 고양시킨다. 왜냐하면 라캉이 언어학을 통하여 정신분석의 과학적 대상인 무의식에 견고한 이론적 기초를 부여하기 때문이라는 것이다(Althusser 1993, 26쪽 이하). 사후에 발표된 편지들, 특히 《D에게 보내는 편지》[그의 정신분석을 담당한 의사 디아트킨(Diatkine)에게 보내는 편지]에서 알튀세르는 인식론적 단절의 기능을 더욱 분명하게 입증한다. 그는 "확정적인 경계선(definitive Teilungslinie)"을 제시한다. "우리는 이 경계선을 넘은 사람들하고만 논의할 수 있는데, 이 선 너머에서야 비로소 그것이 시작되기 때문입니다. 치유, 그러니까 내 말은 이론적 성찰이 그 실제와 더불어 시작될 수 있는 영역 말입니다"(같은 곳, 58-59쪽).

"소문과는 달리" 알튀세르가 "프로이트와 라캉의 이론에 완전히 무지했다"는 것을 사적으로 고백한 것(같은 곳, 220쪽)은 이상한 일이 아니다. 알튀세르의 입장표명은 다른 이유에서 흥미롭다. 왜냐하면 그는 라캉의 이론에 영향을 받았던 라캉 제자들 가운데에서도 특히 자크-알랭 밀레(Jacques-Alain Miller)의 라캉에 대한 헌신을 높게 평가하기 때문이다. 밀레는 나중에 라캉의 사위가 되어 라캉의 유산을 관리한 사람이다.

1972년에 라캉은 한 퇴각 운동의 희생자가 되었다. 질 들뢰즈와 펠릭스 가타리의 《안티 오이디푸스》는 급진적 마르크시즘의 이름으로 정신분석과의 관계를 단절한다. 이 저서에서 두 저자는 프로이트와 라캉 사이의 실질적인 차이를 더는 두지 않았다. 지극히 논쟁적인 만큼 문화적-정치적 영향력이 큰 이 저서는 "분열분석"이라는 이름으로 탈영토화(Deterritorialisierung)의 도피 운동, 다시 말해 기관 없는 신체와 주체 없는 "욕망기계(Wunschmaschine)"[17]의 새로운 결합 운동을 전파하고 찬양했다.

17) 역주: 이 단원에서만은 'Wunsch'를 소망이 아니라 욕망으로 번역했다.

이에 반해 정신분석은 무의식적 욕망의 가족적인 영토화만을 제시할 수밖에 없었다(Deleuze/Guattari 1972/1974).

장 프랑수아 리오타르(Jean-François Lyotard)는 1974년에 자본주의의 본성을 매춘으로부터 이끌어 내려던 상당히 광적인 저작 《리비도의 경제(Économie libidinale)》(1972), 독일어 번역판으로는 《욕망의 경제(Ökonomie des Wunschs)》(1974)를 내놓았다. 리오타르는 라캉에 대해서 찬반 입장을 동시에 지니고 있었지만, 정신분석을 쾌락 및 현실 원리의 질서들과는 상관없이 생겨나는 "강도(Intensität)", 무의식의 "무뇌증(Azephalie)" 내지 "무지함"이라는 이름으로 비판한다(같은 곳, 33쪽).

들뢰즈와 리오타르는 이 시기에 이미 상당히 많은 저작들을 발표했다. 그러나 리오타르만은 이보다 앞서 프로이트의 정신분석에 집중적으로 파고들었다. 리오타르의 《담론, 형상(Discours, Figure)》(1971)은 당시 지배적이던 텍스트 기호학과의 대립적인 구상 속에서 "주체 없는 바라봄", "주인 없는 눈"(Waldenfels 1983/1987, 362쪽)에 몰두하던, 그리고 이미지적인 형상에 침전된 욕망에 몰두하던 미학을 옹호하고 있다. 이런 관계 속에서 리오타르는 프로이트의 《꿈의 해석》, 특히 표현수단들을 상세히 연구했을 뿐만 아니라 언어학적 지시이론의 틀 내에서 자신이 직접 번역한 《부정(Verneinung)》(전집 14, 9-15쪽)에 대한 프로이트의 논문을 면밀하게 다루었다(Lyotard 1971, 131쪽 이하). 《담론, 형상》에는 꿈작업과 응축 및 전치라는 두 기제를 은유와 환유로 대치한 라캉에 대한 상세한 분석이 들어 있다.

참고문헌

Adam, Rodolphe: Lacan et Kierkegaard(라캉과 키르케고르). Paris 2005.

Althusser, Louis: Die Zukunft hat Zeit. Die Tatsachen(미래는 지속된다. 사실들). Frankfurt a.M. 1993(불어판 1992).

_______: Écrits sur la psychoanalyse(정신분석에 대한 글). Freud et Lacan. Paris 1993.

_______: Sur la philosophie(철학에 대하여). Paris 1965.

_______: Lire Le Capital(자본론 읽기). 2 Bde. Paris 1965.

Baas, Bernard: Le désir pur(순수한 욕망). Louvain 1992.

_______: De la Chose à l'objet a(사물에서 대상 a). Louvain 1998.

Bergande, Wolfram: Synkope der Existenz. Die Logik des Unbewßten in der Kunst(실존의 싱커페이션. 예술에서 무의식의 논리). Diss. Wuppertal 2006.

Boehme, Tim Caspar: Ethik Und Genießen. Kant und Lacan(윤리와 향락. 칸트와 라캉). Wien 2005.

Borch-Jakobsen, Mikkel: Lacan. Der absolute Herr und Meister(라캉. 절대적 주인이자 대가). München 1999(프랑스판 1990).

Charraud, Nathalie: Lacan et les Mathématiques(라캉과 수학). Paris 1997.

Copjes, Joan: Lies mein Begehren. Lacan gegen die Historisten(나의 욕망을 읽어라. 반 역사주의자 라캉). München 2004(영어판 1994).

Cremonini, Andrea: Die Durchquerung des Cogito. Lacan contra Sartre(코기토의 횡단. 라캉 대 사르트르). München 1992(불어판 1968).

Deleuze, Gilles: Differenz und Wiederholung(차이와 반복). München 1992(불어판 1968).

_______: Logik des Sinns(감각의 논리). Frankfurt a.M. 1993(불어판 1969).

_______: Woran erkennt man den Strukturalismus?(무엇으로 구조주의를 인식하는가?) [1974]. Berlin 1992(불어판 1973).

_______: Die einsame Insel. Texte und Gespräche(외로운 섬. 텍스트와 대화). 1953-1974. Frankfurt a.M. 2003(불어판 2000).

Deleuze, Gilles/Félix Guattari: Anti-Ödipus. Kapitalismus und Schizophrenie 1(안티 오이디푸스. 자본주의와 분열증 1). Frankfurt a.M. 1974(불어판 1972).

_______: Tausend Plateaus(천 개의 고원). Berlin 1992(불어판 1980).

Delruelle, Édouard: Claude Lévi-strauss et la philosophie(클로드 레비스트로스와 철학). Brüssel 1989.

Dosse, FranÇois: Geschichte des Strukturalismus(구조주의의 역사). 2 Bde. Hamburg Bd. 1, 1997(불어판 Bd. 1 1991, Bd. 2 1992).

Ey, Henri (Hg.): L'Inconscient(무의식). Paris 1966.

Forrester, John: The Seductions of Psychoanalysis. Freud, Lacan and Derrida(정신분석의 유혹. 프로이트, 라캉과 데리다). Cambridge 1990.

Gondek, Hans-Dieter: Angst-Einbildungskraft-Sprache(불안-상상력-언어). München 1990.

_______: Die Angst als "das, was nicht taüscht"(속이지 않는 것으로서의 불안). In: B.H.F. Taureck (Hg.): Psychoanalse und Philosophie. Lacan in der Diskussion. Frankfurt a.M. 1992. 107-137쪽.

_______: Die Zeitlichkeit des Unbewußten und die logische Zeit(무의식의 시간성과 논리적 시간). In: Texte —Psychoanalse, Ästhetik, Kulturkritik 3(1997a), 47-73쪽.

_______: Logos und Übersetzung —Heidegger als Übersetzer Heraklits, Lacan als Übersetzer Heideggers(로고스와 번역 —헤라클레이토스 번역자로서의 하이데거, 하이데거 번역자로서의 라캉). In: Alfred Hirsch (Hg.): Übersetzung und Dekonstruktion. Frankfurt a.M. 1997b, 263-348쪽.

_______: Eine psychoanalytische Antropologie des Bildes(이미지의 정신분석적 인류학). In: RISS 2 (2000a), 9-27쪽.

_______: Traum, Bild und Tod —Michel Foucault als Leser von Freud und Binswanger(꿈, 상과 죽음 —프로이트와 빈스방거의 독자 미셸 푸코). In: RISS 2 (2000a), 169-288쪽.

_______: Der Freudsche Traum und seine französische Deutung: Foucault, Lacan, Derrida als Leser der Traumdeutung(프로이트의 꿈과 그것의 프랑스적 해석: 꿈의 해석의 독자인 푸코, 라캉, 데리다). In: Lydia Marinelli/Andres Mayer (Hg.): Die Lesbarkeit der Träume. Frankfurt a.M. 2000c, 189-250쪽.

_______: Subjekt, Sprache und Erkenntnis. Philosophische Zugänge zur Lacanschen Psychoanalyse(주체, 언어와 인식. 라캉적인 정신분석으로의 철학적 접근). In: Gondek/Hofmann/Lohmann 2001, 130-163쪽.

_______/Roger Hofmann/Hans-Martin Lohmann (Hg.): Jacques Lacan —Wege zu seinem Werk(자크 라캉 —그의 저작으로의 통로). Stuttgart 2001.

_______/Michael Schmid/Peter Widmer: Lacan in den deutschsprachigen Ländern —eine Bilanz(독일어권 나라들에서의 라캉 —결과보고). In: RISS (1996), 113-139쪽.

Heidegger, Martin: Das Ding(사물). In: Ders: Vorträge und Aufsätze. Pfullingen 1954a, 157-175쪽.

_______: Logos(로고스). In: Ders.: Vorträge und Aufsätze. Pfullingen 1954b, 199-221쪽.

Israel, Luclen: Die unerhörte Botschaft der Hysterie(히스테리의 전대미문의 사자). München/Basel 1993(불어판 1976).

Jalley, Emile: Freud, Wallon, Lacan(프로이트, 왈롱, 라캉. 거울아동) L'enfant au miroir. Paris 1998.

Juranville, Alain: Lacan und Philosophie(라캉과 철학). München 1990(불어판 1984).

Khurana, Thomas: Die Dispersion des Unbewußten(무의식적인 것의 분산). Gießen 2003.

Lacan, Jacques: Über die paranoische Psychose in ihren Beziehungen zur Persönlichkeit und Frühe Schriften über die Paranoia(편집증적 정신병에 관하여). Wien 2002(불어판 [1932] 1975a).

_______: Die logische Zeit und die Assertion der antizipierten Gewißheit(논리적 시간과 예측된 확실성의 단언). In: Schriften III. Olten/Freiburg I.Br. 1980a, 101-121쪽(불어판 1966).

_______: Das Spiegelstadium als Bildner der Ichfunktion(자아기능의 형성자로서의 거울단계). In: Schriften 1. Olten/Freiburg I.Br. 1973a. 61-70쪽(불어판 1966).

_______: Funktion und Feld des Sprechens und der Sprache in der Psychoanalyse(말하기의 기능 및 영역과 정신분석에서의 언어). In: Schriften 1. Olten/Freiburg I.Br. 1973b. 71-169쪽(불어판 1966).

_______: Das Seminar über E.A. Poes »Der entwendete Brief«(에드거 앨런 포의 《도난당한 편지》에 대한 세미나). In: Schriften 1. Olten/Freiburg I.Br. 1973c. 7-60쪽(불어판 1966).

_______: Das Drängen des Buchstabens im Unbewußtsein oder die Vernunft seit Freud(무의식에서 문자의 충동 또는 프로이트 이후의 이성). In: Schriften II. Olten/Freiburg I.Br. 1975a. 15-55쪽(불어판 1966).

_______: Kant mit Sade(사드와 함께 칸트). In: Schriften II. Olten/Freiburg I.Br. 1975b. 1133-163쪽(불어판 1966).

_______: Die Subversion des Subjekts und die Dialektik des Begehrens im Freudschen Unbewußten(주체의 전복과 프로이트적 무의식에서 욕망의 변증법). In: Schriften II. Olten/Freiburg I.Br. 1975c. 165-204쪽(불어판 1966).

_______: Die Wissenschaft und die Wahrheit(학문과 진리). In: Schriften II. Olten/Freiburg

I.Br. 1975d. 231-257쪽(불어판 1966).
_______: Maurice Merleau-Ponty(메를로퐁티): In: Schriften Ⅲ. Olten/Freiburg I.Br. 1980b. 237-249쪽(불어판 1961).
_______: Das Seminar Buch I: Freuds technische Schriften(세미나 1권: 프로이트의 기법적 글들)(1953-54). Olten/Freiburg i.Br. 1978(불어판 1975b).
_______: Das Seminar Buch II: Das Ich in der Theorie Freuds in der Technik der Psychoanalyse(세미나 2권: 프로이트의 정신분석기법에서 자아)(1954-55). Olten/Freiburg i.Br. 1980c(불어판 1977).
_______: Das Seminar III: Die Psychosen(세미나 3권: 정신병)(1955-56). Weinheim/Berlin 1997(불어판 1981).
_______: Das Seminar Buch IV: Die Objektbeziehung(세미나 4권: 대상관계)(1956-57). Wien 2003(불어판 1994).
_______: Le Séminaire Livre V: Les Formations de l'inconschient(세미나 5권: 무의식 교육)(1957-58). Paris 1998.
_______: Le Séminaire Livre VI: Le désir et son interprétation(세미나 6권: 욕망과 그 해석)(1958-59) [미출간].
_______: Das Seminar Buch VII: Die Ethik der Psychoanalse(세미나 7권: 정신분석의 윤리)(1959-60). Weinheim/Berlin 1996(불어판 1986).
_______: Le Séminaire Livre VIII: Le transfert(세미나 8권: 전이)(1960-61). Paris 1991a.
_______: Le Séminaire Livre IX: L'identification(세미나 9권: 동일시)(1961-62) [미출간].
_______: Le Séminaire Livre X: L'angoisse(세미나 10권: 불안)(1962-63). Paris 2003.
_______: Das Seminar Buch XI: Die vier Grundbegriffe der Psychoanalyse(세미나 11권: 정신분석의 네 가지 기본개념)(1964). Olten/Freiburg I.Br. 1978(불어판 1973).
_______: Le Séminaire Livre XIII: L'objet de la psychanalyse(세미나 13권: 정신분석의 대상)(1965-66) [미출간].
_______: Le Séminaire Livre XIV: La logique du fantasme(세미나 14권: 환상의 논리학)(1966-67) [미출간].
_______: Le Séminaire Livre XV: L'acte psychanalytique(세미나 15권: 정신분석의 행위)(1967-68) [미출간].
_______: Le Séminaire Livre XVI: D'un Autre à l'autre(세미나 16권: 한 타인에서 타인으로)

(1968-69). Paris 2006.
_______: Le Séminaire Livre VII: L'envers de la psychanalyse(세미나 17권: 정신분석의 이면)(1969-70). Paris 1991b.
_______: Le Séminaire Livre XX: Encore(세미나 20권: 앙코르)(1972-73). Weinheim/Berlin 1986(불어판 1975c).
_______: Le Séminaire Livre XXIII: Le sinthome(세미나 23권: 생톰)(1975-76). Paris 2005a.
_______: Le symbolque, l'imaginaire et le réel(상징계, 상상계와 실재계). In: Des noms-du-père. Paris 2005c, 9-63쪽.
_______: Introductions aux noms-du-père(《성부의 이름으로》 서문). In: Des noms-du-père. Paris 2005c, 65-104쪽.
Lang, Hermann: Die Sprache und das Unbewußte. Jacques Lacans Grundlegung der Psychoanalyse(언어와 무의식. 자크 라캉의 정신분석 기초화작업). Frankfurt a.M. 1973.
Langlitz, Nicolas: Die Zeit der Psychoanalyse. Lacan und das Problem der Sitzungsdauer(정신분석의 시간. 라캉과 면담시간의 문제). Frankfurt a.M. 2005.
Laplanche, Jean: Leben und Tod in der Psychoanalyse(정신분석에서 삶과 죽음). Olten/Freiburg I.Br. 1974(불어판 1970).
Leclaire, Serge: Psychoanalysieren(정신분석). Wien 1999(불어판 1968).
_______: Das Reale enrlarven(실재적인 것을 밝히기). Olten/Freiburg I.Br. 1976(불어판 1971).
_______: Ein Kind wird getötet(어린아이가 살해되고 있다). Wien 2004(불어판 1975).
Lévi-Strauss, Claude: Strukturale Anthropologie(구조주의적 인류학). Frankfurt a.M. 1967(불어판 1958).
_______: Strukturale Anthropologie II(구조주의적 인류학 2). Frankfurt a.M. 1975(불어판 1973).
_______: Die elementaren Strukturen der Verwandtschaft(친족의 기본구조). Frankfurt a.M. 1981(불어판 1947, 1967).
Lyotard, Jean-François: Die Phänomenologie(현상학). Hamburg 1993(불어판 1954).
_______: Discours Figure(비유 담론). Paris 1971.
_______: Des dispositifs pulsionnels(충동의 장치). Paris 1973a.
_______: Dérivé à partir Marx et Freud(마르크스와 프로이트로부터 파생된 것). Paris

1973b.

_______: Ökonomie des Wunsches(욕망의 경제). Bremen 1984(불어판 1974).

Marini, Marcelle: Lacan(라캉), Paris 1986.

Maury, Liliane: Wallon. Autoportrait d'une époque(왈롱. 한 시대의 자화상). Paris 1995.

Moulier-Boutang, Yann: Louis Althusser. Une biograohie(루이 알튀세르. 전기). Paris 1993.

Porge, Erik: Se compter trois. Le temps logique de Lacan(라캉의 논리적 시간). Toulouse 1989.

_______: Jacques Lacan, un psychanalyste(자크 라캉, 정신분석가). Ramonville Saint-Agne 2000.

Rölli, Marc: Gilles Deleuze. philosophie des transzendentalen Empirismus(질 들뢰즈. 선험적 경험주의 철학). Wien 2003.

Roudinesco, Elisabeth: Historie de la psychanalyse en France 2(프랑스 정신분석의 역사 2) (1925-1085). Paris 1986.

_______: Jacques Lacan. Bericht über ein Leben, Geschicht eines Denksystem(자크 라캉. 삶, 사고체계의 역사에 대한 보고). Köln 1996(불어판 1993).

Safouan, Moustapha: Lacaniana. Les Séminaires de Jacques Lacan(자크 라캉의 세미나). 1953-1963. Paris 2001.

_______: (Hg.): Lacaniana. Les Séminaires de Jacques Lacan자크 라캉의 세미나. 1964-1979. Paris 2005.

Saussure, Ferdinand de: Cours de linguistique générale(일반 언어학강의). Genf 1916.

Schmidgen, Henning: Das Unbewußte der Maschinen. Konzeptionen des psychischen bei Guattari, Deleuze und Lacan(기계의 무의식. 카타리, 들뢰즈와 라캉에 있어서 심적인 것의 개념). München 1997.

Simonis, Yvan: Claude Lévi-Strauss ou »la passion de l'increste«(클로드 레비스트로스 또는 《근친상간의 열정》). Paris 1968.

Waldenfels, Bernhard: Phänomenologie in Frankreich(프랑스에서의 현상학) [1983]. Frankfurt a.M. 1987.

Wallon, Henri: Les origines du caractere chez l'enfant(아동성격의 근원). Paris 1934.

Waltz. Matthias: Ethik der Welt —Ethik des Realen(세계의 윤리 —실재적인 것의 윤리). In: Gondek/Hoffmann/Lohmann 2001, 97-129쪽.

Weber, Samuel: Rückkehr zu Freud. Jacques Lacans Entstellung der Psychoanalyse(프로이트로의 회귀. 라캉의 정신분석 변형). Frankfurt a.M./Berlin/Wien 1978.

Widmer, Peter: Subversion des Begehrens. Eine Einführung in Jacques Lacans Werk(욕망의 전복. 자크 라캉 작품으로의 입문). Wien 1997.

Zafiropoulos, Markos: Lacan et Lévi-Strauss ou le retour à Freud(라캉과 레비스트로스 또는 프로이트로 귀환). 1951-1957. Paris 2003a.

______: (Hg.): Les années Lacan(라캉 시대). Paris 2003b.

Žižek, Slavoi: Der erhabenste aller Hysteriker. Psychoanalyse und die Philosophie des deutschen Idealismus(가장 숭고한 히스테리 환자. 정신분석과 독일 이상주의 철학) I. Wien 1991.

______: Verweilen beim Negativen. Psychoanalyse und die Philosophie des deutschen Idealismus(부정적인 것에 머물기. 정신분석과 독일 이상주의 철학) II. Wien 1993.

______: Der nie aufgehende Rest. Ein Versuch über Schelling und die damit zusammenhängenden Gegenstände(결코 밝혀질 수 없는 잔여. 셸링과 아울러 관련되는 대상들에 대한 시도). Wien 1996(불어판 1996).

______: Die Tücke des Subjekts(주체의 간계). Frankfurt a.M. 2001(영어판 1999).

Hans-Dieter Gondek

미셸 푸코 — 꿈속의 죽음에서 "실존 미학"으로

미셸 푸코는 그의 첫 간행물에서부터 프로이트의 정신분석과 치열하게 씨름했다. 1954년에 출간된 빈스방거의 《꿈과 실존(Traum und Existenz)》의 불어판 서문은 —빈스방거와 더불어— 이미 정신분석을 넘어선 것처럼 보이는 푸코를 보여 준다. 빈스방거가 자신의 꿈 해석의 방법으로 "실존의 양태"로의 통로를 열어 나간다면, 프로이트의 꿈 해석은 "상징의 해석학"에서 힘을 잃고 고갈된 채 "외적인 해석, 여전히 암호해독의 영역에 정체된 해석"을 고수한다는 것이다(Foucault 1954a/2001, 111쪽). 프로이트는 꿈의 "의미의 기능"에만 관심을 보이고, 그것을 넘어서는 꿈의 "형태론적이고 문장론적인 구조"를 등한시한다(같은 곳, 113쪽). 따라서 그의 이미지 내지 상상적인 것의 개념은 불충분하며, 상징개념의 불충분한 마무리 때문에 프로이트가 "꿈의 의미심장한 함축의 전체성에 의해 파악되는 상상적 구조"를 보지 못한다는 것이다(117쪽). 여기서 푸코는 《꿈의 해석》 외에 특히 《슈레버와 도라》에 대한 분석을 이런 사례로 내세우면서 프로이트는 "19세기 심리학이 확고하게 정립한 명제"를 넘어서지 못한다고 주장한다. 프로이트에게 "꿈은 이미지들의 랩소디이며," 그는 "꿈을 심리화했다"(126쪽). 이런 비판에는 프로이트와 더불어 오류가 지적되는 멜라니 클라인과 라캉도 포함된다(117-118쪽). 그 밖에 후설의 현상학도 불충분한 것으로 비판을 받는다(122쪽 이하).

푸코가 그의 꿈의 이해와 해석에서 칼 융 내지 바슐라르를 지향하고 있다는 것은 얼핏 보아도 인식할 수 있다. 그에게 꿈은 신화에 —궁극적으로는 죽음에— 이르는 통로이다. "인간은 그의 가장 깊은 지점에서 죽음을 만난다. … 이제 죽음은 화해의 의미를 지니며, 이 죽음이 이미지로 표출되는 꿈은 우리가 할 수 있는 가장 기본적인 것이다. 죽음은 더 이상 삶의 중단이 아니라 실존의 완성을 의미한다"(143-144쪽). 푸코가 이런 죽음과의 관계를 프로이트의 죽음에 대한 이해와 양립할 수 없는 것으로 본다는 것은 그가 제시하는 이유 없이도 충분히 이해할 수 있다.

이렇게 푸코에게 프로이트의 정신분석이 심리학적으로 해석방법으로 여겨질지라도, 그는 다른 맥락에서 정신분석을 심리학과 명백하게 구분한다. 1957년에 저술한 《과학적 연구와 심리학(Die wissenschaftliche Forschung und die Psychologie)》에 대한 개관에서 푸코는 무의식의 이론을 가지고 단순히 심리학의 확장만을 시도한다는 프로이트에 대한 비난에 프로이트를 방어하면서 무의식의 구상에 내재한 전복의 의미를 아주 상세하게 도출해 내는데, 프로이트를 기점으로 의식이 "무의식에 대한 방어행동"으로 파악될 수 있기 때문이다. 정신분석은 "지식의 확정적 형식에서 탈피하기" 위한 잠재력을 대변한다는 것이다(Foucault 1957/2001, 203쪽). 정신분석이 "병"에서 "건강의 심리적 진실"을 찾아냈다거나, "성"에서 "인간의 자연적 긍정성"을 발견했다는 정신분석에 대한 푸코의 찬사는 물론 양가적인 입장으로 이해될 수 있다(같은 곳, 216쪽).

《심리학과 정신병》에서 푸코는 방어형식의 정신분석 이론에 대해 매우 일반적인 진술을 내놓았다(1954b/1968, 51쪽 이하). 파블로프(Pawlow)에 크게 의존하던 이전 판을 대체하여 1962년에 개정된 이 책의 2부에서 프로이트는 광기의 관점에서 그 가치를 평가받는다. "프로이트는 최초로 이성과 비이성 사이의 의사소통 가능성을 늘 중단되고 도달할 수 없는 상태로 소멸될 수 있었던 공통적 언어의 모험적 시도를 통해 다시 열어 나간다"(같은 곳, 106쪽). 푸코의 위대한 연구서 《고전주의 시대의 광기의 역사(Die Geschichte des Wahnsinns im klassischen Zeitalter)》[광기와 사회(Wahnsinn und Gesellschaft)]는 명시적으로 광기가 "추방 상태"에 처하게 되는 —몽테뉴와 데카르트 사이의— 역사적 상황의 단절이라는 명제에서 출발한다(Foucault 1961a/1969, 70쪽). 현대에 해당하는 이 단절에도 불구하고 푸코는 "정신의학이 아니라 광기 자체의 역사"를 써야만 할 요구를 제기하는데(Foucault 1961b/2001, 229쪽), 프로이트는 이 역사의 가능성을 위한 증인으로 소환된다. "이 때문에 프로이트가 필요한 것이다. … 프로이트는 광기를 그의 언어의 차원에서 받아들였고, 실증주의에서 침묵으로 환원된 경험의 본질요소들 가운데 하나를 재구성했다. 그는 광기의 심리치료 목록에 어떤 것도 더 첨부하지 않았다. 그는 의학적 사고 내에서 비이성(Unvernunft)과의 대화 가능성을 복원했다"(Foucault 1972, 360쪽). 그럼에도 궁극적으로 이 책에서 프로이트에 대한 판단은 지극히 양가적이다. 왜냐하면 정신분석은 이 최후의 문지방을 넘어설 수 없었기 때문이다. 푸코에 의하면 정신분석가란 언제나 "의사"의 직책을 수행하면서 비이성의 목소리를 듣거나 정신착란의 징후를 독자적으로 해독할 능력이 없으며, 이 때문에 정신분석은 이 "최후의 구조"를 찾아내지 못했다는 것이다(Foucault 1961a/1969, 535쪽).

1966년에 푸코는 〈인문과학의 고고학〉이라는 부제로 《사물의 질서(Die Ordnung der Dinge)》라는 저서를 내놓는다. 이런 맥락에서 정신분석에 인문과학을 보완할 수 있는 "비판적 기능"이 인정되는데, 그 이유는 바로 정신분석이 (우선적으로 생물학, 경제학, 문헌학과 같은) 언급한 인문과학의 표준에 속하지 않기 때문이다. 다시 말해 "소동, 문제제기, 비판, 그렇지 않으면 기존의 것으로 간주될 수 있었던 것에 항변하는 불변적 원리 형성"의 기능이 인정된다(Foucault 1966/1971, 447쪽). 더 나아가 실증과 경험에 의해 결정된 지식이 접근할 수 없는 "저 죽음", "저 욕망"과 "저 법칙"으로의 통로를 만들어 낼 수 있는 것이 정신분석의 업적으로 평가된다. 그럴 것이 정신분석은 바로 "인간에 대한 모든 지식의 가능성을 이룰 수 있는 조건들"을 대변하기 때문이다(같은 곳, 449쪽). 그럼에도 정신분석은 결코 "인간이나 인류학의 보편적 이론"이 되지 못한다. 그 이유는 정신분석이 "실무(Praxis)", 그러니까 "두 개인 사이의 관계 협착"에 의하여 이런 보편화에 이르는 것을 방해받기 때문이라는 것이다.

1966년에 푸코는 **에피스테메**(episteme)라는 지식질서의 내재적 분야에 열중했다. 하지만 1970년대의 분석들에서는 점점 더 다른 구상이 큰 가치를 얻게 된다고 할 수 있다. 예컨대 "권력의 분석"은 초기 푸코의 이념사적으로 나타나는 시도를 담론, 사회적 실행, 도구, "장치(Dispositiv)"와 이것들의 얽힘을 통하여 "권력-지식 복합체"로 대체하게 된다. 6권으로 계획되었으나 형식적으로 구체화되지 못한 연작 《성의 역사》 중에서 1976년에 출간된 제1권 《지식에의 의지(Der Wille zum Wissen)》는 푸코에게 매우 변칙적인 책이다. 이 책은 아주 기본적인 명제들 속에 완성을 기대하는 프로그램을 요약적으로 개관하면서 예증에 의해서만 자료를 끌어들이고, 첨예한 부분에서는 이따금 논쟁으로 돌변하기 때문이다. 여기서 중요한 것은 "억압가설(Repressonshypothese)"에 대한 푸코의 비판, 즉 시민적 현대(bürgerliche Moderne)에 들어와 성 억압이 받아들여졌다는 사실이다. 소위 "빅토리아 시대"를 포함하여 바로 이 현대만큼 이렇게 엄청난 요설로 특징화되는 시기는 없다는 주장에 푸코는 이의를 제기한다. 정신분석은 한편으로 참회와 (다소는 강요된) 고백, "담론의 정형술(diskursive Orthopädie)"의 오랜 역사에 편입됨으로써(Foucault 1977/2003, 412-414쪽), 담론의 일반적인 성적 행동에 대하여 그리고 심지어는 성적 도착이 뿌리내리는 데 대해서까지 공동 책임을 떠맡게 된다(Foucault 1976/1977, 50쪽 이하). 정신분석은 다른 한편으로 유전의 담론인 "동시대적 인종주의의 대두"에 그리고 결국은 파시즘에 저항할 수 있었다. 물론 정신분석이 성에 "법칙"을, 예컨대 "동맹의 법칙, 근친상간 금지의 법칙, 아버지 주권의 법칙"을 부여했기 때문이다. 이에 따라 "정신분석은 욕망을 위해서 권력의 온전한 옛 질서를 다시 불러들였다고 할 수 있다." 하지만 이 때문에 정신분석은 "특정한 역사적 국면에 구속되어" 있다(같은 곳, 179쪽). 결국 프로이트보다는 오히려 빌헬름 라이히가 "억압가설"에 대한 푸코의 공격 대상자라는 견해가 타당하다. — 그리고 그와 더불어 프로이트-마르크스주의의 초기적이고 실제적인 시도가 이루어졌다(같은 곳, 157쪽). 그렇지만 푸코의 이 책은 "욕망"이 권력 밖에서 생각될 수 있다는 점을 지적함으로써 라캉을 향해서도 분명히 비판적 태도를 드러낸다(같은 곳, 101쪽; Eribon 1994/1988, 259쪽 이하).

푸코의 사망 직전인 1984년에 출간된 《성의 역사》 제2권과 제3권은 더 이상 정신분석적 문제제기와의 접점을 거의 보여 주지 않는다. 푸코는 고대 그리스와 로마로까지 되돌아가 여성과 소년의 성 접촉 실제를 근거로 "실존의 미학(Ästhetik der Existenz)"이라 불리는 남성적 자기절제의 개념, 다시 말해 어떤 "욕망의 해석학"을 필요로 하는 것이 아니라 "쾌락의 활용"에 집중하는 자기절제의 개념을 재획득한다(Foucault 1984/1986). "욕망" 및 "쾌락"과 결부된 상이한 관점의 대립 때문에 오랜 친구인 들뢰즈와의 불화도 더욱 심화된다(Deleuze 1994/1996).

참고문헌

Deleuze, Gilles: Foucault(푸코). Frankfurt a.M. 1987(불어판 1986).

_______: Begehren und Lust(욕망과 쾌락). In: Friedrich Balke/Joseph Vogl (Hg.): Gilles Deleuze —Fluchtlinien der Philosophie(철학의 소실선), München 1996, 230-240쪽(불어판 1994).

Derrida, Jacques: »Gerecht sein gegenüber Freud«. Die Geschichte des Wahnsinns im Zeitalter der Psychoanalyse(프로이트에게 공정하기. 정신분석의 시대에서의 광기의 역사). In: Vergessen wir nicht —die Psychoanalyse! Frankfurt a.M. 1998, 59-127쪽(불어판 1997).

Eribon, Didier: Michel Foucault. Eine Biographie(미셸 푸코. 전기). Frankfurt a.M. 1991(불어판 1989).

_______: Michel Foucault und seine Zeitgenossen(미셸 푸코와 그의 동시대인들). München 1998(불어판 1994).

Forrester, John: Michel Foucault und die Geschichte der Psychoanalyse(미셸 푸코와 정신분석의 역사). Tübingen 1990, 75-128쪽(영어판 1980).

Foucault, Michel: Einführung (in: Binswanger: Traum und Existenz)[입문 (in: 빈스 방거: 꿈과 실존)]. In: Dits et écrits. Schriften. Bd. 1. Frankfurt a.M. 2001, 107-174쪽(불어판 1954a).

_______: Psychologie und Geisteskrankheit(심리학과 정신병). Frankfurt a.M.(불어판 1954b, 1962).

_______: Die wissenschaftliche Forschung und die Psychologie(과학적 연구와 심리학). In:

Dits et écrits. Schriften. Bd. 1. Frankfurt a.M. 2001, 196-222쪽(불어판 1957).

_______: Wahnsinn und Gesellschaft. Eine Geschichte des Wahns im Zeitalter der Vernunft(광기와 사회. 이성의 시대에 광기의 역사). Frankfurt a.M. 1969(불어판 1961a).

_______: Vorwort (zu Historie de la Folie)(광기의 역사 서문). In: Dits et écrits. Schriften. Bd. 1. Frankfurt a.M. 2001, 223-234쪽(불어판 1961b).

_______: Die Ordnung der Dinge(사물의 질서). Frankfurt a.M. 1971(불어판 1966).

_______: Archäologie des Wisssens(지식의 고고학). Frankfurt a.M. 1973(불어판 1969)

_______: Historie de la Folie à l'âge classique(고전주의 시대의 광기의 역사). Paris 1972.

_______: Sexualität und Wahrheit(성과 진실). Bd. 1: Der Wille zum Wissen. Frankfurt a.M. 1977(불어판 1976).

_______: Das Spiel des Michel Foucault(미셸 푸코의 놀이). In: Dits et écrits. Schriften. Bd. III. Frankfurt a.M. 2003, 391-429쪽(불어판 1977).

_______: Lacan, der »Befreier« der Psychoanalyse(라캉, 정신분석의 《해방자》). In: Dits et écrits. Schriften. Bd 1V. Frankfurt a.M. 2005. 248-249쪽(불어판 1982).

_______: Sexualität und Wahrheit(성과 진실). Bd. II.: Der Gebrauch der Lüste. Bd. 111: Die Sorge um sich. Frankfurt a.M. 1986(불어판 1984).

Gondek, Hans-Dieter: Traum, Bild und Tod. Michel Foucault als Leser von Freud und Binswanger(꿈, 이미지와 죽음. 프로이트와 빈스방거의 독자로서의 미셸 푸코). In: RISS 2(2000), 169-188쪽.

Lagrange, Jacques: Lesarten der Psychoanalyse im Foucaultschen Text(푸코 텍스트에서 정신분석의 읽기 방식). In: Marcelo Marques (Hg.): Foucault und die Psychoanalyse. Tübingen 1990, 11-74쪽.

Miller, Jacques-Alain: Michel Foucault und die Psychoanalyse(미셸 푸코와 정신분석). In: François Ewald/Bernhard Waldenfels (Hg.): Spiele der Wahrheit. Michel Foucaults Denken. Frankfurt a.M. 1991, 66-73쪽(불어판 1989).

Miller, James: Die Leidenschaft des Michel Foucault. Eine Biographie(미셸 푸코의 열정. 전기). Köln 1995(영어판 1993).

Hans-Dieter Gondek

자크 데리다 — 심적인 글에서 정신분석의 아카이브로

자크 데리다는 분석대상자가 아니라 신봉자로서 정신분석에 대해 견해를 피력할 수 있을 뿐만 아니라 처음부터 정신분석이 외적으로도 본래의 자리를 되찾도록 논평할 것을 프랑스 철학자들 중에서 독자적으로 가장 강력하게 요구한 장본인이다(Derrida 1980/1987c). 그는 더 나아가 이 기회를 빌려 여기서 가시화되는 —전적으로 정신분석의 설립과 그 실제, 교육(Ausbildung)과 같이 특정한 성격과 관련된— 정신분석의 제도적 정책에 대해 의문을 제기한다. 데리다에게는 정신분석의 역사에서 생겨난 "분파들(Filiationen)" 가운데 프로이트에게서 분석되지 않은 것이 얼마만큼 계속 영향을 미치고 있는지를 알아내는 것이 중요한 문제이다(Derrida 1980/1987a, 20, 59, 91쪽). 다른 한편으로 데리다는 특히 파리의 지식인으로서 정신분석을 등한시할 수 없었던 1970년대의 저 특별한 국면을 지나 1980년대에 이르기까지 정신분석 연구에 계속 충실했다.

이와 같은 연구는 1966년 이론적-철학적 지평에서 앙드레 그린의 초대로 정신분석 연구소에서 행해진 데리다의 강연 《프로이트와 글쓰기의 무대(Freud und der Schauplatz der Schrift)》와 더불어 시작되었다(Derrida 1967/1972, 302-350쪽). 데리다는 1985년의 《심리학 초안》으로부터 1925년 《신비한 양초판에 대한 메모(Notiz über den Wunderblock)》에 이르는 프로이트의 작품을 전체적으로 검토하면서 프로이트의 작품에서 분리되어 작용하는 문자와 텍스트라는 두 가지 은유계열, 실제로 신비한 양초판 모형에서야 비로소 하나의 기능적인 전체, 두 개의 서로 다른 특성을 일치시켜 기억장치로 결합하는 은유계열을 도출해 낸다. 요컨대 이 기억장치는 일찍이 받아들인 모든 것을 잊지 않고 축적하는 동시에 항상 새로운 인상을 받아들일 준비를 하고 있는 장치이다. 데리다는 이 은유계열의 활동 속에서 정신분석 자체가 심적 장치의 이론과 해석의 실제에서 주제화하는 전치(Verschiebung)와 지연(Verspätung)이 작용하고 있음을 정확하게 보여 준다. 은유들은 결코 자의적으로 선택된 것이 아니다. 은유들에는 이미 마음(Psyche)의 기술화 과정이 일어나고 있는데, 이때 기술(techne)과 정신은 결코 서로 표면적인 관계가 아니며, 삶과 죽음이라는 관계의 사유에 대한 함의를 지닌다.

프로이트는 개념적 성격, 예컨대 (무의식적 소망의) 시간, 시간성과 무시간성에 관한 개념에 있어서 모종의 형이상학적 잔재 때문에 비난을 받는다. 하지만 여기서 데리다에게 중요한 것은 철학에서 정신분석적 이론의 가르침이나 획득이 아니라 해체(Dekonstruktion)라는 포괄적 계획과 관련된 일종의 목표 달성을 위한 제휴이다. 형이상학을 비판하기 위한 계획으로서의 해체는 —그것이 형이상학적 개념의 잔재와 결렬하는 법을 알고 있는 한— 철학 **내적인** 논쟁뿐 아니라 데리다가 정신분석을 포함시키는 이질적이고 이단적인 사유 형식을 통하여 **외적인** 저항도 야기한다.

교훈극은 데리다가 《조종(Glas)》에서 프로이트의 페티시즘을 다루는 방식이다. 프로이트가 하나의 예외, 즉 거세의 긍정과 부정이 동시에 수행되는 "아주 세련된 사례들(ganz raffinierte Fälle)"(전집 14, 316쪽)의 기술로 표현하는 것을 데리다는 정신분석이 해결 방법을 알지 못하는 거세의 특정한 심각성(Ernst)이라고 반박한다. 물론 거세의 놀이를 할 수 있다. 그리고 거세를 가지고 하는 이 놀이는 데리다와 라캉의 미묘한 개인적 관계에서도 역할을 하고 있는지 모른다(Roudinesco 1986, 418-419쪽). 데리다는 다음과 같이 말한다. "위장의 본질은 마치 사람들이 망연자실한 것처럼, 마치 스스로 거세하는 것처럼, 죽음을 피하기 위하여 마치 죽은 것처럼 행동하는 데 있다. 하지만 위장은 죽음을 피하지 못한다. … 페티시즘은 그 내부에서 엄밀한 페티시즘의 윤곽이 정해질 수 있을 때까지 이렇게 무한정 전개된다. 페티시즘, 그 내부에는 형이상학이 끝없이 칭칭 감겨 돌아간다"(Derrida 1972,

235-236쪽).

1980년에 데리다는 프로이트의 《쾌락원리의 저편》에 대해 상세한 자구적 해석을 내놓았다. 그의 해석은 명쾌한 개별적 해설[포르트-다-놀이(Fort-Da-Spiel); 쾌락 및 현실원리; 삶-죽음-생존] 외에도 완전히 새로운 어떤 것을 시도한다. 그것은 프로이트의 텍스트를 자서전적으로, 또한 유언의 형식으로 읽어 나간다. 프로이트는 이 텍스트에서 사색에 잠긴 채 그의 이름으로 그리고 그의 이름을 걸고 정신분석의 생존과 운명, (포르트-다-놀이에서처럼) 소명의 도달과 되돌아옴을 예측해 보지만, 그가 텍스트에서 끊임없이 요구하는 "한 걸음 더"라는 자신의 행보는 매번 어려움에 처한다(Derrida 1980/1987a).

라캉이 시도하는 프로이트 정신분석의 재정립은 데리다에 의해 어리석은 궤변이라는 비판을 받는다. 라캉은 어리석게도 헤겔과 하이데거를 다루면서 가령 헤겔에게서 "지양(Aufhebung)"이라는 이상적인 개념 또는 고전적으로 가시적(可視的)인 것과 가지적(可知的)인 것의 형이상학적인 대립과 같이 지극히 의심스런 구성을 정신분석에 도입한다는 것이다(Derrida 1980/1987b).

1995년의 《아카이브에의 헌신(Dem Archiv verschrieben)》[18]은 1966년에 시작된 프로이트의 기억이론에 대한 논의를 속행함과 아울러 예루살미(Josef Hayim Yerushalmi)와 정신분석은 (프로이트의 의도로 볼 때도) "유대인의 학문"이라는 그의 주장에 대한 분석에 전력을 기울인다(Derrida 1995/1997; Yerushalmi 1991/1992). 데리다는 이 명제의 함의를 이끌어 내면서 학문과 할례의 관계를 물음으로 제기한다. 푸코의 《광기의 역사》 출간 30주년을 맞이하여 엘리자베스 루디네스코와 르네 마요가 주도한 회합에서 데리다는 푸코와 정신

18) 역주: 흔히 '아카이브 열병'으로 번역되고 있음.

분석과의 까다로운 관계를 추적했다. 이 연설문은 나중에 라캉에 대한 새로운 견해와 함께 《정신분석의 저항(Résistances —de la psychanalyse)》에 실렸으며, 이것은 독일어로 약간 변형된 편성에 따라 《우리는 잊지 말자 —정신분석을!》이라는 책으로 출간되었다(Derrida 1996/1998). 2000년에는 파리에서 개최된 정신분석 삼부회(Generalstände der Psychoanalyse)에서 데리다에게 개회식을 위한 강연을 할 수 있는 영광이 주어졌다. 이를 기초로 출간된 《정신분석의 영적 상태》(2000/2002)는 프로이트의 이론에서 잔인함(Grausamkeit) 개념, 특히 이와 연관된 죽음충동 및 공격충동과의 유사성과 거리에 대한 성찰이다.

《내일은 어떻게 될까(De quoi demain…)》(독일어판 제목; Woraus wird Morgen gemacht sein?)는 루디네스코와 데리다가 이끌어 가는 긴 대화록이다(Derrida/Roudinesco 2001/2006). 이 책에서 가장 분량을 많이 차지하는 마지막 장에는 (메를로퐁티를 넌지시 암시하여) 〈정신분석의 찬양〉이라는 제목이 붙어 있다. 데리다는 자신에게 제안된 "정신분석의 친구"라는 호칭에 매우 만족스러운 태도를 보인다. 그러면서 우정에는 막중한 책임이 따르지만, 친구란 어떤 제도적 결속에도 종속되지 않는다고 말한다. 더욱이 우정은 그 모든 근친관계에서뿐 아니라 심지어는 여러모로 결속된 형제애로부터 작용하는 모든 혈연관계에서도 자유롭다는 것이다(같은 곳, 271쪽 이하; Derrida 1996/1998, 304쪽 이하). 데리다는 친구로서 너그러울 필요가 없고, 아니 심지어 그래서는 안 된다는 것이다. 그는 프로이트의 개념, 예컨대 두 위상개념을 잔존 가능한 것으로 보지 않는다. — 그것들은 "일시적인 무기, 요컨대 의식의 철학, 투명하고 책임 있는 지향성의 철학에 대항하는 그야말로 조립된 수사학적 도구들이다"(Derrida/Roudinesco 2001/2006, 279-280쪽). 이는 정신분석이 예컨대 신경생물학의 표준에 적응해야 한다기보다는 오히려 "변명 없는 지식의 이름으로", "이론적 허구"의 이름으로 자체의 글쓰기 작업을 가다듬고 이어 나가야 한다는 의도를 대변한다(같은 곳, 281쪽).

데리다의 주변에서는 무엇보다 사라 코프만(Sarah Kofman), 필립 라쿠 라바르트(Philippe Lacoue-Labarthe), 장뤼크 낭시(Jean-Luc Nancy)의 정신분석에 대한 몇 개의 중요한 연구논문이 나온 바 있다.

참고문헌

Bernet, Rudolf: Derrida-Husserl-Freud. Die Spur der Übertragung(데리다-후설-프로이트. 전이의 흔적). In: Hans-Dieter Gondek/Bernhard Waldenfels (Hg.): Einsätze des Denkens. Zur Philosophie von Jacques Derrida. Frankfurt a.M. 1997, 99-123쪽(영어판 1994).

Derrida, Jacques: Die schrift und die Differenz(글쓰기와 차이). Frankfurt a.M. 1972(불어판 1967).

_______: Grammatologie(그라마톨로지). Frankfurt a.M. 1974(불어판 1967).

_______: Die Stimme und die Phänomen(목소리와 현상). Frankfurt a.M. 2003(불어판 1972).

_______: Dissemination(산종). Wien 1995(불어판 1972).

_______: Randgänge der Philosophie(철학의 경계선 넘기). Wien 2000(불어판 1972).

_______: Glas(조종). Paris 1972.

_______: Spekulieren —über/auf Freud(프로이트의 과거 및 미래에 대한 사색). In: Die Postkarte. 2. Lieferung. Berlin 1987a, 7-81쪽(불어판 1980).

_______: Der Facteur der Wahrheit(진리의 요인). In: Postkarte(우편엽서). 2. Lieferung. Berlin 1987b, 183-281쪽(불어판 1980).

_______: Du Tout(천만에). In: Die Postkarte. 2. Lieferung. Berlin 1987c, 283-310쪽(불어판 1980).

_______: Psyché. Inventions de l'autre(프시케. 타자의 발명). Paris 1987.

_______: Limited Inc.(유한책임회사). Wien 2001(불어판 1990).

_______: Falschgeld(위조지폐). Zeit geben 1. München 1993(불어판 1991).

_______: Auslassungspunkte(생략점). Wien 1998(불어판 1992).

_______: Marx' Gespenster(마르크스의 유령들). Frankfurt a.M. 1996(불어판 1994).

_______: Politik der Freundschaft(우정의 정치). Frankfurt a.M. 2000(불어판 1994).

_______: Dem Archiv verschrieben(아카이브에의 헌신). Berlin 1997(불어판 1995).

_______: Vergessen wir nicht —die Psychoanalyse!(우리는 잊지 말자 —정신분석을!) Frankfurt a.M. 1998(불어판 1996).

_______: Seelenstände der Psychoanalyse(정신분석의 영적 상태). Frankfurt a.M. 2002(불어판 2000).

_______: Le toucher, Jean-Luc Nancy(촉각, 장뤼크 낭시), Paris 2000.

_______: Et si l'animal repondait?(그리고 동물이 대답했더라면?) In: L'Herne 83; Derrida. Paris 2004, 117-129쪽.

_______/Geoffrey Bennington: Jacques Derrida. Ein Potrait(자크 데리다. 초상). Frankfurt a.M. 1994(불어판 1991).

_______/Elisabeth Roudinesco: Woraus wird Morgen gemacht sein? Ein Dialog(내일은 어떻게 될까? 대화). Stuttgart 2006(불어판 2001).

Gondek, Hans-Dieter: »La séance continue«. Jacques Derrida und die Psychoanalyse(《회기는 계속된다》. 자크 데리다와 정신분석). In: Derrida 1996/1998, 179-232쪽.

_______/Bernhard Waldenfels (Hg.): Ersätze des Denkens. Zur Philosophie von Jacques Derrida(사유의 보상들. 자크 데리다의 철학에 대하여). Frankfurt a.M. 1997.

Kofman, Sarah: Die Kindheit der Kunst(예술의 유아적 성격). München 1993(불어판 1985).

Lacoue-Labarthe, Phillipe/Jean-Luc Nancy: Le titre de la lettre(편지의 제목). Paris 1973.

Roudinesco, Elisabeth: Histoire de la psychanalyse en France. 2(프랑스에서 정신분석의 역사 2)(1925-1985). Paris 1986.

Yerushalmi, Yosef Hayim: Freuds Moses. Endliches und unendliches Judentum(프로이트의 모세. 유한한 유대인이자 무한한 유대인). Berlin 1992(영어판 1991).

Hans-Dieter Gondek

라캉 정신분석의 임상학적 함의

자크 라캉은 그와 분리될 수 없는 프로이트 정신분석의 이론과 기술을 크게 수정했다. 라캉은 1951년부터 무의식의 무시간적 구조를 더 적절히 만족시키고, 시간적으로 제한된 면담 때문에 일어나는 치료의 경색을 막기 위하여 —그의 비판자들이 경멸적 의도에서 "짧은 면담"이라고 부르는— 가변적 시간의 면담을 도입했다. — 무엇 때문에 분석을 위한 면담이 정확히 45분 동안 지속되어야 하는지, 이것이 오늘날까지도 성스러운 규칙으로 간주되고 있으면서도 실제로 그 근거를 댈 수 있는 사람은 아무도 없다. 이 기술적 쇄신의 배경은 우선 라캉의 자아에 대한 구상이다. 프로이트에게서처럼 자아는 대상으로서, 그러나 무엇보다 그것의 형성과정 때문에 이른바 거울단계(Lacan 1966/1973c)와 상상적 동일시에서는 체계적 오해의 심급으로서 무의식으로의 접근에 방해가 되며(자아와 주체는 중심 이탈적이다), 따라서 자아는 아직 강화되어서는 안 된다. 라캉에 따르면 외부에서 유발된 자아의 동일시는 결국 해체되어야 하기 때문에 소외가 일어나는데, 특히 치료의 변화된 시간적 틀이 이에 도움을 준다고 한다. 라캉의 입장에서 볼 때 강압적으로 적용되는 시간 틀의 전통적 처리는 바로 45분이라는 보증된 시간배분 내에서 편안하게 자리 잡을 수 있는 자아의 저항기능을 촉진하고, 그럼으로써 무의식이 개시하는 귀중한 순간의 작업을 방해한다.

그러나 무엇보다 이미 오래 전부터 기표(시니피앙)의 강조와 강세에만 의존하지 않았던 라캉의 해석기술도 예측될 수 없는 면담시간과 마찬가지로 기대하던 놀라운 효과를 강화한다. 라캉이 기표의 의미에 부여하는 중요성은 한편으로 **무의식은 언어처럼 구조화되어 있다**는 그의 전제의 직접적 결과이다(Lacan 1966/1975d). 그러나 다른 한편으로 언어의 개별적 기호들은 다른 기호들과의 차이와 반대를 통해서만 그 가치를 획득하며, 따라서 이렇게 기표의 차이 활동을 받아들이는 해석만이 피분석자의 욕망에 도달하도록 기표의 연쇄를 따라 미끄러지면서 억압된 기표들에 의해 중단된 연쇄를 재창조할 수 있게 된다. 프로이트는 《분석에서의 구성(Konstruktionen in der Analyse)》(전집 16, 41-56쪽)이라는 그의 후기 저술에서 치료에서 늘 기억의 재생이 일어나는 것은 아니지만 구성의 진리가 임상적으로 재생과 같은 것을 수행할 수 있다는 것을 이미 제시한 바 있다.

라캉은 계속해서 욕망이 기의(시니피에)의 해석이라는 관점을 고수하면서도 선험적 기의에 의존하는 의미해독의 학문인 해석학에서 한 걸음 더 떨어져 나온다(예를 들어 Lacan 1958/59참조). 다른 한편으로 틀과 —물론 절대적이지는 않지만— 기표해석의 수정된 처리는 무의식적 진리를 위하여 분석자가 알고 있는 지식뿐 아니라 피분석자의 (그의 자아의) 지식을 서서히 철회하는 데 일조한다. 이와 동시에 전이에 대한 새로운 파악이 일어난다. 전이의 출발점은 애초부터 양가적인, 즉 증오가 섞여 있는 사랑, 지식의 지배를 받는 주체에 대한 사랑이다. 물론 분석자는 이 지식의 소유자가 아니다. 그러나 분석자는 피분석자를 지배하는 상상적 지식을 없애 주고 그의 상상적 동일시를 해체(분석)함으로써 결여와 욕망과의 관계에 대한 그의 단독적인 해결의 길을 열어 준다. 주체가 욕망과의 관계에서 굴하지 않도록 격려를 받는 사이에(이것으로 라캉은 정신분석의 윤리적 차원을 강조한다), 분석자는 지속적인 동일시 인물이 아니라 분석에서 욕망의 원인이자 치료가 끝날 무렵에는 피분석자가 포기할 수 있고 포기해야만 하는 대상 a로 변한다. 라캉에 따르면 이는 신경증 치료에 해당한다.

프로이트와 달리 라캉은 그의 생전에 신경증과 성도착 외에도 자체의 임상적 구조를 형성하는 정신병의 이론과 치료에도 헌신했다. 정신병의 구조는 라캉에게 본질적으로 배척(Verwerfung)의 기제에 좌우된다. 정신병에는 최초의 은유와 언어기능에 대한 전제, 그리고 —요컨대 욕망의 근저에 있는 결핍(Mangel)으로서의— 상징적 거세를 발생시키는 "아버지의 법"

이 부재한다. 이 배척으로는 본질적으로 정신분석 치료에 대한 기본전제가 주어지지 않는다. 왜냐하면 치료의 소망은 오직 결핍으로부터만 생겨나고, 해석은 은유화(Metaphorisierung)와 환유화(Metonymisierung)의 언어학적 기제가 작동할 때만 가능하기 때문이다. 그럼에도 라캉은 (그리고 그의 추종자들은) 정신병자들과 작업하는 일을 중단하지 않았다. 이를 위해 그는 치료의 중점을 상징적인 것의 작업에 두면서 적어도 부분적 결핍을 구성하려는 의도를 가지고, 예컨대 부정(Nein)을 도입하려고 시도했다(Borens 1993).

끝으로 라캉은 성도착이라는 제3의 임상적 구조로 관심을 돌렸다. 그는 프로이트에 의존하여 성도착에서 부인(Verleugnung)의 개념을 강조하면서 신경증이 물음으로 그 정체를 알게 한다면, 성도착은 물음의 결여를 통하여 드러난다는 것을 보여 준다. 성도착자는 그의 도착적 행동이 타자의 환락에 봉사한다고 생각한다. 그로 하여금 영구적으로 법을 회피하게 만드는 신뢰하기 어려운 아버지 이름의 등록과 연관된 이런 지식이 도착적 주체의 치료 가능성을 근본적으로 방해한다. 이렇게 알고 있는 주체는 어떤 다른 주체의 지식도 인정할 수 없기 때문에 전이로의 필수적인 전제에 도달할 수 없는 것으로 보인다. 라캉 본인은 치료 가능성의 물음에 대해 어떤 분명한 태도를 취하지 않았다. 그는 대부분의 분석자들처럼 성도착자들과 함께 작업했지만, 프로이트가 이미 성도착에서의 분열을 확증했기 때문에 도착적 주체의 신경증적인 관심만이 치료 작업과 연결될 수 있다는 점은 고려할 필요가 있다.

참고문헌

Borens, Raymond: Das fehlende Nein. Ein Beitrag zum Verständnis der Psychose(결여의 부정. 정신병의 이해에 대한 기고문). In: Günter Lempa/Elisabeth Troje (Hg.): Psychoanalytische Technik, ihre Anwendungen und Veränderungen in der Psychotherapie, Göttingen 2004, 50-65쪽.

______: Fragmentarische Überlegungen zur Psychose(정신병에 대한 단편적 숙고). In: RISS 8(1993), 40-49쪽.

Lacan, Jacques: Le désir et son interprétation. Seminar(욕망과 그 해석. 세미나) 1958/59 [미출간].

______: Das Spiegelstadium als Bildner der Ichfunktion(자아기능의 형성자로서의 거울단계). In: Schriften 1. Olten/Freiburg I.Br. 1973, 61-70(불어판 1966).

______: Die Wissenschaft und die Wahrheit(과학과 진리). In: Schriften 1. Olten/Freiburg I.Br. 1975, 231-257쪽(불어판 1966).

Raymond Borens

8. 마르크스주의

지나간 시대를 되돌아볼 때 마르크스주의와 프로이트 정신분석 사이의 관계사는 분명히 지속적인 오해의 역사로, 그러나 상호 간 무시의 역사로도 특징화될 수 있다. 1920년대와 1930년대 초엽, 이어서 1968년에도 사적 유물론과 프로이트주의를 다시 한 번 접근시켜 보려는 어느 정도 진지한 시도들이 있었지만, 그것은 결국 실패한 것으로 간주될 수밖에 없다. 무의식적 과정의 비합리성, 충동적 삶의 독단성과 처리 불가능성을 세계 및 인간이해의 중심으로 삼고 있는 심리적 이론과 —사회변화에 참여하는 행위자들의 합리성과 계몽성에 의존하는— 사회이론 사이의 불일치가 너무나 크고 현저하기 때문에 단순한 소망이나 주장을 넘어서는 양자의 납득할 만한 중재가 가능할 수 없었던 것으로 보인다.

그러므로 프로이트가 마르크스와 동시대의 마르크스주의에 대해 별로 주목하지 않았던 것은 결코 이상한 일도 아니다(Jones 111, 403쪽). 오히려 프로이트는 잘 알려진 유물론자로서 《정신분석입문 강의의 새로운 연속(Neue Folge der Vorlesungen zur Einführung in die Psychoanalyse)》에서 마르크스주의를 다음과 같이 부연 설명한다. 그는 변증법적 역사관이 "저 학파를 통해 마르크스 역시 지나온 어두운 헤겔철학의 표현이며, 그런 한 유물론과는 전혀 상관없다"(전집 15, 191-192쪽). 그 밖에도 마르크스주의는 그 신봉자들에게는 성서와 코란을 대신하는 일종의 종교대체물이자 "계시의 근원"이라고 조롱한다(같은 곳, 195쪽). "거대한 문화경험"을 고려할 때에도(전집 14, 330쪽) 프로이트는 볼셰비키의 러시아에 대해서는 오히려 회의적인 태도를 나타내면서 마르크스주의가 촉구하고 소비에트 공산주의가 실행한 사유재산의 철폐가 실제로 더 개선되고 화목한 인간관계를 가져올지는 지극히 의문스럽다고 자신의 견해를 피력한다. "사유재산의 폐기와 더불어 인간의 공격욕구의 도구들 가운데 하나, 가장 강력하지는 않아도 필시 강력한 것이 박탈된다"고 프로이트는 《문화 속의 불쾌감》에서 기술한다(같은 곳, 473쪽). 그럴 것이 인간에게 내재된 공격성향 및 공격욕구가 억제될 수 없다는 것은 변함이 없기 때문이다(같은 곳). 전반적으로 프로이트는 마르크스주의에서 인간의 본성과 그 "분방함"에 대한 환상에 빠진 채 인간의 개선능력과 선을 신봉하는 정신적이고 정치적인 형상을 발견한다(전집 15, 197쪽; 전집 14, 504쪽). 오늘날 우리는 프로이트가 경제적 원인뿐 아니라 사회심리적 원인과 같은 다른 원인을 갖고 있었던 소비에트 마르크스주의 사회모델의 실패를 아주 분명하게 전망했다고 말할 수 있을 것이다.

제1차 프로이트-마르크스 논쟁

마르크스주의와 볼셰비키주의에 대해 거리를 둔 프로이트의 무관심한 태도에도 불구하고 1920년대 초의 소비에트 연방에서는 열린 좌파 지식인층으로부터 프로이트와 마르크스를 서로 더 접근시키려는 모종의 노력들이 있었다(Etkind 1993/1996, 219쪽 이하). 이른바 프로이트-마르크스주의는 일차적으로 프로이트의 학문체계로부터 교육 분야의 적용에 유용한 것처럼 보이는 표준들에서 추출물을 증류하는 데 심혈을 기울였다. 이렇게 해서 1921년에 교육학자 베라 슈미트(Wera Schmidt)가 운영하고 이반 예르마코프(Ivan Jermakow)와 모셰 불프(Mosche Wulff)와 같은 유명한 정신분석 전문가가 의사로 일하는 정신분석적 아동병원이 모스크바에 설립되었다. "프로이트주의"로서의 프로이트 이론은 소비에트적인 추후성장의 조건 충족을 위하여 "육아학(Pädologie)"이라고 불리는 일종의 정신기술(Psychotechnik)로 갑자기 변질되었다. 물론 정신분석에 대해 내려진 "성욕주의"나 "범성욕주의"라는 비방은 새로운 사회질서를 구축하고 "새로운 인간"을 양성하려는 목적과는 양립할 수 없었다. 따라서 논란에 휩쓸릴 수밖에 없었던 사태가 비교적 빨리 나타난 것도 사실이다.

전체적으로 볼 때 우리는 정신분석이 새로운 볼셰비키주의 권력자와 대다수 개인적 당원들의 시각에 비춰볼 때 지나치게 개인주의적이고 독단적이며 "시민적(bürgerlich)"인 것으로 입증됨으로써, 평등집단의 유토피아적 표상과는 양립할 수 없었을 것이라고 요약할 수 있다(1970년 Sandkühler의 저서에 문서화된 논쟁 참조). 1920년대 말에는 정신분석 수용에 적극 지지하는 태도를 보였던 트로츠키의 정치적 무력화와 추방으로 인해 소비에트 연방에서 정신분석의 운명은 사실상 결정이 나고 말았다. 스탈린이 소비에트의 당 및 테러 기구에서 권좌를 확고히 한 1930년대 중반(늦어도)에 정신분석은 다시 무대에서 완전히 사라졌다(Nitzschke 1989, 113쪽). 이후로는 정신분석에 대해 다음과 같은 평가가 내려진다. "프로이트주의, 그것은 부르주아의 과학적 심리학에서 널리 유포된 반동적 이상주의의 방향이다. … 프로이트주의와 신-프로이트주의는 지금 의식을 무의식의 하위에 놓으려는 이 이론을 가장 저열하고 반항적인 충동들을 정당화하고 발전시키는 데 이용하는 제국주의에 봉사하고 있다(같은 곳, 115쪽에서 재인용).

정신분석과 마르크스주의의 가장 진지한 양립 시도는 독일어권인 본래의 향토지역 여기저기서 일어났다. 지크프리트 베른펠트와 빌헬름 라이히와 같은 마르크스주의 지향적인 프로이트주의자들은 정신분석적 인식에 기초하는 교육학으로부터(베른펠트), 그리고 지배적이고 억압적인 성도덕을 깨트리는 성의 정치화로부터(라이히) 광범위한 혁명적 결과를 기대했다. 물론 프로이트 자신은 이에 대해 오히려 회의적으로 방관하는 태도를 보였다. 가령 베른펠트(1926)는 이론적으로도 마르크스주의와 정신분석의 내적인 근접성을 구성하려고 시도했다. 그의 논증에 따르면 프로이트와 마르크스 두 사람이 유물론적, 반이상주의적, "해체적"이고 모든 "가치"에 대립적인 한, "사유방식의 동일성"이 존재한다(같은 곳, 14쪽). 나아가 두 이론의 내적 친밀성은 영적 삶의 역사와 사회사의 유사함에 있는바, 프로이트가 진단하는 신경증은 "사회적인 질병"이기도 하다는 것이다(같은 곳, 26쪽). 프로이트가 민족 간의 실존조건이 그렇게 다른 한, 전쟁이 일어나야 한다(전집 10, 325쪽)고 요구하는 바와 같이, 마르크스는 계급의 실존조건이 그렇게 다른 한, 계급투쟁의 필연성을 요구한다. 베른펠트의 결론은 다음과 같다. "프로이트가 어디서도 사회주의자로 자처하지 않았지만, 거의 어디서도 사회주의의 반대자로 자처하지 않았다"(같은 곳, 18쪽).

그러므로 베른펠트와 (적어도 그의 사고의 초기국면에서) 라이히, 오토 페니첼(Otto Fenichel)과 같은 좌파 프로이트 옹호자들은 충동이론과 사회이론을 공동의 관점으로 파악하려고 노력한 반면, 1920년대와 1930년대 초엽의 소비에트 연방에서와 흡사하게 독일의 논쟁에서도 결정적인 반대 목소리가 형성되어 있었다. 예컨대 프리츠 슈테른베르크(Fritz Sternberg; 1932)는 정신분석을 전반적으로 역사적 맹목성과 "아류 역사성"에 의존한다고 비난하면서 "프로이트는 계급과 계급투쟁에 대해 전혀 아는 바가 없다"고 단정했다(같은 곳, 123쪽). 《역사와 계급의식》(1923)의 저자이자 영향력 있는 마르크스주의 이론가인 게오르그 루카치(Georg Lukács)도 프로이트의 이론을 마르크스주의의 학문체계로 통합하려는 모든 시도에 거세게 반대했다(Dahmer 1973, 299쪽 이하). 오늘날 '고전'으로 규정되는 정신분석과 마르크스주의 사이의 논쟁은 늘 정치적인 거대 기상도에 의해 결정됨으로써 내용적으로 만족스럽게 수행되지는 못했다. 이 논쟁은 독일과 중부 유럽에서는 국가사회주의가 승리하고 소비에트 연방과 동유럽에서는 스탈린이 권력을 장악함으로써 이후 수십 년 동안 완전히 뒷전으로 몰리고 결국 침묵에 빠졌다.

제2차 프로이트-마르크스 논쟁

1960년대 말에서야 비로소 전후사회의 금기시된 사고와 터부를 깨트린 신세대 지식인들을 통하여 단기간에 불과하지만 프로이트-마르크스 논쟁이 프로이트주의와 마르크스주의 전통의 재획득이라는 특징 속에서 이루어졌다. 물론 이 두 번째 논쟁의 저널리즘적인 전략 때문에(Sandkühler 1970; Gente 1970; Dahmer 1973, 257-304쪽) 본질적으로 과거의 상황들만이 보고되고 요약적으로 설명되는 사태가 벌어졌다. 인쇄물들이 범람하는 가운데 1920년대와 30년대에 저술된 라이히, 베른펠트, 페니첼의 글들이 널리 유포되는 바람에 내용적으로 새로운 논증은 제시되지 않았다. 과거와 마찬가지로 정신분석과 마르크스주의의 새로운 매개의 시도는 주로 "반권위적"이고 "반강압적" 특징이 두드러졌으며 포괄적인 성 해방을 겨냥했던 일종의 진보적인 것으로 간주되는 교육학적이고 사회화를 위한 양식을 전파하는 데 유익했다. 그러나 68세대의 보편적인 혁명적 희망들이 곧 공상적인 것으로 입증된 만큼이나 반권위주의 교육의 사회교육학적 고공비행 또한 그것이 자아낸 괴상하고 불쾌한 모든 동반현상들과 더불어 이카로스처럼 심연의 깊은 곳으로 떨어져 내렸다.

물론 마르크스와 프로이트, 사적 유물론과 충동이론을 서로 조화시키고 논쟁을 현재의 사회적 갈등 및 문제제기의 수준으로 이끌어 가려는 몇몇 소수의 야심찬 이론적 시도가 있었던 것도 사실이다. 라이무트 라이헤(Reimut Reiche)는 널리 읽히는 그의 저서 《성과 계급투쟁(sexualität und Klassenkampf)》(1968)에서 (당시에 그렇게 호칭된) "후기자본주의"에서는 성의 기능이 근본적으로 변화되었음을 지적했다. 역사적으로 자본주의의 초기단계("경쟁자본주의")에서 성의 억압적 기능이 지배적이었다면(같은 곳, 32쪽 이하), 이제 동시대의 자본주의는 이 기능을 지속적으로 포기하고 예전보다 더 자유롭고 제한없이 자유로운 성, 상품형태로 가공된 성을 전파할 수 있다는 것이다. "성은 어느 정도 계속 '자유로워지고' 있지만" 바로 이런 방식으로 "지배의 안전성에 봉사"한다(같은 곳, 41쪽)고 라이헤는 말한다. 이 때문에 그는 마르쿠제의 용어를 인용하면서 자신이 보기에도 반권위주의 운동의 일부를 실제화하고 있는 성의 "억압적 탈승화(repressive Entsublimierung)"에 대해 강력히 경고해야만 한다고 생각했다.

헬무트 다머의 논쟁에 대한 기고문들은 본질적으로 1920년대에 이미 제기된 프로이트와 마르크스 이론의 가능한 공통성을 찾으려는 물음에 집중되었다. 그의 경우에 물론 프로이트의 심리학이 "사회사적으로 해명되지 않았다는 것, ― 그러나 그의 심리학이 이런 [자본주의적] 관계 하에서 인간에게 일어나는 일에 대해 많은 것을 말하고 있다"(Dahmer 1972, 106쪽)는 것을 의미한다면, 이것으로는 전체적으로 분명히 거의 성과를 거두지 못했다. 마찬가지로 정신분석과 마르크스주의의 실제적인 유사성이 ―마치 두 갈등이 어떤 공통적 연관점이라도 있다는 듯이― 영적 심급의 갈등과 사회적 계급의 갈등 사이의 친밀성에서 비롯된다는 논증으로는 설득력이 거의 부족하다. 게다가 프로이트와 마르크스는 "건강한 인간오성"을 배척하는 공통점이 있다(Dahmer 1972, 107쪽)고 주장하지만, 이는 플라톤과 칸트,

니체에게도 똑같이 해당된다고 할 수 있다. 헬무트 다머는 과학주의를 영혼의 자연과학으로 파악하는 정신분석의 "과학주의적 자기오해"를 사적 유물론과의 매개가능성에 반대하는 프로이트 정신분석의 중심적 저항계기로 진단했다. — 이 점에서 그는 위르겐 하버마스(1968, 300쪽 이하)를 따르고 있다. 그는 이에 따라 정신분석의 —항상 그렇듯이— 철저한 "변증법적-해석학적 방법"으로의 변형을 옹호했다(Dahmer 1973, 25쪽). 생물학, 사회학, 정신과학 사이에서 설명되지 않은 정신분석의 위상으로 말미암아 그것이 지닌 "사회적 경험내실"(같은 곳, 26쪽)이 전달되지 못하고 있다는 것이다. 다머가 상기시키는 이 경험내실을 —프로이트와 마르크스 두 사람이 주목했다는 사회적 개체의 궁핍과 고통의 경험내실을— 카롤라 브레데는 서유럽에서 프로이트-마르크스 논쟁이 이미 시들해지던 시기에 정신분석가 앙드레 그린과 마르크스주의의 철학자 루시앙 세브(Lucien Sève) 사이에 벌어진 "마르크스주의와 정신분석"에 대한 논쟁과 연관하여 내용적으로 완결하려고 시도한 바 있다(Brede 1984/1986).

이에 대해 페터 브뤼크너는 본질적으로 더 냉정하고 회의적인 태도를 취했다. 왜냐하면 그가 상기시킨 경험내실을 볼 때, 자본주의가 충동의 운명에서 도출되거나 설명될 수 있는 것이 아닌 것처럼, 반대로 심적인 방어기제도 계급 분석적으로 해석될 수 없기 때문이라는 것이다(Brückner 1972, 393쪽). 이로써 브뤼크너는 결국 무리하게 프로이트와 마르크스를 공통적 관심사로 가져오려는 모든 호의적인 시도가 실패했다는 것을 인식시켰을 뿐이었다. 그는 이와 동시에 암묵적으로 비판이론, 특히 심리학과 사회이론의 대상 분야를 우선은 엄밀하게 구분하고 그것을 이런 분리 상태에서 매번 자체의 실재논리에 따라 검토하려는 아도르노의 방법적 전제조건을 따랐다(다음 장 '비판이론' 참조). — 아도르노는 그 어떤 "강요된 화해(erpreßte Versöhnung)"에도 반대한다(Adorno 1958/1974; Adorno 1955/1974, 13쪽 참조).

여기서는 실상 소홀히 될 수밖에 없었던 프로이트-마르크스주의의 특수한 사례를 사르트르(Sartre 1960/1964; 1960/1967)나 알튀세르와 같은 철학자들이 참여한 1960년대 파리에서 이루어진 마르크스주의와 정신분석의 관계에 대한 논쟁이 잘 보여 주고 있다(이 논쟁에 대해서는 바로 앞의 장 '철학' 참조). 프로이트와 (라캉의) 정신분석에 같은 정도로 영감을 받은 슬로바키아의 철학자 슬라보예 지젝의 저서 역시 프로이트-마르크스주의 목록에 속한다(Žižek 1999/2001).

돈과 충동

돈과 돈 관심에 대한 논의는 마르크스주의와 정신분석의 논쟁에서 독특한 곁가지를 형성한다. — 또는 언젠가 그런 논의가 수행되었다면, 아마 그것은 곁가지를 형성했을 것이다(Borneman 1973/1977). 《성격과 항문성애(Charakter und Analerotik)》(전집 7, 201-209쪽)라는 프로이트의 짤막한 논문 이후로 계속해서 충동이론을 가지고 "돈 숭배(Geldfetisch)"(마르크스)의 비밀을 추적하고, 그럼으로써 마르크스주의 이론에서 대단히 중요한 위치를 차지하는 하나의 주제를 개진하려는 시도와 노력이 있었다. 그것은 그 자체로 사용가치인 돈과 자본이라는 주제, 다시 말해 자본주의가 오늘날까지 의존하는, 특히 비합리적 원천의 확립으로서의 돈과 자본이라는 주제이다. 이에 대해서는 가령 카를 아브라함의 《불안상태에서의 금전지출(Das Geldausgaben im Angstzustand)》(1917), 베른하르트 다트너의 《금과 배설물(Gold und Kot)》(1913), 오토 페니켈의 《돈 축적의 충동(Der Trieb der Geldakkumulation)》(1938), 산도르 페렌치의 《돈 관심의 개체발생에 관하여(Zur Ontogenie des Geldinteresses)》(1914), 《돈-냄새(Pecunia-Olet)》(1916), 수잔 아이작스의 《소유물과 소유자: 멜라니 클라인적인 해석(Besitz und Besitzer:

Eine Kleinianische Deutung)》(1948), 르네 라포르그(René Laforgue)의 《금과 자본. 정신분석적 소견(Gold und Kapital. Psychoanalytische Bemerkungen)》(1931), 테오도르 라이크의 《금과 배설물(Gold und Kot)》(1915)과 같은 저작들을 상기해 보면 된다. 비록 정신분석이 관련 기고문들을 통하여 역사적 자본주의에 대한 분석을 제시할 수 없고 또한 제시할 의도가 없었을지라도, 시민적-자유주의적 국면에서 자본주의에 유익한 특성과 강박신경증에 대한 인식, 다시 말해 저축, 수집, 청결, 질서감각과 투철함과 같은 '덕성'에 대한 정신분석적 인식이 유물론적 역사 및 사회이론에 대해 전혀 무의미한 것은 아니다(Harsch 1995). 자고로 마르크스주의의 속성이자 마르크스주의로 하여금 자본주의적 사회화의 비합리적이고 '충동적인' 측면을 적절히 지각할 수 없게 만드는 전반적으로 초합리적인(hyperrational) 성향 때문에 마르크스주의와 정신분석 사이의 괴상한 "돈 관심"에 대한 현실적이고 내용적인 논란은 결코 일어나지 않았다. 아이러니하게도 마르크스주의는 중화인민공화국의 형태로 과거에는 스스로가 엄금한 돈 관심을 최고의 국가이성으로 승격시켰다.

참고문헌

Adorno, Theodor W.: Zum Verhältnis von Soziologie und Psychologie(사회학과 심리학의 관계) [1955]. In: Sociologica 1. Aufsätze. Max Horkheimer zum sechzigsten Geburtstag gewidmet. Frankfurt a.M./Köln 1974, 11-45쪽.

_______: Erpreßte Versöhnung(강요된 화해) [1958]. In: Ders.: Notizen zur Literatur. Gesammelte Schriften II. Frankfurt a.M. 1974, 251-280쪽.

Bernfeld, Siegfried: Sozialismus und Psychoanalyse(사회주의와 정신분석) [1926]. In: Gente 1970, 11-29쪽.

Borneman, Ernest: Psychoanalyse des Geldes. Eine kritische Untersuchung psychoanalytischer Geldtheorien(돈의 정신분석. 정신분석적 돈 이론의 비판적 연구). [1973]. Frankfurt a.M. 1977.

Brede, Karola: Zum Verhältnis von gesellschaftlicher Arbeit und Trieb: Marx und Freud im Vergleich(사회적 노동과 충동의 관계에 대하여; 마르크스와 프로이트 비교). In: Hans-Martin Lohmann (Hg.): Die Psychoanalyse auf der Couch [1984]. Frankfurt a.M. 1986, 47-59쪽.

Brückner, Peter; Marx, Freud(마르크스, 프로이트). In: Gente 1972, 360-395쪽.

Dahmer, Helmut: Psychoanalyse und historischer Materialismus(정신분석과 사적 유물론). In: Alfred Lorenzer u.a. (Hg.): Psychoanalyse als Sozialwissenschaft. Frankfurt a.M. 1971, 60-92쪽.

_______: Wilhelm Reich —seine Stellung zu Freud und Marx(빌헬름 라이히 —프로이트와 마르크스에 대한 그의 입장). In: Gente 1972, 80-115쪽.

_______: Libido und Gesellschaft. Studien über Freud und Freudsche Linke(리비도와 사회. 프로이트와 프로이트 좌파에 대한 연구). Frankfurt a.M. 1973.

Etkind, Alexander: Eros des Unmöglichen. Die Geschichte der Psychoanalyse in Rußland(불가능한 것의 에로스. 러시아에서 정신분석의 역사). Leipzig 1996(러시아어판 1993).

Gente, Hans-Peter (Hg.): Marxismus, Psychoanalyse, Sexpol(마르크스주의, 정신분석, 성정치). Frankfurt a.M. Bd. 1. 1970, Bd. 2. 1972.

Habermas, Jürgen: Erkenntnis und Interesse(인식과 관심). Frankfurt a.M. 1968.

Harsch, Wolfgang: Die psychoanalytische Geldtheorie(정신분석적 돈의 이론). Frankfurt a.M. 1995.

Lohmann, Hans-Martin: Die Konflikttheorie der Psychoanalyse(정신분석의 갈등이론). In: Thorsten Bonacker (Hg.): Sozialwissenschaftliche Konflikttheorien. Eine Einführung [1996]. Wiesbaden2005, 447-459쪽.

Nitzschke, Bernd: Marxismus und Psychoanalyse. Historische und aktuelle Aspekte der Freud-Marx-Debatte(마르크스주의와 정신분석. 프로이트-마르크스 논쟁의 역사적이고 실제적인 양상). In: Luzifer-Amor 2(1989), 108-138쪽.

Osborne, Reuben: Marxismus und Psychoanalyse(마르크스주의와 정신분석). Frankfurt a.M. 1975(영어판 1937).

Reiche, Reimut: Sexualität und Klassenkampf. Zur Abwehr repressiver Entsublimierung(성과 계급투쟁. 억압적 탈승화의 방어에 대하여). Frankfurt a.M. 1968.

Sandkühler, Hans-Jörg (Hg.): Bernfeld, Reich, Jurinetz, Sapir, Stojarov. Psychoanalyse und Marxismus(베른펠트, 라이히, 유리네츠, 사피어, 스토야로프. 정신분석과 마르크스주의). Dokumentation einer Kontroverse. Frankfurt a.M. 1970.

Sartre, Jean-Paul: Marxismus und Extentialismus. Versuch eiener Methodik(마르크스주의와 실존주의. 방법론의 시도). Reinbek 1964(불어판 1960).

_______: Kritik der dialektischen Vernunft(변증법적 이성비판). Reinbek 1967(불어판 1960).

Sternberg, Fritz: Marxismus und Verdrängung(마르크스주의와 억압) [1932]. In: Gente 1970, 115-128쪽.

Žižek, Slavoj: Die Tücke des Subjekts(주체의 간계). Frankfurt a.M. 2001(영어판 1999).

Hans-Martin Lohmann

9. 비판이론

나중에 이른바 비판이론 내지 프랑크푸르트학파라고 불리는 그룹의 대변자들은 1920년대 말과 1930년대 초에 이미 프로이트와 정신분석에 대한 관심을 사람들에게 인식시켰다. 이는 한편으로 이 학파의 주역들이 1933년 망명을 강요당하기 전에 프랑크푸르트에서 활동하던 정신분석 연구자들과 밀접한 교류를 가졌던 것과 관련이 있다고 할 수 있을 것이다(Lohmann 1989, 94쪽 이하). 이 정신분석 연구자들은 카를 란트아우어, 하인리히 멩, 프리다 프롬 라이히만과 에리히 프롬 등이다. 그들은 1929년에 창설된 프랑크푸르트 정신분석연구소의 구성원들이다. 그들은 고유한 부서가 없어서 카를 그륀베르크가 창설하고 1930년 이후 호르크하이머가 주도한 사회연구소의 초빙을 받아 이 연구 공간에서 그들의 작업을 수행했다. 프롬과 란트아우어는 이 연구소에서 시작된 《권위와 가족에 대한 연구(Studien über Autorität und Familie)》에 뒤늦게 합류한 멤버였는데, 이때 호르크하이머는 자신의 정신적 장애를 "퇴치하려고" 준비된 연설문을 강연하지 않고 란트아우어에게 분석치료를 받고 있었다(Wiggershaus 1986, 61쪽).

이런 와중에서 프로이트 이론에 대한 호르크하이머와 아도르노, 마르쿠제의 관심에 결정적인 것은 에리히 프롬과는 다른 어떤 것이었다. — 프롬은 사회연구소의 구성원이자 숙련된 정신분석 전문가였다. 착취당하는 민중의 계급의식 구조를 자본주의적 생산과정에서의 '객관적 계급 상황'과 연결시키던 이 시기의 공식적 마르크스주의와는 달리, 그들은 객관적 상황과 주관적 의식이 절대 일치할 수 없다고 인식했다. 하지만 그렇지 않았다. 이 때문에 상황은 그들에게 달랐고 본질적으로 더 복잡했다. 호르크하이머는 국가사회주의 축일 전야에 다음과 같이 쓴 바 있다. "경제가 신성화된 영혼 내부의 영역으로까지 잠식해 들어오면"(Horkheimer 1934/1987, 416쪽), 그리고 "숫자상으로 의미 있는 사회계층의 행위가 인식을 통해서가 아니라 자기 삶의 관심에 위배되는 의식을 흐리게 하는 충동의 운동성을 통하여 결정된다면"(Horkheimer 1932/1988, 59쪽), 이 모순을 설명하고 해결할 수 있는 심리학이 필요하다. "경제적 상황 때문에 갈등을 유발하는 사회계급 사이의 긴장이 잠재할 수 있다는 사실을 가능하게 하는 심적 기제들이 어떻게 이루어지는지를 연구해야만 할 것이다"(같은 곳, 60쪽). 나아가 "경제적인 것은 포괄성과 전제로서 나타나지만, 개별적인 것에 대한 조건의 인식, 매개과정의 탐구에 따라서 결과 파악 또한 심리적 작업에 달려 있다"(같은 곳, 65쪽). 이것으로 프로이트 무의식 이론의 토대 위에서 정치심리학으로 자리 잡았던 까다로운 이론적 프로그램의 윤곽이 약술되었다. 대부분 그것은 1930년대와 1940년대에 성과를 거두게 될 프로젝트로, 권위와 가족(Fromm 1936/1970), 권위적 성격(Adorno 1950/1973) 그리고 반유대주의와 편견(Horkheimer/Flowerman 1949-1950) 및 파시즘의 선전선동 구조(Adorno 1951/1971)에 대한 경험적 연구프로젝트로 되어 있었다.

친-프로이트, 반-프로이트

비판이론의 프로이트 수용이 1930년대에도 여전히 정신분석의 수단으로 객관적 사회-경제관계와 해당 개체의 주관적 의식 사이의 균열을 해명하고 그럼으로써 정치적 계몽에 기여하려는 본질적으로 실제적-정치적 동인에 의해 결정되었다면, 1940년대의 흐름 속에서 그것은 변화되었다고 할 수 있다(Reiche 1993/2002, 27쪽; Krovoza/Schneider 1996, 636쪽). 국가사회주의가 주도한 유대인 말살정책의 암울한 그림자 속에서, 그리고 역사적으로 신기술의 파괴 잠재력 하에서 생겨난 《계몽의 변증법》(Horkheimer/Adorno 1947)과 더불어 환상파괴와 이성발전의 관계를 철저히 문제시함으로써 그 폭발력이 입증된 작품이 등장한 바 있다. 예컨대 프로이트의 《환영의 미래(Zukunft einer Illusion)》(전집 14, 323-380쪽)가 이에 속한다. 프로이트의 정신분석이 주목하는 종교적 표상들의 붕괴는 이제 더는 인류의 이성 주도적인 계몽과 자기규정으로의 도정에서 발생하는 탈신화화의 필연적 행보로서가 아니라 이성과 발전을 완전히 황폐화시킬 것처럼 위협하는 프로그램의 일부로서 나타난다. 국가사회주의의 종결 이후로 종교비판은 종교가 지속적으로 자체의 문제를 스스로 해결해 왔기 때문에 실제로 더는 정신분석의 주제가 아니라는 라이무트 라이헤의 관점(Reiche 1993/2002, 24쪽)은 이 발전의 양가적 성격 또는 '변증법'을 견지하고 있다. 계몽화된 이성의 시대에 모든 종교, 전(前) 합리적이고 신비적인 세계상의 잔재들은 역할을 다했기 때문에, 국가사회주의처럼 글자 그대로 무자비하게 작동하는 과학적-기술적으로 일방적인 이성이 승리를 구가한다(Horkheimer 1947/1967). 계몽을 자기 환각, 일종의 새로운 신화로 파악하는 이와 같은 진단의 관점에 따라 프로이트의 사유 역시 환상과 계몽의 중심적 모순과 더불어 모호한 성격으로 빠져든다.

특히 《계몽의 변증법》 가운데 오디세우스-부연설명에서 호르크하이머와 아도르노는 프로이트 비판에 전력을 기울인다. 프로이트가 《토템과 터부》(전집 9)나 《환영의 미래》에서 원초적 아버지(Urvater) 살해의 연쇄가 아들 형제 부족의 후회와 죄의식 그리고 이에 따른 터부와 계명의 확립에 의하여, 또는 종교/환상으로부터 이성으로의 이행에 의하여 무조건 이익과 발전으로 평가되는 문화구성적인 질서를 기술하고 있다면, 호르크하이머와 아도르노는 오디세우스의 방황을 흡사 '최초 시민'의 방황인 양, 그리고 물론 프로이트와는 대립적 관점에서 오히려 진화론적으로 시작된 문명발전의 과정으로 설명하면서도 이런 진보가 요구하는 희생에 대해서는 침묵하지 않는다. 이중적인 의미에서 "교활한(verschlagen)" 오디세우스는 무조건적인 자기보전의 임무에 따라 그가 정말 그만두고 싶은 모든 것을 해야만 하며, 그가 정말 하고 싶은 모든 것을 그만두어야만 한다. 그 자신이라는 가까스로 유지해 온 그의 정체성은 "그 자신이 구원하는 삶을" 스스로 "소홀히 함"으로써 사라져 버린다(Horkheimer/Adorno 1947, 71쪽). "인류는 인간 자신, 즉 인간의 동일한 목적을 지향하는 남성적 성격이 갖춰질 때까지 스스로에게 끔찍한 짓을 행하지 않을 수 없었고, 이 가운데 어떤 행동은 어린 시절에도 반복된다"(같은 곳, 47쪽). 이는 프로이트를 정조준하고 있다. 프로이트의 경우 이성적이고 사회적인 합리화 과정은 '충동적이고' 나르시시즘적이며 환상에 빠져 있는 어린아이가 계몽적으로 일깨워져 말하고 행동하는 어른으로 승화되는 사회화의 모델을 지향한다. — 이 과정은 《계몽의 변증법》 저자들에게는 해방행위라기보다 오히려 폭력행위로 간주된다.

프로이트 문화이론이 일직선적 발전의 사고를 보증할 수 있는 한, 이에 대한 근본적인 비판에도 불구하고 의심할 바 없이 간과하기 어려운 것은 다음과 같은 사실이다. 즉 《계몽의 변증법》에서 특히 오디세우스-장은 철저히 초기 프로이트적 성이론의 표본에 따라 시민적 원형의 역사철학적 재구성을 논증한다는 점이다. 이를테면 프로이트주의의 충동에 호의적인 견해가 텍스트 도처에 기록되어 있다(Lohmann 1989, 100쪽 참조). 오디세우스라는 인물과 그에 의해 이루어지는 모험을 근거로 하여 원형적으로 전개되는 신화파괴적인 계몽의 자연지배 및 자기지배 성향에 맞서 호르크하이머와 아도르노는 쾌락을 비방하는 것이 아니라 오히려 그것에 자신들을 맡기는 비-금욕적 자아를 내세운다.

아도르노가 20년 뒤에 "시민은 예술이 화려하고 삶은 금욕적이기를 바라는데 그 반대라면 더 좋을 것이다"(Adorno 1970, 27쪽)라고 적고 있다면, 이로써 그는 《계몽의 변증법》에서의 주도동기뿐만 아니라 쾌락원리의 이름으로 지배적인 문화적 성도덕을 거부하는(전집 7, 143-167쪽) 초기 프로이트의 주도동기를 다시 받아들이고 있다. 프로이트와 더불어 "체념의 역사"(Horkheimer/Adorno 1947, 71쪽), 즉 그리스 초기에서 현재에 이르는 서구 문명사가 더는 '진보'로서 합리화되는 것이 아니라 완전히 적나라하고 초라한 모습으로 폭로된다. 오디세우스가 《계몽의 변증법》 저자들에 의해 "자연과의 더 큰 유사성"(같은 곳, 135쪽)을 입증하는 저 여성적인 것에 몸을 바치지 않는다는 것, 오히려 요정 세이렌의 노래를 듣지만 오디세우스가 그것 때문에 죽지 않을 영악한 방지책을 세운다는 것은 순전히 (남성적) 정신의 원초적 타락이자 최초로 마디마디 절단된 주관성의 구성행위(Konstitutionsakt)인 것이다. "자아를 응집하려는 노력은 모든 단계에서 자아에게 달려 있으며, 자아를 잃을 수도 있다는 유혹은 자아의 보존을 위해 맹목적 결단과 항상 결합되어 있었다"(같은 곳, 47쪽). '프로이트를 철두철미하게' 연구한 사람만이 이런 문장을 쓸 수 있다.

아도르노와 '미국화된' 정신분석

호르크하이머와 아도르노가 1940년대 말과 1950년대 초 독일로 돌아오기 전에 겪었던 미국 망명의 경험은 무엇보다 아도르노에게 그의 프로이트 및 정신분석 수용과 관련하여 중요한 분기점을 형성했다. 1920년대에 이미 프로이트가 비전문인분석(Laienanalyse)이라는 이름을 내세워 논박했던 미국의 정신분석과 일반의학 및 정신의학과의 계속 유지되던 친밀성, 그리고 정신분석의 학문적 측면에 대한 정신치료의 우세뿐만 아니라 궁극적으로 자아심리학이 1940년대와 50년대에 미국에서 얻었던 지적 지배는 오히려 아도르노에게 정신분석이 너무 쉽게 순수 적응심리학(Anpassungspsychologie)으로 변질된다는 혐의를 강화시켰다. 아도르노가 망명하던 시기에 탈고되고 1951년에 《한줌의 도덕(Minima Moralia)》이라는 제목으로 출간된 저서에서 그의 사고와 경구들(Adorno 1951/1969)은 정신분석의 자기배신에 비견될 만한 발전을 여러 차례 주제화하고 있다. 이제 비판의 중심에는 프로이트가 세워진다. 프로이트는 정신분석에 의하여 실제적으로 수행되는 정신건강과 정상성의 강제규정을 전파하는 이론의 대변자로 지목된다. 아도르노가 "바로 정상적인 것에서 새로운 시대병"(같은 곳, 69쪽)을 간파하면서 미국적인 정상성의 이상(Normalitätsideal)과 거리를 두는 동안, 그가 보기에 "인습화된 정신분석"(79쪽)은 사회적 적응에 기여하는 단순히 영적인 위생학의 임무만을 수행할 따름이다. "규칙적인 사내, 대중적인 소녀는 그들의 열망과 인식뿐만 아니라 시민시대의 억압에서 비롯된 그 모든 증상을 억압하지 않으면 안 된다. … 정신분석이 품고 있는 의심이 증명된 연후에야 정신분석 자체가 위생학의 일부가 된다"(79쪽).

프로이트가 쾌락원리를 단순한 종의 보존수단으로만 비하함으로써 그것을 '합리화'라는 이름을 따르는 어떤 상위의 이성에 예속시키는 한, 아도르노가 프로이트를 "계몽되지 않은 계몽"(같은 곳, 72쪽)의 인물이라고 비판한다면, 이런 비판은 가혹한 면이 적지 않다. "아무 의도가 없고 최후의 의도까지 가라앉히는 맹목적 육체의 쾌락 속에서 유토피아를 규정할 수 있는 자만이 지탱해 온 진리의 이념을 논할 수 있는 자격이 있다고 할 수 있을 것이다. 그러나 프로이트의 저작에는 의지에 반해 정신과 쾌락에 대한 이중의 적대성이 재생산된다. 정신분석이 바로 그 적대성의 공통적 뿌리를 인식할 수 있는 수단을 제공했다"(72쪽). 아도르노의 비판은 "정신분석에는 정말 과장 외에는 아무것도 없다"(56쪽)는 문장에서 절정에 이른다. 정신분석이 인습으로 굳어지는 것을 막아 줄 수 있는 것도 이러한 과장이라는 것이다.

정신분석을 비판적으로 다루는 또 한 번의 기회를 제공한 것은 카렌 호나이(Karen Horney)의 신정신분석이었다(Adorno 1952/1973). 흥미롭게도 여기서 프로이트는 생물학적 유물론을 내세웠다는 이유로 —이미 1930년대에 에리히 프롬으로 하여금 사회연구소와 결별하게 만들었던— '문화주의(Kulturalismus)'에 반대한 주요 증인으로 이용된다(예를 들어 같은 곳, 96-97, 107, 111쪽). 프롬은 카렌 호나이와 유사하게 프로이트의 충동이론 및 성욕주의에 비판적인 입장을 견지했다. 아도르노는 신경증적 기형과 갈등에 대하여 일차적으로 사회적 환경과 주변 요소에 책임을 돌리며 진부한 방식으로 "정신분석의 사회화(Sozialisierung)"를 추진하는(같은 곳, 94쪽) 호나이와 프롬 식의 문화주의에서 정신분석을 추문에서 구하고 그것을 미국적 생활태도의 실용주의와 조화시키려는 시도를 인식한다. "그녀[호나이]가 생각하는 건강이란 그녀가 신경증 발생에 책임이 있는 것으로 전가하는 바로 그 사회의 유형적 특징이다"(같은 곳, 105-106쪽). 아도르노처럼 마르쿠제 역시 《충동구조와 사회(Triebstruktur und Gesellschaft)》의 종결부(Markuse 1955/1970, 234-235쪽)에서 이러한 문화적 수정주의에 대하여 날카롭게 비판을 가한다.

모든 이론이 늘 그렇듯이 아도르노의 비판이론 역시 역사적 색인, 매번 변화하는 시대의 핵심을 가지고 있다. 프로이트를 받아들였지만 동시에 아도르노에게는 이해하고 견디기 힘든 심적 특이성을 키운 나라에 대한 실망도 프로이트와 '미국화된' 정신분석에 대한 (늘 정당화된) 비판으로부터 뒤섞여 나온다. — 아도르노는 마치 프로이트가 **미국적 삶의 방식**을 결코 거부한 적이 없었고 미국의 분석가가 정신분석에 미치는 영향에 전혀 경고도 한 일이 없었다는 듯이 때로는 너무 쉽게 그에게 비판을 가한다. 여기에는 냉전과 무리한 정치적 요구를 하면서 등장하는 매카시 시기가 좌파 이민자에게 미친 영향도 있다. 그러나 아도르노가 정신분석에 대해 제기하는 커다란 이데올로기적인 혐의는 비판이론의 측면에서 볼 때 미국에서 프로이트주의가 1920년대와 30년대에 정신분석 수용을 유리하게 했던 정치적 투쟁의 맥락에서 완전히 빠져나온 것과 관계가 있는지도 모른다. — 이 투쟁에서 중요한 것은 구체적인 사회개체들의 합법적 해방에 대한 관심이며 (Krovoza/Schneuder 1996, 636쪽), 더구나 이는 사회이론에도 똑같이 통용된다 (Adorno/Horkheiner 2005, 427쪽 이하 참조).

사회학과 심리학

1950년대 중엽은 아도르노에게 정신분석과 사회이론의 매개라는 꿈이 종국적으로 깨어진 시기였다. 《사회학과 심리학의 관계에 대하여》(Adorno 1955/1974)라는 계획적인 논문에서 그는 정신분석과 사회이론이 서로 통합되거나 보완될 수도 있을 것이라는 전제를 완전히 부인했다. 비판이론의 대변자들이 암암리에 프로이트의 이론이 적어도 사회학에 대한 보조학문의 상태를 요구할 수 있을 것이라는 전제에서 출발했다면 —후기의 프로이트가 반대로 사회학에서 단지 "응용심리학"만을 인지했듯이(전집

15, 194쪽)— 이제 이런 가정은 다음과 같이 확실하게 철회된다. "확장된 개념을 통해서가 아니라 오직 차이의 규정을 통해서만 양자의 관계가 적절하게 표현된다. …"(Adorno 1955/1974, 13쪽).

아도르노가 요구하는 이 차이는 다음 두 가지 상황을 근거로 한다. 첫째로 객관적인 사회경제적 관계, 다시 말해 사회적 개체들에 대한 완벽한 자본주의적 교환체계의 사실적 지배는 그들에게 점점 더 큰 무기력과 무의미성을 야기한다. "사회적 힘은 더 이상 자아와 개성의 매개적 중재가 거의 필요치 않고"(같은 곳, 43쪽), 이 때문에 복구작업이 아니라면 심리학 역시 더 이상 필요치 않다. "시민세계 이전 시대는 미처 심리학을 알지 못하며, 더 이상 완전히 사회화된 것을 알지 못한다"(같은 곳). 둘째로 아도르노는 이 사실과는 독립적으로 예컨대 "군대의 성충동 구조"나 "집단의 영혼"(전집 13, 103쪽)과 같은 규정에서 표현되는 프로이트의 심적-사회적 대통합의 우연한 수용에도 불구하고 심리학과 사회학이 서로가 다른 대상영역과 관련되어 있기 때문에 그리고 그렇게 관련되는 한 계속해서 서로 분리된다고 확언한다(Adorno 1955/1974, 25쪽 이하). 좀 더 자세히 살펴보면 요컨대 '사회적 무의식'으로서 감동을 준다는 것은 결국 한편으로는 사회적인 것 속에서 감동을 준다는 것이며, 다른 한편으로는 늘 분리된 채 연구될 수밖에 없는 개인의 심적 구조와 기능을 해체하는 것이라는 사실이 계속해서 거론되고 있다. 동시에 아도르노는 개체의 "단자론적인(monadologisch)" 관찰방식이 그 자체의 순수 내향성을 깨트리고 개체에서 "보편성"과 사회성을 드러나게 하면 좋겠다는 희망을 포기하지 않는다(같은 곳, 18쪽).

아도르노의 차이의 요구와 관련하여 라이무트 라이헤는 "정신분석은 무의식과 충동본능의 우위에서 출발할 수밖에 **없고**, 사회과학은 사회가 개성의 논리적 선험성(das logische Apriori)이라는 주장에서 출발할 수밖에 **없다**"고 강조한다(Reiche 1993/2002, 23쪽; Reiche 1995/2004, 26쪽 참조). 이렇게 볼 때

심리학과 사회학의 분리는 임의적인 결정에 의한 것이 아니라 사실 그 자체이다. — 후기 논문 《추신(Postscriptum)》에서 아도르노가 주체에는 사회화의 한계들이 존재하는데, 이 한계들이 심리학을 완전히 쓸모없게 만들지는 않았다는 것 그리고 그의 개체에 대한 비판은 개체의 철폐를 의미하는 것이 아니라는 것을 인정하는 한, 그는 '개체의 쇠퇴'와 관련하여 자신의 엄격한 입장을 상대화한 것이다(Adorno 1966/1972, 91-92쪽; Müller-Doohm 2003, 593쪽).

아도르노의 프로이트와 정신분석 수용은 복합적이고도 다층적이다. 그러나 분명한 것은 비판이론의 주변 환경에서 어느 누구도, 또한 마르쿠제까지도 아도르노보다 더 강렬하게 프로이트의 언급을 받아들이지는 않았다는 사실이다. 이를 늘 특별히 표명하지 않고도 아도르노의 자료 속 논평에는 그것이 —그가 어쨌든 엄격하게 구분하지 않는— 철학적, 인식론적 물음 또는 미학적 물음을 위해서든, 아니면 사회이론적 물음을 위해서든 무의식 이론과의 다양하고 함축적인 관계가 나타난다. 만일 우리가 아도르노의 전체 저작에 일관되면서 문명적인 **개별화 원리**(principium individuationis) 자체가 사회적 강박과 연관되는 한 그 원리를 전복할 목적을 지닌 사유의 모티브가 그에게 있다는 것을 명백히 한다면, 어쩌면 우리는 그의 프로이트 독해에 가장 가깝게 접근하게 될지도 모른다. 우리는 아도르노가 성장하기를 거부했다고 말할 수도 있다. 이에 관해서는 그의 저서의 수많은 표명들이 증명하고 있다(Hörisch 2003, 38쪽 이하 참조). 그러나 이것이 진짜 프로이트적인 동기이다. (물론 프로이트 자신은 '문화'의 특정한 표상을 위하여 계속해서 이를 회피했다.) 이것이 예컨대 프로이트의 경우에 "돈은 어린아이의 소망이 아니다"(F, 320쪽)라든가, "돈에 대한 관심"은 "어린 시절에는 없었던 것"(전집 7, 208쪽)이라는 문장과 상통한다면, 전적으로 인류의 원죄인 등가물 교환논리(Hörisch 2003, 47쪽)에 몰두하지 않았던 개성의 상은 아도르노에게서는 내쫓긴다. 교환법칙에 관심이 없는 사람은 어린아이에게만 고유한, 그리고 아도르노가 버리고 싶어 하지 않았던 저 놀라움과 소망을 간직할 수 있다.

후기의 저서 《부정변증법》 가운데 〈형이상학과 문화〉의 장에는 아마 이보다 더 심원하고 프로이트적일 수 없을 것이라는 고백이 나온다. "어린 시절은 박피업자의 지역, 썩은 고기, 역겹게 들척지근한 부패의 냄새, 이 지역에 대한 악평의 묘사들에서 나오는 매력의 상태에서 뭔가 이런 것을[물질적 현존재의 물음을](필자 로만) 예감한다. 무의식에 내재된 저 영역의 힘은 유아기적 성의 그것만큼이나 강력할지도 모른다. 이 둘은 항문기의 고착에서 중첩되지만 거의 같은 것이 아니다. 무의식적 지식이 아이에게 말을 속삭이는 순간 그것은 문명적 교육에 의해 억압당한다. 여기서 중요한 것은 이런 것이라고 여겨진다. 즉 가련한 육체적 실존은 거의 과중하게 억압당하는 관심을 최고조로 점화시켜서 그것이 무엇이고 어디로 가는지라는 물음을 제기할 수도 있다는 점이다. 만일 언젠가 루더바흐(Luderbach)와 슈바인슈티게(Schweinstiege)[19]라는 낱말이 자신을 엄습했던 일을 떠올릴 수 있는 자가 있다면, 아마도 그는 독자에게 절대적 지식을 약속하고는 그것을 오만하게 거부하는 헤겔의 장(章)보다 더 절대적 지식에 가까이 다가갈 수 있는 사람일 것이다"(Adorno 1966/1970, 356-357쪽). 아도르노의 《꿈의 기록(Traumprotokolle)》(2005)을 읽는 독자는 여기서 한 사람이 사정에 따라서는 프로이트에 대하여 절대다수의 정신분석가들보다 더 많이 이해했다는 판단을 외면하기 힘들 것이다.

19) 역주: 각각 '썩은 고기의 개울'과 '돼지우리'라는 뜻을 지닌 프랑크푸르트 암 마인의 지역 이름으로, 이는 아도르노 어린 시절의 무의식적 체험의 중요성을 암시하는 것으로 보인다.

마르쿠제의 혁명적 에로스

마르쿠제의 프로이트 수용은 아도르노나 호르크하이머의 수용과는 다른 방향에서 이루어진다. 프랑크푸르트학파의 구성원들이 —물론 "구원의 관점에서"(Adorno 1952/1969, 333쪽) 그때그때 우연히 신학을 표방하는 예시에서는 그렇지 않지만— 비판과 '부정성'의 영향권에서 벗어나기를 거부하는 동안, 미국에 머물러 있었던 마르쿠제는 1950년대에 《에로스와 문명(Eros and Civilization)》[독일어 번역판에서는 먼저 '에로스와 문화(Eros und Kultur)[20]'라는 제목으로, 나중에는 '충동구조와 사회'라는 제목으로 출간되었다]에서 계몽의 긍정적인 개념을 규정하려는 작업에 착수했다(Marcuse 1955/1970). 마르쿠제는 충동포기와 충동억제, 현실원리의 인정 없이는 어떤 문화도 유지될 수 없다는 프로이트의 명제에 반하여 억압에서 자유로운 문화가 전적으로 가능하다는 명제를 강화해 나간다. 만일 이제까지 문화에 구속된 에로스가 해방되어 "견고한 문화적 사회형성의 관계"를 창조할 수 있다면(같은 곳, 47쪽), 지배조건에 따라 생겨나는 "부가적 억압"을 통해(같은 곳, 40쪽) 재차 강화된 공격적이고 파괴적인 경향도 결국은 상쇄될 수 있을 것이라고 그는 주장한다. 프로이트에게 에로스와 타나토스 사이에서 벌어지는 투쟁의 결말이 미해결로 있었다면(전집 14, 506쪽), 마르쿠제는 문화과정에서 계속해서 장애를 돌파하도록 추진하는, 흡사 비밀스러워 보이는 에로스의 잠재력이 작용한다고 생각한다. "인류의 발전에서 현실원리가 항상 새롭게 확립되어야 한다는 것은 쾌락원리에 대한 현실원리의 승리가 결코 완전하지도 또한 결코 안정적이지도 않다는 것을 보여 준다. … 문화가 제어하고 억제하는 것, 즉 쾌락원리의 요구는 문화 자체 속에서 계속 활동할

20) 역주: 프로이트의 용어는 나라마다 서로 다르게 수용되었다. 하지만 특히 문화(Kultur)라는 용어를 두고 독일과 미국 사이에 이해의 차이가 발생한다는 것을 여기서도 인지할 수 있다.

것이다. 무의식은 억압을 이겨 낸 쾌락원리의 목적들을 유지한다"(Marcuse 1955/1970, 21쪽). 아도르노의 경우처럼 마르쿠제로 하여금 쾌락원리가 어느 정도는 불멸적이라는 가정에 이르게 하는 것은 "어린 시절의 금지된 상들과 충격"(같은 곳, 24쪽)이다. 마르쿠제가 《현실원리의 저편(Jenseits des Realitätsprinzips)》이라는 책 제2부에서 미학적 구상으로서 강렬하게 채색한 이 낙관적 배경 앞에서 프로이트와 마르크스가 제기한 물음은 사라져 버린다. 다시 말해 과연 강박과 충동의 제약을 완전히 단념하는 문화를 상상할 수 있는지, 예컨대 일찍이 사회적으로 불가피한 노동, 마르크스의 "숙명의 제국(Reich der Notwendigkeit)"과 그 내부의 조직형태가 에로스의 지배하에서 생각될 수 있는 것인지의 물음은 사라져 버린다. 마르쿠제에게서 이 물음은 단번에 배제된다(같은 곳, 133쪽).

우선 마르쿠제가 1960년대에 어조와 태도에서 《충동구조와 사회》와는 완전히 다른 논문을 내놓았다는 것은 그만큼 더 특기할 만한 일이다. 이미 그는 그의 연구서 《일차원적 인간》에서 현대적 산업사회의 경제사회적 변화와 '합리화'가 개인들의 심적 기질의 기본적 변화를 가져온다고 진술한 바 있었다. 이 변화들은 일차적으로 자아의 자율성과 관련된다. 마르쿠제의 진단에 따르면 이 자율성은 분산되어 있고, 사회기술적으로 조정되는 조작된 집단을 위하여 점점 더 크게 수축된다. 그러나 자율능력을 갖춘 자아가 더 이상 없다면, 정신분석도 "쇠퇴한다"(Marcuse 1965/1984). 그럼에도 정신분석은 치유방법으로서뿐 아니라 있는 것과 있을 수도 있는 것의 차이를 구별하는 사회비판적 이념으로서 근본적으로 갈등을 의식하는 자아에게 좌우된다(Reiche 1993/2002, 26쪽). 이제부터는 아버지 심상의 약화라는 사회적 중개를 통하여 오이디푸스 갈등을 점차 진부한 것으로 만드는 성충동 에너지의 탈승화("억압적 탈승화")와 자아이상의 집단이상으로의 전이가 사회적 프로그램에 놓인다(Marcuse 1965/1984, 76쪽). 대략 후기 아도르노의 진단과 수렴되는 이 우울한 사회심리학적 진단을 해결하기 위하여 마르쿠제는 이제 이것을 객관적으로 능가하면서도 미래에 대한 담보로 나타나게 하는 정신분석의 '이념'을 제시한다. "시대에 뒤졌다고 해서 그것이 나쁜 것은 아니다"(같은 곳, 76쪽). 왜냐하면 프로이트의 개념들이 과거뿐만 아니라 "새롭게 쟁취될 미래"도 불러내기 때문이라고 마르쿠제는 주장한다. "정신분석의 진리는 정신분석이 자체의 가장 도전적인 가설을 충실히 지키는 데 있다"(같은 곳, 78쪽). 이런 조망과 더불어 마르쿠제는 이미 《충동구조와 사회》에서도 확립했던 저 낙관적이고 에로스의 힘에 호소하는 장면으로 되돌아간다. 이 에로스의 낙관주의가 ―무엇보다 마르쿠제를 진정한 스승으로 생각했던― 1968년의 저항세대에 불을 지폈다.

참고문헌

Adorno, Theodor W.: Studien zum autoritären Charakter(권위적 성격에 대한 연구). Frankfurt a.M. 1973(영어판 1950). [Teil von Theodor W. Adorno u.a.: The Authoritarian Personality. New York 1950].

_______: Die Freudsche Theorie und die struktur der faschistischen Propaganda(프로이트의 이론과 파시즘의 선전선동 구조) [1951]. In: Ders.: Kritik. Kleine Schriften zur Gesellschaft. Hg. von Rolf Tiedemann. Frankfurt a.M. 1971, 34-66쪽.

_______: Minima Moralia(한줌의 도덕). Reflexionen aus dem beschädigten Leben [1951]. Frankfurt a.M. 1969.

_______: Die revidierte Psychoanalyse(교정된 정신분석) [1952]. In: Max Horkheimer/Theodor W. Adorno: Sociologica II. Reden und Vorträge. Frankfurt a.M./Köln 1973, 94-112쪽.

_______: Zum Verhältnis von Soziologie und Psychologie(사회학과 심리학의 관계) [1955]. In: Sociologica 1. Aufsätze. Max Horkheimer zum sechzigsten Geburtstag gewidmet. Frankfurt a.M./Köln 1974, 11-45쪽.

_______: Postscriptum(추신) [1966]. In: Ders.: Gesammelte Schriften. Bd. 8. Hg. von Rolf

Tiedemann. Frankfurt a.M. 1972, 96-92쪽.

_______: Negative Dialektik(부정변증법) [1966]. Frankfurt a.M. 1970.

_______: Ästhetische Theorie(미학이론). Gesammete Schriften. Bd. 7. Hg. von Rolf Tiedemann. Frankfurt a.M. 1970.

_______: Traumprotokolle(꿈기록). Hg. von Christoph Gödde und Henri Lonitz. Frankfurt a.M. 2005.

_______: /Max Horkheimer: Briefwechsel(서신교환) 1927-1969. Bd. III: 1945-1949. Hg. von Christoph Gödde und Henri Lonitz. Frankfurt a.M. 2005.

Fromm, Erich: Autorität und Familie. Sozialpsychologischer Teil(권위와 가족. 사회심리학적 부분) [1936]. In: Hans-Peter Gente (Hg.): Marxismus, Psychoanalyse, Sexpol. Bd. 1. Frankfurt a.M. 1970, 251-306쪽.

Hörisch, Jochen: Es gibt (k)ein richtiges Leben im falschen[잘못된 삶에 올바른 삶이 있다(없다)]. Frankfurt a.M. 2003.

Horkheimer, Max: Geschichte und Psychologie(역사와 심리학) [1932]. In: Max Horkheimer: Gesammelte Schriften. Bd. 3. Hg. von Alfred Schmidt. Frankfurt a.M. 1988, 48-69쪽.

_______: [unter dem pseudonym Heinrich Regius(하인리히 레기우스라는 가명으로)]: Dämmerung. Notizen in Deutschland(황혼. 독일에서의 노트) [1934]. In: Ders.: Gesammelte Schriften. Bd. 2. Hg. von Gunzelin Schmid Noerr. Frankfurt a.M. 1987, 309-452쪽.

_______: Zur Kritik der instrumentellen Vernunft(도구적 이성비판에 대하여). Hg. von Alfred Schmid, Frankfurt a.M. 1967(영어판 1947).

_______: /Theodor W. Adorno: Dialektik der Aufklärung. Philosophische Fragmente(계몽의 변증법. 철학적 단편). Amsterdam 1947.

_______: /Samuel H. Flowerman: Studies in Prejudice(편견연구). New York 1949-1950.

Krovoza, Alfred/Christian Schneider: Politische Philosophie —politische Psychologie. Über das Verhältnis von kritische Theorie und Psychoanalyse nach 1945(정치적 철학 —정치적 심리학. 1945년 이후 비판이론과 정신분석의 관계에 대하여). in: Thomas Plänkers u.a. (Hg.). Psychoanalyse in Frankfurt a.M. Zerstörte Anfänge, Wiederannährung, Entwickelungen. Tübingen 1996, 630-653쪽.

Lohmann, Hans-Martin: Frankfurter Kreuz —Frankfurter Crux. Zur Freud-Rezeption der frühen Kritischen Theorie Horkheimers und Adornos(프랑크푸르트의 십자가 —프랑크

푸르트의 고뇌. 호르크하이머와 아도르노의 초기 비판이론의 프로이트 수용에 대하여). In: Luzifer-Amor 2(1989), 93-107쪽.

Markus, Herbert: Triebstruktur und Gesellschaft. Ein philosophischer Beitrag zu Sigmund Freud(충동구조와 사회. 지그문트 프로이트에 대한 철학적 기고). Frankfurt a.M. 1970(영어판 1955).

_______: Der eindimensionale Mensch. Studien zur Ideologie der fortgeschrittenen Industriegesellschaft(일차원적 인간. 선진 산업사회의 이데올로기 연구). Neuwied/Berlin 1967(영어판 1964).

_______: Das Verhalten der Psychoanalyse(정신분석의 태도). In: Ders.: Schriften in 9 Bänden. Bd. 8. Frankfurt a.M. 2003.

Müller-Doohm, Stefan: Adorno. Eine Biographie(아도르노. 전기). 2003.

Reiche, Reimut: Einleitung zu: Sigmund Freud: Massenpsychologie und Ich-Analyse/Die Zukunft einer Illusion(지그문트 프로이트의 집단심리학과 자아분석/환영의 미래에 대한 서문) [1993]. Frankfurt a.M. 2002, 7-30쪽.

_______: Von innen nach außen? Sackgassen im Diskurs über Psychoanalyse und Gesellschaft(내부에서 외부로? 정신분석과 사회에 대한 담론에서의 딜레마) [1995]. In: Ders.: Triebschicksal der Gesellschaft. Über den Strukturwandel der Psyche. Frankfurt a.M./New York 2004, 9-39쪽.

Wiggershaus, Rolf: Die Frankfurter Schule. Geschichte, theoretische Entwicklung, politische Bedeutung(프랑크푸르트학파. 역사, 이론적 발전, 정치적 의미). München/Wien 1986.

Hans-Martin Lohmann

10. 페미니즘/젠더연구

수용과 영향사의 국면

정신분석과 페미니즘 사이의 관계는 다음과 같이 서로 상이한 과정을 통하여 특징화된다.

- 여성운동 초기인 1960대 말과 1970년대 초에 여성성의 발달과 성욕에 대한 프로이트의 수용은 격렬하게 비판을 받았으나, 몇몇 소수의 페미니즘 이론가들은 차별화된 방식으로 프로이트를 수용한다.
- 1970년대 중반에서 1990년대 초까지 페미니즘과 (특히 정신분석으로부터 대상관계이론의 후속적 발전과 라캉의 정신분석 재규정이라는 면에서) 정신분석 사이의 관계는 서로 풍성한 결과를 얻게 된다.
- 1990년대 이후 정신분석은 페미니즘 논의에 대한 의미를 상실했다. 반면에 해체주의 이론의 시도들이 논의의 중심에 들어선다. 이 시도들에서는 남녀의 성이 생물학적으로 고정된 현상이 아니라 사회적으로 이루어진 현상으로 이해되었고, 정신분석의 육체적 성격과의 친밀성은 진부한 것으로 파악되었다. 그럼에도 성별의 관점에서 여자아이들과 때로는 소년

들의 발달에 대한 양상을 주제로 한 프로이트 수용과 연결된 일련의 정신분석적 연구가 있었다.

페미니즘에 대한 도발로서의 프로이트의 여성성이론

1960년대 말과 1970대 초, 여성운동이 시작될 무렵의 페미니즘 논쟁은 —여성운동과 정신분석이 관련되어 있었다면— 무엇보다 해부학적인 동시에 불변의 소여성(所與性)에 대한 여성의 확고한 열등감으로 이해되었던 프로이트의 여성성 발달과 성에 대한 전제들로 말미암아 점화되었다. 시몬 드 보부아르(Simone de Beauvoir)는 여성운동에서 이미 광범위하게 수용된 《다른 성(das andere Geschlecht)》이라는 작품에서 프로이트의 정신분석과 대결을 벌인 바 있었다. 그녀는 정신분석에서 "모종의 생산적인 이념"(Beauvoir 1949/1951, 60쪽)을 발견했지만, 그럼에도 여성성 발달과 성에 대한 전제에 근거가 되는 남성 모델로의 편향과 그것에 내재된 여성의 가치절하를 비판했다. 이와 유사하게 다른 페미니즘 논쟁에서도 어린 여자아이의 "유기체적 열등함"(전집 14, 524쪽)을 거론하면서 음경 없음을 "거세의 사실"(522쪽)을 나타내는 유기체적 "결손(Defizit)"(526쪽)으로 설명하는 프로이트의 개념 규정에 대한 거부가 중심에 놓여 있었다. 이 결손은 여자아이와 여성에게 음경 선망의 원인이 되며, 여성으로 하여금 남성의 우월성을 인정하는 동시에 자신의 성을 평가절하 하도록 하며, 수동성과 남성에 의한 자기애의 확증에 의존하게 하는 시동장치이다. 이와 같은 규정에서 남성의 사회적 우위와 여성 억압의 합법화 시도가 생물학적 선소여성의 토대 위에서 파악되었다. 이 때문에 케이트 밀렛(Kate Millett; 1969/1971)과 슐라미스 파이어스톤(Shulamith Firestone; 1970/1975)과 같은 미국의 페미니즘 연구자들은 독일어권 여성운동에서 널리 수용된 그들의 출판물에서도 정신분석을 성적 반혁명의 이데올로기적 사상구조이자 새로운 여성억압의 도구라고 비판했다. 마찬가지로 베티 프리단의 비판도 의미심장한 출판물을 통해 다음과 같이 유사한 방향을 겨냥했다. "여성성의 망상은 프로이트적 사유에서 그 힘을 얻었다"(Friedan 1963/1970, 68쪽).

프로이트의 여성성이론과 그것의 논쟁적인 기본어조에 대한 강한 비판에는 이 시기 사회적 관계에 맞서 싸우던 페미니스트들의 감정적인 참여의 태도가 나타나는데, 그들은 사회적 관계의 중심문제를 남성에 의한 여성억압으로 보았다. 이런 맥락에서 여성성의 발달과 성에 대한 프로이트의 가설은 자연적인 것과의 회귀적인 관계와 아울러 불변의 선소여성을 통한 남녀 성 사이에서 권력관계를 정당화하고 "여성의 열등함을 신에 의해 주어진 변화할 수 없는 사실"(같은 곳, 77쪽)로 확정지으려는 입장의 원형으로 파악되었다. 그러므로 이 비판에서 중요한 것은 프로이트의 이론적 가설에 대한 차별화된 논쟁이라기보다는 근본적으로 스스로를 억압받는 것으로 이해하는 그룹의 성정치적 동기를 드러내는 논쟁이다.

하지만 여성운동을 통하여 프로이트의 이론적 가설을 무차별적으로 수용하는 것에 대한 페미니즘적 접근방식의 비판도 있었다. 이런 의미에서 서독에서도 수용된 바 있었던 《정신분석과 페미니즘》(1974/1976)이라는 출판물의 저자로서 영국에 거주하던 줄리엣 미첼(Juliet Mitchell)과 사회학자이자 서독의 여성운동을 주도하던 카롤 하게만-화이트(Carol Hagemann-White; 1979)는 페미니즘적 상황에 대한 프로이트 정신분석의 생산적인 잠재력을 강조했다. 미첼은 프로이트의 정신분석이 물론 상당히 불명료한 규정을 통하여 여성의 열등함을 정당화하는 것으로 오해될 수도 있지만, 여성을 억압하는 관계들의 심적 고착이 여성들과 남성들의 내부에서 분석된다는 사실에 그 중요성이 있다는 것을 알아야 한다고 지적했다. 프로이트에 의해 기술된 여자아이와 여성성의 발달과정은 가부장적 사회, 다시 말해 남성우위와 여성의 이류성에 의존하는 사회조건하에서 사회적으로 권장된 사회화 과정으로 이해된다. 하게만 화이트는 1975년 베를린에서 행한 강연에서 이와 유사하게 주장했다. 여기서 그녀는 자율적 여성운동을 위한 단체의 소속감을 정신분석에 따른 자신의 인식관심과 연결하려고 시도했다(Hagemann-White 1979, 8쪽). 하게만 화이트는 무의식의 가설, 즉 의도적이고 합리적인 고려 저편의 인간행동 및 행위 차원의 가설이 불평등에 의존하는 성별관계의 이해에 대해 갖고 있는 의미를 강조했다. 그녀에게 프로이트 정신분석의 생산성이란 동경과 불안, 환상의 차원까지도 편입시킬 수 있는 억압된 욕망의 역사로의 방법적 통로를(같은 곳, 85쪽) 개척하는 것이다. 이로써 이에 상응하는 관계와의 —예컨대 "남성폭력의 매력"(같은 곳, 79쪽)이라는 주제와의— 연계를 함축하는 요소들뿐 아니라 남성 우월로부터 해방을 겨냥하는 요소들을 포함하는 소망의 저수조가 주제화된다.

프로이트 정신분석의 효과를 적극적으로 받아들이는 페미니즘 지향적 여성학자들의 수용은 1970년대에 급격히 많이 창설된 대학 및 학술관계의 여성연구와 여성운동의 맥락에서 여성성 발달과 성에 대한 가설의 체계적 재규정을 위한 토대를 마련했다.

1970년대 중엽과 1980년대의 페미니즘 관점에서 본 여성의 성과 성의 특정한 발달과정에 대한 가설들의 재규정

상황의 공통성

이미 1920년대와 1930년대에 (특히 카렌 호나이와 멜라니 클라인과 같은 여성 정신분석가들의 경우 모순에 부딪쳤지만) 여성운동의 결과로 1970년대 중엽과

1980년대에 의미를 얻게 된 페미니즘 논의의 맥락에서야 비로소 정신분석적이고 여성적 시각에서 본 성의 특정한 발달과정에 대한 체계적인 새로운 규정이 일어났다. 독일에서 이런 작업에 결정적인 자극을 준 것은 특히 프랑스의 여성 정신분석가 자닌 샤스게 스미젤(Janine Chasseguet-Smirgel)이 편집인으로 참여하여 프로이트 여성이론의 조심스러운 재규정을 시도한 번역 논문집 《여성적인 성욕의 정신분석》(1964/1974)이다. 다음으로 꼽을 수 있는 것은 마르가레테 미처리히(1975)와 마리나 감바로프(Marina Gambaroff; 1984)와 같은 여성 정신분석가의 정신분석적 여성 표상에 대한 비판적 분석과 문화학자이자 종교학자인 레나테 슐레지어(Renate Schlesier; 1981)의 포괄적인 연구이다. 슐레지어는 프로이트에 의해 발전된 억압과 무의식, 신화의 개념뿐만 아니라 그에 의해 정초된 방법적 절차를 자신의 여성이론의 가설에 적용하고, 이 가설의 양가성을 보여 준다. 이 양가성에는 프로이트가 더는 억압된 내용에 문제제기를 하지 않았던, 특히 여성의 거세모델에서 표현되는 재신화화(Remythologisierung)와 마찬가지로 탈신화화(Entmythologisierung)와 계몽이 동시에 포함된다. 슐레지어에게 "프로이트의 여성성의 탈성욕화(Entsexualisierung) 규정에서 표현되는 여성성 터부의 이면"은 "여성성의 우상화"(같은 곳, 12쪽)와 아울러 새로운 신화화이다. 슐레지어의 연구는 무엇보다 —치료의 측면이든 학문적이든— 정신분석을 수단으로 작업하면서 여성의 성과 발달에 대한 논의 상황에 만족하지 못하던 여성들에게 의미심장했다.

독일어권 페미니즘 운동에서는 미국의 사회학자 초도로(Nancy Chodorow; 1978/1985)와 디너슈타인(Dorothy Dinnerstein; 1976/1979)에 의해 전개된 성의 특정한 발달과정에 대한 시도가 더 큰 의미를 지니고 있었다. 이 연구들은 본질적으로 대상관계이론의 —다시 말해 초기적 모형에 포함되는— 연구를 토대로 하여 개인발달 연구에 대한 정신분석적 시도의 지속적 발전을 논증한다. 다른 중요한 논의의 목표는 라캉의 프로이트 정신분석에 대한 재규정의 페미니즘적 적용과 관계가 있었다. 예컨대 이를 주도한 인물은 프랑스의 여성이론가인 뤼스 이리가레이, 엘렌 시수, 줄리아 크리스테바였다.

1970년대 중엽에서 1990년대 초까지 이 두 논증방향을 토대로 한 페미니즘과 정신분석 사이의 관계는 상호 간의 이익관계로 특징화된다. 여성운동과 관련된 대학 및 학술 논의뿐만 아니라 스스로 페미니즘으로 이해하는 정신분석에서도 차별적 이론의 관찰방식이 의미가 있었다. 전통적으로 남성의 정의와 사유방식에 의하여 각인된 학문연구와 이론형성 일반 내에서 처음으로 여성과 여성에 특정한 것을 가시화하고, 그것을 결손이 아닌 것으로 분명히 하려는 필요성에서 출발한 인식 관여는 무엇보다 여성과 남성의 차이, 특히 주관적 지침 및 행동의 틀에서 양자의 구별을 중시하지 않을 수 없었다. 이런 토대 위에서 —그 모든 이론적 차이에도 불구하고— 페미니즘적 정신분석, 다시 말해 대상관계이론적으로 논증되고 라캉 정신분석의 비판적 재규정을 지향하는 시도들 내의 두 가지 중심적 논의의 목표 사이에 다음과 같이 일련의 공통점이 발견되었다.

— 결손의 관점 대신에 차이의 관점: 남녀 성 사이에서 한쪽을 결손 또는 우월로 평가하려 하지 않고 구분이 이루어졌다. 여성에 전형적인 발달과 이에 연관된 지침 및 행동의 틀은 더는 남성의 표준으로 측정되거나 이런 배경에 준하여 이상한 것으로 규정되는 것이 아니라 서로 다른 특성, 고유한 의미내실과 정상적 특성에 따라 기술되었다.
— 유아기 남녀 성에 대한 발달의 체계적 고려: 유아기의 어머니-아이 관계가 더욱 강하게 정신분석적 관심의 중심에 놓이게 되었고, 아울러 여성의 큰 의미 및 여성과 어린아이 관계의 특별한 감성적 질 또한 정신분석

의 관심사가 되었다.

— 보완적 관점: 여성과 남성에 대한 전형적 지침 및 행동의 틀은 서로 독립적인 것이 아니라 체계적으로 나란히 연관되고 서로 밀접하게 결합된 것으로 간주되었다. 그것은 동종의 것이 분리되어 다른 성으로 나누어지면서 남녀 성이 이런 식으로 서로 의존하고 의지하는 성 배열(Geschlechterarrangement)의 표현으로 이해되었다.

— 사회적 관계: 여성과 남성에 대한 전형적 발달과정과 정체성의 틀은 역사적 발전의 결과인 동시에 늘 변화될 수도 있는 구체적 사회관계의 성과로 이해되었다.

성의 특정한 발달과정에 대한 대상관계이론의 시도

많은 차이이론 방향의 여성연구에 기본적인 것은 대상관계이론을 바탕으로 접근하는 낸시 초도로(Nancy Chodorow)의 저작 《어머니들의 유산(Das Erbe der Mütter)》(1978)이었다. 이는 성의 특정한 발달과정과 이에 상응하는 정체성의 틀에 대한 최초의 가장 상세한 연구였다. 초도로는 무의식, 즉 외부관계의 반영으로는 이해하기 힘든 내적 심리의 세계를 창조하는 소망과 불안, 환상의 의미에 대한 프로이트의 가설을 적극적으로 응용한다. 하지만 그녀는 개인적 발달과정의 복합성을 기술하기 위해서는 과거 중요한 관련인물과의 관계의 질의 연관을 통한 프로이트의 충동이론적 논증의 보충을 필수적인 것으로 간주한다. 동시에 그녀는 프로이트의 가설과 경계를 확실히 구분하는 것이 아니라 두 입장의 매개가능성을 겨냥한다. 그녀의 이론적 시도에서 "충동과 사회적 관계는 공유할 자리를 발견한다"(같은 곳, 66쪽).

그렇지만 대상관계이론의 논증 일반에서처럼 과거에 있었던 관계 틀의 양상은 중심에 위치한다. 연구의 출발점은 여성정책적인 물음, 즉 남녀 성 사이에서 분업안정성의 원인에 대한 물음이다. 남녀 분업에서 여성은 아이의 보육과 더 일반적으로 말해 '감정노동', 그러니까 감성적 후원과 보조에 적합한 반면에, 남성은 ―공적으로 가시적인 영향권처럼― 소위 합리성이 지배하는 영역으로 분류된다. 이런 전제에 따르면 남녀 성 사이의 이와 같은 분업은 바로 분업이 남녀의 심적 구조에 깊이 정착되어 있기 때문에 안정적이라는 것이다.

관심의 중심에는 이 심적 구조의 정착과 변화의 가능성이 자리를 차지한다. 이 연구에서 일련의 논증은 다음과 같이 간단하게 설명될 수 있다. 성 사이에서 결정된 분업은 여자아이와 사내아이에게 상이한 심적 구조를 형성하는 서로 다른 발달과정을 알게 해 준다. 나중에 이 구조가 그들에게 전통적으로 예정된 성 배열에서의 임무를 받아들이게 하는 것처럼 보인다. 현재의 사회적 조건에서 생후 최초의 몇 달과 몇 년 사이에 아이의 보육을 담당하는 것이 여성이라는 사실이 여자아이와 사내아이의 사회화과정을 구조화하는 핵심적 원리로서 파악된다. 이와 연관된 어머니와 딸 사이의 동일한 성과 어머니와 아들 사이의 다른 성별이 어머니들의 의도와 교육적 관념과 상관없이 구조적으로 여자아이와 사내아이의 발달과정에 대해 다른 조건을 창출한다. 그렇다면 이에 상응하는 심적 구조는 ―여성에게는 다른 성과의 관계에 의존하는 특정한 구조이고 남성에게는 분리와 경계설정, 거리에 기초하는 전형적인 구조는― 바로 남녀 성 사이의 전통적인 역할배분과 일치하는 구조이다. 기존 관계들의 이런 안정화의 순환을 해체하기 위해서는 ―이 시기의 많은 정신분석적 연구 방향들이 나누어 갖고 있던 변화의 관점이 그렇듯이― 여자아이와 사내아이가 남녀 성의 인격에 대한 최초의 관계 경험을 할 수 있도록 남성과 여성이 같은 정도로 아이의 조기 보육과 양육에 참여해야만 한다. 그럴 때야 비로소 성 특징의 양극화를 ―여성에게서는 친밀감에 대한 욕구와 의존욕망의 구체화를,

남성에게서는 거리와 자율에 대한 갈망의 구체화를— 지양하고, 남녀 성의 비교적 균형 있는 발달을 열어 나갈 수 있는 가능성이 주어진 것으로 파악된다(Dinnerstein 1976/1979; Schmauch 1987 참조).

초도로의 연구가 페미니즘 논의에서 큰 의미를 얻고 있는 동안 —비교적 단순하고 세밀하지는 않지만— 기존의 남녀 성관계의 재생산에 대한 분석을 겨냥하여 유사한 변화의 관점을 계획한 다른 연구가 여성운동과 관계없이 인기를 끌었다. 《이오카스테의 아이들(Jokastes Kinder)》(1980/1984)이라는 제목으로 출간된 프랑스의 정신분석가 크리스티앙 올리비에(Christiane Olivier)의 저서가 바로 그것이다. 올리비에는 여성성의 발달과 성에 대한 프로이트의 가설에 강한 어조로 거리를 둔다. 그녀에게 프로이트의 가설은 여성의 열등함의 불가피성을 학문적으로 입증하는 것이기 때문이다(같은 곳, 19쪽). 반면에 그녀는 초도로와 유사하게 과거에 있었던 관계의 틀을 내세운다. 하지만 초도로가 원칙적으로 어머니와 딸 사이의 긍정적인 관계에서 출발한다면, 올리비에에게 이 관계는 결핍을 통하여 설명된다. 그녀의 중심적 가설에 의하면 성적인 욕망의 힘은 어머니에게 오직 아들만을 나르시시즘적으로 과대평가된 대상이 되게 한다. 반대로 딸은 이에 상응하는 가치평가를 받지 못한다. 어머니는 딸에게 육체에 대한 어떤 쾌감도 전해 줄 수 없으며, 마찬가지로 아버지도 딸에게 이에 상응하는 자극을 주지 못한다. 왜냐하면 아버지가 어린 딸의 양육과 보호에 불참함으로써 딸은 아버지의 욕망 없이 남아 있기 때문이다. 올리비에에 따르면 그 결과는 공허감과 사랑에 대한 채울 수 없는 굶주림이다. 이러한 굶주림 때문에 여성은 평생 남성에게 욕구의 대상이 되는 일에 매달린다는 것이다.

초도로와 올리비에의 연구에서 —둘 다 정신분석을 지향하고 유사한 목적을 추구하면서도— 서로 아주 상이한 논증 방향은 '여성들'과 '남성들'에 대해 진술하기를 요구하는 분석의 문제성을 명백히 보여 준다. 요컨대 두 연구자는 그들의 연구에서 언제나 서로 다른 집단의 여성들을 염두에 두고 있는 것 같았다. 가령 초도로는 여성들의 페미니즘적인 참여와 일치하여 여성들 자신의 성과 그들의 딸들을 긍정적으로 확보하는 여성들을, 이에 반해 올리비에는 여성적인 것이 평가절하되고 남성이 이상화되어 있는 여성들을 염두에 두고 있는 것처럼 보였다.

초도로의 연구는 —차이이론 연구에 전형적인, 성의 양극화를 확정하는 '여성들'과 '남성들'에 대한 일반화에도 불구하고— 특정한 사회적 관계하에서 성의 사회화에 대한 구조적 조건 분석에 중요한 자극을 주었다. 그렇지만 동시에 다음 사항과 관련하여 더 세밀한 관점의 필요성이 무엇보다 분명해졌다.

- 구체적 사회조건, 가족의 위상과 어린아이와 연관된 환상, 소망, 불안을 포함하면서도 이런 식으로 차이들을 더 확고하게 고려하는 어머니들에 대한 관찰방식.
- 초도로에게는 '감정적으로 부차적'이었던 아버지들에 대한 분석에의 체계적 편입.
- 아울러 과거의 관계 틀에 집중하면서 초도로가 대변하는 대상관계이론적 시도 때문에 그녀의 주제가 되지 못했던 성 발달 연구.
- 여자아이와 사내아이의 발달에서 모순적인 것과 양가적인 것에 대한 더 강력한 고려.

정신분석에서 성에 대한 관점을 세밀화하는 이 계기들은 추후의 작업들에서 여러 가지 방식의 초점설정에 의해 다시 파악되었다.

프로이트 정신분석의 라캉적 재규정이라는 맥락에서의 페미니즘 논증들

대상관계이론적으로 논증하는 페미니즘 연구자들과 마찬가지로 라캉적 정신분석의 재규정을 지향하는 여성이론가들은 여성을 결핍존재로 규정하려는 태도에 반하여 여성 자체의 성을 가시화하려는 데 관심을 보였다. 그들은 라캉을 통한 정신분석의 구조주의적 해석을 토대로 논증하고, 이에 상응하여 언어와 담론이라는 상징적 질서의 의미를 전면에 내세웠다. 대상관계이론적인 논증의 시도와는 달리 여기서 중요한 것은 성의 특정한 개인적 발달의 모사라기보다는 오히려 개인보다 상위에 있는 구조인 '여성'과 '남성'이라는 범주에 대하여 구성적인 것으로 파악되는 문화적 규정원리 및 구성원리에 대한 계몽이다. 이런 논증방향에서는 앞서 언급한 상징적 질서와 담론이 개인의 발달을 형성하는 과정들이 배제되어 있다(두 입장의 차이와 결합 가능성에 대해서는 Liebsch 1994 참조). 이처럼 구조주의에 근거한 페미니즘적인 프로이트 수용과 재규정은 특히 1970년대와 1980년대에 프랑스에서 대단한 의미를 갖게 되었지만, 영미권의 논의에서도 강한 인상을 남겼으며, 서독의 여성운동과 여성연구에서도 광범위하게 수용되었다. 그것은 무엇보다 철학, 문화학 및 문예학의 논의에서도 의미를 갖게 되었다.

여기서 먼저 특히 중요한 것으로는 프랑스의 정신분석가이자 철학자인 뤼스 이리가레이의 저서들, 예컨대 《스페큘럼(Speculum)》(1974/1980), 《하나가 아닌 성(Das Geschlecht, das nicht eins ist)》(1977/1979), 《성적인 차이의 윤리(Die Ethik der sexuellen Differenz)》(1984/1991)를 꼽을 수 있다. 이리가레이의 논증의 출발점은 서구의 철학과 여성성의 발달과 성에 대한 프로이트의 가설에 대한 비판이었다. 이리가레이에 의하면 이 안에 들어 있는 결손에 대한 기술(記述)은 여성을 제2의 자주적인 성 일반으로 인지하는 것을 불가능하게 한다. 여성의 실존이 개념적으로 단지 질의 결핍으로만 파악됨으로써, 여성은 남성에 대한 거울기능으로 구조화된다. 상징적 질서 속에서 여성은 자주적으로 실존하지 못하고 언어적으로 자신을 대변할 수 없으며, 이에 따라 성적 차이 또한 존재하지 않는다. 우선적으로 프로이트의 이 빈틈을 메우고 자주적인 성의 모델을 전개하는 것이 이리가레이의 의도는 아니다. 그럴 것이 언어와 문화에서의 가부장적인 지배가 모든 것에 침투해 들어와 '여성'이란 무엇인가에 대한 모든 기술이 불가피하게 남성적으로 정의된 확정에 지나지 않을 수밖에 없기 때문이다. 반면에 이리가레이는 남성 권력의 상징인 남근을 중심으로 하는 담론의 익살스러운 모방 효과, 의미들에서의 틈새와 전치가 나타날 수 있게 하는 담론의 유희적이고 혼란스러운 처리의 효과를 기대한다. 그녀는 여성적 존재의 '아직도-아님'을 강조한다(Irigaray 1974/1980; 1977/1979). 그럼에도 이리가레이의 글들에는 여성의 고유성과 이질성이 무엇인가 하는 것에 대한 —후기로 갈수록 점점 더 분명해지는— 규정이 들어 있다. 그녀는 남근의 의미와 권위를 부여하는 상징에 반하여 여성형태학에서 정착된 포괄적이고 자기색정적(autoerotisch)이며 다양한 여성의 특수한 쾌락을 내세운다(Irigaray 1977/1979). 가부장적 상징질서, 특히 언어와 법, 종교의 질서에 자리 잡은 남성의 계보에 반하여 그녀는 어머니-딸 관계 속에서 확증된 여성의 계보를 내세운다. 마찬가지로 상징적 질서와 가부장적 담론에서도 표출되지 않는 양육, 상호관계와 배려라는 삶을 확증하는 요소들로 이루어진 과거의 어머니-딸 관계에 변형의 힘이 부여되며, 동일시에 의존하는 어머니와 딸 관계, 더 일반적으로 여성들 사이의 관계에 남근 중심의 상징적 질서를 허물어뜨리는 잠재력이 부여된다(Irigaray 1989).

이런 규정에 들어 있는 여성적인 것의 이상화는 이리가레이의 생물학적이고 본질주의적인 규정과 마찬가지로 페미니즘 논의에서 점점 더 크게 비판을 받았다. 하지만 그녀는 여성운동의 초기국면에 —다른 차이이론의 시도와 마찬가지로— 여성의 육체, 여성의 성, 일반적으로 여성들의 관계뿐만 아니라 어머니-딸 관계의 적극적 이해를 통하여 중요한 여성정책의 의미를 얻었다. '남성적인 것'과는 다른 여성의 적극적인 고유성과의 관계를 통하여 모든 여성의 공통규정이 가능해졌으며, 이 규정이 '우리는 여성'이라는 정치적 주체의 형성에 토대가 될 수 있었다.

프랑스의 문예학자이자 정신분석가인 줄리아 크리스테바와 마찬가지로 프랑스에 거주하는 문예학자이자 문학가인 엘렌 시수의 분석은 이런 의미에서 여성정책적인 중요성보다는 문예학적인 중요성을 띠고 있었다. 크리스테바는 텍스트이론을 지향하는 후기구조주의의 문화사적이고 문학이론적이며 언어학적인 문제제기를 라캉 방식의 정신분석적 가설과 연결시킨다. 물론 그녀는 페미니즘의 이론 및 운동과의 관계에 거리를 둔 바 있었지만, 그럼에도 그녀의 원전들은 특히 문예학적 페미니즘의 관계에서 독일어권보다는 영어권에서 더 많이 수용되고 논의되었다(Liebsch 1994, 142쪽 참조). 크리스테바는 라캉과 함께 모든 언어관계가 '아버지의 법'과 더불어 '남근의 의미지배'를 통하여 특징화되며, 따라서 여성적인 것은 언어적으로 대변되지 않고 대변될 수도 없다는 전제를 내세운다. 그녀는 의미 있는 문화적 기원에 대한 전제는 어머니 육체와의 최초 관계가 억압되는 것이라는 가설을 라캉과 공유한다. 하지만 그녀는 라캉과 달리 유아기의 어머니-아이 관계는 성년이 되어서도 언어적 상징성의 차원과 상관없이 유지되면서도 의식되지 못하는 특정한 언어형식을 만들어 낸다고 생각한다. 여기서 특정한 언어형식이란 바로 기호적이고 선언어적인 것, "일차적 과정"(Kristeva 1978/1974, 36쪽)과 연관된 의미부여 절차를 포함하는 의미와 직접 관련된 것을 말한다.

크리스테바에게 기호적인 것과 상징적인 것은 서로가 역동적 관계를 맺으며 의미부여의 과정에 있으며, 이때 기호적인 것에 전복적인 힘이 부여된다. 왜냐하면 지배적인 언어질서와 관련된 상징적인 것의 의미규정을 기호적인 것이 방해하면서 안정성을 깨뜨리기 때문이다. 이에 상응하는 과정들을 문학텍스트에서 볼 수 있다. 크리스테바는 페미니즘을 정신분석적 시도와 연결시키는 다른 이론가들과 마찬가지로 어머니-아이의 유아기적 관계에서 유래하는 고유한 의미부여 체계의 개념화를 통하여 여성을 결핍존재로 보려는 관점에 대항하여 여성적인 것의 긍정적인 의미를 정신분석적 구상으로 끌어들이려고 시도한다.

엘렌 시수도 이와 유사한 의도를 발전시켜 나갔다(1975/1976a; 1974/1976b). 엘렌 시수 역시 어머니-아이 관계의 중요한 의미, 무엇보다 그녀는 글쓰기의 근원인 육체적 측면을 강조한다. 이중적이고 계급적인 상반관계에 따라 구조화되고, 남근질서를 통하여 표현된 '남성적 경제학'에 맞서서 그녀는 논리를 넘어서고 생동적이며, 활발하고 이타적이며, 또한 자기상실 없이 줄 수 있는 "여성적 리비도의 경제학"을 제시한다. 그녀의 이상향은 모든 인격에 대해 구성적인 남녀 성애의 창조적 실현인바, 그녀는 이와 같은 가설을 프로이트와 공유하고 있다. 이 안에 두 경제학이 상호 결합되어 있는 것이다. 물론 엘렌 시수에게는 여성적, 남성적으로 범주화된 경제학이 남녀 성에게 철저한 양상으로 등장할 수도 있지만, 모든 차이이론의 개념에 잠재된 여성적인 것의 이상화가 이 시도에서 특별히 부각된다. 프로이트와 라캉의 정신분석에 내포된 여성을 결핍으로 규정하는 태도에 반하여 종종 소망과 환상에 의존하는 여성적 측면의 긍정화가 강조된다. 어머니와 결부된 소망과 환상은 예컨대 사심 없는 사랑, 받지 않고 베풀기, 자애롭고 말 없는 애정과 친밀성을 내포한다. 이로써 그녀의 시도는 자신의 의도와는 달리 전통적인 여성상이나 어머니상에 접근한다.

남성성의 형성조건

1970년대에 남성성 정체성에 대해 상세히 파고든 몇 안 되는 연구들 가운데 하나가 클라우스 테벨베라이트(Klaus Theweleit)의 《남성의 환상(Männerphantasien)》(1977/1978)이다. 이 연구서는 서독의 대중에 널리 수용되었고, 특히 여성운동의 결과로 몇몇 도시에 형성된 비판적 '남성단체들'에서 논의되었다. 테베라이트는 —프로이트의 이론적 전제들 가운데 여러 요소들과 자신을 연상적으로 연관시키며— 폭력적인 남성의 예에서 남성 정체성이 형성되는 중심적 계기를 일반적으로 기술하려고 시도한다. 그의 가설의 출발점은 여성이 (아이들에게 최초의 중요한 관련 당사자인) 어머니로 존재하는 사회적 관계하에서 남성은 여성에 대한 방어적 반응으로서 자신을 발전시켜 나간다는 것이다. 이로써 그는 낸시 초도로와 유사하게 논증하고 있지만, 이런 정체성 형성의 문제적 측면을 훨씬 더 날카롭게 강조하고 있다. 여성에 대한 애증이 전제로서 제시되는데, 남성은 성의 경계를 허물고 융합하려는 소망과 마찬가지로 여성의 유혹에 대해 '갑옷'을 입고 방어하려고 한다는 것이다. 이와 결부되는 것은 '하얗고' 순수한 여성과 위협적으로 성욕적인 '붉은' 여성이 서로 대비되는 분열적인 여성상이다. 재통합에 대한 억압적 소망과 남근적 정체성의 공격적 행동이 일치하는 남성다움의 역설적 상황이 발생한다. 이런 정체성의 형식과 연관되는 공격성은 자체의 소망과 마찬가지로 여성적 육체의 유혹을 겨냥한다. 1990년대 이후에야 비로소 남성성 정체성의 발달과정이 다시 정신분석 연구의 중심이 되었다.

1990년대 초의 페미니즘적인 정신분석과 여성연구

1990년대 초에는 정신분석을 지향하는 일련의 연구들이 발표되었고, 그것은 대학과 그 밖의 학술단체에서 점점 더 많이 창설된 페미니즘적 학문

내지 여성연구에서 정착되었다. 이 시기에 정신분석적 방향에서 이루어진 논증들은 페미니즘적 학문 내지 여성연구의 생산적 이론의 수단으로서 간주되었다. 하지만 1990년대가 경과하는 가운데 정신분석의 강한 육체관계를 문제적인 것으로 보았던 이론적 시도와의 관계는 변화되었다.

독일어권 여성연구에서는 1990년에 출간된 미국의 여성 정신분석가 제시카 벤자민(Jessica Benjamin)의 저서 《사랑의 결박(Die Fesseln der Liebe)》(1988/1990)이 대단히 중요한 역할을 했다. 벤자민은 정신분석의 이해에 접근하면서 프로이트적 충동이론의 가설을 대상관계이론적 관점과 결합하려고 했다. 하지만 대상관계이론적 방향의 논증이 전면에 부각된다. 벤자민의 분석은 무엇보다 다음의 목표를 겨냥한다.

- 신생아 연구 결과를 지향하면서 정신분석에서 기존의 이론적 입장을 비판.
- 성의 특정한 발달에 대한 새로운 규정.

벤자민은 이제까지 정신분석의 논의에서 지배적인 이론적 시도가 —또한 페미니즘적 방향에서 진행된 논의들 역시— 여성적인 것의 이상화와 동시에 평가절하가 이루어진 어머니상의 확립에 기여하고 있음을 보여 준다. 한편으로 공생, 즉 잠재적으로 낙원 같은 행복의 질이 보장되는 어머니와의 합일, 다른 한편으로는 어머니로부터 분리되는 고통스러운 과정으로서의 자율이라는 반명제에 대한 발달과정의 개념화는 여성의 고유한 주체성, 고유한 삶에 어떤 공간도 허락하지 않는 어머니에 대한 환상을 포함한다. 어머니상은 모든 선의 잠재적 근원으로서, 그리고 —필연적으로 나타나는 환멸 이후의 이면으로서— 모든 나쁘고 악한 것의 장소로서도 공고해진다. 벤자민은 특히 미국에서 다니엘 스턴(Daniel Stern)과 결부된 신생아 연구 결과를 토대로 개인적 발달의 색다른 구상, 다시 말해 세계 내로 들어가는 유쾌한 행보는 어머니와의 융합체험과 마찬가지로 중요하며, 어머니와의 작별은 어머니의 곁에 있는 것과 마찬가지로 즐거울 수 있다는 구상을 발전시킨다. 성 발달에 대한 이런 관점은 어머니들에 대해 다른 시각을 갖도록 한다. 즉 어머니들은 아이의 밖에서 자신의 삶만을 살아서는 안 되지만, 성공적인 아이의 발달을 위해서는 어머니들이 '타자'로서, '자신의 욕망'을 가진 여성으로서, 아이로부터 독립적이고 자신의 소망과 관심을 가진 여성으로서 행동할 필요가 있다. 왜냐하면 아이들은 이렇게 할 때만 외부의 현실, 본인들과 독립적인 현실과 접촉할 수 있는 행복을 누릴 수 있기 때문이다.

어머니들에 대한 이런 새로운 시각으로부터 벤자민은 성의 특정한 발달과정의 변화 또한 기대했다. 아울러 그녀는 ―대상관계이론적으로 접근하는 대다수 여성 저자들의 경우가 그렇듯이― 더 이상 부모자녀관계의 재조직, 특히 아이의 조기 양육과 보육에 대한 아버지들의 참여만이 아니라 '모성'의 재규정에도 변화의 관점을 두었다. 이렇게 성의 특정한 발달과정에 대한 분석에서 벤자민은 여성과 남성의 문화적 형상과 이에 상응하는 개인적 발달과정에서 심리 내적으로 정착된 남녀 성 사이의 분업이 계속해서 성의 양극화를 일으키고 있음을 보여 준다. 이와 같은 양극화 속에서 자율과 다른 성에 대한 의존 사이의 긴장은 남녀 각자에게서 분명히 균형을 이루는 것이 아니며, 남성들이 계속 '자율'과 적극적 행위능력, '욕망'을 대변하면서 이에 따라 여성들은 '종속'과 결여된 주관성을 대변하게 된다. 유아기의 ―예컨대 마가렛 말러가 생후 18개월에 '재접근단계(Wiederannäherungsphase)'라고 부르는― 중심적 삶의 역사적 단계에 대해 여자아이의 경우 '자신의 욕망'의 전개가 일찍이 어떻게 억제되고, 사내아이들의 경우에는 기만적인 자율의 발달이 어떻게 조장되는지를 보여 준 것이 이 연구의 업적이다. 물론 다른 대상관계이론적 접근의 여성연구자들과 유사하게 여기서도 성에서 차별화를 거의 허용하지 않는 기존 성별관계의 재생산이 기술되고 있다.

1990년대 초 독일어권 여성연구에서 프랑크푸르트 대학의 교수이자 정신분석 연구자인 크리스타 로데 다흐저(Christa Rohde-Dachser)의 저서《어두운 대륙으로의 탐험》(1991)은 벤자민의 연구와 유사하게 널리 수용되었다. 로데 다흐저는 여성성 발달에 대한 정신분석적 구상을 비판하는 포괄적인 체계를 세웠는데, 프로이트의 여성성이론에 대한 논의가 그 중심적 내용을 차지한다. 그녀는 정신분석이라는 방법적 도구로 —심층적 해석학의 텍스트 해설로— 이론적인 정신분석 텍스트의 무의식적 내용을 도출했다. 여성성 발달에 대한 프로이트의 가설과 관련하여 그녀는 이 가설에 기초한 무의식적 환상이 남성성에 특정한 소망 및 불안에 의해 각인되어 있으며, 본질적으로 남성성의 탁월함과 우월성의 표상을 지지하는 기능을 갖고 있음을 제시한다. 분명한 것은 정신분석적 담론을 확고히 하는 환상은 가부장적 사회의 여성성 규정과 가부장적 사회관계가 의존하고 있는 동일한 집단적 무의식에서 유래한다는 사실이다. 이론적 텍스트의 근거를 이루는 환상을 강조하는 로데 다흐저의 시도는 1990년대 초 여성연구에 학문적 생산물의 비판적 가능성에 대한 새롭고 생산적인 관점을 열어 주었다. 기존 성별관계의 기초가 되는 심적 구조가 얼마나 강렬하게 학문적 인식가능성 여성에 대한 인식가능성까지도 각인하고 있는지 분명해졌다.

1990년대 초 독일어권 여성연구에 수용된 다른 연구는 여성성 및 남성성의 발달과 여자아이의 '음경선망(Penisneid)' 개념에 대한 프로이트의 가설을 다시 한 번 심도 있게 파고든다. 미국의 아이린 패스트(Irene Fast)는《통합에서 차이로(von der Einheit zur Differenz)》(1984/1991)라는 연구에서 남녀성의 발달을 동일하게 주시하면서 다음과 같은 사실을 보여 주는 과정을 발견했다. 즉 남녀 어린아이에게 해부학적 성차이의 의식은 생후 두 살 안에 하나의 성만이 인정되는 상심과 연결되고, 이에 상응하여 다른 성에 대한 선망이 생기게 된다는 것이다. 이로써 성 발달에 대한 프로이트의 가설을 두고 벌어진 논쟁의 열기는 가라앉았다. 요컨대 패스트는 그때그때 다른 성별에 대한 상심과 선망의 경험을 여자아이와 사내아이의 발달과정에 구성적인 것으로 제시함으로써 두 성에 대한 시각의 폭을 넓히는 데 성공했다. 이와 같은 관점이 1990년대의 여성연구에서 점점 더 큰 의미를 얻게 되면서 이런 연구방향의 명칭을 '여성 및 성별연구(Geschlechterforschung)'나 '성별연구' 또는 '젠더연구'로 바꾸게 하는 계기가 되었다.

1990년대 여성 및 성별연구와 정신분석의 의미상실에서의 탈구성주의적 관점의 우세

1990년대가 흘러가면서 남녀 차이의 증거가 중심이 되는 페미니즘의 이론적 접근은 갈수록 비판을 받았다. 이는 정신분석적 개념의 페미니즘적 재구성에 관심이 있는 성의 특정한 발달과정에 대한 대상관계이론적 분석이나 라캉의 정신분석을 지향하는 논증들과도 관련되어 있었다. 비판의 중심에는 이런 연구방향에서 이미 시작된 경향들, 즉 '여성'과 '남성'이라는 두 성 그룹을 서로 내적인 차별화 없이 대립적으로 파악하고, 동시에 금지된 보편화를 공식화하면서 이중적이고 양극화된 성 구성을 확정하려는 경향들이 있었다. 이에 반해 남녀 성의 성격에 대한 가설, 남녀 성과 남녀 성만에 대한 가설을 사회적 구성으로, 즉 사회적이고 문화적인 규정과 인습의 결과로 보는 관점이 대두되었다. 서독 페미니즘의 학문적 작업에서 '탈구성적'으로 특징화되는 논쟁들의 중심에는 두 가지 서로 다른 —영미권의 논의와 관련된— 이론적 시도가 있는데, 두 시도가 남녀 성의 탈구성에 의존하고 있기 때문이다. 그 두 가지 시도는 다음과 같다.

— 남녀 두 성의 성격을 사회적 귀속과정 및 표현과정의 결과로서 또는 사회적 상호작용에서의 '젠더 행하기(doing Gender)'의 결과로서 파악하는 상호작용이론적 관점(Gildemeister/Wetterer 1992).
— 주디스 버틀러(1993/1995)와 연관되면서 '성'과 '남녀 성의 성격'은 단지 그것에 상응하는 사회적 담론, 다시 말해 주로 언어적으로 조직된 지식의 형태라는 가설에서 출발하는 담론이론적 방향의 시도.

이상의 두 시도들은 철저히 사회적이고 문화적인 해석 및 정의의 의미를 겨냥하는 관점을 추구한다. 내적 발달과 심적인 구조 및 과정뿐만 아니라 이와 결부된 무의식적 소망, 환상, 불안을 —정신분석적 방향에서 이루어지는 연구들의 중심 주제를— 내포하는 성의 육체적 성격의 차원은 그 내부에 거의 공간을 소유하지 못한다. 이렇게 1990년대가 흘러가는 가운데 페미니즘 논의와 정신분석의 이론형성과정은 서로 분리된 채 발전되었다. 그 밖에도 성별의 관점에서 진행된 중요한 정신분석적 연구들이 있었지만, 이들은 1990년대 초까지도 페미니즘과 젠더 논쟁에 대하여 거의 의미를 갖지 못한다. 두 입장의 중재 시도를 낸시 초도로(1999/2001)가 한 연구에서 감행한다. 그녀는 여기서 무의식적 동력의 형성에 대한 문화적 정의 및 구성의 의미를 부각시키고 있지만, 반대로 문화적이고 사회적인 과정에 대한 내적 심리 차원의 중요성 또한 지적하고 있다(Liebsch 1997; Winterhager-Schmid 2004). 한편 바바라 렌토르프(Barbara Rendtorff; 1996)는 라캉적인 정신분석의 관점에서 성 차이에 대한 탈구성적 가설을 특히 오이디푸스 단계에 필연적인 것으로 간주되는 자기 육체의 성적인 한계에 대한 통찰, 이와 동시에 불완전함, 허약함, 타인에 대한 의존성 및 욕망의 실현 불가능성과의 대결을 의미하는 한계에 대한 통찰과 연결시켰다.

1990년대 이후의 정신분석과 젠더연구

성별의 관점에서 진행된 정신분석적 연구는 주로 여성에 의하여 여자아이의 발달이라는 문제 및 주제와 관련하여 수행되었다. 하지만 남성도 사내아이의 발달과정에 대해 갈수록 더 많이 연구하게 되었다.

이제까지 소홀히 다뤄지던 여자아이의 발달 양상에 열중하는 일련의 중요한 연구들이 나타났다. 초도로와 벤자민의 연구와 같은 이전의 작업들에서는 그들에게 특수한 이론적 방향 때문에 꺼려져 왔던 성욕(Sexualität)과 육체성이 이제 중요한 주제가 되었다(정신분석 일반에서 이에 상응하는 경향에 대해서는 Gast 1992 참조). 아울러 이 주제는 새로운 방식으로 프로이트의 이념과 연결되었다. 프로이트에 의해 개진된 "부정적 오이디푸스 콤플렉스(der negative Ödipuskomplex)"[21]의 개념(전집 14, 517-537쪽)이 다시 수용되었고, 동시에 오이디푸스적 단계는 동성의 부모에 대한 사랑과 반대성에 대한 질투심 어린 증오를 포함한다는 가설 또한 수용되었다. 이에 상응하는 여자아이의 발달과 관련하여 —잔 람플 데 그루트(Jeanne Lampl-de Groot; 1927)가 프로이트와 유사하게 개념화한 바 있는데— 어머니에 대한 동성애적 지향은 아버지에 대한 에로스적인 소망을 전제로 한다는 가설이 제기되었다. 하지만 어머니-딸 관계에서 이 에로스적인 차원은 정신분석적 논의에서 사라졌다가 1990년대에 다시 수용되었다. 성적인 발달은 프로이트의 경우와 유사하게 더는 이성애적인 소망과 환상에 의해 표출되는 것만은 아닌 것으로 파악된다. 여자아이의 발달에서 자신 및 타인의 성별과 관

21) 이에 관해서는 본서 I권의 366쪽 참조.

련된 소망과 환상은 똑같이 중요하다. 아울러 이런 관점에서 발달과정은 동성애적 소망과 환상에 의하여 동시에 영향을 받는다. 카린 벨(Karin Bell)은 딸의 유아기적 쾌감을 그 아이의 몸에서 확인할 수도 있지만, 수치심과 동성애적 불안이 크기 때문에 종종 드러나지 않는 '어머니의 눈에서 반짝이는 성애적 눈빛'에 대해 언급한다(Bell 1991; Flaake 1992 참조; Moré 1997).

'레즈비언 콤플렉스'라는 표어 아래 에바 폴루다 코르테(Eva Poluda-Korte; 1993)는 오이디푸스 콤플렉스 단계에 —그녀는 멜라니 클라인과 함께 이 단계의 시작을 아주 이른 시기인 생후 첫해부터로 지정하고 있다— 나타나는 유아기 여자아이의 어머니를 향한 적극적 구애의 운명을 탐구했다. 본질적으로 동성애의 터부로 인하여 소수의 어머니만이 어린 딸의 적극적 구애를 사랑스럽게 인정하며 받아들이기 때문에, 딸의 욕망 발달에 대한 아버지들의 반응이 대단히 중요하게 된다. 폴루다 코르테는 여자아이가 오이디푸스 콤플렉스 단계에 접하게 되는 '이성애적 교제'를 —어머니는 어린 딸의 에로스적인 구애를 거부하고 남성하고만 성욕적인 관계를 맺기 때문에— 어머니에 대한 깊은 상심으로, 자기의식에 영향까지도 미치는 일종의 무가치화시키는 기피로서 체험하는 것 같다고 추정한다(Heigl-Evers/Weidenhammer 1988). 모든 발달단계를 포괄하면서 어머니-딸 관계의 동성애적인 소망과 환상, 불안에 대한 프로이트의 가설 또한 철저히 분석하여 설명한 여성학자는 요하나 셰퍼(Johanna Schäfer; 1999)였다(Koellreuter 2000 역시 참조).

기존 연구에서 등한시된 여자아이에 대한 발달의 차원은 공격성의 차원이었다. 마르가레테 미처리히(1985)가 그녀의 명제를 '온화한 여성'으로부터 개념화했다면, 1990년대에도 여성성이 지니는 공격성의 위협적이고 파괴적인 잠재력이 중심에 있었다(정신분석과 페미니즘에 대한 함부르크 연구단체 1995; Christian-Widmaier 2000 참조). 타마라 무스펠트(Tamara Musfeld; 1997)는 이 주제에 대한 포괄적 연구에서 어머니-딸 관계에서 나오는 무의식적 환상의 작용을 해명하고 있다. 무의식적 환상은 공격성을 무력화시키는 고대적인 질을 부여하고, 공격성이 그 자체의 소망과 희망, 적극적 행위가능성에 대한 힘으로서 생산적으로 이용되지 못하도록 방어한다는 것이다.

여자아이의 발달에서 육체성, 성욕과 성애의 재발견과 연관하여 이에 상응하는 발달에 큰 의미가 있는 삶의 역사적 단계가 주요 관심사가 되었다. 즉 어린 시절에서 성숙한 존재, 여성적 존재로 넘어가는 시기인 사춘기가 이 단계에 속하는데, 이 시기에서 성의 특성, 성욕과 여성성의 육체성이 중심 주제가 된다. 육체적 변화, 예를 들어 초경과 연관된 소망과 환상, 불안을 조사할 뿐만 아니라 이런 발달이 특정한 사회적 정의 및 평가와 맺고 있는 관계를 설명하는 몇몇 연구들이 나타났다. 사회적 여성성의 형상은 바로 이런 관계를 통하여 육체적 지각과 육체적 삶을 표현하며, 이런 식으로 사춘기의 '신체 내에 기록되게' 된다(Dalsimer 1986/1993; Flaake/King 1992에의 기고문들; Waldeck 1988).

베라 킹(Vera King; 1995)의 포괄적인 연구에서는 '내적인 성', 창조적 잠재력을 가진 '생식기 내부공간'의 동화 가능성이 중요한 문제로 다루어진다. 출발점은 프로이트의 "도라"(전집 5, 161-286쪽) 사례발표에 대한 집중적인 분석이다. 이런 토대 위에서 인식과 인식의 방어 운동, 프로이트의 여성성 이론에 나타나는 "정신분석의 근원에 내재된 이등분된 계몽"이 재구성되고 있으며, 고유한 성의 자기애적인 절대화, 단일한 성의 창조적 환상의 우위 및 다른 성에 대한 불안하고도 양가적인 동경이라는 결과를 가져왔던 프로이트 고유의 사춘기 주제와의 근접성이 제시된다. 동시에 "도라" 사례발표의 예에서 여성이 맞이하는 사춘기에 대하여 여성성의 내부 생식기 공간의 창조적 잠재력의 의미와 이에 상응하는 사춘기 동화과정의 필요성이 기술된다.

남성들 역시 남성성 발달의 문제와 성별관계의 양상에 대하여 항상 개별적으로 작업했다. 하지만 이에 상응하여 1990년대 이후로는 지금까지 젠더연구에서 불충분하게 대표된 분야를 충족시키기 시작하는 연구가 증가하였다. 여기서 분명해지는 것은 정신분석이 남성의 육체와 남성성의 발달을 규범화하고, 반면에 여성성을 결핍적인 것으로 설명하려는 경향이 있지만, 이런 관점으로는 여성성의 발달뿐만 아니라 남성성의 발달도 부적절하게 파악될 수 있다는 사실이다.

남성성의 발달에 대한 연구에서 본질적으로 다음 두 가지의 주제가 중요하다.

— 아버지-아들 관계.
— 남성성과 폭력과의 연관성.

특히 페터 블로스(Peter Blos; 1985/1990)과 로타 숀(Lothar Schon; 2000), 요제프 크리스티안 아이그너(Josef Christian Aigner; 2001)가 아버지-아들 관계를 분석해 왔다. 이 관계에서는 결핍의 양상이 전면에 나타난다. 《아버지에 대한 동경》(Schon 2000)이 중심적인 문제로 제기되며, 《멀리 있는 아버지》(Aigner 2001)가 주제화된다. 저자들은 이구동성으로 아들들의 성장과정과 더 강한 아버지 존재의 필연성이라는 점에서 아버지들의 잠재된 적극적 기능을 강조하는데, 아버지들의 현전함은 외적인 참여와 감정적인 관심을 목적으로 한다. 이런 배경에 따라 블로스(1985/1990)는 아들의 발달단계에 의존하는 여러 가지의 아버지 유형을 개념화한다. 그 밖에 숀(2000)은 아버지가 부재하거나 거의 그런 사내아이들과 남성들의 경험을 토대로 상이한 삶의 역사적 단계에 대한 아버지 참여의 긍정적인 기능을 기술한다. 아이그너(2001)는 오이디푸스 콤플렉스 이전의 발달단계와 오이디푸스 콤플렉스의 발달단계에서 새로운 부성 차원에 대한 가설을 —프로이트에게서 시작하는 아버지-아들 관계에 대한 정신분석적 가설을 철저히 분석함으로써— 도출해 낸다. 이와 동시에 그는 사내아이에게 다정하고 성애적으로 채색된 아버지를 향한 태도가 강조되는 프로이트의 '부정적 오이디푸스 콤플렉스'라는 개념을 —여성성 발달에 관한 여성 정신분석가들과 흡사하게— 적극적으로 도입하고 있지만, 프로이트의 경우에 그렇듯이 이런 감정을 '여성적인 것'으로 보는 것은 문제적이라고 주장한다. 그 이유는 이런 감정이 성의 양극성을 강화하고, 긍정적으로 자리 잡은 남성성 형상에서의 동성애적 관계 질의 통합에 방해되기 때문이라는 것이다.

남성성 발달과 관련된 연구들의 두 번째 주제에서는 —이미 앞서 언급된 테베라이트(1977/1978)의 경우와 유사하게— 남성적인 성별정체성과 폭력의 연관성이 주로 논의된다. 이 주제에 대한 가장 포괄적인 연구는 롤프 폴(Rolf Pohl)의 연구이다(2004; 이 주제에 관해 Königseder 2003 참조; Nitzschke 2003). 폴은 일차적 대상경험의 수단으로 남성에게 있는 성욕의 구조를 분석하고, 아울러 충동이론적 방향의 가설을 대상관계이론의 가설과 연결시킨다. 이를 통해 기존의 사회적 관계에서 남성의 성별정체성에 특징적인 것은 여성에 대한 양가적이고 심지어는 적대적이기까지 한 태도라는 사실이 밝혀진다. 여성성은 무의식적으로 위협처럼 체험됨으로써 거부되며, 성욕은 남근적-공격적 방향을 취한다. 이에 따라 성욕과 공격성은 상호 불가분의 관계로 맺어지고, 이렇게 해서 그것은 여성에 대한 폭력과 폭력적 성향으로의 잠재적 접근성을 갖게 된다. 폭력으로의 이 잠재적 접근성은 욕구, 불안, 질투, 분노와 증오로부터 결정화되는 여성성에 대한 무의식적 태도에서 나온다. 폴은 남성의 성욕과 공격성을 20세기와 21세기의 집단 성폭행의 예를 가지고 설명하면서 남성의 성별정체성과 관련된 젠더연구의 정신분석적 방향을 보여 주는 실제적인 정책관계를 만들어 낸다.

요약하자면 프로이트의 이론적 구상에 의해 시작된 정신분석적 연구방향은 —그것이 1970년대 후반에서 1990년대 초까지의 여성 및 성별연구에 대해 특징적이었던 것처럼— 1990년대 이후의 젠더연구에서 더는 의미가 없지만, 그럼에도 이 연구방향은 —다른 시도들, 부분적으로 더 지배적인 이론적 시도들을 제외한다면— 계속해서 성별관계와 사회적 정체성의 이해를 위해 중요한 기여를 하고 있다는 것이 입증된다. 여성성 발달에 대한 프로이트의 가설들은 계속해서 논란이 되었지만, 그럼에도 프로이트의 이론적 구상의 핵심과 연관됨으로써 실제적 주제들을 처리하려는 관점은 갈수록 더 의미심장해졌다. 예컨대 여자아이와 사내아이의 발달과정에서 동성애적 소망과 환상의 체계적 고려가 이에 속하지만, 특히 무의식의 가설, 의식적인 목적 저편에 있는 인간적 행동과 행위 차원의 가설 또한 이에 속한다. 성별관계가 여성과 남성의 명시적으로 규정될 수 있는 표상과 일치할 때, 의식적인 목적을 통해서는 오히려 성별관계와 관련된 변화들이 종종 더 어려운 것으로 증명된다.

참고문헌

Aigner, Josef Christian: Der ferne Vater. Zur Psychoanalyse von Vatererfahrung, männlicher Entwicklung und negativem Ödipuskomplex(멀리 있는 아버지. 아버지 경험, 남성성의 발달과 부정적 오이디푸스 콤플렉스의 정신분석에 대하여). Gießen 2001.

Beauvoir, Simone de: Das andere Geschlecht. Sitte und Sexus der Frau(다른 성별. 여성의 행실과 성). Hamburg 1951(불어판 1949).

Bell, Karin: »Aspekte weiblicher Entwicklung(여성성 발달의 양상)«. In: Forum der Psychoanalyse 7(1991), 111-126쪽.

Benjamin, Jessica: Die Fesseln der Liebe. Psychoanalyse, Feminismus und das Problem der Macht(사랑의 결박. 정신분석, 페미니즘과 권력의 문제). Basel/Frankfurt a.M. 1990(영어판 1988).

Benz, Andres: »Weibliche Unerschöpflichkeit und männliche Erschöpfbarkeit: Gebärneid der Männer und der Myelos-Mythos(여성성의 비소진성과 남성성의 소진성: 남성들의 출산선망과 밀로의 비너스 신화)«. In: Lillian Rotter: Sex-Appeal und männliche Ohnmacht, Hg. von Andrea Benz. Freiburg I.Br. 1989.

Berger, Margarete: »Durch diese schöne Anstrengung mit sich selbst bekannt gemacht…(자기 자신과의 이 아름다운 긴장을 통하여 알려지다…)«. Über Texte zu Töchtern und Vätern. In: M. Berger/J. Wiesse (Hg.): Geschlecht und Gewalt. Psychoanalytische Blätter. Bd. 4. Göttingen/Zürich 1996, 120-160쪽.

Blos, Peter: Sohn und Vater. Diesseits und jenseits des Ödipuskomplexes(아들과 아버지. 오이디푸스 콤플렉스의 이쪽과 저쪽). Stuttgart 1990(영어판 1985).

Bosse, Hans: Der fremde Mann. Jugend, Männlichkeit, Macht. Eine Ethnoanalyse. Unter Mitarbeit von Werner Krauss(낯선 남자. 청춘, 남성성, 권력. 인종분석. 베르너 크라우스와의 공동작업에 따라). Frankfurt a.M.

Butler, Judith: Körper von Gewicht. Die diskursiven Grenzen des Geschlechts(육체의 중요성. 성 담론의 한계). Frankfurt a.M. 1995(영어판 1993).

Chasseguet-Smirgel, Janine (Hg.): Psychoanalyse der weiblichen Sexualität(여성적 성욕의 정신분석). Frankfurt a.M. 1974(불어판 1964).

Chodorow, Nancy J.: Das Erbe der Mütter. Psychoanlyse und Soziologie der Geschlechter(어머니들의 유산. 정신분석과 성별의 사회학). München 1985(영어판 1978).

_______: Die Macht der Gefühle. Subjekt und Bedeutung in Psychoanalyse, Geschlecht und Kultur(감정의 힘. 정신분석, 성과 문화에서 주체와 의미). Stuttgart 2002(영어판 1999).

Christian-Widmeier, Petra: Aggression in Frau-Frau-Analysen(여성-여성 분석에서의 공격성). In: Forum der Psychoanalyse 16(2000), 231-246쪽.

Cixous, Héléne: Schreiben und Begehren(글쓰기와 욕망). In: Alternative 19(1976), 155-159쪽(불어판 1974).

_______: Schreiben, Feminität, Veränderung(글쓰기, 페미니즘적 성격, 변화), In: Alternative 19(1976), 134-147(불어판 1975).

Dalsimer, Katherine: Vom Mädchen zur Frau. Literaische Darstellungen —psychoanalytisch betrachtet(여자아이에서 여성으로. 문학적 표현 —정신분석적으로 관찰하기). Berlin/

Heidelberg 1993(영어판 1986).

Dinnerstein, Dorothy: Das Arrangement der Geschlechter(성별의 정리). Stuttgart 1979(영어판 1986).

Fast, Irene: Von der Einheit zur Differenz. Psychoanalyse der Geschlechtsidentität(통합에서 차이로. 성별정체성의 정신분석). Berlin/Heidelberg/New York 1991(영어판 1984).

Firestone, Shulamith: Frauenbefreiung und sexuelle Revolution(여성해방과 성적인 혁명). Frankfurt a.M. 1975(영어판 1970).

Flaake, Karin/Vera King (Hg.): Weibliche Adoleszenz. Zur Sozialisation junger Frauen(여성성의 사춘기. 젊은 여성의 사회화에 대하여). Frankfurt a.M./New York 1992.

Flaake, Karin: Ein Körper für sich allein. Sexuelle Entwicklungen und Körperliche Weiblichkeit in der Mutter-Tochter-Beziehung(독자적인 육체. 어머니-딸 관계에서 성 발달과 육체적인 여성성). In: Psyche 46(1992), 642-652쪽.

_______: Körper, Sexualität und Geschlecht. Studien zur Adoleszenz jünger Frauen(육체, 성욕과 성. 젊은 여성의 사춘기에 대하여). Gießen 2001.

Friedan, Betty: Der Weiblichkeitswahn oder die Selstbefreiung der Frau. Ein Emnzipationskonzept(여성성의 망상 또는 여성의 자기해방. 해방의 구상). Reinbek 1970(영어판 1963).

Gambaroff, Marina: Utopie der Treue(성실의 이상향). Reinbek 1984.

Gast, Lilli: Libido und Narzißmus. Vom Verlust des Sexuellen im psychoanlytischen Diskurs(리비도와 나르시시즘. 정신분석적 담론에서 성욕적인 것의 상실에 대하여). Eine Spurensicherung. Tübingen 1992.

Gildemeister, Regine/Angelika Wetterer: »Wie Geschlechter gemacht werden. Die soziale Konstruktion der zweigeschlechtlichkeit und ihre Reifizierung in der Frauenforschung(성별은 어떻게 만들어지는가. 남녀 성과 여성연구에서 그것의 물화)«. In: Gudrun-Axeli Knapp/Angelika Wetterer (Hg.): Traditionen Brüche. Entwicklung feministische Theorie. Freiburg I.Br. 1992, 201-254쪽.

Hagemann-White, Carol: Frauenbewegung und Psychoanlyse(여성운동과 정신분석). Basel/Frankfurt a.M. 1979.

Hamburger Arbeitskreis für Psychoanalyse und Feminismus(정신분석과 페미니즘에 대한 함부르크 연구단체)(Hg.): Evas Biß. Weibliche Aggressivität und ihre Wirklichkeiten(아

담의 물린 상처. 여성성의 공격성과 그것의 현실성). Freiburg I.Br. 1995.

Hegel-Evers, Annelise/Brigitte Weidenhammer: Der Körper als Bedeutungslandschaft. Die unbewußte Organisation der weiblichen Geschlechtsidentität(의미경관으로서의 육체. 여성 성별정체성의 무의식적 조직화). Bern/Stuttgart/Toronto 1988.

Irigaray, Luce: Speculum. Spiegel des anderen Geschlechts(스페큘럼. 다른 성의 거울). Frankfurt a.M. 1980(불어판 1974).

_______: Das Geschlecht, das nicht eins ist(하나가 아닌 성). Berlin 1979(불어판 1977).

_______: Ethik der sexuellen Differenz(성욕차이의 윤리). Frankfurt a.M. 1991(불어판 1984).

_______: Genealogie der Geschlechter(성별의 계보). Freiburg I.Br. 1989(불어판 1987).

_______: Zur Geschlechterdifferenz. Interviews und Vorträge(성별의 차이. 인터뷰와 강연). Wien 1987.

King, Vera: Die Urszene der Psychoanalyse. Adoleszenz und Geschlechterspannung im Fall Dora(정신분석의 원초적 장면. 도라의 사례에서 사춘기와 성별의 긴장). Stuttgart 1995.

_______: Die Entstehung des Neuen in der Adolleszenz. Individuation, Generativität und Geschlecht in modernisierten Gesellschaften(사춘기에 새로운 것의 발생. 현대화된 사회에서의 개별화, 생성력과 성). Opladen 2002.

Koellreuter, Anna: Das Tabu des Begehrens. Zur Verflüchtigung des Sexuellen in Theorie und Praxis der feministischen Psychoanalyse(욕망의 터부. 페미니즘적 정신분석에서 성욕적인 것의 발산에 대하여). Gießen 2000.

Königseder, Karl: Der bedrohte Mann. Männlichkeit und Destruktivität(위협받는 남자. 남성성과 파괴적 성격). In: Sylvia von Arx u.a. (Hg.): Koordinaten der Männlichkeit. Orientierungsversuch. Tübingen 2003, 119-140쪽.

Kristeva, Julia: Die Revolution der poetischen Sprache(시적 언어의 혁명). Frankfurt a.M. 1978(불어판 1974).

_______: Produktivität der Frau(여성의 생산성). In: amternative 108/109(1976), 166-172쪽(불어판 1975).

_______: Fremde sind wir selbst(우리들 자신은 이방인들이다). Frankfurt a.M. 1990(불어판 1988).

Lampl-de Groot, Jeanne: Zur Entwicklungsgeschichte des Ödipuskomplexes der Frau(여성의 오이디푸스 콤플렉스 발달사에 대하여). In: Internationale Zeitschrift für Psychoanalyse 13(1927), 269-282쪽.

Liebsch, Katharina: Vom Weib zur Weiblichkeit? Psychoanalytische Konstruktionen in feministische Theorie(여성에서 여성성으로? 페미니즘 이론에서 정신분석적 구성). Bielefeld 1994.

_______: Wie werden Geschlechtsidentitäten konstruiert? Überlegungen zum Verschwinden der Psychoanalyse aus der Geschlechtsforschung(성별정체성은 어떻게 구성되는가? 성별연구로부터 정신분석의 소멸에 대한 숙고). In: Zeitschrift für Frauenforschung 1+2(1997), 6-16쪽.

Mertens, Wolfgang: Entwicklung der Psychosexualität und der Geschlechtsidentität(정신성욕과 성별정체성의 발달). Bd. 1 und 2, Stuttgart 1992/1993.

Millett, Kate: Sexus und Herrschaft. Die Tyrannei des Mannes in unserer Gesellschaft(성과 지배. 우리의 사회에서 남성의 포악함). München 1971(영어판 1969).

Mitchell, Juliet: Psychoanalyse und Feminismus. Freud, Reich, Laing und die Frauenbewegung(정신분석과 페미니즘. 프로이트, 라이히, 랭과 여성운동). Frankfurt a.M. 1976(영어판 1974).

Mitscherlich-Nielsen, Margarete: »Psychoanalyse und weibliche Sexualität(정신분석과 여성의 성욕)«. In: Psyche 29(1975), 769-788쪽.

_______: »Zur Psychoanalyse der Weiblichkeit(여성성의 정신분석에 대하여)«. In: Psyche 32(1978), 669-740쪽.

_______: Die friedfertige Frau(온화한 여성). Frankfurt a.M. 1985.

Moré, Angela: Die Bedeutung der Genitalien in der Entwicklung von (Körper) Selstbild und Wirklichkeitssinn [자기상과 현실감각의 (육체의) 발달에서의 생식기의 의미]. In: Forum der Psychoanalyse 4(1997), 312-337쪽.

Musfeld, Tamara: Im Schatten der Weiblichkeit. Über die Fesselung weiblicher Kraft und Potenz durch das Tabu der Agression(여성성의 그늘 속에서. 공격성의 금기를 통한 여성성의 힘과 잠재력의 속박에 관하여). Tübingen 1997.

Nitzschke, Bernd: Kastrationsangst und phallischer Triumph. Anmerkungen zu Sigmund Freuds Männlichkeitskonstruktion(거세공포와 남근의 승리. 지그문트 프로이트의 남

성성구성에 대한 주해). In: Sylvia von Arx u.a. (Hg.): Koordinaten der Männlichkeit. Orientierungsversuch. Tübingen 2003, 49-66쪽.

Olivier, Christiane: Jokastes Kinder. Die Psyche der Frau im Schatten der Mutter(이오카스테의 아이들. 어머니의 그늘 속에 있는 여성의 마음). München 1984(불어판 1980).

Pohl, Rolf: Feindbild Frau. Männliche Sexualität, Gewalt und die Abwehr des Weiblichen(여성이라는 적대적 상. 남성의 성욕, 여성성의 폭력과 방어). Hannover 2004.

Poluda-Korte, Eva S.: »Der 'lesbische Komplex'. Das homosexuelle Tabu und die Weiblichkeit('레즈비언 콤플렉스'. 동성애의 금기와 여성성)«. In: Eva Maria Alves. Stumme Liebe. Der 'lesbische Komplex' in der Psychoanalyse. Freiburg I. Br. 1993, 73-132쪽.

Reiche, Reimut: Geschlechterspannung. Eine psychoanalytische Untersuchung(성별의 긴장. 정신분석적 연구). Frankfurt a.M. 1990.

Rendtorff, Barbara: Geschlecht und symbolische Kastration. Über Körper, Matrix, Tod und Wissen(성별과 상징적 거세. 육체, 모체, 죽음과 앎에 관하여). Königstein/Taunus 1996.

Rohde-Dachser, Christa: Expedition in den dunklen Kontinent. Weiblichkeit im Diskurs der Psychoanalyse(어두운 대륙으로의 탐험. 정신분석 담론에서의 여성성). Berlin/Heidelberg/New York 1991.

Schäfer, Johanna: Vergessene Sehnsucht. Der negative weibliche Ödipuskomplex in der Psychoanalyse(망각된 동경. 정신분석에서 부정적 여성성의 오이디푸스 콤플렉스). Göttingen 1999.

Schlesier, Renate: Konstruktionen der Weiblichkeit bei Sigmund Freud(지그문트 프로이트에서 여성성의 구성). Frankfurt a.M. 1981.

Schmauch, Ulrike: Anatomie und Schicksal. Zur Psychoanalyse der frühen Geschlechtersozialisation(해부와 운명. 초기의 성별사회화의 정신분석에 대하여). Frankfurt a.M. 1987.

Schon, Lothar: Sehnsucht nach dem Vater. Die Dynamik der Vater-Sohn-Beziehung(아버지에 대한 동경. 아버지-아들 관계의 동력학). Stuttgart 2000.

Theweleit, Klaus: Männerphantasien(남성들의 환상). 2 Bde. Basel/Frankfurt a.M. 1977/1978.

Waldeck, Ruth: »Der rote Fleck im dunklen Kontinent(어두운 대륙의 붉은 반점)«. In: Zeitschrift für Sexualforschung 1 und 2(1988), 189-205쪽; 337-350쪽.

Winterhager-Schmid, Luise: Geschlecht als psychische Realität —Psychoanalytische Beiträge(심적 사실로서의 성별 —정신분석적 기고). In: Edith Glaser u.a. (Hg.): Handbuch Gender und Erziehungwissenschaft. Bad Heilbrunn 2004, 127-146.

Karin Flaake

11. 교육학

정신분석과 교육학은 —어쨌든 프로이트에게는— 분리된 학문영역을 나타내고는 있지만, 이들은 처음부터 서로 밀접하게 연관되어 있었다. 학문의 이론적 시각에서 볼 때 "정신분석적 교육학(Psychoanalytische Pädagogik)"이 독립적인 연구부문으로서 존재하는 것인지 또는 정신분석이 단지 교육학에 대한 보조학문으로만 간주될 수는 없는 것인지의 물음이 오늘날까지도 논란이 되고 있다. 하지만 정신분석이 교육학적 문제제기와 연관됨으로써 개인심리학의 입장으로 후퇴하면서 계속해서 소홀히 해 왔던 사회 및 문화비판적 논쟁에 뛰어드는 계기가 되었다는 것은 의심의 여지가 없다. 그렇기에 한스 피히트너(Hans Füctner)는 정신분석적 교육학이 정신분석적 운동 중에서 가장 진취적인 분과라고 규정할 수 있었다(Füctner 1978, 197쪽). 소외되고 신분이 없는 고아들과의 작업이 정신분석의 사회정책적인 인식을 첨예화했다는 것이다.

프로이트는 자신을 결코 교육학자로 간주한 적이 없었지만, 정신분석적 인식이 교육학에 언제나 대단히 중요하다고 확신하고 있었다.

프로이트와 교육학

프로이트의 《성이론에 대한 세 편의 논문들》(1905)에는 유아의 성욕과 "사춘기의 변화"에 대한 긴 설명이 나오는데, 이는 어린아이의 발달에 대한 집중적인 관찰에서 비롯된 연구들이다. "만일 사람들이 어린아이의 직접적인 관찰로부터 배우는 것을 이해한다면, 이 '세 편의 논문들'은 아직 탈고되지 않았을 수도 있을 것이다"(전집 5, 32쪽). 프로이트는 이 글에서 예컨대 어린아이의 성생활에 대해 전혀 알려고도 하지 않거나 심지어는 그런 실존을 부정하는 교육학자들의 편견을 암묵적으로 비판한다. 그는 이에 대한 배경을 어린 시절의 고유한 경험의 억압과 어린아이의 마음으로 감정이입 할 수 없는 무능력에서 찾는다. "교육이론의 정신분석에 대한 지대한 관심은 분명해진 원칙에 근거한다. 어린아이의 영적 삶의 내부로 감정이입 할 수 있는 자만이 교육자일 수 있다…"(전집 8, 419쪽). 프로이트가 다른 이론적 관계들에서보다 교육적 고려의 맥락에서 더 급진적인 사회비판에 도달하고 있다는 것은 흥미로운 일이다. 우리는 교육학이 정신분석의 사회비판적 감각기관을 날카롭게 건드려서 정신분석으로 하여금 더 명확한 견해를 내놓도록 자극한다는 인상을 받는다. 프로이트는 주어진 임무를 잘못 수행하고 어린아이들에게 큰 해를 입히는 동시대의 억압적 교육을 아주 혹독하게 비판한다. 교육은 "이제까지 항상 자제만을, 종종 충동의 적절한 억제를 과제로 삼아 왔다. 결과는 만족스럽지 못했고 잘된 경우라 해도 충동의 억제를 요구받지 않는 소수의 특권적 인간들이 이득을 얻었다. 번거로운 충동의 억제가 어떤 과정에서 그리고 어떤 희생에 의해서 이루어지는지를 사람들은 묻지도 않았다"(전집 7, 376쪽). 그러므로 교육은 약자들의 충동억제를 그들의 목적을 위하여 기능화한 강자들에게 유용하다는 것이다.

프로이트는 《문화 속의 불쾌감》(1930)이라는 글에서 교육이 젊은이들에게 성인의 삶을 제대로 준비시키지 못한다고 쓰면서 교육에 대한 자신의 비판 요지를 다음과 같이 상술한다. "교육이 젊은이에게 그의 삶에서 성욕이 어떤 역할을 하게 될 것인지를 알려 주지 않는다는 것은 과거뿐 아니라 오늘날의 교육도 비난받아 마땅한 중요한 문제이다. 게다가 교육은 젊은이에게 그 대상이 자신으로 결정되어 있을 수 있는 공격성에 대비시키지 못함으로써 죄를 짓는다"(전집 14, 494쪽). 프로이트에게 교육은 결핍으로 간주되었다. 왜냐하면 교육이 잘못된 인간상에서 출발하여 성인에게 유용성보다는 해악을 주었기 때문이었다.

교육이 어느 정도까지 인간의 전반적인 심적 발달에 영향을 미칠 수 있는가 하는 논란의 여지가 있는 물음에 프로이트는 분명한 관점을 고수한다. 이 교육 장애의 발생 내지 예방에 "강력한 영향을 효과적으로 행사할 수" 있으며(전집 7, 376쪽), 이 때문에 정신분석 역시 교육자의 계몽과 교육 실재의 개선에 현저히 기여할 수 있다고 확신한다.

프로이트는 모든 교육적 실제의 근본적인 어려움을 만족과 거부의 균형에서 찾는다. "그러므로 교육은 허용의 스킬라와 거부의 카리브디스 사이에서 자신의 길을 찾아야만 한다. 과제가 전반적으로 해결될 수 없을 때는, 최대의 성과와 동시에 손실을 최소화할 수 있는 교육에 대한 최적조건이 발견될 수 있어야 한다. … 교육이 최적조건을 찾아서 이상적으로 교육의 과제를 해결한다면, 교육은 질병의 병인학에서의 요인, 즉 우발적인 아동기 공간의 영향을 말끔히 지워 없앨 희망을 가질 수 있다"(전집 16, 160쪽). 이렇게 프로이트는 정신분석 지향적인 교육학이 신경증을 막아 주고, 따라서 "신경증 예방적으로(neurosenprophylaktisch)" 작용할 수 있는 가능성과 커다란 희망을 연결시킨다. 후기의 정신분석적 교육자, 특히 그의 딸인 안나 프로이트는 이와 같은 낙관주의를 더는 공유하지 못하며 교육의 영향 가능성을 비교적 과소평가하게 된다.

그렇지만 프로이트는 독립적인 분과로서 정신분석적 교육학의 구성과 관련해서는 더 회의적이다. 오히려 그는 정신분석에 대해 교육학을 위한 보조학문의 지위를 부여하면서 이론적으로 정초된 두 학문의 종합을 불가능한 것으로 생각한다. 따라서 그는 아우구스트 아이히호른(August Aichhorn)의 저서인 《내 버려진 청소년기. 청소년 보호교육에서의 정신분석(Verwahrloste Jugend. Die Psychoanalyse in der Fürsorgeerziehung)》(1925) 서문에서 다음과 같이 말했다. "두 번째 권고는 오히려 보수적인 것처럼 들리는데, 이는 교육연구가 정신분석의 영향과 혼동되거나 그것과 대치될 수 없는 독자적인 어떤 것이라는 것을 의미한다. 어린아이의 정신분석은 교육에 의해 보조수단으로 이용될 수 있다. 그러나 그것은 교육을 대치하기에는 부적절하다. 실제적인 이유뿐 아니라 이론적인 고려 또한 그것을 금하고 못 하게 한다"(전집 16, 566쪽). 프로이트는 두 학문의 독립성을 고수하면서 무엇보다 1970년대라면 위험할 수도 있는 논쟁에서의 입장을 선취하고 있다. 그는 정신분석적 치료와 교육적 실제의 특성적 차이(differentia specifica), 다시 말해 단순히 교육자-어린아이의 관계형식으로 전위될 수만은 없는 정신분석적 환경을 거론한다. 물론 프로이트는 신경증 치료에 대한 "재교육(Nacherziehung)"의 개념을 사용하고 있다. 하지만 그는 이 개념을 비본질적인 의미에서 이해하면서 그것을 결코 교육적 실재와 유사하게 설정하지 않는다. "성인 신경증환자의 정신분석이 그에 대한 재교육과 대등할 수 있다는 특권화된 진술을 통하여 오해되어서는 안 된다. 어린아이, 소외되고 버려진 어린아이조차도 신경증 환자는 아니며, 재교육은 미숙한 것의 교육과는 전혀 다른 어떤 것이다. 정신분석적 효과의 가능성은 우리가 '분석적 상황'으로 요약할 수 있는 완전히 결정적인 전제들에 근거한다"(전집 14, 566쪽). 여기서 '분석적 상황'이란 본질적으로 전이와 역전이에 달려 있으며, 추후논의의 기본적 물음은 전이의 형태와 이에 대한 의식화가 교육과정을 구성하는 요인인가 하는 것이다.

정신분석적 교육학의 시초

교육이 심적 발달에 긍정적 효과를 줄 수 있다는 프로이트의 낙관주의는 정신분석의 제1세대 연구자들에게 지극히 고무적인 영향을 미쳤고, 그 결과 정신분석적 교육학을 실제적이고 이론적으로 정립하려는 시도들이 일어났다. 1908년 잘츠부르크에서 열렸던 제1차 "국제정신분석회의"는 "정신분석과 교육"이라는 주제에 집중했다. 산도르 페렌치는 이 회의에서 창립자세대의 낙관주의를 표현하는 연설을 하면서 다음과 같이 말했다. "이 학설에 일치하는 더 합리적인 아동교육은 억압적인 심적 부담의 대부분을 제거하게 될 것이다"(Ferenczi 1970, 7쪽).

정신분석적 교육학은 1920년대에 전성기를 맞이했다. 교육학적 실험이 실행되고 연구소들이 세워졌다. 빈의 정신분석협회는 1923년에 상담소를 설치하면서 교육과정을 조직화했다. 지크프리트 베른펠트(Siegfried Bernfeld)는 1919년에 "바움가르텐 아동보호소(Kinderheim Baumgarten)"를 창립했는데, 그는 여기서 대체로 버려지고 가족이 없는 유대인 어린아이들에게 가정교육 및 학교교육을 실시했다(Bernfeld 1969). 베라 슈미트(Wera Schmidt)는 1924년에 정신분석의 원칙에 따라 모스크바의 "아동보호소-연구실(Kinderheim-laboratorium)"에서 다섯 살짜리 어린아이들을 돌봤다. 그런가 하면 빈에서는 미국의 여성 심리학자 도로시 벌링햄(Dorothy Burlingham)이 정신분석적 교육학자들이 가르치는 정신분석적-교육학적 시도학교인 "벌링햄-로젠펠트 학교"를 설립했다. 1925년에는 아우구스트 아이히호른의 연구서 《내 버려진 청소년기》가 출간되었다. 1년 뒤에는 《정신분석적 교육학지(Zeitschrift für Psychoanalytische Pädagogik)》가 창간되었다. (이 잡지는 1937년에 정치적 이유로 발간이 중지될 수밖에 없었다.) 릴리 루비체크(Lili Roubiczk)는 정신분석과 몬테소리 교육학을 결합하고, 빈에 노동자 자녀를 위한 최초의 몬테소리 교육원을 열었다. 1926년에는 페더른(Federn)과 멩(Meng)은 두 권으로 된 《정신분석적 민중서(Das Psychoanalytische Volksbuch)》를 발행하면서 서문에서 그들의 계획을 공표한다. "정신분석은 교육학의 종국적 의미와 가장 순수한 결실을 찾는다"(Kaufhold 2001, 31쪽). 정신분석적 교육학이 당시의 정신분석에 얼마나 영향을 미쳤는가는 빈 정신분석연구소 소장인 헬레네 도이치의 확증이 잘 보여 준다. 그녀는 정신분석적 교육자들이 정신분석 운동의 "번영"에 가장 큰 비중을 차지하고 있었을 것이라고 말했다(같은 곳, 42쪽). 사제인 오스카 피스터(Oskar Pfister)와 교사인 한스 출리거(Hans Zulliger) 외에도 지크프리트 베른펠트가 정신분석적 교육학에 공헌했다. 베른펠트는 예컨대 그가 교육기관의 기본적인 변화에 대해 언급할 때는 프로이트의 가장 재능 있을 뿐만 아니라 가장 철두철미한 제자였다. 그는 프로이트의 사회비판을 급진적으로 발전시켰고, 사회적 태도의 일관성 속에서 최초로 사회학을 위한 교량을 세웠다(Wagner-Winterhager 1988, 114쪽 이하). 베른펠트의 다음과 같은 기본명제는 오늘날에도 숙고할 만하다. 즉 교육자는 누구나 그 자신의 교육이념, 믿음 때문에 실패한다. 사회적 권력요소의 외부에 교육적 자율성의 행위공간이 존재한다. 교육자는 누구나 그의 충동소망의 사회적 조정의 희생자이며, 이 때문에 교육을 통해 자신에게 가해진 것을 무의식적으로 재생산한다. — 그리고 정신분석만이 이 불운한 관계를 의식화함으로써 극복할 수 있다(같은 곳, 116쪽). 오늘날까지도 "바움가르텐 아동보호소"에서의 교육적 시도를 기술한 문서는 매력적인 읽을거리이다. 여기서는 어린이들을 향한 지대한 존중이 들어 있고 1970년대의 반권위주의적인 교육모델이 선취되어 있는 해방적 교육의 형식들이 제시된다. 프로이트 저서의 계몽적 영향이 여기서 교육학적 실재로 전이되는 것이다(Bernfeld 1969, 84쪽 이하 참조).

"교육학적 분석"을 발전시킨 한스 출리거는 학교교육의 연구를 시도했다. 그는 말을 더듬는 어린이와 행동장애아 같은 어려운 처지의 학생들과의 접촉에 정신분석적 방법을 적용했다. 이 경우에 학생에게 자아 이상을 정립시키는 데 도움이 되도록 정신분석적 환경과 유사한 전이관계가 이용될 수 있다. (이때 교사는 보조적인 자아, 자아 이상으로서 모범을 보여야 한다.) 유감스럽게도 고아가 된 어린이와 청소년에 대한 이런 작업은(베른펠트, 출리거, 베라 슈미트의 작업은) 기대하던 결과를 얻지 못할 때가 많았다. 이는 보호소의 관리가 새로운 교육방법에 거부반응을 보였기 때문이기도 했다.

정신분석적 교육학의 가장 결실 있는 분과는 무엇보다 안나 프로이트에 의하여 계속 발전된 아동분석이었다. 정통적인 멜라니 클라인과는 달리 안나 프로이트는 아동의 치료에서 정신분석적 회상작업이 충분하지 못하고 심지어는 문제적이지만, 어쨌든 교육학적 방책을 통하여 보완되어야 한다는 입장을 내세운다. 아동에 대한 정신분석가는 (성인에 대한 정신분석가와는 달리) 아동의 미완성적인 발달 때문에 자아를 지원하고 강화하는 기능을 가지고 있어야 하며, 자아 이상의 자리를 차지해야 한다.

정신분석적 교육학이 완벽하게 신경증을 예방할 수 있다고 믿던 초기의 낙관주의에 곧 각성이 뒤따랐다. 안나 프로이트는 "정신분석적 교육론", 예컨대 구강기에 대한 새로운 이해, 자기성애적(autoerotisch) 활동에 대한 관용, 순결교육에서 더 큰 관대함, 보고 보여 주는 즐거움에 대한 자유, 성적인 문제에서 더 큰 솔직성에 대한 교육론의 결실뿐 아니라 그것의 실패를 실증적으로 제시하고 있다. 실제로 신경증 발병가능성은 감소될 수 없었는데, 그것이 "인류가 문화발전의 대가로 치르는 비용"(A. Freud 1968, 18쪽)이기 때문이라는 것이다. 그녀는 성행위에 대한 계몽 역시 의도한 목적에 도달하지 못한 적이 잦았다고 주장한다. 이는 유아기적 성욕구조의 미성숙과 관련이 있다고 본다(같은 곳, 17쪽).

이 모든 과도함 내지 오류에도 불구하고 정신분석적 교육학은 정신분석에 중대한 사회적 충격을 줄 수 있었고, 그 비판적 잠재력을 행동화할 수 있었다. 정신분석적 교육학은 정신분석 내에서 고루한 교육방법에 대해서뿐 아니라 기존의 사회적 질서 일반에 대해 반론을 제기한 결정적인 저항운동을 표현하였다. 또한 정신분석적 교육학은 의사-환자라는 사적인 관계 대신에 교육원칙 및 교육제도를 비판한 "사회적 장소" 베른펠트에 관심을 가졌다. 이와 동시에 정신분석적 교육학은 "현재의 사회적 장치의 결핍"을 확신한 프로이트를 충실히 따랐다. 프로이트는 《정신분석입문 강의의 새로운 연속(Neue Folge der Vorlesungen zur Einführung in die Psychoanalyse)》에서 "어린아이가 기존의 사회질서가 얼마나 가치 있고 그 자체로 타당한지를 고려함이 없이 그 질서에 적응하기를"(전집 15, 162쪽) 바라는 '편파적인' 교육을 비판한 바 있다.

1968년 이후의 정신분석과 교육학: 발전, 문제점, 논쟁

정신분석 자체에 대해서와 마찬가지로 정신분석적 교육학에 대해서도 '제3제국'은 다시 만회하기 어려운 후퇴를 의미했다. 많은 교육자들이 망명했고 《정신분석적 교육학지》의 출간은 중단되었다. 그 대신 미국에서 후속 잡지로 《아동의 정신분석적 연구(The Psychoanalytic Study of the Child)》가 출간되었으나, 그것은 거의 전적으로 아동치료적인 방향의 잡지였다.

1968년 이후에 논의를 결정화한 (무엇보다 비판이론에 영향을 받은) 학생운동과 사회비판적 이론가들은 지크프리트 베른펠트, 산도르 페렌치 또는 1920년대의 다른 저자들의 해방적 교육학을 기억해 내기 시작했고, 그들의 저작들을 새롭게 발간했다. 그렇지만 한스 피히트너(Hans Füctner)는

1978년 잡지 《정신(Psyche)》에서 회의적인 입장을 밝혔다. "어떤 심리학도 정신분석만큼 어린아이에 대해 많은 것을 가르친 것은 없었다. 그러므로 오늘날에도 정신분석적 교육학과 같은 어떤 것이 있어야만 할 것이라는 전제는 수긍이 가기는 하지만 유감스럽게도 잘못된 것이다. … 어디에 정신분석적 교육학이 살아남아 있는가, 그리고 왜 그것이 더는 존재하지 않는가, 무엇이 그것을 대체했는가 하는 물음이 제기된다"(Füctner 1968, 193쪽). 그는 정신분석적 교육학의 "실종"에 대해 다른 이유를 제시한다. 한편으로 유아기적 신경증이 근본적으로 교육의 오류를 피함으로써 제거될 수 있다는 낙관적 가설에 대한 실망감이 그 이유이고, 다른 한편으로는 망명의 상황에서 정신분석이 의료화되었기 때문이라는 것이다. 많은 정신분석적 교육자들은 교육자의 일에서 어린아이의 치료 작업으로 물러섬으로써 간신히 생존할 수 있었다. 이에 따라 전후에는 다른 심리학적 방향들(예를 들어 학습이론, 인본주의 심리학)이 정신분석보다 더 결실이 있었고, 정신분석은 교육학에서 배제되는 일이 일어났다. 현재는 경험적 연구들이 정신분석적 접근 분야를 인정하지 않고 있다.

여러 면에서 피히트너의 평가는 너무 비관적인 것처럼 보인다. 왜냐하면 소아교육에 대한 정신분석의 중요한 통찰들이 그사이에 교육학에서 당연한 것으로 관철되었기 때문이다. 가령 소아의 대상관계 개념을 토대로 하는 어머니-젖먹이 관계는(근원적 신뢰와 자기가치에 대한 감정은) 교육학에서 중대한 의미를 갖게 되었다. (항문기의 국부적 쾌락에 대한 정신분석이론에서 출발하는) 청결교육에 있어서 자유로운 태도 역시 마찬가지이다. 또한 위니콧의 대상관계이론을 토대로 하는 상실 및 분리불안 극복에서의 "과도기 대상"의 역할도 그러하다(Wagner-Winterhager 1988, 112쪽). 하지만 교육학이 정신분석적 인식을 받아들였다 해도 여전히 정신분석적 정리(定理)의 부분적 수용에 머물러 있었다. ― 이 점에는 피히트너도 동의해야만 했다. 전반적으로 교육학적 심리학은 정신분석과 그 비판적 잠재력에 거부적인 태도를 취했는데, 이는 특히 교육학적 심리학의 시민적 개인주의 성향과 관계가 있는 것으로 보인다(Füctner 1978, 203쪽).

정신분석적 교육학은 무엇보다 "이론적 차원에서 정신분석과 교육학의 통합"(Köner 1980, 779쪽)을 이루는 데 성공하지 못했다. 위르겐 쾨르너(Jürgen Körner)는 1980년에 고유한 학문으로서의 정신분석적 교육학은 불가능하다는 명제를 내세웠다. 그는 정신분석적 교육학의 이론적 결함을 밝혀내려고 시도하는 동시에 정신분석이론의 토대로서 정신분석적 치료장치를 그의 숙고에 끌어들였다. 쾨르너는 정신분석적 교육학이 신경증 예방에 효과가 있을 수 있다는 것, 그러므로 "퇴행성(regredient)" 정신분석 치료가 "진행성(progredient)" (예방) 교육으로 전환될 수 있다는 정신분석적 교육학의 가설에서 그의 논거를 제시한다. 쾨르너는 이런 관점이 정신분석의 자연과학적 근거를 고수하는 프로이트의 과학주의적 자기오해와 관련이 있다고 본다. 즉 정신분석적 교육학은 신경증의 인과적 병인학(病因學)이 존재하며, 따라서 인과율에 근거한 교육학적 행위와 미래의 심적 발달의 관계도 존재한다는 것을 전제로 한다. 그렇지만 정신분석의 의미비판적(sinnkritisch) 방법은 "분석적으로 처리된 개인들의 미래의 체험 및 행동에 대한 어떤 예측도 허용하지 않는다"(같은 곳, 778쪽)는 것이다. 쾨르너는 정신분석이 역사적-해석학적 학문이라는 것에서 출발한다면, 신경증 예방의 개념은 유지될 수 없다고 주장한다. 교육적 상황으로의 전이개념 적용 역시 그에게는 문제적인 것처럼 보인다. 교육적 상황에서의 전이와 역전이는 회상과 연결될 수 없기 때문에 —회상은 정신분석적 치료장치에서 효과적인 탐구의 전제이다— 그것은 교육학적으로 거의 적용될 수 없다. "전이과정은 실제의 사회적 관계를 은밀하게 표출하는데, 이 은밀함이 활발하게 작동함으로써 학생-교사 상호행동에서의 은밀한 관계를 해석하기 어렵게 한다"(같은 곳, 781쪽). 결론적으로 "정신분석이 자기이해를 고집한다면, 교육학과 연관될 어떤 가능성도 없는 것처럼 보인다. ― 목적과 방법, 행위의 관할이 너무나 상이하다"(같은 곳, 786쪽). 쾨르너는 그가 꼬마 한스의 사례(《다섯 살 소년의 공포 분석》, 전집 7, 241-377쪽)에서 패러다임으로서 구현된 것으로 보는 교육학과 정신분석의 엄격한 관할분리에서 해결책을 찾는다. 이 사례에서는 교육자와 분석가가 한 인격체 내에서 일치되지 않는다. 프로이트는 소년과 규칙적인 접촉이 없었고, 소년의 아버지와 '치료과정'을 함께 진행했다. 정신분석은 거리를 취함으로써 그 비판적 잠재력을 "교육학적 실제의 성찰적, 해석학적 비판"(같은 곳, 786쪽)으로 만들 수 있다는 것이다.

이렇게 쾨르너의 숙고가 학문이론적 시각에서 고무적이라면, 그의 논증과 결론 도출의 여러 측면은 문제가 있다. 근본적으로 그는 정신분석을 치료방법으로 환원시킨다. 요컨대 그는 정신분석적 교육학을 도구적 행위와 "신경증 예방"으로 제한하고 있다(Neugebauer 1992, 382쪽 이하도 참조). 쾨르너 본인은 나중에 그의 본래 입장을 상대화한 것처럼 보인다.

현재는 이에 대해 조심스럽게 접근되고 있다. 여기서 결정적인 것은 교육학이 더는 근본적으로 치료의 모델이 아니라 인간상 및 정신분석의 문화이론과 관련된다는 점이다(Bittner 1985; Figdor 1993). 이후 두 부문의 완전 분리를 지지하는 저자들은 이쪽 또는 저쪽 학문의 자기이해를 보호하기 위하여 그런 주장을 내세운다. 교육학 쪽에서는 정신분석이 신경증 행동을 사회순응적으로 교정하기를 기대할 경우에 교육을 적응의 도구로 변질시킬 것이라는 점을 우려한다. ― 그리고 동시에 신경증 증상이 사회적 항변의 형식이거나 무의식의 전복적 표현일 수 있다는 것을 숨긴다는 점을 우려한다(Figdor 1993, 77쪽).

정신분석적 통찰과 방법이 이제까지 학교에 가져온 결실이 얼마나 미미했는가는 주목할 만하다. 바로 여기서 균열이 생긴다. 이 균열은 부분적이지만 의사-환자 치료장치가 교육 상황에 미친 전이의 문제성을 통하여 설명될 수 있다. 교사-학생 관계에서 무의식적 갈등의 발견은 분명히 전이 및 역전이 관계를 방해하는 불안과 마주친다. 베른펠트는 이미 오래 전에 교사들이 수업에서 그들 자신에게 가해졌던 것을 재생산하며, 이 불운한 순환은 정신분석적 과정과 경험을 통하여 돌파될 수 있다는 것을 지적한 바 있었다. 의사-환자의 관계와는 달리 미래의 정신분석적 학교 교육학에서는 이 때문에 교사의 위치가 전면에 부각될 수밖에 없는지도 모른다. 아마도 교사는 '장면적 이해(szenisches Verstehen)'의 틀 속에서 자신의 (긍정적이고 부정적인) 역전이 반응에 대한 통찰을 얻어야 할 것이다. 잘 준비된 수업시간의 실패, (잠재적인 성적 의존에 이르기까지의) 교사들과 학생들의 감정적인 연루, 집단심리적 학생반응의 고려 불가능성, 바로 이 모든 것이 정신분석적으로 접근하는 학교 교육학의 중요한 주제들이라고 할 수 있다. 교육학이 일차적으로 학생들을 주목하면서 전이 및 역전이 현상을 장애의 관점에서 인지하는 것이 학문으로서의 교육학의 태생적 결함인 것처럼 보인다(이에 대해서는 Büttner/Finger-Trescher 1991; Hirblinger 2001 참조).

정신분석적 교육학의 가능성 또는 불가능성에 대한 논의는 결코 아직도 끝나지 않았다. 이 논의는 1989년 이후에 출간된 《정신분석적 교육학 연감(Jahrbuch für Psychoanalytische Pädagogik)》에서 매년 진행 중이다. 어쨌든 두 부문이 계속 대화를 한다면 그들은 서로 가치 있는 자극을 주고받을 수 있다. 교육학은 정신분석적 인류학과 그것이 내세우는 주체의 비판이론, 정신분석적 발달이론의 대상관계이론적 확장으로부터 이득을 얻을 수 있다(Figdor 1993, 81쪽). 반면에 정신분석은 (교육으로부터 치료장치와는 다른 행위 개념을 요구하는) 교육의 사회적 과정에 열린 자세를 취한다면 이득을 얻을 수 있다. 교육이 인간발달에서의 무의식적 과정으로부터 출발하며 그것을 고려해야만 한다고 확신하는 모든 사람은 미래에도 정신분석과 교육학의 만남에 관심을 갖게 될 것이다.

참고문헌

Bernfeld, Siegfried: »Kinderheim Baumgarten —Bericht über einen ernsthaften Versuch mit neuer Erziehung(바움가르텐 아동보호소 —새 교육의 진지한 시도에 대한 보고문)«. In: Ders.: Antiautoritäre Erziehung und Psychoanalyse. Ausgew. Schriften Bd. 1. Hg. von Lutz von Werder u. Reinhart Wolff. Darmstadt 1969, 84-191쪽.

_______: Der soziale Ort und seine Bedeutung für Neurose, Verwahrlosung und Pädagogik(사회적 장소와 신경증, 방임, 교육학에 대한 그 의미). In: Ebd. 198-211쪽.

_______: Sisyphos oder die Grenzen der Erziehung(시시포스 또는 교육의 한계) [1925]. Frankfurt a.M. 1970.

Bittner, Günther (Hg.): Pädagogik und Psychoanlyse. Beiträge zur Geschichte, Theorie und Praxis einer interdisziplinären Kooperation(교육학과 정신분석. 학제적 협동의 역사, 이론과 실제에 대한 기고문). Würzburg 1985.

Büttner, Christian/Urte Finger-Trescher (Hg.): Psychoanlyse und schulische Konflikte(정신분석과 학교의 갈등). Mainz 1991.

Ferenczi, Sándor: Psychoanlyse und Pädagogik(정신분석과 교육학) [1908]. In: Ders.: Schriften zur Psychoanlyse, Bd. 1 Hg. u. eingel. von M. Balint. Frankfurt a.M. 1970, 1-11쪽.

Figdor, Helmuth: Wissenschaftstheoretische Grundlagen der Psychoanlytischen Pädagogik(정신분석적 교육학의 학문이론적 토대). Hg. von Mario Muck u. Hans-Georg Trescher. Mainz 1993, 63-99쪽(개정판 2001).

Freud, Anna: Wege und Irrwege in der Kinderentwicklung(어린아이 발달에서의 정도와 사도). Stuttgart 1968.

Füctner, Hans: Psychoanalytische Pädagogik. Über das Verschwinden einer Wissenschaft und die Folgen(정신분석적 교육학. 학문의 실종과 결과에 대하여). In: Psyche 32(1978), 193-210쪽.

Hasenclever, Wolf-Dieter (Hg.): Pädagogik und Psychoanlyse. Marienauer Symposium zum

100. Geburtstag Gerturd Bondys(교육학과 정신분석. 게르투르트 본디의 탄생 100주년 기념을 위한 마리에나우에서의 심포지움). Frankfurt a.M. 1990.

Hirblinger, Heiner: Einführung in die Psychoanalytische Pädagogik der Schule(학교의 정신분석적 교육학 입문). Würzburg 2001.

Kaufhold, Roland: Bettelheim, Ekstein, Federn: Impulse für die psychoanalytisch-pädagogische Bewegung(정신분석적 교육학 운동을 위한 자극). Gießen 2001.

Körner, Jürgen: Über das Verhältnis von Psychoanalyse und Pädagogik(정신분석과 교육학의 관계에 대하여). In: Psyche 34(1980), 769-789쪽.

_______: Auf dem Wege zu einer Psychoanalytischen Pädagogik(정신분석적 교육학을 향한 도정). In: Jahrbuch für Psychoanalytische Pädagogik 4(1992), 66-84쪽.

Muck, Mario/Hans-Georg Trescher (Hg.): Grundlagen der Psychoanalytischen Pädagogik(정신분석적 교육학의 토대). Mainz 1993.

Neugebauer, Helmut: Aufklärung, Bildung und Erziehung der Seele. Erkenntnistheoretische Standortbestimmung der Psychoanalyse als Tiefenhermeneutik bei S. Freud, J. Habermas und A. Lorenzer in ihrer Relevanz für die Neubegründung einer psychoanalytisch orientierten Pädagogik(영혼의 계몽, 교양과 교육. 정신분석 지향적 교육학의 새로운 정초와 이에 대한 중요성에 있어서 프로이트와 하버마스, 로렌처에게 나타나는 심층적 해석학으로서의 정신분석의 인식론적 입장 규정). Diss. Konstanz 1992.

Rehm, Willy: Die Psychoanalytische Erziehungslehre. Anfänge und Entwicklung(정신분석적 교육론. 시작과 전개). München 1968.

Wagner-Winterhager, Luise: Psychoanalytische Pädagogik in ihren Anfängen(초기의 정신분석적 교육학). In: Neue Praxis. Zeitschrift für Sozialarbeit, Sozialpädagogik und sozialpolitik 18(1988), 111-119쪽.

Joachim Pfeffer

12. 영화 및 영화관이론

서 문

역사적 관점에서 볼 때 정신분석과 영화촬영법(Kinemathographie) 사이에는 이미 간과할 수 없는 근접성이 존재한다. 양자는 19세기 무렵에 탄생하여 문화적 관점에서 20세기의 특징을 본질적으로 표현했다. 프로이트는 인간에게서 감정, 관점 및 사고와 같은 의식적 행위의 무의식적 근거를 발견했고 인간의 꿈을 분석했다. 영화는 기술적 수단으로 우리가 바로 이 인간적 표현의 집단적 증인이 될 가능성을 열어 주었다.

하지만 영화는 결코 직접적이고 무의식적으로 동기화된 인간의 느낌과 행동을 재생산하지 못한다. 영화는 —프랑스의 영화이론가 장 루이 보드리(Jean-Louis Baudry; 1975/1994)가 언급한 바와 같이— 기술적 수단의 도움으로 오히려 느낌과 행동의 "시뮬레이션"을 제시한다. 매체는 플라톤의 동굴 속 죄수들과 비교되는(같은 곳, 참조) 어두운 영화관에 가만히 앉아 있는 관객들이 사실모사의 모사를 사실로서 제공하고, 관객들 사이에 "사실인상"(같은 곳, 1052쪽)을 불러일으킬 수 있다. 이와 같은 사실인상은 눈에 보이는 것이 마치 "더 사실적인 것"(같은 곳, 1070쪽)처럼 관객들에게 지각과 표상을 혼동하게 만든다. 퐁탈리스(Pontalis; 1984/1993)는 무의식이란 이미지의 외적인 것이며, 무의식의 의미는 관객이 자신의 무의식적 체험을 이미지로 투사할 때만 이미지에 근접한다고 주장한다(Baudry 1975/1994, 1067쪽; Zeul 2006 참조).

프로이트가 새로운 매체인 영화에 대해 회의적인 태도를 취했음에도 정신분석가들은 영화관이 생긴 이후로 계속해서 영화 연구에 몰두해 왔다(zeul 1994). 대다수 정신분석적 텍스트의 중심에는 꿈과 영화의 구조적인 유사성연구(Montani/Pietranera 1946 참조)뿐 아니라 임상이론을 지향하는 개별적 영화해석이 들어 있다. 1960년대에 이르기까지 저자들은 주로 오이디푸스 콤플렉스와 그것의 다양한 퇴행형식에 의존한다. 1970년대 초 이후로는 하인츠 코후트(Heinz Kohut)와 오토 케른베르크(Otto Kernberg)의 나르시시스적 장애이론이 즐겨 사용된다. 오이디푸스적 사건에서 나르시시스적 동력학으로의 전위에서 심리 내적인 발달(innepsychoanalytische Entwicklung)이 반영되는데, 이때 나르시시즘이론과 그것의 임상적 적용은 갈수록 크게 의미를 얻고 있다. 원초장면(Urszene)의 구상 역시 때때로 영화 제작 및 수용을 분석할 때 사용된다.

1990년대 후반부터는 영화에 대한 정신분석의 다시 커진 관심이 뚜렷해진다. "미학적 예술관찰의 하녀"(Andreas-Salomé, Baudry 1975/1994, 1049쪽에서 재인용)는 어느새 문학과 진지하게 경쟁하는 공주로 변해 버렸다. 샌프란시스코의 국제정신분석회의에서 그리고 연이은 산타모니카의 영화회의의 틀 내에서 영화가 정신분석적 담론의 더 넓은 공간을 차지한 1995년 이후로는 개별적 영화분석에 몰두하지 않는 국제적인 또는 국내적인 정신분석 회합이 거의 거르지 않고 열린다. 잡지 《정신(Psyche)》은 2000년도에 비정기적으로 영화해석이 게재되는 자체의 영화란을 신설했다. 《정신분석의 국제저널(International Journal of Psychoanalysis)》은 1997년부터 영화해석들을 발표하고 나중에 이를 모음집으로 출간했다(Gabbard 2001). 영국의 분석가 안드레아 사바디니(Andrea Sabbadini; 2003)는 영국의 영화페스티벌에서 행해진 여러 가지 연설들이 함께 들어 있는 책을 편찬했다. 페스티벌의 주제는 유럽의 영화관에 헌정되었다. 여기에 모인 텍스트들은 주로 영화해석과 자신의 영화에 대한 각 연출가들의 평으로 이루어져 있다. '정신분석과 영화'라는 주제에 대한 실제적인 발표와 연설에는 무엇보다 내용의 다양성과 이론의 이질성이라는 특징이 두드러진다. 1917년부터 대략 1990년까지의 시기를 포괄하는 이른바 초기단계와는 달리 오늘날에는 공개발표와 회합의 틀에서 집중적인 의견교환이 이루어진다.

정신분석의 영화화

논쟁: 프로이트, 아브라함, 작스와 베른펠트

정신분석의 치료방법과 임상에 대하여 영상의 수단으로 해명하려는 의도를 가진 영화들이 존재한다. 이런 영화들과 정신분석이 가령 알프레드 히치콕의 고전들인 1945년작 《스펠바운드(Spellbound)》(독일어 제목: 나는 너를 위해 싸운다), 1958년작 《현기증(Vertigo)》(죽은 자의 제국)과 1964년작 《마니(Marnie)》(마니)와 같은 영화이야기의 일부인 영화들은 구분되어야 한다. 프로이트는 새로운 매체에 대해 거부의 태도를 결코 숨기지 않았다. 정신분석의 영화화 계획에 대하여 한쪽에 프로이트와 다른 쪽에 카를 아브라함, 한스 작스, 지크프리트 베른펠트 사이의 대결이 계속해서 문서화되어 왔다(Eppensteiner 외 1987; Fallend/Reichmayr 1992; Zeul 1994; Ries 2000 참조). 주지하듯이 프로이트는 시민적 편견 때문에 영화계획에 강하게 반대하는 태도를 보였다. 이는 산도르 페렌치에게 보내는 편지에 잘 나타난다. "[정신분석](필자의 보충설명)의 영화화는 쇼트커트 머리처럼 거의 피할 수 없는 것처럼 보입니다만, 나 자신은 쇼트커트를 하지 않을 것이며 또한 어떤 영화와도 개인적 관계를 맺지 않을 것입니다"(F/Fer 111/2, 49쪽). 동시에 프로이트는 아브라함에 대해서도 진지하게 항변하면서 다음과 같이 적었다. "나의 항변의 요점으로 남아 있는 점은 어떻게든 고려할 만한 방식으로 우리의 추상(Abstraktion)을 조형적으로 표현하려는 것을 나는 불가능하게 생각한다는 사실입니다"(F/A, 357쪽).

아브라함과 작스의 영화계획에 대한 프로이트의 거부적인 태도에도 불구하고 이 두 분석가의 자문 하에 1925년에 파브스트(G. W. Pabst)의 연출로 최초의 정신분석적 영화인 《영혼의 비밀들(Geheimnisse einer Seele)》이 촬영되었다. 영화 줄거리의 중심에는 조카와 밀애를 즐기는 것으로 생각되는 자기 부인에 대한 병적인 질투심 때문에 괴로워하는 성교불능의 교수가 등장한다. 그의 살인환상은 여러 차례의 정신분석 면담에서 효과적으로 치료된다. 두 시나리오 작가인 카를 노이만(Karl Neumann)과 콜린 로스(Collin Ross)와 분석가인 아브라함과 작스의 공동작업은 후자들에게는 거의 만족스럽지 못하게 전개되었다. 노이만은 UFA사의 영화제작자였고, 로스는 정신분석에 대해 별로 이해가 없었던 유명한 여행기 작가였다. 팔렌트 등의 연구자는 다음과 같이 언급했다. "'정신분석적' 영화의 특징인 영화 속에서 치료를 담당하는 정신분석가의 등장으로 인하여 두 공동작업자는 [아브라함과 작스는](필자의 보충설명) 정신분석적 인식을 영화 속에 적용하고 표현하는 것, **그리고 정신분석적 사유의 연출을 위한 새로운 기술적 매체에 내재된 형상화 가능성을 이용하는 것**이 초라할 정도로만 가능하다는 사실을 올바로 인식하지 못했다"(Fallend/Reichmayr 1992, 134쪽; 고딕체는 필자의 임의적 강조 부분).

지크프리트 베른펠트는 영화제작자 한스 노이만이 아브라함과 작스에게 접근하던 같은 해에 그 나름대로 《장편 극영화의 틀 내에서 프로이트 정신분석의 영화적 연출을 위한 설계(Entwurf zu einer filmischen Darstellung der Freudschen Psychoanalyse im Rahmen eines abendfüllenden Spielfims)》라는 제목의 정신분석적 영화 시나리오를 저작했다(Sierek/Eppensteiner 2000, 37쪽 이하 참조). 이미 제목에서부터 시나리오의 이중적 성향이 나타난다. 한편으로 베른펠트는 서술적인 장편 극영화를 계획하고, 다른 한편으로는 정신분석에 대해 관객을 교수법적으로 계몽하려고 한다. 이를 위해 그는 꿈꾸는 주인공에게 꿈의 구성과 기능방식을 설명한다. 이는 매체의 창조적 고유성을 지나치게 고려하지 않는 모험이었다. "꿈꾸는 자의 문제성을 드러내는 작가에 의해 선택된 형식은 순환적 연출방식의 형식이다. 이런 연출방식에서는 회상, 꿈, 현재적인 사실이 나선처럼 중첩되면서 서로가 서로에게 영향을 미친다. 그러는 사이에 영화적인 사실이 … 만들어진다"(Zeul 1997, 183쪽). 분석가의 등장과 함께 영화적인 서술에서의 단절이 눈에 띄게 두드러진다. 베른펠트는 교사처럼 잠재적인 관객을 정신분석과 친숙하게 함으로써 매체의 특성을 놓치고 있으며 정신분석 자체의 본질도 놓치고 있다.

이런 점에서는 정신분석의 영화화에 대한 프로이트의 반대 입장이 철저히 입증되고 있다. 퐁탈리스에 따르면(Pontalis 1984/1993, 28쪽) 《영혼의 비밀들》에는 심적인 꿈들을 영화적인 구체성으로 "변조"시키는 특성이 결여되어 있다. 왜냐하면 이 영화가 매체에 고유한 미학을 고려하지 않고 만들어지면서 영화적 담론의 고유성이 아니라 언어적 담론의 모사에 의존하기 때문이라는 것이다. 보드리(1975/1994)는 영화 속의 꿈에 대해 다음과 같이 자신의 견해를 피력한다. 영화 속의 꿈이란 "우리가 꿈꾸는 사고가 꿈속으로 이입되는 것과 아주 동일한 방식으로 사실인상을 파괴함으로써 꿈속에서의 꿈과 똑같이 작동한다. 말하자면 그것은 꿈의 … 소망에 대한 방어수단으로서 작동한다. 영상화된 꿈의 황홀경은 결국 필연적으로 관객에게 관객으로서의 의식을 일깨우고 인공물(Artefakt)이 드러내는 거리를 창출해 낸다"(같은 곳, 1060-1061쪽). 물론 영화에서 거의 완벽하게 성공한 꿈의 연출이 존재하는데, 이는 꿈의 연출이 영화서술 자체의 일부가 되는 경우에 한정된다. 루이스 부뉴엘(Luis Buñuel)의 영화 《잊혀진 사람들(Los olvidados; Die Vergessenen)》에서 어머니에 대한 페드로의 꿈은 나머지의 영화서술과 단절되는 것이 아니며, 어머니는 영화서술의 일부로서 독자에게 영화에 의해 야기된 사실인상을 강화한다.

사르트르의 《프로이트》 시나리오에 대한 저서의 서문에서 퐁탈리스는 이렇게 기술한다. "심적인 삶에서 이미지의 변조 없이는 아무것도 재현될 수 없다. 프로이트의 아브라함에 대한 가설 거부는 이미지가 무의식을 받아들이지 않는다는 근원적인 가설 거부만을 표현할 따름이다"(Pontalis 1984/1993, 28쪽). 다음의 문장도 오해의 여지없이 명백하다. "무의식은 철학자들이 다루는 존재와 마찬가지로 거의 눈으로 볼 수 있는 것이 아니다"(같은 곳). 한스 작스는 이미 "창조적 변형(kreative Umwandlung)"[퐁탈리스의 "변조(Verfälschung)"]을 지적한 바 있다. 그에 따르면 심적 사실이 영화의 구체성으로 이전될 수 있을 때, 심적 사실이 창조적 변형을 경험할 수밖에 없다는 것이다(sachs 1929). 심적인 체험방식의 영화형태란 그에게 이런 체험방식을 외적으로 지각될 수 있는 이미지, 형상화되고 스스로 운동하는 이미지 속으로 옮겨 넣는 것을 말한다. 이런 이미지들은 꿈의 이미지들과는 달리 3차원적 성격, 구체성과 임의적인 반복성을 통하여 부각된다. 꿈 이미지의 휘발성과 비교하여 영화의 이미지에는 조직화와 불변성이 내재한다. 요약하자면 영화에서 정신분석의 연출은 그것이 꿈의 형식이든, 연속적 치료의 형식이든 프로이트가 규정한 심적 추상의 직접적 표현불가능성을 증명하고 있다. 정신분석적 교수법의 연출은 사실인상을 파괴하고, 관객을 영화의 사건으로 끌고 들어가는 것이 아니라 무감각하고 무관심한 관찰자로 전락시킨다.

존 휴스턴과 정신분석

《영혼의 비밀들》이 처음 상연된 지 20년이 지나서 미합중국 육군성은 존 휴스턴 감독에게 제2차 세계대전의 전쟁터로 되돌아가 정신적 질병에 시달리는 미군장병들에 대한 다큐영화를 촬영하도록 위탁했다(Zeul 2000 참조). 영화는 《빛이 있으라(Let there be Light)》라는 제목으로 영화사에 기록되었다. 1946년에 계획된 초연은 35년이 경과한 1981년에야 비로소 이루어졌다. 그동안 상영은 과거의 모든 당사자로부터 그들의 병력(病歷)에 대한 동의 진술을 제출하지 않았다는 이유로 금지되었다. 휴스턴(1980/1986)은 그의 자서전에서 롱 아일랜드 주의 메이슨 육군병원에서 이루어 낸 치료성과에 감동을 표명하면서 심적인 병인학의 중요성을 지적한다. "더는 달릴 수 없었던 남자들이 갑자기 걸음을 걸을 수 있었고, 더는 말할 수 없었던 남자들이 갑자기 다시 목소리를 되찾았다. 당연히 이런 제한에서는 히스테리 증후군이 문제였다. 이 때문에 그것의 회복을 아주 면밀하게 추적하는 것이 중요했다"(같은 곳, 154쪽; 이에 대해 Zeul 참조). 휴스턴은 50년 전의 프로이트처럼 요란한 신체징후학(Körpersymptomatik)에 화를 내기보다는 오히려 자신의 카메라로 고통스러운 전쟁체험, 그러나 무의식적인 유아기적 갈등과 정신성욕의 외상을 본질로 하던 그들의 심적 원인을 노출시켰다. 그의 영화는 히스테리를 —그것이 오로지 전형적인 여성적 질병이라는 견해에 반해— 남성적인 장애로서도 표현하고 있다. 반면에 부친의 죽음까지의 초기 프로이트를 다루고 있는 《프로이트》 영화 제작에서 휴스턴은 무의식을 악마적인 어떤 것으로 연출함으로써 그것을 의식적 체험과는 분리된 영역으로 엄격하게 내몬다. 이 악마적인 것은 휴스턴에 따르면 "유황을 품어 낼 것 같은 어떤 것"이었다. "우리는 프로이트의 무의식으로의 하강이 아마도 단테의 지옥으로의 하강과 마찬가지로 소름 끼칠 수밖에 없을 것이라고 상상했다"(같은 곳, 352쪽). 프로이트의 꿈의 무의식 속으로의 하강은 휴스턴의 영화에서는 본의 아니게 오히려 우스운 형상으로 표현되면서 관객을 지루하게 하거나 흥미를 느끼는 관찰자로 만든다. 프로이트를 통한 여주인공 체칠리(Cäcilie)의 치유는 여러 차례의 추리적인 심문에 의해서 이루어진다. 휴스턴은 유아기의 외상을 단일 인과적 원인에 의해 증상의 발달과 연결한다.

히치콕과 부뉴엘(Buñuel)

심적인 징후학을 통하여 심문절차와 어린 시절에 있었던 외상의 관계, 원초장면을 서술의 중심에 놓는 알프레드 히치콕의 정신분석-영화들 역시 휴스턴 감독의 《프로이트》와 유사한 전통에 위치한다. 이 단일 인과율적 원인에 대한 해명이 치유로 이끈다. 게르투르트 코흐(Gertrud Koch; 1987)는 히치콕-영화의 전통에 대하여 당시 미국에서 주로 기법의 검증이 이루어지고 실용화된 정신분석의 응용과 분리될 수 없음을 지적하였다. 그의 영화 《스펠바운드》, 《현기증》, 《마니》는 이런 할리우드의 전통에 속한다. 이 영화들에서는 정신분석적-추리적 심문절차의 연출이 다루어지면서 그 과정에서 유아기적 원초체험이 재구성되지만, 그럼에도 《스펠바운드》와 《현기증》은 성공적인 영화인 데 반해 《마니》는 명백히 약점을 보인다. 해리스(Harris)와 래스키(Lasky)는 마니의 신경증적 행동을 교화하려는 시도에서 프로이트 정신분석의 애호가적 시도가 중요하다는 관점을 대변한다. 반대로 《스펠바운드》와 《현기증》의 매력은 정신분석적 방법의 연출에 있다기보다는, 오히려 주인공의 행동화가 결정화되면서 나쁜 의사 에드워즈와 나쁜 여자 마들렌을 둘러싼 수수께끼의 해결로 몰아가는 서스펜스에 있다. 히치콕 감독이 어떻게 정신분석과 범죄의 설득력 있는 —인정받을 수 있을 만큼 축약된– 혼합을 창출하는 데 성공하는지는 아주 인상적이다. 《현기증》에서처럼 히치콕은 《뒤쪽 창문(Rear Window)》(마당으로 난 창문)에서 자신이 사랑하는 여인에 대해 결단을 내리지 못하는 심적 장애를 지닌 주인공 제프를 출연시킨다. 그러나 동시에 제프는 다리가 부러져 휠체어에 꼼짝 못 하고 앉아 있다. 히치콕은 이제 제프와 리사 사이의 신경증적 특징의 연애이야기를 제프의 탐정 역할과 연결한다. 제프는 리사의 도움으로 그의 아파트 뒷집에서 일어나는 살인을 해명한다. 《뒤쪽 창문》뿐만 아니라 《현기증》에서도 정신분석이 신경증적 결함을 지닌 주인공의 연출에 도입된다. 루이스 부뉴엘의 영화 작품에서 정신분석은 사물의 가상에 만족하지 않는 부뉴엘적인 초현실주의의 통합적 구성요소를 형성한다. 그의 영화를 보면 정신분석은 인간의 느낌과 행위에 대한 계몽적 성격을 포함한다. 부뉴엘 감독은 그의 주인공을 구상하면서 프로이트 정신분석 역시 거론하는 인간적인 충동성, 주로 파괴적인 충동성과 반복강박을 영화적으로 대가답게 표현했다. 《잊혀진 사람들》(1950)에서 행방불명된 아이들은 단순히 멕시코 수도의 슬럼가에서 벌어지는 사회적 관계의 희생양만은 아니다. 그들의 행위, 그들의 좌절과 죽음은 죽음의 충동 때문이기도 하다. 《절멸의 천사(El ángel exterminander)》[1962; 죽음의 천사(Der Würgeengel)]에서 초대한 주인의 저택을 떠날 수 없는 멕시코 상류계층에 속하는 사람들의 저녁모임은 어떤 외부의 방해가 없음에도 죽음의 충동에 지배를 당한다. 이 충동적 사건은 완전한 소통부재 속에서 그리고 집안에 감금된 사람들의 기억불능 속에서 명백해진다. 어느 젊은 여성이 이곳에 모인 참석자들에게 기억을 떠올릴 것을 촉구하자 마침내 손님들은 해방되지만, 그들은 나중에 성당 안에 다시 감금되고 만다.

스페인에서 제작된 부뉴엘의 유명한 영화 《비리디아나(Viridiana)》(1961)와 《트리스타나(Tristana)》(1970)도 마찬가지로 –특히 《비리디아나》에서는 부뉴엘 감독의 특유하고 초현실주의적으로 표현된 블랙 유머가 현저히 두드러지기는 하지만— 남녀 주인공들의 파괴적인 충동적 사건을 통하여 특징화된다. 그리스도의 최후의 만찬에서 거지의 조롱은 이를 잘 입증한다. 그 밖에 《범죄에 대한 수필(Ensayo de un crimen)》(1955; 아르치발도 델 라 크루즈의 범죄적인 인생)과 《메꽃(Belle de jour)》(1967) 역시 부뉴엘 감독의 특유한 유머에 의해 특징화되는 주인공들의 정신분석적 초상을 표현하고 있다. 주인공 아르치발도가 환상 속에서 어느 여자를 죽이려고 기도할 때마다 매번 다른 자가 먼저 나타나 환상 속의 행위를 실제로 저질러 방해받은 살인자가 된다면, 《메꽃》의 여주인공은 부뉴엘 감독에 의해 성욕의 실행에도 낯설지 않은 방해받은 창녀로 그려진다.

꿈과 영화 형상화의 평행관계

꿈과 영화라는 주제에 몰두하는 정신분석의 남녀 저자들(Pratt 1943; Montani/Pietranera 1946; Chasseguet-Smirgel 1971/1988; Projektions 1996)은 일반적으로 전치 및 응축과 같은 기제, 표현가능성에 대한 고려가 심적 체험뿐만 아니라 영화에 대해서도 가치가 있다는 점을 강조한다. 그들은 영화를 볼 때 관객에게 일어나는 꿈과 유사한 상태를 기록하고, 나아가 꿈의 양상과 비슷한 영화 관찰에서의 퇴행적이고 환각적이며 만족감을 주는 양상을 제시한다. 몬타니와 피에트라네라(1946)는 꿈속의 추상적 생각들은 그 자체의 구상적 표현을 얻게 된다는 프로이트가 《꿈의 해석》에서 규정한 가설을 받아들이면서 인간에게는 자신을 구상적으로 표현하려는 계통발생적으로 정착된 심층적 욕구가 내재한다고 주장한다. 나아가 그들은 꿈과 영화가 서로 동일한 퇴행적 기법을 이용하며, 문학이 의식의 언어를 사용하는 데 반해 "순수한 영화"는 무의식의 언어를 사용한다는 관점을 내세운다. 샤스케 스미젤(Chasseguet-Smirgel; 1971/1988) 역시 영화와 꿈에는 양자의 구상성과 일차적 과정의 근접성 때문에 무의식이 영상의 고유한 성격이라는 명제를 제기한다. 그는 이렇게 말한다. "나는 영화가 그것이 이미지에 부여하는 중대성 때문에 환상적인 삶을 가장 직접적으로 보여 줄 수 있는 특권적 수단을 연출한다고 생각한다"(같은 곳, 82쪽). 물론 꿈과 영화의 평행관계에 대한 가설은 이미지의 영화적인 제작을 약화시킬 수 있다. 프라트(Pratt; 1943)와 마우어호퍼(Mauerhofer; 1958)의 접근방식은 꿈과 영화의 구상성을 논증의 주요과제로 삼는 시도들과는 차이를 보인다. 이 저자들에게 "영화의 꿈 유사성은 영화촬영의 장치를 넘어서서 제작된 어떤 것이다. 이는 관객과 영화관의 어둠 속에서, 미학과 영화기법 속에서의 퇴행적 과정들의 공동작용으로부터 이루어진다"(Pratt의 Zeul 1994, 984쪽 재인용).

퇴행적 의식상태로서의 꿈

꿈과 영화의 공통적 형상화 기제를 지정하려는 시도는 만족스럽고 납득할 만한 결실을 가져오지 못했다. 영화는 꿈이 아니지만 꿈과 유사한 상태를 불러일으킨다. 꿈 은유의 적용은 관객에게 지각과 표상의 교대에 이르는 상이한 퇴행적 의식상태를 나타내는 데 지극히 효과적인 것으로 입증된다(Baudry 1975/1994; Koch 2002; Zeul 2006 참조). 루 살로메는 이미 1912년에 통찰력 있는 시각으로 관객에게 영화의 심리적 의미에 주의를 기울이게 하는 발언을 했다.

"어째서 영화관이라는 것이 도대체 우리에게 아무 역할도 하지 못하는지, 이에 대해 나는 이제 와서야 비로소 깊이 생각하게 되었다. 우리가 미학적 예술관찰의 이 부엌데기 신데렐라(Aschenbrödel)에 대하여 명예회복이라는 점에서 말할지도 모르는 많은 것들에는 어쩌면 두 가지의 순수 심리학적 숙고도 포함된다. 첫 번째 숙고는 다음의 상황과 관련된다. 즉 오직 영화기법만이 대략 우리 자신의 상상하는 능력에 부응하면서 어느 정도는 그것의 비약적 성격까지도 모방하는 일련의 신속한 영상을 가능하게 한다는 점이다. … 두 번째 숙고는 다음의 상황과 관련된다. 즉 이질적인 것의 다양한 풍부함은 단순하고 피상적인 만족으로 평가될 수 있을지라도 아주 특이하게 형식을 부여하고 의미의 상과 인상을 선사한다는 점이다. 그리고 한쪽으로 치우쳐 둔감해져 버린 일용노동자에게뿐 아니라 직업적이고 사상적인 상투성에 얽매인 정신노동자에게도 이것만이, 그리고 이 자체가 사물에 대한 예술적 체험의 흔적을 의미한다. 우리의 영적 체질에 대한 이런 고려가 혹시 영화관의 미래를 —예술의 하녀를 위한 작은 금 덧신을— 의미할 수 있는 것은 아닌지 우리는 이 두 가지 숙고를 통하여 되새기게 된다(Baudry 1975/1994, 1049-1050쪽에서 재인용).

이 인용문은 보드리에 의해 확증된 투사와 그것이 겨냥하는 주체의 통합을 선취하고 있다. 루 살로메의 숙고에서는 영화나 관객의 "영적 체질"보다 오히려 양자의 조화가 중시되고 있다.

보드리(1975/1994)는 철학적으로는 플라톤의 동굴의 비유에서 그리고 정신분석적으로는 베르트람 레빈의 꿈화면(Traumleinwand)에서 옮겨 온 그의 장치이론(Apparatustheorie)을 가지고 구강기에 정착된 원초적 투사방식과 영화관람 방식의 초안을 계획했다. 그는 플라톤의 동굴의 비유에서 출발하여 심적인 장치와 영화적인 장치의 유사성을 환기시킨다. 이와 동시에 그는 "투사 시에 그 대상이 되는 주체를 포위하고 있는 투사와 관련된"(같은 곳) 영화적인 "디스포지티프(Dispositiv)"(같은 곳, 1047쪽 이하)만이 심적 퇴행을 모방하는 예술적 퇴행을 일으킬 수 있다는 점을 제시한다. 보드리는 플라톤의 동굴 속 죄수들의 움직임 없음을 운동성이 아직 형성되지 않은 신생아의 무동작성과 비교하는데, 레빈(1950/1982) 또한 그것을 어린 시절의 발달 상태를 반복하는 잠자는 사람의 무동작성과 비교한다. 보드리에 따르면 영화 관람자가 운동이 제한된 젖먹이나 잠자는 사람과 유사하다는 것이다. 물론 관객들은 잠을 자러 영화관에 가는 것은 아니다. 하지만 영화관 내의 무동작성과 어둠은 잠과 유사한 반응을 자아낸다. 잠이 심적 장치 내의 변화를 제약하고, 좌석들이 불안해지면서 나르시시즘으로의 일시적인 회귀가 일어나면 운동성은 제한된다. 이런 퇴행적 상황 속에 꿈이 자리를 차지한다. 이 꿈속에서 지각은 표상으로, "사실적인 것 이상의 것으로, 사실적인 것보다 더 사실적인 것으로 변함으로써 … 이를 깨어 있는 상태의 평소 상황에서 사실을 매개하는 사실감각과 구별할 수 있게 된다"(같은 곳, 1064쪽). 보드리는 다른 곳에서 자신이 영화와 꿈을 동일시하는 것은 아니라고 입장을 급히 바로잡는다. 영화를 볼 때는 사실적 지각대상이 존재(같은 곳, 1073쪽 참조)하는 데 반해, 꿈속에는 그것이 없다는 점에 차이가 있다는 것이다. 여기서 표상은 사실로 지칭된다. "요컨대 꿈과 환각상태에서는 표상이 지각된 사실로서 나타나는 데 반해, 극장에서는 사실의 … 사실적 지각이 나타난다. … 꿈과 환각상태에서는 표상이 지각의 부재하에 사실로 지칭된다"(같은 곳, 1073쪽). 보드리는 영화가 꿈이 매개하는 (사실인상과 비교될 수 있는) "영화관-효과(Kino-Effekt)"(같은 곳)를 일으킨다는 점을 강조한다. 영화관과 꿈은 서로 다른 방식으로 관객에게서 퇴행적 의식상태를 불러낸다. 그는 영화관에 가려는 소망에 내면과 외면, 육체와 외부세계 사이의 경계가, 아직도 유동적인 발달단계로 잠시 되돌아가려는 주체의 욕구가 내재하는 것으로 파악한다. 주체는 투사를 통하여 잃어버린 동시에 갈망하던 쾌락을 단시간에 제공할 수 있는 상태로 자신을 바꾸는 영화관-장치(Kino-Apparat)를 창조했다.

투사가 일으킨 퇴행의 정도를 나타내기 위하여 보드리는 미국의 정신분석가 베르트람 레빈(Lewin 1946; 1953)이 정신분석에 도입한 꿈화면 개념을 이용한다. 꿈화면은 최초의 시각적 기억의 흔적으로서 갓난아기에게 어머니의 젖을 먹이는 것, 잠들 수 있게 하는 어머니의 젖가슴 자체를 대변한다. 젖을 먹이는 상황에서 ―먹고, 먹여지고 잠자기에서― 구강기의 소망이 명백하게 나타난다. 꿈속에 나타난 꿈화면은 바로 이 세 가지 소망의 환각적 욕구충족을 대변한다. 이에 대해 르네 스피츠(René Spitz; 1955)는 최초의 시각적 지각이 어머니의 젖가슴이 아니라 어머니의 얼굴이라는 점에서 반론을 제기한다. 일차적인 최초의 지각은 스피츠에게 어머니의 구강이다. 그는 이러한 지각을 대상관계의 도움으로 유아의 발달단계에야 비로소 형성되는 원거리지각(Fernwahrnahmung)보다 더 근원적인 촉각지각(Tastwahrnehmung)에 포함한다. 나아가 스피츠는 꿈화면을 이 단계에 포함시킨다. 어머니의 젖가슴에서 모유나 우유병에서 우유를 마실 때 두 가지 지각형식이 혼합된다. 왜냐하면 유아는 입에서 젖꼭지나 우유병을 감지하는 동시에 어머니의 얼굴을 쳐다보기 때문이다. 스피츠는 이제 레빈의 꿈화면을 촉각 내지 접촉지각(Kontaktwahrnehmung)과 시각적 지각이 서로 뒤섞여 있는 추이단계에 도입한다. 이 단계에 대한 "범람(Überfließen)"(같은 곳, 648쪽)은 전형적이다. 스피츠에 따르면 정지의 상태에서는 "바로 전체적 상황의 지각인 촉각지각과 시각지각이 무차별적 통일체, 다시 말해 모든 부분체험이 전체체험을 보증하는 하나의 '형태'로 합쳐진다"(같은 곳, 648쪽). 영화의 투사, 영화관의 어둠과 강요된 무동작성은 관객을 잠정적으로 젖먹이가 되게 하는 퇴행을 불러일으킨다(Zeul 2005). 관객들은 영화를 보는 동안 영상을 빨아들이며 본원적 젖먹이 사육을 모방하는 영화-사육의 상황을 즐기는 것이다. 이런 논증에 따라 영화는 관람될 뿐만 아니라 빨아들여지고 "내사되어" 먹잇감이 된다(Torok, 1968/1983).

백일몽과 꿈

프랑스의 영화이론가 크리스티앙 메츠(Christian Metz; 1975/1994) 역시 꿈과 영화의 유사성 및 상이성연구에 열중한다. 그는 관객의 의식적 상태와 "영화적 상태"(같은 곳, 1031쪽), 그리고 서술적 영화의 특징이라는 두 가지 측면에서 이 연구에 접근한다. "영화적 상태의 밖에서는 주체가 특히 조밀하고 잘 조직화된 외부 인상들을 바로 순간적으로 받아들이는 몇몇 상황들만이 존재할 따름인데, 왜냐하면 [관람석에 앉아 있는](필자) 주체는 몸을 움직일 수 없는 대신에 외부 인상들을 내적으로 '초과하여 받아들이려고' 하기 때문이다"(같은 곳, 1021쪽). 잠의 상태와 깨어 있는 상태는 메츠가 세 가지 양상에 따라 나누는 그의 명제에 대한 관계체계를 형성한다. 첫째로 영화적 상태와 꿈 상태는 동일한 것이 아니다. 그럴 것이 꿈꾸는 사람은 자신이 꿈을 꾼다는 것을 알지 못하는 데 반해, 영화의 관객은 자신이 영화관에 머물고 있다는 사실을 의식하기 때문이다. 메츠에 따르면 이것이 환영일 수 없다는 것은 꿈과는 달리 영화관에 통용된다는 것이다. 영화관은 특정한 사실인상을 불러일으킨다. 메츠가 확증하는 두 번째 차이는 꿈이 단지 꿈꾸는 사람으로부터만 지각되는 반면에, 영화의 지각은 모든 관객들이 공유하는 사실적 지각(같은 곳, 1012쪽)이라는 점에서 첫 번째 차이와 밀접하게 연관된다. 세 번째 차이의 특징으로 저자는 영화 텍스트와 꿈 텍스트의 경계를 분명히 한다. 영화 텍스트는 꿈 텍스트보다 더 구성적이고 논리적이라는 것이다. "서술적 영화는 일반적으로 꿈보다 훨씬 더 '구성적'이고 '논리적'이다"(같은 곳, 1023). 양자 사이의 차이는 영화가 기억되거나 이야기된 꿈의 황당무계함을 결코 재현할 수 없다는 데 있다. 메츠는 영화텍스트의 구성적 성격과 서술적 성격을 제시하면서 다음과 같이 설명한다. "영화의 이야기는 늘 명료하게 진행된다. … 그것은 서술된(erzählt) 이야기, 또는 짧게 말해 서술 내에 포괄되는 이야기이다. 꿈의 이야기는 '순수한' 이야기이다. 그것은 흥분이나 암흑 속에서 생겨나는 서술 없는 이야기, 어떤 종류의 설명적 심급을 통해서도 형상화되거나 (또는 기형화되는) 일이 없는 이야기, 아무도 어떤 이에게 서술하지 않는 어떤 곳에도 없는 이야기이다. 그럼에도 꿈의 이야기는 하나의 이야기이다. 영화에서와 마찬가지로 꿈에서도 이미지가 존재할 뿐만 아니라, 아주 명백하게 이미지를 통하여 직조되고 편성된 연쇄, 장소, 행위, 순간, 형태를 지닌 무질서한 연쇄가 존재한다"(같은 곳, 1028쪽).

감독과 관객을 대상으로 하여 영화와 깨어 있는 상태의 근접성을 연구의 출발점으로 하는 메츠는 고도로 조직화된 영화를 ―그것이 만들어질 때 잠을 전제로 하지 않고 밤꿈보다는 구성적이면서도 덜 황당무계한― 백일몽과 비교한다. 백일몽과 영화 관람은 냉정함이 감소된 상태에서 일어난다. "영화와 백일몽이 영화와 꿈보다 더 직접적인 경쟁관계를 이루면서, 양자가 지속적으로 서로 간섭한다면, 그것은 바로 양자가 사실적응의 지점에서 ―또는 퇴행의 지점에서― 간여하기 때문이다. 꿈은 어린 시절과 밤에 속하고, 영화와 백일몽은 더 성장하여 낮에 속한다. 물론 밝은 대낮보다는 어스름한 초저녁에 가깝다"(같은 곳, 1040쪽). 백일몽에서는 일차적 과정의 표상들이 발생될 수 있지만, 지각과 표상의 교대에는 이르지 못한다. 보드리의 경우와 달리 메츠에게는 영화의 구성적 성격 때문에 관객들에게 일어나는 퇴행이 결코 환각적 소망충족의 단계에 도달하지 않는다. 서술적 영화의 견고함으로 말미암아 관객들은 마음대로 영화를 자신의 소망충족에 이용할 수 없다. 반면에 꿈은 알려져 있듯이 소망에 대하여 상세하고 신뢰할 만한 만족스러운 대답을 표출한다.

프랑스의 영화이론가 레이몽 벨루는 보드리와 메츠의 영화와 꿈 비교를 논의하면서 영화와 최면장치의 각축을 거론한다. 그는 최면의 활발한 형성력을 제시하고, 이 논제를 다니엘 스턴의 활동적인 젖먹이에 대한 가설과 연결한다(Bellour 2004; 2006).

페미니즘 영화이론

무엇보다 페미니즘 영화이론은 여성성의 표현에 대한 물음을 예술에서 제기하던 미국의 새로운 여성운동에서 시작된다. 1970년대에 가장 중요한 여성 영화이론가들 가운데 한 사람은 로라 멀비(Laura Mulvey)이다. 그녀는 자신의 개척자적인 논문 《시각적 쾌락과 내러티브 영화(Visuelle Lust und narratives Kino)》(1978/1980)를 통해 영화에서 행위 주체로서의 여성 배제를 포착하고 동시에 비판한다. 멀비는 카메라 시선과 남성관객 시선과의 밀착(Verschweißung)이라는 명제를 공식화하고 있는데, 라캉의 거울단계와 프로이트의 관음증 개념이 이 명제의 토대가 되고 있다. 영화에서 남성들의 관음증적인 만족감과 여성의 노출증적인 보여 주기의 극단에서 펼쳐지는 카메라(영화)와 관객 사이의 잠정적 관계는 멀비가 특히 내러티브 할리우드 영화에 대해 주장하는 보편적으로 통용되는 시선방향 때문에 분명해진다. 그녀는 히치콕과 슈테른베르크의 영화들을 통해 실례를 입증하고 있는데, 여기서는 보고 보임을 당하는 것의 양극성 의미가 중심적 논증을 차지한다. 영화의 서술이 진행시키는 적극적인 보기 행위는 남성의 업무이고, 보임을 당하는 것은 남성의 욕구대상이자 공포대상이 되고 있는 여성의 업무이다. 로라 멀비는 이 가설을 가지고 영화가 관객들에게 오로지 남근적인 동일시만을 일으킨다고 주장한다.

멀비의 가설에 대한 비판은 본질적으로 "남성영화"(Koch 1981)에 대한 여성의 열광을 어떻게 설명할 수 있는가 하는 물음에 집중된다. 레나테 리페르트(Renate Lippert; 1994)는 페미니즘 영화이론에 대한 문학개관에서 페미니즘 영화이론 내에서 쟁점으로 논의되고 있는 시선(Bilck), 관음증과 동일시를 주제로 내세웠다. 남성의 시선, 관음증을 남성 영화관객으로 확정하는 태도와 남근적인 동일시의 가설은 여러 남녀 저자들에 의해 상대화되거나 문제시되고 있다. 예를 들어 코흐(1981)는 전적으로 여성성적인 관음증이 존재하며, 다른 여성을 바라보는 것이 여성에게도 환각적일 수 있다는 전제를 내세운다. 로더윅(Rodowick; 1982), 스터들러(Studlar; 1985)와 버그스톰(Bergstorm; 1979)은 영화를 볼 때 남성적인 동시에 여성적이 되고자 하는 환락적인 체험을 일으키는 다양한 동일시가 일어난다는 명제를 제기한다. 스터들러(1985)는 영화관에 있는 관객이 과거의 오이디푸스 이전 단계로 회귀하면서 영화와 함께 용해된다는 전제를 내세운다. 코흐(1988)는 남성 관객의 시선을 가진 남성적 카메라 시선의 밀착이라는 명제가 영상의 전(前)언어적인 질을 축출함으로써 영화에 대한 여성의 만족을 설명할 수 없다는 점을 환기한다. "그렇다면 관객의 역할은 (남근 달린 여성)을 향하는 시선을 가진 나이 든 관음증자의 역할로 확정되는 것이 아니라 엄마 품에 기대어 단순한 상태로 자신이 속해 있는 세상이 지나가도록 놓아두는 말없는 젖먹이에 비교될 수 있는 것처럼 보인다. 어쩌면 카메라는 열쇠구멍 앞에서 고안된 것이 아니라 유모차 속에서 이미 고안된 것인지도 모른다"(같은 곳, 26쪽). 여성의 영화에 대한 만족은 여성성 발달에서 초기단계를 고무하는 퇴행에서 비롯된 오이디푸스 콤플렉스 이전 시기의 동일시 가설에 따라 얻어진다. 이 시기에는 주체의 육체와 감정의 일치를 반영하는 (초기의 성 본능적으로 정착된) 극도로 만족스러운 어머니에 대한 환각적 재발견에 도달하게 된다.

정신분석적 영화해석

정신분석의 저자들은 꿈과 영화의 관계에 대한 연구 외에도 언제나 더 구체적인 영화에 그들의 집중력을 발휘했다. 다음과 같이 정신분석적 영화해석의 시도가 구분될 수 있다.

1. 영화제작자의 무의식적 갈등으로부터 영화의 무의식적 내실을 추론하는 전기적-병력학적 시도.
2. 영화의 명시적 내용에서 출발하고, 거기서 정신분석 및 임상이론의 연구물을 사용하여 영화의 무의식적이고 상징적인 내실을 추적하는 내용적 시도.
3. 우선은 내용을 배제하고 영화의 미적 형상화에서 출발하여 영화의 상징적 내실을 해독하는 형식적 시도(Sachs 1929; Chasseguet-Smirgel 1969/1970; Zeul 1997).

샤스케 스미젤은 예술작품의 해석에 대한 전기적 접근을 원칙적으로 비판했다. "예술작품을 정신분석적으로 관찰하는 방법은 정신분석적 치료가 모종의 억압된 외상요소를 찾아내고 충동갈등을 밝혀내는 탐구방법이라는 관점과 일치한다. 따라서 생물학적 자료의 지식을 통하여 알려지는 예술작품 내의 저 병인적 요소들이 유사한 방법으로 발견되어야만 할 것이다"(같은 곳, 802쪽). 샤스케 스미젤이 전반적으로 예술작품에 통용시키려는 것을 우리는 영화 내지 영화작가에 대한 정신병리학의 해독과정에서 영화를 분석하려는 시도에 전이해 볼 수도 있다. 샤스케 스미젤은 한 예술가에 대한 삶의 자료의 사용이 규정적으로(lege artis) 정신분석적이 아니며, 또한 그것이 분석적 치료 동안에 어쩌면 제3자로부터 분석자에게 전달되는 정보와 같을 수 있다고 충고한다. 이 때문에 정신분석에서 통상적인 주관적 체험은 전혀 분석되지 않고 있으며, 이런 식으로 전기적 방법이 사용된다면 예술가는 강압적으로 분석용 의자에 놓이게 되는 셈이라는 것이다. 그녀의 또 한 가지 항변의 근거는 해석의 편파성, 즉 해석의 위조에 있다. 요컨대 예술작품에서 계속해서 부각되는 주제는 필연적으로 예술가의 삶에서 일어나는 사건과 연관되어야만 하는 것은 아니며, 소망환상은 예술가의 내면에서 표명될 수도 있다는 것이다(Zeul 1994 참조). 그렇게 얻어진 해석의 내용은 우연적이다. 이런 해석은 어떤 사실의 배후관계에 접근할 수 없으며, 형식적 형상화와 이미지 연쇄의 미학에 의한 검증을 회피한다.

더욱이 영화에서 연출가의 정신병리학을 재발견하려는 것은 완성된 영화가 개별자의 산물이 아니라, 전체적 화합(카메라맨, 조명기사, 필름편집자 등)의 산물이라는 사실을 간과할 수 있다. 오이디푸스적인 갈등상태와 그것의 퇴행 운동 및 여러 가지 자기병리학의 사용에 따른 미디어 해석 또한 영화에서 구체적인 미적 표현력을 떨어뜨리고, 영화를 정신분석적 질병치료의 단면으로 만들기 십상이다. 마찬가지로 여성 정신분석가인 에이드리엔 해리스(Adrienne Harris)와 영화사가인 로버트 스카(1998)도 영화분석 시에 정신분석이론의 사용을 비판하면서 다음과 같이 언급한다. "정신분석가들은 그들의 이론적 장치를 다른 학문(여기서는 영화분석, 필자 주석)에 수출하고는 미디어의 복합성, 그것의 맥락, 미학과 실제에 모험 없이 정착하려고 한다"(같은 곳, 223쪽). 두 저자는 영화의 탈맥락화된 정신분석적 해석을 "거친 분석(wild Analyse)"(같은 곳)이라고 표현한다.

영화는 방법적으로 전이의 사용을 통하여 해명된다. 이 정신분석적 방법은 심적 형상이 아니라 물질적 형상인 영화라는 인식대상을 고려하여 수정이 필요했다. 영화는 전이와 역전이의 공동작용으로 배열되는 정신분석적 치료에서의 환자와는 달리 공동연출로 이루어지는 협력에 준비가 되어 있지 않다. 이런 상황으로 말미암아 전이와 역전이의 사용은 영화에서 무의식적 임무를 해명하는 데 소용이 없다. 영화는 전이하는 것이 아니며, 무의식은 영화에 대하여 외적인 것이다. 이 때문에 해석자들의 반응에서는 역전이가 거론되지 않으며, 오히려 해석자들이 영화를 향하여 그들 자신의 무의식적 소망, 환상과 방어를 전이한다. 이 전이반응의 분석은 영화가 야기하는 의식적이고 무의식적인 반응이 연구대상이 되고 있는 자기분석과 비견된다. 전이는 해석자들의 무의식적 체험을 통하여 형성되는 영화스토리를 만들어 낸다. 이와 같은 무의식적 체험은 재차 영화와의 실제적 만남과 대상관계 및 불안과 방어로부터 얻어진다.

전이는 오직 정신분석적 치료에서만 관찰되는 기제라기보다는 오히려 여기저기 편재하는 기제이다. 그러나 정신분석적 방법은 여기 이 시점에서 이질적인 심적 체험을 이해하고 환자의 전기에서 그 체험의 정착을 시도하기 위하여 전이라는 기제를 효과적으로 사용한다. 프로이트는 전이가 실제의 분석적 관계를 어느 정도 왜곡하는 동시에 기억에 대한 저항을 표출하는 환자의 과거의 소망과 불안의 반복에 근거한다고 파악하였다. 오늘날의 관점에 따라 분석자와 환자 사이의 관계의 역학은 정신분석 작업의 중심에 있다. 이런 시각으로 볼 때 전이에는 단순히 과거의 반복만이 표명되는 것이 아니다. 전이에는 분석자가 제공하는 것에 대한 대답의 결과로 나타나는 새로운 경험들 또한 표명된다. 케른베르크(Kernberg; 2004)는 전이에 대한 두 이해의 시도, 즉 고전적 시도와 구성주의적 시도를 상호 비교하고 있다. "전이와 역전이 사이의 상호작용으로서의 정신분석적 관계에 대한 동시대적 초점은 여기 이 시점에서 병인적 갈등의 무의식적 반복이라는 전이에 대한 고전적 '객관주의적' 정의를 떠나 전이의 '구성주의적' 관찰로 이동했다. 이와 같은 구성주의적 관찰은 환자의 과거에서 비롯된 무의식적 갈등의 복귀와 분석자의 인격, 매개와 역전이에 대한 환자의 현실적 반응에서 얻어진다"(같은 곳, 246-247쪽; Mechthilde Zeul 참조). 이는 영화분석과 관련하여 영화를 볼 때 당연히 미디어와의 실제적 만남을 통하여 계속해서 중첩되고 형성되는 무의식적 환상, 불안과 대상관계가 가동되고 있다는 것을 의미한다. 이 실제적 만남의 의미심장함 때문에 영화는 해석자의 무의식적인 유아기 갈등의 표명에는 없는 새로운 경험을 불러일으킬 수 있는 것이다.

참고문헌

Albersmeier, Franz-Josef (Hg.): Texte zur Theorie des Films(영화이론에 대한 텍스트) [1979]. Stuttgart 2003.

Andres-Salome, Lou: In der Schule bei Freud. Tagebuch eines Jahres(프로이트의 학교에서. 1년간의 일기)(1912/13) [1958]. Frankfurt a.M./Berlin/Wien 1983.

Baudry, Jean-Louis: Das Dispositiv: Metapsychologische Bemerkungen des Realitätseindrucks(디스포지티프: 사실인상의 메타심리학적 언급). In: Psyche 48(1994), 1047-1074(불어판 1975).

Bellour, Raymond: Wie man mit Daniel Stern das Kino besser fühlen/denken kann(어떻게 하면 다니엘 스턴과 함께 영화를 더 잘 느끼고 생각할 수 있을까). In: Ludwig Nagel (Hg.): Film denken/Thinking Film. Wien 2004, 213-236쪽.

_______: Hypnose und Film(최면과 영화). In: Christiane Voss/Gertrud Koch (Hg.): … Kraft der Illusion. München 2006.

Bergstrom, Janet: Enunciation and sexual difference(발성과 성적인 차이). In: Camera Obscura 3-4(1979), 33-70쪽.

Bernfeld, Siegfried: Drehbuch »Entwurf zu einer filmischen Darstellung der Freudschen Psychoanalyse im Rahmen eines abendfüllenden Spielfilms«(시나리오 《장편 극영화의 틀 내에서 프로이트 정신분석의 영화적 표현에 대한 계획》) [1925]. In: Sierek/Eppensteiner 2000, 37-98쪽.

Chasseguet-Smirgel, Janine: »Letztes Jahr in Marienbad«(마리엔바트에서의 마지막 해). Zur Methodologie der psychoanalytischen Erschließung eines Kunstwerks(예술작품의 정신분석적 해명에 대한 방법론). In: Psyche 24(1970) 801-826쪽(불어판 1969).

_______: Unterhaltung über das Kino(영화에 대한 즐거움). In: Dies.: Kunst und schöpferische Persönlichkeit. München/Wien 1988, 82-87쪽(불어판 1971).

Eppensteiner, Barbara/Karl Fallend/Johannes Reichmayr: Die Psychoanalyse im Film(영화 속의 정신분석) 1925/26(Berlin/Wien). In: Psyche 41(1987), 129-139쪽.

Fallend, Karl/Johannes Reichmayr (Hg.): Siegfried Bernfeld oder die Grenzen der Psychoanalyse(지크프리트 베른펠트 또는 정신분석의 한계). Frankfurt a.M. 1992.

Gabbard, Glen O. (Hg.): Psychoanalysis and Film(정신분석과 영화). London 2001.

Harris, Adrienne/Robert Sklar: Wild Film Theory, Wild Film Analysis(와일드 필름 이론, 와일드 필름 분석). In: Psychoanalytic Inquiry 18(1998), 222-237쪽.

Harris, Robert A./Michael A. Lasky: Alfred Hitchcock und seine Filme(알프레드 히치콕과 그의 영화들). München 1982(영어판 1979).

Huston, John: A libro abierto(오픈 북)(An open book). Madrid 1986(영어판 1980).

Kernberg, Otto: The Influence of the Gender of Patient and Analyst on the Psychoanalytic Relationship(환자의 젠더와 분석자가 정신분석적 관계에 미치는 영향). In: Ders.: Contemporary Controversies in Psychoanalytic Theory, Techniques and their Applications. New Haven/London 2004, 246-266쪽.

Koch, Gertrud: Warum Frauen ins Männerkino gehen(여성들은 왜 남성들의 영화관에 가는가). In: Peter Gorsen u.a. (Hg.): Frauen in der Kunst. Bd. 1 Frankfurt a.M. 1980, 15-29쪽.

_______: Eine verliebte Ärztin spielt Traumdetektiv. Zu Alfred Hitchcocks Film Spellbound(사랑에 빠진 여의사가 꿈의 탐정 역할을 담당하다. 히치콕의 영화 스펠바운드에 대하여)(USA 1945). In: Karola Brede u.a. (Hg.): Befreiung zum Widerstand. Aufsätze zu Feminismus, Psychoanalyse und Politik. Frankfurt a.M. 1987, 108-114쪽.

_______: Was ich erbeute, sind Bilder. Zum Diskurs der Geschlechter im Film(내가 획득하는 것은 이미지들이다. 영화에서 성별의 담론을 위하여), Frankfurt a.M. 1988.

_______: Traumleinwand —filmtheoretische Ausdeutungen eines psychoanalytischen Konepts (꿈화면 —정신분석적 구상의 영화이론적 해석). In: Stefan Hau/Wolfgang Leuschner/Heinrich Deserno (Hg.): Traum-Expedition. Tübingen 2002, 277-288쪽.

Lewin, Bertram: Sleep, the Mouth and the Dream Screen(잠, 입과 꿈화면). In Psychoanalytic Quarterly 15(1946), 419-434쪽.

_______: Das Hochgefühl. Zur Psychoanalyse der gehobenen, hypomanischen und manischen Stimmung(열광. 경조병적이고 조병적인 고조된 기분의 정신분석에 대하여). Frankfurt a.M. 1982(영어판 1950).

_______: Reconsideration of the Dream Screen(꿈화면의 재고). In: Psychoanalytic Quarterly 22(1953), 174-199쪽.

Lippert, Renate: »Ist der Blick männlich?«. Texte zur feministischen Filmtheorie(시선은 남성적인가? 페미니즘 영화이론에 대한 텍스트). In: Psyche 48(1994), 1088-1100쪽.

Mauerhofer, Hugo: Psicología de la experiencia cinematográfica(실험적 영화촬영법을 위한 정신분석). In: Archivos de criminología y disciplinas conexas 6(1958), 432-436쪽.

Metz, Christian: Der funktionale Film und sein Zuschauer. Eine metapsychologische Untersuchung(기능적 영화와 그 관객. 메타심리학적 연구). In: Psyche 48(1994), 1014-1046쪽(불어판 1975).

Montani, Angelo/Guilio Pietranera: First Contributions of the Psychoanalysis and Aesthetics of Motion-Picture(정신분석의 첫 기여와 영화의 미학). In: Psychoanalytic Review 33(1946), 177-196쪽.

Mulvey, Laura: Visuelle Lust und narratives Kino(시각적 쾌락과 내러티브 영화). In: Peter Gorson u.a. (Hg.): Frauen in der Kunst(예술에서의 여성들). Bd. 1 Frankfurt a.M. 1980, 30-46쪽(영어판 1978).

Pontalis, J-B.: Vorwort(서문) [1984]. In: Jean-paul Sartre: Freud. DasDrehbuch. Reinbek 1993, 7-30쪽.

Pratt, John: Notes on Commercial Movie Technique(상업적 영화기법에 관한 노트). In: International Journal of Psychoanalysis 24(1943), 185-188쪽.

Projections. The Forum of the Psychoanalytic Study of Film(계획들. 영화에 대한 정신분석적 연구 포럼) 1966.

Ries, Paul: Film und Psychoanalyse in Berlin und Wien(베를린과 빈에서의 영화와 정신분석) 1925. In: Sierek/Eppensteiner 2000, 171-196쪽.

Rodowick, D.N.: The Difficulty of Difference(차이의 어려움). In: Wide Angle 5(1982), 4-15쪽.

Sabbadini, Andrea (Hg.): The Couch and the Silver Screen(정신분석치료와 은막). Hove/New York 2003.

Sachs, Hanns: Zur Psychologie des Films(영화의 심리학에 대하여). In: Die psychoanalytische Bewegung 1(1929), 122-126쪽.

Sierek, Karl/Barbara Eppensteiner (Hg.): Der Analytiker im Kino(영화관 내의 분석자). Frankfurt a.M. 2000.

Spitz, René A.: Die Urhöhle(원초의 동굴) [1955]. In: Psyche 9(1955), 641-667쪽.

_______: Vom Säugling zum Kleinkind. Naturgeschichte der Mutter-Kind-Beziehungen im ersten Lebesjahr(젖먹이에서 소아로. 인생 첫해의 어머니-어린아이 관계의 자연사). Stuttgart 1985(영어판 1965).

Studlar, Gaylin: Schaulust und masochistische Ästhetik(관음증과 마조히즘의 미학). In: Frauen und Film 39(1985), 15-19쪽.

Torok, Maria: Trauerkrankheit und Phantasma des »Cadavre exquis«(《우아한 시체》에 대한 애도병과 환상). In: Psyche 37(1983), 497-519쪽(불어판 1968).

Zeul, Mechthild: Die homosexuelle Phase in der weiblichen Entwicklung(여성성 발달에서 동성애적 단계). In: Zeitschrift für Sexualforschung 7(1993), 313-325쪽.

_______: Bilder des Unbewußten. Zur Geschichte der psychoanalytischen Filmtheorie(무의식의 형상들. 정신분석적 영화이론의 역사에 대하여). In: Psyche 48(1994), 975-1003쪽.

_______: Carmen & Co. Weiblichkeit und Sexualität im Film(카르멘 엔 컴패니. 영화에서 여성성과 성욕). Stuttgart 1997.

_______: Männerträume vom ewig Weiblichen(영원히 여성적인 것에 대한 남성들의 꿈). In: Sierekl/Eppensteiner 2000, 99-109쪽.

_______: Einführende Überlegungen zur Erstellung einer psychoanalytischen Filmtheorie(정신분석적 영화이론의 완성을 위한 입문적 숙고). In: Ralf Zwiebel/Annegrat Mahler-Bungers (Hg.): Prohektion und Wirklichkeit. Die unbewußte Botschaft des Films. Göttingen 2006.

영화와 관련된 문헌

- Belle de Jour(메꽃)[독어 제목: Belle de Jour)(1967), Luis Buñuel, 프랑스.
- El ángel extreminador(절멸의 천사)[독어 제목: Der Würgeengel](죽음의 천사)](1962), Luis Buñuel, 멕시코.
- Ensayo de un crimen(범죄에 대한 수필)[독어 제목: Das verbrecherische Leben des Archibaldo de la Cruz(아르치발도 델 라 크루즈의 범죄적 인생)](1955), Luis Buñuel, 멕시코.

- Freud(프로이트) [독어 제목: Freud] (1961), John Huston, 미국.
- Geheimnisse einer Seele(영혼의 비밀)(1925), G. W. Pabst, 독일.
- Let there be light(빛이 있으라)[독어 제목: Es werde Licht] (1946), John Huston, 미국.
- Los olvidados(잊혀진 사람들)[독어 제목: Die Vergessen] (1950), Luis Buńuel, 멕시코.
- Marnie(마니)(1964), [독어 제목: Marnie] Alfred Hitchcock, 미국.
- Rear Window(뒤쪽 창문)[독어 제목: Das Fenster zum Hof(마당으로 난 창문)] (1954), Alfred Hitchcock, 미국.
- Spellbound [독어 제목: Ich kämpfe um Dich(나는 너를 위해 싸운다)] (1945), Alfred Hitchcock, 미국.
- Tristana [독어 제목: Tristana] (1970), Luis Buńuel, 스페인.
- Vertigo(현기증)[독어 제목: Aus dem Reich der Toten(죽은 자들의 제국에서)](1958), Alfred Hitchcock, 미국.
- Viridiana [독어 제목: Viridiana] (1961), Luis Buńuel, 스페인.

Mechthild Zeul

13. 인종정신분석

지그문트 프로이트의 정신분석에는 이방인, 타자, 제2자아(alter ego)의 모형이 들어 있다. 이 모형은 우리의 사회적-문화적 삶과 인습 밖에 있는 현상으로 확장될 수 있다. 프로이트는 《토템과 터부》라는 이론적이고 사변적인 글에서 이를 시도했다(전집4, 1-194쪽). 그는 오늘날 우리가 진화론적, 인종 중심적, 남성 중심적이라고 칭할 수도 있는 시각에서 자신의 주장을 전개해 나간다. 그럼에도 "무의식의 보편성"이 주도적인 이론적 원칙으로 남아 있었다. 이를 통해 종 내지 종족 무의식, 예컨대 칼 융의 뇌리에 떠올랐던 표상으로의 궤도이탈은 저지되었다. 하지만 정신분석에서 그 방법과 기법이 이방문화에 속하는 사람들에게 적용될 수 없다는 편견이 계속 이어져 왔다. 이 때문에 오랜 시간이 지난 뒤에야 비로소 정신분석적 실제가 보편적 이론의 가치를 되찾았으며, 유럽문화에 속하지 않는 사람들에 대한 연구가 시작될 수 있었다. 개인, 무의식, 문화와 사회의 관계를 규명하려고 노력하면서 이를 정신분석적 수단으로 답하기 위해 사회적이고 인종적인 문제제기를 받아들인 정신분석가들이 편견에 반대하는 행동을 취했다. 그들 가운데 몇 사람, 특히 게자 로하임(Geza Róheim)은 문화와 문화 사이의 정신분석적 정신요법의 실제와 인종정신분석의 연구실제가 개진되는 정신분석적 인종학을 창안했다.

정신분석적 인종학의 역사

무의식의 의미를 문화와 역사에서 규정하는 (프로이트에 의해 개시된) 관점은 개인, 문화와 무의식 사이의 상호작용에 대한 표상들이 차별화되고 확대되는 수많은 계획을 만들어 냈다. 이 계획들은 제2차 세계대전 직전에 이르기까지 "오이디푸스 콤플렉스의 보편성" 문제로 집약되었다.

이와 같은 문제제기는 시대에 뒤처진 것으로 입증되었다. "오늘날에는 어느 누구도 완전히 상이한 가족구조와 서로 편차가 있는 근친상간 금지의 사회형식이 존재한다고 항변하지는 않을 것이다. 이는 오로지 남녀결합과 종족번식의 생물학적 사실로부터만 설명될 수 있는 것이 결코 아니다"(Parsons 1974, 209쪽). 프로이트처럼 정신분석의 과학사적 의미를 문화 및 사회과학에서 보았던 오토 페니첼은 1934년부터 1945년까지 작성한 "은밀한 회람장"에서 이와 상응하는 발언에 많은 지면을 할애했다(Fenichel 1998). 그는 프로이트처럼 유럽문화에 속하지 않는 사람들의 경우에 정신분석적 방법과 기법이 적용될 수 없다는 견해를 가지고 있었다.

정신분석을 인종학으로 통합하려는 최초의 시도는 1930년대 말경에 미국에서 문화상대주의를 지향하는 "문화와 개성" 연구로 시작되었다. 현장연구에는 정신분석 연구자들이 공조했다. 문화인류학자들과 정신분석 연구자들에 의해 실행된 조사는 정신분석적 표상을 통하여 이루어졌다. 조르주 데버루는 상이한 여러 문화와 인디언 문화권 출신 환자들과의 정신요법적인 작업 속에서 그의 인종학적 연구에 따라 인종학과 정신분석의 방법론적 결합을 계획했다(Devereux 1951/1985, 1967/1973). 데버루 외에도 1950년대와 1960년대에 정신분석과 인종학 사이의 방법적 접근에 기여한 인종학적 교육을 받은 정신분석 연구자들이 있었다. 엘 브리스 보이어(L. Bryce Boyer)와 그의 부인인 인종학자 루스 보이어(Ruth Boyer), 그리고 이들의 공동연구자들의 작업은 메스칼레로 부족의 아파치들에 대한 장기적 계획으로 시작되었다. 베르너 뮌스터베르크(Werner Muensterberg)는 제2차 세계대전 이후 사회과학 분야와 특히 정신분석적 인종학 분야에서 정신분석의 응용문제에 대한 끊임없는 몰두가 이루어지는 데 본질적으로 기여했다. 마리 보나파르트, 에릭 에릭슨, 존 플루겔(John Flugel)과 같은 저명한 정신분석가들은 정신분석적 인종학 분야에서 작업하면서 리처드 턴월드(Richard Thurnwald), 마가렛 미드(Margaret Mead), 에리카 부르기뇽(Erika Bourguignon) 등 다른 많은 인물들과 같은 인종학자들 및 문화인류학자들과 더불어 이 분야의 개척자에 속했다(Spain 1992, Heald/Deluz 1994, Reichmayr 외 2003).

정신분석적인 간문화의 정신요법 실제

프란츠 파농(Franz Fanon)과 앙리 콜롱(Henri Collomb) 같은 간문화적 정신병학 선구자들의 경험은 인종정신분석적인 정신요법의 실제에 근간이 되었다. 프랑스에서는 이미 1970년대 말에 북서 아프리카에서 프랑스의 식민지배가 끝난 뒤의 이주와 이에 대한 통합정책으로 말미암아 이주자들과의 정신사회적이고 정신요법적인 작업의 필요성이 생겨났다. 조르주 데버루의 이론적 작업과 세네갈의 앙리 콜롱과 공동작업자들의 사회정신의학적인 혁신은 프랑스의 인종정신분석적인 치료실제의 여러 방향에 대해 기본적인 토대를 마련했다.

"문화"와 "이주"가 정신요법적 실제에서 중요한 가치를 얻고 있다는 것은 상이한 문화에 속하는 환자와의 정신요법적 작업의 새로운 상황에 의미 있는 일이다. 대체로 고유한 이주경험을 가진 정신분석과 정신요법 전문가들은 연구자로서 ―인종정신분석가가 낯선 문화에서 그렇게 했던 것과 유사하게― 환자와의 접근을 용이하게 하는 가능성을 찾고자 했다. 토비 나단(Tobie Nathan)은 정신요법적인 장치를 개발했는데, 여기서는 다문화 팀, 요컨대 이주자들의 편입과 전통적 치유방법에서 유래하는 요소들의 투입을 통하여 특별히 혈연문화가 강조되었다. 간문화적인 정신요법은 이질적인 것을 문화적이고 사회적인 맥락에서 이해할 수 있기 위하여 자기 문화의 정상관념(Normalitätsvorstellung)과 거리를 취할 수 있어야만 한다. 간문화적 정신요법의 실제는 프랑스의 여러 곳에서 계속 개발되고 있다. 토비 나단에 이어서 마리 로즈 모로(Marie Rose Moro)는 아비센 정신병원에서 아동과 청소년을 위한 정신병리학 조직을 주도하면서 고유한 인종정신분석적 그룹세팅을 개발했다. 무엇보다 그녀는 제2세대의 심리적 문제와 간문화적인 부모-아이 요법에 열중했다(Moro 1999).

독일어권에서는 1995년에 페터 뫼링(Peter Möhring)과 롤란트 압셀(Roland Apsel)이 "간문화적 정신분석요법"에 관한 책을 저술했다(Möhring/Apsel 1995). 대략 이 시기에 독일어권의 정신분석은 정신분석적 인종학, 인종정신분석, 간문화적 정신병학, 의료인류학, 인종의학 및 유사분과에서 나온 경험과 지식으로 유입되는 새로운 응용의 장을 마련한다. 이런 임상적 실제와 관련된 인종정신분석적인 또는 인종정신병학적인 방향들은 이주자들과의 정신치료 및 상담경험을 축적한 정신분석가, 인종학자, 정신요법의사, 정신병학자 및 임상적 정신과의사에 의해 수행되고 있다. 간문화적 정신분석요법을 위한 더 포괄적인 모음집은 '**문화, 이주, 정신분석**'이라는 제목으로 페르나다 페드리나(Fernada Pedrina), 베라 잘러(Vera Saller), 레굴라 바이스(Regula Weiss), 미르나 뷔르글러(Mirna Würgler)에 의해 발표되었다

(Pedrina 외 1999).

인종정신분석

1950년대와 1960년대의 데버루와 뮌스터베르거(Muensterberger), 보이어(Boyer)의 작업에서는 간문화적 정신요법에서의 방법적, 기술적 도구가 동원되어 연구목적에 사용되었다. 앞서 실행되던 정신분석과 인종학의 결합은 인종학적 자료를 단지 정신분석적 경험과 이론의 토대에서만 새롭게 해석했었다. 이제 유럽의 사회와 문화에 속하지 않는 사람들에 대한 순수 정신분석적 논의가 가능해졌다.

'인종정신분석(Ethnopsychoanalyse)'이라는 표현은 조르주 데버루에 의해 문화간여적인 정신병학과 정신요법을 구상하려는 그의 이론적 노력에 사용되었다. 독일어권에서 이 개념은 취리히의 정신분석 연구자 파울 파린, 서아프리카의 프리츠 모르겐탈러와 골디 파린 마테이(Goldy Parin-Mattèy)의 정신분석 연구와 연관된다. 프랑스어권과 독일어권 전통의 동시대적이고 정치적인 맥락으로서 식민시대와 탈식민화 시대의 해방운동 및 투쟁이 아프리카 대륙에서 관찰될 수 있다. 무엇보다 정치적으로 세계주의적이고 반식민주의적 입장을 취하는 정신분석가들, 낯선 문화에서 작업하고 연구하며 정신분석적으로 사유하는 정신과의사들, 인종학자들은 종족의 편견을 통하여 생겨난 심리적 이해에 대한 한계를 해결했다. 프란츠 파농은 "식민화된 사물이 인간이 되다"라는 문장으로 이 과정을 논평했다(Fanon 1986). 문화적 차이들은 정신분석적으로 접근될 수 있었다. "어떻게 하면 점점 문화차이를 극복할 수 있는지를 묘사하기 위하여 우리는 두 권의 두꺼운 책과 많은 개별적 표현들을 필요로 했다. 그러나 이후로는 어린 시절, 사춘기, 성욕, 가족, 직업, 질병, 나이, 죽음처럼 유럽인들과 같은 주제가 대화로 많이 제시되었다. 무의식적 힘의 동력, 자아의 심적 태도 또는 초자아의 요구는 우리에게서처럼 동일한 소망과 불안에 의하여 결정된다"(Parin 2005, 163쪽).

방법을 완수할 때의 장애는 그 접근에 있어서(가령 억압의 구상이나 초자아의 파악에 있어서) 항상 사회적 힘의 영향을 고려하던 이론적 차원이나 정신분석이론의 기본수용에 있다기보다는 오히려 정신분석 연구가 자체의 문화에서 운용되던 상황에 있다.

> "정신분석의 관찰자는 그가 면담하던 피분석자와 마찬가지로 항상 동일한 사회와 종종 동일한 계층에 속해 있으며, 둘은 다소는 동일한 사회화를 관철시켜 왔었다. 사회적 과정들의 파악을 위해 꼭 필요한 거리는 거의 획득될 수 없었다. 정신분석의 도구를 타민족에 속하는 사람에게 적용한다면, 특히 '서구문화권'이라고 불리던 곳 밖에서 그렇게 한다면 적어도 이런 어려움은 사라질 것이다. 그렇다면 사회적 장치와 과정이 심적 구조 및 기능과 맺고 있는 관계는 비교할 수 없을 만큼 더 명백하게 부각될 것이다"(Parin 1976, 2쪽).

정신분석가들은 정신분석적 기법을 그들의 임상적 환경으로부터 분리하고, 그것을 인종학적 조사부문에서 연구방법으로 도입했다.

전이와 역전이 분석, 저항의 가공과 해석의 사용과 같은 주요수단들은 세 번째 연구여행에서 서아프리카 말리의 도곤 부족과의 정신분석적 대화에 최초로 투입되었다. 1963년에는 《백인들은 지나치게 많이 생각한다. 서아프리카 도곤 부족의 정신분석적 조사》(Parin/Morgenthaler 외 1993)라는 연구서가 출간되었다. 연구의 목적은 "정신분석 기법이 전통을 따르는 서아프리카 사회조직 속에서 살아가는 사람들의 내적 삶을 이해하는 데 적합한지"(Parin 1965, 342쪽), 그리고 정신분석 기법이 그들에게 "자아"가 어떤 방법과 방식으로 "이드"로부터 발달되는지에 대한 지식을 습득하는 데 적합한지를 검사하는 것이었다. "조사의 의미는 아프리카인들 스스로가 어떻게 느끼고 생각하는지를 우리에게 말하게 하는 것, 그리고 그들을 이해하는 것이다"(Parin/Morgenthaler 외 1993, 34쪽). 도곤 부족에 대한 정신분석적 경험으로부터 도출될 수 있었던 것은 "서구적 인간의 심리학은 인간의 영적 삶이 처할 가능성의 특수사례만을 기술하고 있다는 사실이다"(같은 곳, 534쪽),

1965년 12월부터 1966년 5월까지 제시될 수 있었던 상아 해변의 열대우림에 사는 아그니 부족의 방대한 자료는 《너의 이웃을 너 자신처럼 두려워하라. 서아프리카 아그니 부족을 모델로 한 정신분석과 사회》(1971)라는 책에서 새롭게 편찬되었다(Parin/Morgenthaler 외 1971). 개별적 인간에 대한 심적 구조의 파악이 중심이었던 도곤 부족에 대한 조사와는 달리 아그니 부족에 대한 연구에서는 특히 개인적 구조와 사회적 구조 사이의 교대작용이 고려의 대상이 되었고, 개인의 입장이 그가 속한 문화의 틀 속에서 부각되었다. 연구자들이 도곤 부족과 비교할 때 아그니 부족의 경우에는 다른 조건들에서 출발하여 그들의 심리에도 근본적인 차이가 나타날 수 있다는 가설에 도달했다. 또한 그들은 이러한 가설에 정신분석적 방법을 직접 적용해 보려는 도전적 자세가 내재한다는 것을 알았다. 이와 관련하여 다음의 물음은 흥미롭다. "정신분석적 방법이 부계 중심적으로 배열된 집단의 심리학으로부터 이루어지고, 그 방법의 기본구상들 가운데 하나인 오이디푸스적 갈등이 표면적으로든 실제로든 전적으로 가부장적 가족구성에서 유래할지라도, 과연 정신분석적 방법이 인간을 모계 중심적으로 조직화된 집단으로부터 이해하는 데 기여할 수 있는 것일까?"(Patrin/Morgenthaler 외 1971, 13쪽).

이와 같은 문제제기는 상위의 연구목적으로 접목되었다. 즉 아그니 부족의 인종정신분석의 도움으로 개인적이고 사회적인 힘들의 결합이 정신분석의 기술적이고 방법적인 수단을 통해 제시됨으로써 정신분석과 사회과학의 관계에 대한 기여가 변증법적-유물론적 사회모형의 편입에 따라 이루어졌다고 할 수 있다.

결과적으로 무엇보다 사회적 힘의 영향이 개인에게서 표출되면서 전면에 등장하고, 문화적이고 사회사적인 조건에 대한 생물학적 계기가 후퇴한다는 사실이 밝혀졌다. 개인에게서 표출되는 사회적 힘의 영향은 이론적으로 "집단적 자아"와 "족벌양심(Clangewissen)"의 개념으로 파악되었는데, 특정한 자아와 초자아의 발달은 이 개념을 통해 기술되었다. 오이디푸스적 갈등과 공격성의 경우에도 유럽의 정신분석적 실제의 경험과는 본질적인 차이를 보였다(Parin 1992; Parin/Parin Matthèy 1988).

정신분석가들의 서아프리카에서의 경험은 자신의 사회에서의 경험과 교대적인 관계에 있었다. 도곤 부족과 아그니 부족에서의 정신분석적 작업은 자신의 사회에서의 관계에 대한 지각을 첨예화했다. 자신의 문화에서의 정신분석적 작업의 경우 이 거리두기를 통하여 복합적인 사회과정이 파악되고 정신분석적 이론과 실제로 연관될 수 있었다. 이 문화비교적 경험들은 이론적 차원에서 자아의 적응기제를 고려했다. 적응기제는 방어기제가 거부된 충동요구에 대해 그렇게 하는 것과 … 비슷하게 자아의 부담을 외부세계와의 지속적 대결로부터 완화시킨다(Parin 1977, 485쪽). 이와 더불어 사회적 환경세계는 이제껏 프로이트와 정신분석적 자아심리학의 모델에서처럼 더 이상 이해할 수 없는 크기로 평가될 수 있는 것이 아니었다. 오히려 서로 다른 사회적이고 공동체적인 소여성과 관계를 자아의 구조 속에서 그리고 자아의 기능에 대하여 연구함으로써 스스로 변화하며 자아에 영향을 미치는 환경세계 내에서 자아의 실행능력을 규정하는 것이 가능했다.

취리히의 정신분석가들은 정신분석의 의료중심주의를 비판함으로써 이론과 실제에서 정신분석의 인종중심적인 자기계몽을 실행해 왔다. "우리는 정신분석가로서 아프리카인들과의 살아 있는 경험 때문에 더 자유롭고 활달해졌으며, 유럽에 있는 우리의 분석대상자들과 사회적 관계를 맺을 수 있는 더 좋은 상황을 맞이했다. 그리고 우리는 우리 자신과 편차가 있는 행동을 병적으로 보는 경향도 더 적어졌다. 이것이 우리의 이론적 관점에도 역작용을 일으켰다"(Parin/Morgenthaler 외 1993, 18쪽).

인종정신분석적인 경험에 특징적으로 부각되는 점은 이 경험을 통하여 이방문화에서 개인들의 이해에 대한 한계가 극복되어 자기문화와 이방문화 사이의 진자 운동으로 연계되었다는 점이다. 이 성과는 프로이트가 《꿈의 해석》에서 최초로 정신병학과 정신병리학, 심리학에서 심적으로 정상적인 것과 병적인 것으로 간주되었던 완고한 경계를 해체한 성과와 비견될 수 있다. 이렇게 해서 정신분석은 정신병리적 이론으로부터 보편적 심리학으로 확장될 수 있었다. 인종정신분석의 경계초월의 가장 큰 성과는 다음과 같이 요약될 수 있다. "인종정신분석은 비로소 상이한 문화에 대한 기존지식을 가지고 주체의 이론이 인간에 대한 새로운 지식과 이토록 다양한 삶의 형식 및 가능성에 대하여 의무를 갖도록 하였다"(Parin 1982, 11쪽).

취리히 학파의 인종정신분석적인 경험은 정신분석에 의한 새로운 방법적, 기술적 성과를 현장연구에서 활용한 그 이후의 연구들에 자극을 주었다(Reichmayr 2003). 단 몇 사람의 저자만을 제시하자면 인종학적 관심을 가진 정신분석가들(Rodríguez Rabanal 1990, 1995; Maier 1996; Gerlach 2000)의 작업과 정신분석적 능력을 지닌 인종학자들(Nadig 1986; Weiss 1991; Kubik 2003)의 논문이 발표되었다.

1990년에 출간된 시리즈 《인종정신분석》에는 새로운 논문들이 소개되었다. 인종정신분석의 학문적 역사, 개인, 문화, 사회와의 관계 속에서 무의식의 역할, 방법적 물음을 다루는 인종정신분석에 대한 이론적 작업이 들어 있다(Hauschild 1981, Erdheim 1982, 1988; Nadig 1992). 오랜 세월에 걸쳐 서아프리카에서 연구하던 —인종학 관련 정신과 의사 앙리 콜롱(Henri Collomb)을 중심으로 하는 그룹의 일원이었던— 정신분석에 숙련된 인종학자 안드레아스 쳄플리니(Andreas Zempléni)는 현장연구에서 정신분석의 인종학적 적용에 도입될 수 있는 순수 정신분석적 방법과 기술개발에 대해 동조하는 견해를 피력했다. 앙리 콜롱은 1960년대 세네갈의 다카르에서 지역사회 기반의 정신병 치료 및 연구, 교육센터를 창설한 바 있다(Zempléni 1977, 87-88쪽).

오늘날 우리는 인종학, 문화 및 사회과학에서의 연구패러다임이 인종정신분석의 과학이론적이고(wissenscaftstheoretisch) 방법적인 입장에 접근해 가고 있음을 관찰할 수 있다.

"이것은 방법적 차원에서 무의식, 주관성, 관계의 진행과 특정한 맥락(틀/장치)에 큰 의미를 부여하면서 자유연상의 방법으로 갈등 및 과정의 진행과 연관되고, 장소 및 상황의 특정한 조건 내지 관계와 결부된 자료를 제시하고 해석하는 정신분석적 기법과 관련된다. 파린, 모르겐탈러, 파린 마테이가 그들의 인종정신분석적 조사에서 이 방법적 시도를 더 명백하게 실제화하면 할수록, 이를 통해 그들은 그만큼 더 정교하게 후기구조주의적 연구가 요구하는 것의 구체화를 선취하고 있었다. 현장에서의 연구방법으로서 정신분석 기법의 체계적인 도입과 더불어 맥락 및 시간, 현재 위치와 관련된 해석에 대한 사회과학적 터부는 깨어졌다"(Nadig/Reichmayr 2000, 78-79쪽).

Devereux, Georges: Angst und Methode in den Verhaltenswissenschaften(불안과 행동과학에서의 방법). München/Wien 1973(영어판 1967).

_______: Realität und Traum. Psychotherapie eines Prärie-Indianers(사실과 꿈. 대초원 인디언들의 정신요법). Frankfurt a.M. 1985(영어판 1951).

Erdheim, Mario: Die gesellschaftliche Produktion von Unbewußtheit. Eine Einführung in den ethnopsychoanalytischen Prozeß(무의식의 사회적 산물. 인종정신분석적 과정으로의 입문). Frankfurt a.M. 1982.

_______: Psychoanalyse und Unbewußtheit in der Kultur(정신분석과 문화에서의 무의식). Aufsätze 1980-1987. Frankfurt a.M. 1988.

Fanon, Frantz: Das kolonisierte Ding wird Mensch. Ausgewählte Schriften(식민화된 사물이 인간이 되다. 선집). Leipzig 1986.

Fenichel, Otto: 119 Rundbriefe. Bd. 1 Europa119(회람장. 1권 유럽)(1934-1938). Hg. von Johannes Reichmayr/Elke Mühlleitner. Bd. 2. Amerika(1938-1945). Hg. von Elke Mühlleitner/Johannes Reichmayr. Frankfurt a.M. 1998.

Gerlach, Alf: Die Tigerkuh. Ethnopsychoanalytische Erkundungen(호랑이소. 인종정신분석적 탐구). Gießen 2000.

Hauschild, Thomas: Ethno-Psychoanalye. Symboltheorien an der Grenze zweier Wissenschaften(인종-정신분석. 두 학문의 경계에서의 상징이론). In: Wolfgang Schmied-Kowarzik/Justin Stagl (Hg.): Grundfragen der Ethnologie. Beiträge zur gegenwärtigen Theorie-Diskussion. Berlin 1981, 151-168쪽.

Heald, Suzette/Ariane Deluz (Hg.): Anthropology and Psychoanalysis. An encounter through culture(인류학과 정신분석. 문화를 통한 만남). Londen/New york 1994.

Kubik, Gerhard: Zur ontogenetischen Basis der Inzestscheu. Ein kulturvergleichender Ansatz(근친상간 기피의 개체발생학적 토대. 문화비교의 시도). Münster/Hamburg/London 2003.

_______: Totemismus. Ethnopsychoanalytische Forschungsmaterialien und Interpretationen aus Ost- und Zentraafrika(토테미즘. 동중 아프리카에서 나온 인종정신분석적 연구자료와 해석), 1962-2002. Münster/Hamburg/London 2004.

Mahler, Christian: Das Leuchten der Papaya. Ein Bericht von den Trobriandern in Melanesien. Mit einem Vorwort von Paul Parin(파파야의 빛. 멜라네시아 군도의 트로브리안드 부족에 대한 보고. 파울 파린의 서문을 통하여). Hamburg 1996.

Möhring, Peter/Roland Apsel (Hg.): Interkulturelle psychoanalytische Therapie(간문화적 정신분석요법). Frankfurt a.M. 1995.

Moro, Marie Rose: Aufwachsen im Exil. Ethnopsychoanalyse mit Eltern und Kindern(망명에서의 성장. 부모와 아이들과의 인종정신분석). In: Pedrina u.a. 1999, 149-186쪽.

Nadig, Mays: Die Verborgene Kultur der Frau. Ethnopsychoanalytische Gespräche mit Bäuerinnen in Mexico. Subjektivität und Gesellschaft im Alltag von Otomi-Frauen(여성의 감추어진 문화. 멕시코 여성 농부들과의 인종정신분석적 대화. 오토미 부족 여성들의 일상생활에서의 주관성과 사회). Frankfurt a.M. 1986.

_______: Der ethnologische Weg zur Erkenntnis. Das weibliche Subjekt in der feministischen Wissenschaft(인식을 향한 인종학적 도정. 페미니즘적 학문에서 여성성의 주체). In: Gudrun-Axeli Knapp/Angelika Wetterer (Hg.): Traditionen Brüche. Entwicklungen feministischer Theorie. Freiburg I. Br. 1992.

_______ /Johannes Reichmayr: Paul Parin, Fritz Morgenthaler und Goldy Parin-Matthèy(파울 파린, 프리츠 모르겐 탈러와 골디 파린 마테이). In: Uwe Flick/Ernst von Kardorff/Ines Steinke (Hg.): Qualitative Forschung. Ein Handbuch. Reinbek bei Hamburg 2000, 72-84쪽.

Parin, Paul: Orale Eigenschaften des Ich bei Westafrikanern(서아프리카인들의 경우 자아의 구순기의 특성). In: Schweizerische Zeitschrift für Psychologie und ihre Anwendungen 24(1965), 342-347쪽.

_______: Das Mikroskop der vergleichenden Psychoanalyse und die Makrosozietät(비교 정신분석과 거대단체의 현미경). In: Psyche 30(1976), 1-25쪽.

_______: Das Ich und die Anpassungs-Mechanismen(자아와 순응기제들). In: Psyche 31(1977), 481-515쪽.

_______: Vorwort zur deutschen Ausgabe(독일어판 서문). In: Boyer, E. Bryce: Kindheit und Mythos. Eine ethno-psychoanlytische Studie der Apchen. Stuttgart 1982, 9-12쪽.

_______: Der Widerspruch im Subjekt. Ethnopsychoanalytische Kulturkritik(주체 내의 모순. 인종정신분석적 문화비판). Hamburg 1992.

_______: Psychoanalyse, Ethnopsychoanalyse, Kulturkritik. 245 Texte auf CD-ROM(정신

분석, 인종정신분석, 문화비판. 시디롬에 수록된 245개 텍스트). Hg. von Johannes Reichmayr, Willem van den Broek und Michael Reichmayr. Gießen 2004.

_______: Ethnopsychoanalytische Erfahrungen mit einer Kulturdifferenzen(문화차이에 대한 인종정신분석적 경험). Mitteleuropa trifft Westafrika. In: Psyche 59(2005), 162-168쪽.

Parin, Paul/Goldy Parin-Matthèy: Subjekt im Widerspruch(모순 속의 주체). Frankfurt a.M. 1988.

Parin, Paul/Fritz Morgenthaler/Goldy Parin-Matthèy: Fürchte deinen Nächsten wie sich selbst. Psychoanalyse und Gesellschaft am Modell der Agni im Westafrika(너의 이웃을 너 자신처럼 두려워하라. 서아프리카 아그니 부족을 모델로 한 정신분석과 사회). Frankfurt a.M. 1971.

_______: Die Wissen denken zuviel. Psychoanalytische Untersuchungen bei den Dogon im Westafrika(백인들은 지나치게 많이 생각한다. 서아프리카 도곤 부족에게서의 정신분석적 조사). Hamburg 1993.

Parsons, Anne: Besitzt der Ödipuskomplex universelle Gültigkeit?(오이디푸스 콤플렉스는 보편적 통용성을 지니고 있는가?). Eine kritische Stellungnahme zur Jones-Malinowski-Kontroverse sowie die Darstellung eines süd italienischen Kernkomplexes. In: Werner Muensterberger (Hg.): Der Mensch und seine Kultur. Psychoanalytische Ethnologie nach »Totem und Tabu«. München 1974, 206-259쪽.

Pedrina, Fernanda/Vera Saller/Regula Weiss/Mirna Würgler (Hg.): Kultur, Migration und Psychoanalyse. Therapeutische Konsequenzen theoretischer Konzepte(문화, 이주와 정신분석. 이론적 구상의 치료결과). Tübingen 1999.

Reichmayr, Johannes: Ethnopsychoanalyse. Geschichte, Konzepte, Anwendungen(인종정신분석. 역사, 계획, 적용). Gießen 2003.

_______:/Ursula wagner/Caroline Ouederrou/Binja Pletzer: Psychoanalyse und Ethnologie. Biographische Lexikon der psychoanalytischen Ethnologie, Ethnopsychoanalyse und interkulturellen psychoanalytischen Therapie(정신분석과 인종학. 정신분석적 인종학의 전기적 백과사전, 인종정신분석과 간문화적 정신분석요법). Gießen 2003. 참조: www.chambre.at/lex-epsa

Rodríguez Rabanal, César: Überleben im Slum. Psychosozlale Problem in peruanischen Elendsvierteln(빈민촌에서의 생존. 페루 빈민굴에서의 정신사회적 문제). Frankfurt a.M. 1990.

______: Elend und Gewalt. Eine Psychoanalytische Studie aus Peru(비참과 권력. 페루에서 나온 정신분석연구). Unter Mitarbeit von Gelina Rodriguez Drescher. Frankfurt a.M. 1995.

Spain, David H. (Hg.): Psychoanalytic Anthropology after Freud. Essays Making the 50th Anniversary of Freud's Death(프로이트 이후의 정신분석적 인류학. 프로이트 사후 50주년을 기념하는 에세이). New York 1922.

Weiss, Florence: Die dreisten Frauen. Ethnopsychoanalytische Gespräche in Papua-Neuguinea(대담한 여성들. 파푸아-뉴기니에서의 인종정신분석적 대화). Frankfurt a.M./New York 1991.

Zempléni, Andres: From Symptom to Sacrifice. The Story of Khady Fall(증상에서 희생으로. 카디의 사례 이야기). In: Vincent Crapanzano/Vivian Garrison: Case Studies in Spirit Possession. New York u.a. 1977, 87-139쪽.

Johannes Reichmayr

14. 사회학

두 학문은 오해와 분쟁, 교류문제로 가득 찬 오랫동안의 까다로운 역사로 점철되어 있다. 그럼에도 협력의 결과뿐만 아니라 체계적 분석은 양자의 협력이 의미심장하다는 것을 보여 준다. — 이것이 재차 문제를 해명할 필요가 있도록 만든다. 이에 따라 다음에서는 먼저 지금까지의 교류관계를 개관하고 이어서 협력의 구조적 난점을 논의할 것이다. 그다음에는 담론 가능성에 대한 전망을 살펴볼 것이다.

정신분석과 사회학의 관계사

프로이트는 사회학을 거의 알지 못했다. 그는 단지 마르크스에 대해서만 알고 있었고[뒤르켐(Durkheim)을 인종학자로만 인용하고 있다], 마르크스의 저서를 일방적이고 정치적 유토피아의 성격으로 간주했다. 이와 무관하게 그는 인간의 심리가 중심에 있는 세계상을 가지고 있었다. 사회적 현실은 —증상으로서, 의식적 또는 무의식적 극복으로서— 인간의 심리로부터 전개되었다. 그러므로 사회학은 그에게 단지 "응용심리학"일 따름이다. 예컨대 프로이트는《환영의 미래》에서 무엇보다 세계를 심적인 종류의 불충분성으로 가득 찬 "눈물의 골짜기(Jammertal)"로 기술한다. 그는 인간을 (홉스나 쇼펜하우어와 유사하게) 행복을 위해 태어난 것이 아니라 사회적으로 적절히 적응된 존재 내지 사회적 재능을 지닌 존재로 보았다. 사회적 관계의 조정은 필연적이지만 즐거운 것이 아니다. 왜냐하면 그것은 부가적인 제한과 압박을 초래하기 때문이라는 것이다. 따라서 삶은 대체로 거의 유쾌한 것이 아니다. — 인간은 일하고 순종하면서 자신의 충동을 자제해야만 한다. 여기서 프로이트에게 종교의 이중적 기능이 시작된다. 종교는 충동자극(Triebimpulse)을 훈육하고 걸러 내는 동시에 구원과 보호욕구의 (환각적인) 만족감을 제공한다. 이것이 가능한 까닭은 종교가 강력한 아버지 원상(原象)의 투사(投射), 그러니까 (무의식적인) 내적인 상과 일치하기 때문이다. 물론 종교는 오랫동안 그 어떤 것보다 인간에게 필수적이었다. 말하자면 프로이트가 이를 통해 사회적으로 정형화된 광기와 억압 없이 적어도 미래의 기회를 내다볼 수 있을 만큼 문제의 의식적 극복이 가능한 것이라 생각한 것도 사실이다. 하지만 여러 이유에서 문제가 된 것은 프로이트의 사회에 대한 새로운 시각이었다. 사회제도가 정신역동적인 원인을 지니면서 잠재된 정신역동적인 욕구를 다룰 수 있다고 보는 것은 프로이트 자신이 우선 초보적으로 또한 심리학적 편향성을 가지고 적용한 새로운 생산적 관점이었다.

프로이트의 후계자들에게서는 이런 전망이 깨어졌다. 무엇보다 "프로이트 우파"는 사회제도란 무의식적 갈등의 표현이며, 그것이 보편적 관계를 찾으려 했다는 사고를 넘겨받았다. 가령 게차 로하임(Géza Róheim; 1977)은 교환경제의 근원을 어머니-어린아이 관계에서 발견했다. 젖먹이는 젖을 얻는 대신에 오물을 준다. 이 환원적 프로그램은 "프로이트 좌파"에 의해 신랄하게 비판을 받았다. 이들은 그 대신에 (대체로 마르크스의 개념을 빌려서)

특정한 주제와 관련된 심적이고 사회적인 발전의 변증법을 표현하려고 시도했다. 그래서 이를테면 프롬(1932)과 페니첼(1938)은 경제적 발전이 특정한 행동방식의 성립을 요구하고 촉진하며, 이런 행동방식의 현존은 다시 경제의 역동성을 요구한다는 것을 논증했다. — 신경제는 모험가들을 필요로 하며, 신경제가 모험가들을 끌어들이면 이를 통해 그것이 가속화된다는 것이다.

정신분석에 대한 공개적인 논쟁의 결과로 사회학자들 역시 정신분석을 알게 되고 이에 대해 논평하게 되었다. 독일어권 사회학에서 정신분석의 수용은 우물쭈물하면서 지체될 따름이었다. 사회적 상황을 정신분석적으로 설명하려는 시도는 대체로 분노를 일으키고 거부되었다. 동시에 논쟁의 수준도 지극히 불안정했다. 무엇보다 1933년까지의 시기에는 집단적 몰이해와 감정적 거부를 통하여 눈에 띄는 일련의 표명들이 나타났다. 슈판(Spann)은 "도덕적 살인자와 무법자"에 대한 일반적인 공격의 틀 내에서 프로이트를 마르크스, 뷔히너, 다윈, 헤켈, 존 스튜어트 밀과 같은 선상에 놓는다. "오늘날 이런 자들의 후계자들, 금전욕의 괴물과 심지어는 성욕의 괴물들이 무작정 돌진한다. 그들은 프로이트와 같은 사내들과 함께 선두에서 세상을 주도하려고 한다(성범죄자인 루소조차도 프로이트에 비하면 얼마나 유약했던가!)"(Spann 12권, 288쪽). 이에 부응하여 슈판은 "사람들이 괴물의 서적들을 공개적으로 불 속에 집어던진 일"(같은 곳, 7권, 181쪽)에 만족했다.

몇몇 저자들은 정신분석에 의해 제기된 주제들을 전혀 다루려 하지 않았다. 이를테면 좀바르트(Sombart)는 다음과 같이 기술했다. "심층심리학의 계단 위에 있는 합리적 숙고의 영역으로부터 … 어떤 동기들이 인간 감정과 충동적 삶의 어두운 지대로, 인간 영혼의 무덤과 하수구로(정신분석으로!), '무의식'의 허구세계로 떨어져 내릴 때, 그것은 인식 가능한 것의 영역을 넘어서 있다. 이런 세계에서는 더 이상 이성의 빛이 반짝이지 않고, 우리는 아무것도 '이해하지' 못하며 (모든 자연인식의 경우에서처럼) 단지 규칙성만을 기록하고 분류할 수 있을 뿐이다"(Sombart 1956, 13쪽). 다른 사람들은 오히려 고개를 흔들며 몰이해로 반응했다(예를 들어 Geiger 1928). 또 다른 사람들은 거리를 두며 무관심을 보였고(셸러, 예루살렘), 아니면 조심스럽게 접근하려고 노력했다(만하임, 오펜하이머). 막스 베버는 프로이트의 저작들을 알고 있었지만, 그것에 대해 공개적으로 언급하지 않았다. 그는 한 편지에서 어떤 성숙한 정신분석적 이론이 그 주장을 더 넓은 경험적 토대 위에서 세울 수만 있다면 그 이론이 얻을 수 있는 의미를 인정했다. 그는 엘제 야페(Else Jaffé)에게 이렇게 적고 있다. "프로이트가 갖고 있는 문화, 특히 종교사적이고 풍속사적인 현상의 전체 계열에 대한 일련의 사고가 해석의 전거를 위하여 매우 중요하게 될 수 있다는 것은 의심의 여지가 없다"(Weber 11/5권, 394쪽). 반면에 그는 이로부터 일종의 "세계관"을 전개하려는 시도들을 매우 비판적으로 논평했다. 셸러도 이와 유사한 입장을 대변했다. "초년기의 정신분석적 과학은 우리에게 —과장된 표현에도 불구하고— … 인간의 운명형성에 대해 여전히 할 말이 많다"(Scheler 1923, 272쪽). 예를 들어 예루살렘과 1920년대 번성하던 "집단사회학"의 틀 내에서 사회학과 정신분석의 협동을 생산적인 것으로 간주하던 빌헬름 플로이겔스(Wilhelm Vleugels)의 평가는 훨씬 긍정적이었다.

미국에서의 발전

전반적으로 독일어권의 논의는 어떤 피상적인 성격뿐 아니라 지나치게 고루하여 진통을 겪었다. 대체로 논의는 우리가 정말 그렇게 생각해도 좋고 그렇게 생각할 수 있는 것인지, 또는 프로이트의 정신분석이 (주지하듯이 카를 크라우스처럼) "치료라고 자칭하는 병"은 아닌지 하는 식의 원칙적인 문제로 성급하게 들어간다. 미국적인 담론은 이와는 크게 차이가 난다. 미국에서도 프로이트의 이론은 상당한 논쟁의 우려가 있었지만, 학술적 운영의 반응은 ―새로운 것을 시험해 보려는 미국의 훨씬 더 강한 준비 자세에 걸맞게― 관심 어린 태도를 보이며 열려 있었다. 미국인들은 무엇이 제공되는지 바라보았고, 그로부터 무엇이 유용할 수 있는지를 숙고했다. 그리하여 본질적으로 더 세분화되고 더 유연한 논의가 이루어졌다. 이 논의의 과정을 통하여 많은 저자들은 그 모든 비판에도 불구하고 정신분석의 이론 제공에서 의미심장한 접점을 발견했다. 라스웰(Lasswell), 오그번(Ogburn), 버제스(Burgess) 등은 경험적 사회탐구 방법론의 개발에 정신분석이 중요하다는 것을 증명했다. 라스웰은 프로이트의 가장 중요한 성과를 그가 방법적으로나 이론적으로 커다란 의미를 부여한 상호 인간적 사건의 새로운 관찰방식의 개발에서 찾았다. "우리는 사회과학 연구의 전 범위에 걸쳐서 급속한 발전의 출발점에 있으며, 이 발전은 과거처럼 미래에도 프로이트의 작품에 의하여 엄청나게 촉진될 것이다"(Lasswell 1939, 390쪽). 일련의 많은 저자들은 정신분석적 사고에서 현대적 사회이론의 중요한 초석을 발견했다. 오그번(1922)은 프로이트의 구상들 가운데 몇 가지를 사회적이고 경제적인 변화에 전이시켰다. ― 특히 그는 프로이트와 유사한 세계관을 대변하고 있었고, 그에게 프로이트는 환영할 만한 동지로 보였기 때문이었다. 버제스(1939)는 정신분석에 중요한 설명능력이 있음을 인정하면서 사회학과 정신분석의 공통적 계획을 입안했다. 파슨스(Parsons)는 정신분석을 결국 구조적-기능적 이론으로 통합했다. 파슨스는 이중의 자격을 가진 몇 안 되는 이론가에 속했다. 그는 교육분석(Lehranalyse)과 이론에의 집중적인 몰두를 기반으로 무엇보다 문화이론의 응용을 넘어서서 사회적 문제제기를 도출한 몇 사람 가운데 하나였다. 그를 기점으로 ―비판이론의 영향권에 있는 이론가들의 구상을 제외하고― 사회학과 정신분석의 유일한 체계적 협동 및 통합 매트릭스가 생겨난다. 그는 사회가 어떻게 자아, 이드와 초자아의 형성에 대한 개성적 특성을 창출하려고 시도하는지, 어떻게 사회적 프로그램의 내면화를 통하여 비로소 행위가 "사회적으로 능력 있게" 되는지를 조사했다(예를 들어 Parsons 1951, 1953; 만일 이 특기할 만한 구상에 대해 더 상세히 논의한다면, 이 틀은 깨어질지도 모른다).

힌클(Hinkle)은 1957년에 발표된 회고 및 개관에서 또 하나의 활발한 협동과 생산적인 전망을 예견했다. 하지만 결과는 달랐다. 이 논문은 차후에 바인슈타인(Weinstein)과 플라트(Platt)가 발표한 것(1975)처럼 단일 주제였으나 담론은 미약했다. — 정신분석과의 협동 가능성에 대해 많은 것을 보여 준다는 인상은 이미 오래 전에 사라졌다. 정신분석적 표상에 대한 끊임없는 비판만이 이에 기여한 것은 아니었다. 방법론적 경험주의의 징후하에서 학문이론적 논의는 자연스럽게 정신분석의 엄격한 거부라는 결과를 초래했다. (명백히) 검증할 수 없는 가설을 제기하는 것은 이론이 아니라는 포퍼(Popper)와 나겔(Nagel)의 판단만을 상기해도 이 점을 알 수 있다. 어떤 전문지식도 정신분석에 대한 이런 비판을 거의 희석시키지 못했고, 정신분석에 대한 비판은 어떤 식으로든 정신역동적인 과정의 인식문제에 관여하지 않았다(Schülein 1999 참조). 더 강력하게 영향력을 행사한 것은 이후 세대였는지도 모른다. — "포스트 파슨스" 사회학은 이전에 중요하고 옳았던 것처럼 보였던 많은 것과 철저히 단절했다. 어쨌든 그러는 사이에 정신분석은 어떤 식으로든 이론에서 표준목록이 됐다. 정신분석이 제2차 세계대전 이전의 사고와 (너무) 밀접하게 연관되어 있는 것처럼 보이는 동안, 다른 이론모형들이 많은 것을 약속하는 혁신의 위치를 차지했다. "초자아" 이론을 개체의 사회구조 적응방식으로 사용하려던 파슨스의 시도로 인하여 초자아 이론은 "과잉사회화된 인간 개념(oversocialized concept of man)"에서 논쟁의 목적대상이 되었다(Wrong 1961, 183-193쪽). 이어서 1990년대에 두뇌연구 개발을 통한 “신경생물학적인 방향전환”은 정신역동적인 의미론이 진부한 것으로 평가받는 데 크게 기여했다.

독일에서의 논의

정신분석적 주제에 대한 독일어권에서의 논의는 세계대전 이후에 처음에는 조심스럽게 진행되었으나 근본적으로 긍정적이었다. 정신분석의 지식은 사회학의 기본적 장치에 속했다. 상이한 방향의 공통적 견해는 물론 정신분석이론이 왜곡과 편파성을 포함하고 있는 것도 사실이지만, 그럼에도 그것이 사회학의 발전과 개선에 기여할 수 있다는 데 일치했다. — 비제(Wiese; 1950/51)뿐만 아니라 쾨니히(König; 1973)와 아도르노도 이런 의미로 그들의 생각을 표명했다. (그런데 이들은 그때그때 다른 견해를 피력했다.) 어떤 방식으로든 이와 같은 낙관주의는 미국과 독일에서 정신분석적으로 이루어진 몇몇 시대진단 서적이 베스트셀러가 됨으로써 입증되었다. 데이비드 리스먼(David Riesman)의 《고독한 군중(Die einsame Masse)》(1958)은 전통적, 현대적, 진보적 산업사회의 모델로서 전통에 의해, 그리고 내적인 것과 외적인 것에 의해 움직이는 인간 사이의 교묘한 차이를 분석함으로써 전후시기의 해석 및 국가사회주의에 대한 부정과 같은 지향가치를 획득했다. 이와 관련하여 국가사회주의에 대한 부정은 《애도할 줄 모르는 독일인(Unfähigkeit zu trauern)》(Alexander Mitscherlich/Margarete Mitscherlich 1967) 또는 아버지의 권위가 퇴색하여 체계논리로 대치되는 문화에 대한 표어로서의 《아버지 없는 사회》(Mitscherlich 1963)에서 제대로 표출되었다.

이어서 전후사회와 마찬가지로 사회학을 깜짝 놀라게 한 거친 1960년대가 도래했다. (나는 단순하게 표현하고 있다.) “시민사회(bürgerliche Gesellschaft)”와 더불어 “시민적 사회학(bürgerliche Soziologie)” 역시 용암처럼 뜨거운 반대파의 공격에 놓이고 말았다. 여기서 많은 전선들 가운데 하나는 구조적인 현대화와 보조를 맞추지 못했던 전후시기의 규범적 질서를 두고 벌어진 논쟁이었다. 이와 연관된 갈등은 복고적/보수적과 진보적/혁명적이라는 개념의 대립으로 받아들여지고 표현되면서, 특히 '성욕(Sexualität)'과 '소비(Konsum)'라는 주제에 핵심적 쟁점이 모아졌다. 동시에 "억압적 성도덕(repressive Sexualmoral)"과 "소비 공포"와 맞선 투쟁에서 특히 빌헬름 라이히의 초기 저작들과 마르쿠제의 후기 저작들이 이론적 도구로 사용되었다. 초기의 라이히는 비범한 임상학자이자 앙가주망의 사회정치학자로서 어려운 상황에서 강렬한 수단으로 정신역동적인 문제에 대한 동시대적 이해의 고루함에 맞서 정신분석적 인식을 정립하려고 노력했다. 후기의 마르쿠제는 통찰력 있고 웅대한 몽상가의 도약을 가지고 있었고, 그것의 이상화는 (어떤 부분들에서는) 학생운동의 자기이해에 잘 맞아떨어졌다. 당연히 이 둘의 저작이 지닌 해명의 잠재력은 이중으로 제한이 있었지만, 이와 결부된 단순화 효과는 그만큼 필요성에 부합되었다.

이로써 정신분석 또한 논쟁의 소용돌이에 휘말리게 되었다. 정신분석은 시민사회의 억압적 성격과 사회학의 무능함에 맞서 이 주제들을 다루는 증인이자 조력자로서 인용되고 도입되었다. — 논증으로서보다는 오히려 큰 소리를 내는 도구로 사용되는 경우가 종종 있었다. 라이히의 《오르가슴의 기능(Die Funktion des Orgasmus)》과 같은 제목은 —더욱이 전반적으로 임상적인 텍스트는— 종종 소망하던 파급효과에 도달하기에 충분했다. 유사한 일이 사회비판적 논의의 특정한 영역에서 일어났다. (소위) 순응적이고 이념적으로 왜곡된 시민적 사회학을 대체하기 위하여 마르크스 이론은 정신분석적인 구상과 결합되었다. 일종의 프로이트-마르크스 논쟁의 새로운 판이 전개되었다(앞의 마르크스주의에 관한 8장 참조).

협력의 구조적 난점들

주제와 패러다임이 변화하게 되면, 늘 그랬듯이 급조되고 전문성 없이 생산된 텍스트들로부터 참고목록의 과장된 거품이 생겨났다(예컨대 Schneider와 Duhm의 텍스트 참조). — 자칭 전문가를 자처하는 많은 사람들이 프로이트와 마르크스로부터 모든 문제를 설명(해결)하기 위한 기적의 수액을 주조하려고 덤벼들었다. 그리고 대체로 그렇듯이 이런 일시적 감동 역시 이론의 발전에는 효과가 없었다. 정황에 맞지 않는 목적을 위한 이론의 도구화뿐 아니라 이와 결부되어 민감한 이론제기에의 숙고 없는 시도는 부메랑 효과를 자아냈다. 이후에 계속된 담론들은 반짝 타다가 꺼지는 재처럼 되기를 조금도 원치 않았다. 이때부터 독일어권의 주류 사회학에서 마르크스와 프로이트를 인용한다는 것은 더 이상 거의 있을 수 없는 역겨운 일로, 하지만 적어도 너무 진부하고 주변적인 담론에 속한다는 표시로 간주된다.

그러나 이론의 손상과 계속되는 거부반응과는 관계가 없다 해도 사회학과 정신분석 사이의 대화 속개는 오히려 더 개연성이 없는 일인지도 모른다. 왜냐하면 그렇게 하는 데 요구되는 구조적인 조건들이 그간 충분히 개발되지 않았기 때문이다. 일반적으로 학제적 담론(interdisziplinärer Diskurs)은 어렵다. 무엇보다 설명의 요구에서 교차하는 부분들이 발생할 때면, 관련자들은 그들의 학과 정체성을 고수하며 동요한다(이에 대한 상세한 내용은 Schülein 2002 참조). 이것이 경쟁과 안정적인 지대(자신의 지대)로 물러서려는 경향, 그리고 다른 측을 거부하고 평가절하하려는 경향을 첨예화한다. 그러므로 문제성 없는 경계선, 문제성 없는 교집합은 존재하지 않는다. 이로 인해 공통적 주제영역의 구축과 방법적 협동이 어려워진다. 이런 것이 사회학과 정신분석에 아주 첨예하게 통용되는데, 그럴 것이 대단히 많은 교집합이 존재하기 때문이다. 양자는 행동의 조절과 이와 연관된 작용에 열중하겠지만, 그들은 아주 다양한 방식으로, 얼핏 보아도 배타적이고 거부적인 전략으로 이를 행한다. 이를 통해 양자는 쉽게, 거의 필연적으로 설명-경쟁(Erklärung-Konkurrenz)에 빠져든다.

이렇게 어려운 관계에 도달하게 되는 이유는 구조적인 내적 유사성 때문이다. 두 분과는 제각기 그 자체로 엄청난 균형의 문제를 안고 있다. 두 분과는 명백한 정체성이나 확실한 방법과 이론에 의한 견고한 핵심을 갖추지 못하고 있으며 명백한 주제도 갖고 있지 않다. "독자적인" 사회학도 "독자적인" 정신분석도 존재하지 않는다. 양자는 멀티패러다임의 성격을 띠고 있으며, 비교해 볼 때 서로 다른 시도와 사유방식의 불일치적 병존관계로 나타난다. 이것이 내적 안정성과 아울러 양면에 대한 외부접촉, 나아가 외부로부터의 호응가능성과 참조가능성까지도 어렵게 한다. 예를 들어 적어도 사회학에는 유일한 이론이 아니라 대상관계심리학적, 결속이론적(Bindungstheoretisch), 자아심리학적 시도 또는 클라인적이거나 라캉적인 정통적 시도, 아니면 그 밖에 다른 시도의 스펙트럼과 관련되어 자체의 수단으로는 이견이나 합의조차 다룰 수 없는 부가적인 문제가 발생한다.

이에 따라 여기서는 담론이 어렵다. 담론은 탈중심을 (심지어는 어쩌면 분산까지도) 견뎌 내고, 나아가 적절한 안전장치와 예방을 필요로 하는 이단적 관찰방식과 연관될 수 있는 높은 정도의 준비와 능력을 요구한다. 하지만 양면적으로 이것이 결여되어 있었다. 대체로 정신분석은 자체의 활동성을 (특정한 방식의) 치료에 중점을 두는 임상제도로서 창설되었다. 이런 점은 내적일 뿐 아니라 외적인 효력을 지닌다. 장치의 일방성과 외부적 발전과의 접촉부족 때문에 정신분석을 보편적 심리학으로 전개하려는 프로이트의 요구가 치료요법의 가능성만큼 실현되지 못하게 되었다. 이와 동시에 정신분석은 (학문의) 공공성에 충분히 자신의 실체를 뚜렷이 보여 주고 이목을 끄는 일을 소홀히 했다. 정신분석에는 학술적 현재성이 결여되어 있으며, 이것이 상응할 만한 고립적 폐단을 지닌 전반적인 내적 지향성을 초래했다. 반대로 이 때문에 지속적 발전은 직능적인 연합체의 비밀 속에서 정체되면서 외부로 거의 뚫고 나가지 못했다. 정신분석의 고립은 이 경우에 이중적 고민의 결과이다. 학술연구의 측면에서 정신분석의 제안이 자주 무시되거나 진지한 논의 없이 평가절하되는 동안, 정신분석은 대체로 직업의 장벽 뒤로 물러나 오랫동안 외부접촉을 포기했던 것이다. 이런 정책은 적어도 1990년대에야 비로소 부분적으로 교정되었다. 그렇다고 오늘날까지 이로부터 어떤 지나친 외적인 효과는 일어나지 않았다.

사회학은 사회학대로 정신분석에 대하여 더 자세히 정보를 수집하는 일을 소홀히 했다. 우선 (일반교양과 공적 담론의 부분으로서) 정신분석의 외적인 의미가 축소됨으로써 그로부터 거의 자극을 받지 못하고 있으며, 프로이트와 정신분석에 대한 매우 제한된 기본지식만이 존재할 따름이다. 그러나 내적인 논의 또한 계속 진전이 없었다. 사회학의 주제에 대한 과거의 표명들이 정신분석의 잠재력을 오인했거나 문제적 방식으로 이용하려 했다는 것은 단지 전문지식 내지 피상적인 독서법하고만 관련된 것이 아니었다. 무엇보다 결정적인 것은 두 가지 관찰방식이 양자의 초기 발전단계에도 고정되어 있었다는 사실이다. 특히 정신분석은 아주 초보적 상태에 있으면서 여러모로 불가피하게 조야하고 미숙한 점을 드러냈다. 따라서 정신분석의 실행능력은 프로이트에 의해 제기된 시도들에서야 비로소 두드러졌고, 이는 그만큼 집중적인 논의를 전제로 했는지도 모른다. 이런 점이 많은 —무엇보다 주제와 방법에 당혹스러워하는— 독자들에게 너무 어려웠다. 반면에 후기의 발전은 거의 전혀 인지되지 못했다. 이 때문에 후기의 발전에 대한 논의는 걸음마 단계의 수준에 머물러 있다. 정신분석, 특히 현대의 정신분석은 사회학에 전반적으로 알려지지 않았다.

담론의 미래 가능성

단적으로 말해 정신분석은 사회학에서 소문으로만, 요컨대 과거 시대의 유령으로만 현존한다. 그러나 조직분석(Organisationsanalyse)이라는 특수 분야와 관련된 것은 제외된다. 이 분야의 경우 오래전부터 —말하자면 지배적인 장애로부터 방해받지 않은 채— 조직이론과 정신분석의 긴밀한 협동이 이루어지고 있다(예컨대 Sievers 외 2003 참조). 무엇보다 이 한계영역에서는 실무자들에게 상호 보완의 가능성뿐만 아니라 필요성이 존재한다는 것이 밝혀졌다. 왜냐하면 조직의 동력은 행위자들이 포함될 때만 그리고 행위자들의 행동은 그들의 의식적이고 무의식적인 자극이 포함될 때만 이해되기 때문이다. 계급투쟁과 집단적 테러, 파괴적인 집단적 마비행위와 주도권 갈등은 (단순히) 형식적 구조의 오류에만 근거하는 것이 아니다. “미시정치(Mikropolitik)” 또는 전략적 활동으로 특징화되는 것은 종종 참여자들의 정신역동적인 프로그램에 의해 형성된다. 이때 정신분석적 사고는 문제적 상황의 더 미세하고 상세히 분류된 상을 획득하고 간섭전략(Interventionsstrategie)을 발전시키는 데 도움을 줄 수 있다. 그러므로 여기에 오히려 더 많은 경계선 왕래자와 협동형태가 존재한다.

담론이 학과의 핵심에 있거나 또는 없다고 해서 상황이 바뀌는 것은 아니다. 기본조건들이 변화하지 않을 때는 아무것도 바뀌지 않는다. 사회학은 오로지 자체의 수단만으로는 충분히 주체이론적 표상을 제시하고 그것에 필요한 접촉능력을 발전시킬 수 없다는 것을 이해해야 한다. 달리 적용하자면 이는 정신분석에도 해당된다. 정신분석은 추가적으로 ‘외부정책’을 철저히 바꾸어야 한다. 정신분석은 자체의 치료요법적인 적용을 제한하는 대신에 더 공격적이 되어서 학문의 현장에서 자신의 자리를 능동적으로 찾아야만 한다. 치료요법적인 적용에서 얻을 것이 무엇이겠는가? 양쪽에 대해 성찰잠재력의 확대가 요구된다. 우선 ‘행위(Handlung)’라는 주제

(Schülein 1998 참조)를 다루면 발생학적으로 더 미세한 접근 방법을 얻을 수 있는 가능성이 나타난다. 사회학은 사회화(Sozialisation)를 언급하면서 그것으로 언어, 사유, 행위와 느낌이 (일차적 관계자를 통하여 매개된) 사회적 조건의 영향에 따라 발달하고 형성된다고 생각한다. 우리의 관점이 사회적 조건의 순수한 특징에서 출발하려 하지 않는다 해도, 도대체 거기서 무엇이 영향을 받는가, 그리고 어떻게 외적 조건들이 내적 관계로 변화하고, 내적 자극이 사회적 조건에 영향을 미치는가 하는 표상은 그러한 특징에 속한다. 이와 같은 심적 이론과 정신역동적인 발달이론을 제시하는 것이 바로 정신분석이다. 모든 사회화 과정은 개인적이지만, 그럼에도 사회적으로나 심적으로 특정한 윤곽을 얻을 수 있는 것이 어떻게 가능한지를 —어떻게 생물심리학적 장치와 사회적 맥락이 간섭하여 예컨대 사회적으로 유익하다고 여기는 것에 자신의 행위를 맞추는 "외부지향적" 인간의 발달로 이끄는지를— 이 두 이론이 함께 해명할 수 있을 것이다. 사회학이나 정신분석 어느 쪽도 이런 종류의 주제를 독자적으로 다룰 수는 없다.

이를 넘어서서 행위과정의 협동 속에서 본질적으로 더 원활하게 분석이 가능해질 수 있을지도 모른다. 사회학은 행위가 이루어지는 상황이 어떤 양상이고 어떤 사회적 (신분적 위계질서에서 물질화된 규범에 이르기까지의) 전제조건을 포함하고 있는지를 설명할 수 있다. 나아가 사회학은 어떤 기대와 행위의 선택이 작용하고 있는지, 그리고 무엇이 사회질서와 사회적 정체성의 유지를 요구하고 있는지를 설명할 수 있다. 사회학은 행위 당사자들의 사회적 장치도 —전형적 인지, 소질, 표현형식이 무엇인지도— 기술할 수 있다. 정신분석은 외적인 소요성이 어떤 형태로 가공되고, 반대로 심리 내적 소요성이 (욕구형성, 불안, 희망, 동경 등이) 상황을 빌려서 어떻게 확정되는가를 기술할 수 있다. 두 가지 전제조건으로부터 행위요구에 대한 심리 내적 가공물의 윤곽이 개진될 수 있다. 다시 말해 상황을 통하여 어떤 의식적이고 무의식적인 내적 연상과 소질이 행동화되는지, 그리고 이 결과로 발생하는 심적 역동성은 어떻게 체험되는 동시에 (현재의 지식을 바탕으로) 의식화되고 균형을 이루는지가 (가령 어떤 행위의 선택들이 전개되고, 거기서 어떤 결과가 기대되는지가) 개진될 수 있다. 그러면 이 행위의 설계라는 내적 협의의 결실이 "힘의 평행사변형(Kräfteparalleogramm)"의 결과로서 기술되고 이해될 수 있으며, 아울러 무엇이 행위로의 힘의 전환을 명시적이고 잠재적으로 표출하는지, 이를 통해 상황은 어떻게 변화되고, 다른 행위 당사자들은 어떻게 특정한 방식으로 자극을 받는지도 기술되고 이해될 수 있을 것이다. 이와 유사한 방식으로 사회적 사실의 더 포괄적인 차원 ―예컨대 상호작용, 구체적인 사회조직, 추상적인 사회구조와 끝으로 사회적이고 심적인 요소들의 총괄적 관계로서의 사회구조― 역시 다루어질 수 있다. 이에 상응하는 시도들은 쉽지 않고 위험하지만 보람 있는 일이다.

참고문헌

Adorno, Theodor W.: Zum Verhältnis von Soziologie und Psychologie(사회학과 심리학의 관계에 대하여). In: Sociologica. Frankfurt a.M./Köln 1955.

Burgess, Ernest W.: The Influence of Sigmund Freud upon Sociology in the United States(미국에서 프로이트가 사회학에 미친 영향). In: American Journal of Sociology 45(1939), 356-375쪽.

Duhm, Dieter: Angst im Kapitalismus(자본주의에서의 불안). Lampertheim 1972.

Fenichel, Otto: The Drive to Amass Wealth(부의 축적 동기). In: Psychoanalytic Quarterly 7(1938), 69-95쪽.

Fromm, Erich: Die Psychoanalytische Charakterlogie(정신분석적 성격학). In: Zeitschrift für Sozialforschung 1(1932), 28-54쪽.

Geiger, Theodor: Die Gestaltung der Gesellung(사교의 형성). Karlsruhe 1928.

Hinkle, Gisela J.: Sociology and Psychoanalysis(사회학과 정신분석). In: H. Becker/A. Boskoff (Hg.): Modern Sociological Theory. New York 1957, 574-603쪽.

Jerusalem, Franz W.: Soziologie des Rechts 1. Gesetzmäßigkeiten und Kollektiv(법의 사회학 1. 합법성과 집단). Jena 1925.

König, René: Psychoanalyse und sozialer Wandel(정신분석과 사회적 변화). In: Kölner Zeitschrift für Soziologie und SozialPsychologie 25(1973), 611-618쪽.

Lasswell, Harold D.: The Contribution of Freud's Insight Interview to the Social Sciences(프로이트의 인사이트 인터뷰의 사회과학에의 기여). In: American Journal of Sociology 45(1939), 375-390쪽.

Markuse, Herbert: Der eindimensionale Mensch(일차원적 인간). Berlin 1967.

Mitscherlich, Alexander: Auf dem Weg zum vaterlosen Gesellschaft(아버지 없는 사회로의 도정). Ideen zur Sozialpsychologie. München 1963.

_______: /Margarete Mitscherlich: Die Unfähigkeit zu truern. Grundlagen kollektiven Verhaltens(애도할 줄 모르는 독일인. 집단행동의 토대). München 1963.

Ogburn, William F.: Social Change(사회변화). New York 1992.

Parsons, Talcott: The Social System(사회체계). Glencoe, Ill. 1951.

_______: Psychoanalysis and Social Science(정신분석과 사회과학). In: F. Alexander/H. Ross (Hg.): Twenty Years of Psychoanalysis(정신분석의 20년). New York 1953, 186-215쪽.

Reich, Wilhelm: Massenpsychologie des Faschismus(파시즘의 집단심리). Kopenhagen/Wien/Zürich 1933.

Riesman, David: Die einsame Masse(고독한 군중). Reinbek 1958(영어판 1953).

Róheim, Geza: Psychoanalyse und Anthropologie(정신분석과 인류학). Frankfurt a.M. 1977.

Scheler, Max: Die Wissensformen und die Gesellschaft(지식의 형태와 사회). Leipzig 1923.

Schneider, Michael: Neurose und Klassenkampf(신경증과 계급투쟁). Reinbek 1973.

Schülein, Johann August: Handlungstheorie und Psychoanalyse(행위이론과 정신분석). In: A. Balog/M. Gabriel (Hg.): Soziologische Handlungstheorie(사회학적 행위이론). Einheit oder Vielfalt. Opladen 1998, 285-312쪽.

_______: Die Logik der Psychoanalyse. Eine erkenntnistheoretische Studie(정신분석의 논리. 인식론적 연구). Gießen 1999.

_______: Autopoietische Realität und konnotative Theorie. Über Balanceprobleme sozialwissenschaftlichen Erkennens(자기창조적 사실과 내포적 이론. 사회과학적 인식의 균형문제에 대하여). Weilerswist 2002.

Sievers, Burkard u.a. (Hg.): Das Unbewusste in Organisationen(조직에서의 무의식). Gießen 2003.

Sombart, Werner: Der Bourgeois(부르주아) [1913]. München 1956.

Spann, Othmar: Gesamtausgabe(전집판). Graz 1965ff.

Vleugels, Wilhelm: Zu Freuds Theorie von der Psychoanalyse(정신분석에 대한 프로이트의 이론). In: Kölner Vierteljahreshefte für Soziologie 3(1923/24), 42-75쪽.

Weber, Max: Gesammelte Werke(전집). Tübingen 1986ff.

Weinstein, Fred/Gelald M. Platt: Psychoanalytische Soziologie(정신분석적 사회학). München 1975.

Wiese, Leopold V.: Soziologie und Psychoanalyse(사회학과 정신분석). In: Kölner Zeitschrift für Soziologie und Sozialpsychologie 3(950/51), 459-469쪽.

Wrong, Dennis H.: The Oversocialized Conception of Man in Modern Sociology(현대사회에서 과잉사회화된 인간 개념). In: American Sociological Review 26(1961), 183-193쪽.

Johann August Schülein

15. 정치심리학

1932년 《정신분석입문을 위한 강의의 새로운 연속》의 35번째 종강에서 프로이트는 마르크스주의와 유물론적 학문에서 종교와 흡사한 세계관으로의 발전과 그 자체로 환영할 만한 러시아 볼셰비키 혁명에서의 사회적 실험의 성과 전망에 관해 표명한다(전집 15, 193쪽 이하). 이와 같은 표명은 프로이트의 저작들에서는 매우 보기 드물며, 이 《강의》의 경우에는 엄밀한 의미로 이미 학문적 저작과는 상관이 없다. 정치적 주제에 관한 한 프로이트는 거리를 두며 거의 자제하는 태도를 보였다. 그러나 우리가 1934년에서 1938년과 39년까지 탈고되어 출간된 그의 최후의 위대한 논문 《인간 모세와 유일신교》(전집 16)를 —예컨대 리처드 번스타인(Richard J. Bernstein; 1998/2003)이 보여 주듯이— 의심할 바 없는 반유대주의 이론으로 읽는다면 이런 인상은 변하게 된다. 이런 식의 "정치적 독서법"은 전적으로 프로이트의 다른 글들을 암시하고 있다. 그리고 단적으로 프로이트 저작의 내실이 전체적으로 정치적 독서법 내에서라야 비로소 해명된다는 주장까지 제기되었다(Brunner 1995/2001). 정치심리학에 관한 한 우리가 —내용의 일반적인 부분이 미국 이주 후에야 비로소 완성된— 오토 페니첼의 《정신분석적 신경증론(Psychoanalytische Neulosenlehre)》이라는 지극히 체계적인 지침서에서 헬무트 다머(Helmut Dahmer)의 언급을 기억한다면, 우리는 궁극적으로 올바른 흔적의 경로에 들어선다. 다머에 의하면 우리가 정신분석적 심리주의에 대한 그의 비판으로부터 눈을 돌릴 때, 그의 프로이트-마르크스주의 단계의 글들에서보다 더 의미심장한 정치적 내실이 발견된다는 것이다. 이는 프로이트에게도 똑같이 통용된다. 다시 말해 그의 이론의 핵심영역이야말로 정치심리학에 언제나 고갈되지 않는 방법의 창고를 제공한다. 물론 이것의 적절한 적용가능성은 정치심리학이란 무엇인가에 대한 이해에 달려 있다.

정치심리학이란 무엇인가?

정치심리학은 어떤 —적어도 아직은 어떤— 학문적 부문이나 분과가 아니다. 이는 무엇보다 프로이트의 학설과 정신분석을 지향하는 정치심리학에 해당된다. 문제는 정치심리학이 이런 형태, 즉 학문적 부문으로서 특히 정신분석적 정치심리학에 대하여 과연 추구할 만한 목표인지, 또는 특정한 역사적-사회적 위상과 관련된 학문적 분석 및 작업현장의 상황이 바로 정치심리학에 혹시 적합하지는 않은지 하는 점이다. 프로이트 자신도 대변했듯이 이런 물음은 개별 연구자의 특수한 삶의 역사라는 특이성향으로부터 완벽하게 증류되지 못한 관찰방식이 도입될 수도 있다는 사실을 포함한다. 완전한 방법적 전이가능성과 철저한 간주관성의 학문적 이상에 대한 표본추출의 가치는 기대할 만한 인식획득과 직면하여 어쩌면 너무 높은 것이 아닐지도 모른다. 학문적 분과의 이런 형태를 넘어서서 클라우스 호른(Klaus Horn; 1975)은 정신분석적으로 정보화된 정치심리학을 다른 사회과학에 대한 일종의 메타 내지 매개학문으로 구축하려는 생각을 공공연하게 제기했는가 하면, 페터 브뤼크너(Peter Brückner; 1967, 1970)는 대략 동시적으로 정치심리학을 —사회적 관계의 변화를 옹호하는 개별자 또는 집단의 자기이해를 위한 일종의 매개로서— 자신이 현장연구(action research)로 이해했던 실천적-정치적 앙가주망과 이런 행위에 대한 심리학적-정신분석적 성찰의 순환 속에 이식된 것으로 보았다. "정치"는 바로 정치심리학의 관점에, 학문적 관찰방식에 특정한 대상으로 남아 있다. 정치는 희망을 품거나 고통을 앓는 행위자들과의 지속적인 관계를 확신해야만 한다. 그렇지만 이는 동시에 학문적 관찰자에 의해 운용되는 학문적 자원을 차단함이 없이 그들을 포함하는 것을 의미한다. 물론 순수한 견해와 정치적 잡문쓰기와의 차이는 분명하게 구별되어야 한다. 그러나 이 역시도 정치가 전통이론이 아니라 비판이론(Horkheimer 1937)의 맥락에서 자기 고유의 자리를 찾는 것을 의미한다.

정치심리학이 독립적인 학과가 아니고 응용학문의 의미에서 가령 심리학, 사회학 또는 정치학처럼 어떤 학과의 기초로서 관련될 수 있는 분과 내지 하부분과도 아니라면 —그런데 정치심리학이 관찰방식과 연구방향으로서 운용될 수 있다면— 어쩌면 이로부터 사실상 정치심리학의 학제 내지 초학제의 성격이 생겨남으로써 다른 학문적 노력보다 더 강하게 "학문외적 규정근거"(P. Brückner)와 실천적-정치적 동인을 가진 인식관심에 기여하게 될지도 모른다. 정치심리학은 언급한 학문들을 위하여 관찰방식으로서 비판적 관계, 그리고/또는 보상적 관계에 관여함으로써 호르크하이머(Horkheimer 1932)가 명명한 것처럼 "보조학문적인" 기능을 떠맡게 되었다. 호르크하이머는 심리적 요소가 본질적으로 지배라는 정치형식에의 인간 구속을 결정하는 사회의 특정한 상태를 전제로 하는 것이 정치심리학일 수도 있다고 보았다. 정치심리학이 비판적 사회이론의 관련학문이나 주도적 학문이 됨으로써 말하자면 "정치심리학 비판"이 "정치경제학 비판"

을 대치했고, "역사와 관련하여 경제학과 심리학의 서열관계"가 변화하게 되었다는 것이다.

마르쿠제도 이와 같은 패러다임 변환을 프랑크푸르트 사회연구소와 결별한 이후에 시작한 그의 후기의 프로이트 수용에서 미래 전망적으로 시사했다. 《에로스와 문화(Eros und Kultur)》 내지 《충동구조와 사회(Triebstruktur und Gesellschaft)》(1955/1957)에서 마르쿠제는 우리가 정신분석의 모든 메타심리학적 토대를 계속해서 유지할 수 있기 때문에 프로이트가 했던 것처럼 역사적 과정에서 문화가 《문화 속의 불쾌감》(전집 14)에 나오듯이 자체의 신진대사생산물로 인해 몰락하는 종의 불행을 받아들일 필요가 없다는 것을 보여 주고자 했다. 마르쿠제에 따르면 —프로이트 이론 자체의 토대 위에서 계획될 수 있는— "현실원리의 저편"이 존재하기 때문에 인간의 자기 파괴적인 경향은 다시 특정한 사회형태와의 결속으로 환원될 수 있다는 것이다. 이 중심적인 문제에서 더는 마르크스와 프로이트 사이의 모순이 성립되지 않는 것처럼 보인다. 《일차원적 인간(Eindimensionaler Mensch)》(1964/1967)을 보면 "발전된 산업사회"에서 어떤 정도로 사회의 일차원화, 즉 정치적 상태의 특정한 형식이 심리적 요소에 의존하게 되었는지가 분명해진다. 그런데 우리는 "역사와 정신분석"에 대한 호르크하이머의 논문(1932)에 정신분석적 정치심리학의 진전된 프로그램이 있음을 발견했다.

호르크하이머에 따르면 사회적 발전의 현 단계는 —1933년 전야로 돌아가 보았을 때— "숫자상으로 중요한 사회계층의 행위가 인식이 아니라 의식을 기만하는 충동의 동력에 의하여 결정된다"(같은 곳, 59쪽)는 사실, 다시 말해 그런 계층의 행위는 중장기적인 삶의 관심과는 크게 어긋난다는 사실을 통하여 특징화된다. 이 "비합리적이고 강압적으로 인간을 결정하는 힘을 심리적으로" 밝혀내려는 심리학은 대체로 무의식의 심리학일 수밖에 없다는 것이다. 그것은 "주어진 사회적 관계를 통하여 전제된" 정치심리학적 사유의 "형태"인바, 호르크하이머는 물론 이런 형태가 모든 사회계층에 차별 없이 적용될 수 없다고 말한다. 이로부터 "집단심리학" 대신에 "차별화된 단체심리학(differenzierte Gruppenpsychologie)"에 대한 요구가 도출된다.

일반적인 관점에서 볼 때 경제적 발전과 그 밖의 문화적, 사회적, 정치적 발전 사이에서 심적인 매개를 밝혀내는 임무가 주로 정신분석의 형태로 심리학에 주어진다. 호르크하이머가 표현하는 바와 같이 심리학의 대상은 "역사와 연루되어"(57쪽) 있다. 우리가 이런 관점을 좀 더 추적해 볼 때, 이와 같은 정치심리학에서 적어도 프로이트 정신분석의 방법적 핵심까지도 포함하는 해방적 인식관심은 정치심리학이 보완적이고 교정적인 —특히 경험적인— 관계나 또는 보상적이고 말하자면 비판적 관계를 맺고 있는 사회이론이나 역사적 관점과 긴밀하게 연관될 때에만 (그리고 정치심리학이 이 관계의 척도에 따라 정신분석적으로 설명이 필요한 사회의 위험스런 발전에 주목할 때에만) 궁극적으로 관철될 수 있다. 그 밖에도 정치심리학은 해방적 사회운동으로부터 너무 자주 무시당하는 —자기 손상을 당하는— 정치적 행위자들의 자기반성의 수단이다. 이 기준들이 성취되지 않는다면, 정치심리학은 어설픈 심리학으로서 기술적-도구적 행위차원 너머에서는 어떤 설명가치도 갖지 못하는 아마도 처분적 지식(Verfügungswissen)[22]만을 제공하게 될 것이다. 아무튼 정신분석적 정치심리학에는 정치적인 것의 포괄적 개념과 정치에 대한 폭넓은 이해가 근간이 되어야만 한다. 그렇지 않으면 정치심리학을 위한 정신분석은 그것이 실제로 표현하는 방법과 계획의

22) 역주: 철학자 위르겐 미텔슈트라스(Jürgen Mittelstraß)는 주로 "학제적 작업의 기술(記述) 및 판단의 구성요소"로서 "자연의 지배"를 목적으로 하는 처분적 지식과 "삶"의 지혜와 연관된 지향적 지식(Orientierungswissen)을 구분하여 사용하였다.

저 병기고를 제공하지 못할 수도 있다.

집단심리학

이제 프로이트에게서 나타나는 정치심리학의 뿌리와 관련하여 그의 글과 사고에는 문화이론, 사회심리학과 정치심리학 사이의 경계가 불명료하다는 점, 그리고 경계의 차이가 정말 의미심장할 수도 있지만, 그 경계라는 것은 바로 정치심리학의 개략적 이해의 정신에서 설정될 수밖에 없었을 것이라는 점을 먼저 지적하고 넘어가야 한다. 여기서 특히 연관적인 저작 《집단심리학과 자아분석(Massenpsychologie und Ich-Analyse)》(1921, 전집 13)은 이처럼 사회심리학과 정치심리학의 이중적 성격을 보여 준다. 프로이트가 "인위적인 집단"인 교회와 군대를 염두에 두고 있다면, 엄밀히 말해 그는 본질적으로 "집단"을 분석하는 것이 아니다. — 아무튼 통상적인 의미에서 집단심리학과는 동떨어져 있다. 우리가 생각하는 집단과 그의 선행자가 분석했던 —비유기적이고 자연발생적이며 공황적인— 집단은 이미 그가 관심을 갖는 집단의 와해의 산물이다. 그의 시선은 사회적 형성물 일반을 결합하는 심리학적 접합뿐 아니라 심리학자가 관찰할 수 있는 해체 및 변형의 힘에도 집중되어 있다. 프로이트는 그것을 집단구성체의 리비도적인 결속에서, 그리고 동시에 사회적 위계질서의 첨단(지도자, 이념, 상징 등)과의 리비도적인 결속에서 발견한다. 이 위계질서 속에서는 대상관계[동일시, 외부대상의 자아 내지 자아이상으로의 내사(Introjektion)]의 늘 특정하거나 아니면 매우 상이한 형태가 특징적으로 형성된다.

프로이트가 원초의 아버지가 자기 아들들을 그에게 반항하는 형제무리의 형태로 집단심리학 속에 "강압하여"(같은 곳, 138쪽) 몰아넣었다고 말하는 한, 그의 집단심리학은 어쨌든 문화이론적 근거까지도 갖고 있는 사회심리학이거나 사회학의 심리학적 토대이자, 그의 관점에 따라서는 인간의 문화와 사회 일반이 시작하는 중심적 요소이다. 하지만 동시에 그의 집단 심리학이 권위에 의해 주도된 군중들을 분석하면서 막스 베버가 그의 지배의 사회학에서 구분하고 있는 이른바 합법적 지배의 세 유형 가운데 하나인 카리스마적 지배에서 작동되는 심리학적 기제를 놀라운 방식으로 밝혀내고 있는 한, 그것은 정확한 의미에서 정치심리학이다. — 숨 막힐 정도로 놀라운 이유는 바로 프로이트의 저작이 출간되고 몇 년 뒤에야 독일에서 절정에 이르렀던 파시즘적 선동가의 작업 및 영향의 방식이 이 도구에 의하여 가장 상세히 기술될 수 있었기 때문이다. 이 점을 아도르노가 《프로이트의 이론과 파시즘의 선전선동 구조(Die Freudsche Theorie und die Struktur der faschistischen Propaganda)》에서 인상적으로 분석한 바 있다. 물론 아도르노가 "파시즘이 집단현상 일반으로서 심리학적으로 설명될 수 있는지"(1951, 62쪽) 의문을 제기하면서 이를 단호히 부정하고 있다면, 그는 궁극적으로 정신분석적 분석유형의 효과를 제한하려는 것이다. 호르크하이머가 주목한 정치경제학 비판에서 정치심리학 비판으로의 패러다임 전환이 역사적으로 논의되지 않은 것과는 달리, 어쨌든 아도르노의 이 효과 제한은 오랫동안 인정을 받고 있다. 다른 측면에서 세르게 모스코비치(Serge Moscovici)는 《집단의 시대(Zeitalter der Massen)》(1981/1986)를 발표하며 정치심리학의 학문적 신생을 적극적으로 옹호했으며, 귀스타브 르 봉(Gustave Le Bon), 가브리엘 타르드(Gabriel Tarde)와 프로이트의 관련 이론들의 "논리적 복원"을 통하여 이에 기여하기를 희망했다. 하지만 프로이트는 이미 정치심리학이 학문적으로 크고 작은 그룹심리학이나 집단의사소통 연구 등처럼 비체계적인 다양성으로 분열되었다고 생각한 바 있었다. 반면에 이 신생에 대한 모스코비치의 논증은 정치심리학이 정치경제학과 나란히 역사를 만들어 냈다고 할 수 있는 두 인문 분과 가운데 하나라는 것이다. 요컨대 사회학, 인류학이나 언어학이 오직 역사에 의해 만들어진 산물인 데 반해, 정치심리학과 정치경제학은 우리 시대의 사건들에 확실한 흔적을 남긴 것으로 볼 수 있다는 것이다(같은 곳, 13쪽). 이를 떠나서 집단현상은 전 세계적 도시화, 이주, 전통적 생활관계의 파괴와 인구통계학적 발전으로부터 어떤 결과가 생겨날 것인지 하는 인간의 미래를 결정한다. 모스코비치는 물론 정치심리학이 경제적, 사회적 요소의 경시 태도를 버리고 역사의 특성을 고려하게 될 때만 매우 임시적인 학문적 성격을 변화시킬 수 있을 것이라고 진단한다(같은 곳, 480쪽 이하).

반유대주의와 권위주의적 인성

우리가 정치심리학을 정신분석의 경우에 특정한 이론적-학문적 맥락, 즉 매우 폭넓은 적용관계에서만 실제적 잠재력이 발휘될 수 있는 특별한 관찰방식으로 제한하여 파악할지라도, 정신분석적 정치심리학의 (그리고 당연히 분석적 사회심리학의) "자연스러운" 대상과 예컨대 사회적 편견, 반유대주의, 종족주의, 이국인에 대한 적대성, 권위주의 등과 같은 작업분야는 역사적으로 발전되어 왔다. 그것은 거의 예외 없이 《집단심리학》에서 군중에 내재된 태도나 군중에 대한 태도처럼 프로이트의 다른 논문들에서는 제시되지 않았던 작업분야들이다. 오히려 다른 논문들에서는 충동, 방어와 저항, 방어기제에 대한 이론, 심적 현상을 갈등과 이로 인한 불행한 처리의 결과로 보는 역동적인 관찰방식처럼 정신분석 전반의 중심적 가설이 적용되고 있다(Krovoza 1996 참조). 이렇게 반유대주의는 무엇보다 사회적 편견이 아니라 유럽적-기독교적 문화 및 문명사 속에, 이에 상응하는 심적인 역사 발전과 사회화의 역사 속에, 그야말로 유럽적-서구적 합리성 유형에만 뿌리를 내리고 있다는 것을 특히 정신분석의 수단으로 밝힐 수 있었다. 이런 점에서는 물론 후기의 대표적인 분석으로서 유대인에 내재된 순수 유일신교의 심적인 정착을 분석하는 프로이트의 《인간 모세와 유일신교》가 있다. 그의 꿈 개념의 실제화에 따라서, 그리고 세대에 걸친 의사소통을 조정하고 반복적인 "억압된 것의 귀환"으로 이끄는 무의식적 기억의 흔적이라는 가설에 따라서 프로이트는 유대인 종교의 순수 "정신성"을 향한 심적 역사의 도정을 추적하여 묘사하고 있는데, 유대인의 종교에 비해 기독교의 개별적 성향은 다신교의 퇴행으로 나타날 수밖에 없다. 이 차이로부터 종교적으로 유발된 반유대주의가 설명된다.

나중에 루돌프 뢰벤슈타인(Rudolph M. Loewenstein)은 아도르노가 어느 평론에서 "인종편견에 대한 일종의 연구 편람"으로 표현한 바 있었던 그의 《반유대주의의 정신분석(Psychoanalyse des Antisemismus)》(1952/1967)에서 그의 표현대로 "이스라엘과 기독교"에서는 바로 하나의 "문화 쌍"을 볼 수 있기 때문에 이 차이가 얼마나 해롭게 작용할 수밖에 없었는지를 보여 주고 있다. 이어서 1944년 샌프란시스코에서는 유명한 "반유대주의에 대한 정신병학 심포지엄"이 인종차원으로 세속화된 반유대주의를 주제로 하여 개최되었다(Simmel 1946/1993). 이 모임에는 호르크하이머 외에도 권위주의적 인성(Authoritarian Personality)에 대해 연구하는 저자들이 참석했는데, 여기서는 반유대주의가 집단신경증 내지 집단정신병인지의 물음도 거론되었다. 이미 오토 페니첼이 '집단신경증' 관계를 신경증적 질병의 반사회적 결과 때문에 거부하고 있다면, 에른스트 짐멜의 경우에는 반유대주의에 정신병적인 집단광기, 무엇보다 원시적 투사기제에 기인하는 집단광기가 내재해 있다고 보는 점에서 '집단정신병' 관계가 설득력을 얻는다. 짐멜에 따르면 집단광기는 반유대주의자 개인에게는 2차성 질병이득(sekundäre Krankheitsgewinn)으로서, 말하자면 정상적인 심적 기능능력을 보장해 주고 사정에 따라서는 개인적 질병을 은폐시켜 준다는 것이다.

아마도 가장 앞서가는 반유대주의 이론인 《계몽의 변증법》에 나오는 〈반유대주의의 요소들(Elemente des Antisemismus)〉이라는 장은 진정한 의미에서 프로이트의 정신분석 없이는 생각할 수 없다. 〈요소들〉은 물론 명제 형식으로 이 이론의 윤곽만을 보여 준다. 인류학적-인식론적이라고 볼 수도 있는 여섯 번째 명제는 투사(投射)의 개념, 거짓된 혹은 병적인 투사와 편집증의 문제를 주로 다루고 있다. 호르크하이머와 아도르노는 자신의 것과 낯선 것, 알려진 것과 미지의 것 사이의 교량으로서 그때그때의 통찰에 우선하는 지각, 사유와 인식의 투사적인 부분들은 천천히 —계통발생적일 뿐만 아니라 개체발생적으로— 자아기능의 발달과 강화를 통하여 통제된다는 관점에서 출발한다. 병적인 투사로서의 반유대주의는 서구의 합리성 유형처럼 대부분 자기보존과 자연지배의 기능적 순환에 꼼짝없이 사로잡힌 채, 특정한 자아실행과 결부된 성찰단계에 도달하지 못하는 늘 현전하는 사유의 가능성이다. 그렇다면 절멸(Vernichtung)의 반유대주의는 투사가 "사고의 의식적 작업"을 통하여 승화되지 못하고, (도구적 이성에서 지배적인) "반성을 통하여 깨어지지 않는 자기주장"이 한계를 넘지 못하는 사유의 최종 단계에 나타난다. 그런 다음 거짓된 투사는 이데올로기 및 사회가 통제하는 편집증적 구조로 연계된다. 이렇게 해서 사회적 파괴성은 대규모로 방출된다. 〈요소들〉의 이 여섯 번째 명제가 항상 논의의 여지가 있는 것도 사실이지만, 그렇다고 그것이 프로이트의 학설이 사회비판이론에 미친 영향을 새삼스럽게 깎아 내리고 정치심리학에 대한 기여를 부정한다고 볼 수는 없다.

부언하자면 부분적으로 이미 언급된 바 있는 사회연구소의 경험적 연구들은 정치심리학의 경험과학적 패러다임으로 간주될 수 있다. 그 이유는 《권위와 가족(Autorität und Familie)》(1936) 같은 저서와 특히 이 연구와 관련되어 시작되었으나 그 안에서 아주 단편적으로만 출간된 또는 그때는 출간되지 않은 에리히 프롬의 경험적 연구(1980) 중 "사회심리학적인 부분" 때문이다. 당시에 출간된 판에서 이 경험적 연구들은 비록 데이터 자료의 제시를 넘어서지 못했지만 정신분석적-사회심리적 검증의 시도 때문에 그리고 시대사적 문서로서 매우 중요한 의미를 지닌다. 사회연구소의 핵심적 연구서인 《권위주의적 인성》(1950/1973)과 더불어 《편견연구(Studies in Prejudice)》(1950) 그리고 동시에 발표된 〈반유대주의의 요소들〉과 반유대주의에 대한 경험적 연구들은 비판이론에 대한 경험과 이론의 본질적 관계를 잘 알게 해 준다. 끝으로 제2차 세계대전 이후 프랑크푸르트로 돌아온 사회연구소의 연구보고서인 《단체실험(Gruppenexperiment)》(1955)은 전후의 서독 주민들이 갖고 있는 의식 및 무의식 상태를 탐구하는 시도였다. 이 연구들이 전후의 학술적 정치심리학의 발전에서 이와 같은 패러다임으로 작용하게 된 것은 이유가 있었지만, 아직도 유감스러운 점을 남기고 있다(이에 대하여 그리고 다음 단원에 대하여 Krovoza/Schneider 1988 참조).

애도할 줄 모르는 독일인

1950년대와 1960년대에는 알렉산더 미처리히와 더불어 아주 다른 지적 인상이 정치심리학의 대표로서 등장한다. 그는 독일로 돌아온 프랑크푸르트학파의 대변자들과 함께 거명되고 실제로 학문적으로나 정책적으로 긴밀하게 공조했지만 그들과 근본적으로 차이를 보인다. 빅토르 폰 바이츠체커(Viktor von Weizsäcker)가 창안한 정신신체의학을 계승하면서 우선 인류학적으로 이해된 융합적 정신분석에서 출발하는 미처리히는 무엇보다 앵글로색슨 지역에서 발전되던 프로이트 정신분석을 재현하는 주역이 되어 독일로 돌아왔다. 그는 독점적 프로이트 계열의 정신분석에서 정치적-심리학적이고 사회심리학적인 사유의 토대를 프랑크푸르트학파와 공유하고 있다. 미처리히의 "임상적"이고 개인화 경향의 시각, 특히 "사회신체(Sozialkörper)"의 병인을 겨냥하는 시각은 원칙적으로 그를 프랑크푸르트학파의 사회적 시각 및 —특정한 사회이해에 근거한— 총체적 비판의 시각과 구분하는 근거이다. 이는 물론 프랑크푸르트학파와 비교할 때도 치료행위를 넘어서서 확장되는 정신분석의 입장과 적용방식을 변화시킨다. 그가 《애도할 줄 모르는 독일인》(1967)에서 강조하듯이 미처리히에게 진료실은 정치적-심리학적 분석의 경험적 토대로 남아 있다. 주로 사회병리학의 발생원인과 현상적 모습에 관심을 갖고 있는 미처리히는 전후 서독사회의 정치적이고 사회적인 형성과정에 공중의 큰 반향을 일으키며 관여한다. 그는 《아버지 없는 사회로의 도정》(1963), 《우리 도시들의 거주 부적합성(Unwirtlichkeit unserer Städte)》(1965), 마르가레테 미처리히와 공동 저술한 《애도할 줄 모르는 독일인》, 그리고 끝으로 《기억을 찾으려는 투쟁(Kampf um die Erinnerung)》(1975)을 통하여 서독에서의 정치적-심리적 사유의 새로운 단계를 암시하면서 이 시기의 비판적 자기이해에서 중심적인 역할을 하는 표어들을 제시한다.

정치심리학에서 탁월한 범례는 의심할 바 없이 프로이트의 논문 《애도와 멜랑콜리(Trauer und Melancholie)》(1917, 전집 10)의 관련 틀 속에서 이루어진 전후의 서독 발전에 대한 분석일 것이다. 대다수의 독일인은 나치 지배 및 전쟁과 함께 잃어버린 대상에 대해 애도작업을 실행할 줄 몰랐다. 물론 이 애도가 정신적 침체로 (우울증으로) 빠져 버리게 될 위험성은 갖추어져 있었다. 그러나 사람들은 애도의 과정을 거쳐야만 잃어버린 대상들과 결별할 수 있고, 나아가 과잉폭력의 실제적 희생에 대한 죄를 심적으로 씻어낼 수 있었을 것이다. 우울증의 위험은 광적인 물질적 재구축의 행동 속에 감추어져 있었다. 물론 이런 행동이 정신역동적으로 모든 사회적 삶의 영역에서 지각 및 반성과 행위의 제한을 초래함으로써 전후 서독의 복구과정, 무감각과 구속의 결과가 심리사회적 병리학의 증상으로 나타날 수 있게 되었다. 그런데 이는 앞서 언급한 《단체실험》의 보고서 결과와 일치한다. 아도르노는 검증에서 나온 자료들의 질적 평가에 "죄와 방어"라는 제목을 달았다. 이와 같은 전체증후의 정신분석적-외상이론적 분석에 대한 해석지평은 조금 더 뒤에야 비로소 열리게 된다고 할 수 있다.

공격성과 외상

정신분석적 정치심리학은 장래에 '자연스러운' 대상들 가운데 두 가지에 주의를 기울여야 한다. 마르틴 방(Martim Bangh)은 1955년 《정신분석적 자기상(Psychoanalytisches Selbstbild)》에서 이에 대해 다음과 같이 강조했다. "내 생각에 오늘날의 정신분석은 두 가지 주제에 학문적이고 사회적인 기여를 하게 될 것이다. 첫째로 편견의 발생 및 지속의 … 탐구, 둘째로 인간 공격성의 원인 탐구에 기여하게 될 것이다. '냉전'이 끝난 상태지만, 인류는 아직도 계속해서 핵에 의한 자기파괴 때문에 위협을 받고 있다. … 인간의 총체적 자기파괴를 실행하는 유령이 병에서 빠져나왔기 때문에 그를 마법으로 불러내려는 자극이 오늘날 도처에 편재해 있으며(이는 타나토스가 에로스보다 우월한 힘을 갖게 되는 것을 뜻한다), 그렇기 때문에 어떤 것도 이 주제만큼 우리의 관심을 절박하게 할 만한 것이 없다"(Wangh 1995, 405-406쪽).

이와 같은 중심점 설정은 주제의 가벼운 매개변수 이동에 의해 여전히 효력을 지닌다. 전 지구적 테러의 파괴성처럼 종종 대학살과 연관되어 있는 지역적인 전쟁과 이른바 '잊혀진' 전쟁은 지속적으로 핵의 위협과 연결된다. 그런데 문제는 "편견의 지속"뿐만이 아니라 —여기서 '편견'이라는 개념에는 그 자체로 볼 때는 늘 경시적인 어떤 면, 일어날 수 있는 파괴적 결과와 직면하여 사태를 완화하는 어떤 면이 있지만— 위험성을 가중시키는 이방인에 대한 적대성, 인종주의, 민족주의, 정치적이고 사회적인 갈등의 인종문제화, 근본주의(Fundamentalismus)와 같은 실제적 형태변형이다.

정신분석적 외상개념은 바로 이런 과제를 고려할 때 매우 중요하다. 물론 프로이트는 《꿈의 해석》(1900)과 더불어 수행되는 정신분석 예비단계에서 본래의 정신분석으로 발전하는 동안 《히스테리에 대한 연구》(1895)가 결정화한 외상개념을 포기한 적이 없었다. 그러나 외상개념은 충동개념을 위하여, 그리고 동시에 심적인 현실과 환상활동(Phantasietätigkeit), 내적 갈등의 문제를 위하여 뒷전으로 물러난다. 이 개념은 외상에 의해 야기된 제1차 세계대전의 전쟁신경증 증후를 통하여 임상적으로 실제화되었다. 외상은 심적으로 외상을 입히는 외부 현실의 무한 반복적인 침투에 따라 생겨날 수 있었던 반복강박을 통하여, 그리고 쾌/불쾌 차원에서의 갈등적 역학으로 환원될 수 없는 요소를 표현하는 것처럼 보였던, 나아가 《쾌락원리의 저편》(1920)의 가설을 받아들이지 않을 수 없었던 반복강박의 발견을 통하여 메타심리학적으로도 반영되었다. 프로이트 본인은 유대인의 종교발전을 설명하기 위하여 《인간 모세》에서 외상개념을 끌어들였다. 나중에 홀로코스트 생존자들에 대한 치료적이고 전문적인 집중연구로 인하여 외상개념은 '누적된 외상(kumulatives Trauma)'이나 '극단적 외상상해(Extremtraumatisierung)' 등의 방향으로 현저히 확대되었다. 그런데 외상이 생존자 가족들에게서 세대에 걸쳐 옮겨진다는 사실은 정치심리학에도 크게 관심을 끌었다. 이 분야에서 선구적인 연구는 뉴욕의 '제2세대에 미치는 홀로코스트 효과의 정신분석적 연구그룹'에서 나왔다(Bergmann 외 1995 참조).

이 모든 것을 요약하자면 이와 같은 결과로 인해 정치심리학이 점점 더 유용하게 사용하게 될 심적 외상의 본질에 대한 아주 새로운 정신분석적 통찰이 생겨나게 되었다. 하지만 그것은 개념적으로나 치료의 실제에서 우리가 전쟁이나 대학살 과정, 독재와 폭력적 지배에서 직면하는 외상상해의 정치적-사회적 현실에 집중된다. 그런데 방금 언급한 '정신분석적 연구그룹'의 독일어판 보고문에도 기여한 일제 그루브리히 지미티스(Ilse Grubrich-Simitis)는 이미 1987년의 한 논문에서 외상-모델과 충동-모델이 신경증이론과 심층심리학의 측면에서 전적으로 통합이 가능하며, 어쩌면 프로이트가 추정했을 수 있는 것보다 서로가 덜 갈등적 관계에 있다는 것을 보여 주었다. 정치심리학은 예컨대 바믹 볼칸(Vamik D. Volkan)이 무력마찰과 평화조약에서 실제적 협의업무에 대해 적용했듯이 이 확대된 외상개념을 이미 유용하게 사용해 왔다(Volkan 2000).

이런 식으로 널리 실제화될 수 있는 정신분석적 정치심리학과 직면하여 우리는 궁극적으로 이 이론의 변화에 의해서나 해체에 의해서도 규정적 이념으로서 포기되어서는 안 되는 사회비판이론의 관계 틀 내에서 호르크하이머의 정신분석에 대한 입장표명, 요컨대 비판의 입장을 다시 한 번 떠올려 보는 것도 좋을 것이다. 특히 《계몽의 변증법》(1947)과 '학제적 유물론(interdisziplinärer Materialismus)' 기획이라는 과제 이후에 나타나는 비판이론의 변화와 더불어 정신분석은 부정적 이론으로서 아도르노에게 아주 의미심장한 것으로 남아 있다(Krovoza 2003, 928쪽). 그리고 홀로코스트와 직면하여, 가령 마찬가지로 정신과학과 정신분석의 인식론적 근사성은 저 규정적 이념에 의해서도 얻어진다. 어쨌든 양자는 과거의 이행되지 못한 것을 해방시키고 완수되지 않은 약속을 다시 활성화할 과제를 지닌다. 폴 리쾨르가 규정했듯이 이 길이 "희생의 역사기술"(같은 곳, 931쪽 재인용)로 인도한다. — 또한 외상의 치유로 인도한다. 이렇게 정신분석은 정치심리학의 형태로 정상적 학문의 일관성과 가끔 그리고 멀게 거리를 두며 비판의 입장을 취할 것이다.

참고문헌

Adorno, Theodor W.: Studien zum autoritären Charakter(권위주의적 성격에 대한 연구). Frankfurt a.M.(영어판 1950).

_______: Die Freudsche Theorie und die Struktur der faschistischen Propaganda(프로이트의 이론과 파시즘의 선전선동 구조). In: Kritik. Kleine Schriften zur Gesellschaft. Frankfurt a.M. 1971, 34-66쪽(1951년도 영어원문 독일어 번역).

Bergmann, Martin S. u.a.: Kinder der Täter —Kinder der Opfer. Psychoanalyse und Holocaust(범죄자들의 아이들 —희생의 아이들. 정신분석과 홀로코스트). Frankfurt a.M. 1995(영어판 1982).

Bernstein, Richard J.: Freud und Vermächtnis des Moses(프로이트와 모세의 유언). Berlin/Wien 2003(영어판 1998).

Bohleber, Werner: Die Entwicklung der Traumtheorie in der Psychoanalyse(정신분석에서 꿈 이론의 발달), In: Psyche 54(2000), 797-839쪽.

Brückner, Peter: Die Transformation des demokratischen Bewußtseins(민주의식의 변형). In: Johannes Agnoli/Peter Brückner: Die Transformation der Demokratie. Berlin 1967, 89-194쪽.

_______: Provokation als organisierte Selbstfreigabe(조직화된 자기해방으로서의 도전). In: Hermann Giesecke u.a.: Politische Aktion und politisches Lernen. München 1970, 175-235쪽.

Brunner, José: Psyche und Macht. Freud politisch lesen(마음과 힘. 프로이트를 정치적으로 읽기). Stuttgart 2001(영어판 1995).

Fromm, Erich: Arbeiter und Angestellte am Vorabend des Dritten Reichs. Eine sozialpsychologische Untersuchung(제3제국 전야의 노동자와 고용자. 사회심리학적 연구). Hg. von W. Bonß. Stuttgart 1980.

Grubrich-Simitis, Ilse: Trauma oder Trieb —Trieb und Trauma. Lektionen aus Freuds phylogenetischer Phantasie von 1915(외상 또는 충동 —충동과 외상. 프로이트의 1915년도 계통발생학적 환상에서 유래하는 교훈). In: Psyche 41(1987), 992-1023쪽.

Gruppenexperiment. Ein Studienbericht(집단실험. 연구보고). Besrbeitet von Friedlich Pollock. Frankfurt a.M. 1955.

Horkheimer, Max: Geschichte und Psychologie(역사와 심리학) [1932]. In: GS 3. Hg. von

Alfred Schmidt. Frankfurt a.M. 1988, 48-69쪽.

_______: Traditionelle und Kritische Theorie(전통적 그리고 비판적 이론) [1937]. In: GS 4. Hg. von Alfred Schmidt. Frankfurt a.M. 1988, 162-216쪽.

_______: Theodor W. Adorno: Dialektik der Aufklärung. Philosophische Fragmente(계몽의 변증법. 철학적 단편들) [1947]. In: M. Horkheimer GS 5. Hg. von Gunzelin Schmid-Noerr. Frankfurt a.M. 1987, 12-290쪽.

_______: Samuel H. Flowerman: Studies in Prejudice(편견연구). New York 1949/50.

Horn, Klaus: Sozialpsychologie versus politische Psychologie(사회심리학 대 정치심리학) [1975]. In: Schriften zur kritischen Theorie des Subjekts 1: Politische Psycholoie. Hg. von Hans-Joachim Besuch. Frankfurt a.M. 1989, 89-105쪽.

Krovoza, Alfred/Christian Schneider: Politische Psychologie in der Bundesrepublik. Positionen und methodische Probleme(서독에서의 정치심리학. 입장과 방법적 문제들). In: H. König (Hg.): Politische Psychologie heute. Opladen 1988, 13-35쪽.

Krovoza, Alfred: Politische Psychologie. Ein Arbeitsfeld der Psychoanalyse(정치심리학. 정신분석의 활동분야). Stuttgart 1996.

_______: Psychoanalyse und Geschichtswissenschaft. Anmerkungen zu Stationen eines Projekts(정신분석과 역사과학. 한 기획의 정류소들에 대한 주해). In: Psyche 57(2003), 904-937쪽.

Loewenstein, Rudolph M.: Psychoanalyse des Antisemismus(반유대주의의 정신분석). Frankfurt a.M. 1967(불어판 1952).

Markuse, Herbert: Eros und Kultur. Ein philosophischer Beitrag zu Sigmund Freud(에로스와 문화. 지그문트 프로이트에 대한 철학적 기고). Stuttgart 1957[영어판 1955, 1965년부터 프랑크푸르트 암 마인에서 '충동구조와 사회(Triebstruktur und Gesellschaft)'라는 제목으로 출간.

_______: Der eindimensionale Mensch. Studien zur Ideologie der fortgeschrittenen Industriegesellschaft(일차원적 인간. 발전된 산업사회의 이데올로기 연구). Neuwied/Berlin 1967(영어판 1964).

Mitscherlich, Alexander: Auf dem Weg zur vaterlosen Gesellschaft. Ideen zur Sozialpsychologie(아버지 없는 사회로의 도정. 사회심리학에 대한 이념). München 1963.

_______: Die Unwirtlichkeit unserer Städte(우리 도시들의 거주 부적합성). Frankfurt a.M.

1965.

_______: Der Kampf um die Erinnerung. Psychoanalyse für fortgeschrittene Anfänger(기억을 찾으려는 투쟁. 고등수준의 초보자들을 위한 정신분석). München 1975.

_______/Margarete Mitscherlich: Die Unfähigkeit zu trauen. Grundlagen kollektiven Verhaltens(애도할 줄 모르는 독일인. 집단적 행동의 토대). München 1967.

Moscovici, Serge: Das Zeitalter der Massen. Eine historische Abhandlung zur Massenpsychologie(군중의 시대. 군중심리학에 대한 역사논문). Frankfurt a.M. 1993(영어판 1946).

Simmel, Ernst (Hg.): Antisemismus(반유대주의). Frankfurt a.M. 1993(영어판 1946).

Studien über Autorität und Familie. Forschungsberichte aus dem Institut für Sozialforschung(권위와 가족에 대한 연구. 사회연구소에서 나온 연구보고). Paris 1936.

Volkan, Vamik D.: Großgruppenidentität und auserwähltes Trauma(거대단체의 정체성과 선택된 외상). In: Psyche 54(2000), 931-953쪽.

Wangh, Martin: Ein psychoanalytisches Selbstbild(정신분석적 자기상). In: Ludger M. Hermanns (Hg.): Psychoanalyse in Selbstdarstellungen. Bd. 3. Tübingen 1995, 331-418쪽.

프로이트 연보

1856년 5월 6일 오스트리아(현재는 체코)의 프라이베르크에서 지기스문트 슐로모 프로이트(Sigismund Schlomo Freud) 출생. 부친의 이름은 칼라몬 야콥 프로이트(Kallamon Jacob Freud), 모친의 이름은 나탄존(Nathanson) 가문의 아말리아(Amalia)이다.

1859/60년 가족이 라이프치히로, 이어서 빈으로 이주하다.

1865년 김나지움 입학.

1873년 김나지움을 졸업하고 대학에서 의학수업 시작.

1876년 트리에스트에서 2년간 수학한 뒤 에른스트 브뤼케(Ernst Brücke)의 심리학 연구소에서 연구.

1878년 요셉 브로이어(Josef Breuer)와 친교를 맺는다.

1879/80년 1년간 군 복무.

1881년 박사과정을 마치고 의사자격증 획득.

1882년 마르타 베르나이스(Martha Bernays)와 약혼.

1883년 빈의 일반병원에서 신경과 의사로 근무.

1884년 코카인 실험.

1885년 사강사로 임명되다.

1885/86년 샤르코(Charcot)의 살페트리에르 병원에서 연구를 위하여 파리에 체류.

1886년 개인병원 개업. 마르타와 결혼.

1887년 딸 마틸데 탄생. 빌헬름 플리스(Wilhelm Fließ)와 첫 만남.

1889년 아들 장 마르텡(Jean-Martin) 탄생. 낭시 대학의 정신의학자 이폴리트 베른하임(Hippolyte Bernheim)을 방문하다.

1891년 《실어증의 이해(Zur Auffassung der Aphasien)》 발표.

1892년 아들 올리버 탄생. 베르크가세 19번지로 이사.

1893년 아들 에른스트 탄생. 브로이어와 밀접한 관계를 맺으며 공동작업.

1894년 딸 소피 탄생.

1895년 딸 안나 탄생. 브로이어와 공동 작업한 《히스테리에 대한 연구(Studien über Hysterie)》, 《심리학의 구상(Entwurf einer Psychologie)》 발표.

1896년 부친의 죽음. 성적인 외상이론(유혹이론)에 관심을 갖고 연구.

1897년 유혹이론이 환자의 환상에서 나온 것임을 알고 유혹이론을 포기.

1899년 이미 이 해에 《꿈의 해석(Die Traumdeutung)》이 출간되었으나 출판사가 출간 연도를 1900년으로 명기함.

1901년 《일상생활의 정신병리학(Zur Psychopathologie des Alltagslebens)》 발표.

1902년 유명무실한 교수로 임명된다. 알프레트 아들러(Alfred Adler), 막스 카네(Max Kahane), 루돌프 라이틀러(Rudolf Reitler), 빌헬름 슈테켈(Wilhelm Stekel)이 프로이트의 첫 제자로 들어오고 수요회가 시작된다(1908년부터는 빈정신분석학회가 시작됨).

1904년 플리스와의 관계가 끝난다.

1905년 《위트와 무의식의 관계(Der Witz und seine Beziehung zum Unbewußten)》, 《성이론에 대한 세 편의 논문들(Drei Abhandlungen zur Sexualtheorie)》 발표.

1906년 칼 융(C. G. Jung)과 서신교환 시작.

1907년 카를 아브라함(Karl Abraham)과 막스 아이팅곤(Max Eitingon)이 프로이트 서클에 합류. 루트비히 빈스방거(Ludwig Binswanger)와 교제.

1908년 산도르 페렌치(Sándor Ferenczi)와 공동작업 시작. 어니스트 존스(Ernest Jones)와 첫 만남. 《"문화적" 성도덕과 현대인의 신경증(Die »Kulturelle« Sexualmoral und die moderne Nervosität)》 발표.

1909년 강연하기 위하여 미국으로 여행.

1910년 뉘른베르크에서 정신분석회의가 개최되고, 국제정신분석학회가 창설된다. 《레오나르도 다빈치의 어린 시절의 추억(Eine Kindheitserinnerung des Leonardo da Vinci)》 발표.

1911년 루 안드레아스 살로메(Lou Andreas-Salomé)와의 친교가 시작되고, 아들러와의 관계는 결렬된다.

1912년 융과 점점 더 긴장된 관계를 갖게 된다. 소위 "비밀위원회" 창립.

1912/13년 《토템과 터부(Totem und Tabu)》 발표. 융과 결별.

1914년 《정신분석 운동의 역사(Zur Geschichte der psychoanalytischen Bewegung)》, 《나르시시즘 입문(Zur Einführung des Narzißmus)》, 《미켈란젤로의 모세(Der Moses des Michelangelo)》 발표.

1915년 《전쟁과 죽음에 대한 시대적 고찰(Zeitgemäßes über Krieg und Tod)》 및 메타심리학에 대한 논문들 발표.

1916/17년 《정신분석입문 강의(Vorlesungen zur Einführung in die Psychoanalyse)》 발표.

1918년 부다페스트에서 정신분석회의가 개최되었고, "전쟁노이로제"의 치료에 대한 성과들이 나오게 된다.

1920년 프로이트의 딸 소피의 죽음. 외래환자 진료소가 있는 베를린 정신분석연구소 개관. 국제정신분석 출판사 창설. 《쾌락원리의 저편(Jenseits des Lustprinzips)》 발표.

1921년 《집단심리학과 자아-분석(Massenpsychologie und Ich-Analyse)》 발표.

1923년 암 진단을 받다. 《자아와 이드(Das Ich und das Es)》 발표.

1925년 오토 랑크와의 갈등. 브로이어와 아브라함의 죽음. 《나의 이력서(Selbstdarstellung)》 출간.

1926년 《억압, 증후 그리고 불안(Hemmung, Symptom und Angst)》, 《비전문인 분석의 문제(Die Frage der Laienanalyse)》 발표.

1927년 《환영의 미래(Die Zukunft einer Illusion)》 발표.

1930년 프랑크푸르트 암 마인 시가 수여하는 괴테상 수상. 모친의 죽음. 《문화 속의 불쾌감(Das Unbehagen in der Kultur)》 발표.

1932년 알베르트 아인슈타인과의 서신교환에서 나온 《왜 전쟁인가?(Warum Krieg?)》 발표.

1933년 이 해 5월에 독일에서 나치가 프로이트의 책들과 다른 유대인들 및 좌파 저자들의 책들을 불태운다. 페렌치의 죽음. 《정신분석입문 강의의 새로운 연속(Neue Folge der Vorlesungen zur Einführung in die Psychoanalyse)》 발표.

1936년 프로이트 80세 생일을 맞이하여 토마스 만이 빈 대학에서 축하강연을 한다.

1938년 3월에 오스트리아가 나치 독일에 합병됨. 6월에 프로이트와 그의 가족이 런던으로 망명을 떠남.

1939년 이마고 출판사 설립. 1940년부터 프로이트의 《전집(Gesammelte Werke)》이 출간되기 시작함. 《인간 모세와 유일신교(Der Mann Moses und die monotheistische Religion)》 출간. 이 해 9월 23일 프로이트가 죽음을 맞이한다.

1950년 《정신분석의 시작으로부터(Aus den Anfängen der Psychoanalyse)》 출간.

1951년 프로이트의 부인인 마르타의 죽음.

1953년 어니스트 존스(Ernest Jones)의 프로이트 전기 제1권 출간. 프로이트의 영어판인 《표준판(Standard Edition)》 출간 시작.

1960년 프랑크푸르트의 피셔 출판사가 이마고 출판사로부터 프로이트의 저작권을 취득한다.

1969년 알렉산더 미처리히(Alexander Mitscherlich), 제임스 스트래치(James Strachey) 등에 의해 편집된 프로이트 저서의 《연구판(Studienausgabe)》 출간 시작.

1982년 안나 프로이트의 죽음.

1987년 《전집》에 대한 《증보판(Nachtragsband)》 출간. 피터 게이(Peter Gay)의 프로이트 전기 출간.

약부호 및 약어

GW (로마자로 순번을 매긴 전집) = Sigmund Freud: Gesammelte Werke Bd. I-XVIII. Unter Mitwirkung von Marie Bonaparte hg. von Anna Freud, Edward Bibring, Willi Hoffer, Ernst Kris und Otto Isakower. London/Frankfurt a.M. 1940ff.

Nachtr. (전집의 증보판) = Sigmund Freud: Gesammelte Werke, Nachtragsband. Hg. von Angela Richards unter Mitwirkung von Ilse Grubrich-Simitis. Frankfurt a.M. 1987.

B (프로이트의 편지들) = Sigmund Freud: Briefe 1873-1939. Hg. von Ernst und Lucie Freud. Frankfurt a. M. 1980.

F (빌헬름 플리스에게 보낸 편지들) = Sigmund Freud: Briefe an Wilhelm Fließ 1887-1904. Hg. von Jeffrey Moussaieff Masson. Bearb. der deutschen Fassung von Michael Schröter. Frankfurt a. M. 1986.

S (질버슈타인에게 보낸 청소년기 편지들) = Sigmund Freud: Jugendbriefe an Eduard Silberstein 1871-1881. Hg. von Walter Boehlich. Frankfurt a. M. 1989.

C (프로이트와 어니스트 존스의 서신교환) = The Complete Correspondence of Sigmund Freud and Ernest Jones 1908-1939. Hg. von R. Andrew Paskauskas. Cambridge/London 1993.

F/A (프로이트와 카를 아브라함의 서신교환) = Sigmund Freud und Karl Abraham: Briefe 1907-1926. Hg. von Hilda C. Abraham und Ernst L. Freud. Frankfurt a. M. 1980.

F/AS (프로이트와 루 안드레아스 살로메의 서신교환) = Sigmund Freud und Lou Andreas-Salomé: Briefwechsel. Hg. von Ernst Pfeiffer. Frankfurt a. M. 1980.

F/B (프로이트와 빈스방거의 서신교환) = Sigmund Freud und Ludwig Binswanger: Briefwechsel 1908-1938. Hg. von Gerhard Fichtner. Frankfurt a. M. 1992.

F/E (프로이트와 아이팅곤의 서신교환) = Sigmund Freud und Max Eitingon: Briefwechsel 1906-1939. Hg. von Michael Schröter. Tübingen 2004.

F/Fer (프로이트와 페렌치의 서신교환) = Sigmund Freud und Sándor Ferenczi: Briefwechsel. Hg. von Eva Brabant, Ernst Falzeder und Patrizia Giampieri-Deutsch unter der wissensch. Leitung von André Haynal. Wien/Köln/Weimar 1993ff.

F/G (프로이트와 그로드덱의 이드에 대한 서신교환) = Sigmund Freud und Georg Groddeck: Briefe über das Es. Hg. von Margaretha Honegger. München 1974.

F/J (프로이트와 융의 서신교환) = Sigmund Freud und C. G. Jung: Briefwechsel. Hg. von William McGuire und Wolfgang Sauerländer. Frankfurt a. M. 1974.

F/P (프로이트와 피스터 목사의 서신교환) = Sigmund Freud und Oskar Pfister: Briefe 1909-1939. Hg. von Ernst. Freud und Heinrich Meng. Frankfurt a. M. 1980.

Gay (피터 게이의 프로이트 전기) = Peter Gay: Freud. Eine Biographie für unsere Zeit. Frankfurt a. M. 1989.

Jones I-III (어니스트 존스의 세 권짜리 전기) = Ernest Jones: Das Leben und Werk von Sigmund Freud, Bd. I-III. Bern/Stuttgart/Wien 1960-1962.

연대순에 따른 프로이트 전집의 글들

전집 1 (1892-1899)

최면 치료의 한 사례와 아울러 "반의지"를 통한 히스테리 증상의 성립에 대한 소견: Ein Fall von hypnotischer Heilung, nebst Bemerkungen über die Entstehung hysterischer Symptome durch den »Gegenwillen« (1892/1893), 1-17.

샤르코: Charcot (1893), 19-35.

히스테릭한 생체운동신경 마비의 비교 연구를 위한 몇 가지 고찰: Quelques considérations pour une étude comparative des paralusies motrices organiques et hystériques (1893), 37-55.

방어-신경정신병: Die Abwehr-Neuropsychosen (1894), 57-74.

히스테리 연구: Studien über Hysterie(1895), 75-312.

신경쇠약에서 "불안 신경증"으로서의 특정한 증상콤플렉스를 분리시켜야 할 근거: Über die Berechtigung, von der Neurasthenie einen bestimmten Symptomenkomplex als »Angst-Neurose« abzutrennen (1895), 313-342.

강박관념과 공포증. 그 심리적 기제와 병인론: Obsessions et phobies. Leur mécanisme psychique et leur étiologie (1895), 343-353.

불안신경증의 비판: Zur Kritik der »Angstneurose« (1895), 355-376.

방어-신경정신병에 대한 더 진척된 소견들: Weitere Bemerkungen über die Abwehr-Neuropsychosen (1896), 377-403.

신경증의 유전과 병인론: L'hérédité et l'étiologie des névroses (1896), 405-422.

히스테리의 병인론에 대하여: Zur Ätiologie der Hysterie (1896), 423-459.

사강사 프로이트 박사의 학문적 작업의 내용보고: Inhaltsangaben der wissenschaftlichen

Arbeiten des Privatdocenten Dr. Sigm. Freud 1877-1897 (1897), 461-488.

신경증의 병인으로서의 성욕: Die Sexualität in der Ätiologie der Neurosen (1898), 489-516.

건망증의 심적인 기제: Zum psychischen Mechanismus der Vergeßlichkeit (1898), 517-527.

은폐기억에 대하여: Über Deckerinnerungen (1899), 529-554.

전집 2/3 (1900-1901)

꿈의 해석: Die Traumdeutung (1900), V-XV, 1-642.

꿈에 대하여: Über den Traum (1901), 643-700.

전집 4 (1901)

일상생활의 정신병리학: Zur Psychopathologie des Alltagslebens (1901), 1-310.

전집 5 (1904-1905)

프로이트의 정신분석 방법론: Die Freudsche psychoanalytische Methode (1904), 1-10.

정신치료에 대하여: Über Psychotherapie (1905), 11-26.

성이론에 대한 세 편의 논문: Drei Abhandlungen zur Sexualtheorie (1905), 27-145.

신경증의 병인에서의 성욕의 역할에 대한 나의 견해: Meine Ansichten über die Rolle der Sexualität in der Ätiologie der Neurosen (1905), 147-159.

히스테리-분석의 단편(도라 분석): Bruchstück einer Hysterie-Analyse (1905), 161-286.

심리 치료: Psychische Behandlung (Seelenbehandlung) (1905), 287-315.

전집 6 (1905)

위트와 무의식의 관계: Der Witz und seine Beziehung zum Unbewußten (1905), 1-269.

전집 7 (1906-1909)

사실진단과 정신분석: Tatbestandsdiagnostik und Psychoanalyse (1906), 1-15.

어린아이의 성교육: Zur sexuellen Aufklärung der Kinder (1907), 17-27.

옌센의 《그라디바》에서 망상과 꿈: Der Wahn und die Träume in W. Jensens »Gradiva« (1907), 29-125.

강박행위와 종교의 관습: Zwangshandlungen und Religionsübungen (1907), 127-139.

"문화적" 성도덕과 현대인의 신경증: Die »kulturelle« Sexualmoral und die moderne Nervosität (1908), 141-167.

유아기 성이론에 대하여: Über infantile Sexualtheorien (1908), 169-188.

히스테리성 환상과 양성 소질의 관계: Hysterische Phantasien und ihre Beziehung zur Bisexualität (1908), 189-199.

성격과 항문 성애: Charakter und Analerotik (1908), 201-209.

작가와 환상행위: Der Dichter und das Phantasieren (1908), 211-223.

신경증 환자의 가족소설: Der Familienroman der Neurotiker (1909), 225-231.

히스테리성 발작에 대한 일반적 언급: Allgemeines über den hysterischen Anfall (1909), 233-240.

다섯 살배기 소년의 공포증 분석: Analyse der Phobie eines fünfjährigen Knaben (1909), 241-377.

어느 강박신경증 사례에 대한 소견: Bemerkungen über einen Fall von Zwangsneurose (1909), 379-463.

전집 8 (1909-1913)

정신분석에 대하여: Über Psychoanalyse (1910), 1-60.

자살-토론에 대한 서문. 맺음말: Zur Einleitung der Selbstmord-Diskussion. Schlußwort (1910), 61-64.

애정생활의 심리학을 위한 기고들: (1) 남성의 대상선택의 특수한 유형에 대하여, (2) 애정생활의 가장 일반적인 굴욕에 대하여 Beiträge zur Psychologie des Liebeslebens: (I) Über einen besonderen Typus der Objektwahl beim Manne (1910), (II) Über die allgemeinste Erniedrigung des Liebeslebens (1912), 65-91.

시각의 심인성 장애에 관한 정신분석적 견해: Die psychogene Sehstörung in psychoanalytischer Auffassung (1910), 93-102.

정신분석 치료의 미래 전망: Die zukünftigen Chancen der psychoanalytischen Therapie (1911), 103-115.

“거친” 분석에 대하여: Über »wilde« Psychoanalyse (1910), 117-125.

레오나르도 다빈치의 어린 시절의 추억: Eine Kindheitserinnerung des Leonardo da Vinci (1910), 127-211.

원시어의 반대의미에 대하여: Über den Gegensinn der Urworte (1910), 213-221.

자서전적으로 기술된 편집증 사례에 대한 정신분석적 소견 (망상증 치매): Psychoanalytische Bemerkungen über einen autobiographisch beschriebenen Fall von Paranoia (Dementia Paranoides) (1911), 239-320.

신경증의 발병 유형에 대하여: Über neurotische Erkrankungstypen (1912), 321-330.

자위행위-토론에 대한 서문. 맺음말: Zur Einleitung der Onanie-Diskussion. Schlußwort (1912), 331-345.

정신분석에서 꿈 해석의 처리: Die Handhabung der Traumdeutung in der Psychoanalyse (1912), 349-357.

전이의 역동성: Zur Dynamik der Übertragung (1912), 363-374.

정신분석 치료를 행하는 의사에 대한 조언: Ratschläge für den Arzt bei der psychoanalytischen Behandlung (1912), 375-387.

정신분석에 대한 관심: Das Interesse an der Psychoanalyse (1913), 389-420.

어린아이들의 두 가지 거짓말: Zwei Kinderlügen (1913), 421-427.

정신분석에서 무의식 개념에 대한 몇 가지 소견: Einige Bemerkungen über den Begriff des Unbewußten in der Psychoanalyse (1913), 429-439.

강박신경증에 잘 걸리는 기질: Die Disposition zur Zwangsneurose (1913), 441-452.

치료의 개시에 대하여: Zur Einleitung der Behandlung (1913), 453-478.

전집 9 (1912-1913)

토템과 터부: Totem und Tabu (1912-1913), 1-194.

전집 10 (1913-1917)

꿈속의 동화 소재들: Märchenstoffe in Träumen (1913), 1-9.

증거수단으로서의 꿈: Ein Traum als Beweismittel (1913), 11-22.

작은 상자 선택의 동기: Das Motiv der Kästchenwahl (1913), 23-37.

분석의 실제로부터 나오는 경험과 사례: Erfahrungen und Beispiele aus der analytischen Praxis (1913), 39-42.

정신분석 운동의 역사: Zur Geschichte der psychoanalytischen Bewegung (1914), 43-113.

정신분석 작업 중의 기억착오("이미 말한 것 같음")에 대하여: Über Fausse Reconnaissance (»Déjà raconté) während der psychoanalytischen Arbeit (1914), 115-123.

기억, 반복과 심화작업: Erinnern, Wiederholen und Durcharbeiten (1914), 125-136.

나르시시즘 입문: Zur Einführung des Narzißmus (1914), 137-170.

미켈란젤로의 모세: Der Moses des Michelangelo (1914), 171-201.

충동과 충동의 운명: Triebe und Triebschicksale (1915), 209-232.

정신분석 이론에 반하는 편집증 사례: Mitteilung eines der psychoanalytischen Theorie widersprechenden Falles von Paranoia (1915), 233-246.

억압: Die Verdrängung (1915), 247-261.

무의식: Das Unbewußte (1915), 263-303.

전이사랑에 대한 소견: Bemerkungen über die Übertragungsliebe (1915), 305-321.

전쟁과 죽음에 대한 시대적 고찰: Zeitgemäßes über Krieg und Tod (1915), 323-355.

덧없음: Vergänglichkeit (1916), 357-361.

정신분석 작업에서 나타난 몇 가지 성격유형: Einige Charaktertypen aus der psychoanalytischen Arbeit (1916), 363-391.

상징과 증상 사이의 관계: Eine Beziehung zwischen einem Symbol und einem Symptom (1916), 393-395.

항문 에로티시즘의 예로 본 충동 변형: Über Triebumsetzungen, insbesondere der Analerotik (1916), 401-410.

꿈 학설에 대한 메타심리학적 보충: Metapsychologische Ergänzung zur Traumlehre (1916), 411-426.

애도와 멜랑콜리: Trauer und Melancholie (1916), 427-446.

오스카 피스터 박사의 《정신분석적 방법》에 대한 서문: Geleitwort zu »Die psychoanalytische Methode« von Dr. Oskar Pfister (1913), 448-450.

전집 11 (1916-1917)

정신분석입문 강의: Vorlesungen zur Einführung in die Psychoanalyse (1916-1917), 1-482.

전집 12 (1917-1920)

정신분석의 난점: Eine Schwierigkeit der Psychoanalyse (1917), 1-12.

괴테의 《시와 진실》에 나타난 어린 시절의 추억: Eine Kindheitserinnerung aus »Dichtung und Wahrheit« (1917), 13-26.

유아기 신경증의 역사(늑대인간): Aus der Geschichte einer infantilen Neurose (1918), 27-157.

애정생활의 심리학: 처녀성의 터부에 대한 기고: Beiträge zur Psychologie des Liebeslebens: III Das Tabu der Virginität (1918), 159-180.

정신분석 요법의 여러 길들: Wege der psychoanalytischen Therapie (1919), 181-194.

아이가 맞고 있다. 성적 도착의 기원을 알기 위한 기고: »Ein Kind wird geschlagen«. Beitrag zur Kenntnis der Entstehung sexueller Perversionen (1919), 195-226.

섬뜩한 것: Das Unheimliche (1919), 227-268.

여성 동성애 사례의 정신발생에 대하여: Über die Psychogenese eines Falles von weiblicher Homosexualität (1920), 269-302.

네 살배기 어린아이가 갖고 있는 생각의 연상: Gedankenassoziation eines vierjährigen Kindes (1920), 303-306.

정신분석 기법의 전사(前史): Zur Vorgeschichte der analytischen Technik (1920), 307-312.

《전쟁신경증의 정신분석》에 대한 서문: Einleitung zu »Zur Psychoanalyse der Kriegsneurosen« (1919), 321-324.

테오도르 라이크 박사의 《종교심리학의 문제》에 대한 서언: Vorrede zu »Probleme der Religionspsychologie« von Dr. Theodor Reik (1919), 325-329.

국제정신분석 출판사와 정신분석 작업에 대한 시상: Internationaler Psychoanalytischer Verlag und Preiszuteilungen für psychoanalytische Arbeiten (1919), 331-336.

전집 13 (1920-1924)

쾌락원리의 저편: Jenseits des Lustprinzips (1920), 1-69.

집단심리학과 자아분석: Massenpsychologie und Ich-Analyse (1921), 71-161.

꿈과 텔레파시: Traum und Telepathie (1922), 163-191.

질투, 편집증과 동성애의 몇 가지 신경증적 기제: Über einige neurotische Mechanismen bei Eifersucht, Paranoia und Homosexualität (1922), 193-207.

《정신분석》과 《리비도이론》: »Psychoanalyse« und »Libidotheorie« (1923), 209-233.

자아와 이드: Das Ich und das Es (1923), 235-289.

유아의 생식기관: Die infantile Genitalorganisation (1923), 291-298.

꿈의 해석의 이론과 실제에 대한 소견: Bemerkungen zur Theorie und Praxis der Traumdeutung (1923), 299-314.

17세기의 악마신경증: Eine Teufelsneurose im siebzehnten Jahrhundert (1923), 315-353.

요제프 포퍼 린코이스와 꿈의 이론: Josef Popper-Lynkeus und die Theorie des Traumes (1923), 355-359.

신경증과 정신병에서의 현실감 상실: Der Realitätsverlust bei Neurose und Psychose (1924), 361-368.

마조히즘의 경제적 문제: Das ökonomische Problem des Masochismus (1924), 369-383.

신경증과 정신병: Neurose und Psychose (1924), 385-391.

오이디푸스 콤플렉스의 쇠퇴: Der Untergang des Ödipuskomplexes (1924), 393-402.

정신분석의 짧은 개요: Kurzer Abriß der Psychoanalyse (1924), 403-427.

한스 어린이의 분석에 덧붙이는 글: Nachschrift zur Analyse des kleinen Hans (1922), 429-432.

막스 아이팅곤의 《베를린 정신분석 폴리클리닉에 대한 보고》에 붙이는 서문: Vorwort

zu Max Eitingon »Bericht über die Berliner psychoanalytische Poliklinik« (1923), 441.

산도르 페렌치 박사 (50주년 생일): Dr. Ferenczi Sándor (Zum 50. Geburtstag) (1923), 443-445.

잡지 《초록색 판》에 보내는 서신: Zuschrift an die Zeitschrift »Le Disque Vert« (1924), 446.

전집 14 (1925-1931)

"신비한 글자판"에 대한 메모: Notiz über den »Wunderblock« (1925), 1-8.

Die Verneinung (1925), 9-15.

해부학적 성별차이에 따른 몇 가지 심적인 결과: Einige psychische Folgen des anatomischen Geschlechtsunterschieds (1925), 17-30.

《나의 이력서》: »Selbstdarstellung« (1925), 31-96.

정신분석에 대한 저항들: Die Widerstände gegen die Psychoanalyse (1925), 97-110.

억제, 증상과 불안: Hemmung, Symptom und Angst (1926), 111-205.

비전문인 분석의 문제: Die Frage der Laienanalyse. Unterredungen mit einem Unparteiischen (1926), 207-286.

《비전문인 분석의 문제》에 대한 후기: Nachwort zur »Frage der Laienanalyse« (1927), 287-296.

정신-분석: Psycho-Analysis (1926), 297-307.

페티시즘: Fetischismus (1927), 309-317.

미켈란젤로의 모세 작업에 덧붙이는 글: Nachtrag zur Arbeit über den Moses des Michelangelo (1927), 319-322.

환영의 미래: Die Zukunft einer Illusion (1927), 323-380.

유머: Der Humor (1928), 381-389.

종교적 체험: Ein religiöses Erlebnis (1928), 391-396.

도스토옙스키와 아버지 살해: Dostojewski und die Vatertötung (1928), 397-418.

문화 속의 불쾌감: Das Unbehagen in der Kultur (1930), 419-506.

리비도의 유형들에 대하여: Über libidinöse Typen (1931), 507-513.

여성의 성에 대하여: Über die weibliche Sexualität (1931), 515-537.

할스만 사례에 대한 전문적 소견: Das Fakultätsgutachten im Prozeß Halsmann (1931), 539-542.

괴테-상: Goethe-Preis 1930 (1930), 543-550.

로맹 롤랑에게: An Romain Rolland (1926), 553.

어니스트 존스 50주년 생일: Ernest Jones zum 50. Geburtstag (1929), 554-555.

데카르트의 꿈에 대하여 막심 리로이에게 보내는 편지: Brief an Maxim Leroy über einen Traum des Cartesius (1929), 558-560.

프리보르 시장에게 보내는 편지: Brief an den Bürgermeister der Stadt Příbor (1931), 561.

요제프 브로이어: Josef Breuer† (1925), 562-563.

카를 아브라함: Karl Abraham† (1926), 564.

아이히호른의 《내버려진 청춘》에 대한 서문: Geleitwort zu »Verwahrloste Jugend« von August Aichhorn (1925), 565-567.

《토템과 터부》의 히브리어 판 에 대한 머리말: Vorrede zur hebräischen Ausgabe von »Totem und Tabu« (1934), 569.

《베를린 정신분석 연구소 10년》에 대한 서문: Vorwort zu »Zehn Jahre Berliner Psychoanalytisches Institut« (1930), 572.

에도아르도 바이스의 《정신분석의 요소》에 대한 서문: Geleitwort zu »Elementi di Psicoanalisi« von Edoardo Weiss (1931), 573.

전집 15 (1933)

정신분석입문의 새로운 연속: Neue Folge der Vorlesungen zur Einführung in die Psychoanalyse (1933), 1-197.

전집 16 (1932-1939)

불의 획득에 대하여: Zur Gewinnung des Feuers (1932), 1-9.

왜 전쟁인가?: Warum Krieg? (1933), 11-27.

《나의 이력서》에 덧붙이는 1935년의 추신: Nachschrift 1935 zur »Selbstdarstellung«

(1935), 29-34.

실수행위의 민감성: Die Feinheit einer Fehlhandlung (1936), 35-39.

정신분석에서 구성: Konstruktionen in der Analyse (1937), 41-56.

끝이 있는 분석과 끝이 없는 분석: Die endliche und die unendliche Analyse (1937), 57-99.

인간 모세와 유일신교: Der Mann Moses und die monotheistische Religion (1939), 101-246.

토마스 만 60주년 생일을 맞이하여: Thomas Mann zum 60. Geburtstag (1935), 249.

로맹 롤랑에게 보내는 편지(아크로폴리스에서 일어난 기억장애): Brief an Romain Rolland (Eine Erinnerungsstörung auf der Akropolis) (1936), 250-257.

나와 요제프 포퍼 린코이스의 접촉: Meine Berührung mit Josef Popper-Lynkeus (1932), 261-266.

산도르 페렌치: Sándor Ferenczi† (1933), 267-269.

루 안드레아스 살로메: Lou Andreas-Salomé† (1937), 270.

헤르만 눈베르크의 《정신분석적 토대에 의거한 일반적 신경증 학설》에 대한 서문: Geleitwort zu »Allgemeine Neurosenlehre auf psychoanalytischer Grundlage« von Hermann Nunberg (1932), 273.

《정신분석입문 강의》의 히브리어 판에 대한 머리말: Vorrede zur hebräischen Ausgabe der »Vorlesungen zur Einführung in die Psychoanalyse« (1934), 274-275.

마리 보나파르트의 《에드가 포, 정신분석 연구》에 대한 서문: Vorwort zu »Edgar Poe, étude psychanalytique« par Marie Bonaparte (1933), 276.

전집 17 (유고 1892-1938)

요제프 브로이어에게 보내는 편지: Brief an Josef Breuer (1892/1941), 3-6.

히스테리성 발작 이론에 대하여 (브로이어와 공동으로): Zur Theorie des hysterischen Anfalles (gemeinsam mit Josef Breuer) (1892/1940), 7-13.

충족된 꿈의 예감: Eine erfüllte Traumahnung (1899/1941), 19-23.

정신분석과 텔레파시: Psychoanalyse und Telepathie (1921/1941), 25-44.

메두사의 머리: Das Medusenhaupt (1922/1940), 45-48.

브나이 브리스 회원에 대한 연설: Ansprache an die Mitglieder des Vereins B'nai B'rith (1926), 49-53.

방어과정에서의 자아분열: Die Ichspaltung im Abwehrvorgang (1938/1940), 57-62.

정신분석의 개요: Abriß der Psychoanalyse (1938/1940), 63-138.

정신-분석에서 몇 가지 기초수업: Some Elementary Lessons in Psycho-Analysis (1938/1940), 139-147.

결실, 이념, 문제: Ergebnisse, Ideen, Probleme (1938/1941), 149-152.

전집 증보판 (1885-1938)

대학창립 기념장학금으로 시도한 파리와 베를린 여행기: Bericht über meine mit Universitäts-Jubiläums-Reisestipendium unternommene Studienreise nach Paris und Berlin Oktober 1885-Ende März 1886 (1886/1960), 31-44.

부록 — 교수자격논문 청구, 이력서, 교과과정, 여행 장학금 청구: Anhang: Habilitationsgesuch, Curriculum vitae, Lehrplan, Reisestipendiumsgesuch (1885/1960), 45-50.

샤르코의 《살페트리에르의 신경계 질환에 대한 강의》에 대한 번역자 서문: Vorwort des Übersetzers von J.M. Charcot, *Leçons sur les maladies du système nerveux, faites à la Salpêtrière* (1886), 50-53.

남성 히스테리 환자의 경우에 위중한 반 마취 상태 사례의 관찰: Beobachtung einer hochgradigen Hemianästhesie bei einem hysterischen Manne (1886), 54-64.

아버베크의 《급성 신경쇠약》에 대한 보고: Referat über Averbeck, *Die akute Neurasthenie*, Berlin 1886 (1887), 65-66.

위어 미첼의 《모종의 형태를 지닌 신경쇠약과 히스테리 치료》에 대한 보고: Referat über Weir Mitchell, *Die Behandlung gewisser Formen von Neurasthenie und Hysterie*, Berlin 1887 (1887), 67-68.

히스테리: Hysterie (1888), 69-90.

히스테리 발작: Hysteroepilepsie (1888), 91-92.

오버슈타이너의 《임상적이고 법적인 의미를 특별히 고려한 최면술》에 대한 보고: Referat über Obersteiner, *Der Hypnotismus mit besonderer Berücksichtigung seiner klinischen und forensischen Bedeutung*, Wien 1887 (1888), 105-106.

베른하임의 《암시와 그 치료효과》에 대한 번역자의 서문: Vorrede des Übersetzers zu H. Bernheim, *Die Suggestion und ihre Heilwirkung*, 1888 (1888/1889), 107-120.

아우구스테 포렐의 《최면술》에 관한 평론: Rezension von Auguste Forel, *Der Hypnotismus*, Stuttgart 1889 (1889), 123-139.

최면: Hypnose (1891), 140-150.

샤르코의 《살페트리에르의 신경계 질환들에 대한 강의》의 번역에 대한 서문과 주석들: Vorwort und Anmerkungen zur Übersetzung von J.M. *Charcot, Leçon du mardi á la Salpêtrière (1887-8)* (1892-1894), 151-164.

《최면과 암시에 관한》 강연에 대한 보고: Bericht über einen Vortrag ›Über Hypnose und Suggestion‹ (1892), 165-178.

히스테릭한 현상들의 심적인 기제에 대한 강연: [Vortrag:] Über den psychischen Mechanismus hysterischer Phänomene (1893), 181-195.

《히스테리에 대한 연구》에 대한 요제프 브로이어의 기고들 — 《안나 O 양》과 《이론적인 것》 : Die Beiträge Josef Breuers zu den *Studien über Hysterie*: ›Frl. Anna O …‹ und ›Theoretisches‹ (1893-1895).

브로이어의 《관찰 1 — 안나 O 양》: ›Beobachtung 1 Frl. O‹ … (J. Breuer) (1895), 221-243.

브로이어의 《이론적인 것》: ›Theoretisches‹ (J. Breuer) (1895), 244-310.

프로이트의 《니나 R.》 사례에 대한 네 개의 문서들. 병력 《니나 R.》: Vier Dokumente über den Fall »Nina R.« Anamnese »Nina R.« (S. Freud) (1891/1978), 313-315.

프로이트의 병력 《니나 R.》: Krankengeschichte »Nina R.« (S. Freud) (1893/1978), 316-319.

브로이어의 《니나 R.》에 대한 보고: Bericht über »Nina R.« (J. Breuer) (1893/1978), 320.

프로이트의 빈스방거에게 보내는 편지: Brief an Robert Binswanger (S. Freud) (1894/1978), 321.

《히스테리》에 관한 3부로 이루어진 강연문에 대한 두 개의 동시대적 보고: Zwei zeitgenössische Berichte über den dreiteiligen Vortrag ›Über Hysterie‹ (1895), 322-351.

《강박관념과 공포증의 기제》라는 강연문의 자평: Autoreferat des Vortrags ›Mechanismus der Zwangsvorstellungen und Phobien‹ (1895), 352-357, und Anhang: Auszüge aus der Diskussion, 357-359.

P. J. 뫼비우스의 《편두통》에 관한 논평: Besprechung von P. J. Möbius, *Die Migräne*, Wien 1894 (1895), 360-369.

저서전적인 메모: Autobiographische Notiz (1901), 370-371.

심리학의 구상: Entwurf einer Psychologie (1895/1950), 373-477.

A. 헤가르의 《성충동. 사회적-의학적 연구》에 관한 논평: Besprechung von A. Hegar, *Der Geschlechtstrieb; Eine sozial-medizinische Studie*, Stuttgart 1894 (1895), 489-490.

존 비글로의 《잠의 신비》에 관한 논평: Besprechung von John Bigelow, *The Mystery of Sleep*, London 1903 (1904), 493.

알프레트 바움가르텐의 《신경쇠약. 본질, 치유, 예방》에 관한 논평: Besprechung von Alfred Baumgarten, *Neurasthenie. Wesen, Heilung, Vorbeugung*, Wörishofen 1903 (1904), 494.

R. 비히만의 《신경쇠약증 환자에 대한 생활규칙》에 관한 논평: Besprechung von R. Wichmann, *Lebensregeln für Neurastheniker*, Berlin 1903 (1905), 495.

레오폴트 뢰벤펠트의 《심적인 강박현상》에 관한 논평: Besprechung von Leopold Löwenfeld, *Die psychischen Zwangserscheinungen*, Wiesbaden 1904 (1904), 496-499.

강박신경증 사례("쥐인간")에 대한 최초의 메모들: Originalnotizen zu einem Fall von Zwangsneurose (»Rattenmann«) (1907-1908/1955), 505-569.

민속음악에 내재된 꿈(프로이트와 오펜하임): Träume im Folklore (von Sigmund Freud und David Ernst Oppenheim) (1911/1958), 573-599.

부록, 오펜하임에게 보내는 편지: Anhang: Brief an D. E. Oppenheim (1909/1958), 601-603.

꿈의 해석에 대한 추후보충: Nachträge zur Traumdeutung (1911), 604-611.

분석의 실제에서 나오는 경험과 사례: Erfahrungen und Beispiele aus der analytischen

Praxis (1913), 614-619.

꿈 학설에 대한 보충: Ergänzungen zur Traumlehre (1920), 622-623.

전이신경증 개관: Übersicht der Übertragungsneurosen (1915/1985), 627-651.

무대 위의 정신병적 인물들: Psychopathische Personen auf der Bühne (1905-1906/1942), 655-661.

《독서와 좋은 책들에 관하여》라는 설문조사에 대한 대답: Antwort auf die Rundfrage *Vom Lesen und von guten Büchern* (1906), 662-664.

리턴 스트레이치에게 보낸 편지: Brief an Lytton Strachey (1928/1967), 665-667.

테오도르 라이크에게 보낸 편지의 발문: Auszug eines Briefs an Theodor Reik (1929/1930), 668-669.

게오르크 헤르만에게 보낸 편지들: Drei Briefe an Georg Hermann (1936/1987), 673-678.

토마스 만에게 보낸 편지: Brief an Thomas Mann (1936/1941), 679-682.

정신분석을 대학에서 배워야만 하는가?: Soll die Psychoanalyse an den Universitäten gelehrt werden? (1918/1919), 699-703.

전쟁신경증 환자들의 전기치료에 대한 감정: Gutachten über die elektrische Behandlung der Kriegsneurotiker (1920/1955), 704-710.

라이크 박사와 엉터리 치료의 문제: Dr. Reik und die Kurpfuschereifrage (1926), 715-717.

정신분석의 기본원칙과 의도에 대하여: Über Grundprinzipien und Absichten der Psychoanalyse (1911/1913), 723-729.

무의식에 관한 그 무엇: Etwas vom Unbewußten (1922), 730.

하머슐락 교수에 대한 추모사: Nachruf auf Professor S. Hammerschlag (1904), 733-734.

야만인들과 신경증 환자들의 영적인 삶에서 몇 가지 일치점: Einleitungspassagen zu ›Über einige Übereinstimmungen im Seelenleben der Wilden und der Neurotiker‹ (1912), 740-745.

《꿈의 해석》의 영어 번역본 3판에 대한 서문: Vorwort zur dritten (revidierten) Auflage der englischen Ausgabe der *Traumdeutung* (1932), 746-747.

《정신분석입문 강의》의 체코어 판에 대한 서문: Vorwort zur tschechischen Ausgabe der *Vorlesungen zur Einführung in die Psychoanalyse* (1936), 748.

《정신분석 개요》에 대한 서문: Vorwort zum *Abriß der Psychoanalyse* (1938/1940), 749.

레이몽 드 소쉬르의 《정신분석 방법》에 대한 서문: Geleitwort zu Raymond de Saussure, *La méthode psychanalytique* (1922), 752-753.

리하르트 슈테르바의 《정신분석 사전》에 대한 서문: Vorwort zu Richard Sterba, *Handwörterbuch der Psychoanalyse* (1932/1936), 761.

나의 이력서에 대한 보충: Ergänzungen zur Selbstdarstellung (1935), 762-764.

빌헬름 슈테켈의 《노출증의 심리》에 대한 주석: Anmerkung zu Wilhelm Stekel, ›Zur Psychologie des Exhibitionismus‹ (1911), 765.

푸트남의 《정신신경증의 병인론과 치료》에 대한 소견: Anmerkung zu James J. Putnam, ›Über Ätiologie und Behandlung der Psychoneurosen‹ (1911), 766.

어니스트 존스의 《루스벨트 정신-분석》에 대한 소견: Anmerkung zu Ernest Jones, ›Psycho-Analysis Roosevelts‹ (1912), 767.

의식기능에 대한 작가 호프만: E.T.A. Hoffmann über die Bewußtseinsfunktionen (1919), 769.

반유대주의에 대한 소견: Ein Wort zum Antisemitismus (1938), 777-781.

용어색인

ㅈ

ㅊ

ㅋ